블렌더 Blender

3D CG 애니메이션
실전 입문

캐릭터의 매력적인 동작을
만드는 법

지은이 **나츠모리 카츠** / 옮긴이 **김모세**

AK IT

이 책의 모델 소재에 관해

이 책에서 설명 및 사용하는 모델 소재는 이 책의 지원 사이트에서 다운로드 할 수 있습니다 .

부록 데이터 다운로드 사이트

AK커뮤니케이션즈 IT전용 홈페이지 및 AK커뮤니케이션즈 홈페이지 자료실에서 완성 예제 코드 파일을 다운로드할 수 있습니다. 부록 데이터는 허가 없이 배포하거나 웹 사이트에 게재할 수 없습니다.

▶ https://ak-it.tistory.com/
▶ http://www.amusementkorea.co.kr/

원서의 부록 데이터 다운로드 사이트

다음 URL의 지원 페이지에서 샘플/특정 데이터를 다운로드 할 수 있습니다.

▶ https://book.mynavi.jp/supportsite/detail/9784839987671.html

출판사 홈페이지 문의

(주)AK커뮤니케이션즈 홈페이지의 [고객센터]에서 1:1 문의를 이용해 주세요. 질문 내용에 따라서는 답변을 드리기까지 며칠 이상 기간이 요구되는 경우가 있습니다.

▶ http://www.amusementkorea.co.kr/

- 자세한 사용 방법은 책의 설명을 참조하십시오 .
- 모델 데이터 , 소재의 저작권은 저자가 소유하고 있습니다 . 이 데이터는 독자의 학습을 위한 목적으로만 제공합니다 . 개인의 학습 용도 이외의 사용을 금지합니다 . 허가 없이 네트워크 및 다른 방법을 통해 배포할 수 없습니다 .
- 이미지 데이터는 데이터 재배포 , 그대로 사용 , 혹은 변형해서 재사용할 수 없습니다 .
- 이 책에 기재되어 있는 내용 및 샘플 데이터 운영의 결과 발생하는 손해에 관해 주식회사 마이나비 출판 및 저자자는 일체의 책임을 지지 않습니다 . 양해해 주십시오 .
- 이 책은 Windows 운영체제 키 표기를 따릅니다 . Mac 운영체제를 사용하는 경우에는 적절하게 바꿔 읽어 주십시오 .
- 이 책은 2025 년 2 월 시점의 정보에 기반해 썼습니다 . 이 책에서 소개되는 제품 , 소프트웨어 , 서비스 버전 , 이미지 , 기능 , URL, 제품 스펙 등의 정보는 모두 원고 집필 시점의 것입니다 . 집필 이후 변경될 가능성이 있습니다 . 양해해 주십시오 .

들어가며

<블렌더 3D CG 애니메이션 실전 입문>을 구입해 주셔서 감사합니다. 저자 나츠모리 카츠입니다.

평소 블렌더를 사용해 캐릭터 모델이나 애니메이션을 만들고 유튜브에서 강좌 또는 타임 클래스 등을 제작하고 있습니다.

이 책은 캐릭터 애니메이션 제작 입문서입니다. 샘플 파일에 수록된 캐릭터 데이터를 활용해 포즈나 애니메이션을 만들어 보면서 애니메이션 기초를 학습하는 내용으로 구성했습니다.

'애니메이션 학습'에 초점을 두고 있기 때문에 모델링이나 셰이딩에 관한 설명은 생략했습니다. 그리고 리깅rigging에 관해서는 최소한으로 필요한 구조만 설명하고, 자세한 내용은 설명하지 않았습니다. 미리 양해 부탁드립니다.

모델링, 셰이딩, 리깅에 관해 자세히 알고 싶다면 제가 쓴 다른 책인 <블렌더로 애니 그림체 캐릭터를 만들어 보자!: 모델링편>과 <블렌더로 애니 그림체 캐릭터를 만들어 보자!: 카툰 렌더링편>을 참조해 주세요. 이 책들에서는 초보자를 위한 캐릭터 모델링, 카툰 셰이딩에 관해 설명합니다.

이 책의 설명에서는 주로 '블렌더 4.1', '블렌더 4.3.2'를 사용합니다. 그 외의 버전에서는 오류가 발생할 가능성이 있습니다. 작업을 매끄럽게 진행하기 위해서는 반드시 '블렌더 4.1' 또는 '블렌더 4.3.2'를 사용해 주십시오.

일부 내용에서 '블렌더 4.2'에 관한 정보도 기재하고 있지만, 이는 참고용 정보일 뿐입니다. '블렌더 4.2'를 사용한 동작 환경이나 안정성에 관해서는 보증하지 않습니다.

설명에서 사용하는 캐릭터 데이터, 참고용 블렌더 파일은 다운로드 할 수 있습니다. 책과 함께 참조해 주십시오.

이 책이 애니메이션 제작의 즐거움을 발견하는 계기가 되기를 바랍니다.

2025년 2월 저자, 나츠모리 카츠

Chapter 3 애니메이션의 기초를 배우자 125

Chapter 4 캐릭터 애니메이션을 만들자 169

Chapter 5 　카메라 워크 학습 및 리그 생성 　327

애니메이션 관련 기본 조작

이번 장에서는 블렌더 애니메이션 관련 기본 조작에 관해 설명합니다.

들어가며

여기에서는 블렌더 다운로드, 샘플 파일의 캐릭터 데이터에 관해 설명합니다.
캐릭터 데이터는 포즈 제작, 애니메이션 연습을 위해 사용할 수 있습니다.

1-1 블렌더 설치

블렌더 설치는 공식 사이트의 **다운로드 페이지**(https://www.blender.org/download/)에서 진행합니다. 다운로드 한 인스톨러를 더블 클릭하면 셋업 화면이 표시됩니다. 순서에 따라 설치합니다.
이전 버전의 인스톨러는 다음 URL에서 다운로드 할 수 있습니다.

https://download.blender.org/release/

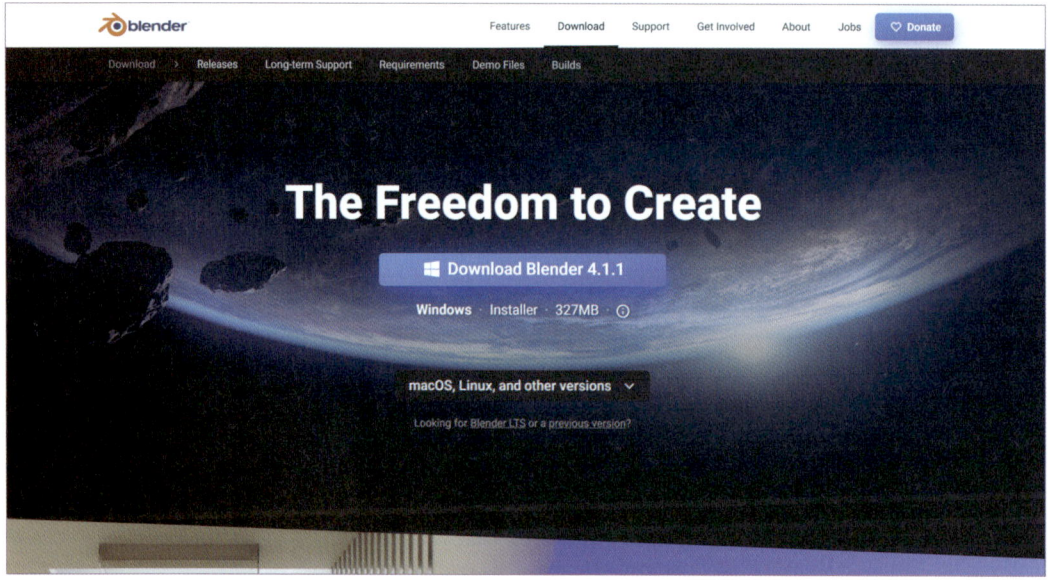

이 책은 **블렌더 4.1~4.3/Windows 10** 환경을 기준으로 설명합니다. 블렌더를 조작할 때는 휠이 있는 마우스, 텐키가 있는 키보드를 사용하는 것이 좋습니다.

1-2 블렌더 권장 사양

블렌더 공식 사이트(https://www.blender.org/download/requirements/)에서는 다음 사양을 권장하고 있습니다.

권장 사양

OS	Windows 10 또는 Windows 11
CPU	8 코어
RAM	32GB
GPU	8GB VRAM
Displays	1920x1080 이상

1-3 이 책에서 다루는 캐릭터 데이터

이 책에서는 샘플 파일에 수록되어 있는 캐릭터 데이터를 사용해 포즈와 애니메이션에 관해 설명하고, 실습합니다. 이 캐릭터의 이름은 **미스티**입니다. 모델 주변에 둥근 선이나 화살표 등이 표시되어 있는데, 이 기호들은 캐릭터를 움직이기 위한 컨트롤러이며 **리그**라고 부릅니다. 게임을 예로 들면 리그는 **게임기의 컨트롤러** 같은 것이며, 캐릭터를 자유자재로 조작하거나 표정을 바꿀 수 있습니다. 2장에서 이 캐릭터 데이터를 임포트하는 방법과 **리그**를 다루는 방법에 관해 자세히 설명합니다.

> **MEMO**
>
> 샘플 파일은 **https://book.mynavi.jp/supportsite/detail/9784839987671.html**에서 다운로드 할 수 있습니다.

애니메이션용 환경 설정

블렌더의 **환경 설정** 메뉴에서 다양한 환경을 설정할 수 있습니다. 여기에서는 블렌더에서 애니메이션을 쉽게 만들기 위한 권장 설정을 소개합니다. 애니메이션 제작에 익숙해졌다면 각 설정 항목을 선호에 따라 변경해도 좋습니다.

2-1 환경 설정 열기

화면 위쪽의 **편집** > **환경 설정**을 클릭하면 **블렌더 환경 설정** 다이얼로그가 표시됩니다. 표시 언어는 블렌더 환경 설정 왼쪽 항목 중 **인터페이스** 안의 **번역**에서 설정할 수 있습니다.

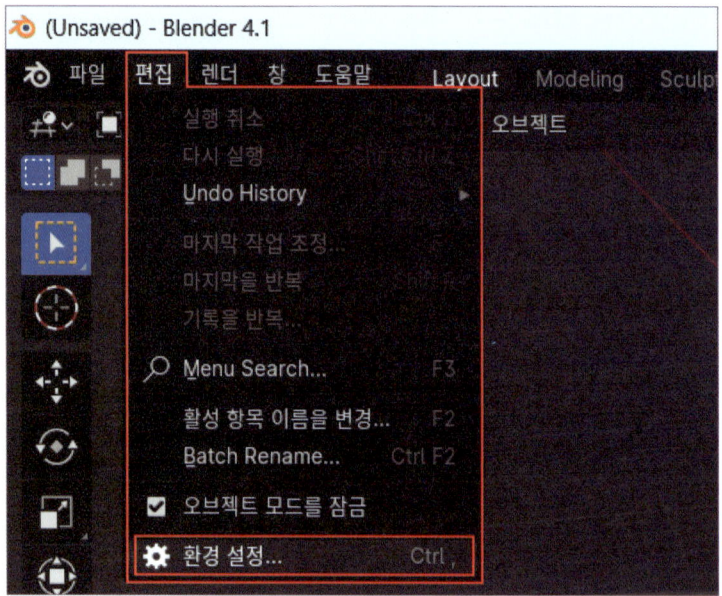

2-2 환경 설정의 각 항목

각 설정 항목을 변경합니다. 조작에 익숙해진 뒤에는 선호에 따라 조정합니다.

01
Step

실행 취소 단계 설정하기

왼쪽 항목의 **시스템 → 메모리 & 제한**에서 실행 취소 단계를 **50~100**으로 설정합니다. 이 항목은 **Ctrl+Z키** 조작, 즉, **작업을 1단계 이전으로 되돌리는** 조작을 할 수 있는 횟수를 조정합니다. 그것보다 이전으로 되돌아가고 싶은 경우가 많으므로 이 항목은 **50~100**으로 설정하는 것이 좋습니다. 너무 큰 값으로 설정하면 블렌더의 동작이 불안정해 질 수 있으므로 적절하게 조정합니다.

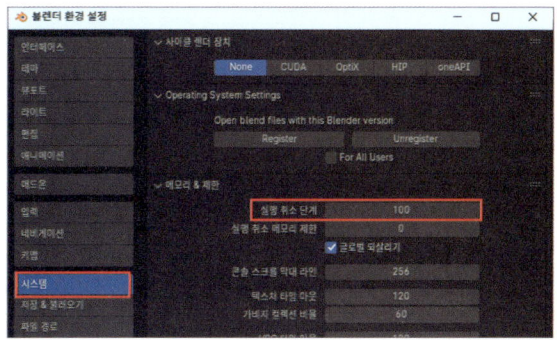

02
Step

네비게이션 설정하기

왼쪽 항목의 **네비게이션 → 오비트 & 팬**에서 **선택 주위에 오비트** 항목을 활성화합니다. 이 항목은 선택한 대상을 중심으로 시점을 회전시키는 설정이며, 활성화하면 애니메이션 조작이 쉬워집니다. 다음으로 **원근법** 항목을 비활성화합니다. 이 항목을 비활성화하면 시점을 전환할 때 원근법(원근이 있는 시점)과 정사법(원근이 없는 시점)이 자동으로 전환되지 않게 됩니다. 마지막으로 **깊이**를 활성화합니다. 이 항목을 활성화하면 줌 인이 동작하지 않는 문제가 사라지므로 활성화하는 것을 권장합니다.

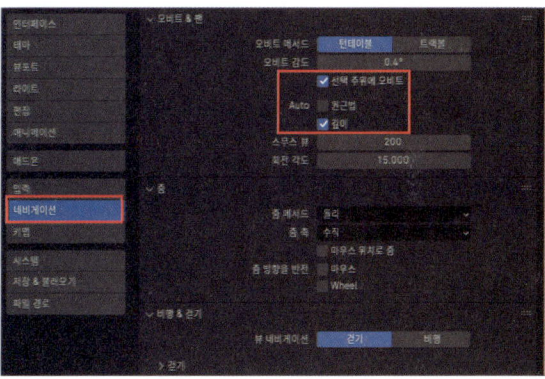

03
Step

마우스 위치로 줌 설정하기

네비게이션 → 줌에서 **마우스 위치로 줌** 항목을 활성화합니다. 이 항목은 마우스 커서 위치를 기준으로 시점 줌 인, 줌 아웃 조작을 할 수 있게 하는 기능입니다. 애니메이션에서는 네비게이션이 매우 많으므로, 조금이라도 쾌적하게 애니메이션을 만들 수 있도록 이 기능을 활성화 하는 것이 좋습니다.

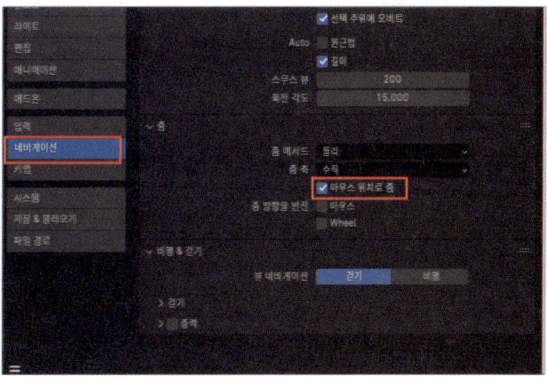

04 애니메이션 설정하기 1

Step

애니메이션 → **키 프레임**에 있는 **사용 가능할 때만 삽입** 항목을 활성화합니다. 이 항목을 활성화하면 키 프레임(움직임을 기록하는 것)을 자동으로 삽입할 수 있는 **자동 키잉** 기능을 사용할 때, 대량으로 키 프레임이 삽입되는 것을 막을 수 있습니다. 이 기능은 **도프시트**라 불리는, 애니메이션을 관리하는 화면에서 직접 설정한 키 프레임에만 자동 키잉을 적용하므로, 애니메이션을 쉽게 관리할 수 있게 됩니다. 단, 사람에 따라서는 비활성화 하는 편이 사용하기 쉬울 수도 있습니다. 애니메이션 제작에 익숙해진 뒤에는 원하는 설정을 선택해도 좋습니다. **도프시트**, **자동 키잉**에 관해서는 뒤에서 자세히 설명합니다.

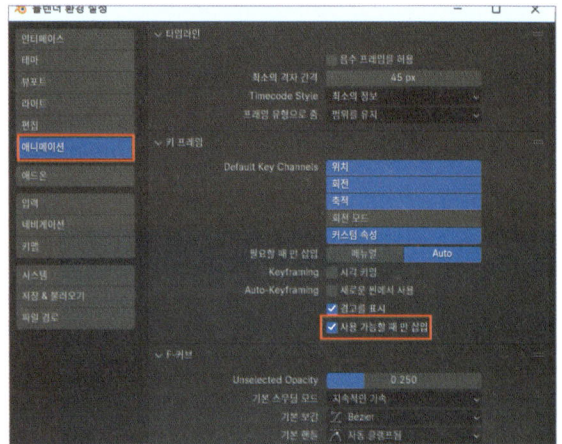

05 애니메이션 설정하기 2

Step

애니메이션의 F-커브 안에 있는 **Only Show Selected F-Curve Keyframes**를 활성화합니다. 이 항목은 **그래프 에디터**라는, 커브로 애니메이션을 제어하는 작업 화면과 관련된 설정입니다. 이 항목을 활성화하면 선택한 커브만 표시할 수 있게 되어, 그래프 에디터를 쉽게 사용할 수 있습니다. **그래프 에디터**에 관해서도 뒤에서 설명합니다.

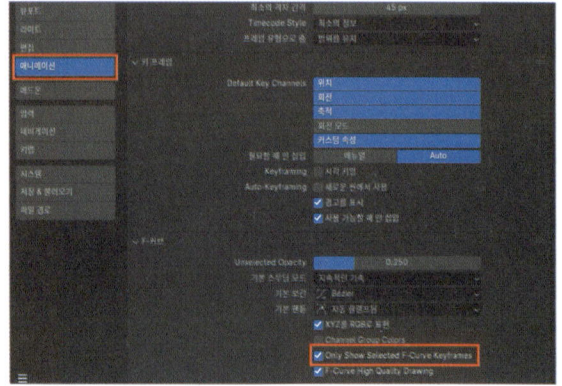

Column

전문 용어 설명

오브젝트object는 3D 뷰포트에 배치되어 있는 모든 것을 의미합니다. **메쉬**는 폴리곤polygon이라 불리는 다각형의 집합을 의미합니다. **씬**scene은 뷰포트 위의 공간 자체를 의미합니다. 이 용어들은 매우 자주 사용되므로 반드시 기억해 둡시다.

화면 설명

Chapter 1

3

블렌더에 표시되는 각 화면에 관해 설명합니다. 블렌더는 작업별로 적합한 워크스페이스를 제공하며, 화면 위쪽에 있는 패널에서 워크스페이스를 선택할 수 있습니다. 여기에서는 기본 워크스페이스인 **Layout** 탭과 애니메이션에 특화된 **Animation** 탭에 관해 소개합니다. 이 책에서는 이 2개의 탭을 주로 사용합니다.

3 - 1 Layout 탭

먼저 기본 표시되는 워크스페이스인 **Layout**에 관해 간단히 소개합니다. 다양한 작업에 자주 사용되는 만능 워크스페이스입니다.

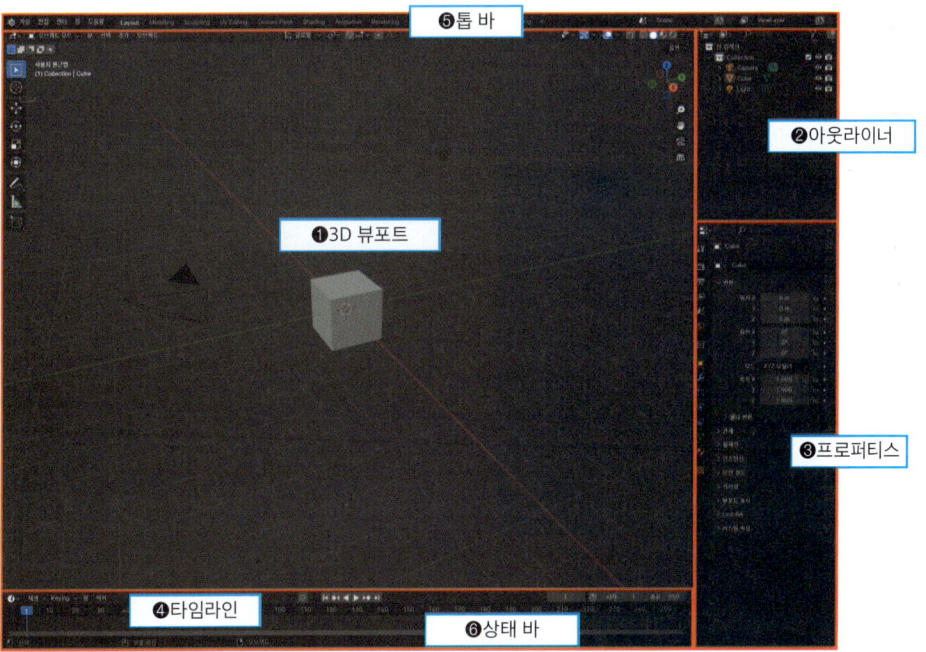

❶3D 뷰포트	3D 공간을 비추는 메인 화면입니다.
❷아웃라이너	3D 뷰포트의 다양한 데이터를 리스트 형식으로 나타낸 화면입니다.
❸프로퍼티스	렌더링 관련 설정, 선택한 객체 관련 다양한 항목을 변경할 수 있습니다.
❹타임라인	애니메이션 재생 및 정지, 시작과 종료 프레임 설정 등을 수행합니다.
❺톱 바	블렌더 전체에 관련된 메뉴입니다. 파일 저장, 환경 설정, 워크스페이스 전환 등을 할 수 있습니다.
❻상태 바	에러 메시지, 단축키 등 다양한 정보를 표시합니다.

Animation 탭

화면 위쪽 '워크스페이스' 안에 있는 **Animation** 탭을 클릭합니다. 화면이 전환되고 다양한 영역(블렌더의 각 이미지별)이 표시됩니다. Animation탭에서는 문자 그대로 애니메이션에 특화된 Layout을 제공합니다.

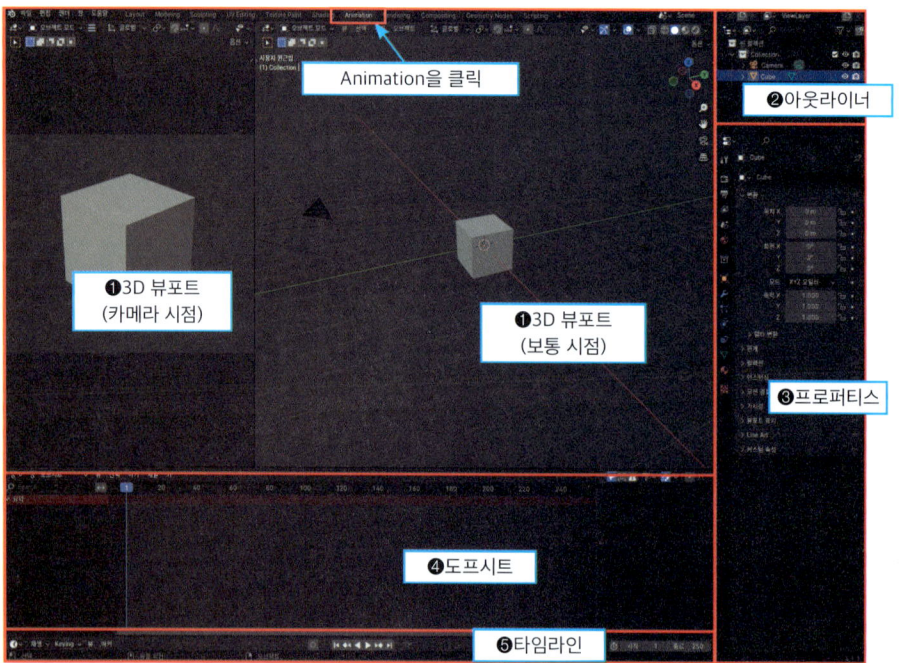

❶3D 뷰포트	애니메이션 탭에는 2개의 3D 뷰포트가 존재합니다. 왼쪽은 카메라 시점, 오른쪽은 일반 시점입니다.
❷아웃라이너	오브젝트 선택, 표시 및 숨김 등 다양한 데이터를 관리할 때 자주 사용합니다.
❸프로퍼티스	렌더링 설정 뿐만 아니라 다양한 애니메이션 조작에서 사용합니다.
❹도프시트	애니메이션에서 주로 사용하는 화면입니다. 여기에 키 프레임이라 불리는, 변형을 기록하는 기능을 넣습니다.
❺타임라인	도프시트와 비슷하지만 애니메이션 기능은 거의 없고, 재생이나 정지 등을 수행하는 데 필요한 화면입니다.

Column

블렌더 버전 확인과 버전 업데이트 시 주의점

블렌더 버전은 몇 가지 방법으로 확인할 수 있습니다. 예를 들면 실행 시 표시되는 **스플래시 화면**의 오른쪽 위, 또는 화면 아래 **상태 바**의 오른쪽 끝에 버전이 표시됩니다. 그리고 작업 중인 프로젝트에서 버전을 변경하면 호환성 문제가 발생할 수 있습니다. 그렇기 때문에 버전 업데이트는 새로운 프로젝트를 시작하기 전에 완료하는 것이 좋습니다.

3-3   3D 뷰포트

3D 뷰포트는 3D 공간 안의 오브젝트나 애니메이션 등을 확인할 수 있는 영역입니다. **애니메이션** 탭에는 2개의 뷰포트가 있습니다. 오른쪽은 애니메이션을 만들 때 사용하는 메인 화면입니다. 왼쪽은 카메라에서 본 시점으로 3D 공간에 표시되는 다양한 정보들이 숨겨져 있습니다. 툴바와 사이드바는 3D 뷰포트의 헤더에 있는 **뷰**에서 표시/숨기기를 전환할 수 있습니다.

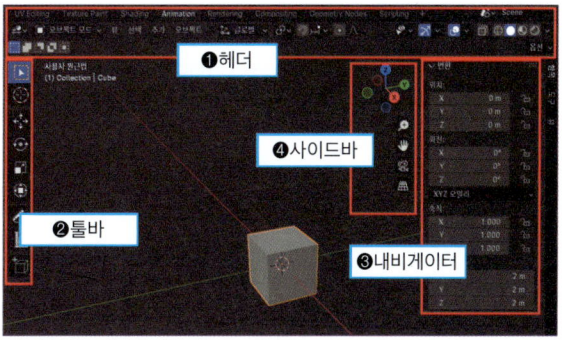

❶헤더	수행할 작업에 따라 모드를 전환하거나 3D 뷰포트 안의 표시 방법을 변경할 수 있습니다.
❷툴바	애니메이션 탭에서는 기본적으로 숨기기 상태입니다. 선택 방법을 변경하거나 객체 편집 등을 손쉽게 수행할 수 있습니다. **T키**로 표시/숨기기를 전환할 수 있습니다.
❸사이드바	기본적으로 숨기기 상태입니다. 객체 편집이나 시점 관련 설정 등을 할 수 있습니다. **N키**로 표시/숨기기를 전환할 수 있습니다.
❹내비게이터	시점 조작 관련 항목입니다. 가장 위의 좌표축을 마우스 좌클릭 상태에서 드래그 해 시점을 회전 또는 전환할 수 있습니다. 좌표축 아래에 있는 2개의 아이콘을 마우스 좌클릭 상태에서 드래그 해 시점을 이동 또는 줌 인을 할 수 있습니다. 그 아래 2개의 아이콘을 클릭하면 카메라 시점, 투영 방법을 전환할 수 있습니다.

3-4   아웃라이너

아웃라이너는 화면 오른쪽 위에 있으며, 3D 오브젝트를 시작으로 하는 블렌더 안의 다양한 데이터를 목록으로 표시합니다. 아웃라이너 안에는 3D 뷰포트에 배치되어 있는 모든 오브젝트가 목록 형식으로 표시됩니다. 기본적으로는 컬렉션 안에 Camera(카메라), Cube(육면체), Light(라이트) 3개가 배치되어 있습니다. 아웃라이너 안의 오브젝트 이름 오른쪽 옆에 있는 눈동자 모양 아이콘을 클릭하면 객체의 표시/숨기기

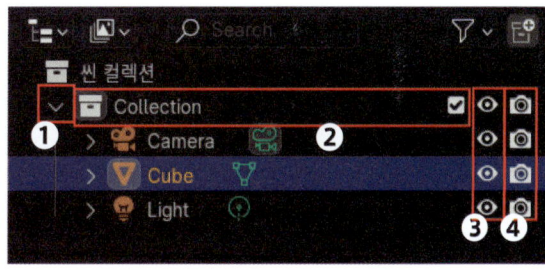

를 전환할 수 있습니다. 그 오른쪽 옆에 있는 카메라 아이콘은 이미지나 동영상으로 출력하는 렌더링 관련 설정을 수행하는 아이콘입니다.

❶화살표 모양 아이콘	클릭하면 컬렉션이나 오브젝트의 내용을 열고 닫을 수 있습니다. 블렌더에서는 이 내용을 **계층**이라 부릅니다.
❷컬렉션	각 오브젝트를 저장하고 있는 상자입니다. 아웃라이너 오른쪽 위 끝에 있는 컬렉션 아이콘에서 새 컬렉션을 만들 수 있습니다. 컬렉션을 마우스 우클릭 한 뒤 메뉴 안의 **삭제**를 클릭해 컬렉션을 삭제할 수 있습니다. 컬렉션 안에 있는 개별 오브젝트를 삭제하고 싶을 때는 **계층 구조를 삭제**를 클릭합니다. 폴더와 같은 방식으로 사용할 수 있으며, 그 밖에 다양한 조작을 수행할 때 **어떤 오브젝트가, 어떤 컬렉션에 포함되어 있는가**가 중요합니다. 오른쪽의 체크 아이콘은 **뷰 레이어에서 제외**하는 기능입니다. 이 항목을 비활성화하면 컬렉션 안에 있는 오브젝트를 없는 것처럼 다룰 수 있어, 처리를 가볍게 만들 수 있습니다.
❸뷰포트에서 비표시	눈을 뜬 상태의 아이콘이면 오브젝트가 표시되고, 눈을 감은 상태의 아이콘이면 오브젝트가 표시되지 않습니다.
❹렌더러에서 사용 중지	흰색으로 표시되면 렌더링 시 표시되고, 검은색으로 표시되면 반대로 표시되지 않습니다.

아웃라이너에 있는 아이콘들의 의미

오브젝트명 왼쪽에 노란색 아이콘이 있습니다. 이 아이콘은 오브젝트의 종류를 의미합니다❶. 예를 들면 **역삼각형** 모양의 아이콘은 **메쉬**, 카메라 모양의 아이콘은 **카메라**라는 의미입니다. 그리고 오브젝트명 오른쪽에도 마찬가지로 **오브젝트 종류**를 의미하는 **녹색 아이콘**이 있습니다❷. 이 아이콘들을 클릭하면 프로퍼티스의 오브젝트 데이터 프로퍼티스(각 오브젝트를 세세하게 설정할 수 있는 메뉴)가 열립니다. 설정 항목을 신속하게 열수 있습니다. 그리고 오브젝트명 오른쪽에는 조작을 수행함에

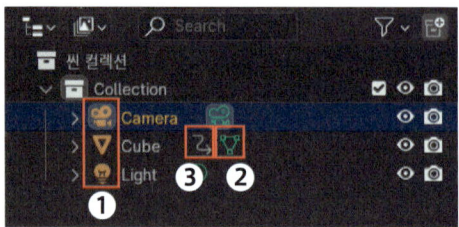

따라 아이콘이 늘어납니다. 예를 들면 오브젝트에 키 프레임을 삽입하면 **키 프레임이 삽입되어 있는 오브젝트**를 의미하는 **물결 화살표 모양 아이콘**이 추가됩니다❸. 각 아이콘의 의미를 알아두면 아웃라이너를 보는 것만으로 어디에 무엇이 있는지 빠르게 이해할 수 있습니다. 애니메이션을 만들 때는 아웃라이너에서 많은 조작을 하므로, 아이콘의 의미를 이해하는 것이 매우 중요합니다.

3-5 프로퍼티스

프로퍼티스를 사용해 선택한 오브젝트의 설정을 변경하거나, 렌더링 관련 설정을 확인 및 변경할 수 있습니다. 왼쪽 아이콘을 클릭하면 항목을 전환할 수 있습니다. 오른쪽의 다양한 화면은 패널이라 불리며 접고 펼 수 있습니다. 패널 왼쪽 위에 있는 아래쪽 방향 화살표를 클릭하면 오른쪽 방향의 화살표로 바뀌며 내용이 접힙니다. 프로퍼티스 위쪽 영역에는 렌더링이나 3D 뷰포트 배경과 관련된 항목들이 있습니다. 블렌더 전체 관련 설정이므로 오브젝트를 선택해도 바뀌지 않습니다 ❶. 그 아래 영역은 오브젝트 관련 항목이므로, 선택한 오브젝트에 따라 바뀝니다❷. 복잡해 보이는 화면이라도 이처럼 어느 정도 규칙이 있으므로 기억해 두기 바랍니다. 프로퍼티스는 현재 선택한 오브젝트에 따라 메뉴가 바뀝니다. 조작 중에 특정 항목이 없는 등의 경우에는 현재 선택한 오브젝트가 무엇인지 확인해 봅시다.

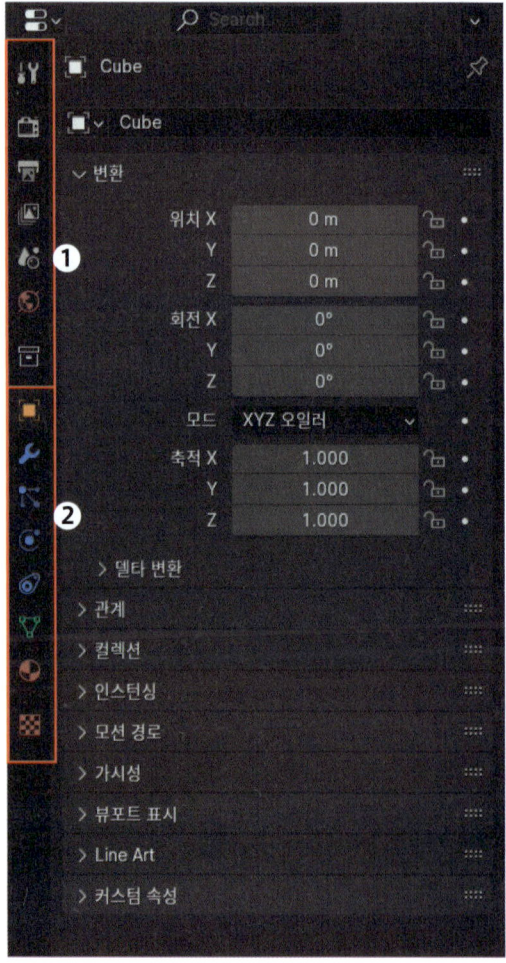

3-6 저장

파일 → 저장(Ctrl+S키)으로 덮어쓰기 또는 **파일 → 다른 이름으로 저장**(Shift+Ctrl+S키)으로 이름을 바꿔 저장할 수 있습니다. 처음 저장하면 **블렌더 파일 보기**라는 전용 창이 표시됩니다. 왼쪽 리스트에서 저장 위치를 지정❶, 아래 입력 필드에서 파일명 변경❷, 오른쪽 아래 **블렌더 파일 저장**을 클릭해 저장할 수 있습니다❸. 그리고 **숫자를 추가해 저장**하면 덮어쓰기를 저장하지 않고, 현재 블렌더 파일명에 번호를 추가해 저장할 수 있습니다. 예상치 못한 문제를 방지하기 위해 정기적으로 저장하는 습관을 들이는 것이 좋습니다.

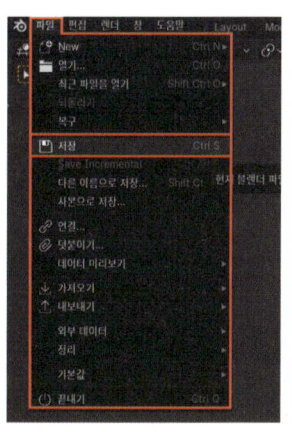

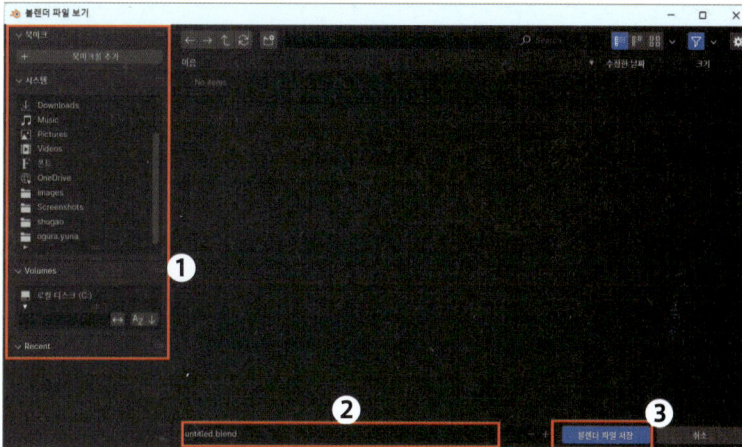

Column

블렌더가 갑자기 종료된다면

애니메이션 제작은 그 동작이 무거워지기 쉽습니다. 블렌더가 동작은 멈추거나, 처리가 따라오지 못하고 갑자기 강제 종료되기도 합니다. 블렌더는 2분마다 작업 내용을 자동으로 저장합니다, 화면 위쪽 톱 바에서 **파일 → 복구 → 자동 저장**에서 데이터를 복구할 수 있습니다.

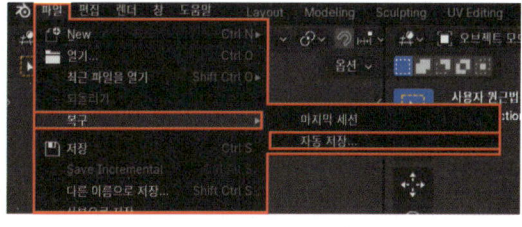

Chapter 1

4

기본 조작

다음은 3D 뷰포트에서 수행하는 조작에 관해 설명합니다. 이 조작들은 애니메이션을 수행하기 위한 기본 조작이므로 반드시 익혀 둡시다.

4-1 시점 이동

애니메이션을 만들 때는 다양한 각도에서 빈번하게 포즈를 확인합니다. 다음 조작은 반드시 기억해야 할 최소한의 조작입니다. 이 시점 조작들은 3D 뷰포트 위에 마우스 커서가 있을 때만 수행할 수 있습니다.

마우스 가운데 버튼 클릭 상태에서 드래그	시점 회전
Shift+마우스 가운데 버튼 클릭 상태에서 드래그	시점 평행 이동
마우스 휠 상하 회전 또는 Ctrl+마우스 휠 상해 회전	시점 줌 인, 줌 아웃
텐키 1	앞쪽 시점
텐키 3	오른쪽 시점
텐키 7	위쪽 시점
텐키 0	카메라 시점
Ctrl+텐키 1, 3, 7	뒤쪽, 왼쪽, 아래쪽 시점
텐키 5	원근법(원근이 있는 시점)과 정사법(원근이 없는 시점) 전환
텐키 /	로컬 뷰로 전환(현재 선택한 오브젝트만 표시), 다시 누르면 로컬 뷰 해제
텐키 .	선택한 대상에 줌 인

Column

시점 조작이 잘 되지 않을 때

시점 조작이 잘 되지 않아 오브젝트를 화면에서 놓칠 때가 있습니다. 그 때는 우선 대상 오브젝트 등을 3D 뷰포트 또는 아웃라이너에서 선택하고, 3D 뷰포트 위쪽의 **보기 → 선택한 프레임**(텐키의 .)을 선택하면 됩니다. 이 기능을 실행하면 선택한 대상에 줌 인할 수 있어, 애니메이션을 만들 때 큰 도움이 됩니다. 또한 이 **뷰** 메뉴 안에서 다양한 시점 관련 조작을 할 수 있습니다.

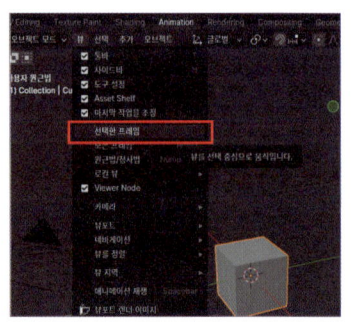

4-2 선택

육면체를 마우스 좌클릭 해 선택하면 주변에 노란색 외곽선이 표시됩니다. 이것은 **현재, 이 육면체가 선택되어 있다**는 의미입니다. **Shift+마우스 좌클릭**해 여러 오브젝트를 선택하면 가장 마지막에 선택한 오브젝트가 노란색으로 표시됩니다. 이것을 **활성화된 오브젝트**라 부릅니다. 애니메이션을 만들 때, 현재 무엇을 선택한 상태인지 반드시 의식해야 합니다. 그리고 3D 뷰포트 위쪽 헤더에서 **선택 → 모두(A키)**를 사용해 모든 오브젝트를 선택할 수 있습니다. 선택을 해제할 때는 뷰포트의 아무것도 없는 부분을 마우스 좌클릭 하거나 헤더에서 **선택 → 없음(Alt+A키)**를 선택합니다.

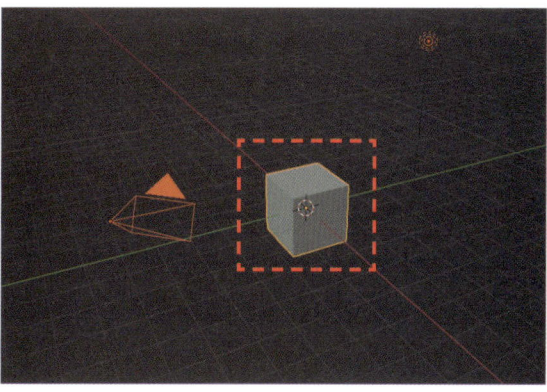

▣ 다양한 선택 방법

3D 뷰포트 왼쪽 툴바(T키) 맨 위에 마우스 커서를 올리고 마우스 좌클릭을 길게 하면 선택 방법을 변경하는 메뉴가 표시됩니다❶. 선택할 아이콘에 커서를 올린 뒤 마우스 버튼에서 손을 떼 결정합니다. 선택 방법을 전환하는 단축키는 **W키**입니다. 그리고 선택 모드 위에는 **모드**라는 작은 사각형 아이콘들이 배치되어 있습니다. 이를 사용해 보다 세세한 선택 방법을 변경할 수 있습니다❷. 기본적으로는 가장 왼쪽에 있는 **새 선택 항목을 설정**으로 해 둡니다.

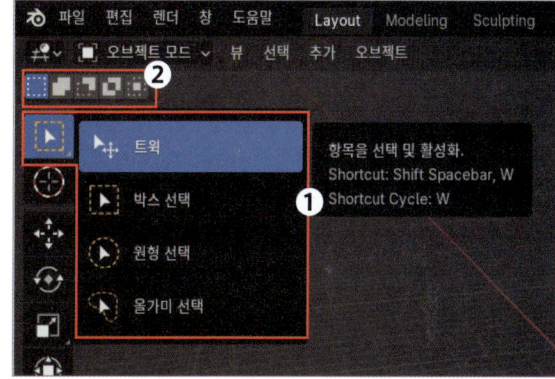

트윅	선택 대상을 선택한 상태에서 마우스 좌클릭 상태
박스 선택	3D 뷰포트 위에서 마우스 좌클릭 드래그 하면 사각형 프레임이 표시되고, 그 프레임 안에 포함된 오브젝트를 모두 선택할 수 있습니다. 단축키는 **B키**입니다.
원형 선택	원형 커서로 감싸듯 선택할 수 있습니다. 마우스 좌클릭 드래그로 선택, **Ctrl키**를 누른 상태에서 마우스 좌클릭 드래그로 선택 해제합니다. 단축키는 **C키**이고, 마우스 휠을 상하로 움직여 커서의 크기를 변경할 수 있습니다. 단축키를 해제할 때는 마우스 우클릭 합니다.
올가미 선택	올가미처럼 선택할 수 있습니다. 마우스 좌클릭 드래그 한 범위를 선택할 수 있습니다. 단축키는 **Ctrl+마우스 우클릭**입니다.

4-3 이동, 회전, 축적

변형할 대상을 3D 뷰포트 또는 아웃라이너에서 마우스 좌클릭 해 선택한 뒤 왼쪽 **툴바**(T키)에서 오브젝트를 이동, 화전, 축적할 수 있습니다. 이들 중 하나를 활성화하면 선택한 대상에 좌표축이 표시되고, 화살표 또는 구체를 마우스 좌클릭 드래그 해 변형할 수 있습니다. 색이 있는 화살표와 구체는 좌표축에 따라 달라지며, 중앙의 흰 구체는 현재 시점을 기준으로 평행으로 변형합니다.

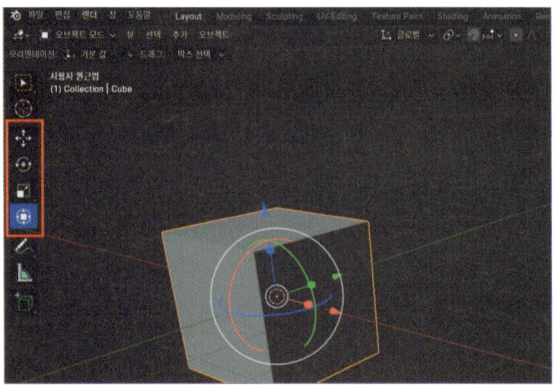

다음은 변형의 단축키입니다. 자주 사용하는 조작이므로 반드시 익혀 둡시다.

G	이동
R	회전
S	축적

이동, 회전, 축적 중에 마우스를 움직이면 현재 시점에 대해 평행으로 변형합니다. 마우스 좌클릭은 결정, 마우스 우클릭은 취소입니다. 그리고 이 단축키 실행 중 다음 조작을 실행하면, 보다 세세하게 변형할 수 있습니다. 이 조작들도 기억해 두면 효율적으로 작업할 수 있습니다.

G, R, S 실행 중 X, Y, Z	좌표축에 고정해 변형할 수 있습니다.
G, R, S 실행 중 X, Y, Z를 2번 누름	3D 뷰포트의 좌표축을 기준으로 하는 **글로벌**, 또는 각 오브젝트 안에 있는 좌표축을 기준으로 하는 **로컬**을 전환할 수 있습니다.
G, R, S 실행 중 Shift	부드러운 변형을 할 수 있습니다. 애니메이션을 만들 때 때때로 사용합니다.
G, R, S 실행 중 Shift+X/Y/Z	실행한 축 이외의 축을 기준으로 변형할 수 있습니다.

4-4 표시/숨기기

오브젝트 등을 숨기는 조작은 애니메이션을 만들 때 종종 사용합니다. **오브젝트 모드**에서 오브젝트를 선택하고, 헤더의 **오브젝트 → 표시/숨기기 → 선택된 항목을 숨기기**(H키)를 선택합니다. 모든 오브젝트를 표시하는 **숨겨진 오브젝트를 표시**(Alt+H키)도 마찬가지로 중요한 조작입니다.

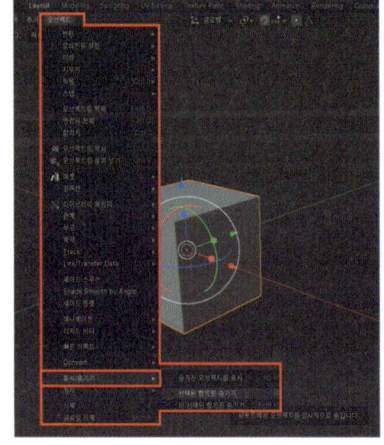

3D 뷰포트의 헤더

Chapter 1

5

3D 뷰포트 위쪽 영역에 있는 헤더에는 블렌더의 중요한 조작들이 위치합니다. 이 설정이 바뀐 것만으로 지금까지 할 수 있었던 조작을 할 수 없게 되기도 하므로, 헤더를 항상 확인하는 습관을 들입시다. 여기에서는 애니메이션 관련 조작을 중심으로 설명합니다.

5-1 모드 전환

블렌더에서는 각 작업에 맞춰 모드를 변경할 수 있습니다. 3D 뷰포트 왼쪽 위에서 현재 모드를 확인할 수 있습니다.

예를 들면 **오브젝트 모드**는 오브젝트를 추가, 삭제, 변형할 수 있는 모드입니다. **에디트 모드**는 오브젝트를 편집하는 모드입니다. 블렌더는 작업에 따라 모드를 자주 전환하므로 **특정한 모드에서 어떤 조작을 할 수 없는** 문제 등이 발생했을 때는 반드시 현재 모드를 확인합시다.

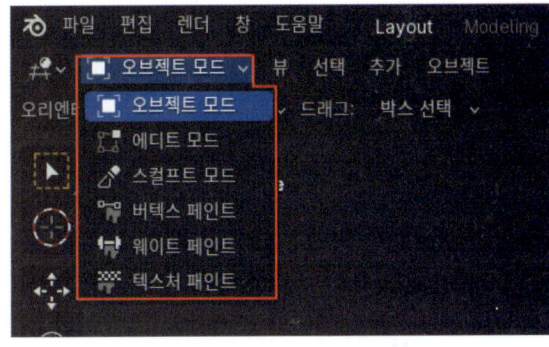

5-2 피벗 포인트를 변환

피벗 포인트를 변환은 3D 뷰포트 위쪽에 있는 회전과 축적의 기점을 결정하는 항목입니다. 단축키는 **.키(마침표)**입니다(**파이 메뉴**라는 원형 메뉴가 표시되고 항목을 마우스 좌클릭 해 전환할 수 있습니다. 파이 메뉴 취소는 마우스 우클릭입니다). 블렌더에서는 이 피벗 포인트를 변환함으로써 변형 방법을 자주 바꿉니다. 피벗 포인트를 바꾸면 지금까지 할 수 있었던 변형을 할 수 없게 되기도 합니다. 생각한 대로 회전, 축적이 조정되지 않는 경우 대부분 이 설정이 원인일 때가 많으므로 반드시 확인합시다.

`Next Page`

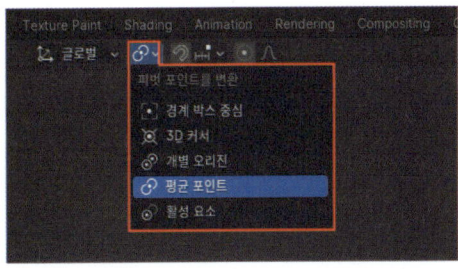

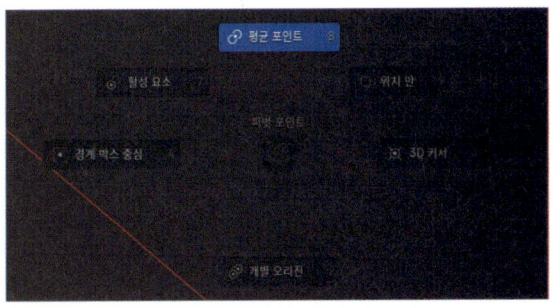

경계 박스 중심	선택한 오브젝트를 모두 포함하고, 보이지 않는 육면체의 중심이 기준이 됩니다.
3D 커서	3D 커서를 기점으로 변형할 수 있습니다.
개별 오리진	각 오브젝트에 존재하는 작은 주황색 점(원점) 또는 각 본(뼈)를 기점으로 변형할 수 있습니다.
평균 포인트	기본 기준점입니다. 여러 오브젝트를 선택한 경우 각 오브젝트의 중앙이 변형의 기점이 됩니다.
활성 요소	활성 오브젝트를 기준으로 합니다.

아래 그림은 **평균 포인트**, **개별 오리진**, **3D 커서**를 비교한 것입니다. **평균 포인트**로 설정하면 선택한 여러 오브젝트의 중앙이 변형의 기점이 됩니다. 한편 **개별 오리진**으로 설정하면 각 오브젝트를 기점으로 변형합니다. 애니메이션을 만들 때는 **개별 오리진**을 사용함으로써, 예를 들면 머리카락이나 스커트를 한 번에 흔들리게 할 수 있습니다. **3D 커서**로 설정하면 문자 그대로 3D 커서를 기점으로 변형할 수 있게 됩니다. 하지만 애니메이션을 만들 때는 거의 사용하지 않습니다. 그리고 설정이 모르는 사이에 3D 커서 등으로 설정돼 생각한 포즈나 애니메이션을 만들 수 없게 되는 문제도 종종 발생하므로 주의합니다.

※ 3D 커서는 3D 뷰포트 중앙에 있는 빨간색/흰색 점선으로 그려진 원을 의미합니다. 오브젝트 추가나 변형의 기준입니다. **Shift+마우스 우 클릭**해 3D 커서를 이동하거나 **Shift+C키**를 눌러 3D 커서의 위치를 초기화 할 수 있습니다.

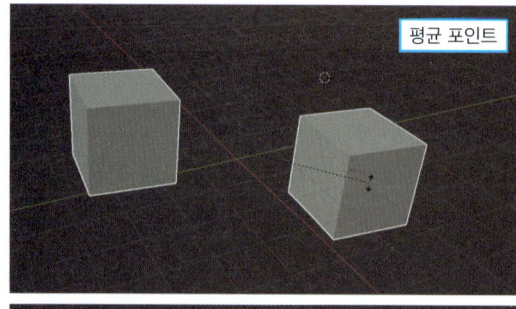
평균 포인트

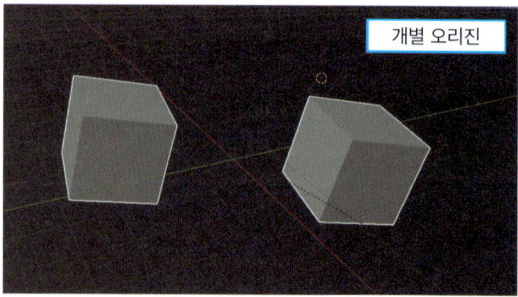
개별 오리진

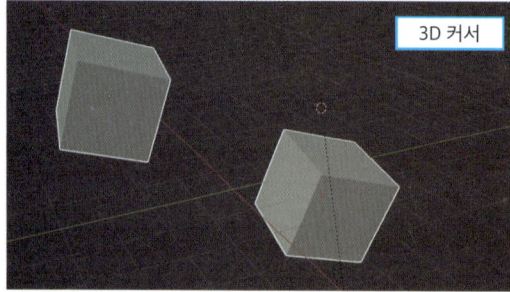
3D 커서

5-3 변환 오리엔테이션

변환 오리엔테이션은 3D 뷰포트 위쪽에 있는 좌표축과 관련된 항목입니다. 단축키는 **,키(쉼표)**입니다. 블렌더에서는 기본적으로 변형의 기준 좌표축을 결정하면서 작업을 수행합니다. 피벗 포인트와 마찬가지로 이 항목이 바뀌는 것만으로 지금까지 할 수 있었던 변형을 할 수 없게 되기도 하므로 주의합니다.

Next Page ▶

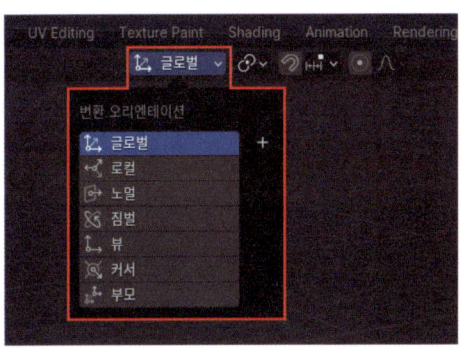
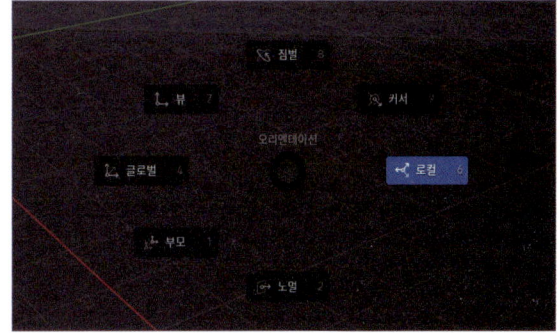

글로벌	3D 뷰포트 공간의 좌표축을 기준으로 합니다. Z축은 상하 방향, T 축은 전후 방향, Z축은 좌우 방향입니다.
로컬	각 오브젝트마다 가지고 있는 좌표축을 기준으로 합니다. 애니메이션에서 자주 사용하는 좌표축입니다.
노멀	폴리곤 방향을 기준으로 하는 좌표축입니다. Z축이 폴리곤 면에 수직한 방향입니다. 주로 모델링에 사용하는 좌표축입니다.
짐벌	사이드바 아이템 안에 있는 회전 모드 항목을 변경하면 좌표축이 바뀝니다.
뷰	현재 보고 있는 시점을 기준으로 하는 좌표축입니다.
커서	3D 커서를 기준으로 하는 좌표축입니다.
부모	부모는 부모 – 자식 관계를 가리키는 것으로 오브젝트를 부무와 자식으로 설정함으로써, 부모에 맞춰 자식을 변형할 수 있습니다. 이 부모를 기준으로 하는 좌표계입니다.

애니메이션에서는 기본적으로 **글로벌** 또는 **로컬**을 전환하면서 작업합니다.

블렌더에 익숙해졌다면 다른 좌표축도 사용하겠지만, 우선 이 2가지를 다룰 수 있으면 문제 없습니다. 다음 2개의 그림은 본이라 불리는, 캐릭터를 움직이기 위한 뼈대를 사용해 **글로벌**과 **로컬**의 차이를 비교한 것입니다. **글로벌**은 3D 공간의 좌표축을 기준으로 하므로 본의 방향에 맞춰 회전할 수 없습니다. **로컬**은 본 안에 있는 좌표축을 기준으로 하므로 본이 비스듬한 방향을 향하고 있어도 그에 맞춰 구부릴 수 있습니다.(본의 밑동 부근에 있는 초록색의 U축이 본의 방향을 향하고 있는 점에 주의합니다). 이 좌표축을 사용하면, 예를 들면 팔이나 손가락 등을 자연스러운 상태로 구부릴 수 있습니다. **로컬**은 캐릭터 애니메이션에서 자주 사용하므로 기억해 둡시다.

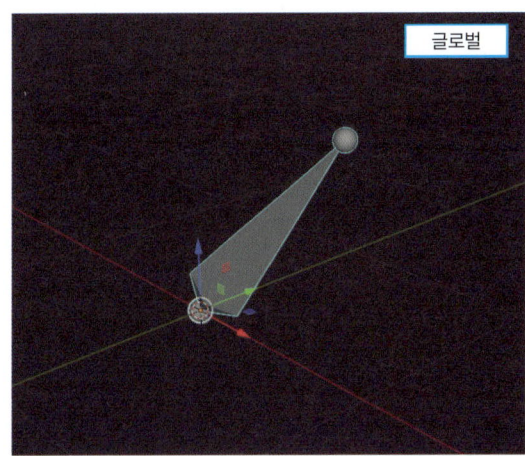

글로벌

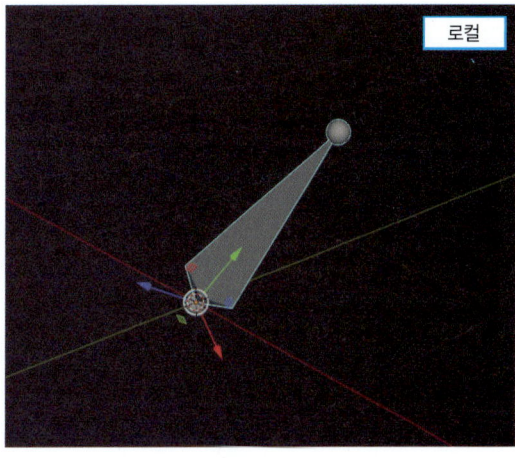

로컬

뷰포트 셰이딩

오브젝트 표시 방법을 전환합니다. 작업에 따라 표시 방법을 전환합니다. 단축키는 **Z키**입니다.

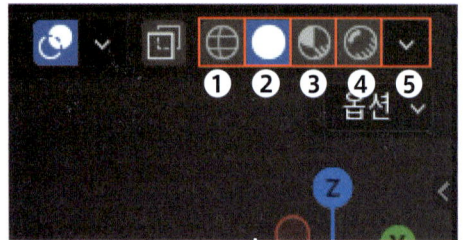
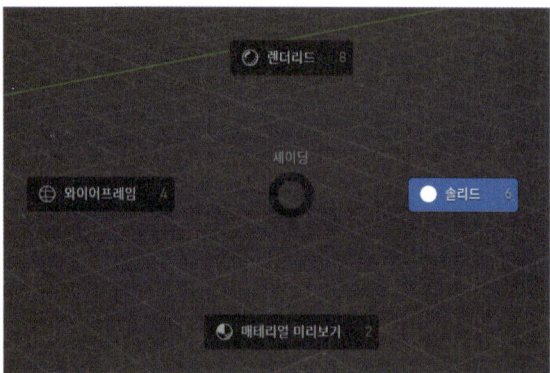

❶ 와이어프레임	오브젝트를 윤곽선으로 표시합니다. 동작이 가장 가볍지만 객체가 투과되어 보이기 때문에 시인성인 낮은 것이 단점입니다. 주로 모델링용 표시 방법이라고 생각하면 좋습니다.
❷ 솔리드	오브젝트를 회색으로 표시합니다. 대략적인 표시이므로 동작이 가볍습니다.
❸ 매테리얼 미리보기	오브젝트에 설정한 매테리얼material만 표시합니다. 설정한 라이팅은 반영되지 않습니다. 매테리얼이 설정된 오브젝트가 많을 수록 시인성이 낮아집니다.
❹ 렌더리드	렌더링 한 결과를 간략하게 표시합니다. 설정한 라이팅 등도 확인할 수 있으므로 가장 동작이 무겁고, 로딩에도 많은 시간이 소요됩니다.
❺ 셰이딩	각 셰이딩을 자세히 설정할 수 있습니다.

동작이 무거우면 애니메이션을 재생했을 때 재생 속도가 느려지거나, 정확한 움직임의 속도를 알 수 없게 됩니다. 기본적으로 동작이 가볍고 시인성이 좋은 **솔리드**에서 애니메이션을 만드는 것을 권장합니다. **매테리얼 미리보기**, **렌더리드**는 매테리얼 등을 로딩하는 데 많은 시간이 소요되므로, 최종 확인을 할 때 사용하는 것이 좋습니다.

※ **매테리얼**이란 오브젝트 표면에 설정한 질감을 가리킵니다. **매테리얼 미리보기**로 설정하면 오브젝트에 설정한 소재, 텍스처 등이 표시됩니다.

Column

키 프레임을 삽입할 수 있는 위치는 의외로 많다

블렌더에서는 다양한 항목이나 수치 입력 필드에 키 프레임을 삽입할 수 있습니다. 수치 입력 필드나 체크 항목 위에서 마우스 우클릭 하면 메뉴가 표시됩니다. 그 안에 **키 프레임을 삽입**(I키)이라는 항목이 있다면 해당 위치에 키 프레임을 설정해 애니메이션을 만들 수 있습니다.

도프시트

Chapter 1

6

도프시트는 애니메이션을 만들 때 자주 사용하는 영역입니다. 여기에서 키 프레임을 넣어 움직임을 기록하거나 조정하면서 애니메이션을 만듭니다. 여기에서는 기본적인 조작에 관해서만 살펴 보고, 뒤에서 보다 자세하게 설명합니다.

6-1 화면 설명

도프시트는 크게 5개의 화면으로 나눌 수 있습니다. 도프시트의 조작 방법은 독특하기 때문에 처음에는 기능을 기억하기 어려울 수 있습니다. 하지만 각 화면의 의미를 알아두면, 나중에 애니메이션을 원활하게 만들 수 있으므로 먼저 조금씩 기억해 봅시다.

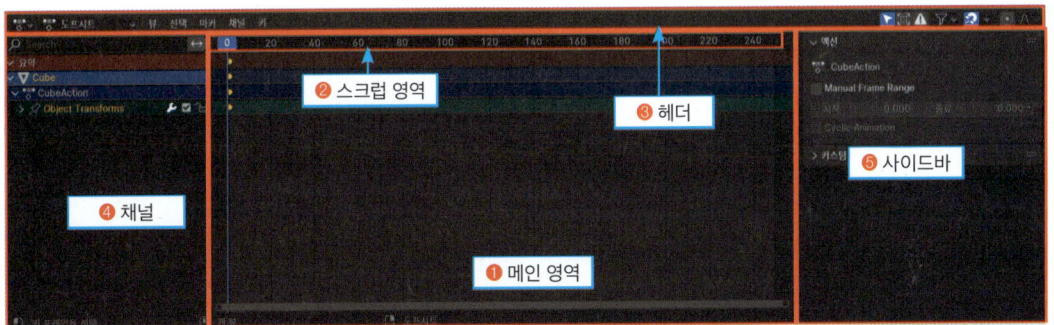

❶ 메인 영역	이 영역에 키 프레임이라는, 오브젝트의 변형을 기록하는 포인트를 넣어 애니메이션을 만듭니다.
❷ 스크럽 영역	프레임 번호가 표시된 영역입니다. 스크럽은 직역하면 **문지르다**는 의미입니다. 이 영역을 문지르듯 왼쪽으로 드래그 해 현재 프레임 번호를 이동할 수 있습니다.
❸ 헤더	모든 전환, 메뉴 표시/숨기기, 키 프레임의 다양한 조작을 수행할 수 있습니다.
❹ 채널	오브젝트의 키 프레임 관련 정보를 볼 수 있습니다. XYZ축을 세세하게 조정할 수 있습니다. 왼쪽의 오른쪽 방향 화살표를 클릭하면 아래쪽 방향으로 바뀌고, 패널이 열립니다.
❺ 사이드바	애니메이션과 관련된 다양한 설정을 할 수 있습니다. 도프시트 헤더의 **뷰(N키)**에서 표시/숨기기를 전환할 수 있습니다.

6-2 도프시트 화면 조작

도프시트 안에 마우스 커서를 올리고 다음 조작을 하면 화면 축적, 줌 인/줌 아웃을 할 수 있습니다. 실제로 조작해 보면서 익숙해지면 좋습니다.

마우스 휠을 상하로 회전	도프시트 안의 줌 인/줌 아웃
마우스 가운데 버튼 클릭 드래그	도프시트 안에서 이동

6-3 프레임 이동

도프시트 메인 영역 안에는 현재 프레임 번호가 표시된 파란색 선이 있습니다. 이 선은 **플레이헤드**playhead라 부르며, **현재 이 프레임에 당신이 있다**는 의미입니다. 플레이헤드는 도프시트 위에 있는, 프레임 번호가 표시되어 있는 스크럽 영역을 마우스 좌클릭 또는 마우스 좌클릭 드래그 해 이동할 수 있습니다. 메인 영역은 키 프레임을 다루는 화면이기 때문에, 이 영역을 마우스 좌클릭 해도 플레이헤드는 이동하지 않으므로 주의합니다. 이 플레이헤드 이동의 **단축키는 Alt+마우스 휠 회전**입니다.

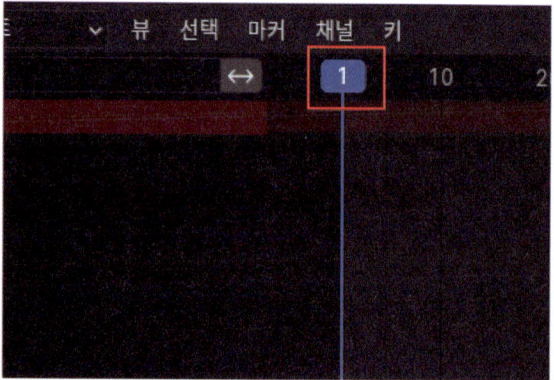

Column

프레임과 프레임 속도

프레임은 1초당 표시되는 이미지의 수를 의미합니다. 블렌더의 기본 설정에서는 1초당 24프레임을 표시하게 설정되어 있습니다. 1초가 몇 장의 프레임으로 구성되어 있는지를 나타내는 단위가 **프레임 속도(fps)**framerate 입니다.

화면 오른쪽에 있는 **프로퍼티스 → 출력 프로퍼티스**를 클릭하면 형식 패널 안에 **프레임 속도** 항목이 있습니다.

여기에서 프레임 속도를 확인 및 설정할 수 있습니다. 일반적으로 애니메이션은 24fps, 게임은 30fps 또는 60fps로 만드는 경우가 많습니다.

이 책에서는 기본값인 **24** 상태에서 애니메이션을 만듭니다.

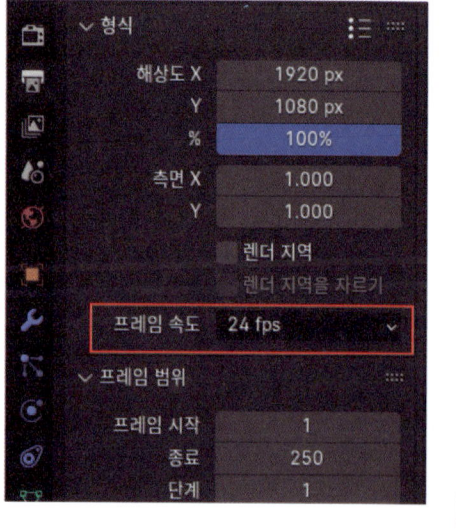

6 - 4 키 프레임 삽입

키 프레임은 오브젝트 변형(이동, 회전, 축적) 등을 기록하기 위한 기능입니다. **오브젝트 모드**에서 대상 오브젝트를 선택한 뒤, 3D 뷰포트 헤더 안의 **오브젝트 → 애니메이션 → 키 프레임을 삽입(I키)**를 선택해 키 프레임을 넣을 수 있습니다. 키 프레임을 넣으면 도프시트 위에 키 프레임이 삽입됩니다.

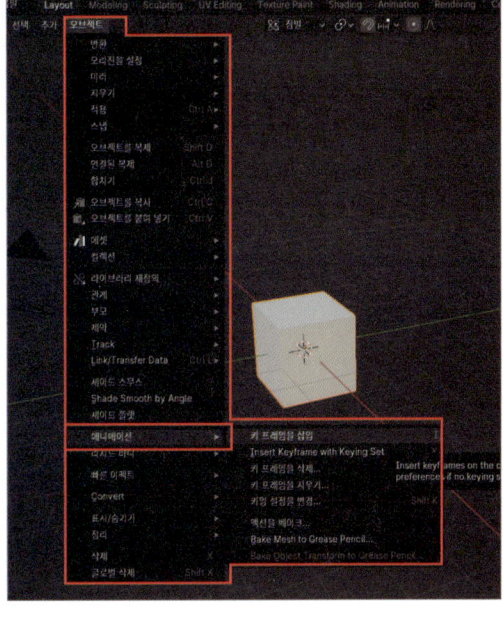

Column

키 프레임을 넣는 두 가지 방법

키 프레임을 삽입(I키)과 별도로 **키 프레임 메뉴를 삽입(K키)**이라는 조작이 있습니다. **키잉 세트**는 무엇을 키 프레임으로 등록할 것인지 선택하는 메뉴입니다. 예를 들면 위치나 회전 등 특정 변형에만 키 프레임을 삽입하고 싶을 때 사용할 수 있습니다.

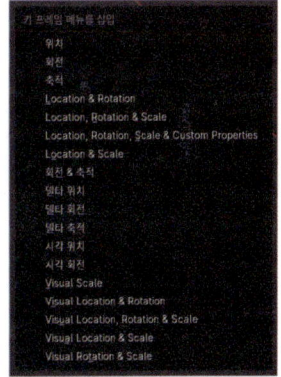

이 두 가지의 차이를 간단하게 정리하면 다음과 같습니다. 덧붙여 이 두 가지 조작의 단축키는 3D 뷰포트 위에 마우스 커서를 올려야만 실행할 수 있으므로 주의합니다.

키 프레임을 삽입(I키)	메뉴를 표시하지 않고 빠르게 키 프레임을 넣을 수 있습니다. 실행하면 위치, 회전, 축적 변형 모두에 키 프레임이 삽입됩니다. 특정 변형에만 키 프레임을 넣고 싶을 때는 **타임라인**의 **Keying** 안에 있는 **활성 키잉 설정** 항목에서 설정해야 합니다.
키 프레임 메뉴를 삽입(K키)	어떤 변형이 키 프레임을 넣을 것인지 결정하는 **키 프레임 메뉴를 삽입** 메뉴가 표시됩니다. 여기에서 위치, 회전, 축적 애니메이션을 세세하게 관리할 수 있습니다.

키 프레임 선택과 표시 방법

키 프레임을 선택하면 노란색으로 표시되고, 키 프레임이 아닌 부분을 도프시트에서 마우스 좌클릭 하면 회색으로 표시됩니다. 모든 키 프레임을 선택하고 싶을 때는 모두 선택의 단축키인 **A키**를 누릅니다. 그리고 도프시트 위에서 마우스 좌클릭 드래그 하면 **박스 선택**(B키)을 사용해 사각형 프레임으로 감싸듯이 선택할 수도 있습니다.

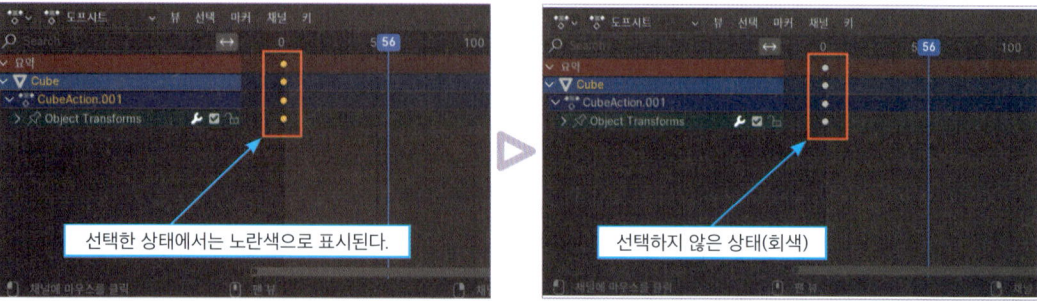

도프시트 위에 키 프레임이 표시되지 않게 되면 그것은 키 프레임을 삽입한 대상이 3D 뷰포트에서 선택되지 않았다는 의미이므로, 오브젝트를 다시 선택합니다. 도프시트는 기본적으로 **3D 뷰포트에서 선택되어 있는 대상**의 키 프레임을 표시합니다.

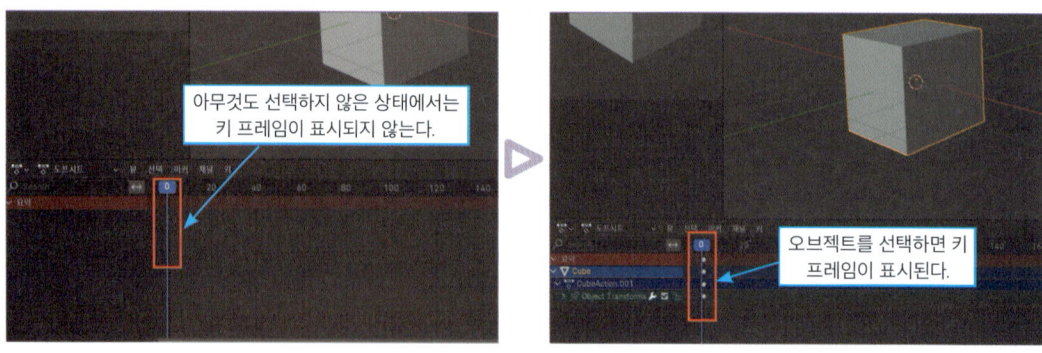

Column

오브젝트를 선택하지 않고 키 프레임을 표시하려면

도프시트 오른쪽 위에 있는 **Only Show Selected**(선택된 항목만 표시)를 비활성화 하면, 오브젝트를 선택하지 않아도 모든 키 프레임이 표시됩니다. 키 프레임을 확인하기 위해 오브젝트를 선택하는 것이 번거롭다면 이 기능을 사용해도 좋을 것입니다.

6-6 키 프레임 기본 조작

키 프레임 조작과 관련해 최소한으로 알아두면 좋은 단
축키를 소개합니다. 이 조작들은 도프시트 헤더에 있는
키 안에서 수행할 수도 있습니다. 그리고 이 단축키들
은 도프시트 위에 마우스 커서를 올린 상태에서만 실행
되므로 주의합니다.

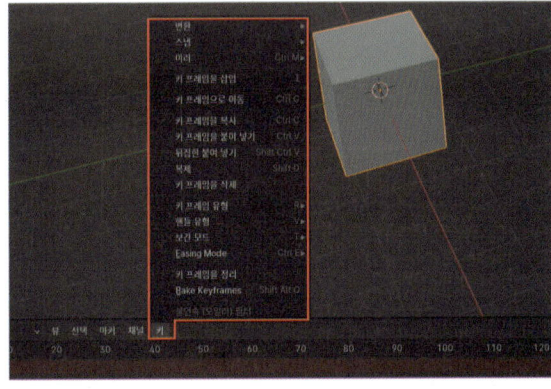

G	선택한 키 프레임을 이동할 수 있습니다. 키 프레임을 마우스 좌클릭 드래그 해 같은 조작을 할 수 있습니다.
X	선택한 키 프레임을 삭제할 수 있습니다.
Shift+D	선택한 키 프레임을 복제합니다.
Ctrl+C, Ctrl+V	키 프레임을 복사 & 붙여 넣을 수 있습니다.
여러 키 프레임을 선택한 상태에서 S	키 프레임의 간격을 조정할 수 있습니다.

6-7 수치 입력 필드에서 키 프레임 조작

이 키 프레임 조작은 도프시트 뿐만 아니라 **사이드바(N
키)**의 항목 탭 안에 있는 **변환** 패널의 수치 입력 필드 또
는 **프로퍼티스 → 오브젝트 프로퍼티스 → 변환** 패널 안
에서 수행할 수 있습니다. 이 **변환** 패널 안에 있는 수치
입력 필드에서 X, T, Z의 3개 좌표축의 변형을 관리할
수 있습니다. 그리고 키 프레임을 삽입하면 수치 입력
필드의 색이 바뀝니다. ❶과 같이 수치가 노란색으로
표시되면 **이 프레임에 키 프레임이 들어 있다**는 의미입니
다. ❷와 같이 녹색으로 표시되면 **이 프레임이 아닌
다른 프레임에 키 프레임이 들어 있다**는 의미입니다.
그리고 ❸과 같이 화색으로 표시되면 어느 프레임에도

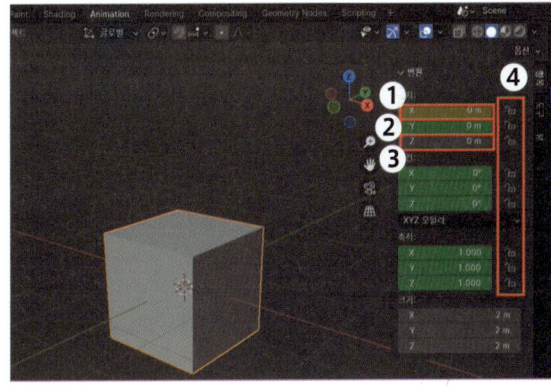

키 프레임이 들어 있지 않다는 의미입니다. 그 밖에 수치 입력 필드 오른쪽에 자물쇠 아이콘이 있습니다. 이 아이콘을 활성
화하면 수치가 임의로 편집되는 것을 방지할 수 있습니다.

Next Page ▶

수치 입력 필드를 마우스 우클릭 하면 키 프레임 관련 메뉴가 표시됩니다. X, Y, Z을 모아 키 프레임을 넣고 싶을 때는 **키 프레임을 교체**, 각 축 별로 키 프레임을 넣고 싶을 때는 **싱글 키 프레임을 교체**를 선택합니다. 키 프레임을 삭제하고 싶을 때는 대상 키 프레임을 선택하고 **키 프레임을 삭제**를 실행합니다. 키 프레임을 완전히 삭제하고 싶을 때는 **키 프레임을 지우기**를 실행합니다.

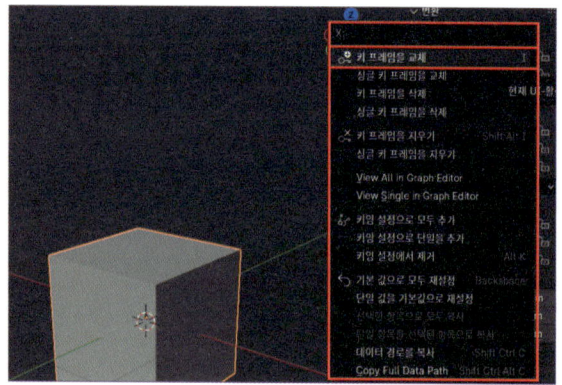

Column

도프시트 위의 '키 프레임 삽입'

마우스 커서를 도프시트 위에 올린 뒤 **I**키를 누르면 키 **프레임을 삽입**이라는 메뉴가 표시됩니다. 이 메뉴는 **어떤 채널에 키 프레임을 삽입할 것인지 결정하는 메뉴**입니다. 3D 뷰포트에서 키 프레임을 삽입하는 **I**키와 비슷해 혼동하기 쉽지만, 보통은 3D 뷰포트 위에서 I키를 사용하는 것을 권장합니다. 블렌더에서는 어떤 영역에 마우스 커서가 있는지에 따라 그 조작이 달라집니다. 마우스 커서의 위치에 항상 주의합니다.

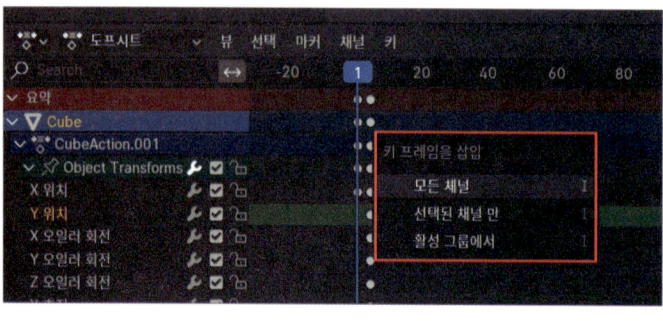

타임라인

도프시트와 비슷하지만 애니메이션 편집 기능은 거의 없습니다. 타임라인에서는 애니메이션 재생과 정지, 프레임 시작과 정지, 애니메이션의 다양한 설정을 할 수 있습니다. 타임라인은 기본 워크스페이스인 **Layout**에도 있지만, 간단히 말하면 **간략한 버전의 도프시트**입니다. 주로 타임라인 위쪽에 있는 항목들을 사용합니다.

7-1 재생 및 정지

타임라인 위쪽에 있는 오른쪽 방향 삼각형 아이콘을 클릭하면 애니메이션이 시작됩니다(왼쪽 방향 삼각형 아이콘을 클릭하면 역재생됩니다). 정지하고 싶을 때는 재생 버튼 위치에 정지 버튼이 표시되므로 클릭합니다. 이 재생과 정지의 단축키는 **Space키**입니다.

블렌더의 3D 뷰포트, 또는 도프시트나 타임라인에 마우스 커서를 올리고 **Space키**를 누르면 애니메이션이 시작됩니다. 한 번 더 **Space키**를 누르면 애니메이션이 정지합니다. 이 단축키는 애니메이션 조작에서 자주 사용하므로 기억해 둡시다(메뉴에서 실행하고 싶을 때는 3D 뷰포트 위 헤더의 **뷰 → 애니메이션 재생**에서 수행합니다).

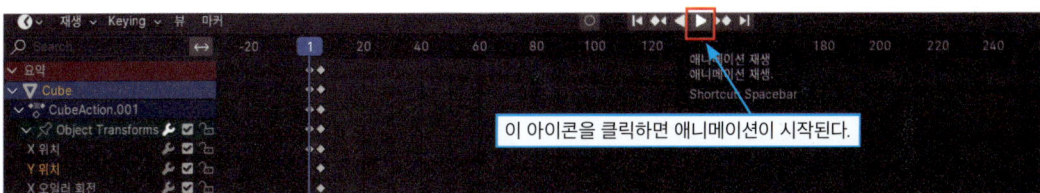

이 아이콘을 클릭하면 애니메이션이 시작된다.

7-2 시작과 종료

타임라인 위 오른쪽에 있는 시작과 종료는 프레임 시작과 종료를 결정하는 항목입니다. 예를 들면 1번째 프레임에서 **48**번째 프레임까지 애니메이션을 재생하고 싶을 때는 시작값을 **1**, 종료값을 **48**로 설정해야 합니다. 시작 프레임과 종료 프레임 사이가 렌더링 결과로 반영됩니다.

또한 왼쪽의 숫자는 **현재 위치한 프레임**을 의미합니다.

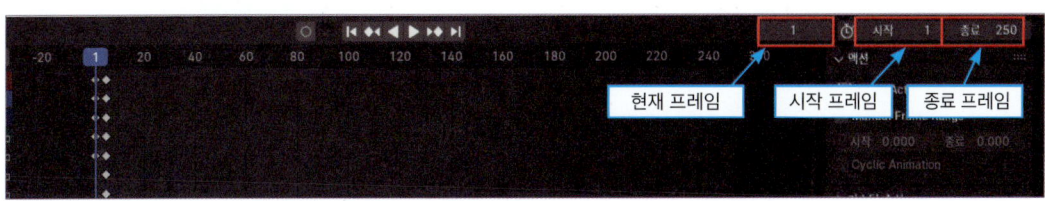

현재 프레임   시작 프레임   종료 프레임

7-3 자동 키잉

타임라인 위쪽에는 구체 아이콘이 있습니다. 이 아이콘은 **자동 키잉** 기능입니다. 이 기능을 활성화하면 3D 부포트 위에서 오브젝트 등의 **위치(G키)**, **회전(R키)**, **축적(S키)**를 변경했을 때 키 프레임을 자동으로 삽입할 수 있습니다(환경 설정에서 **애니메이션 → 키 프레임** 패널 안에 있는 **사용 가능할 때 만 삽입**을 활성화 한 경우, 프레임 안에 키 프레임이 없으면 자동으로 키를 삽입할 수 없습니다). 이 기능을 사용하면 **키 프레임을 삽입(I키)** 또는 **키 프레임 메뉴를 삽입(K키)**를 사용한 수동 조작의 노력을 줄일 수 있으므로 애니메이션을 좀 더 수월하게 만들 수 있습니다.

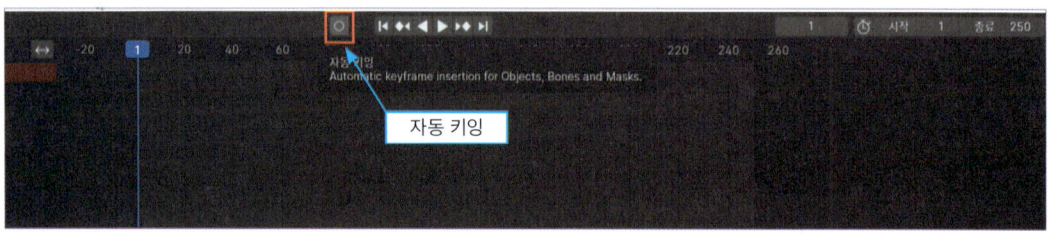

7-4 활성 상태의 키잉 세트

타임라인 위쪽에 키잉 항목이 있습니다. 이 기능은 주로 **키 프레임을 삽입(I키)**과 관계 있습니다. **키 프레임을 삽입(I키)**을 사용하면 키 프레임을 신속하게 넣을 수 있지만, 기본값 상태에서는 모든 변형에 키 프레임이 넣어지게 됩니다. 이 메뉴 안에 있는 **활성 키잉 설정**을 클릭하면 다양한 선택 옵션이 표시됩니다. 예를 들면 **Location**을 클릭하면 **키 프레임을 삽입(I키)**을 실행했을 때, **위치**의 키 프레임만 넣을 수 있게 됩니다. 항목 오른쪽에 있는 X 버튼을 클릭하면 삭제할 수 있습니다. 위치, 회전, 스케일(축적) 중 필요 없는 것에 키 프레임을 삽입하고 싶지 않을 때 사용하면 좋습니다. 이 조작의 단축키는 3D 뷰포트 위에서 **Shfit+K키**입니다(키잉 세트 관련 메뉴가 표시됩니다).

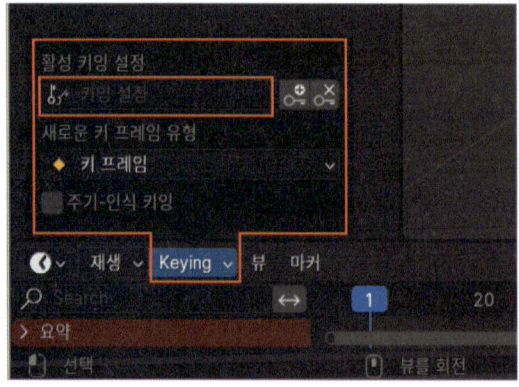

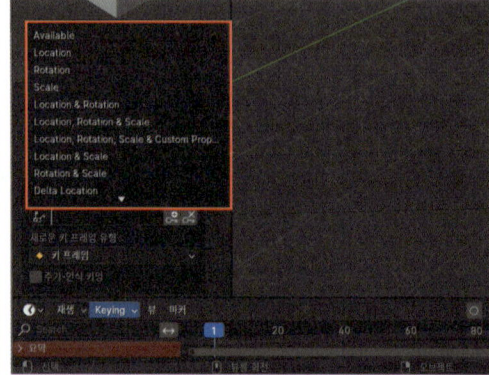

Column

'텍스트 정보'에 관해

3D 뷰포트 왼쪽 위에는 텍스트가 표시됩니다. 이 텍스트들은 **텍스트 정보**라 부릅니다. 이 기능을 표시/숨기기 하려면 3D 뷰포트 오른쪽 위에 있는 **뷰포트 오버레이 → 텍스트 정보**를 설정합니다. 여기에는 현재 시점, 선택한 오브젝트명 등이 표시됩니다. **(0)**과 같이 괄호 안에 숫자가 표기되어 있는 부분이 있습니다. 이것은 **현재 자신이 있는 프레임 번호**를 의미합니다.

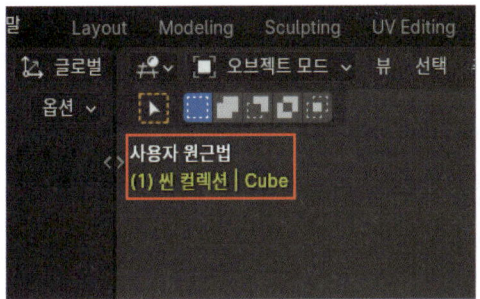 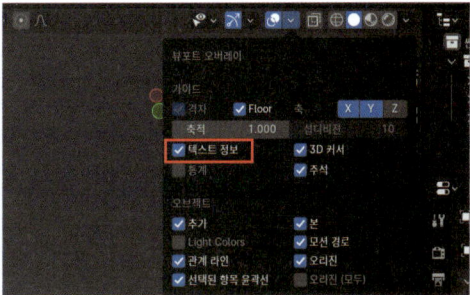

그리고 재생(**Space키**)을 실행하면 FPS(프레임 속도)가 표시됩니다. 흰색으로 표시되는 것은 정상이며, 빨간색으로 표시되면 **설정한 FPS 보다 재생 속도가 느리다**는 것을 의미합니다. 이 때는 처리가 무거운 오브젝트를 숨기거나 3D 뷰포트 오른쪽 위에 있는 뷰포트 셰이딩을 **솔리드**로 표시하는 등의 대책을 취해야 합니다. 이 **텍스트 정보**는 애니메이션을 만들 때 자주 확인하므로 꼭 기억해 둡시다.

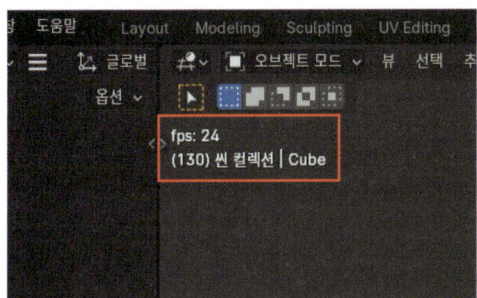 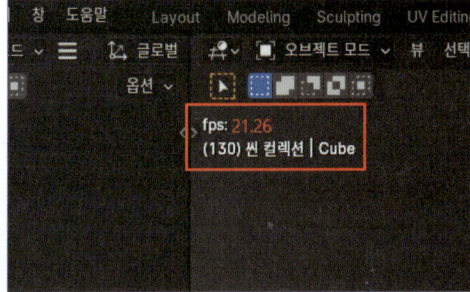

보통 속도 　　　　　　　　　　　　　　　　보통 속도보다 느리다.

카메라와 렌더링

렌더링은 3D 뷰포트에 배치되어 있는 카메라 시점에서 촬영을 하고, 이미지나 동영상으로 만드는 것입니다. 애니메이션을 만들려면 카메라와 렌더링에 관해 반드시 이해해야 합니다. 여기에서는 카메라 조작 방법과 렌더링 방법에 관해 간단히 설명합니다.

8-1 카메라 조작 방법

블렌더에서 이미지나 동영상을 출력하기 위해서는 3D 뷰포트 위에 카메라 오브젝트를 반드시 배치해야 합니다. 카메라는 블렌더 실행 시 기본으로 배치되며, 다른 오브젝트와 마찬가지로 **이동(G키)**, **회전(R키)**할 수 있습니다. 카메라를 추가하려면 3D 뷰포트의 **추가(Shift+A 키) → 카메라**에서 추가할 수 있습니다(3D 커서 위치에 오브젝트가 추가됩니다).

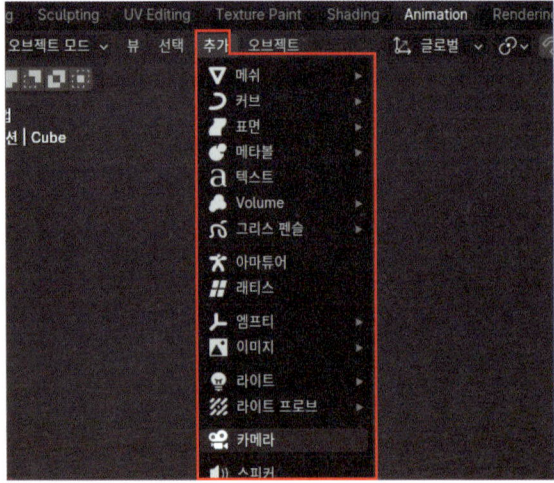

3D 뷰포트 오른쪽에 있는 카메라 아이콘을 클릭하거나 **텐키 0**을 누르면 카메라에서 본 시점으로 전환되며 사각형 프레임이 표시됩니다. 이 사각형 프레임 안에 비춰지는 모습이 이미지 또는 동영상으로 출력됩니다. 카메라 아이콘을 한 번 더 클릭하거나 **텐키 0**을 누르면 카메라 시점을 해제할 수 있습니다.

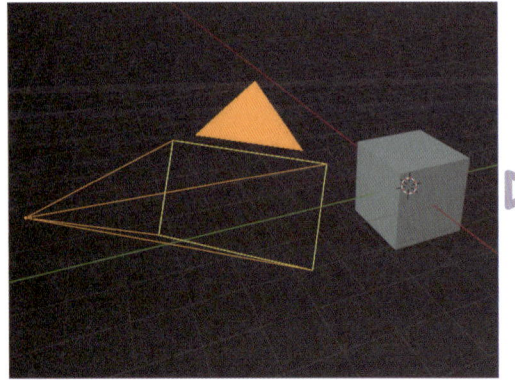
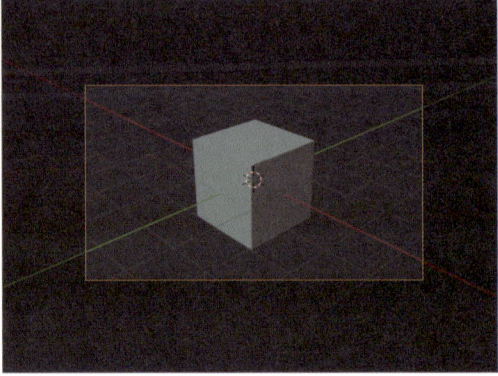

현재 시점을 항상 카메라 시점으로 만들려면

텐키 0을 눌러 카메라 시점으로 전환하고, 3D 뷰포트 오른쪽에 있는 자물쇠 아이콘(전환)을 클릭하면 현재 시점을 항상 카메라 시점으로 만들 수 있습니다. 이 아이콘을 활성화하면 카메라 프레임에 빨간 점선이 표시됩니다. 이 기능을 활성화한 상태에서 카메라 시점으로 전환했을 때, 시점을 움직이면 그에 맞춰 카메라도 움직입니다. 또는 사이드바의 **뷰** → **뷰 잠금** 안에서 **Camera to View**를 활성화해 같은 조작을 할 수 이습니다. 항상 렌더링 시점을 유지할 수 있으므로 애니메이션 작업에서 매우 편리합니다(매번 모드 전환 → 카메라 선택 → 움직이는 조작을 할 필요가 없어집니다).

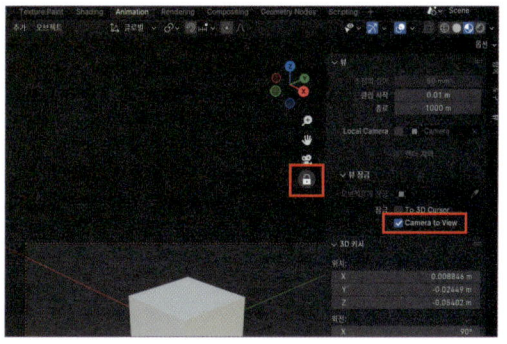

8-2 렌더링 엔진

블렌더에는 여러 렌더링 엔진이 탑재되어 있습니다. **프로퍼티스** → **렌더 프로퍼티스** → **렌더 엔진**에서 선택할 수 있습니다. 렌더링 엔진에는 **EEVEE**, **Cycles**, **Workbench**의 세 가지가 있으며, 그 차이는 다음과 같습니다.

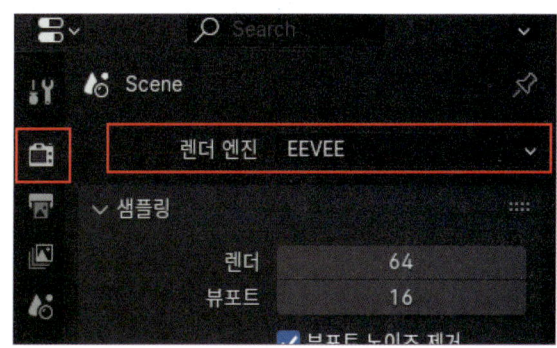

EEVEE	고속 및 실시간성에 뛰어난 렌더링 엔진입니다. 애니메이션 풍의 표현에 적합합니다.
Cycles	고품질의 빛이나 그림자를 표현해 줍니다. 단, 복잡한 계산 처리를 수행하기 때문에 렌더링에 시간이 소요됩니다. 사실적인 표현에 적합합니다.
Workbench	3D 뷰포트 안의 렌더링에 특화된 렌더링 엔진입니다. 조명이나 매테리얼 설정 등은 반영되지 않습니다. 최종적인 렌더링 출력에는 적합하지 않지만, 간결한 표시로 미리보기를 수행할 때 사용합니다.

Workbench는 미리보기용으로 사용되는 렌더링 엔진입니다. **EEVEE** 또는 **Cycles** 중 하나를 메인 렌더링 엔진으로 사용하게 됩니다.

※ 이 책에서는 기본값인 EEVEE를 사용해 작업을 수행합니다.

이미지 렌더링 방법

이미지를 렌더링하기 전에 출력할 이미지 크기를 설정해야 합니다.

01
Step
출력 프로퍼티스 → 형식 → 해상도 설정하기
카메라를 선택하고 **프로퍼티스 → 출력 프로퍼티스 → 형식** 패널 안에 있는 **해상도**에서 크기를 변경할 수 있습니다. **X**는 폭, **Y**는 높이입니다. **%**는 지정한 크기의 몇 %인지 결정하는 항목으로, 렌더링 결과를 빠르게 보고 싶을 때 사용합니다. 그리고 오른쪽 위 아이콘은 **Format presets**로, 미리 설정된 형식이 표시됩니다. 기본적으로 해상도가 낮을수록 출력 결과의 이미지가 작아지고, 화질도 저하됩니다.

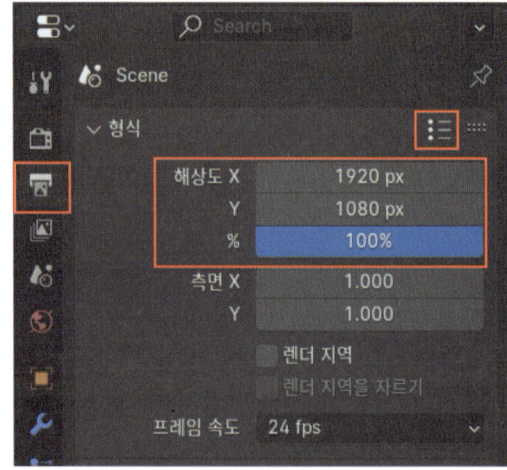

02
Step
출력 프로퍼티스 → 출력 → 파일 형식 설정하기
파일 형식은 **출력** 패널 안에 있는 **파일 형식**에서 변경할 수 있습니다. 이미지는 일반적으로 **PNG** 또는 **JPEG**을 사용합니다. 배경을 투과하게 만들고 싶을 때는 파일 형식을 **PNG**, 컬러를 **RGBA**로 설정합니다. 또한 **렌더 프로퍼티스 → 필름** 패널 안에서 투명을 활성화하면 배경을 투과하게 만들 수 있습니다.

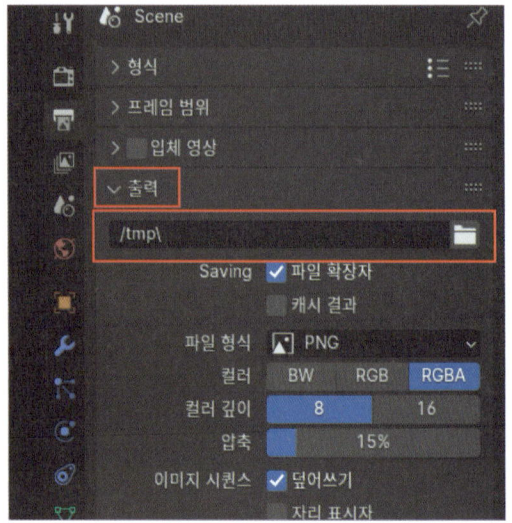

03
Step
렌더링하기
이미지 렌더링은 화면 위쪽 톱 바의 **렌더 → 이미지를 렌더(F12)**에서 수행합니다. 이 기능을 실행하면 새롭게 **블렌더 렌더**라는 새 창이 열리고, 렌더링을 시작합니다.

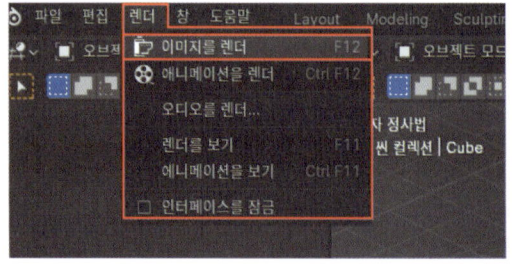

04 렌더링 이미지 저장하기

Step

출력한 이미지에 문제가 없다면 **블렌더 렌더**의 **이미지**에서 **다른 이름으로 저장**을 선택하면 블렌더 전용 **블렌더 파일 보기**가 표시됩니다. 여기에서 저장 위치를 지정합니다. 그리고 오른쪽에 있는 **파일 형식**에서 파일 형식을 변경할 수도 있습니다.

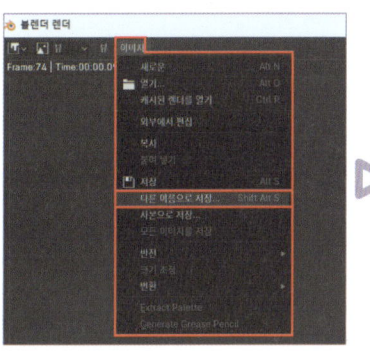
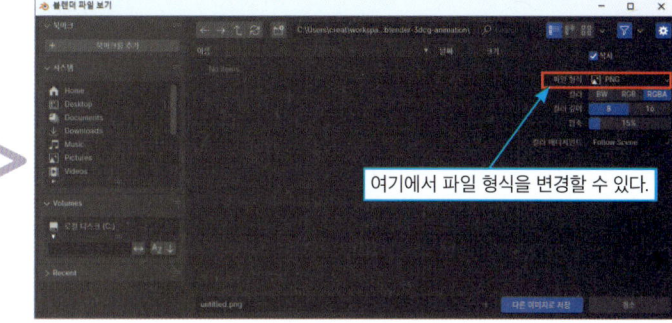

여기에서 파일 형식을 변경할 수 있다.

8-4 동영상 렌더링 방법

애니메이션을 렌더링 할 때는 먼저 저장 위치와 파일 형식을 지정해야 합니다.

01 출력 프로퍼티스 > 출력 > 저장 위치 지정하기

Step

프로퍼티스 → **출력 프로퍼티스** → **출력** 패널에서 **출력 경로** 오른쪽 파일 아이콘을 클릭하면 **블렌더 파일 보기**가 열립니다. 저장 위치를 지정합니다.

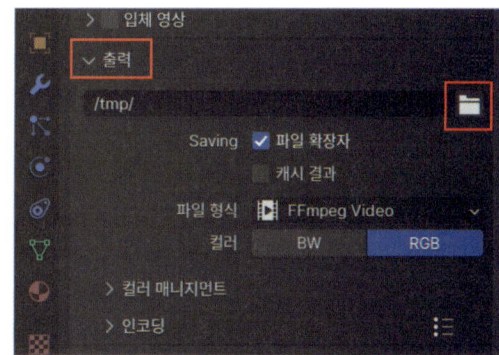

02 출력 프로퍼티스 → 출력 → 파일 형식 지정하기

Step

마찬가지로 **출력** 패널에 있는 **파일 형식**에서 동영상 형식을 지정해야 합니다. 동영상 관련 항목은 오른쪽 3개이며, 동영상이 아닌 것을 선택하면 일련번호 이미지 파일로 출력됩니다. mp4 동영상을 출력할 수 있는 **FFmpeg Video**로 설정하는 것을 권장합니다.

※ 블렌더 4.2는 **FFmpeg Video** 동영상 형식만 지원합니다.

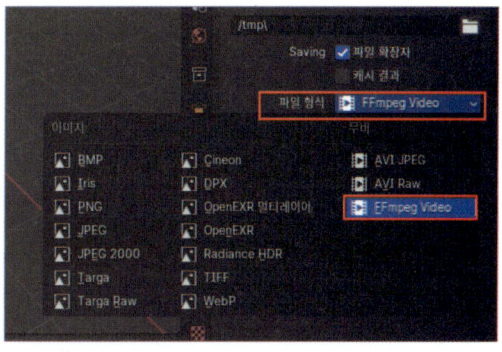

03

Step

출력 프로퍼티스 > 출력 > 인코딩하기

인코딩 오른쪽 아이콘을 클릭하면 인코딩 주요 설정 메뉴가 표시됩니다. 기본적으로 자주 사용되는 **H264 in MP4**를 클릭하면 좋습니다. 그리고 **인코딩** 패널 안에서 보다 자세한 설정을 할 수 있습니다.

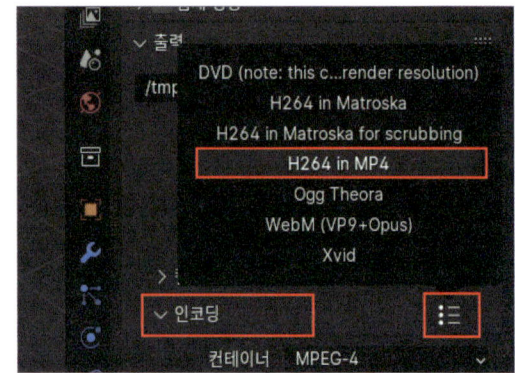

04

Step

렌더링하기

동영상 렌더링은 톱 바의 **렌더 → 애니메이션을 렌더**(Ctrl+F12) 에서 수행합니다. 실행하면 렌더링이 시작됩니다. 잠시 기다립니다. 렌더링을 완료하면 저장 위치에 동영상이 출력됩니다. 저장 위치로 이동하는 수고를 덜고 싶다면 **렌더 → 애니메이션을 보기**(Ctrl+F11)에서 곧바로 확인할 수 있습니다.

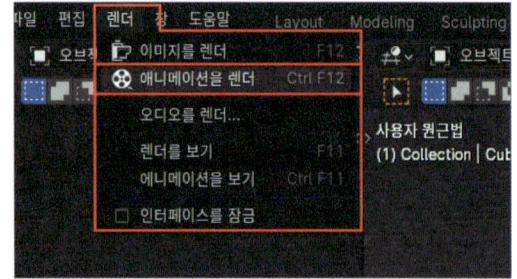

Column

샘플링에 관해

프로퍼티스 → **렌더링 프로퍼티스(카메라 모양 아이콘)**에서는 렌더링 시 사용할 샘플링 수를 설정할 수 있습니다. 샘플링 수를 크게 설정하면 보다 깔끔한 렌더링을 할 수 있지만, 그만큼 처리 시간이 늘어납니다. **뷰포트**는 3D 뷰포트 안에서의 샘플링 수를 가리키며, 기본값은 16으로 설정되어 있습니다. 한편 **렌더**는 최종적으로 렌더링 할 때의 샘플링 수입니다. 이 값은 PC 성능에 따라 조정할 수 있지만 특별한 이유가 없다면 기본값 설정으로 사용해도 문제 없을 것입니다.

Chapter 1

Chapter 1

Chapter 2

Chapter 3

Chapter 4

Chapter 5

Area 커스터마이즈

Chapter 1

9

블렌더 화면은 **Area**라 부르는 몇 개의 사각형 영역으로 구성되어 있습니다. 이 영역들을 원하는 대로 이동하거나 분할하는 등 자유롭게 커스터마이즈 할 수 있습니다. 애니메이션을 만들 때는 Area를 자주 커스터마이즈 하므로 조작 방법을 익혀두는 것이 좋습니다.

9 - 1   Area 경계 이동

이동할 Area의 경계에 마우스 커서를 올리면 커서카 화살표로 바뀝니다.
마우스 커서를 Area 경계에 올린 상태에서 마우스 좌클릭 드래그 하면 Area 경계를 이동할 수 있습니다. 마우스 왼쪽 버튼을 떼 Area 이동을 결정합니다.

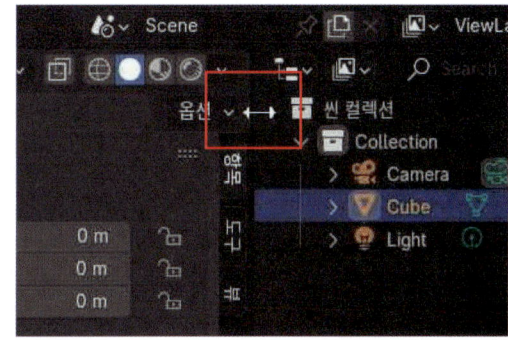

9 - 2   Area 분할 및 통합

분할할 Area의 모서리에 커서를 올리면 마우스 커서가 +로 바뀝니다. 이 상태에서 마우스 좌클릭 드래그 하면 화면이 분할됩니다. Area를 통합하고 싶을 때는 통합할 방향으로 마우스를 움직이면 마우스 커서가 화살표로 바뀝니다. 마우스 왼쪽 버튼을 떼면 Area가 통합됩니다. 그리고 화면 끝을 마우스 우클릭 하면 Area 설정 관련 메뉴가 표시되며 같은 작업을 수행할 수 있습니다.

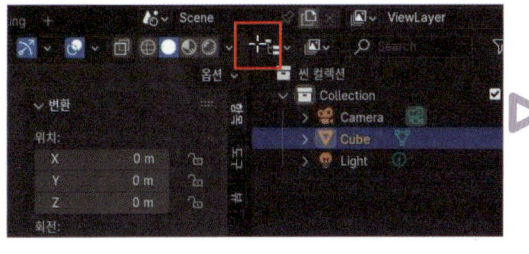 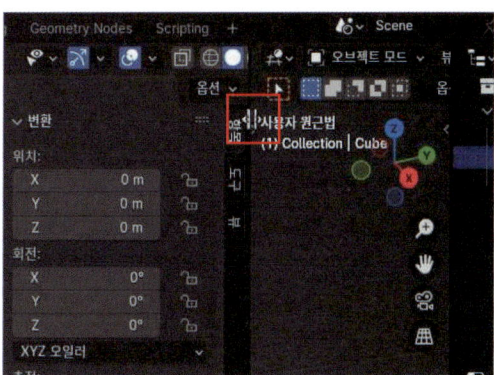

에디터 유형

각 Area의 왼쪽 위에 있는 **에디터 유형**에서 에디터를 변경할 수 있습니다. **3D 뷰포트**, **아웃라이너**, **도프시트**, **타임라인** 등도 이 안에 있으므로 여기에서 원하는 에디터로 변경하는 것도 좋습니다.。

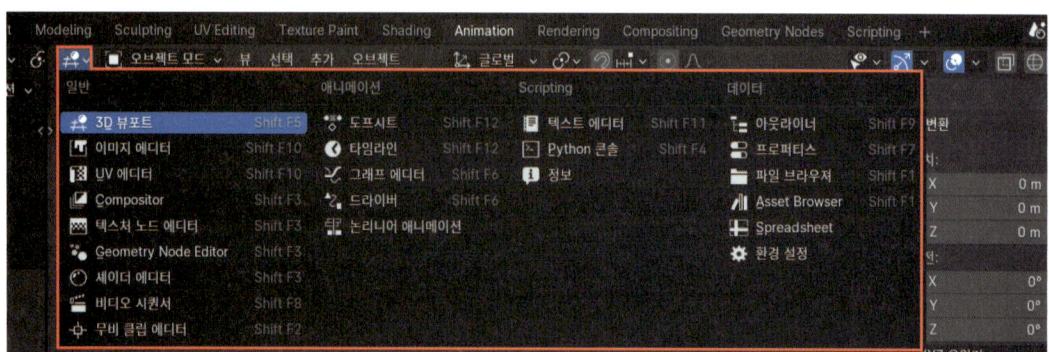

Area를 원래대로 변경하는 방법

각 Area의 상태는 조작을 하면서 복잡하게 변화합니다. Area를 원래대로 되돌려야 할 때는 먼저 블렌더 파일을 저장합니다. 다음으로 새롭게 블렌더를 실행하고 톱 바의 **파일 → 열기**에서 **블렌더 파일 보기**를 표시한 뒤 오른쪽 끝에 있는 기어 아이콘을 클릭합니다. 거기에서 **UI를 불러오기** 항목의 체크를 해제한 뒤 앞에서 저장한 블렌더 파일을 엽니다. 그러면 기본 UI 설정 상태로 파일을 열 수 있습니다.

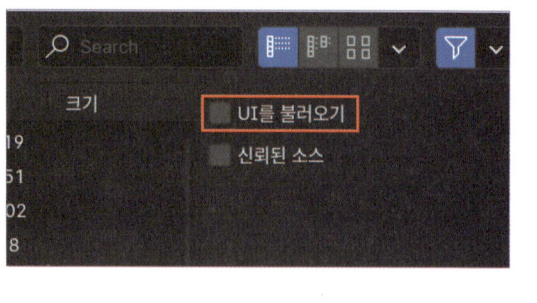

포즈를 만들자

이번 장에서는 캐릭터 애니메이션 만들기 연습을 위해 포즈의 기본에 관해 설명합니다.
캐릭터 데이터를 사용해 실제로 포즈를 만드는 방법을 학습합니다.

작업 흐름

블렌더를 사용해 3D CG 애니메이션을 만들려면 애니메이션의 기본적인 지식을 가져야 하는 동시에 블렌더 조작 방법을 이해해야 합니다. 이번 장에서는 캐릭터 애니메이션을 만들기에 앞서 먼저 포즈를 만드는 방법을 학습합니다. 포즈 만들기는 캐릭터의 매력을 최대한으로 이끌어내는 중요한 기초 스킬입니다. 여기에서는 블렌더 조작 방법을 익혀 캐릭터가 활력 있게 움직이는 토대를 닦는 것을 목표로 합니다.

1 - 1 포즈가 캐릭터의 매력을 이끌어 낸다

3D CG 애니메이션 만들기에서는 움직임의 기본을 확실하게 이해하는 것이 중요합니다. 그에 못지 않게 **캐릭터의 매력을 이끌어 내는** 것도 중요합니다. 애니메이션을 만들기 위해서는 먼저 캐릭터가 어떻게 움직이는지 생각하고, 그 움직임에 맞는 포즈를 만듭니다. 애니메이션은 이렇게 만든 포즈를 하나씩 연결해서 완성합니다. 좋은 포즈를 만듦으로써 캐릭터에 활기가 넘치고, 보는 사람에게 강한 인상을 줄 수 있습니다. 반대로 포즈가 약하면 아무리 매끄럽게 움직인다 하더라도 애니메이션 전체의 매력은 떨어지게 됩니다. 그렇기 때문에 우선 즐기면서 포즈를 만들어 봅시다. 즐기는 과정에서 자연스럽게 매력적인 포즈를 만들어 낼 수 있을 것입니다.

1-2 　포즈 제작 순서 익히기

캐릭터 데이터를 블렌더에서 임포트 한 뒤 먼저 **리그**를 사용할 수 있게 설정합니다❶. 다음으로 리그 사용 방법을 익힙니다 ❷. 리그 조작을 학습했다면 실제로 포즈를 화면에 출력하는❸ 흐름으로 작업을 진행합니다.

❶ 데이터 임포트

❷ 리그 조작 방법

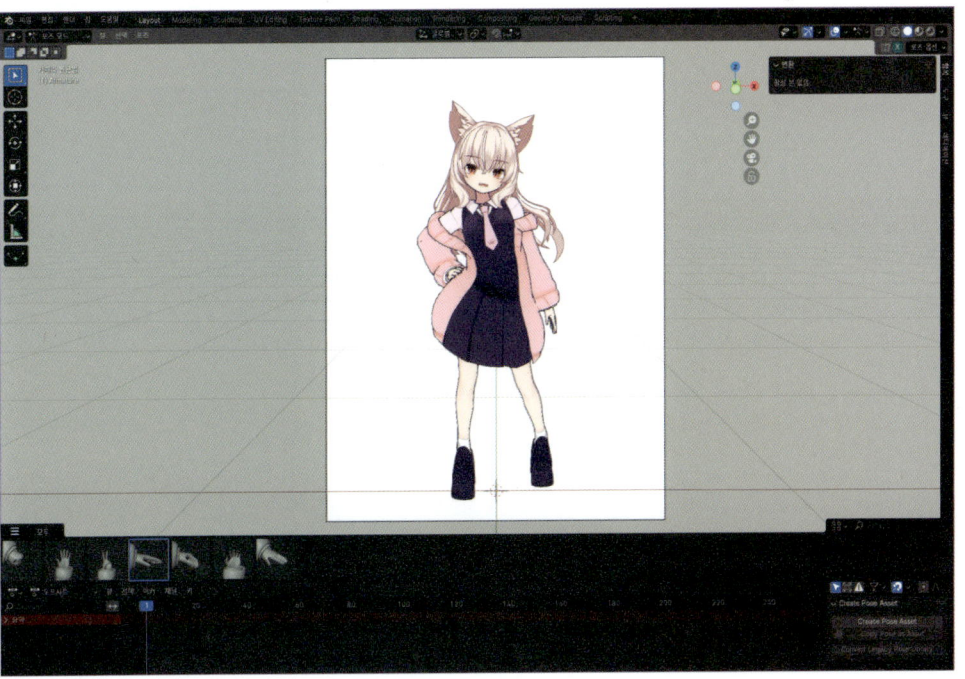

❸ 포즈 제작 및 출력 설정

캐릭터 데이터 구조

캐릭터 데이터 구조에 관해 그림과 함께 설명합니다. 캐릭터가 어떻게 움직이는지 이해함으로써 각 작업을 보다 심도 있게 이해할 수 있습니다.

■ 리그란?

캐릭터 애니메이션은 3D 캐릭터를 자유롭게 움직여 표정이나 동작을 만들어 내는 작업입니다. 이 작업을 하기 위해서는 캐릭터를 움직이기 위한 **뼈대**가 필요합니다. 이 뼈대를 만들고 3D 모델과 연동하는 작업을 **리깅**rigging이라 부릅니다. 다음은 **리깅**을 수행하는 단계입니다.

■ 본❶과 아마튜어❷

캐릭터를 움직이려면 먼저 본을 조합해야 합니다. 본은 캐릭터의 각 부위를 움직이기 위한 **뼈**입니다. 이 본을 모은 것을 **아마튜어**라 부릅니다. 아마튜어를 올바르게 구성하지 않으면 캐릭터를 생각한대로 움직일 수 없습니다.

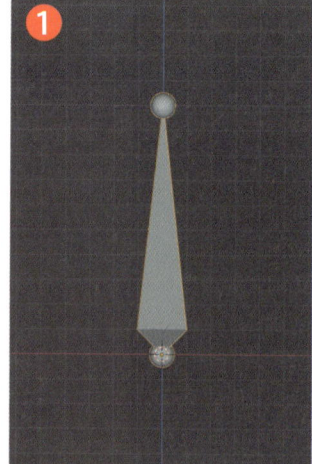
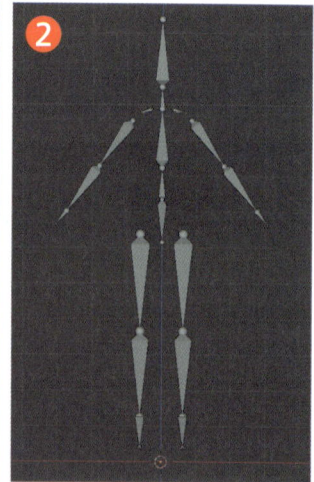

■ 본 조합❸ 과 설정❹

본을 캐릭터 신체에 맞춰 배치하고 3D 모델과 본을 연동합니다. 그리고 **리그**(캐릭터를 움직이기 위한 컨트롤러)를 쉽게 사용할 수 있게 하기 위한 설정을 하고, 캐릭터의 움직임이 보다 매끄럽게 되도록 조정합니다.

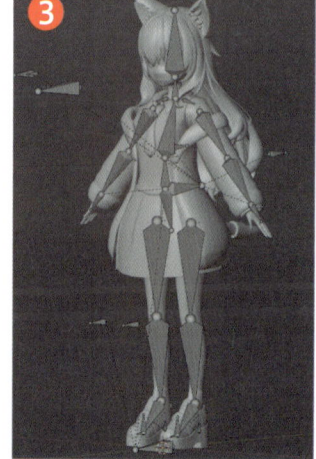
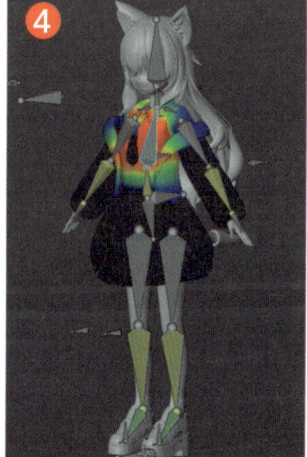

> **MEMO**
>
> 리깅에 관해서는 **5장 3. 리그 애드온에 관해**에서도 자세히 설명합니다.

■ 커스텀 셰이프❺와 로컬 설정❻

각 본의 형태를 쉽게 알 수 있게 하기 위해 **커스텀 셰이프**라는, 본의 형태를 변경하는 기능을 사용합니다. 이를 사용함으로써 리그 조작을 직관적으로 쉽게 할 수 있게 됩니다. 그리고 각 본의 밑동에는 좌표축이 있습니다. **변환 오리엔테이션**을 **로컬**로 설정하면, 본 자체의 좌표계를 기준으로 본을 변형할 수 있습니다.

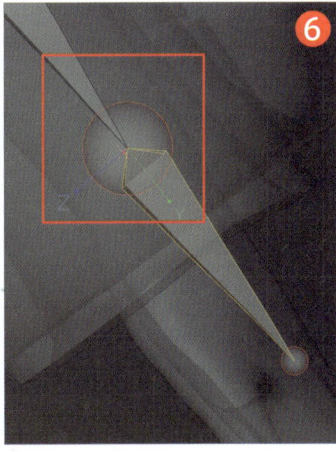

■ 아마튜어 배치

여기에서는 리깅의 기본적인 구조를 이해하기 위해 본의 배치에만 초점을 두고 설명합니다. 아마튜어는 **오브젝트 모드**에서, 뷰포트의 헤더 안의 **추가(Shift+A키)** → **아마튜어**에서 추가할 수 있습니다. 본은 **헤드**head, **바디**body, **테일**tail의 3개로 구성되어 있으며 **헤드**와 **테일**은 관절이 됩니다.

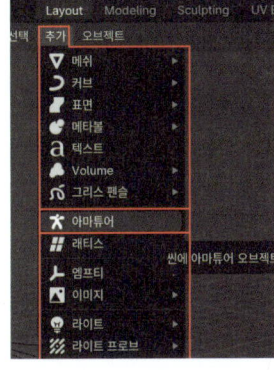
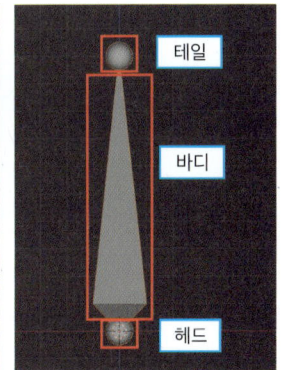

프로퍼티스 → **오브젝트 데이터 프로퍼티스(인형 모양 아이콘)** → **뷰포트 표시** → **앞에 표시** 항목을 활성화 하면 아마튜어를 메쉬 앞쪽에 표시할 수 있습니다. 아마튜어가 메쉬에 가려져 보이지 않는다면 이 항목을 확인해 봅시다.

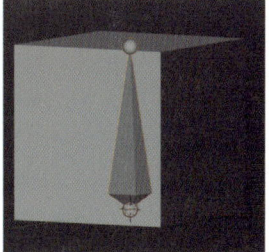

> **MEMO**
>
> 리깅의 기초적인 설명은 저자의 유튜브 채널에서도 확인할 수 있습니다. 이 동영상에서는 본의 기본 조작, 리그를 만드는 방법, **IK**inverse kinematic(역운동학) 설정 방법, 커스텀 셰이프 설정 등에 관해 설명합니다.
>
> [Blender] リギング入門講座　～初心者向けに親子関係、リグの作り方、IKとFKを解説～(리깅 입문 강좌 ~초심자를 위한 부모/자식 관계, 리그 만들기, IK와 FK에 관해~)(일본어)
> URL : https://youtu.be/Y7HVmRkbleE

캐릭터 데이터를 읽자

2

포즈나 애니메이션을 만들기 위해서는 **리그** 사용 방법을 확실하게 이해해야 합니다. 리그 조작에 익숙해지면 캐릭터를 생각한 대로 움직일 수 있게 됩니다. 그럼 먼저 캐릭터 데이터를 읽어 리그 조작을 익혀 봅시다. 여기에서는 **연결**이라 불리는 기능을 사용해 캐릭터 데이터를 블렌더 안에 임포트 합니다.

2-1 덧붙이기와 연결

블렌더 데이터는 두 가지 방법으로 임포트 할 수 있습니다. 첫 번째는 **덧붙이기**(복사), 두 번째는 **연결**(동기)입니다. 각각의 차이는 다음과 같습니다.

덧붙이기	블렌더 파일에서 데이터를 복제합니다. 복제한 데이터는 임포트 대상 파일에 그대로 포함되기 때문에 즉시 수정할 수 있지만, 데이터 용량이 커지는 경향이 있습니다.
연결	블렌더 파일에서 데이터를 연결로 복제합니다. 소스 파일이 변경되면 연결된 데이터에도 그 변경이 반영됩니다. 데이터 용량이 작고, 모델 교체를 쉽게 할 수 있지만 일부 조작에 제한이 있습니다.

연결의 특징은 **임포트 소스를 수정하면, 임포트 대상도 수정된다**는 점입니다. 한편 **덧붙이기**는 데이터를 그대로 복사하는 것이므로 한 쪽 파일의 변경이 다른 쪽 파일에 반영되지 않습니다. 애니메이션 제작 중에 캐릭터의 메쉬 변형이나 리깅에 문제가 발견되기도 하지만, **연결**을 사용하면 임포트 소스에서 발생한 수정이 자동으로 임포트 대상에도 반영되기 때문에, 모델 교체나 수정이 쉽습니다. 또한 **연결**로 임포트 하면 블렌더의 데이터 용량도 작아지기 때문에 여러 데이터를 관리할 때는 **연결**을 사용하는 것이 좋습니다. 단, 데이터 내용이나 사용 용도에 따라 **덧붙이기**가 적합할 때도 있으므로 상황에 맞춰 구분해서 사용하면 좋습니다.

POINT

연결을 사용할 때의 주의점

연결을 사용해 임포트 된 캐릭터는 임포트 소스에서만 메쉬 등을 편집할 수 있습니다. 또한 **연결**을 사용할 때는 임포트 소스와 임포트 대상 블렌더 파일 위치를 변경하지 않아야 합니다. 파일 위치 변경은 에러의 원인이 됩니다. 임포트 소스에서의 수정 내용을 반영하고 싶을 때는 임포트 대상의 **파일 → 열기**에서 임포트 대상을 엽니다.

2 - 2   연결로 캐릭터를 읽자

연결로 데이터를 읽는 이유는 리그 관련 조작을 할 때, 실수로 다른 조작을 하는 것을 방지하기 위해서 입니다. **연결**로 읽은 데이터는 다양한 조작이 제한됩니다. 예를 들면 메쉬를 잘못 편집하거나, 리그를 편집하는 것을 방지할 수 있습니다. 애니메이션을 만들 때는 **연결**로 읽는 것을 권장합니다 여기에서는 **연결**을 사용해 캐릭터 데이터를 읽습니다. 그 전에 쉽게 관리할 수 있도록 임포트 소스 블렌더 데이터와 임포트 대상 블렌더 데이터를 같은 폴더에 넣어 둡니다.

※ 샘플 파일은 https://book.mynavi.jp/supportsite/detail/9784839987671.html에서 다운로드 할 수 있습니다.

01 폴더 만들기
Step

먼저 2개의 블렌더 데이터를 임포트 할 폴더를 만듭니다. 폴더를 만들 위치에서 마우스 우클릭 → **새로 만들기** → **폴더**를 선택합니다. 폴더명은 임의로 정합니다. 여기에서는 **Blender-pose**로 했습니다. 이 폴더 안에 2개의 블렌더 데이터를 넣으면 데이터의 관련성을 한 눈에 파악할 수 있습니다.

Blender_pose

02 기본 오브젝트 삭제하기
Step

새로 블렌더를 실행합니다. 기본 표시되는 3개의 오브젝트는 필요하지 않으므로 **오브젝트 모드**에서 3D 뷰포트에서 모두 선택의 단축키인 **A키**를 누른 뒤, 삭제의 단축키인 **X키**를 누릅니다(표시되는 메뉴에서 **삭제**를 선택합니다).

또는 **Delete 키**로 삭제합니다. 새롭게 만든 이 블렌더 안에 캐릭터 데이터를 연결로 임포트 합니다.

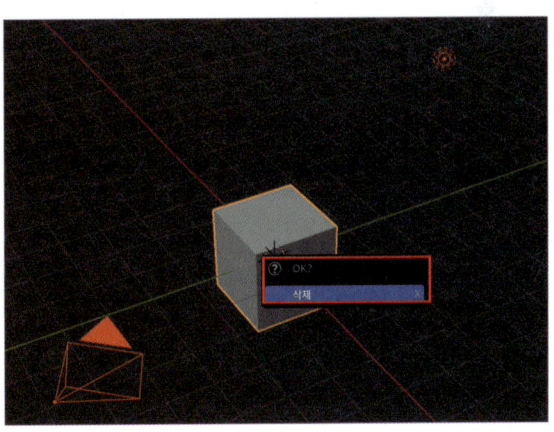

03 파일 저장하기

Step

화면 위쪽 **파일 메뉴 → 저장**(Ctrl+S키)를 선택합니다❶. 블렌더 전용 창인 **블렌더 파일 보기**가 열립니다. 왼쪽의 저장 위치 지정 리스트에서 앞에서 만든 폴더인 **Blender_pose**를 선택합니다❷. 아래 입력 필드에 파일명으로 **pose**를 입력하고❸, 오른쪽 아래 **블렌더 파일을 저장**을 클릭해 저장합니다❹. 오른쪽 위의 표시 모드를 **썸네일**로 변경하면 블렌더 파일 내용을 썸네일로 표시할 수 있습니다. 이를 사용하면 열려 있는 파일의 내용을 한 눈에 쉽게 알 수 있으므로 항상 **썸네일**로 해두는 것을 권장합니다❺. 이 책에서는 **썸네일** 표시 설정을 기준으로 설명합니다. 파일명은 **pose**로 했지만 원하는 파일명으로 변경해도 괜찮습니다.

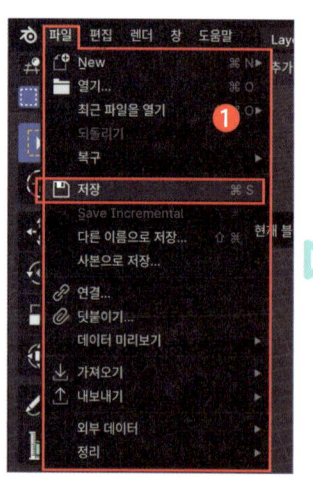
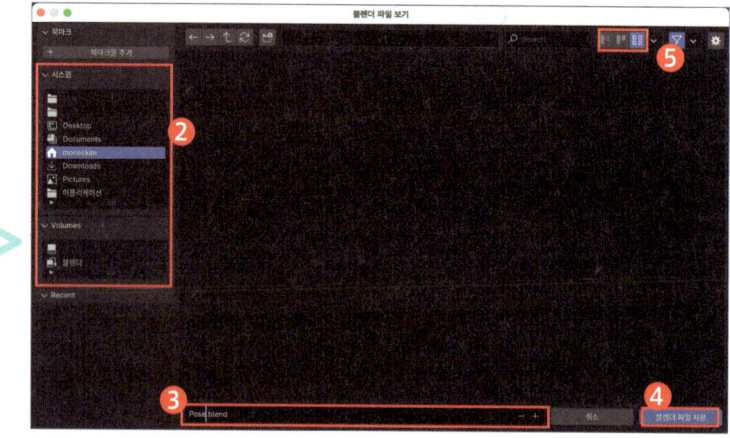

04 파일 이동하기

Step

샘플 파일에서 **Chapter02 → Chapter02 Chara.blend**를 **Blender_pose** 폴더 안으로 이동합니다. **연결**을 사용할 때는 파일이나 폴더의 위치, 파일명을 변경하지 않도록 합니다. 반드시 같은 폴더일 필요는 없지만, 블렌더 파일과 폴더의 위치를 사전에 결정해 두면 편리하게 관리할 수 있습니다. 그리고 샘플 파일 안에는 **Finish**라는 폴더와 **sample**이라는 폴더가 있습니다. **Finish** 폴더에는 완성한 블렌더 파일과 동영상이 들어 있습니다. 한편 **sample** 폴더에는 카메라 관련 데이터가 들어 있습니다. 이 파일들은 포즈를 만든 뒤 사용합니다.

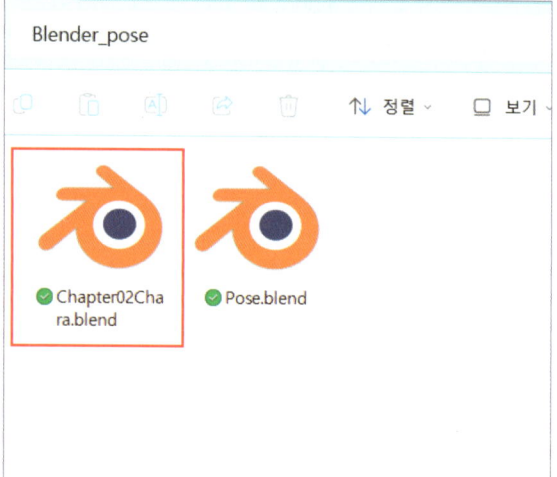

IMPORTANT

샘플 파일 안에는 **Blender4.1**과 **Blender4.3.2**라는 2개의 폴더가 있습니다. 블렌더 4.3 이후 버전을 사용하는 경우 **Blender4.1** 폴더 안의 데이터를 사용하면 아웃라인이 올바르게 표시되지 않는 문제가 발생합니다. 블렌더 4.3을 사용하는 경우에는 반드시 버전을 **Blender4.3.2**로 한 상태에서 **Blender4.3.2** 폴더 안의 데이터를 사용하십시오.

05 파일 연결하기

Step

임포트 대상인 **Pose.blend**가 열려 있는 것을 확인했다면, 화면 위쪽 톱 바에서 **파일 메뉴 → 연결**을 선택합니다. **블렌더 파일 보기** 창이 열립니다. 여기에서 임포트 할 데이터를 포함하고 있는 블렌더 파일을 선택합니다. **Blender_pose** 풀더 안의 **Chapter02Chara.blend** 파일을 더블 클릭합니다.

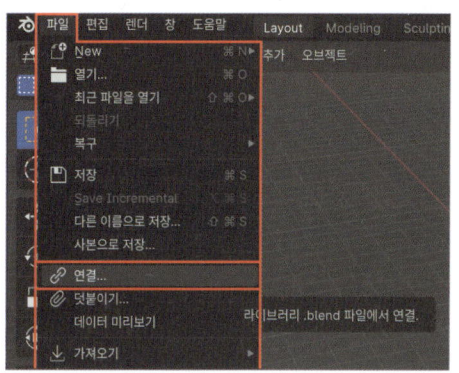

06 컬렉션을 더블 클릭하기

Step

더블 클릭한 블렌더 파일 안의 데이터가 표시됩니다. 폴더를 더블 클릭하면 그 안의 데이터가 표시됩니다. 여기에서 오브젝트나 매테리얼을 선택해 임포트 할 수 있습니다. 여기에서는 **컬렉션** 안에 있는 오브젝트를 사용하므로 **Collection**을 더블 클릭합니다.

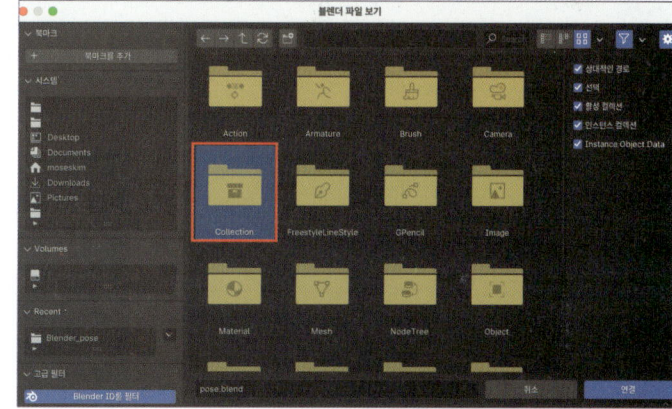

07 파일 임포트하기

Step

컬렉션이 표시됩니다. **Chara** 컬렉션을 선택하고 오른쪽 아래 **연결**을 클릭합니다(또는 Chara 컬렉션을 더블 클릭합니다).

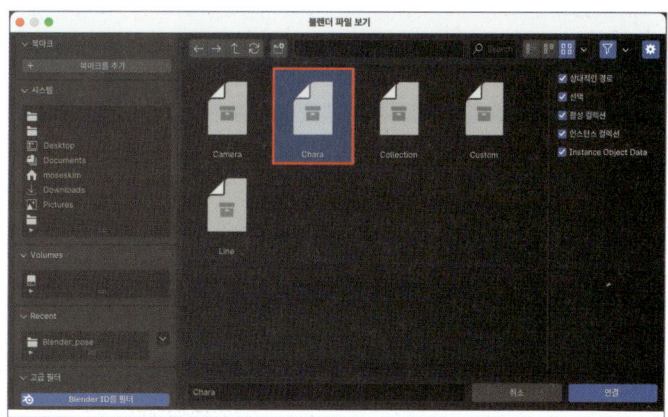

08
Step 캐릭터 임포트 확인하기

캐릭터가 임포트 됩니다. 오른쪽 위 아웃라이너에서, 앞서 선택한 컬렉션이 표시되었는지 확인합니다. 연결로 임포트 된 컬렉션은 **주황색 상자가 겹쳐진 아이콘**으로 표시됩니다.

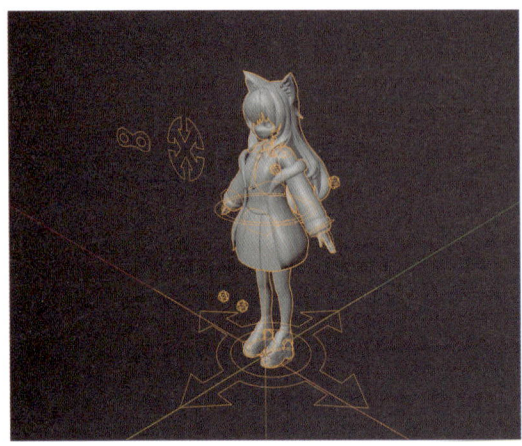 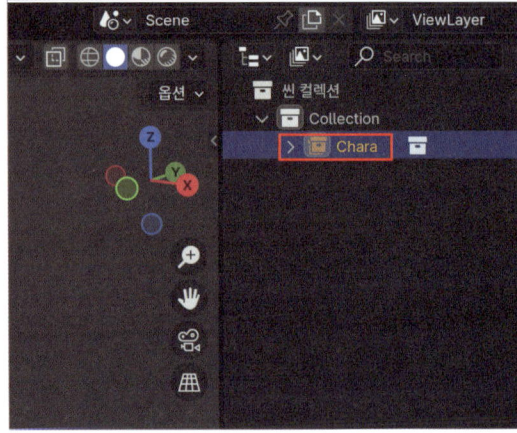

09
Step 아웃라이너 확인하기

아웃라이너는 계층으로 관리됩니다. 왼쪽에 있는 오른쪽 방향 화살표를 클릭하면 계층이 열립니다. 아래쪽 방향 화살표를 클릭하면 계층이 닫힙니다. 여기에 **사슬 마크**가 붙은 Chara 컬렉션이 표시되어 있는지 확인합니다. **사슬 마크**는 연결로 임포트 된 데이터라는 것을 의미합니다. 애니메이션을 만들 때 아웃라이너는 매우 빈번하게 조작합니다. 애니메이션에서는 캐릭터, 소품, 배경 등 많은 오브젝트를 다루기 때문에 아웃라이너를 사용해 이 오브젝트들을 신속하게 찾고, 선택하고, 편집할 수 있습니다. 또한 리그를 붙인 캐릭터 데이터를 취급할 때는 아웃라이너에서 계층을 열고 불필요한 오브젝트를 일시적으로 숨길 수도 있습니다.

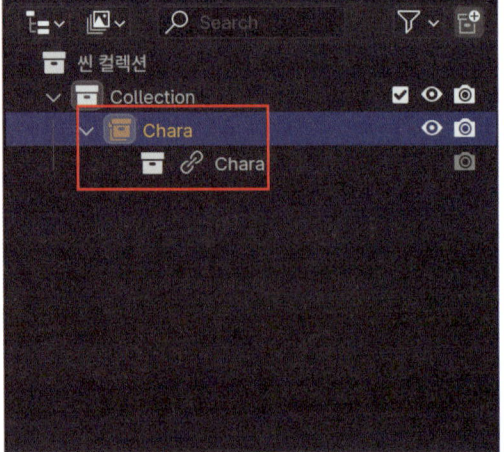

2-3 　라이브러리 재정의 적용

연결로 임포트한 캐릭터는 기본적으로 **오브젝트 모드**에서만 변형할 수 있습니다. **라이브러리 재정의** 기능을 사용해 **연결**로 임포트한 오브젝트 일부를 조작할 수 있도록 설정해야 합니다. **라이브러리 재정의**library override는 **연결**로 임포트한 데이터 일부를 변경할 수 있도록 하는 기능입니다.

01 라이브러리 재정의 만들기

Step　　**오브젝트 모드**에서 임포트한 오브젝트를 선택하고, 3D 뷰포트 헤더에서 **오브젝트 메뉴** → **라이브러리 재정의** → **만들기**를 선택하면 아마튜어를 움직일 수 있게 됩니다.

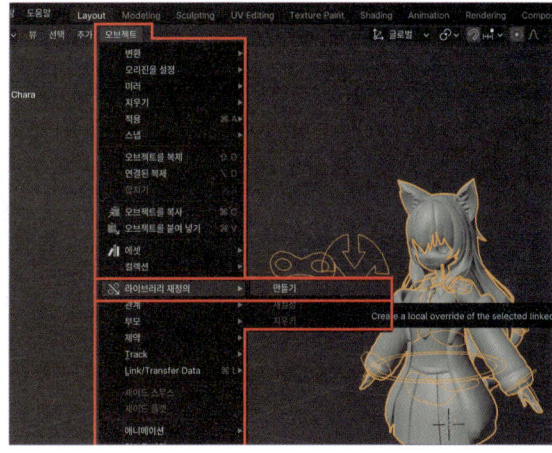

02 모드 메뉴 확인하기

Step　　**오브젝트 모드**에서 **리그**를 선택하고, 왼쪽 위 모드 메뉴를 확인하면 **오브젝트 모드**, **에디트 모드**, **포즈 모드**의 3개 모드가 표시됩니다. **오브젝트 모드**는 오브젝트 선택, 변형, 추가 등을 수행하는 모드입니다. **에디트 모드**는 리그를 만들어 넣는 모드이지만, **연결**로 임포트 된 경우에는 사용할 수 없습니다. **포즈 모드**는 포즈나 애니메이션을 만드는 모드입니다. 앞서 **라이브러리 재정의**를 만들었으므로 **포즈 모드**를 사용할 수 있게 됩니다. 이 책에서는 **오브젝트 모드**와 **포즈 모드**를 전환하면서 포즈를 만듭니다.

03 아웃라이너 확인하기

라이브러리 재정의를 만들면 아웃라이너의 컬렉션 계층이 달라집니다. **사슬 마크**가 **사슬을 화살표가 통과하는 마크**로 변경된 것을 확인합니다. 이것은 **연결로 임포트 된 데이터에 라이브러리 재정의가 적용되었다**는 것을 의미합니다.

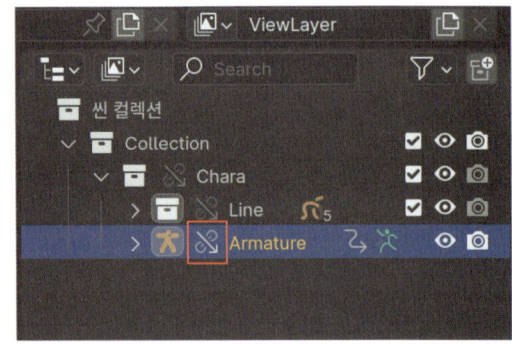

04 아웃라이너에서 오브젝트 표시/숨기기

아웃라이너에서 오브젝트 표시/숨기기를 관리하는 방법을 소개합니다. **Chara** 컬렉션 왼쪽에 있는 오른쪽 화살표를 클릭해, 아래쪽 방향 화살표로 만들어 계층을 엽니다. 다음으로 **Armature**의 화살표 모양 아이콘을 클릭해 계층을 한 단계 더 엽니다. 그러면 아마튜어와 부모의 관계에 있는 메쉬가 모두 표시됩니다. 이렇게 부모 아마튜어에 자식 메쉬가 계층 안에 저장된 구조로 이루어져 있습니다. 여기에서 눈동자 모양 아이콘, 렌더 아이콘의 활성화/비활성화를 설정함으로써 오브젝트의 표시 방법을 관리할 수 있습니다. 오브젝트가 숨기기 또는 렌더링 되지 않는 문제가 발생했을 때는 아웃라이너 설정을 확인하십시오.

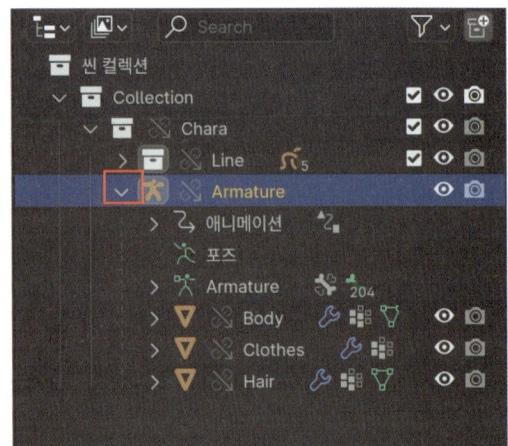

POINT

부모에 관해

부모에 관해 다시 설명합니다. 부모는 오브젝트를 부모/자식 관계로 설정함으로써 부모의 변형에 맞춰 자식이 움직이도록 하는 설정입니다. ❶과 같이 부모와 자식을 설정한 오브젝트에서는 부모를 변형하면, 자식도 그에 맞춰 변형됩니다. 그러나 자식을 변경하면 부모는 변경되지 않습니다❷. 아마튜어와 3D 모델링의 부모의 경우에는 아마튜어가 부모, 3D 모델이 자식이 됩니다.

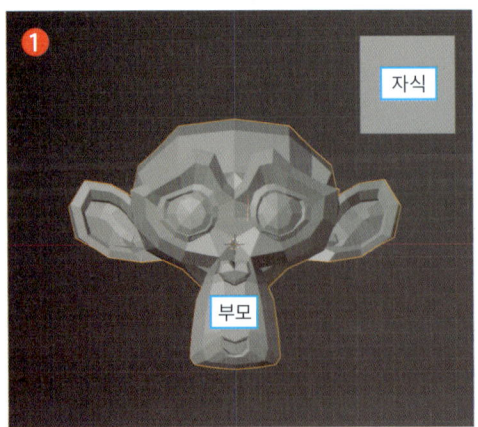

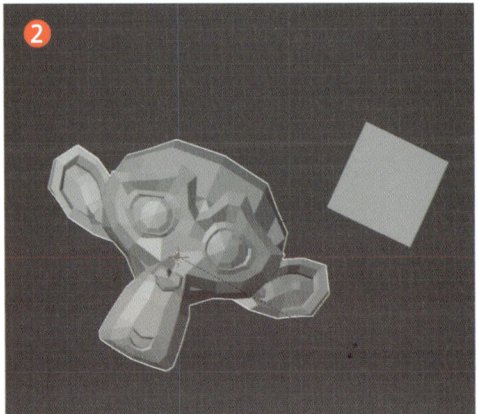

부모 설정은 **오브젝트 모드**에서 실행합니다. 가장 먼저 자식으로 만들 오브젝트를 선택하고, 다음으로 부모로 만들 오브젝트(정확하게는 활성화 된 오브젝트)를 **Shift키**를 누른 상태에서 선택합니다. 그 뒤, 헤더의 **오브젝트 메뉴** → **부모(Ctrl+P키)** → **오브젝트**를 선택하면 오브젝트 사이에 부모 관계를 설정할 수 있습니다. 반대로 부모 관계를 해제하고 싶을 때는 자식 오브젝트를 선택하고, 헤더의 **오브젝트** → **부모** → **부모를 지우기(Alt+P키)**를 선택합니다. 아마튜어의 경우 부모 설정은 **에디트 모드**에서 헤더 안의 **아마튜어** → **부모**에서, 각 본을 선택하는 순서로 설정할 수 있습니다. 아웃라이너를 확인하면 자식이 된 오브젝트는 부모의 계층 안에 저장되어 있는 것을 알 수 있습니다. 아웃라이너 안의 부모 오브젝트명 왼쪽에 있는 화살표 모양 아이콘에서 계층을 열거나 닫거나 확인할 수 있습니다.

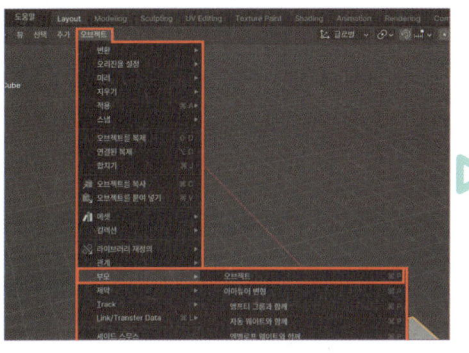 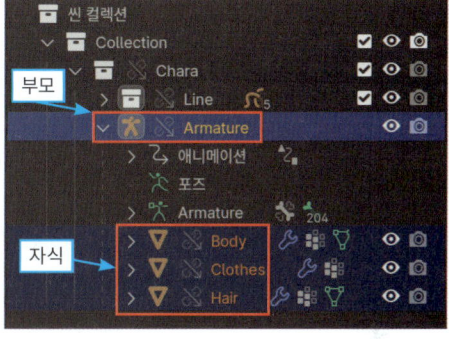

05 컬렉션 확인하기

Step

Line이라는 컬렉션에는 **라인아트**라는, 카메라를 사용해 윤곽선을 관리하기 위한 오브젝트가 저장되어 있습니다. **라인아트**는 **그리스 펜슬**greece pencil이라는 오브젝트를 사용해 3D 모델에서 윤곽선을 추출하고, 애니메이션 풍으로 표현하는 기능입니다. 이 책에서 다루는 캐릭터 데이터에서는 **라인아트**에 의해 윤곽선이 추출되도록 설정했습니다. 그렇기 때문에 윤곽선을 표시하려면 카메라를 배치해야 합니다(카메라 배치에 관해서는 뒤에서 설명합니다). 또한, **라인아트**는 처리가 무거워지기 쉬우므로, 이 컬렉션의 **뷰 레이어를 제외**를 비활성화 해둘 것을 권장합니다. 이를 활용하면 Line 컬렉션이 없는 것으로 취급되므로 처리가 가벼워집니다. 이 설정은 포즈나 애니메이션 만들기 최종 단계에 들어갈 때 활성화합니다.

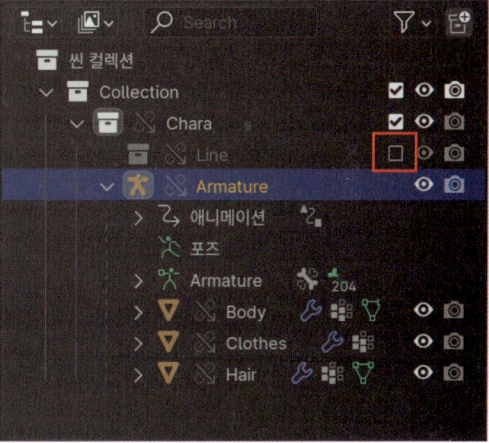

06 Selectability & Visibility 설정

Step

모델(메쉬)를 선택할 수 있는 상태가 되었으나 애니메이션 만들기와는 관계 없으므로, 잘못 선택하지 않도록 설정을 변경합니다. 3D 뷰포트 오른쪽 위 헤더에 있는 **Selectability & Visibility**를 클릭합니다. 표시되는 메뉴 안에서 **메쉬**와 **그리스 펜슬** 항목 오른쪽에 있는 화살표를 클릭해, 이 타입들만 선택할 수 없도록 설정합니다. **그리스 펜슬**은 컬렉션 Line 안의 라인아트를 잘못 선택하는 것을 방지하기 위해 선택 불가로 설정합니다.

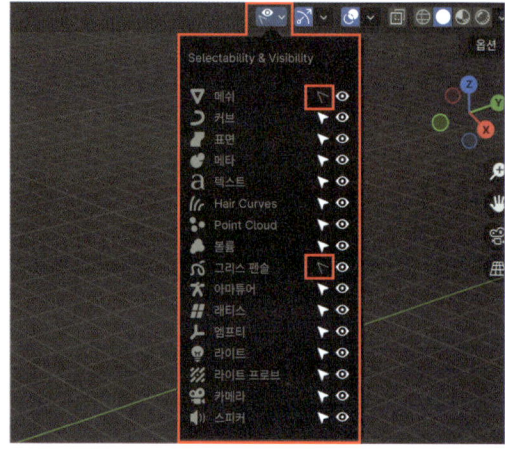

POINT

Selectability & Visibility

Selectability & Visibility는 **오브젝트 타입별로 표시나 선택 여부를 결정하는 기능**입니다. 눈동자 모양 아이콘을 사용하면 타입별로 표시/숨기기를 전환할 수 있고, 화살표 모양 아이콘을 사용하면 선택 가능 여부를 결정할 수 있습니다. 예를 들면 메쉬만 숨기기 하고 싶을 때는 **메쉬**의 눈동자 모양 아이콘을 클릭해 모든 메쉬를 일괄적으로 숨기기 할 수 있습니다.

07 렌더 프로퍼티스 설정하기

Step

렌더링 시 텍스처의 색감이 정상적으로 반영되도록 설정합니다. 프로퍼티스 → **렌더 프로퍼티스** 패널 안에 있는 **컬러 매니지먼트**에는 **뷰 변환**이라는 항목이 있습니다. 이 항목은 필터와 같은 역할을 하며, 설정에 따라 렌더링 시 색감을 실제로 조정할 수 있습니다. 이 항목을 **표준**(필터 없음)으로 설정하면 색감이 평소 상태와 같게 됩니다. 렌더링 시 캐릭터의 색감이 이상하게 보일 때는, 설정이 **표준**이 아니라 기본값인 **Agx**(네거티브 필름과 같은 색감이 됩니다)로 설정되어 있을 가능성이 있으므로 확인하고 변경합니다.

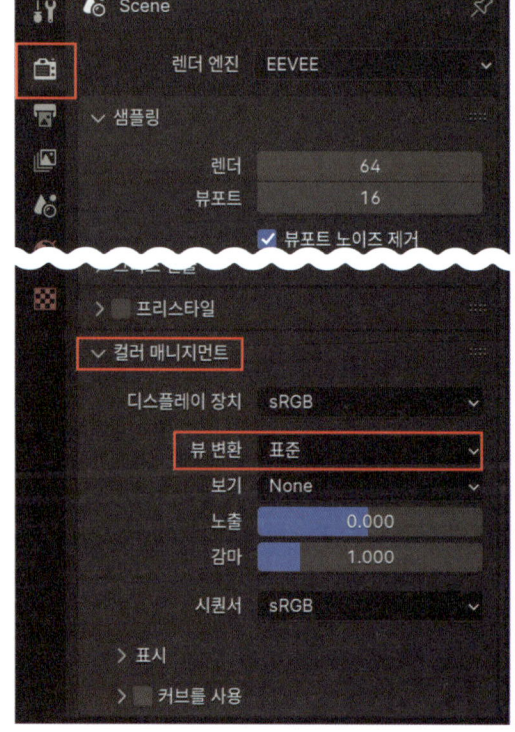

POINT

임포트 소스의 수정이 반영되지 않을 때는

연결을 사용하면 임포트 소스를 수정하는 것만으로 임포트 대상에 그 내용이 반영된다고 설명했습니다. 하지만 종종 에러로 인해 반영되지 않는 일이 발생합니다. 이 때는 임포트 대상에서 대상 오브젝트나 아마튜어를 오른쪽 위 아웃라이너에서 선택하고, 마우스 우클릭 합니다. 메뉴 안에 있는 **라이브러리 재정의** → **Troubleshoot** → **Resync**를 클릭해 임포트 소스의 수정을 반영할 수 있습니다.

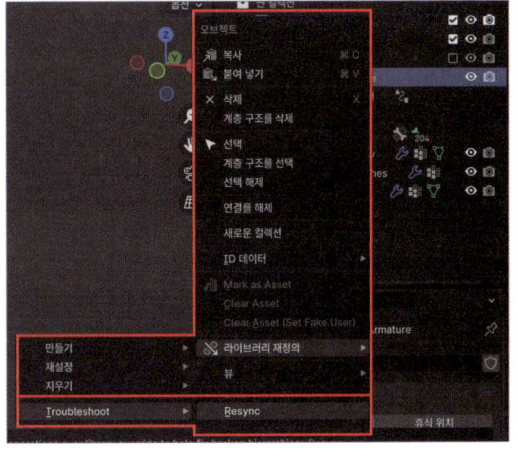

2-4　손 포즈를 덧붙이기로 임포트하자

캐릭터를 임포트 했다면 다음으로 손가락을 연결하기 위해 포즈를 **덧붙이기**로 임포트 합니다. 등록한 포즈를 사용함으로써 같은 포즈를 여러 차례 만드는 수고를 줄일 수 있습니다. **연결** 임포트 하면 설정이 복잡해지고, 문제의 원인이 되는 경우가 있으므로 **덧붙이기**를 사용하는 것을 권장합니다. 손의 포즈는 **에셋 셸프**asset shelf라는, 포즈를 호출할 수 있는 메뉴를 사용해 조작합니다. 그리고 이 포즈는 **도프시트**의 **액션** 모드에서 관리하므로 이에 관해서도 설명합니다.

01 메뉴에서 덧붙이기 호출하기

Step
　화면 위 톱 바에서 **파일** → **덧붙이기**를 선택하고 **Blender_pose** 폴더 안의 **Chapter02Chara.blend**를 더블 클릭합니다.

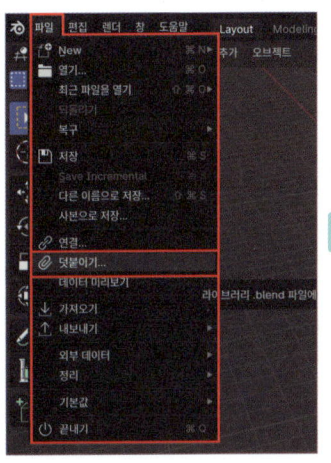 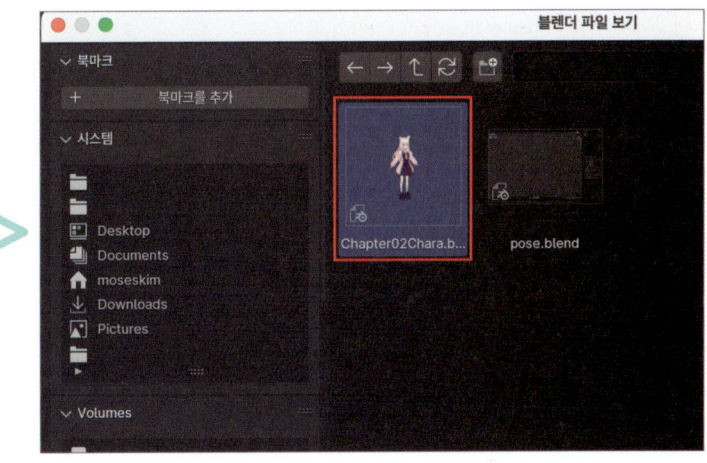

02 Action을 더블 클릭하기

Step 여러 폴더가 표시됩니다. 그 안에 있는 **Action**을 더블 클릭합니다(이 폴더에는 키 프레임 관련 데이터가 저장되어 있습니다).

03 포즈 임포트하기

Step 손의 포즈가 이 안에 저장되어 있습니다. **Shift 키**를 누른 상태에서 모든 액션을 선택합니다 ❶. 또는 마우스 좌클릭 드래그를 사용해 모든 포즈를 선택할 수도 있습니다. 다음으로 **덧붙이기**를 실행해 액션을 임포트 합니다 ❷. 이 손 포즈들은 **포즈 라이브러리**라는 기능을 사용해 등록한 것입니다. 이 기능에 관해서도 뒤에서 설명합니다.

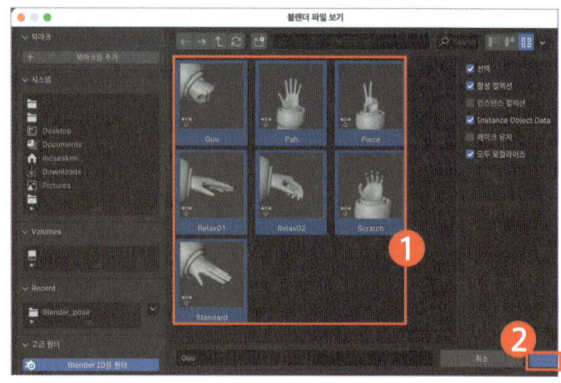

04 포즈 모드로 전환하기

Step 손의 포즈들이 임포트 되었는지 확인합니다. 앞서 임포트한 포즈는 **에셋 셸프**라는 메뉴에서 확인할 수 있습니다. 이 **에셋 셸프**는 리그의 **포즈 모드**에서만 확인할 수 있기 때문에, 리그를 **포즈 모드**로 전환해야 합니다. **오브젝트 모드**에서 리그를 선택한 뒤, 왼쪽 위 모드에서 **포즈 모드**로 변환합니다. 등록된 포즈는 **포즈 모드**에서 아마튜어를 움직여 만든 것이므로 등록된 포즈 적용 역시 이 모드에서만 할 수 있습니다.

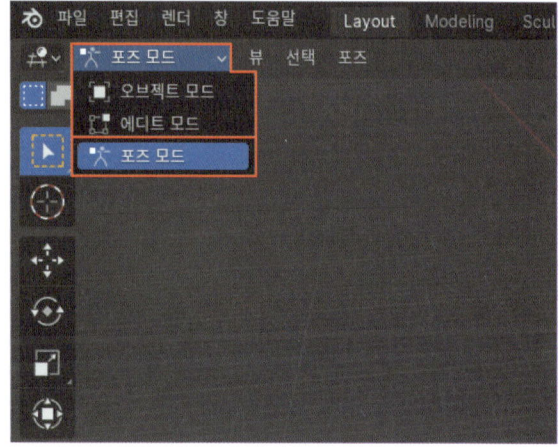

05 에셋 셀프 표시하기

Step

오른쪽에 있는 **사이드바**(N키) → **애니메이션** 탭을 클릭하고❶ **포즈 라이브러리** 패널을 엽니다. 다음으로 **Toggle Asset Shelf**을 클릭하면❷, 3D 뷰포트 아래 **에셋 셀프** 메뉴가 표시됩니다. **포즈 라이브러리**는 캐릭터의 포즈를 등록하는 기능입니다. **에셋 셀프**는 포즈 라이브러리에 저장한 포즈를 관리하고, 간단하게 접근할 수 있게 하는 기능입니다. 이 메뉴를 닫으려면 **에셋 셀프 전환**을 다시 클릭하거나 메뉴 윗부분을 아래쪽으로 드래그 합니다.

※ 사이드바에 **애니메이션** 탭이 표시되지 않을 때는 톱 바에서 **편집** → **환경 설정**을 선택한 뒤, **애드온** 탭으로 이동합니다. 애드온 안에서 **애니 메이션: 포즈 라이브러리** 항목에 체크해 활성화합니다(블렌더 4.2에는 **Pose Library**라고 표시되어 있습니다). 애드온은 블렌더에 기능을 추가하는 것입니다. **포즈 라이브러리**는 애드온의 하나이며, 항상 활성화 해두는 것을 권장합니다.

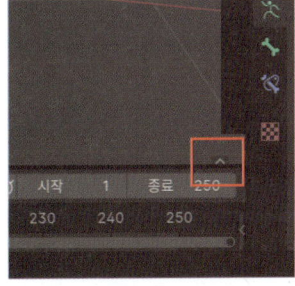

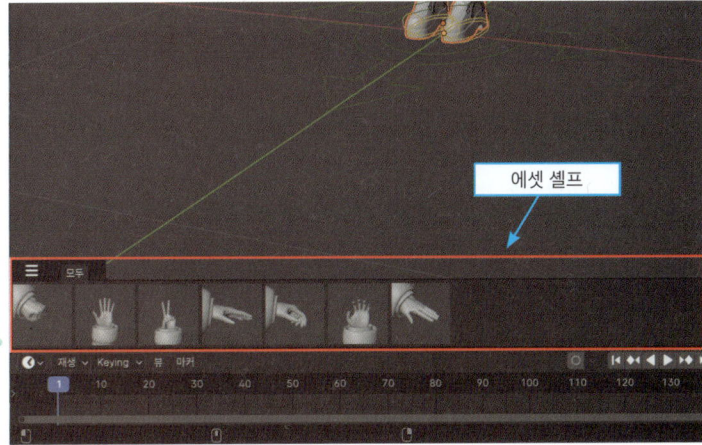

에셋 셀프

MEMO

블렌더 4.3 이후에서는 **애니메이션** 탭이 없습니다. 3D 뷰포트 오른쪽에 있는 작은 화살표 모양 아이콘을 클릭해 **에셋 셀프**를 표시합니다.

06 본 확인하기

Step

실제로 포즈를 호출해 봅시다. 포즈는 두 가지 방법으로 적용할 수 있습니다. 첫 번째는 **포즈 모드에서 아무것도 선택되어 있지 않은 상태에서 호출**하는 방법, 두 번째는 **포즈 모드에서 대상의 본을 선택한 뒤 호출**하는 방법입니다. 여기에서는 첫 번째 방법, 아무것도 선택되어 있지 않은 상태에서 에셋 셀프에서 포즈를 선택하는 방법에 관해 설명합니다. 먼저 **포즈 모드**에서 본을 아무것도 선택하지 않은 상태임을 확인합니다. 선택을 해제하려면 3D 뷰포트의 빈 부분을 마우스 좌클릭 하거나, 단축키인 **Alt+A키**를 누릅니다.

07 포즈 반영하기

Step

3D 뷰포트 아래에 있는 **에셋 셸프**의 썸네일을 마우스 좌클릭 합니다. 그러면 손의 포즈가 적용됩니다. 이렇게 본을 선택하지 않은 상태에서 썸네일을 클릭하면, 간단하게 손의 포즈가 반영됩니다. 확인을 마쳤다면 손의 포즈를 기본값인 **Standard**로 되돌립니다. 그리고 썸네일에 마우스 커서를 올리면 포즈 이름이 표시됩니다.

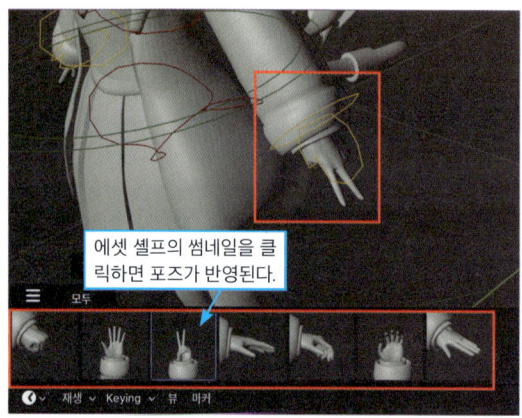

에셋 셸프의 썸네일을 클릭하면 포즈가 반영된다.

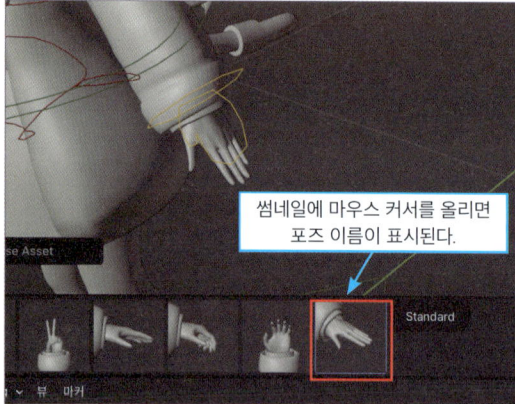

썸네일에 마우스 커서를 올리면 포즈 이름이 표시된다.

08 도프시트로 전환하기

Step

이 손의 포즈를 어떻게 관리하는지 확인해 봅시다. 여러 포즈나 애니메이션 데이터를 관리하기 위한 기능을 제공하며, 이후 작업에 도움이 될 것이므로 여기에서 소개합니다. **레이아웃** 탭의 아래쪽은 **타임라인**으로 설정되어 있습니다. 왼쪽 위 에디터 탭에서 **도프시트**로 전환합니다(**애니메이션** 탭의 **도프시트**에서도 작업할 수 있습니다).

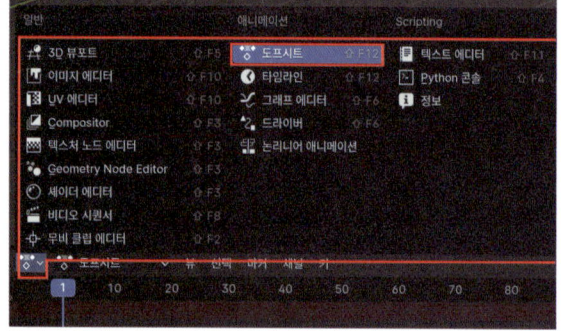

09 액션 에디터로 변경하기

Step

도프시트 왼쪽에 있는 모드는 키 프레임 관리 방법을 변경하는 드롭다운 메뉴입니다. 이 메뉴를 클릭한 뒤 **액션 에디터**를 선택합니다.

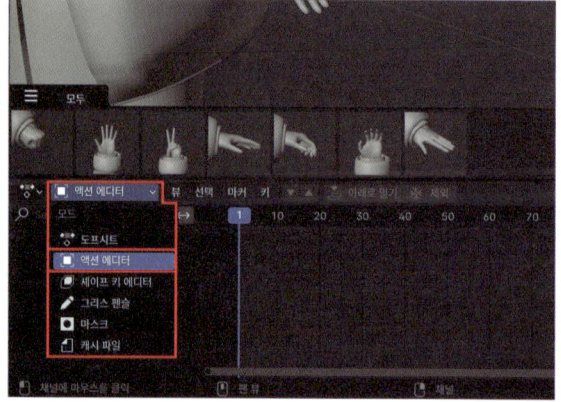

10 새로운 액션 만들기

Step

도프시트 헤더 가운데 있는 **+ 새로운** 버튼을 클릭하면 새로운 액션을 만들 수 있습니다. 그리고 오른쪽에 있는 방패 아이콘(페이크 유저)를 클릭해 활성화 하면 문제를 방지할 수 있습니다. 이미 액션 데이터가 존재할 때는 오른쪽 X 버튼을 클릭하면 **+ 새로운** 버튼이 표시되어, 새롭게 액션을 만들 수 있습니다.

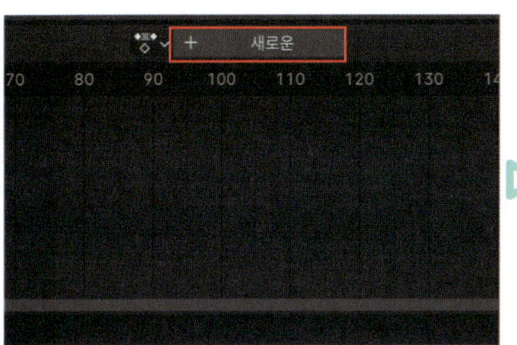 ▷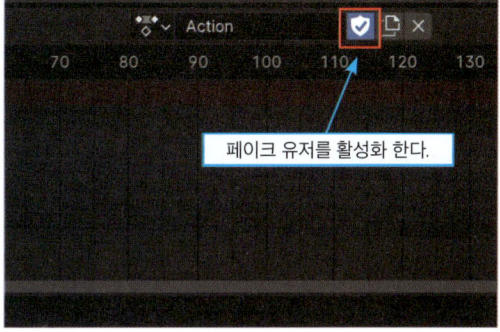

페이크 유저를 활성화 한다.

POINT

액션 기본 설정

액션은 도프시트의 모드 중 하나로 여러 포즈나 애니메이션의 관리, 등록한 포즈를 확인하기 위한 것입니다. 예를 들면 캐릭터의 **걷기**, **달리기** 애니케이션을 각각 관리하고 싶을 때 이 모드를 사용하면 편리합니다. 도프시트 헤더 위쪽의 조작은 다음과 같습니다.

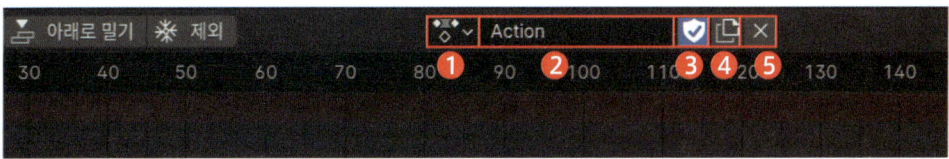

❶ 연결할 파일을 열람	클릭하면 등록된 액션을 확인하거나, 액션을 할당할 수 있습니다. 포즈 라이브러리에서 등록한 포즈도 여기에 저장됩니다.
❷ 이름	액션 이름을 변경할 수 있습니다.
❸ 페이크 유저	활성화하면 블렌더를 닫았을 때 자동으로 삭제되는 것을 방지합니다(블렌더는 용량을 줄이기 위해 사용되지 않은 데이터를 자동으로 삭제합니다).
❹ 새로운 액션	현재 할당되어 있는 액션을 복제해 새로운 액션을 만듭니다.
❺ 액션을 연결 해제	오브젝트에 할당되어 있는 액션의 연결을 해제합니다. 이를 사용하면 할당은 해제되지만 액션 자체는 삭제되지 않습니다.

그리고 기본 모드인 **도프시트**는 **액션**과 같이 복잡한 설정 항목이 없는 단순한 모드입니다. 캐릭터의 움직임이나 표정을 반복해서 사용하고 싶을 때는 **액션**을 사용하고, 애니메이션을 만들 때 전체적인 타이밍이나 키 프레임을 조정할 때는 **도프시트**를 사용하면 좋습니다.

11 연결할 액션을 찾아보기에서 Action으로 변경하기

Step 도프시트 헤더에 있는 **연결할 액션을 찾아보기**를 클릭하면, 등록된 액션을 열람할 수 있습니다. 앞서 임포트 한 액션도 여기에 저장되어 있습니다. 왼쪽에 책이 나열되어 있는 아이콘은 등록된 포즈임을 나타내며, 에셋 셸프에서 호출할 수 있습니다. 그리고 **F** 문자는 **페이크 유저**fake user를 활성화 한 액션임을 나타내며, 블렌더를 닫아도 삭제되지 않습니다. 실수로 손 포즈에 키 프레임이 들어가는 것을 방지하기 위해 여기에 할당하는 액션은 앞에서 새롭게 작성한 **Action**으로 지정해 둡니다.

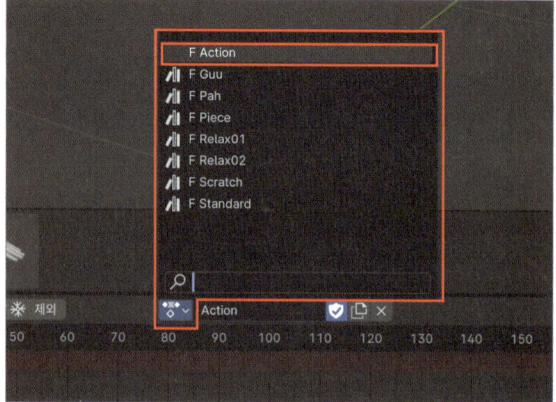

POINT

불필요한 액션 삭제 방법

아웃라이너 왼쪽 위 표시 모드 를 블렌더 파일로 전환합니다❶. 다음으로 현재 파일 안의 **액션** 패널을 클릭하면, 등록되어 있는 액션들이 표시됩니다❷. 불필요한 액션에서 마우스 우클릭 한 뒤, 메뉴에서 **삭제**를 선택하면 해당 액션을 삭제할 수 있습니다❸. 작업을 마쳤다면 **표시 모드**를 **뷰 레이어**로 되돌립니다. 등록한 포즈도 마찬가지로 이 작업으로 삭제할 수 있습니다.

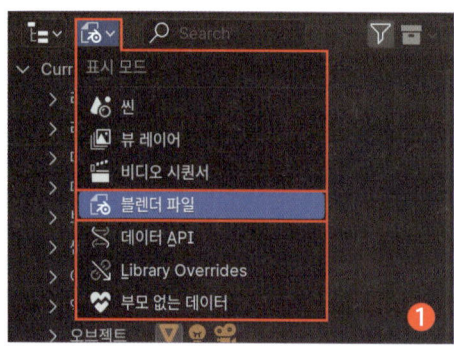

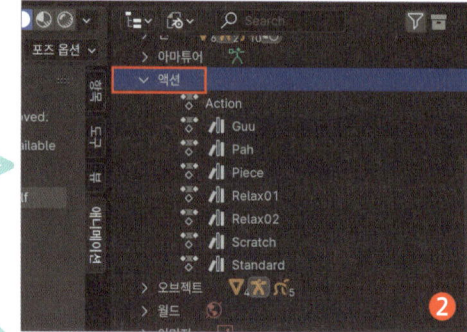

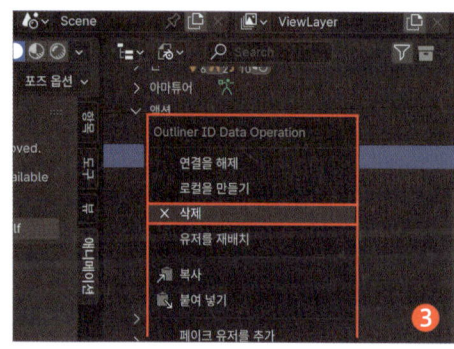

POINT

포즈 등록 방법

손 포즈는 **포즈 라이브러리**의 **포즈 에셋을 작성** 기능을 사용해 저장했습니다. 이 기능은 **도프시트** 액션 에디터에서 **사이드바 (N키)**의 **Create Pose Asset** 패널 안에 있습니다. 등록할 본을 **포즈 모드**에서 선택하고, v**Create Pose Asset**을 클릭하면 ❶, 도프시트 위에 키 프레임이 삽입되고 포즈가 등록됩니다. 대상 본을 선택하지 않으면 포즈가 등록되지 않으므로 주의합니다 (각 본을 표시하는 방법에 관해서는 뒤에서 설명합니다). 썸네일을 만들려면 카메라를 준비해야 합니다. **오브젝트 모드**에서 **추가 (Shift+A키) → 카메라**를 선택하고 포즈 전체가 보이도록 카메라를 배치합니다. 카메라 시점을 조작할 때는 카메라 시점(**텐키 0**) 으로 전환한 뒤, 3D 뷰포트 오른쪽 끝에 있는 자물쇠 아이콘을 활성화해 카메라 시점을 고정하면 좋습니다❷. 카메라 위치를 결정했다면 **포즈 에셋을 작성**을 클릭해 **에셋 셸프** 안에 새로운 포즈를 등록합니다.

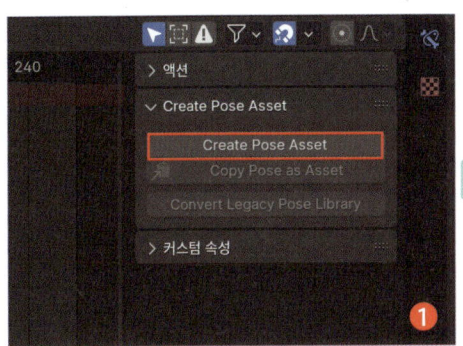
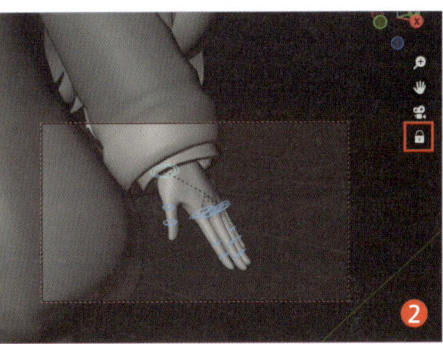

3

리그

이 책에서 사용하는 캐릭터에는 여러 본이 설정되어 있습니다. 각 본의 역할을 이해해야 애니메이션을 생각한대로 만들 수 있습니다. 여기에서는 각 본의 역할에 관해 설명합니다.

3-1 각 본의 역할

이 책에서 사용하는 캐릭터의 본은 다음 역할을 갖고 있습니다. 그림은 **포즈 모드**에서 모든 본을 선택한 상태를 나타냈습니다. 리그는 게임기의 컨트롤러 같은 것이며, 각 본은 컨트롤러의 스틱이나 버튼과 같이 특정한 역할을 담당합니다. 예를 들면 손의 본은 팔의 움직임을 제어하고, 발의 본은 다리나 발목의 움직임을 조정합니다. 그리고 각 본은 커스텀 셰이프라는 기능을 사용해 형태를 바꾸었습니다. **커스텀 셰이프**는 메쉬(형태)를 할당해 리그를 쉽게 보고 조작할 수 있게 하는 기능입니다. 그 밖에도 표정을 제어하는 본이 존재하며, 이에 관해서는 나중에 설명합니다.

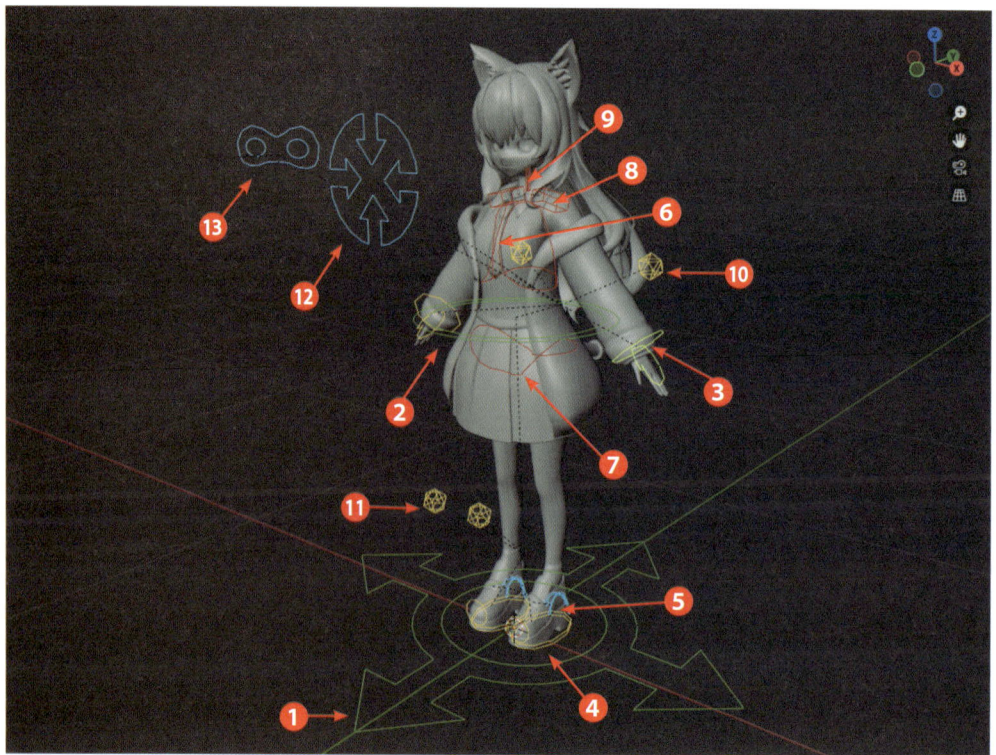

❶ Root	캐릭터 전체를 움직이는 최상위 본입니다. 캐릭터의 기초적인 위치 결정 및 이동에 사용됩니다.
❷ RootUpper	캐릭터의 상반신을 움직이지 않고, 하반신만 움직일 수 있게 하는 본입니다.
❸ HandIK	손을 움직이기 위한 본입니다. 노란색 벙어리 장갑 형태로 변경했습니다. 팔의 포즈나 움직임을 표현하기 위해 사용합니다.
❹ FootIK	발을 움직이기 위한 본입니다. 노란색 슬리퍼 형태로 변경했습니다. 다리의 구부림, 발목의 움직임을 제어합니다.
❺ Footheel Control	뒤꿈치를 올려 발끝을 변형시킬 수 있는 본입니다.
❻ Chest Control	가슴을 움직이기 위한 본입니다. 변형하면 허리도 연동해 움직이게 설정했습니다. 빨간색 폐 모양으로 변경했습니다.
❼ Hips Control	골반을 움직이기 위한 본입니다. 빨간색 팬티 형태로 변경했습니다.
❽ Shoulder	어깨 방향을 바꾸는 본입니다 팔을 움직일 때는 이 본을 조정하면 좋습니다.
❾ Neck	목을 제어하는 본입니다.
❿ ElbowIK	팔꿈치 방향을 조정하는 본입니다.
⓫ KneeIK	무릎 방향을 조정하는 본입니다.
⓬ HeadIK	머리 방향을 조정하는 본입니다.
⓭ EyeIKCenter	눈 방향을 조정하는 본입니다. 이 본 안에 있는 구체를 움직여 좌우 눈을 각각 조정할 수 있습니다.

3-2 각 본을 움직이자

각 본을 움직여 캐릭터가 어떻게 움직이는지 실제로 확인해 봅시다. 먼저 **Root**라는 본을 움직여 캐릭터 전체가 움직이는 것을 확인합니다. **Root**는 캐릭터 전체를 움직이는 본으로 직역하면 **뿌리**라는 의미입니다. 리그 최상위 컨트롤러로 **Root**를 변형하면 다른 본도 연동해 변형됩니다. 주로 캐릭터가 선 위치를 결정할 때 사용하는 본이며 애니메이션 제작에 반드시 필요합니다.

01 사전 설정하기

Step 본을 움직이기 전에 다음 설정을 변경합니다. **변환 오리엔테이션**을 **로컬**로 설정하고❶, **피벗 포인트를 변환**을 **개별 오리진**으로 설정합니다❷. 다음으로 **뷰포트 셰이딩**은 **솔리드**로 설정합니다❸. **로컬**로 설정하면 본의 좌표 축을 기준으로 변형됩니다. 그리고 **피벗 포인트를 변환**을 **개별 오리진**으로 설정함으로써 각 본을 일괄 변형하기 쉬워 집니다. **뷰포트 셰이딩**을 **솔리드**로 설정함으로써 동작이 무거워지지 않게 합니다. 애니메이션을 만들 때는 캐릭터의 움직임을 정확하게 제어하기 위해 좌표축과 피벗 포인트를 확인하는 것이 중요합니다. 특히 피벗 포인트가 적절하지 않게 설정되며 본이 의도하지 않은 방향으로 회전하게 됩니다.

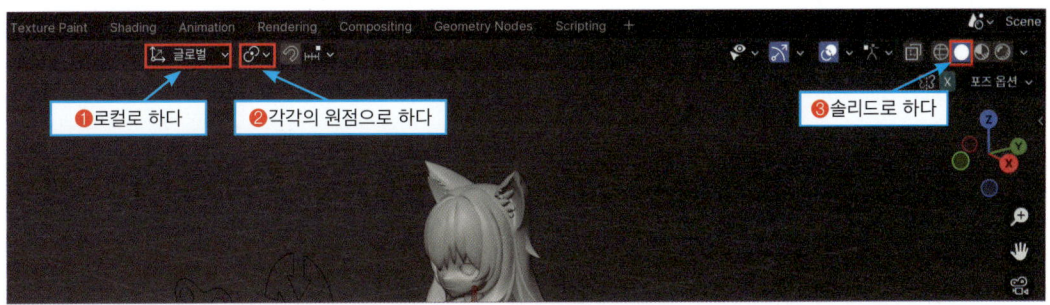

02
Step

포즈 모드로 전환하기

오브젝트 모드에서 캐릭터의 **리그**를 마우스 좌클릭해 선택하고 왼쪽 위 모드 메뉴에서 **포즈 모드**로 전환합니다. **포즈 모드**는 본의 각 부분을 움직여 포즈나 애니메이션을 만드는 모드입니다. 이 모드에서는 캐릭터의 움직임을 세세하게 조정하거나, 포즈를 정확하게 설정할 수 있습니다. 포즈나 애니케이션은 **포즈 모드**에서만 편집할 수 있으므로, 애니메이션을 만들 때는 반드시 이 모드로 전환한 뒤 작업해야 합니다.

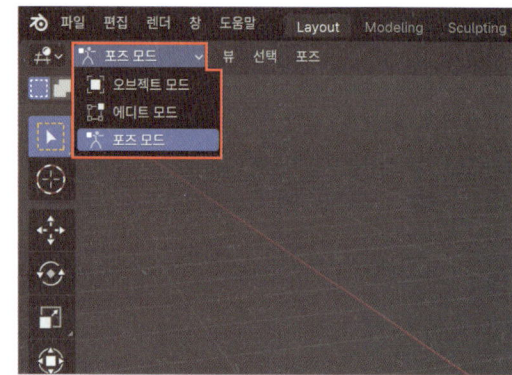

03
Step

Root 선택 → 이동 명령어 선택하기

캐릭터 바로 아래 있는 큰 화살표가 붙어있는 원은 **Root**라는 본입니다. 이 본은 캐릭터의 위치를 결정하기 위해 사용하며, 선 위치를 결정하는 역할을 합니다. 캐릭터 바로 아래 배치되는 경우가 많으므로 **Root** 본을 마우스 좌클릭 해 선택한 뒤, 이동의 단축키인 **G키**를 누릅니다.

Root

04
Step

Root 이동하기

그러면 **Root** 본의 움직임에 따라 다른 본도 모두 연동해 움직이게 됩니다. 위치를 결정할 때는 마우스 좌클릭, 이동을 취소할 때는 마우스 우클릭 합니다. 여기에서는 일단 마우스 우클릭 해 이동을 취소합니다. 마우스 좌클릭으로 이동을 결정했을 때는 **Ctrl+Z키**를 눌러 되돌아 갑니다.

Root를 변형하면 모든 본이 변형된다.

POINT

리그 변형을 취소하는 조작

본의 변형을 취소할 때는 **포즈 모드**에서 **A키**를 눌러 모든 본을 선택하고, 3D 뷰포트 헤더에서 **포즈 → 변환을 지우기 → 모두**를 실행합니다. 이 기능은 포즈나 애니메이션을 만들 때 설정한 포즈를 초기화해서 원 상태로 되돌리기 위해 사용합니다. 이 조작을 하면 본이 초기 상태로 돌아가므로 다시 새로운 포즈를 만들 수 있습니다. 그리고 이 메뉴에서 위치(**Alt+G키**), 회전(**Alt+R키**), 축적(**Alt+S키**)를 실행해 각 변형을 취소할 수 있습니다. 이 단축키들은 캐릭터 애니메이션에서 자주 사용하므로 꼭 기억해 둡시다.

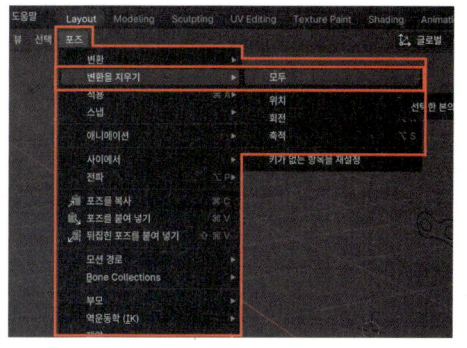

05 RootUpper 움직이기

Step

캐릭터의 허리 주변에 있는 이중 원은 **RootUpper**라는 본입니다. 이 본을 사용하면 캐릭터의 상반신을 움직이지 않고 하반신만 움직일 수 있습니다. 예를 들면 계단을 올라가는 애니메이션 등을 간단하게 만들 수 있습니다. **RootUpper**를 선택하고 이동의 단축키인 **G키**를 눌러 동작을 확인해 봅시다. 확인을 마쳤다면 마우스 우클릭 해 조작을 취소합니다.

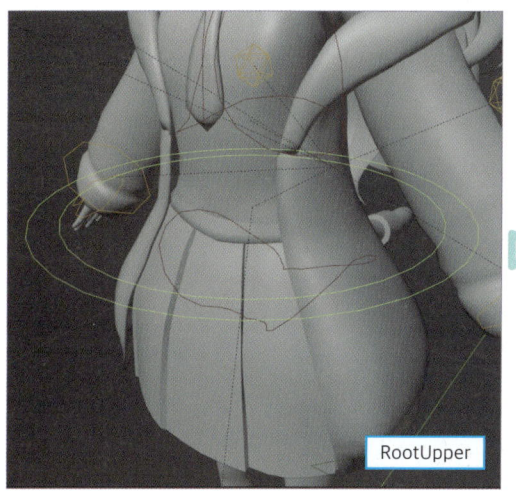

RootUpper

RootUpper를 움직이면 하반신은 움직이지만, 상반신은 움직이지 않는다.

3-3 | 손과 발의 본을 움직이자

포즈나 애니메이션을 만들 때 손과 발의 움직임을 통해 캐릭터의 액션을 보다 매력적으로 보이게 할 수 있습니다. 다음 순서를 따라 손과 발의 본을 사용해 움직임을 확인해 봅시다.

01 손 움직이기
Step
캐릭터의 손에는 노란색 벙어리 장갑 모양 본(**HandIK**)가 있습니다. 이 본을 선택하고 **G키**를 누른 뒤 이동하면 캐릭터의 손이 이 본을 따라 움직이고, 팔꿈치도 손의 위치에 맞춰 구부려 집니다. 동작을 확인했다면 마우스 우클릭해 이동을 취소합니다.

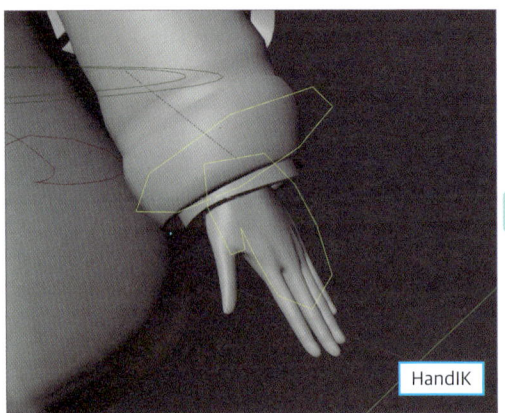

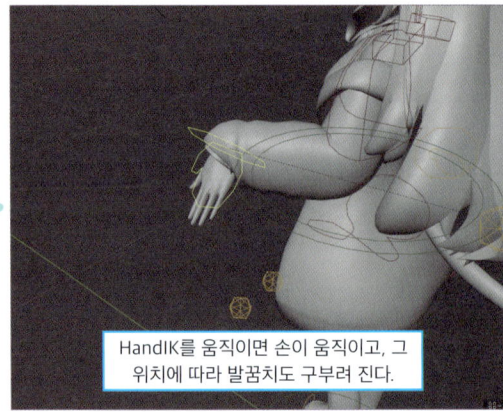

HandIK

HandIK를 움직이면 손이 움직이고, 그 위치에 따라 발꿈치도 구부려 진다.

02 발 움직이기
Step
캐릭터의 발에는 노란색 슬리퍼 모양 본(**FootIK**)이 있습니다. **HandIK** 본과 마찬가지로 이 본을 선택하고 **G키**를 누른 뒤 이동시키면, 발이 이 본을 따라 움직이고 푸름도 발의 위치에 맞춰 구부려 집니다. 확인을 마쳤다면 마우스 우클릭해 이동을 취소합니다. 손과 발을 따르는 구조를 **IK**inverse kinematics라 부릅니다. 이에 관해서는 뒤에서 설명합니다.

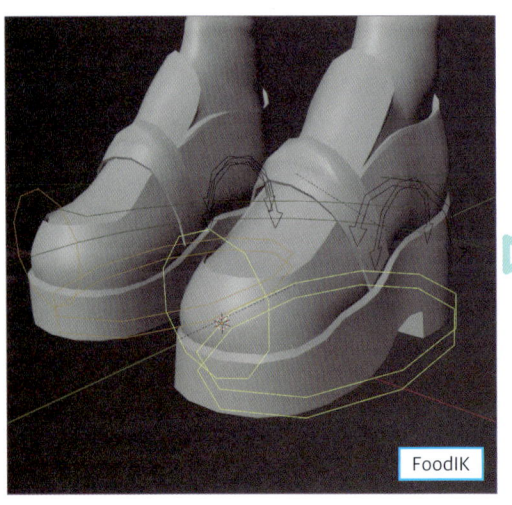

FoodIK

FootIK를 움직이면 발이 움직이고, 그 위치에 따라 무릎도 구부려 진다.

03 발 뒤꿈치 움직이기
Step

발 뒤꿈치에는 화살표 모양 본(Footheel.Control)이 있습니다. 이 본은 뒤꿈치를 올리거나 내리기 위한 것입니다. 이동은 할 수 없고 회전(R키) 조작만 할 수 있습니다. **Footheel.Control**을 선택하고 **R키 → Z키**(로컬 축)를 실행하면 뒤꿈치를 올리고 내릴 수 있습니다. 이 본을 사용함으로써 발끝을 구부리는 동작과 발 뒤꿈치를 올리는 동작을 제어할 수 있습니다. 발을 지면에 위치하게 할 때는 이 본이 중요합니다.

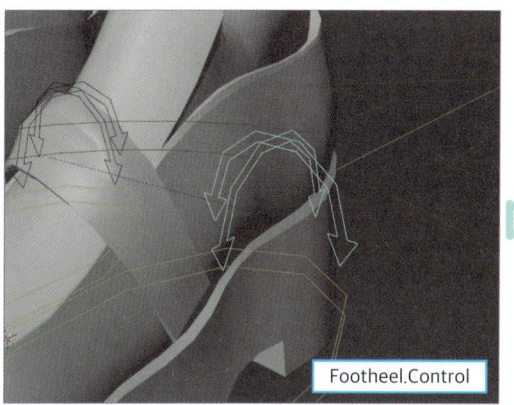

Footheel.Control

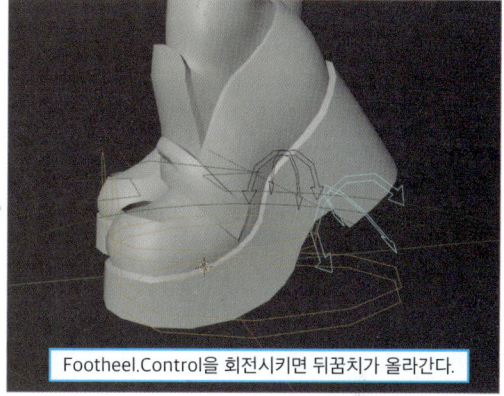

Footheel.Control을 회전시키면 뒤꿈치가 올라간다.

04 팔꿈치와 무릎의 움직임 제어하기
Step

팔꿈치와 무릎에는 각진 구체(ICO 구체)의 본(ElbowIK와 KneeIK)가 있습니다. 이것을 선택하고 **G키**로 이동시켜 팔꿈치와 무릎의 방향을 제어할 수 있습니다. 예를 들면 **FootIK**와 **HandIK**를 움직인 뒤, **ElbowIK**와 **KneeIK**를 사용해 팔꿈치와 무릎의 방향을 조정합니다. 모든 본의 조작을 마쳤다면 **A키**를 눌러 모두 선택하고 **Alt+G키**를 눌러 위치를 초기화, **Alt+R키**를 눌러 회전을 초기화, **Alt+S키**를 눌러 스케일을 초기화합니다.

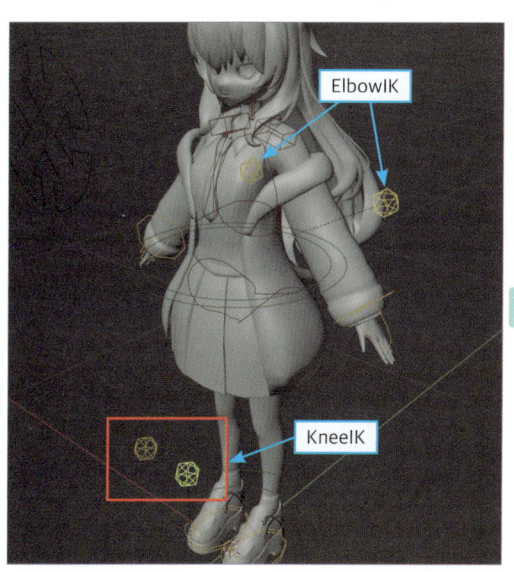

ElbowIK

KneeIK

3-4 얼굴과 눈을 제어하는 본

캐릭터의 표정을 풍부하게 하려면 눈과 얼굴의 움직임을 능숙하게 제어하는 것이 중요합니다. 이 책에서 사용하는 캐릭터의 얼굴과 눈의 방향을 바꿀 때는 아래의 본을 사용합니다.

01 얼굴 움직이기
Step

캐릭터의 얼굴 앞쪽에는 중앙에 화살표가 집중되어 있는 모양 본(HeadIK)이 있습니다. 이 본을 선택하고 **G키**를 눌러 이동시키면, 캐릭터가 이 본이 있는 방향을 향합니다. 그리고 **R키**를 눌러 회전시키면, 얼굴도 동시에 회전합니다. 이 본이 있기 때문에 얼굴 방향을 간단하게 바꿀 수 있습니다. 예를 들면 걸거나 뛰면서 일정한 방향을 향하는 애니메이션을 쉽게 제어할 수 있습니다.

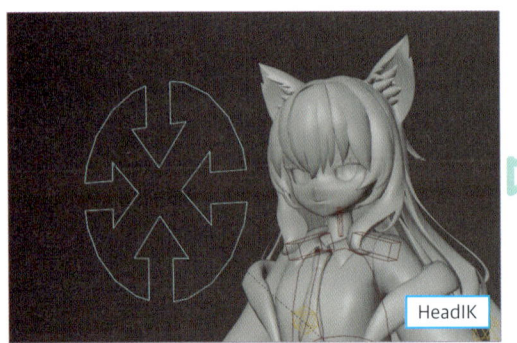

HeadIK

HeadIK를 움직이면 캐릭터의 얼굴이 HeadIK 방향을 향한다.

02 눈 움직이기
Step

얼굴의 **HeadIK** 본의 앞쪽에는 마스크 같은 모양 본(EyeIKCenter)이 있습니다. 마스크 모양 본을 선택하고 **G키**를 눌러 이동시켜 캐릭터의 눈 방향을 바꿀 수 있습니다(캐릭터가 이 본의 방향을 봅니다). 그리고 **EyeIKCnenter** 의 중앙에 있는 작은 원은 좌우 눈을 각각 움직이기 위한 본입니다. 이 컨트롤러를 사용하면 눈의 방향으로 간단하게 조정할 수 있습니다. 조작을 마쳤다면 **A키**를 눌러 모든 본을 선택한 뒤 변형을 초기화합니다. **Alt+G키**를 눌러 위치를 초기화, **Alt+R키**를 눌러 회전을 초기화, **Alt+S키**를 눌러 스케일을 초기화합니다.

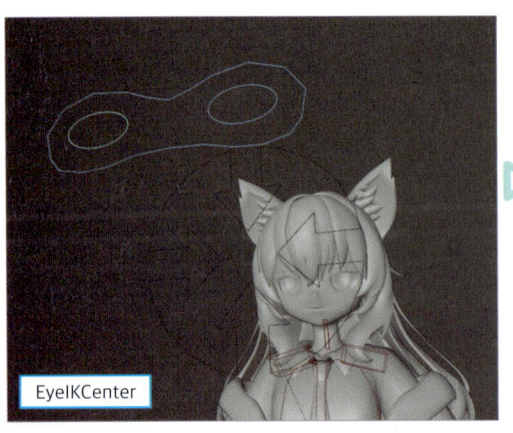

EyeIKCenter

EyeIKCenter를 움직이면 캐릭터의 눈이 EyeIKCenter 방향을 향한다.

3 - 5 동체를 제어하는 본

캐릭터의 동체는 애니메이션이나 포즈를 만들 때 매우 중요합니다. 특히 허리는 캐릭터가 선 위치나 신체 전체의 균형을 결정하는 중요한 파츠입니다. 허리 본을 사용해 신체의 중심을 조정함으로써 자연스러운 선 자세를 만들 수 있습니다.

01 상반신 움직이기
Step

신체의 상반신에는 빨간색 폐 모양의 본(**Chest.Control**)이 있습니다. 이 본을 선택하고 **G키**를 눌러 이동시키거나, **R키**를 눌러 회전시킴으로써 상반신의 움직임을 제어합니다. 이 본은 허리 본과도 연동해서 움직이도록 설정되어 있습니다. 허리 본은 기본적으로 숨기기 되어 있습니다. 그리고 이 본을 움직여도 얼굴이 앞쪽을 향하는 것은 얼굴을 제어하는 **HeadIK** 본이 앞쪽에 고정되어 있기 때문입니다.

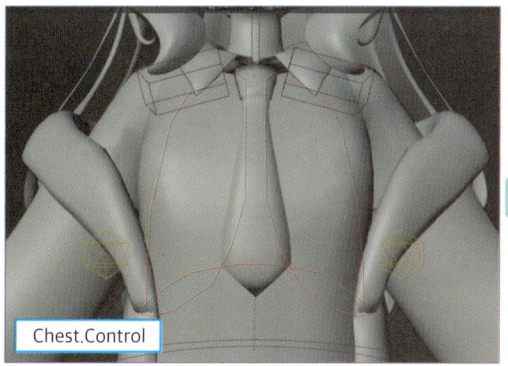

Chest.Control

Chest.Control을 움직이면 상반신과 허리가 움직인다.

02 하반신 움직이기
Step

캐릭터 하반신에는 빨간색 골반 모양 본(**Hips.Control**)이 있습니다. 이 본을 선택하고 **G키**를 눌러 이동시키거나, **R키**를 눌러 회전시킴으로써 하반신의 움직임을 제어할 수 있습니다. 이 본은 발을 지면에 붙이거나, 캐릭터 신체의 기울기를 조정할 때 매우 중요합니다. 많은 경우에 최초로 움직이게 되는 중요한 본입니다.

Hips.Control

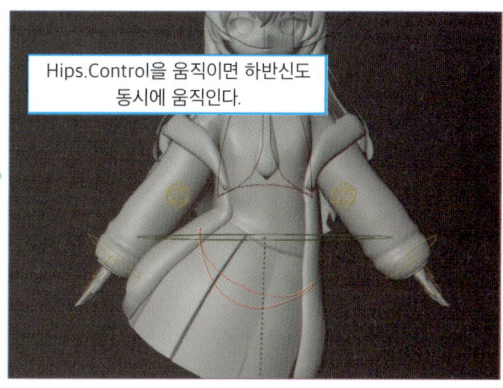

Hips.Control을 움직이면 하반신도 동시에 움직인다.

03 어깨 움직이기

Step
어깨에는 각진 육면체 모양 본(Shoulder)이 있습니다. 팔을 움직일 때는 어깨의 본도 움직이는 것을 잊지 않도록 주의합니다. 그리고 목에는 가늘고 긴 본(Neck)이 있습니다. 이것을 사용해 목의 방향을 제어합니다. 조작을 마쳤다면 **A키**를 눌러 모든 본을 선택하고 **Alt+G키**를 눌러 이동을 초기화, **Alt+R키**를 눌러 회전을 초기화, **Alt+S키**를 눌러 스케일을 초기화합니다.

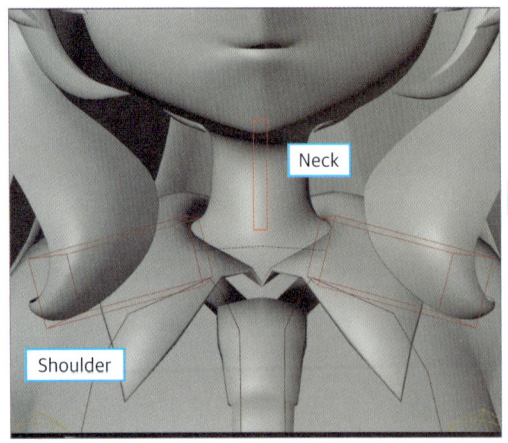

Shoulder는 어깨의 방향, Neck은 머리의 방향을 조정한다.

POINT

뷰포트 표시에 관해

리그를 선택하고 프로퍼티스 → **오브젝트 데이터 프로퍼티스(인형 모양 아이콘)** → 뷰포트 표시 패널 안에 **이름**을 활성화하면, 3D 뷰포트 위에 본 이름이 표시됩니다. 작업 중에 본이 어떤 것인지 알 수 없게 되었을 때는 이 기능을 활용해 봅시다. 그리고 **앞에 표시** 항목을 활성화하면 본이 항상 다른 오브젝트보다 앞에 표시됩니다. 그리고 축을 활성화하면 각 본의 밑동에 축이 표시됩니다. 이를 활용하면 본의 방향이나 동작 방향을 알 수 있습니다.

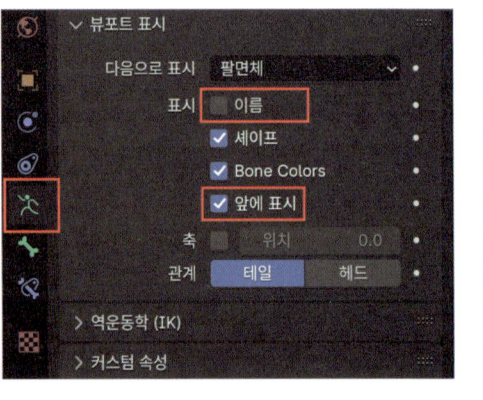

Chapter 2

4

IK와 FK

이 리그를 다룰 때 중요한 IK, FK에 관해 설명합니다. 캐릭터를 움직이는 방법에는 IK와 KF의 두 가지 방법이 있습니다. 이들을 이해하고 적절하게 구분해서 사용하는 것이 중요합니다.

4-1 IK와 FK는 무엇인가?

IKinverse kinematics(역 운동학)는 **하나의 본을 움직이는 것만으로 여러 본을 연동하는 구조**입니다. 한편 **FK**forward kinematics(정 운동학)는 **각각의 본을 움직이는 구조**입니다. 3D CG 애니메이션은 일반적으로 IK와 FK를 구분해 사용하면서 만듭니다. KF 는 각 본을 수동으로 제어하기 때문에 세세한 움직임을 제어할 수 있지만, 포즈를 만드는 데 시간이 걸립니다. 예를 들면 다 리를 지면에 놓고 싶을 때는 다리를 움직이고, 무릎을 구부리고, 발목과 발끝을 조정하고, 발이 지면을 파고들지 않는지 확 인하는 등의 많은 조작을 해야 합니다. IK를 사용하면 이 조작을 하나의 컨트롤러 만으로 간단하게 수행할 수 있습니다. 단, IK는 편리한 반면 세세한 움직임을 통제하기 어렵거나, 위치가 고정되어 있기 때문에 부자연스러운 움직임이 발생하기 쉽 다는 단점도 있습니다. 각각 장점과 단점이 있으므로 상황에 따라 구분해서 사용하면 좋을 것입니다.

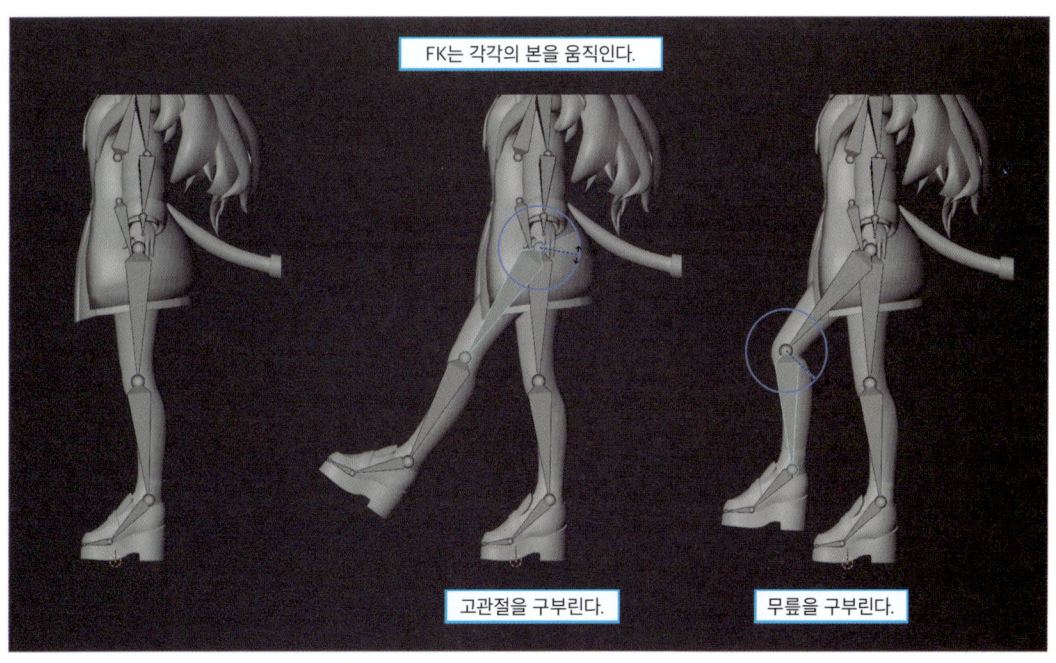

FK는 각각의 본을 움직인다.

고관절을 구부린다.

무릎을 구부린다.

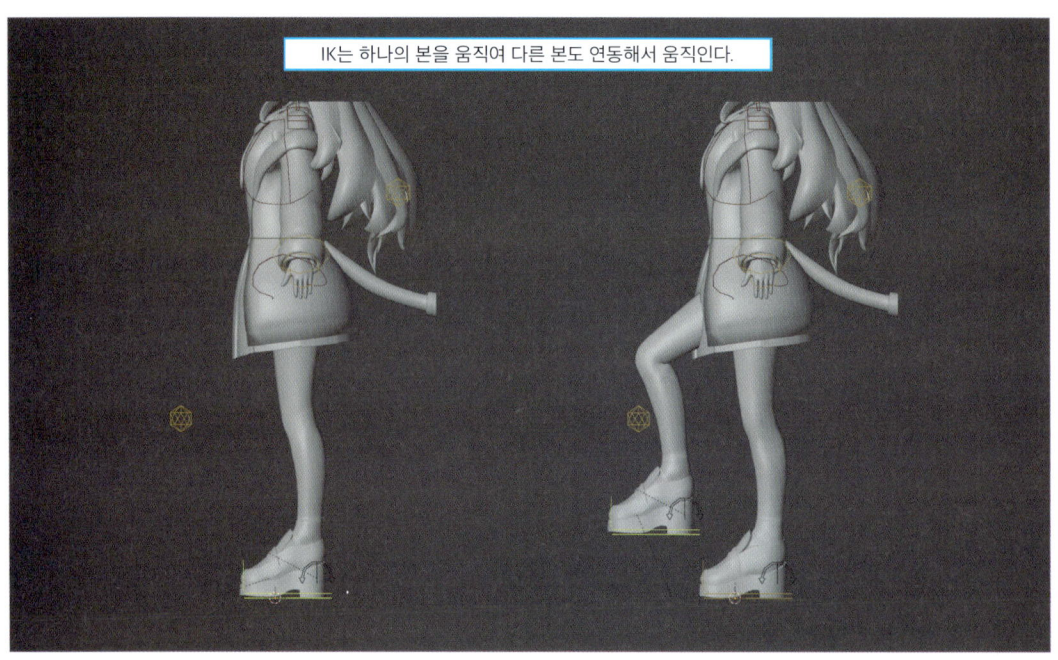

IK는 하나의 본을 움직여 다른 본도 연동해서 움직인다.

4-2 　　IK와 FK를 전환하자

이 책에서 다루는 캐릭터는 기본 상태에서는 손과 발이 **IK**로 설정되어 있습니다. **HandIK**나 **FootIK** 등 끝에 **IK**라는 이름이 붙어 있는 본은 문자 그대로 **IK**로 움직이는 본입니다. 그리고 이 책에서 사용하는 캐릭터의 리그는 손과 발만 IK와 FK를 전환할 수 있습니다 여기에서는 그 전환 방법을 설명합니다.

01 Bone Collections 열기

Step

이 책에서 다루는 리그의 IK와 FK의 전환은 **IKFKSwitch**라는 본을 사용해 관리합니다. 이 본은 기본 상태에서는 숨기기 되어 있으므로, 먼저 이 본을 3D 뷰포트 위에 표시합니다. 리그를 선택하고❶, 오른쪽 프로퍼티스 → **오브젝트 데이터 프로퍼티스(인형 모양 아이콘)**를 클릭합니다❷. 그 안에 **Bone Collections** 패널이 있습니다. 해당 패널을 엽니다❸. **Bone Collections**는 각 본을 컬렉션이라는 폴더에 모으고, 그 컬렉션별로 표시나 선택을 관리하는 기능입니다. 이 기능들에 관해서는 뒤에서 자세히 설명합니다.

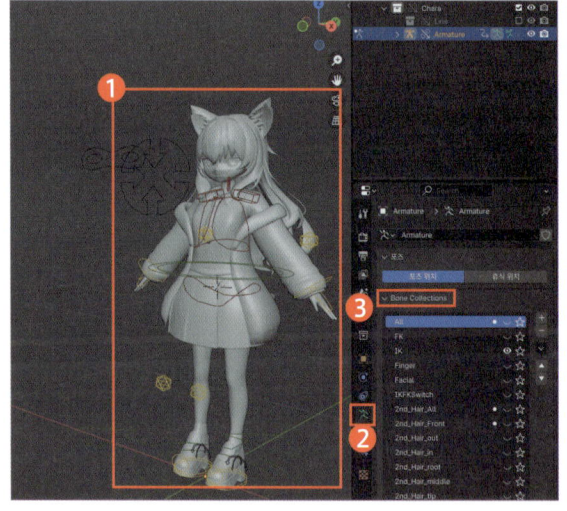

02
Step

IKFKSwitch 보임 활성화

Bone Collections 안의 오른쪽에는 눈동자 모양 아이콘이 있습니다. 이 아이콘들은 **보임**이라는 기능입니다. 이 기능을 활성화하면 눈 아이콘이 떠지고 해당 컬렉션이 표시됩니다. 다시 클릭하면 눈 아이콘이 감겨지고 컬렉션이 숨기기 됩니다. 여기에서는 **IKFKSwitch**라는 컬렉션의 **보임**도 활성화합니다. **보임** 오른쪽에 있는 별 마크는 **솔로**라는 다른 기능입니다 이 기능을 활성화하면 **보임**을 사용할 수 없게 되고, 다른 컬렉션이 표시되지 않게 되므로 주의합니다.

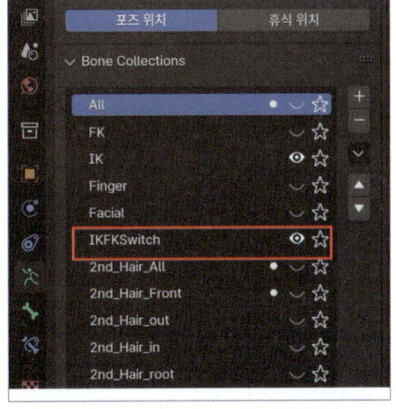

IKFKSwitch의 **보임**을 활성화하면 캐릭터 뒤쪽에 새롭게 본이 표시됩니다. 이 본은 직접적인 변형에는 사용할 수 없고, 주로 **포즈 모드**의 **사이드바**(N키)에서 조작합니다. 이 본을 **포즈 모드**에서 선택합니다.

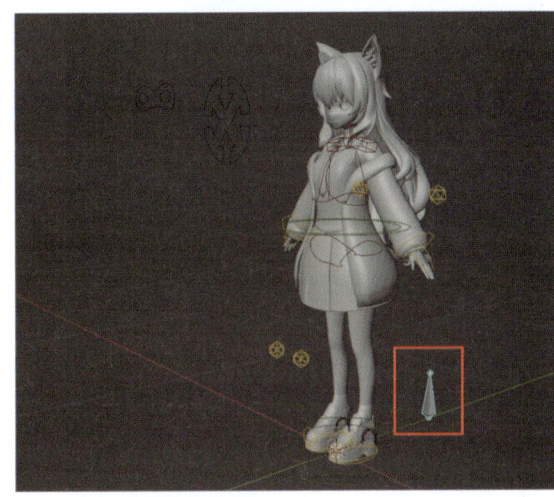

03
Step

사이드바의 항목 탭 확인하기

다음으로 **사이드바**(N키)를 표시하고 **항목** 탭을 클릭합니다. 사이드바 가장 아래에 있는 **프로퍼티스** 패널을 엽니다. 그러면 **Arm-IK.L**과 **Arm-IK.R** 등 4개의 수치 입력 필드가 표시됩니다. 이 필드들은 IK와 FK를 전환하기 위한 항목입니다. **Arm-IK**는 팔의 IK 설정, **Leg-IK**는 다리의 IK 설정에 대응합니다. 그리고 각 본이름 끝에 있는 **L**과 **R**은 각각 Left(왼쪽), Right(오른쪽)을 의미합니다.

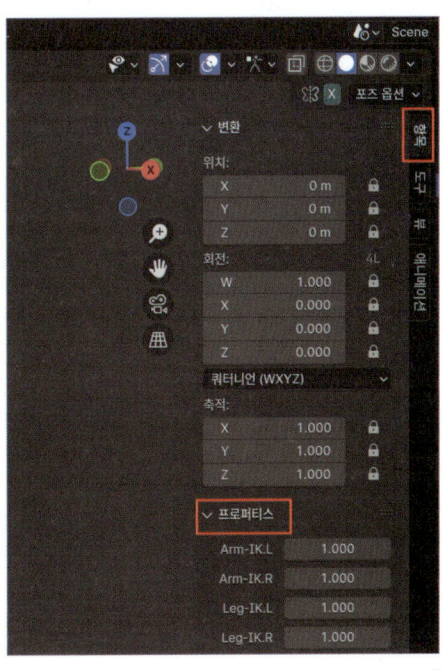

04 IK와 FK 전환하기

Step

수치 입력 필드를 클릭하고 **1**을 입력하면 IK로, **0**을 입력하면 FK로 전환됩니다(또는 수치 입력 필드를 마우스 좌클릭 드래그 해서 수치를 변경할 수도 있습니다). 실제로 **HandIK**나 **FootIK**를 선택하고 **G키**를 눌러 이동하거나, **R키**를 눌러 회전시킨 뒤 IK와 KF의 수치를 변경해 봅시다. 1로 설정하면 본이 IK를 따릅니다. 0으로 설정하면 IK를 따르지 않게 됩니다.

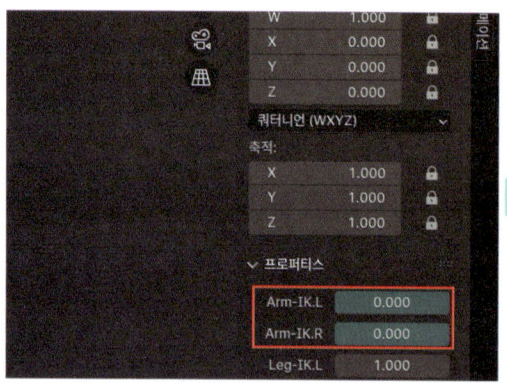

수치가 0이면 FK가 되어 팔과 다리가 IK용 본을 따르지 않게 된다.

05 FK 조작하기

Step

손이나 다리의 수치에 **0**을 입력해 KF로 설정한 경우의 조작 방법을 설명합니다. **Bone Collections** 안에 **FK**라는 컬렉션이 있습니다. 여기에는 **FK**로 조작할 수 있는 본이 저장되어 있습니다(일부 본은 IK로도 조작할 수 있습니다). 이 **FK** 컬렉션의 **보임(눈동자 모양 아이콘)**을 활성화해 본을 표시합니다, 그러면 캐릭터 내부에 긴 직사각형의 본이 표시됩니다. 이 본을 선택하고 회전의 단축키인 **R키**를 눌러 팔과 다리를 움직일 수 있습니다(IK로는 이 팔과 다리의 본들이 제어되고 있기 때문에 움직일 수 없습니다).

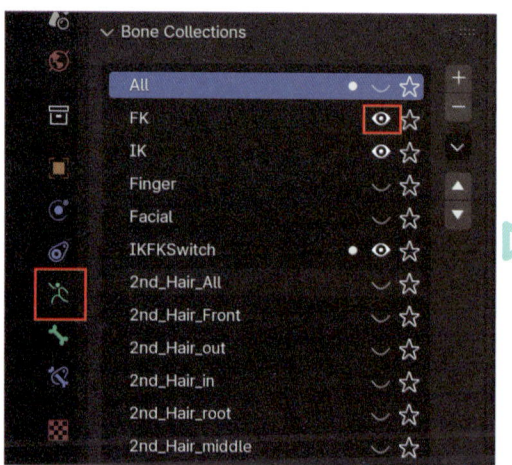

FK 컬렉션 안에 있는 팔과 다리의 본은 FK로만 조작할 수 있다.

06 포즈 초기화하기

조작을 마쳤다면 A키를 눌러 모든 본을 선택하고 3D 뷰포트 위쪽 헤더 안에 있는 **포즈 → 변환을 지우기 → 모두**를 선택해 변형을 취소합니다. 또는 모든 본을 선택한 상태에서 **Alt+G키**를 눌러 이동을 취소, **Alt+R키**를 눌러 회전을 취소, **Alt+S키**를 눌러 축적을 취소하는 방법도 있습니다❶. 다음으로 **IKFKSwitch**를 선택하고, 4개의 수치를 모두 1로 되돌려 IK로 전환해 둡니다❷. 마지막으로 **Bone Collections**에서 **IKFKSwitch**의 **보임**(눈동자 모양 아이콘)을 비활성화 하고 **IK**의 **보임**만 활성화합니다❸.

※이 절차는 반드시 수행해 주십시오. 그렇지 않으면 포즈 제작 시 리그가 정상적으로 작동하지 않는 문제가 발생할 수 있습니다.

본을 모두 선택하고 변형을 초기화한다.

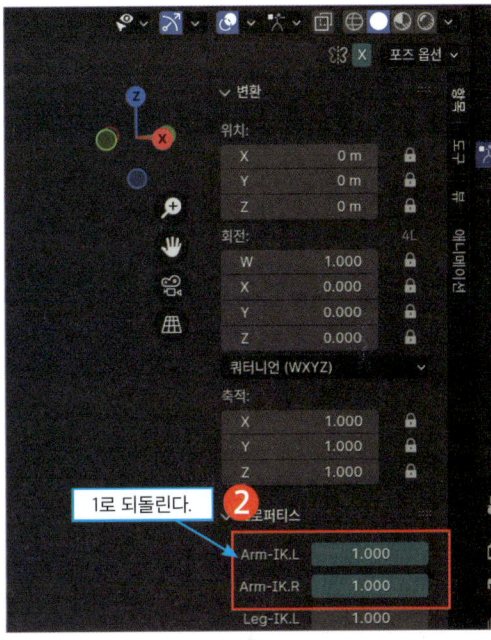

1로 되돌린다.

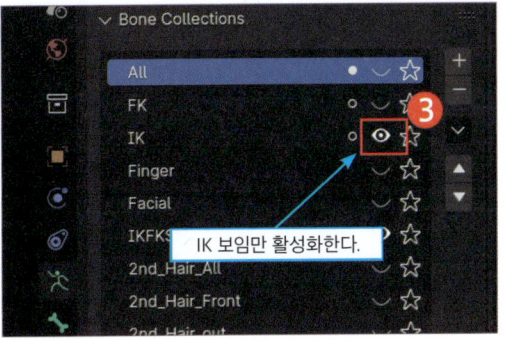

IK 보임만 활성화한다.

POINT

IK와 FK 전환 시 주의점

IK와 FK 전환을 사용할 때 반드시 주의할 점은 수치를 **1** 또는 **0** 중 하나로 설정해야 한다는 점입니다. 예를 들면 수치를 **0.5**로 설정하면 IK와 FK의 중간 상태가 되어 애니메이션 관리가 매우 복잡하게 됩니다. 그리고 이 전환을 느린 동작 중에 수행하면 부자연스러운 애니메이션이 될 때가 많기 때문에 빈번한 전환은 피해야 합니다. 빠른 동작 중이나 영상 컷 전환 시점 등, 전환이 눈에 잘 띄지 않는 장면에서 수행하는 것이 좋습니다.

리그가 움직이지 않게 되었다면

리그(본)을 **포즈 모드**에서 선택하고 프로퍼티스 → **오브젝트 데이터 프로퍼티스**(인형 모양 아이콘)을 클릭하면 **포즈** 항목을 확인할 수 있습니다. 이 항목은 아마튜어 상태를 결정하는 항목입니다. 기본값은 **포즈 위치**로 되어 있습니다. 이 항목이 **휴식 위치**로 되어 있으면 포즈가 항상 기본 위치에 고정되며, 포즈 모드에서의 변형을 할 수 없게 됩니다. 항상 **포즈 위치**로 설정하는 것이 좋습니다.

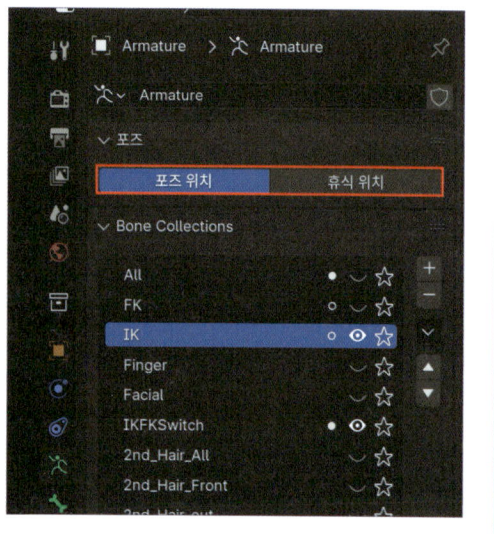

Chapter 2

5

Bone Collections에 관해

앞에서 Bone Collections에 관해 조금 설명했습니다. 여기에서는 보다 자세히 설명합니다. Bone Collections이란 **각 본을 컬렉션별로 나누는 기능**입니다. 본이 많아지면 3D 뷰포트에서 잘 보이지 않는 경우가 있습니다. 이 때 Bone Collections을 사용해 이 본들을 그룹으로 나누어 관리할 수 있습니다. 예를 들면, 왼팔의 본과 오른팔의 본을 다른 컬렉션으로 나누면 쉽게 작업을 할 수 있게 됩니다. 그리고 Bone Collections을 사용하면 필요한 본만 표시할 수 있어, 작업을 매끄럽게 진행할 수 있습니다. 특히 애니메이션 작업 중에 특정 본만 조작하고 싶을 때 도움이 됩니다.

5-1 Bone Collections 조작 방법

리그를 선택하고(모드는 **오브젝트 모드**이든 **포즈 모드**이든 관계 없습니다) 프로퍼티스 → **오브젝트 데이터 프로퍼티스** → **Bone Collections** 패널에서 컬렉션을 확인합니다. 이 컬렉션 안에 각 본이 저장되며 본 표시/숨기기 등을 조작할 수 있습니다. 컬렉션은 본을 관리하는 폴더와 같은 것입니다. 앞에서 **라이브러리 재정의**를 작성했으므로 컬렉션의 데부분의 기능은 비활성화되어 있지만, 컬렉션 표시/숨기기는 실행할 수 있습니다. 여기에서는 다음 조작을 기억해 두면 좋습니다. 그리고 컬렉션 오른쪽에 있는 작은 점(●)은 **선택한 본이 해당 컬렉션 안에 들어 있다**는 의미입니다.

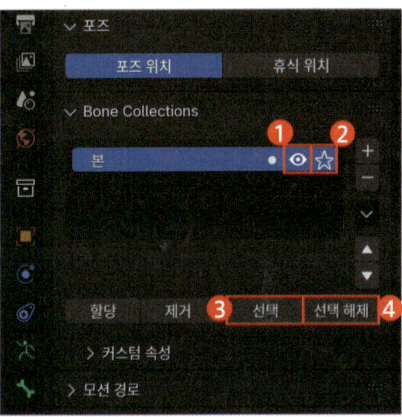

❶ 보임	눈동자 모양 아이콘을 클릭하면 컬렉션 안의 본을 표시/숨기기 할 수 있습니다.
❷ 솔로	별 모양 아이콘을 클릭하면 해당 컬렉션만 표시합니다. 솔로가 활성화 되어 있을 때는 보임(눈동자 모양 아이콘)을 사용할 수 없습니다.
❸ 선택	선택 중인 컬렉션 안의 본을 선택합니다.
❹ 선택 해제	선택 중인 컬렉션 안의 본 선택을 해제합니다.

Bone Collections 기본 조작

Bone Collections의 기본 조작은 요기에서 설명합니다. Bone Collections을 사용해 본을 관리하고 싶을 때는 이 내용을 참조하기 바랍니다. Bone Collections의 단축키는 **M키**입니다. 어떤 컬렉션으로 이동할지 결정하는 메뉴가 표시됩니다.

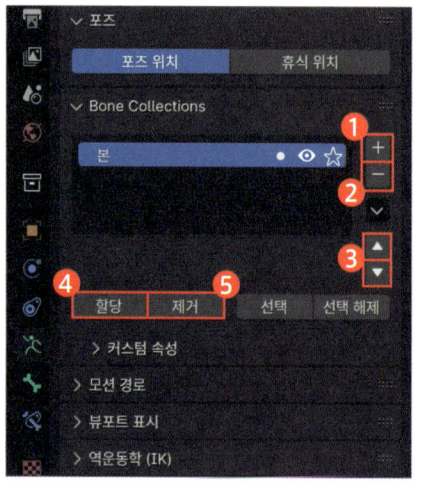

❶ Bone Collections 추가	새 컬렉션을 추가합니다.
❷ Bone Collections 삭제	기존 컬렉션을 삭제합니다.
❸ Bone Collections 이동	컬렉션을 이동합니다.
❹ 할당	선택한 본을 현재 선택 중인 컬렉션에 추가합니다.
❺ 삭제	선택한 본을 현재 선택 중인 컬렉션에서 삭제합니다.

5 - 2   Bone Collections 목록

이 책에서 사용하는 캐릭터의 본은 다음과 같이 컬렉션으로 구성되어 있습니다. 컬렉션을 사용해 보임(눈동자 모양 아이콘) 기능으로 본의 표시/숨기기를 조작해 봅시다. 확인을 마쳤다면 **IK**만 표시한 상태, 나머지는 숨기기 상태로 합니다. 그리고 **Joint**보다 아래에 기재한 몇 개의 컬렉션은 보다 세세한 본의 표시/숨기기를 관리하기 위한 것입니다. 예를 들면 Root 컬렉션은 **Root** 본만 표시하고 **IK.L** 컬렉션은 왼쪽 IK 관련 본만 표시합니다.

All	모든 본을 표시합니다. 주로 모든 본의 변형을 취소할 때 사용합니다.
FK	FK 모드에서 사용할 수 있는 본이 저장되어 있습니다.
IK	IK 모드에서 사용할 수 있는 본이 저장되어 있습니다.
Finger	손가락 본만 저장되어 있습니다. 손의 연기를 표현하고 싶을 때 사용합니다.
Facial	표정을 관리하는 본이 저장되어 있습니다.
IKFKSwitch	IK와 FK를 전환할 수 있는 본이 저장되어 있습니다.
2nd_Hair_All	머리카락 본을 모두 표시합니다.
2nd_Hair_out	머리카락 바깥쪽 본만 표시합니다.
2nd_Hair_in	머리카락 안쪽 본만 표시합니다.
2nd_Skirt	스커트 본만 표시합니다.
2nd_etc	깃, 넥타이, 꼬리 등 기타 흔들리는 것들과 관련된 본만 표시합니다.
Joint	팔, 다리를 제어하기 위한 본을 표시합니다. 이 컬렉션에 있는 본은 이 책에서는 사용하지 않습니다.

Column

세컨더리 애니메이션

머리카락이나 스커트 등, 메인을 지탱하는 하위 움직임을 **세컨더리 애니메이션**secondary animation이라 부릅니다. 세컨더리 애니메이션을 만듦으로써 메인 애니메이션을 보다 좋게 만들 수 있습니다. 3D CG 애니메이션에서는 일반적으로 메인이 되는 신체의 움직임을 먼저 제작하고, 그 뒤 서브가 되는 머리카락이나 스커트 등의 움직임을 만듭니다. 서브의 움직임을 먼저 만들면 메인의 움직임을 조정할 때 서브도 다시 조정해야 하기 때문에, 작업 효율이 매우 저하됩니다. 따라서 먼저 메인 움직임을 완성한 뒤 서브 움직임을 만듭시다. 머리카락, 스커트, 넥타이, 꼬리 등 흔들리는 요소와 관련된 본이 저장되어 있는 컬렉션 이름의 앞에는 모두 **2nd**로 표기했습니다.

Column

블렌더 4.3의 Bone Collections에 관해

블렌더 4.3에서는 Bone Collections 아래 있는 점 아이콘을 마우스 좌클릭 해 메뉴 표시를 늘리거나 줄일 수 있습니다. 작업 화면을 깔끔하게 정리하고 싶을 때 사용합시다.

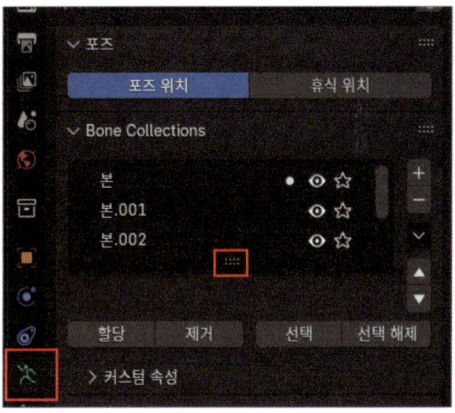

선 포즈를 만들자

6

그럼 이제 포즈를 만듭니다. 먼저 기본이 되는 **선 포즈**부터 만들고, 이후 렌더링을 하기 위한 카메라를 설정합니다. 이 책에서는 다양한 포즈 중에서 **자신감 넘치는 선 포즈**를 주제로 작업을 진행합니다. 직접 선 포즈를 만들고 싶다면 꼭 자유롭게 만들어 보기 바랍니다. 단, 처음부터 어려운 포즈에 도전하지 말고, 간단한 선 포즈부터 시작하는 것을 권장합니다.

6 - 1   포즈를 만들기 전 준비를 하자

포즈를 만들기 전에 여러 준비를 합니다. 여기에서는 포즈가 변형되지 않았는지 확인하기 위해 변형을 취소하는 것과 포즈를 쉽게 만들 수 있도록 오브젝트 표시 방법을 변경하는 것을 소개합니다. 먼저 의도치 않은 변형을 없애기 위해 모든 본의 변형을 초기화 합니다.

01
Step
All의 보임(눈동자 모양 아이콘) 활성화하기
리그가 **포즈 모드**인 것을 확인한 뒤, 프로퍼티스 → **오브젝트 데이터 프로퍼티스**(인형 모양 아이콘) → **Bone Collections** 패널에서 **All**의 **보임**(눈동자 모양 아이콘)을 활성화 합니다.

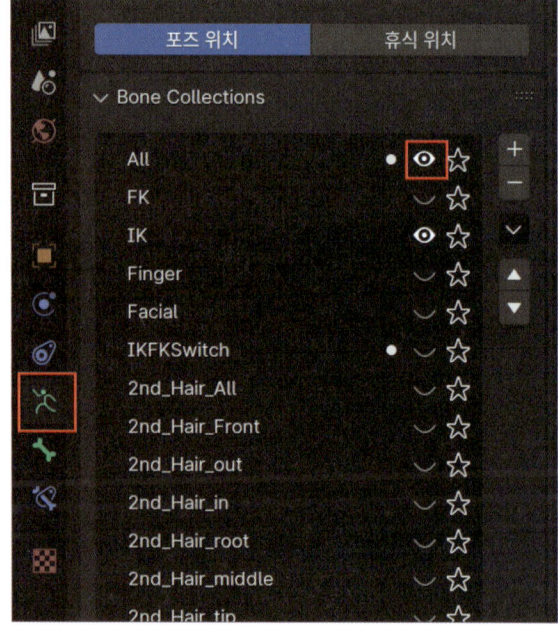

02 본 초기화하기

Step

A키를 눌러 모든 본을 선택합니다. 다음으로 3D 뷰포트 헤더의 **포즈 → 변환을 지우기 → 모두**를 클릭해, 선택한 본의 변형 관련 값을 모두 초기화합니다(또는 변형을 취소하는 단축키인 **Alt+G키**(이동), **Alt+R키**(회전), **Alt+S키**(축적)를 실행하는 것도 좋습니다)❶. 마쳤다면 **All**의 보임을 비활성화하고 **IK** 컬렉션만 보임을 활성화합니다❷. **그 본이 없다** 같은 상황을 만난다면 Bone Collections를 확인하거나, 숨기기 한 오브젝트를 표시하는 단축키인 **Alt+H키**를 3D 뷰포트에서 실행합니다.

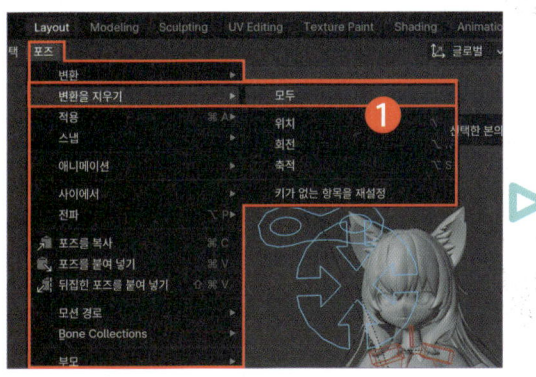
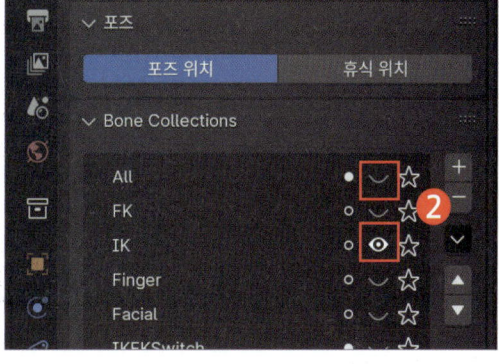

POINT

솔리드에서 모델 텍스처 표시하기

솔리드 표시의 기본 설정에서는 오브젝트가 회색으로 표시됩니다. 이 상태에서 포즈를 만들어도 문제는 없지만 캐릭터의 텍스처를 표시한 상태에서 작업을 하고 싶을 때는 표시 방법을 변경합니다. 먼저, **뷰포트 셰이딩** 오른쪽에 있는 아래쪽 방향 화살표를 클릭합니다. 그러면 셰이딩 관련 메뉴가 표시됩니다. 이 메뉴는 **솔리드** 표시를 변경하기 위한 것이므로, 렌더링에는 반영되지 않지만 처리가 가벼운 상태에서 오브젝트 표시를 변경할 수 있습니다(**매테리얼 미리보기**나 **렌더**에서 작업하면 처리가 무거워집니다). 여기에서는 텍스처 표시 방법에 관해 별도로 설명하지 않지만, 이 메뉴에 관해서는 뒤에서 자세히 설명합니다.

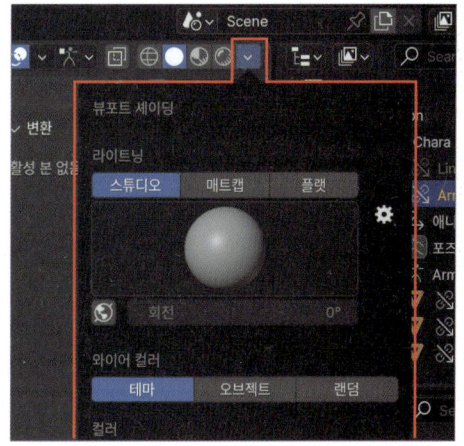

메뉴 안에는 **컬러** 항목이 있습니다. 이 항목은 오브젝트의 색을 변경하는 기능입니다. 기본값은 **매테리얼**(매테리얼 컬러를 표시)로 설정되어 있습니다. 이 항목을 **텍스처**로 선택합니다.

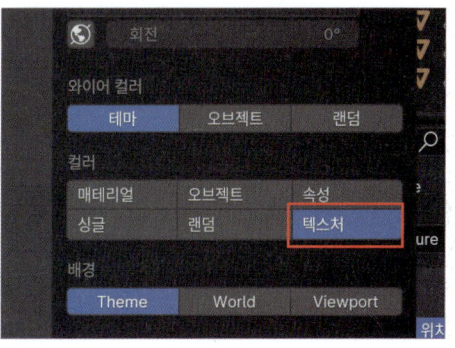

모델에 설정된 텍스처가 표시되고, 포즈의 완성 이미지
를 쉽게 파악할 수 있습니다.

그리고 **라이트닝** 항목이 있습니다. 이 항목은 오브젝트의 표시 방법을 변경하고, 빛이 닿는 상태나 표면 상태를 확인하기 위한
기능입니다. 기본값은 **스튜디오**로 되어 있습니다. 이 항목을 **플랫**으로 변경하면 텍스처보다 확실하게 표시됩니다. 각자의 작업
스타일에 맞춰 설정을 변경하면 좋을 것입니다.

※ 이번 장에서는 조명은 기본값인 스튜디오, 컬러는 매테리얼로 설정하고 작업을 진행합니다.

6-2 실전! 먼저 허리 위치를 결정하자

애니메이션을 만들 때는 먼저 **허리** 위치를 결정하는 것이 중요합니다. 대부분의 움직임은 허리를 중심으로 합니다. 걷기, 달리기, 앉기, 점프하기 등 모든 동작에 허리의 움직임이 크게 영향을 줍니다. 가장 먼저 처리를 움직임으로써 팔이나 다리 등 다른 부분이 자연스럽게 그 움직임을 따르게 되며, 결과적으로 설득력이 있는 포즈나 애니메이션을 쉽게 만들 수 있게 됩니다.

그리고 허리의 위치와 방향이 포즈의 균형이나 선 위치를 결정합니다. 먼저 머리나 팔을 조정하면 캐릭터의 위치나 방향을 변경할 때, 팔 등을 다시 조정해야 하기 때문에 작업 효율이 저하됩니다. 허리는 중심을 제어하는 중요한 요소이며, 안정된 포즈를 만드는 데 매우 중요합니다. 이 책에서는 포즈를 만들 때의 포인트를 설명하면서 **자신감 있는 선 포즈**를 만들어 봅니다.

이번에 만드는 **자신감 있는 선 포즈**입니다.

01 앞쪽 시점으로 전환하기

Step

실제로 선 포즈를 만들어 봅시다. **Hips. Control**(캐릭터의 허리에 있는 빨간색 골반 모양 본)을 움직입니다. 쉽게 조정할 수 있도록 3D 뷰포트 위에 마우스 커서를 올리고, **텐키 1**을 눌러 **앞쪽 시점**으로 합니다(3D 뷰포트 왼쪽 위에 있는 **텍스트 정보**에서 현재 시점을 확인할 수 있습니다. **앞쪽**이라고 표시되어 있다면 앞쪽 **시점**으로 되어 있는 것입니다).

이동과 회전을 사용한 변형은 현재 시점에 대해 평행으로 수행됩니다. 갑자기 다양한 시점에서 포즈를 만드는 것은 어렵습니다. 먼저 앞쪽 시점(**텐키 1**), 옆쪽 시점(**텐키 3**), 위쪽 시점(**텐키 7**)의 기본적인 시점에서 포즈를 만드는 것을 권장합니다. 포즈나 애니메이션을 만들 때는 **현재 자신이 어떤 시점에 있는지** 반드시 의식해야 합니다. 그리고 텍스트 정보의 투영법이 **원근법**으로 되어있을 때는 **텐키 5**를 눌러 **정사법**으로 설정합니다. 정사법으로 설정하면 원근이 사라지고 정확한 형태를 파악할 수 있습니다.

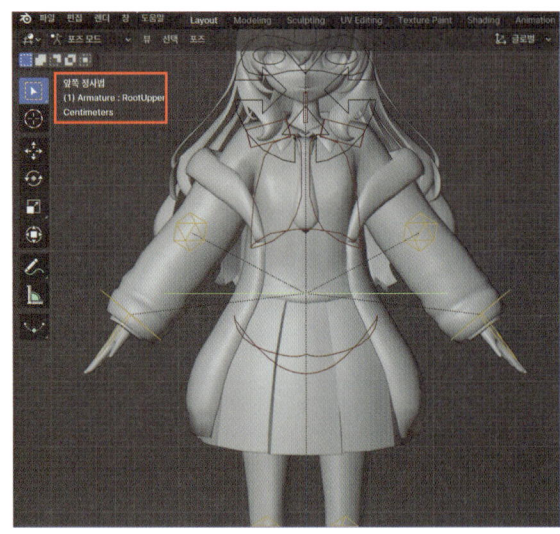

02 불필요한 본 숨기기

Step

현재 다양한 본이 표시되어 시인성이 낮으므로, 허리의 본만 표시합니다. **Hips.Control**을 선택한 상태에서 **Shift+H키**를 누르면, 선택되어 있지 않은 오브젝트나 본이 숨기기 됩니다(**비 선택된 항목을 숨기기** 기능). 그리고 헤더의 **포즈 → 표시/숨기기 → 비 선택된 항목을 숨기기**를 선택해도 같은 조작을 할 수 있습니다.

이 조작을 수행하면 3D 뷰포트 왼쪽 아래 **선택된 항목을 숨기기**라는 작은 패널이 표시됩니다. 이것은 **오퍼레이터** 패널이라는 이름을 갖고 있으며 조작 후 자동으로 표시됩니다. 이 패널 안에서 보다 세세한 설정을 수행할 수 있습니다.

※ 이 책의 이미지에는 설명을 위해 본의 숨기기나 다시 표시하기를 수행한 부분이 있습니다.

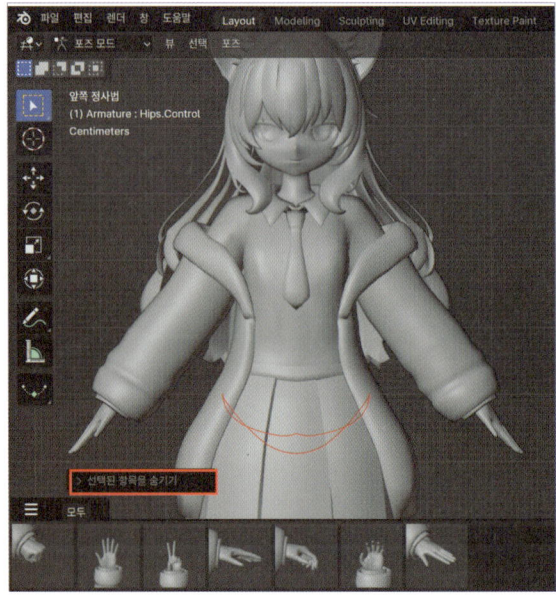

MEMO

연결로 임포트한 본에 대해 포즈 모드에서 숨기기에 관한 조작을 수행한 경우에는 **Ctrl+Z키**로 조작을 이전으로 되돌릴 수 없습니다. 다시 표시하고 싶을 때는 숨기기 한 대상을 표시하는 단축키인 **Alt+H키**를 실행합니다.

03

허리 회전시키기

Hips.Control을 선택하고 회전의 단축키인 **R 키**를 사용합니다(또는 왼쪽 툴바에 있는 **회전**을 사용할 수도 있습니다). 허리를 오른쪽으로 올리고 오른쪽 발에 체중을 싣는 듯한 자세를 만듭니다. 이렇게 허리를 좌우로 미끄러뜨리는 것만으로 선 위치의 균형이 달라지고, 체중 이동을 표현할 수 있습니다.

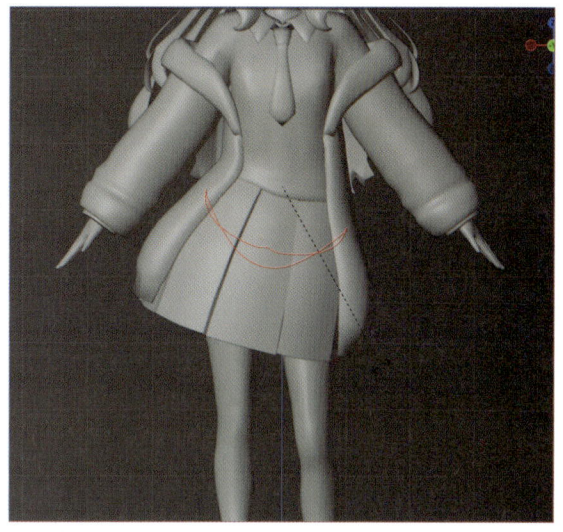

> **MEMO**
>
> 회전이 잘 되지 않을 때는 3D 뷰포트 위쪽의 피벗 포인트를 변환 설정을 확인합니다. 이 설정이 3D 커서 등으로 되어 있으면 올바르게 회전하지 않으므로, 개별 오리진 또는 평균 포인트로 설정합니다.

04

발 조정하기

허리를 회전시킨 결과 오른쪽 발이 올라갔으므로, 다음으로 허리의 위치를 조정합니다. 이동의 단축키인 **G키**를 사용해 허리를 아래로 내립니다. 오른쪽 발이 지면에 닿으면 이동을 확정합니다. 3D 뷰포트 가운데 있는 빨간색 선(X축)을 지면으로 간주해 조정하면 좋을 것입니다. 캐릭터가 지면에 서 있는 포즈나 애니메이션을 만들 때는 반드시 **발이 지면에 닿아 있는지** 확인합니다. 발이 지면에서 떨어져 있으면 캐릭터가 공중에 떠있는 것처럼 보이거나 부자연스러운 인상을 주게 됩니다. 현실 세계에서는 발로 체중을 버티기 때문에 3D CG 애니메이션에서도 발이 지면에 확실히 붙어 있게 함으로써, 그 캐릭터가 실제로 그 위치에 서있는 실제감을 줄 수 있습니다.

 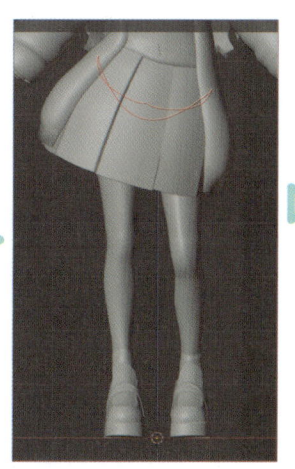 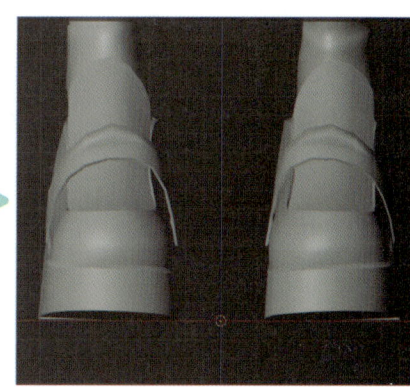

05 변환 오리엔테이션 확인하기

Step

우선 다른 각도에서 포즈를 확인합니다. 체중을 지탱하고 있는 오른쪽 발의 무릎이 구부러져 있으면, 무릎을 구부린 상태로 서 있는 매우 이상한 자세가 되므로 수정해야 합니다. 먼저 3D 뷰포트 위에 **변환 오리엔테이션**이 **로컬**(각 오브젝트나 본의 좌표축)로 되어 있는 것을 확인합니다. 여기에서 다른 좌표축으로 되어 있지 않은 지 주의합니다.

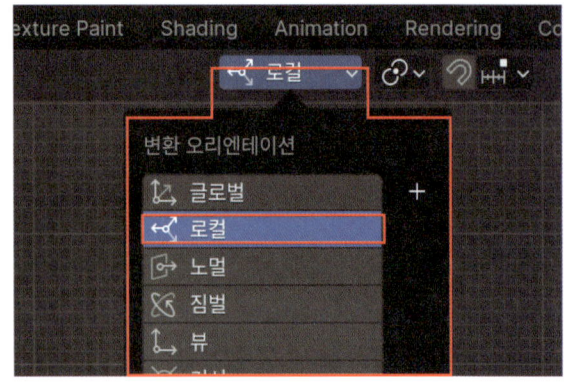

06 좌표축 변경 및 허리 조정하기

Step

Hips.Control을 선택하고 **G키**(이동) → **Z키**를 실행한 뒤, 한 번 더 Z키를 누르면 좌표축을 **로컬**에서 **글로벌**로 변경할 수 있습니다(앞에서 3D 뷰포트 위쪽 헤더의 **변환 오리엔테이션**을 **로컬**로 설정했으므로 이 조작이 필요합니다). 이 조작에 의해 글로벌(3D 공간의 좌표축으로 Z축이 상하, X축이 좌우, Y축이 전후입니다)의 Z축에 따라 상하 이동을 할 수 있으므로, 오른발이 떠있지 않은 정도로 수정합니다. 발이 **IK**로 설정되어 있으면 허리를 조정하는 것만으로 무릎을 구부리거나 발을 지면에 닿도록 할 수 있습니다.

> **MEMO**
>
> 무릎이 구부러지지 않거나 잘 추종하지 않을 때는 발 설정이 **FK**로 되어있을 가능성이 있습니다. 이 때는 **Bone Collections**에서 **IKFKSwitch** 컬렉션을 표시하고, 포즈 모드에서 선택합니다. 사이드바(**N키**)의 프로퍼티스에서 각 수치를 **1**로 설정합니다.

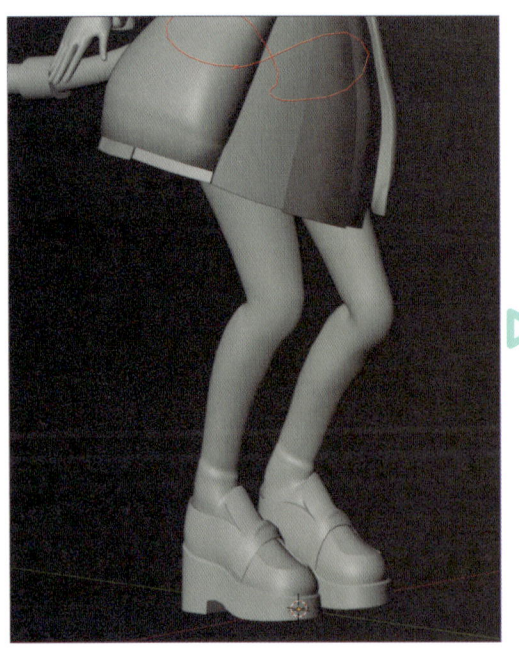

Column

중심에 관해

중심은 캐릭터 전체의 균형을 잡기 위한 중심점입니다. 예를 들면 사람이 서있을 때는 중심이 배 부근에 있습니다. 중심의 위치는 캐릭터의 체형이나 움직임에 따라 달라집니다. 하지만 **머리와 허리 사이**에 중심을 두는 것이 안정적으로 만들기 쉽습니다. 애니메이션에서는 움직이는 포즈를 만들 때가 많으므로, 중심을 배에 그대로 두면 움직임이 작은 느낌을 줄 수 있습니다. 그렇기 때문에 **머리와 배 사이**의 넓은 범위 안에서 중심을 조정하는 것이 중요합니다. 예를 들면 앞으로 달려나가는 포즈를 만들 때는 중심을 상반신으로 기울이면 보다 자연스럽고 동적인 움직임이 됩니다. 그리고 두 발로 서 있을 때는 중심을 발과 발 사이에 주면 안정적인 느낌을 줍니다. 한편 한 발로 서있을 때는 중심을 체중이 걸리는 발 위에 두면 균형을 잘 잡을 수 있습니다.

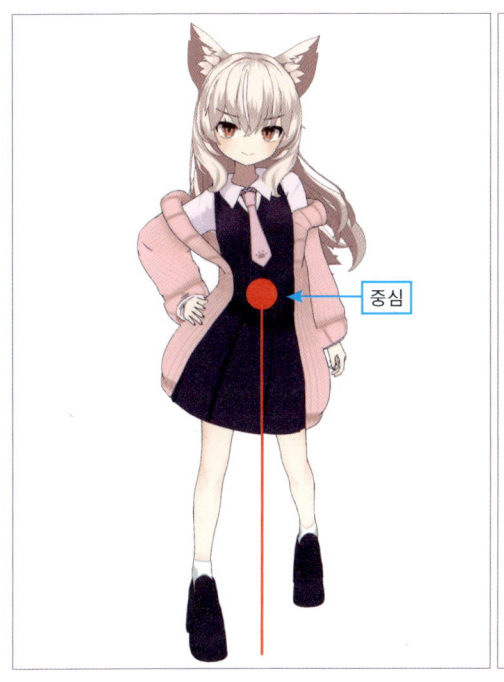
중심

중심

6 - 3	발을 조정하자

현재 두 발이 수직 상태이므로 포즈가 어색하게 보입니다. 두 발을 넓혀 자연스러운 균형을 만들어 줍니다.

01 발 축 수정하기

Step 숨기기한 항목을 표시하는 단축키인 **Alt+H키**를 누르고, 숨기기한 본을 표시합니다(또는 3D 뷰포트 헤더의 **포즈 → 표시/숨기기 → 선택한 항목을 보이기**에서 조작할 수 있습니다). 다음으로 왼발의 본(왼발에 있는 슬리퍼 모양 본)을 선택하고 이동의 **G키 → Z키**를 누르면 **로컬** 좌표로 좌우로 이동할 수 있게 되므로 왼쪽에 발을 배치합니다. 이 리그의 두 발의 좌표축은 좌우가 Z축 방향으로 되어 있기 때문에 **로컬** 좌표에서는 Z축으로 해야 합니다. 오른발의 본도 마찬가지로 선택하고 이동의 **G키 → Z키**를 누른 뒤, 두 발을 조정합니다.

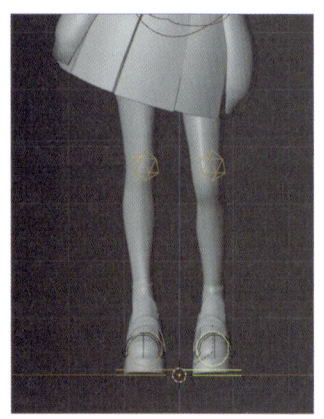 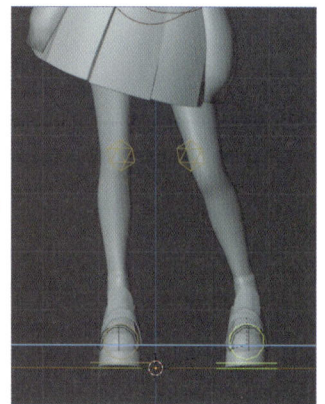 

Column

포즈를 좌우 대칭을 변형하는 방법

좌우 대칭인 본(본 이름 끝에 **.L** 또는 **.R**이 붙어 있는 본)이 있을 때는 헤더 오른쪽 위에 있는 **X**를 활성화하면, 본을 좌우 대칭으로 변형할 수 있습니다. 또는 **포즈 옵션** 안의 **X축 미러**에서 활성화/비활성화를 전환할 수 있습니다. 필요에 따라 사용합니다.

 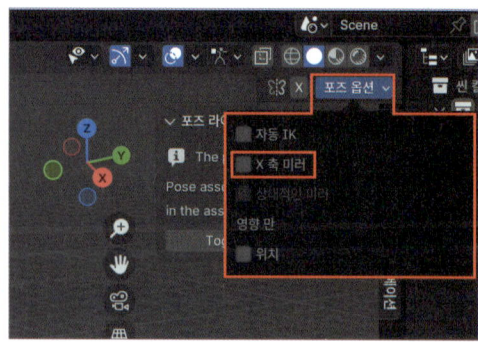

02 발을 뒤로 내리기

Step

다음은 옆쪽 시점의 포즈를 수정합니다. **텐키 3**을 눌러 옆쪽 시점으로 바꿉니다. 현재 포즈에서는 두 발이 겹쳐져 져 하나의 발로 보이므로, 발을 조금 어긋나게 해서 입체감을 만듭니다. 왼발의 본을 선택하고 이동의 **G키 → X키**를 누르고 뒤쪽으로 배치합니다. 발의 입체감을 의식하면 움직임이 있는 포즈를 쉽게 만들 수 있습니다.

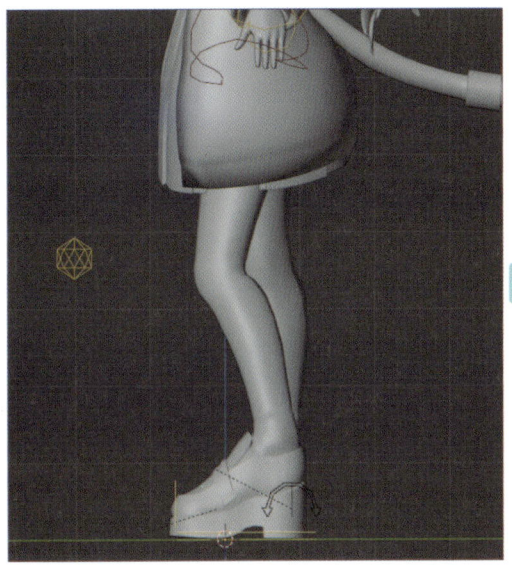 ▶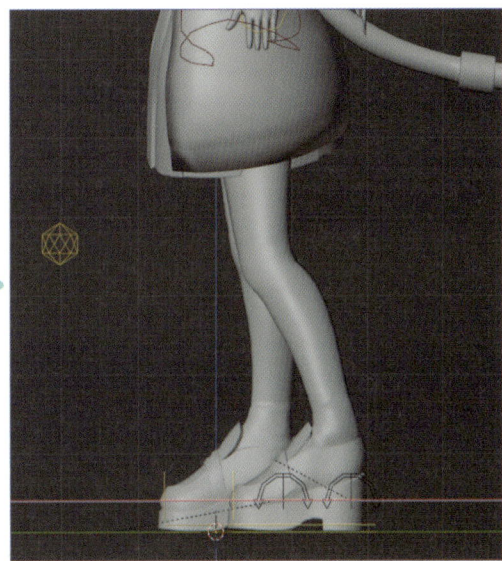

Column

무릎과 발의 방향에 관해

여기에서는 무릎(Knee.IK)을 조정하지 않았지만 발과 무릎의 방향을 조정할 때 도움이 되는 팁을 소개합니다. 무릎은 보통 발과 같은 방향을 향합니다. 예를 들면 무릎이 똑바로 앞으로 향한 상태에서 발목만 옆을 향하면 매우 부자연스러운 포즈가 됩니다❶. 기본적으로 발과 무릎의 방향을 일치하게 만드는 것이 중요합니다❷. 그리고 무릎을 발보다 신체 안쪽으로 향하게 할 수도 있지만❸, 반대로 무릎이 발보다 바깥쪽을 향할 수는 없습니다.

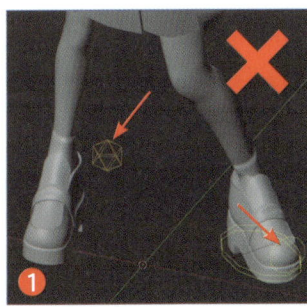 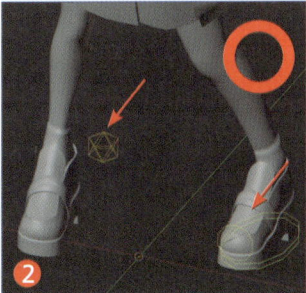 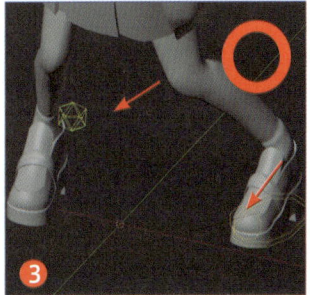

IMPORTANT

본을 조정할 때 방해가 되는 본을 **H키**를 눌러 숨기기하고, 조정을 마친 뒤에는 **Alt+H키**를 눌러 다시 표시합니다.

상반신과 하반신을 조정하자

01 신체를 뒤로 젖히기

Step

캐릭터를 옆쪽 시점(**텐키 3**)에서 확인하면 상반신이 수직이므로❶ 가슴을 조금 편듯한 포즈로 조정합니다. 골반의 본(**Hips.Control**)은 회전(**R키**)을 사용해 엉덩이가 뒤쪽으로 나오게 합니다. 골반은 인체 구조상 비스듬하게 기울어져 있기 때문에 이 구조에 맞춤으로써 자연스러운 포즈를 만들 수 있습니다. 그리고 이동(**G키**)를 사용해 허리를 앞쪽으로 나오게 하면 신체 라인이 곡선이 됩니다❷. 다음으로 가슴의 본(**Chest.Control**)도 회전(**R키**)이나 이동(**G키**)를 사용해 조정합니다. 가슴을 편 듯이 본을 기울이면 등의 라인이 곡선을 그리기 때문에 수직으로 서있는 느낌이 사라집니다❸.

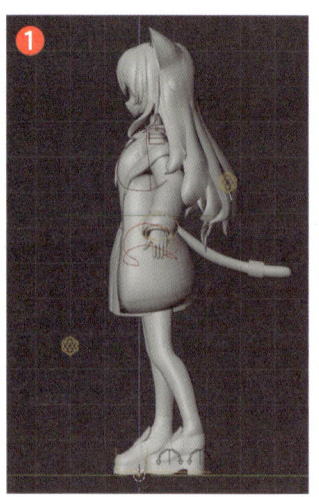 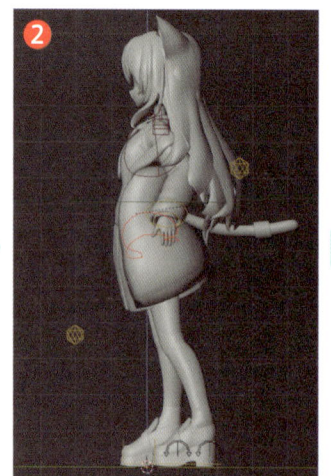 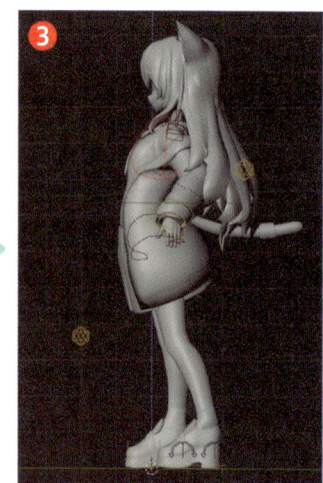

02 상반신 조정하기

Step

앞쪽 시점을 조정합니다. **텐키 1**을 눌러 **앞쪽 시점**으로 전환하고, 상반신의 본을 선택한 뒤 이동(**G키**)과 회전(**R키**)을 사용해 수정합니다. 허리가 기울어져 있으므로 신체의 균형이 잘 잡혀 있지 않으므로 상신반은 허리와 반대 방향(캐릭터에서 봤을 때 오른쪽 방향)으로 기울여 균형을 정리합니다. 허리를 왼쪽 방향으로 기울이면 신체 전체가 왼쪽으로 기울어지므로 균형을 잡기 위해 상반신은 오른쪽으로 기울입니다. 이렇게 하면 선 포즈를 잡을 때 안정감을 줄 수 있습니다.

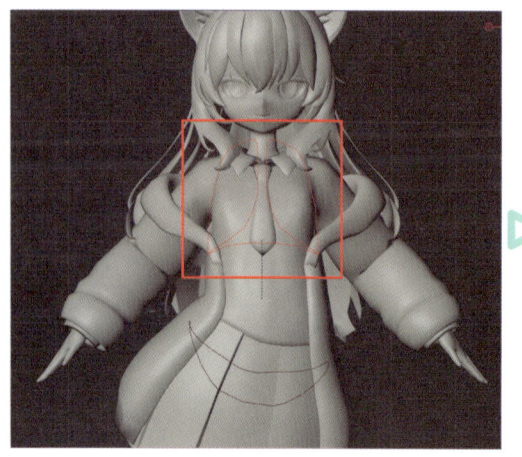 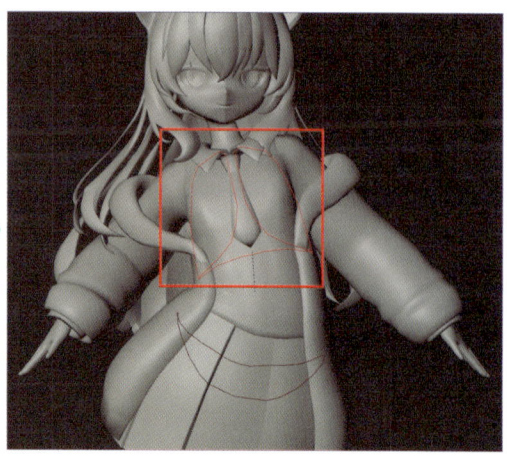

03 목 조정하기

목의 기울기를 수정합니다. 목의 본(Neck)을 선택하고 회전(R키)를 사용해 상반신과 반대 방향(캐릭터에서 봤을 때 왼쪽 방향)으로 조금 회전 시킵니다. 머리를 제어하는 본(Head.IK)도 마찬가지로 반대방향으로 회전(R키) 시킵니다. 머리를 상반신과 반대 방향으로 기울임으로써 입체적이고 자연스러운 포즈가 됩니다.

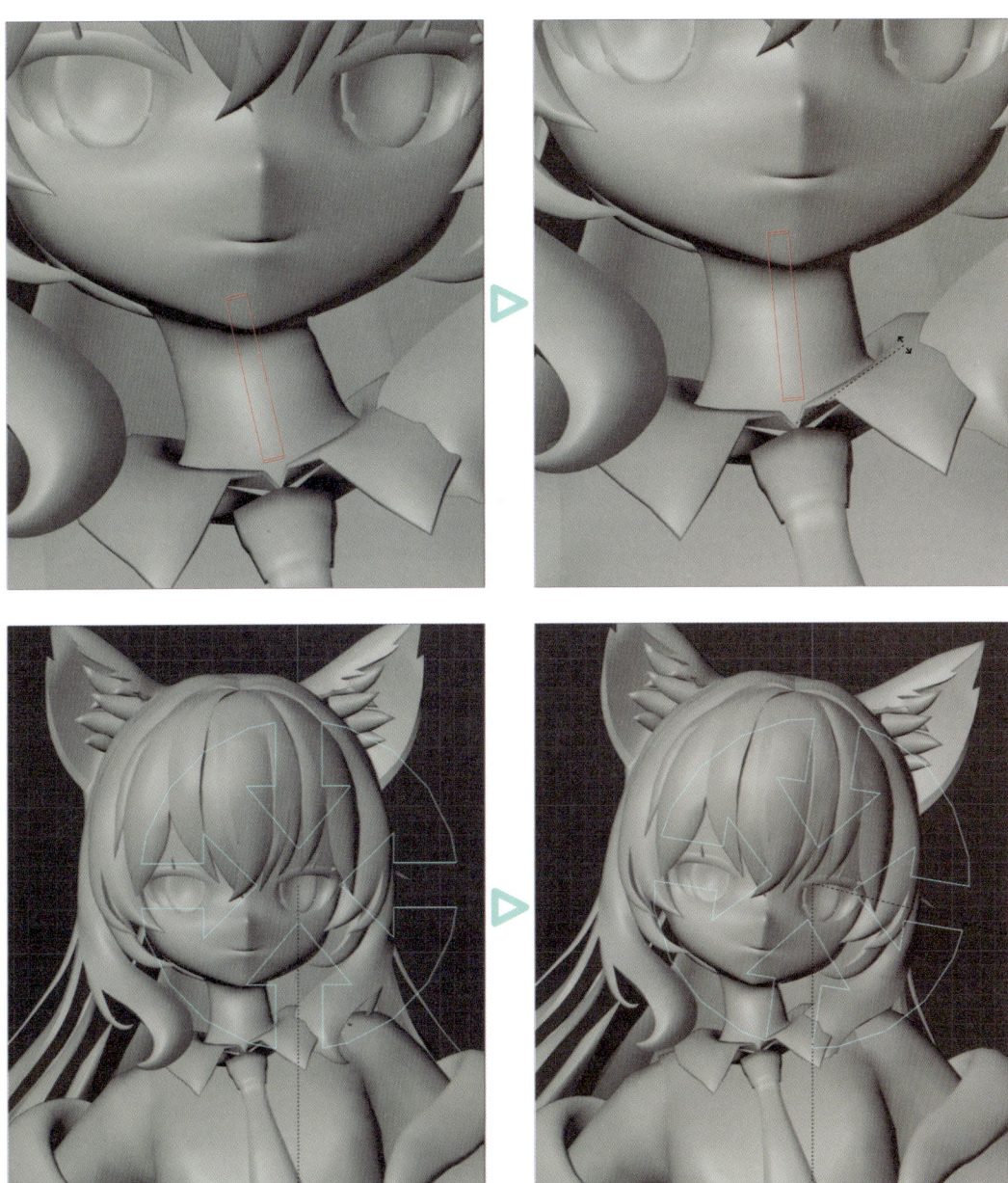

6-5 손을 조정하자

다음으로 손을 조정합니다. 손은 감정이나 생각이 강하게 드러나는 파츠입니다. 예를 들면 주먹 쥔 손은 분노, 결의 등을 나타내고 편 손은 편안함이나 기쁨을 나타냅니다. 손의 포즈를 적절하게 조정하면 캐릭터가 무엇을 생각하고 있는지, 어떻게 느끼고 있는지 직관적으로 전달하기 쉬워 집니다. 현재 상태처럼 양손을 아래로 내리고 있어도 좋지만 **자신감 있는 선 포즈**를 만드는 것이 주제이므로 오른손은 허리에 올리고, 왼손은 아래로 내린 포즈로 만들어 강함과 자신감 있는 캐릭터성을 표현합니다.

01 오른손 위치 조정하기

Step

손을 제어하는 본인 **HandIK.L**과 **HandIK.R**을 사용해 손의 위치를 결정합니다. **포즈 모드**에서 오른손의 **HandIK.R**을 선택하고❶, 이동(**G키**)을 사용해 허리 부근에 손을 배치합니다❷. 다음으로 회전(**R키**) → **Z키**를 사용해 손의 방향을 조정합니다❸. 그림은 **앞쪽 시점**(텐키 1)에서 작업을 진행했습니다. 그리고 손의 변형은 **이동 → 회전** 순으로 조정하는 것이 좋습니다. 손의 회전을 로컬에서 조정하면 좌표축 **X**는 상하 회전, **Z**는 좌우 회전을 제어합니다. **Y**를 선택하면 손을 비틀 수 있습니다. 이 단계에서는 손의 위치나 방향은 대략적으로 결정해도 좋습니다 세세한 조정은 뒤에서 할 것이므로 허리에 손을 올리고 있는 상태가 되었다면 다음 단계를 진행합니다.

> **MEMO**
>
> 손이 움직이지 않거나 잘 추종하지 않을 때는 손이 **FK**로 설정되어 있을 가능성이 있습니다. **Bone Collections**에서 **IKFKSwitch**를 표시하고, 사이드바(**N키**)의 **프로퍼티스**에서 각 수치를 **1**로 설정합니다.

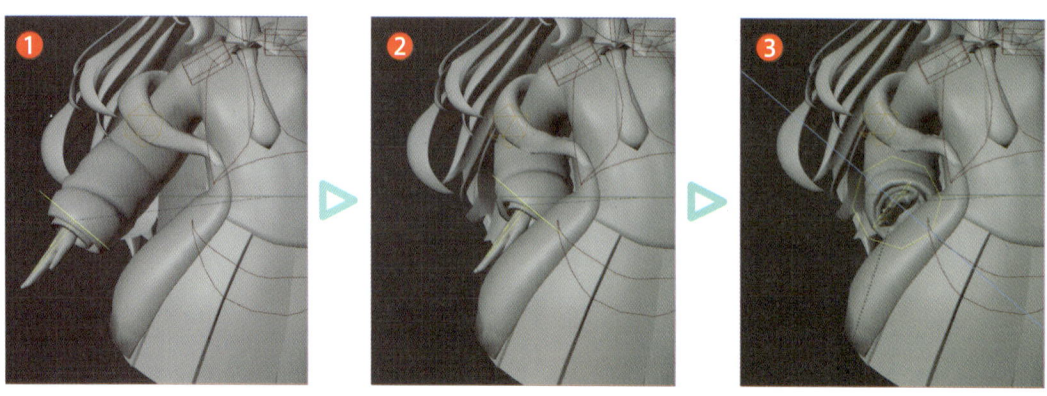

02 왼손 위치 조정하기

Step

왼손의 **HandIK.L**을 선택하고❶, 이동(**G키**)과 회전(**R키**)을 사용해 팔을 아래로 내립니다. **HandIK.L**을 아래로 내리면 모델의 손과 IK의 본이 너무 멀리 떨어져 세부 조정이 어려워지므로 손과 본이 일치하도록 주의합니다. 그리고 뒤에 손가락 관절을 구부리기 위해 손가락이 신체를 파고 들어가지 않도록 신체(의상)와 손 사이에 간격을 만들어 둡니다. Next Page ▶

> **MEMO**
>
> 왼손을 조정하고 있는데 오른손이 왼손과 대칭으로 변형되는 경우에는 3D 뷰포트의 헤더 오른쪽에 있는 X 가 활성화 되어 있을 가능성이 있습니다. 이를 비활성화합니다.

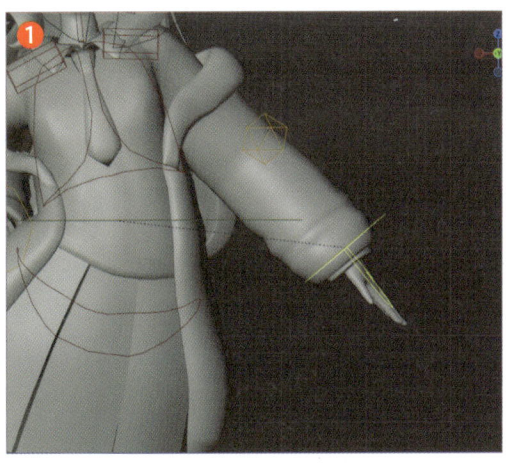

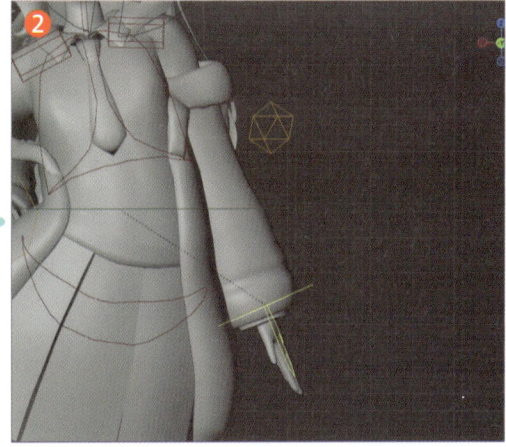

6-6 팔꿈치 방향을 조정하자

발꿈치의 각도는 IK를 사용해 포즈나 애니메이션을 만들 때 특히 주의해야 할 포인트입니다. 팔꿈치의 방향을 제어하는 본
ElbowIK는 팔꿈치 뒤쪽에 있습니다. 이 IK 본을 움직이지 않은 채 포즈나 애니메이션을 만들면 팔꿈치가 항상 뒤쪽을 향하
기 때문에, 포즈에 따라 부자연스러운 느낌이 될 수 있습니다. 포즈를 만들 때는 손의 위치 뿐만 아니라 팔꿈치 방향에도 주
의해야 합니다.

01 위쪽 시점으로 표시하기

Step

실제로 허리에 손이 닿았을 때 팔꿈치는 정확하게
뒤쪽이 아니라 비스듬한 뒤쪽을 향합니다. 팔꿈치의
방향을 수정하려면 먼저 **텐키 7**을 눌러 **위쪽 시점**으로 전환
합니다.

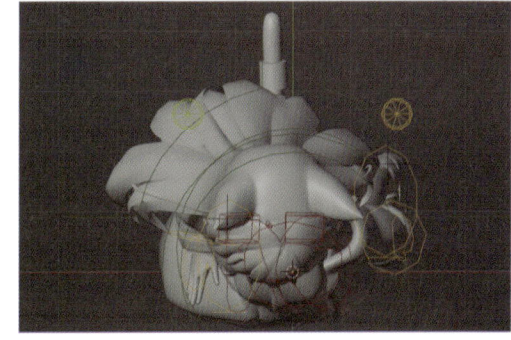

02 머리카락 숨기기

Step

팔꿈치가 머리카락에 가려 보이지 않을 때는 머리
카락을 일시적으로 숨기기 합니다. 아웃라이너의
Armature 왼쪽에 있는 오른쪽 화살표를 클릭해 계층을 엽
니다. 그 안에 있는 **Hair** 메시의 눈동자 모양 아이콘을 클릭
해 숨기기 합니다.

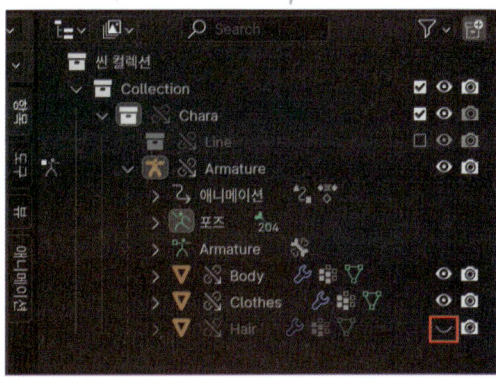

03 팔꿈치 조정하기

Step 오른쪽 팔꿈치(ElbowIK.R)을 선택하고 이동(G키)를 누른 뒤 팔꿈치를 대각선 뒤쪽으로 배치합니다. 그 뒤, 팔꿈치 각도에 문제가 없는지 다른 각도에서도 확인합니다.

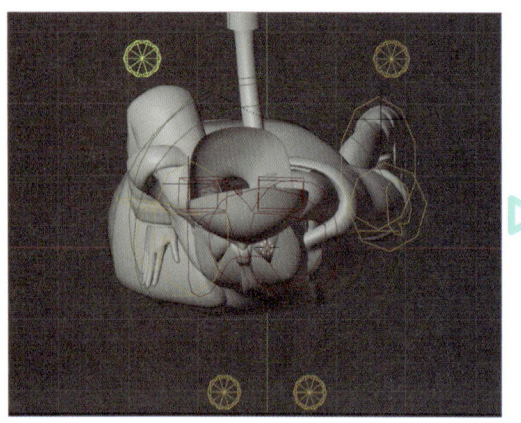 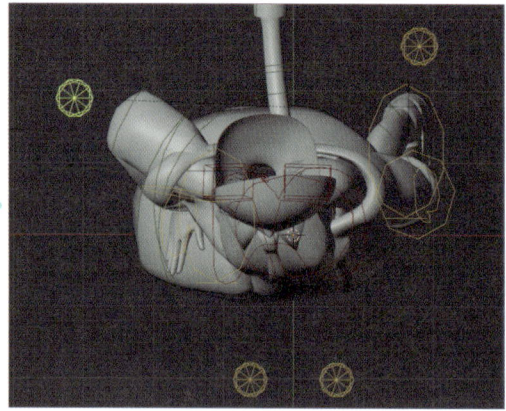

6-7 어깨 방향을 조정하자

팔을 올릴 때 어깨를 올리지 않고 팔만 올릴 수는 없습니다. 실제로 어깨를 누르면서 팔을 올려보면 거의 올릴 수 없습니다. 어깨의 포즈를 만들 때는 어깨 방향도 반드시 조정해야 합니다.

01 어깨 올리기

Step **텐키 1**를 눌러 **앞쪽 시점**으로 전환합니다. 오른팔을 올리면 어깨도 자연스럽게 올라가므로, 오른쪽 어깨의 **Shoulder.R**을 선택하고 회전(R키)을 사용해 조금 올려 줍니다.

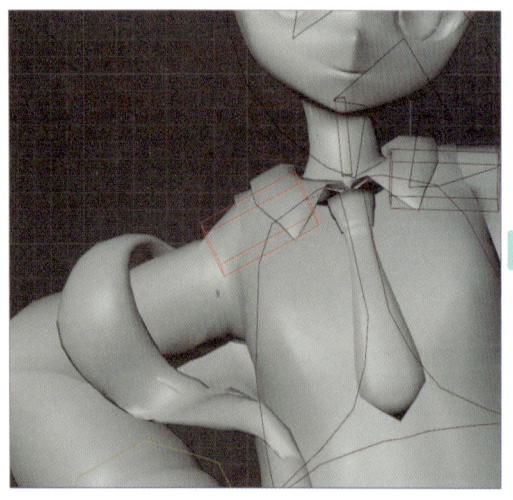 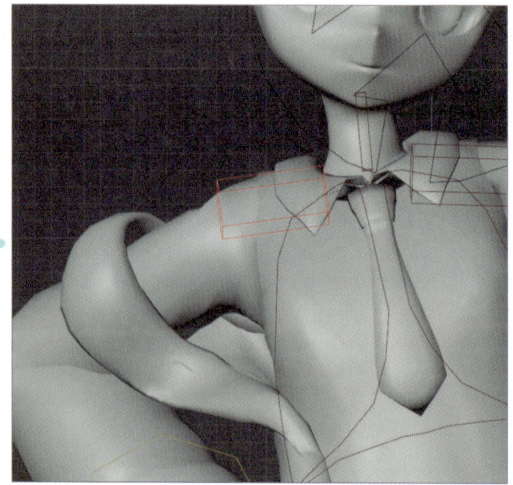

02 머리카락 표시하기

Step

팔꿈치와 어깨를 조정했다면 오른쪽 위 아웃라이너에서 **Hair** 오브젝트의 눈동자 모양 아이콘을 클릭해 다시 표시합니다. 포즈를 만드는 과정에서 머리카락을 숨기기 하고 싶을 때는 이 방법으로 표시/숨기기를 전환할 수 있습니다.

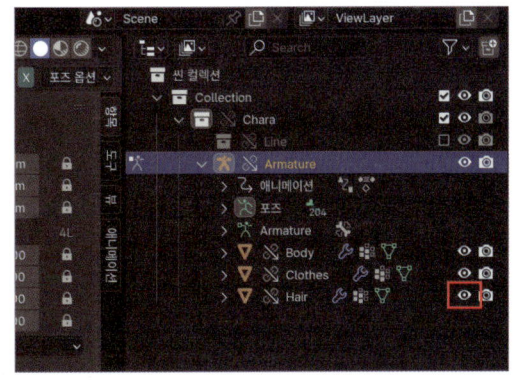

6-8 시선 조정을 조정하자

시선은 눈의 방향을 의미합니다. 시선은 캐릭터가 어디를 주목하고 있는지, 무엇에 관심을 갖고 있는지를 나타냅니다. 예를 들면 누군가를 응시하고 있다면 그 캐릭터에 대해 강한 감정이나 관심을 가지고 있다는 것을 의미합니다. 그리고 시선은 시청자들이 어디를 보게 하고 싶은 지 연출하는 역할도 담당합니다. 캐릭터가 무언가를 보고 있으면 그 시선에 시청자도 자연스럽게 끌어 당겨집니다. 이런 이유에서 포즈를 만들 때 시선을 의식하는 것은 캐릭터의 의사나 가정을 표현하는 데 매우 중요합니다.

01 뷰포트 셰이딩 메뉴 열기

Step

오브젝트가 회색으로 표시되어 있으므로 눈의 위치를 알기 어렵습니다. 이 문제를 해결하기 위해 **솔리드**에서 텍스처를 표시합니다. **매테리얼 보기**로 전환할 수도 있지만, 임포트에 시간이 걸리므로 처리가 무거워 질 수 있기 때문에 가능한 **솔리드**에서 작업하는 것을 권장합니다. 3D 뷰포트 오른쪽 위에 있는 **뷰포트 셰이딩**에서 오른쪽의 화살표를 클릭해 메뉴를 엽니다.

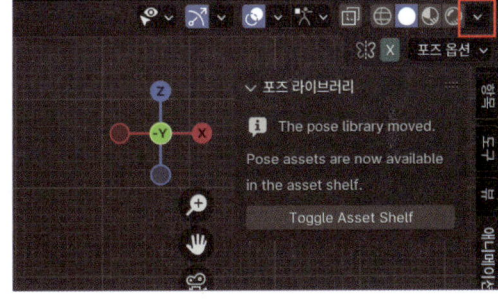

02 표시 변경하기

Step

이 메뉴에서 조명은 **플랫**, 컬러를 **텍스처**로 변경하면 솔리드에서 텍스처가 표시됩니다. 이미 텍스처 표시 상태에서 작업을 하고 있을 때는 이 단계를 건너 뛰어도 좋습니다.

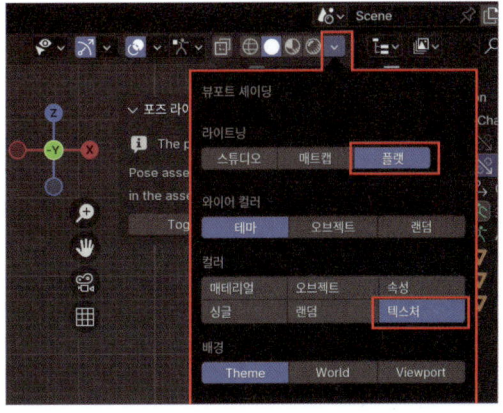

03 눈 방향 조정하기

Step

텐키 1을 눌러 **앞쪽 시점**인지 확인합니다. 다음으로 **EyeIKCenter**를 선택하고 이동(**G키**)을 사용해 시선이 이쪽을 보도록 조정합니다. 잘못해 중간의 원 2개(**EyeIK.L**과 **EyeIK.R**)가 움직이지 않도록 주의합니다. 이 부분이 움직이면 눈의 초점이 맞지 않는 캐릭터가 됩니다.

04 표시 변경하기

Step

작업을 마쳤다면 **뷰포트 셰이딩** 오른쪽 화살표를 클릭하고 조명은 **스튜디오**, 컬러는 **매테리얼**로 되돌립니다. 이미 텍스처 표시에서 작업을 하고 있을 때는 이 단계도 건너 뛰어도 좋습니다. 시선 조정은 포즈나 애니메이션을 완성한 뒤에도 빈번하게 이루어지기 때문에, 여기에서는 눈을 간단한 수정이라 생각해도 좋습니다.

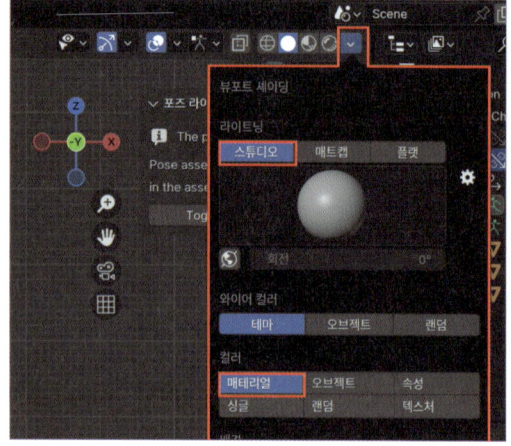

6 - 9 손가락 조정하기

손가락 포즈는 포즈 에셋을 적용한 뒤 수동으로 세부 조정하는 방법으로 조정합니다.

01 손 포즈 변경하기

Step

본이 없는 부분을 마우스 좌클릭 해 선택을 해제합니다(또는 **A키**를 2회 누르거나 **Alt+A키**를 누릅니다). 3D 뷰포트 아래 있는 **에셋 셸프**에서 **Relax02**를 클릭합니다. 에셋 셸프가 없을 때는 사이드바(**N키**)의 **애니메이션** 탭 → **포즈 라이브러리** 패널 안에 있는 **에셋 셸프 전환**을 클릭합니다(블렌더 4.3 이후에는 3D 뷰포트 오른쪽 아래 있는 작은 화살표 모양 아이콘을 클릭하면 **에셋 셸프**가 표시됩니다). **Relax02**를 클릭하면 양손의 손가락이 변형됩니다. 왼손의 손가락이 옷에 파묻힐 때는 손의 IK 본을 이동(**G키**)합니다.

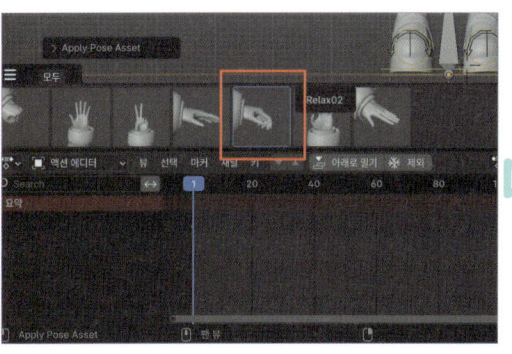
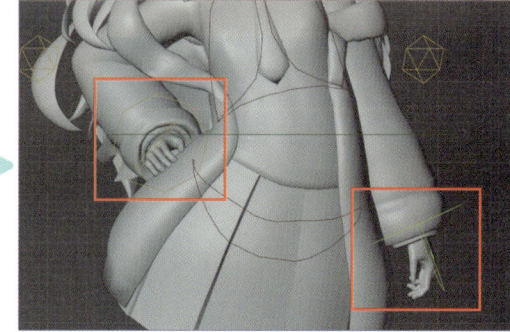

02 손가락 본 표시하기

Step

현재 상태에서는 에셋 셸프 안의 포즈를 적용한 것일 뿐입니다. 다음으로 손가락과 손의 본을 조정합니다. 오른쪽 프로퍼티스 → **오브젝트 데이터 프로퍼티스** → **Bone Collections** 패널을 엽니다. 여기에 **Finger** 컬렉션이 있습니다. **보임(눈동자 모양 아이콘)**을 활성화해 손가락의 본을 표시합니다. 이 책에서 다루는 캐릭터의 손가락 본은 이중 원 형태로 되어 있습니다.

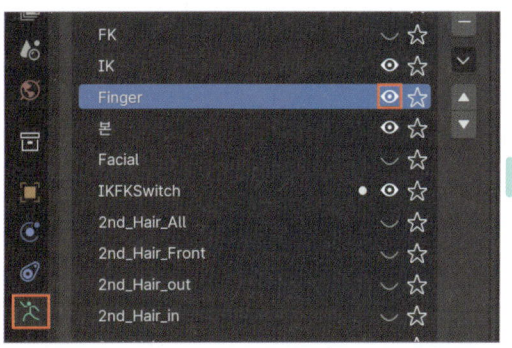
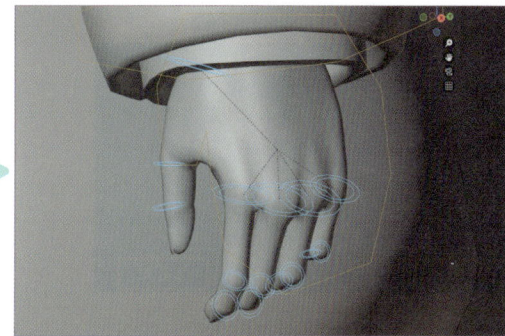

03 오른손 위치 조정하기

Step

손가락을 조정하기 전에 먼저 손의 위치와 방향을 조정합니다. 손의 위치와 방향을 명확하게 결정하지 않으면 나중에 손가락을 다시 조정해야 하기 때문입니다. **앞쪽 시점(텐키 1)**로 전환하고 오른손의 IK(**HandIK.R**)을 선택합니다. **이동(G키)**나 **회전(R키) → Z키**를 사용해 위치와 방향을 결정합니다. 팔이 안쪽을 향하면서 곡선을 그리는 것을 의식하면 쉽게 포즈를 만들 수 있습니다. 이 단계예서는 손가락이 신체에 파묻히지만 손가락은 나중에 조정하므로 신경 쓰지 말고 손의 위치와 방향을 결정합시다.

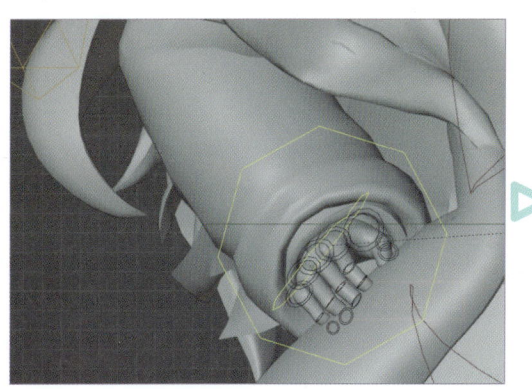
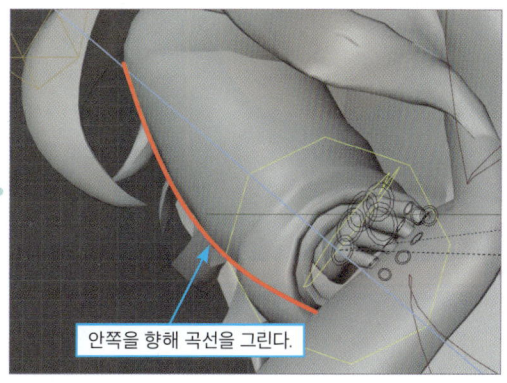

안쪽을 향해 곡선을 그린다.

04 손가락 본 선택하기

Step

━━━ 오른손 손가락에만 에셋 셀프의 포즈를 적용합니다.
아무것도 없는 곳에서 마우스 좌클릭 해 **박스 선택
(B키)** 한 뒤 오른손 손가락을 선택합니다.

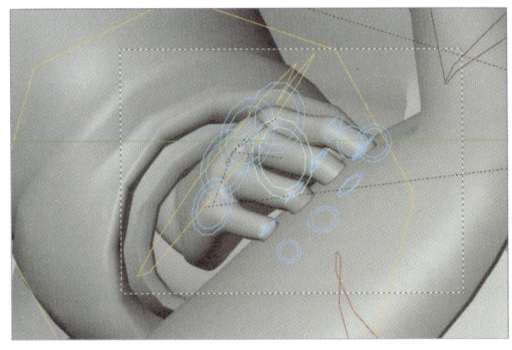

05 손가락의 에셋 셀프 설정하기 및 위치 조정하기

Step

━━━ 오른손 손가락의 본(이중 원)이 모두 선택된 것을 확인한 뒤 아래 에셋 셀프에서 **Relax01**을 클릭해서 적용합니다.
손가락의 구부림이 완만하게 되므로 다시 오른손의 IK(**HandIK.R**)을 선택하고 이동(**G키**)이나 회전(**R키**)를 사용해
손의 위치를 조정합니다. 이 때, 엄지손가락 이외의 4개의 손가락이 신체에 파묻히지 않도**록** 합니다(엄지손가락은 다음 단계에
서 수정합니다). 손의 위치를 결정했다면 가능한 그 위치에서 움직이지 않도록 합니다. 손을 움직이면 손가락의 포즈도 다시
조정해야 하므로 작업에 시간이 소요됩니다.

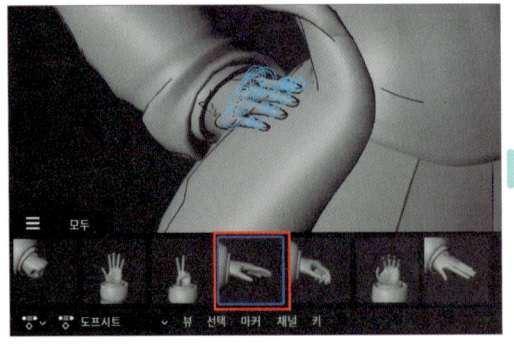

▷

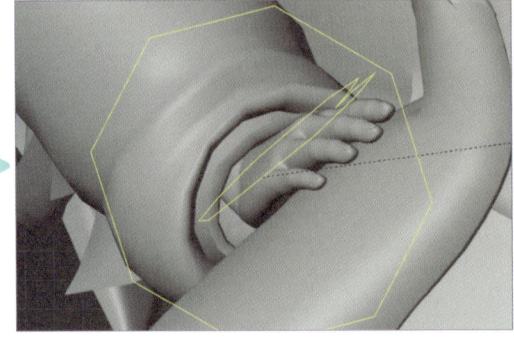

06 손가락 본만 표시하기

Step

━━━ 손가락을 조정하기 전에 다른 본을 잘못 선택하지
않도록 설정합니다. 프로퍼티스 → **오브젝트 데이터
프로퍼티스** → **Bone Collections** 패널에서 **Finger**의 **보임
(눈동자 모양 아이콘)** 만 활성화해 손가락 본만 표시합니다.

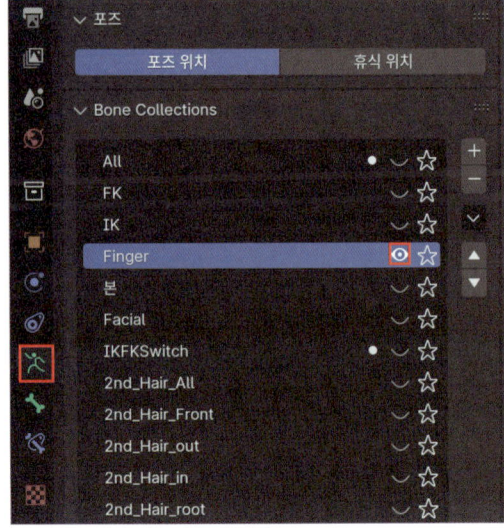

07 피벗 포인트를 변환 설정 확인하기

Step

손가락을 수정하기 전에 3D 뷰포트 위쪽에 있는 **피 벗 포인트를 변환**이 **개별 오리진**으로 설정되어 있는 지 확인합니다. 이 항목을 **개별 오리진**으로 선택한 상태에서 여러 손가락 본을 선택해 회전시키면, 한 번에 손가락을 구부릴 수 있습니다. 기본값인 **평균 포인트**로 설정되어 있으면 여러 대상을 선택했을 때 그 가운데가 기점이 되어 손가락이 잘 변형되지 않으므로 주의합니다.

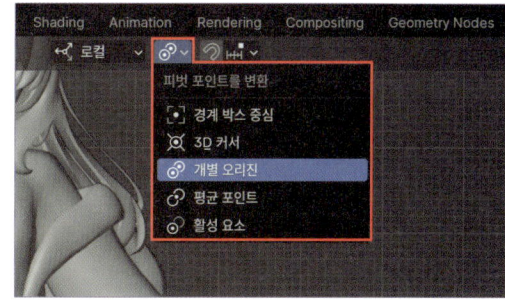

08 엄지손가락 본 수정하기

Step

엄지손가락을 수정합니다. 시점을 바꿔 오른손의 엄지손가락을 확인하면 신체에 파묻혀 있는 경우가 있습니다. 시점을 바꾸면서 회전(**R키**)을 사용해 수정할 수도 있지만, 여기에서는 좌표축을 고정하면서 회전하는 방법을 수정합니다. 오른손 엄지손가락 밑동의 본을 선택하고 **R키**(회전) → **X키**를 사용해 좌우로 회전시켜 엄지손가락이 보이도록 조정합니다(**변환 오리엔테이션**을 **로컬**로 설정해야 합니다).

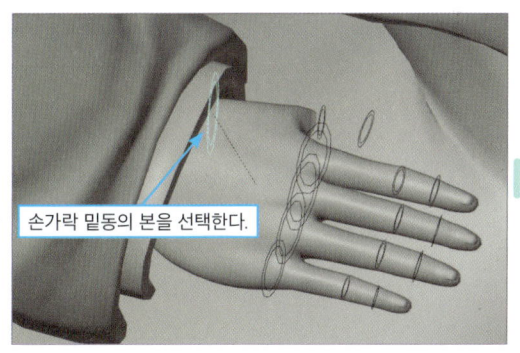

손가락 밑동의 본을 선택한다.

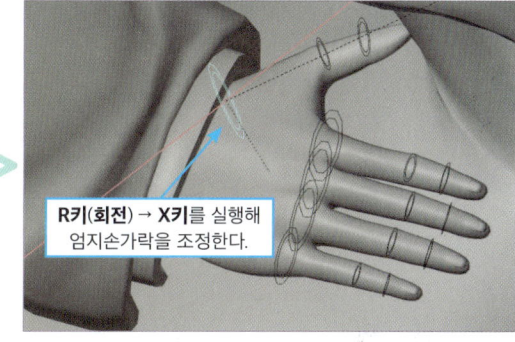

R키(회전) → **X키**를 실행해 엄지손가락을 조정한다.

09 손가락 위치 수정하기

Step

현재 엄지손가락을 제외한 4개의 손가락이 모두 같은 방향을 향하고 있어 부자연스러우므로 손가락을 바깥쪽으로 넓혀 줍니다. 사람의 손은 펴져 있을 때 손가락이 바깥쪽으로 펼쳐지고, 손가락과 손가락 사이에 간격이 생깁니다. 그리고 가운뎃손가락 바깥쪽으로 펴지지 않고 똑바로 앞을 향하므로 회전(**R키**) → **Z키**를 실행하면 로컬의 Z축 방향으로 회전시킬 수 있습니다. 이 조작을 사용해 손가락을 좌우로 회전합니다.

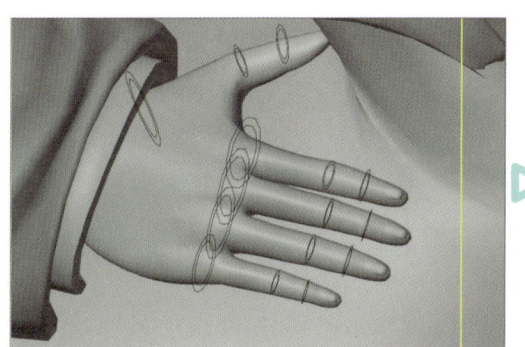

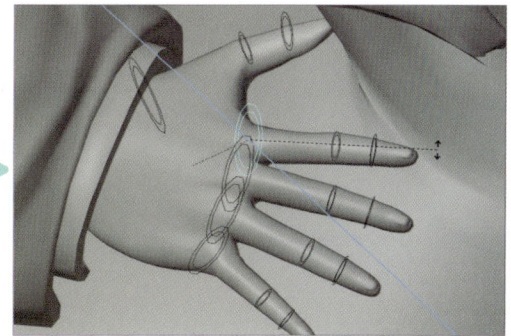

10 손가락 구부림 조정하기 1

Step

손가락 관절이 많이 구부러지지 않아 허리를 짚은 것처럼 보이지 않으므로 관절을 구부립니다. 손가락이 허리를 확실하게 짚고 있는 것처럼 보이기 위해 각 손가락 관절을 구부립니다. 엄지손가락을 제외한 4개 손가락의 두 번째 관절의 본을 마우스 좌클릭 드래그 해 **박스 선택**(B키), 또는 **Shift+마우스 좌클릭** 해 여러 손가락을 선택하고 회전 (R키) → **X키**를 실행합니다.

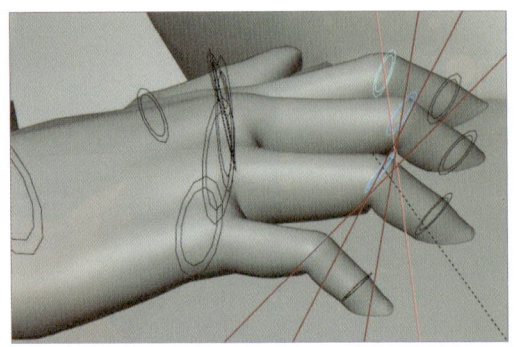

11 손가락 구부림 조정하기 2

Step

엄지손가락을 제외한 4개 손가락의 세 번째 관절을 선택하고 **회전(R키)** → **X키**를 실행합니다. 필요에 따라 두 번째 관절의 본도 조정합니다. 조정을 마쳤다면 **텐키 1**을 눌러 **앞쪽 시점**으로 전환하고, 손가락이 구부러져 있는지 확인합니다. 잘 구부러지지 않는다면 모든 손가락의 본을 마우스 좌클릭 드래그 등으로 선택하고 변형을 초기회히는 단축기인 **Alt+G키**(이동), **Alt+R키**(회전), **Alt+S키**(축적)를 실행한 뒤, 다시 손가락을 조정합니다.

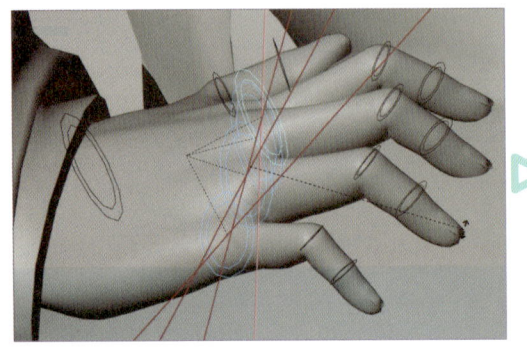 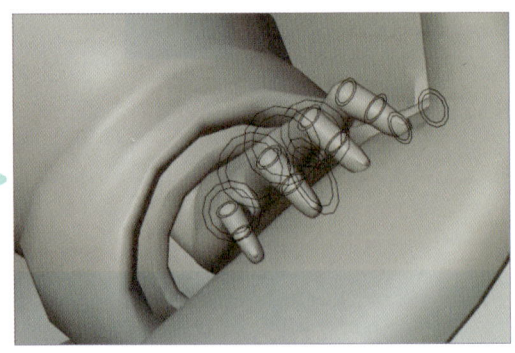

12 엄지손가락 숨기기

Step

손을 허리에 짚는 포즈에서는 앞쪽 시점에서 봤을 때 엄지손가락은 뒤쪽에 가려져 거의 보이지 않습니다. 그래서 엄지손가락 밑동의 본을 선택하고 회전(R키) → **Z키**와 **X키**를 교대로 수행하면서 엄지손가락을 숨깁니다.

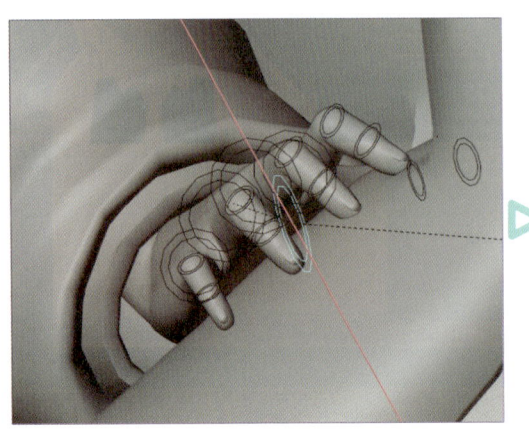 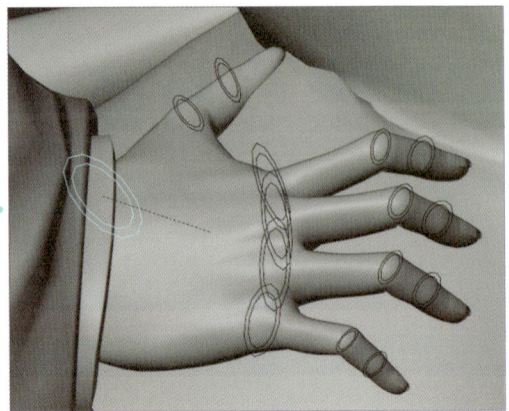

13
Step

본 표시 설정하기

작업을 마쳤다면 프로퍼티스 → **오브젝트 데이터 프로퍼티스** → **Bone Collections** 패널에서 **IK** 컬렉션의 **보임**만 활성화합니다.

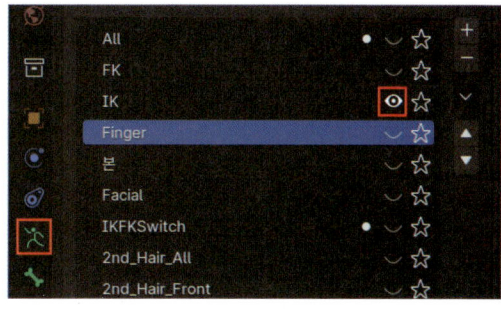

Column

손가락을 자연스럽게 보이게 하려면

손가락을 자연스럽게 보이게 하는 팁은 **손가락을 관절별도 다르게 기울이는 것**입니다. 실제로 손에 힘을 빼면 손가락 조금 구부려지는 것을 알 수 있습니다. 새끼손가락이 가장 많이 구부려지고 약손가락, 가운뎃손가락, 집게손가락 순서대로 구부리는 정도가 줄어듭니다. 모든 손가락이 완전히 펴져 있으면 손이 굳어 있고 로봇과 같이 보입니다❶. 기본적으로 **손가락 관절의 각도나 방향을 모두 동일하게 하지 않고, 각각 다르게 하면** 편안하고 자연스러운 손가락이 됩니다❷. 관절별로 기울기를 다르게 함으로써 손의 포즈에 입체감을 줄 수 있습니다.

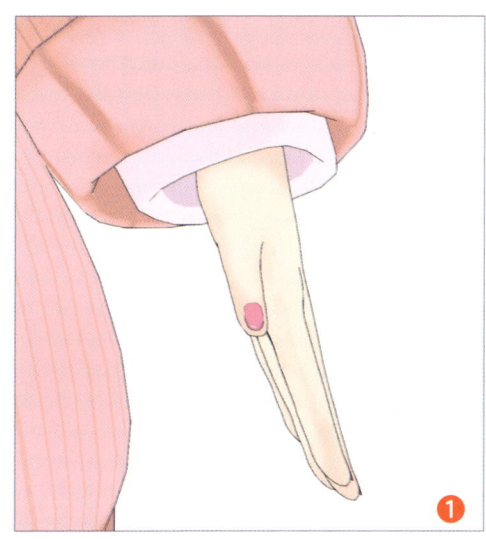

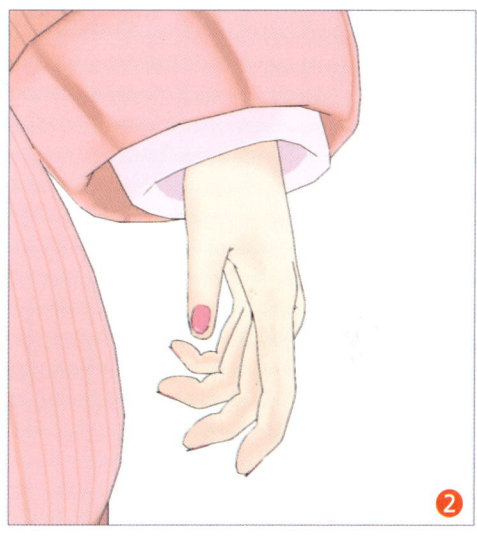

머리카락, 스커트, 꼬리를 조정하자

머리카락, 스커트, 꼬리 등 흔들리는 것은 **세컨더리 애니메이션**이라 부르며, 주로 메인의 움직임을 따라 움직이는 파츠로 다룹니다. 세컨더리 애니메이션을 만들면 애니메이션에 디테일을 늘어납니다. 예를 들면 머리카락이 부드럽게 움직이고, 스커트가 바람에 흔들리는 등의 세세한 움직임을 추가하면 전체적으로 보다 실제적이고 매력적인 애니메이션이 됩니다. 여기에서는 머리카락, 스커트, 꼬리를 간단하게 움직이는 방법을 설명합니다.

01 머리카락 본 확인하기

Step 머리카락을 제어하는 본은 **Bone Collections** 패널 안에서 관리할 수 있습니다. 프로퍼티스 → **오브젝트 데이터 프로퍼티스** → **Bone Collections** 패널에서 **2nd_Hair_○○**라는 이름의 컬렉션을 확인합니다. 여기에는 머리카락 본이 저장되어 있습니다. 예를 들면 **2nd_Hair_All**은 모든 머리카락의 본을 표시합니다. 이 여러 컬렉션의 표시/숨기기를 전환하면서 머리카락을 제어합니다.

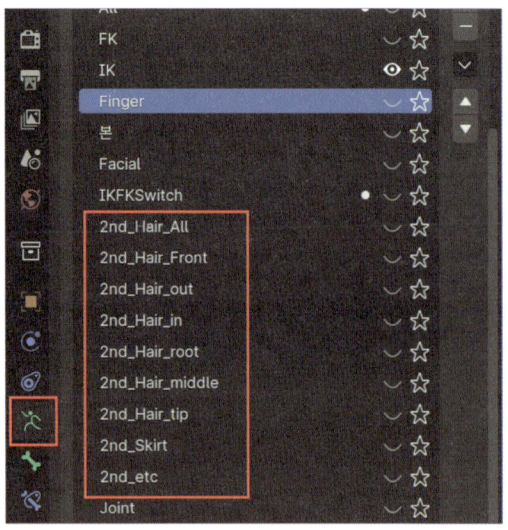

02 머리카락 본 표시하기

Step 여기에서는 뒷머리카락의 흔들림을 표현합니다. **Bone Collections** 패널 안의 **IK** 컬렉션의 **보임**(눈동자 모양 아이콘)을 비활성화하고 **2nd_Hair_out**과 **2nd_Hair_in**의 **보임**을 활성화합니다. 이제 뒷머리카락의 본만 표시됩니다. **in**은 뒷머리카락 안쪽, **out**은 바깥쪽 본을 의미합니다.

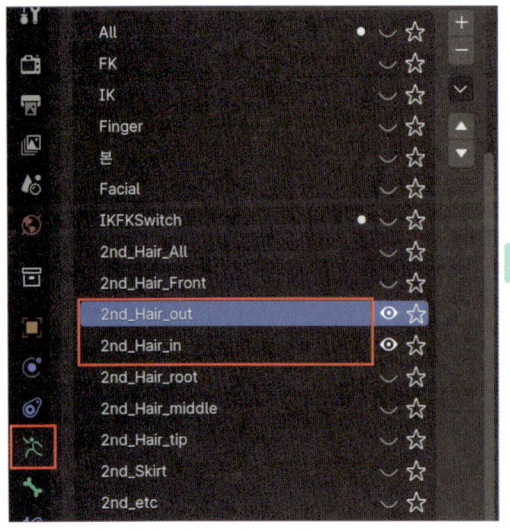

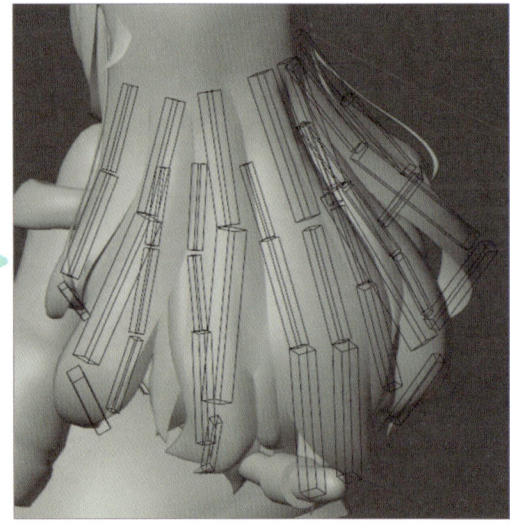

03 피벗 포인트를 변환 설정 확인하기

Step
3D 뷰포트 위의 **피벗 포인트를 변환**이 **개별 오리진**으로 설정되어 있는지 확인합니다. 이 설정을 하면 머리카락이 흔들리도록 변형할 수 있습니다.

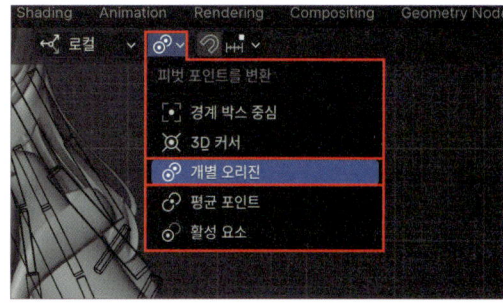

04 머리카락을 옆방향으로 회전하기

Step
IK 컬렉션이 숨기기 상태, **2nd_Hair_out**과 **2nd_Hair_in** 본이 표시 상태인지 확인했다며 **텐키 1**을 눌러 **앞쪽 시점**으로 전환합니다. 다음으로 3D 뷰포트 위에서 **A키**를 눌러 모두 선택하고 **R키**로 회전시켜 마우스를 움직이면, 바람에 날리는 머리카락을 표현할 수 있습니다. 여기에서는 바람이 오른쪽(캐릭터에서 봤을 때 오른쪽)에서 불고 있다고 가정하고 머리카락을 왼쪽 방향으로 흔듭니다. 머리카락을 너무 많이 기울이면 바람이 너무 센 것처럼 보이므로 적절한 수준으로 기울이도록 주의합니다.

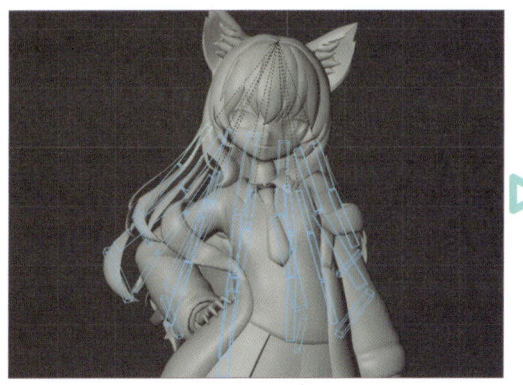

05 머리카락을 뒤쪽으로 회전하기

Step
옆쪽에서 확인합니다. **Ctrl+텐키 3**을 눌러 왼쪽 시점으로 전환하고, 회전(**R키**)을 사용해 머리카락을 조금 올립니다. 이것으로 바람에 흔들리는 머리카락을 표현했습니다.

06 머리카락 수정하기(필요한 경우)

Step

뒷머리카락을 조금 수정합니다. 허리에 손을 올린 포즈를 만들 때, 뒷머리카락이 팔을 관통하는 경우에는 수정을 해야 합니다. 뒷머리카락 오른쪽에 있는 4개의 덩어리의 밑동의 본들을 선택하고 **R키**(회전) → **X키**로 머리카락을 뒤쪽으로 회전시킵니다(머리카락의 로컬 X축을 조정하면 전후로 회전합니다). 3D 뷰포트 위쪽의 **피벗 포인트를 변환**이 **개별 오리진**으로 설정되어 있는지 확인하고, 머리칼이 팔을 관통하지 않도록 조정합니다. 수정 후에는 마우스 좌클릭 해 결정합니다.

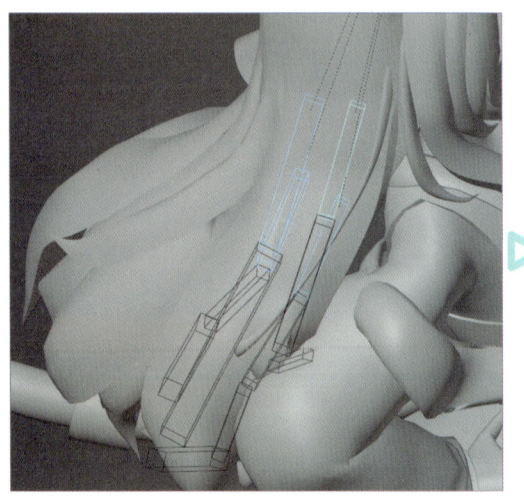 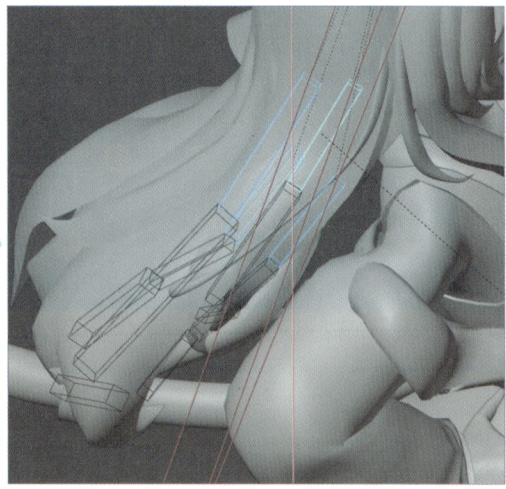

07 앞머리카락 본 표시하기

Step

다음으로 옆머리카락을 조정합니다. 얼굴을 기울였을 때 옆머리카락이 신체를 관통할 때는 그것을 수정합니다. 프로퍼티스 → **오브젝트 데이터 프로퍼티스** → Bone Collections 패널에서 **2nd_Hair_Front** 컬렉션의 **보임**(눈동자 모양 아이콘)만 활성화합니다(**2nd_Hair_out**과 **2nd_Hair_in**의 보임은 비활성화합니다). **2nd_Hair_Front**에는 앞머리카락과 옆머리카락의 본이 저장되어 있습니다.

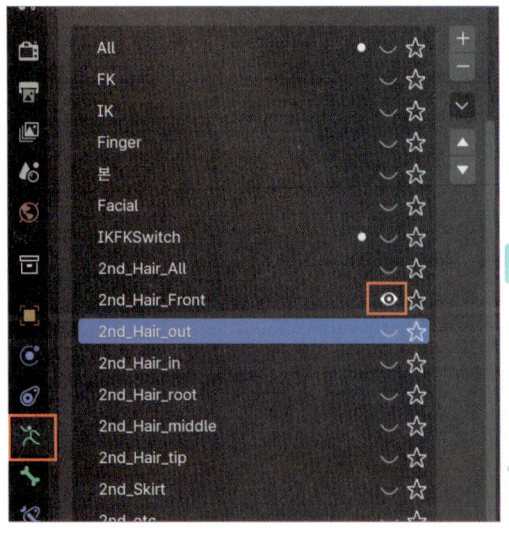 

이 부분의 본을 수정한다.

08 어깨에 걸린 머리카락 수정하기

Step 옆쪽 시점(**텐키 3**)에서 왼쪽 옆머리카락 밑동에 있는 2개의 본을 선택합니다. 본을 회전(**R키**)시켜 머리카락이 신체와 겹치지 않도록 조정하고, 조정을 마쳤다면 마우스 좌클릭 해 결정합니다. 머리카락의 대략적인 조정은 여기에서 마칩니다. 신경 쓰이는 부분이 있다면 자유롭게 조정합니다.

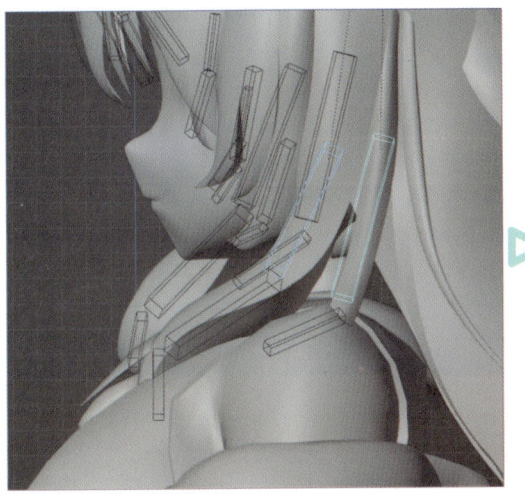
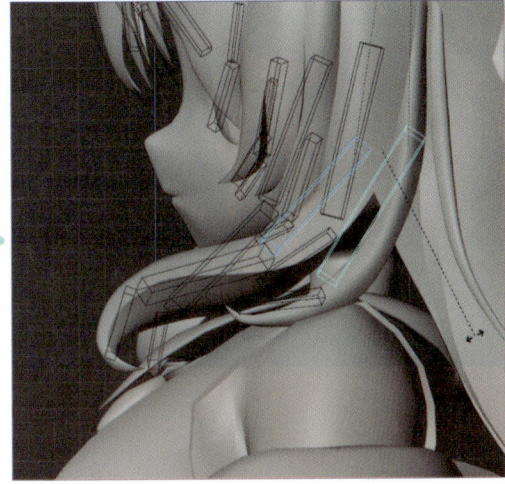

09 스커트 본 표시하기

Step 다음으로 스커트를 조정합니다. 프로퍼티스 → **오브젝트 데이터 프로퍼티스** → **Bone Collections** 패널에서 **2nd_Skirt** 컬렉션의 **보임**(**눈동자 모양 아이콘**)만 활성화합니다. 이 컬렉션에는 스커트를 제어하는 본이 포함되어 있습니다.

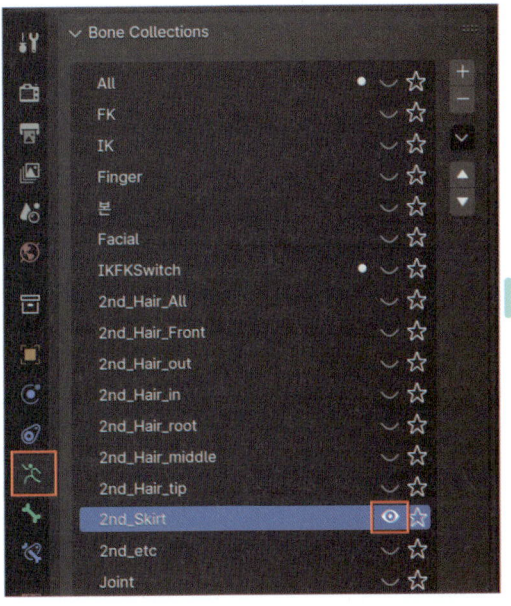
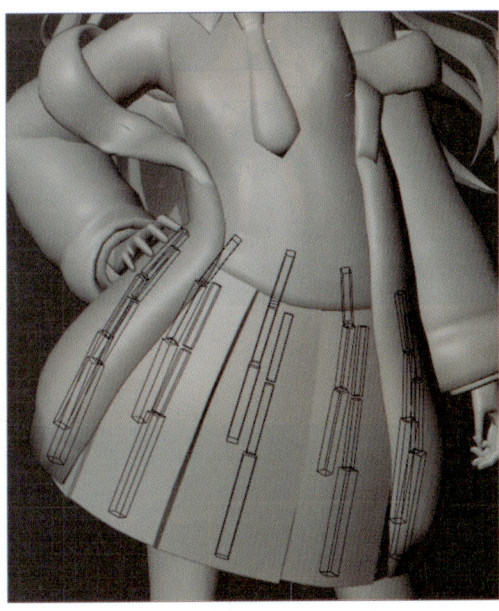

10 스커트 본 회전하기

Step

3D 뷰포트 위의 **피벗 포인트를 변환**이 **개별 오리진**으로 설정되어 있는지 확인하고 **앞쪽 시점**(텐키 1)으로 전환합니다. 다음으로 3D 뷰포트 위에서 **A키**를 눌러 모두 선택하고, **R키**를 눌러 스커트를 조금만 회전합니다. 스커트가 중력을 따라 아래로 떨어지듯 조정하고, 손이 스커트에 가려지지 않도록 주의합니다. 스커트를 세세하게 조정해 손이 가려진다면, **본 컬렉션**에서 **IK** 컬렉션의 **보임**만 활성화해 손의 IK용 본을 조정합니다.

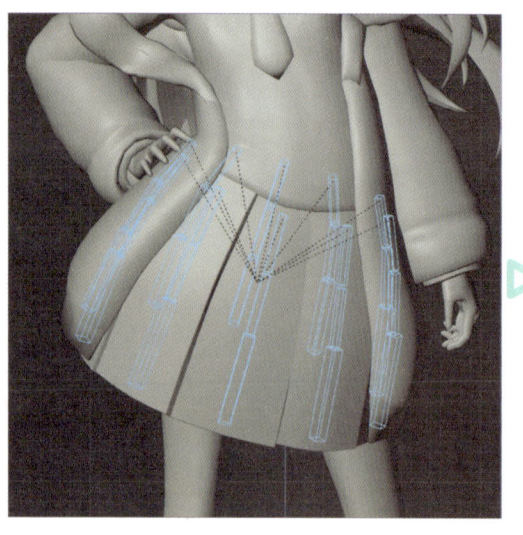
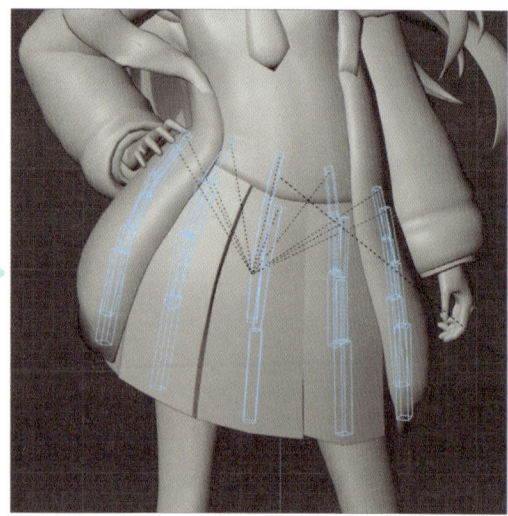

11 꼬리 본 표시하기

Step

마지막으로 꼬리를 조정합니다. 프로퍼티스 → **오브젝트 데이터 프로퍼티스** → Bone Collections 패널에서 **2nd_etc** 컬렉션의 **보임**만 활성화합니다. 이 컬렉션에는 꼬리, 넥타이, 의상의 어깨나 소매를 조정하는 본이 포함되어 있습니다.

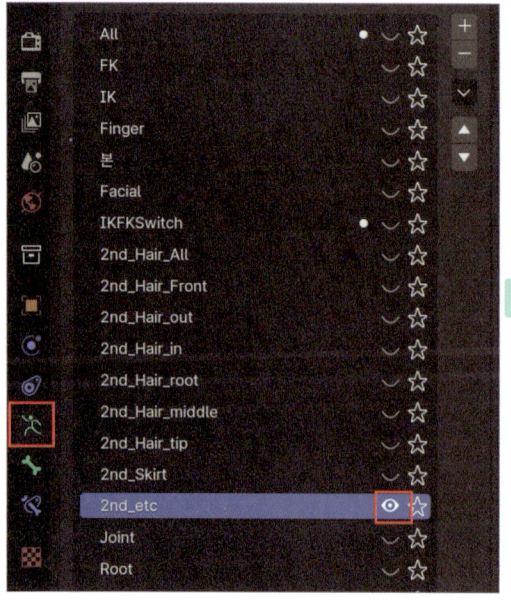

12 꼬리 본 아래로 회전하기

Step

3D 뷰포트 위쪽 **피벗 포인트를 변환**이 **개별 오리진** 또는 **평균 포인트**로 설정되어 있는지 확인한 뒤 옆쪽 시점(**텐키 3**)으로 전환합니다. 꼬리 밑동의 본을 선택하고 **R키**를 누른 뒤 아래로 회전합니다. 다른 시점에서도 보면서 꼬리가 신체를 통과하지 않았는지 확인합니다. 만약 신체를 관통했다면 꼬리의 본을 회전(**R키**)해 조정합니다.

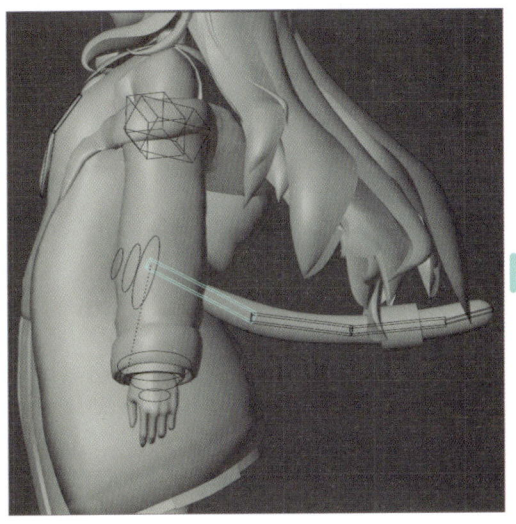
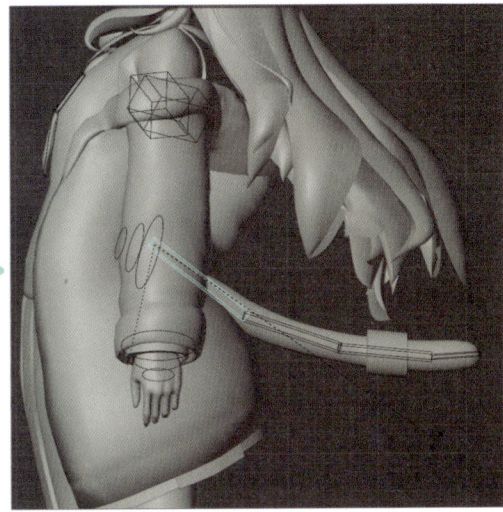

13 본 표시/숨기기

Step

조정을 마쳤다면 프로퍼티스 → **오브젝트 데이터 프로퍼티스** → **Bone Collections** 패널에서 **IK** 컬렉션의 **보임**만 활성화합니다.

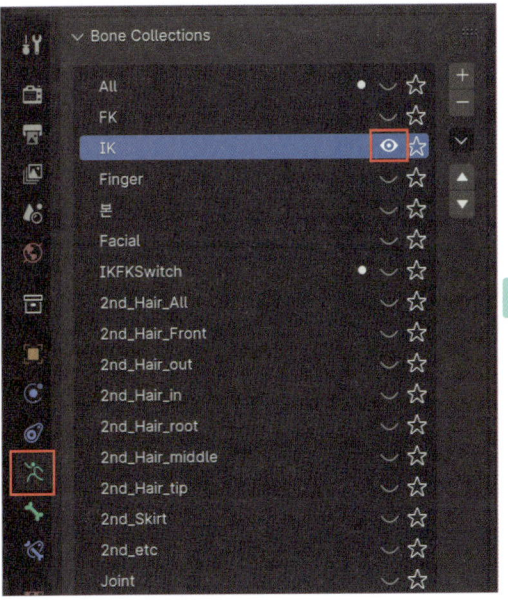
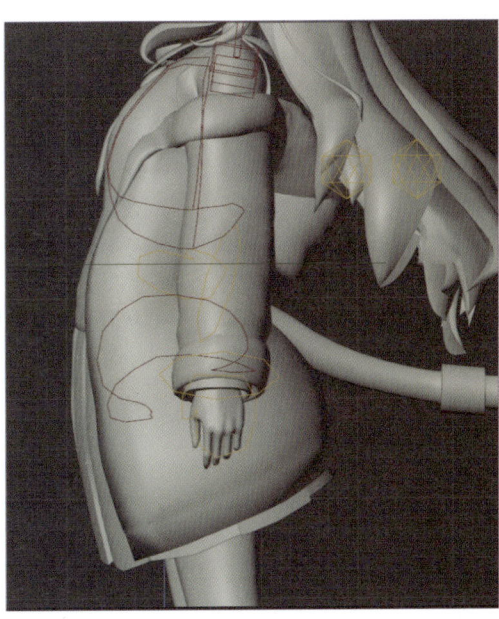

솔리드 셰이딩에 관해

결정한 포즈에 문제가 없는지 확인하기 위해 캐릭터를 검게 칠해 실루엣을 표시합니다. 실루엣을 고려한 포즈를 만듦으로써 포즈를 보는 사람에게 의도를 확실하게 전달할 수 있는 좋은 포즈를 만들 수 있습니다.

실루엣을 표시하기 위해 필요한 **솔리드** 설정 항목에 관해 설명합니다. 이 메뉴의 항목을 이해하면 이후 작업을 보다 효율적으로, 의도한 대로 진행할 수 있게 될 것입니다. 3D 뷰포트 오른쪽 위의 **뷰포트 셰이딩**에서 오른쪽에 있는 아래쪽 방향 화살표 모양 아이콘(셰이딩)을 클릭하면 **솔리드** 표시와 관련된 다양한 설정 항목이 표시됩니다.

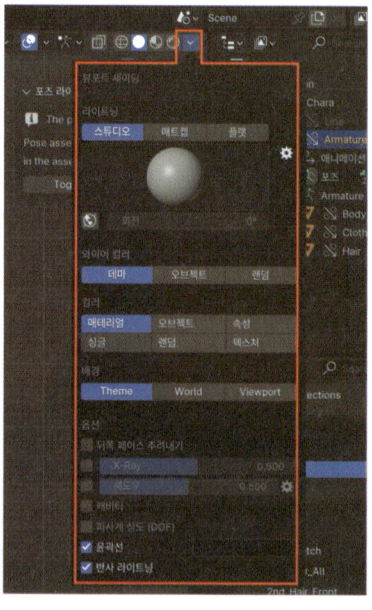

◻ 라이트닝

라이트닝(조명)은 오브젝트에 닿는 빛의 방향이나 세기를 설정하는 항목입니다. 주로 오브젝트의 부드러움을 확인하거나 작업 중인 오브젝트를 보기 쉽게 만들기 위해 사용합니다. **스튜디오**로 설정하면 다음 화면이 표시됩니다.

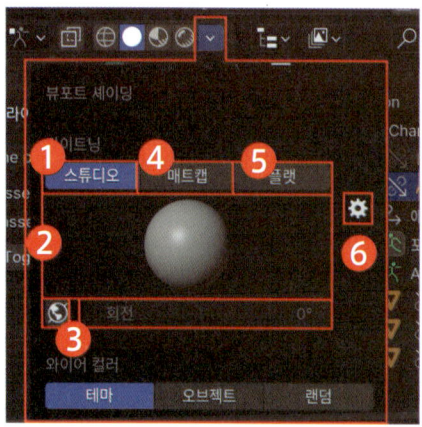

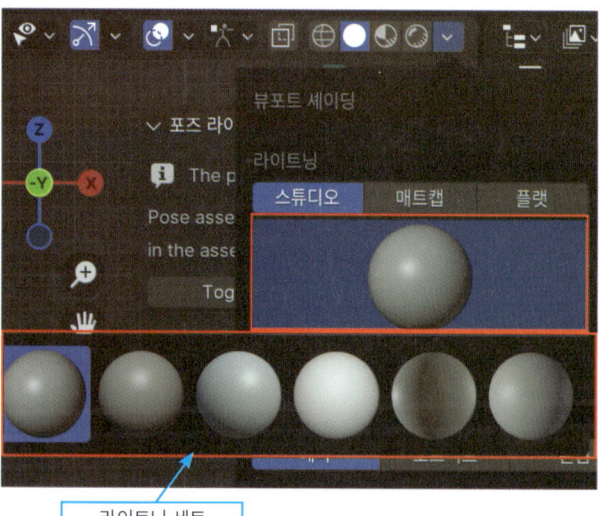

라이트닝 세트

❶ 스튜디오	3D 뷰포트 안의 자동 라이팅으로 오브젝트를 밝히는 방법을 설정합니다.
❷ 스튜디오 라이트닝	솔리드 표시 상태에서 오브젝트 표시 방법을 변경합니다. 빛이 닿는 형태, 질감, 부드러움을 확인하기 위해 사용합니다. 클릭하면 스튜디오의 라이트닝 세트가 표시되고, 원하는 세트를 선택할 수 있습니다. 이 설정은 렌더링에 반영되지 않습니다.
❸ 월드 공간 라이트닝	이 항목을 활성화하고 회전 수치를 조정하면 3D 뷰포트 안의 라이트닝 방향을 변경할 수 있습니다. 빛을 다른 각도에서 비추고 싶을 때 사용합니다.
❹ 매트캡	렌더링을 하지 않고 빛이나 질감을 표현할 수 있는 텍스처입니다. 여기를 매트캡으로 설정하면 스튜디오 라이트에서 다양한 매트캡으로 전환할 수 있습니다(렌더링에는 반영되지 않습니다).
❺ 플랫	빛을 표시하지 않는 설정입니다. 오브젝트 전체를 칠하고 싶을 때나 텍스처의 색을 정확하게 표시하고 싶을 때 사용합니다.
❻ 라이트 환경 설정을 표시	스튜디오나 매트캡은 외부에서 설치할 수 있습니다. 여기를 클릭하면 환경 설정이 표시되고, 외부 매트캡을 설치할 수 있습니다.

◨ 와이어 컬러

와이어프레임 색을 변경할 수 있습니다. 주로 세부적인 메쉬를 확인할 때, 여러 오브젝트가 겹쳐져 있을 때 **와이어프레임** 색을 바꿔 시인성을 향상시키기 위해 사용합니다. 와이어프레임은 3D 뷰포트 오른쪽 위에 있는 **뷰포트 오버레이 → 와이어프레임**을 활성화하면 표시할 수 있습니다. 이 설정은 **뷰포트 셰이딩 → 와이어프레임**에서도 변경할 수 있습니다(오른쪽의 아래쪽 방향 화살표를 클릭).

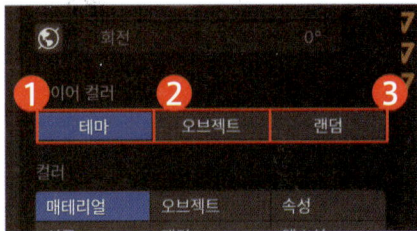

❶ 테마	기본 설정값으로 와이어프레임을 검은색으로 표시합니다. 특별한 목적이 없는 한 기본적으로 **테마**로 설정하는 것이 좋습니다.
❷ 오브젝트	오브젝트별로 와이어프레임 색을 바꾸는 설정이 반영됩니다. 이 색의 설정은 프로퍼티스 → **오브젝트 데이터 프로퍼티스 → 뷰포트** 패널 안의 **컬러**에서 변경할 수 있습니다.
❸ 랜덤	와이어프레임 색을 무직위로 설정해 표시합니다.

◨ 컬러

3D 뷰포트 안의 오브젝트 표시 색을 조정하는 항목입니다. 각 오브젝트에 색을 설정함으로써 솔리드 모드로 표시할 때 쉽게 구별할 수 있게 됩니다. 그리고 솔리드 오브젝트가 의도한 대로 표시되지 않을 때는 이 설정들을 확인합니다. Next Page ▶

❶ 매테리얼	오브젝트 표면에 프로퍼티스 → **매테리얼 프로퍼티스 → 뷰포트 표시** 패널에서 설정한 색이나 질감이 적용됩니다.
❷ 오브젝트	오브젝트 표현에 프로퍼티스 → **오브젝트 프로퍼티스 → 뷰포트** 패널 안에 있는 컬러에서 설정한 색이 적용됩니다.
❸ 속성	오브젝트 표면에 프로퍼티스 → **오브젝트 데이터 프로퍼티스 → Color Attributes** 패널에 설정한 색이 적용됩니다. 아무것도 설정하지 않았을 때는 **오브젝트 프로퍼티스 → 뷰포트** 패널 안에 있는 **컬러** 설정이 반영됩니다.
❹ 싱글	모든 오브젝트를 한 가지 색으로 표시합니다(라인 아트 포함). 활성화하면 아래쪽에 88컬러** 가 표시되고 색상을 변경할 수 있습니다.
❺ 랜덤	모든 오브젝트의 색이 무작위로 선택됩니다. 오브젝트별로 색을 설정하는 거시 어려울 때 사용하면 편리합니다.
❻ 텍스처	오브젝트에 설정한 텍스처가 표시됩니다. 그리고 **라이트닝**을 **플랫**으로 설정하면 그림자(음영)가 없는 텍스처가 표시됩니다.

❶, ❷, ❸ 설정은 프로퍼티스의 해당 패널에서 수행합니다. **컬러**를 클릭하면 컬러 팔레트가 표시됩니다. 컬러 팔레트에서 오브젝트 색을 변경할 수 있습니다. ❸의 경우, 오른쪽 위 + 버튼을 클릭하면 컬러 속성 설정 메뉴가 표시되고 색을 설정할 수 있습니다.

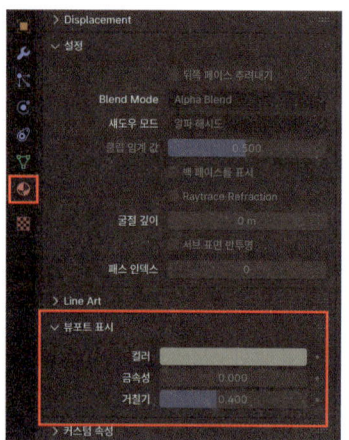 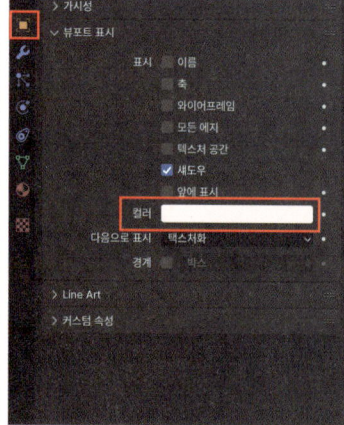 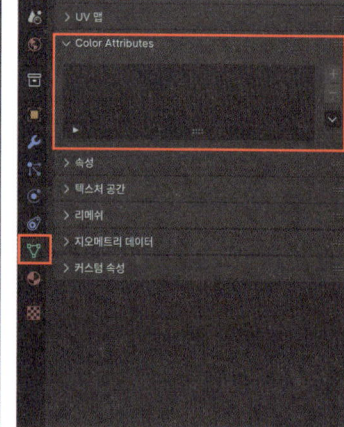

🔲 배경

3D 뷰포트 위의 배경색을 변경할 수 있습니다. 배경색을 변경하면 작업 중인 오브젝트가 잘 보이게 할 수 있습니다. 특별히 필요하지 않을 때는 **Theme**을 사용하고, 목적에 맞춰 **World** 또는 **Viewport**에서 배경색을 변경하면 좋습니다.

❶ Theme	톱 바의 **편집 → 환경 설정**에서 **테마 → 3D 뷰포트 → 테마 공간 → 그래디언트 컬러**에서 설정한 색이 배경색을 표시됩니다.
❷ World	**프로퍼티스 → 월드 프로퍼티스 → 뷰포트 표시** 패널 안의 **컬러**에 설정한 색이 배경색으로 표시됩니다.
❸ Viewport	이 항목을 활성화하면 아래쪽에 **컬러**가 표시되고, 여기에서 설정한 색이 배경색으로 표시됩니다.

🔲 옵션

그 밖에 표시 방법을 변경하는 다양한 설정 항목이 있습니다. 필요에 맞춰 활성화/비활성화를 전환합니다.

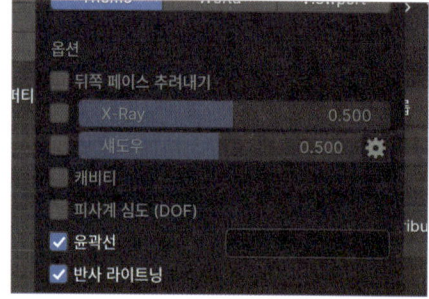

뒤쪽 스페이스 후려내기	면 뒤쪽을 표시합니다. 기본값 상태로 비활성화 해두는 것이 좋습니다
X-Ray	활성화하면 옵션이 투과되고 오른쪽 수치 입력 필드에서 투과 정도를 조정할 수 있습니다. 3D 뷰포트 오른쪽 위의 **X-Ray 를 토글**(**Alt+Z 키**)와 같은 기능입니다. 모델링에서는 자주 사용하지만 애니메이션에서는 특별한 목적이 없는 한 사용하지 않습니다. 일반적으로는 비활성화 해두는 것이 좋습니다.
섀도우	활성화하면 오브젝트에 그림자가 표시됩니다. 오른쪽에 있는 기어 아이콘에서 보다 세세하게 그림자를 설정할 수 있습니다.
캐비티	오브젝트에 빛고 그림자의 요철을 적용해 단차를 쉽게 볼 수 있게 하는 기능입니다. 특별한 필요가 없다면 비활성화 해두는 것이 좋습니다.
피사계 심도	초점을 조정할 수 있습니다. 카메라 시점과 카메라의 **오브젝트 데이터 프로퍼티스 → 피사계 심도**를 활성화하면 동작합니다.
윤곽선	오브젝트에 간단한 아웃라인을 표시합니다. 색도 변경할 수 있습니다.

Column

실루엣의 중요성

실루엣을 고려한 포즈는 캐릭터가 무엇을 하고 있는지, 어떤 기분인지, 다음에 무엇을 하는지에 관한 정보를 시청자에게 매끄럽게 전달할 수 있습니다. 이 이미지에서는 캐릭터가 손을 흔들고 있습니다. 이 동작이 실루엣만으로도 전달될 수 있도록 하면 이미지의 의미나 의도를 보다 확실히 전달할 수 있습니다. 단, 실루엣을 통해 이해하기 어려운 포즈가 있을 때는 색의 대비를 조정하거나, 보는 사람의 시선을 끄는 등의 조치를 함으로써 포즈의 의도를 명확하게 전달합시다.

실루엣을 확인하자

지금까지의 설정 항목을 참고해 캐릭터를 실루엣으로 표시합니다. 포즈를 검게 칠하면 실루엣을 쉽게 확인할 수 있게 됩니다.

01 뷰포트 셰이딩 설정하기

Step

뷰포트 셰이딩을 **솔리드**로 설정하고, 오른쪽에 있는 아래쪽 화살표 모양 아이콘(셰이딩)을 클릭해 셰이딩 메뉴를 표시합니다. **라이트닝**은 **플랫**(라이트닝이 표시되지 않고, 오브젝트의 색만 표시하는 기능)으로 설정하고, **컬러**는 **싱글**(모든 오브젝트를 한 가지 색으로 표시하는 기능)로 설정합니다. 그러면 캐릭터의 색감이 달라집니다.

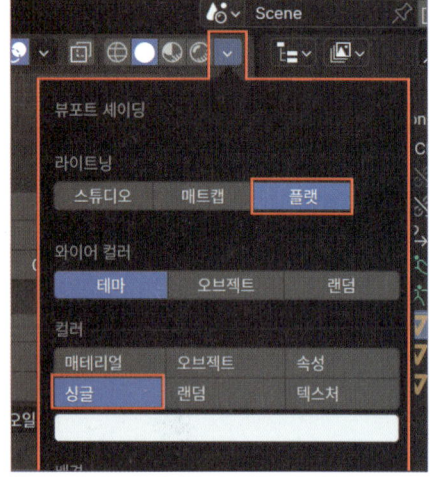

POINT

셰이딩 메뉴 사용 시 주의점

셰이딩 조작은 **Ctrl+Z키**를 사용해 되돌릴 수 없습니다. 기본 설정으로 되돌리고 싶을 때는 대상 항목에서 마우스 우클릭한 뒤, 표시되는 메뉴 안의 **기본 값으로 초기화**를 선택합니다.

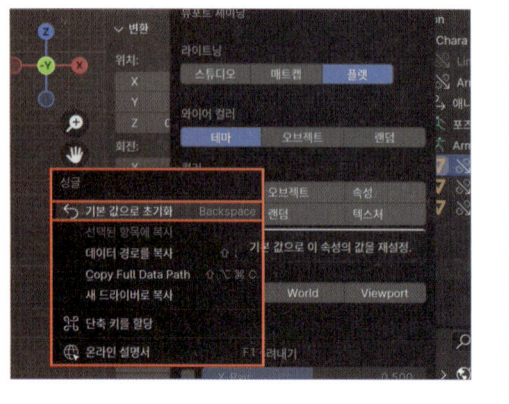

02 컬러 피커 설정하기

Step

싱글 아래 있는 컬러를 클릭하면 컬러 피커가 표시됩니다. 여기에서 오브젝트를 검게 칠합니다. 임의의 위치를 클릭하거나 마우스 좌클릭 드래그해서 색을 변경할 수 있습니다. 보다 세세한 색 조정은 아래 수치 입력 필드에 숫자를 입력해서 설정할 수도 있습니다.

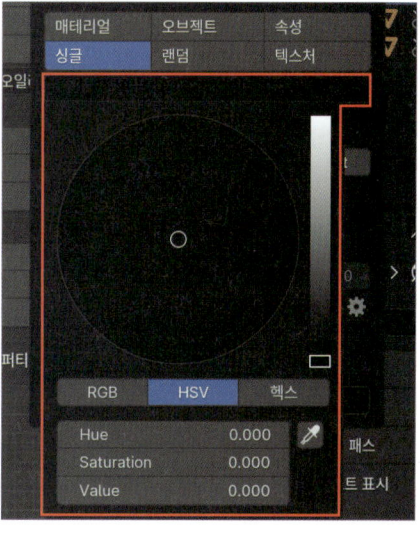

03 윤곽선 비활성화하기

Step

실루엣을 표시할 때 윤곽선 표시는 불필요합니다. **셰이딩 →** **윤곽선**을 비활성화합니다.

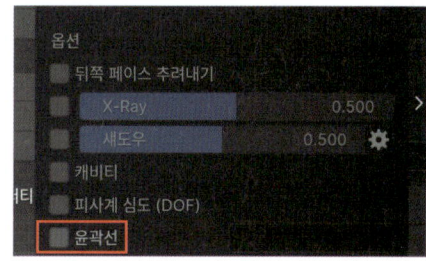

04 배경 컬러 설정하기

Step

배경이 어두울 때는 밝게 만듭니다. **배경**을 **뷰포트**(배경색을 직접 커스터마이즈 할 수 있는 기능)으로 변경하고, 아래의 컬러를 클릭해 흰색으로 설정합니다. 이것으로 캐릭터를 실루엣으로 표시할 수 있습니다.

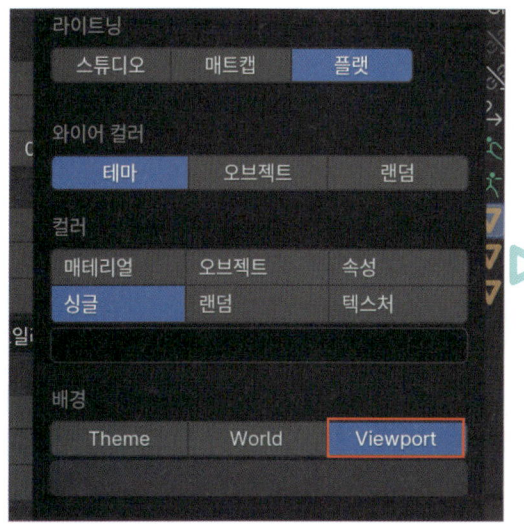

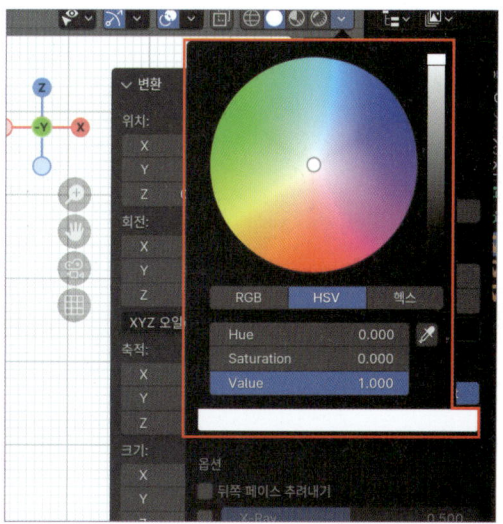

05 캐릭터 실루엣 확인하기

Step

3D 뷰포트의 그리드, 좌표축, 캐릭터 리그가 표시되면 일반적으로 숨기기 합니다. 3D 뷰포트 오른쪽 위에 있는 **오버레이를 표시**(원이 2개 있는 아이콘)를 비활성화하면 3D 뷰포트의 다양한 정보를 숨기기 할 수 있습니다. 이것으로 캐릭터의 실루엣을 확실하게 확인할 수 있습니다. 실루엣에 문제가 있다면(예를 들면 캐릭터가 무엇을 하고 있는지 알 수 없는 등) 다시 **오버레이를 표시**를 활성화하고, 실루엣을 참고해 본 조정(이동이나 회전 등)을 수행합니다. 프로퍼티스 → **오브젝트 데이터 프로퍼티스** → Bone Collections 패널의 **보임**도 필요에 따라 활성화/비활성화를 전환합니다. 실루엣에 큰 문제가 없을 때는 다음 단계로 진행합니다.

06 솔리드 표시 변경하기

Step

다음으로 표정을 만듭니다. 그 전에 **솔리드** 표시 방법을 변경합니다. 3D 뷰포트 오른쪽 위 메뉴에서 라이트닝을 **플랫**, 컬러를 **텍스처**, 배경을 **테마**로 설정합니다. 이 설정에 따라 텍스처가 **솔리드**로 표시되고, 캐릭터의 표정을 쉽게 확인할 수 있게 됩니다(3D 뷰포트 오른쪽 위에 있는 **오버레이를 표시**를 활성화하는 것도 잊지 맙시다).

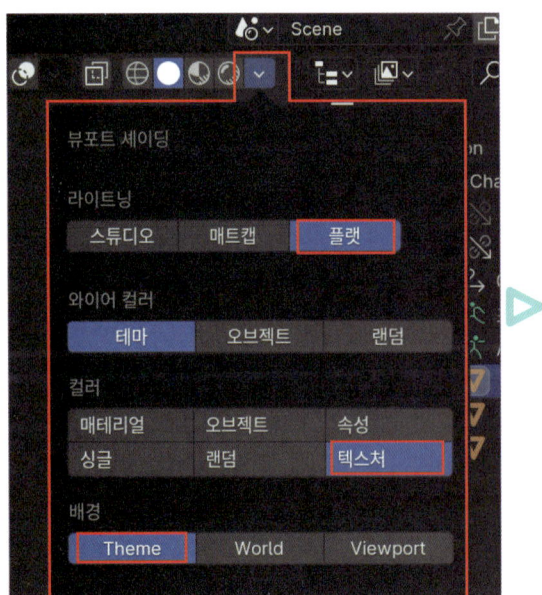

6-13 표정을 바꾸자

3D CG 애니메이션에서는 풍부한 표정 배리에이션을 만듦으로써 캐릭터 감정을 자유롭게 표현할 수 없습니다. 여기에서는 표정을 제어하는 본을 표시하고, 자유롭게 표정을 변경하는 방법을 설명합니다.

01 표정 본 표시하기

Step 프로퍼티스 → **오브젝트 데이터 프로퍼티스** → **Bone Collections** 패널 안에 있는 **Facial** 컬렉션의 **보임**을 활성화합니다. 여기에서는 캐릭터 표정을 제어하는 본이 포함되어 있습니다.

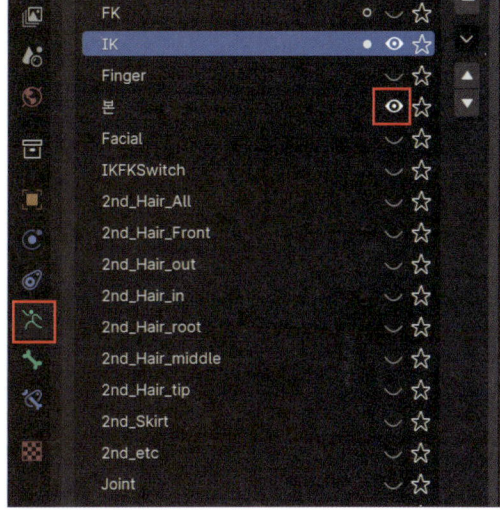

02 셰이프 키 확인

Step **Facial** 컬렉션을 표시하면 캐릭터의 옆쪽에 4개의 아이콘이 표시됩니다. 이 책에서 다루는 리그는 **셰이프 키**라는 표정을 만드는 기능(정확하게는 버텍스의 이동을 기록하는 기능)을 본에서 관리하는 구조를 채용하고 있습니다. 이 아이콘들은 위에서 순서대로 눈썹과 관련된 본인 **Facial_eyelash❶**, 눈과 관련된 본인 **Facial_eye❷**, 표정 전반과 관련된 본 **Facial❸**, 그리고 입과 관련된 본인 **Facial_mouth❹** 입니다.

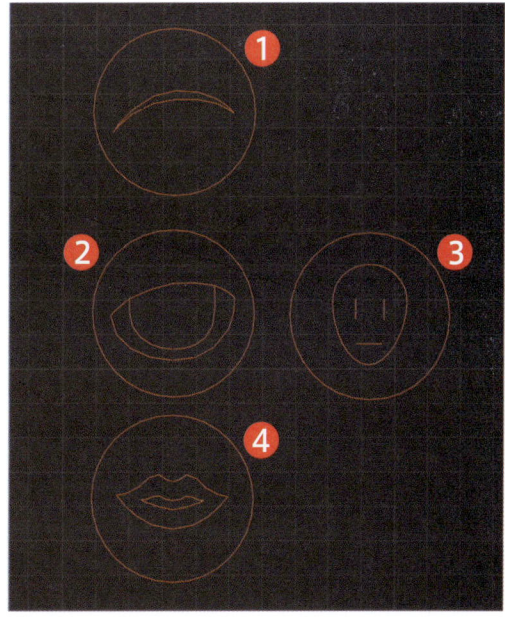

03 본 선택 및 항목 메뉴 선택하기

Step

이 본들을 사용해 표정을 바꾸려면 **사이드바**
(**N키**)를 사용해 조작합니다. 먼저 표정을 제어
하는 4개의 본 중 하나를 선택합니다❶. 여기에서는 입
을 제어하는 본인 **Facial_mouth**를 선택했습니다. 다
음으로 오른쪽 사이드바를 열고 **항목** 탭을 클릭합니다
❷. 계속해서 **프로퍼티스** 패널을 클릭합니다❸. 그러면
여러 수치들(셰이프 키 수치)이 표시됩니다. 이 수치들을
마우스 좌클릭 드래그 하거나 수치를 직접 입력해 조정
하면 캐릭터의 표정을 바꿀 수 있습니다. 주의할 점은
표정을 제어하는 본을 선택해야만 **프로퍼티스**가 표시
된다는 점입니다. 반드시 본을 선택한 뒤 조작합니다.

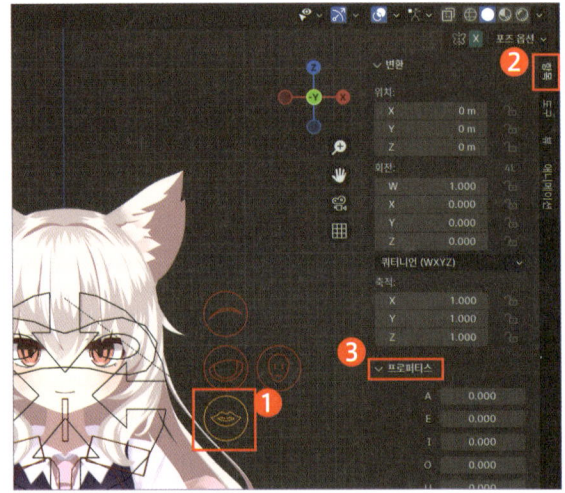

04 수치 변경하기

Step

시험삼아 표정을 바꿔 봅시다. **프로퍼티스** 안의 A 항목의 수치 입
력 필드에 **1**을 입력하거나, 마우스 좌클릭 드래그 해 1로 만들면
캐릭터의 입이 벌어집니다. 다른 수치들을 조정하면 다양한 표정을 만들
수 있습니다. 그리고 **연결**로 임포트한 모델의 경우에는 수치 입력 필드를
변경하면 파란색으로 표시됩니다. 이것은 수치가 업데이트 되었다는 의미
입니다.

> **MEMO**
>
> 그림에서는 **Bone Collections** 패널
> 안의 **IK** 컬렉션을 일시적으로 숨기기
> 했습니다.

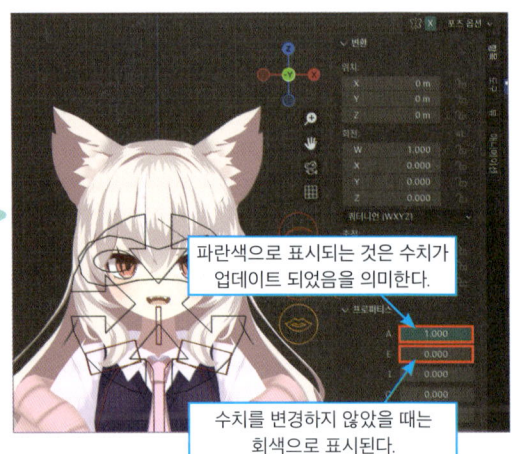

파란색으로 표시되는 것은 수치가
업데이트 되었음을 의미한다.

수치를 변경하지 않았을 때는
회색으로 표시된다.

05
Step

표정 설정하기

프로퍼티스 안의 정보에 관해 조금 더 설명합니다(수가 많으므로 여기에서는 기본적인 셰이프 키에 관해서만 설명합니다). 입을 제어하는 본인 **Facial_mouth**의 **프로퍼티스** 안에는 **A, I, U, E, O**라는 셰이프 키가 있습니다. 이 셰이프 키들은 **아이우에오**라는 모음에 대응하는 입의 움직임을 재현하기 위한 셰이프 키입니다. 이 다섯 가지 셰이프 키는 입의 움직임이나 대사를 맞출 때 중요한 셰이프 키입니다. **rough01**은 입을 크게 벌리기 위한 셰이프 키이며 세 가지 종류가 있습니다. 눈을 제어하는 본인 **Facial_eye**에는 **Close**라는, 눈을 감는 셰이프 키가 있으며 **Close.L**과 **Close.R**을 사용해 각 눈을 감는 표현을 할 수 있습니다. 표정 전체를 제어하는 본인 **Facial**에는 주로 홍조(Blush), 창백함

(Aozame) 등 표정 전반과 관련된 셰이프 키가 포함되어 있습니다. 그리고 이 셰이프 키들 중에는 **매테리얼 미리보기**에서만 올바르게 표시되는 것도 있습니다. 시간이 있다면 이 셰이프 키를 사용해 원하는 표정을 만들어 보기를 바랍니다.

MEMO

그림의 표정은 Facial_eyelash(**눈썹**)의 Brow_Anger 값을 1, Facial_eye(**눈**)의 Smile 값을 1, Facial_mouth(**입**)의 niko 값을 1, Facial(**표정**)의 Blush 값을 1로 설정해서 만들었습니다. 그리고 3D 뷰포트 오른쪽 위의 뷰포트 셰이딩을 **매테리얼 미리보기**로 하고, 아웃라이너에서 **Line**을 일시적으로 표시했습니다.

Column

본으로 표정을 제어하는 이유

표정을 만드는 기능인 **셰이프 키**는 대상 오브젝트를 선택해야만 수치를 변경할 수 있습니다. 만약 **셰이프 키**를 본으로 관리하지 않는다면 리그의 모드를 **포즈 모드**에서 **오브젝트 모드**로 전환하고, 메쉬 오브젝트를 선택한 뒤, 프로퍼티스 → **오브젝트 데이터 프로퍼티스** 안에 있는 **셰이프 키**의 수치를 조정해야 합니다. 포즈나 애니메이션을 만들 때, 모드를 일일이 전환해 표정을 바꾸는 것은 매우 비효율적이고 많은 시간이 소요됩니다. 그렇기 때문에 셰이프 키는 본으로 제어하는 것이 좋습니다. 덧붙여 표정을 리그로 제어하는 **페이셜 리그**라는 구조도 있습니다. 이 구조는 본을 사용해 표정을 세세하게 제어할 수 있는 뛰어난 방법이지만, 리그 설정이나 조작이 어려워 초심자에게는 진입 장벽이 다소 높을 수 있습니다. 이 책의 캐릭터 데이터에서는 조작이 단순하고 다루기 쉬운 **셰이프 키**를 사용합니다.

카메라를 돌려 렌더링을 하자

카메라를 배치하고 그 상태에서 이미지를 렌더링 하는 것도 좋지만, 애써 만든 포즈를 정면에서만 보는 것은 조금 아깝습니다. 마지막으로 카메라를 돌려 캐릭터를 촬영합니다.

7 - 1 렌더링 설정

이번 절에서는 샘플 파일에 포함되어 있는, 애니메이션 설정을 마친 카메라를 **덧붙이기** 기능을 사용해 임포트 합니다.

01 덧붙이기 선택하기
Step

화면 위쪽 톱 바 안에 있는 **파일 → 덧붙이기**를 선택합니다.

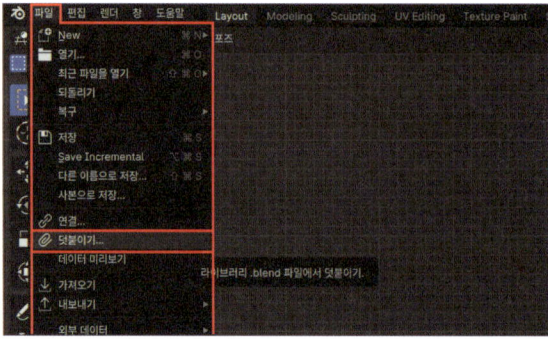

02 샘플 파일 열기
Step

블렌더 파일 보기 창이 열립니다. 샘플 파일을 포함하고 있는 **sample** 폴더 안의 **Camera.blend**를 더블 클릭합니다.

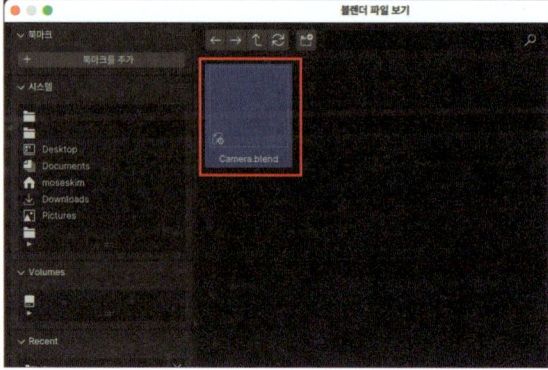

03 Object 폴더 열기

Step

Camera.blend 안의 데이터가 표시됩니다. 여기에서는 오브젝트 자체를 임포트 할 것이 므로 **Object** 폴더를 더블 클릭합니다.

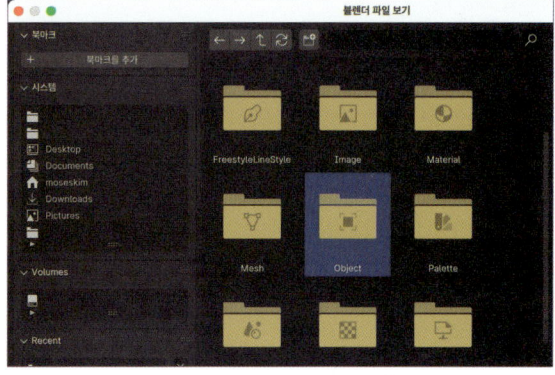

04 오브젝트 임포트 하기

Step

오브젝트 데이터가 표시됩니다. 그 안에 있는 **Camera**와 **Cube** 오브젝트 데이터를 마우스 좌클릭 드래그 해 박스 선택하거나 **Shift+마우스 좌클릭**으로 선택합니다. 그리고 오른쪽 아래 **덧붙이기** 버튼을 클릭해 임포트 합니다. 그 러면 3D 뷰포트 안에 카메라 오브젝트와 육면체 오브젝트가 추가됩니다. 덧붙여 카메라 오브젝트는 **오브젝트 모드**에서 데 허의 **추가**(Shift+A키) → **카메라**에서도 추가할 수 있습니다.

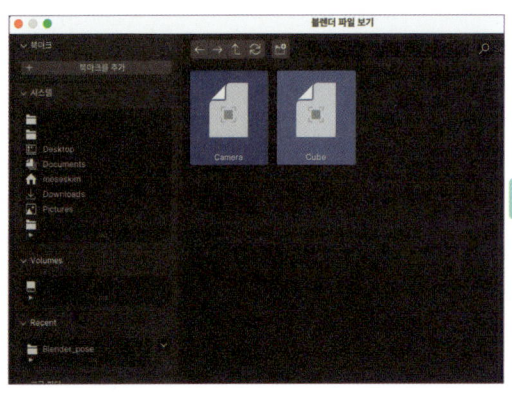
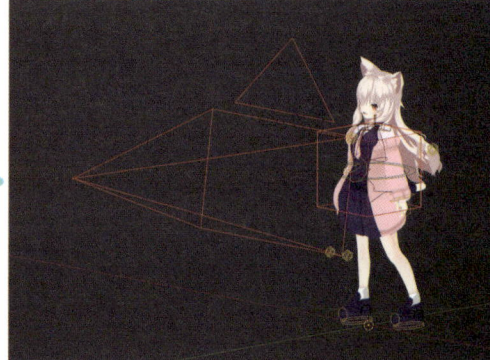

05 타임라인 확인하기

Step

2개의 오브젝트는 **덧붙이기** 관계이며 육면체 오브 젝트가 부모, 카메라 오브젝트가 자식으로 설정되어 있습니다. 그렇기 때문에 육면체를 회전시키면 카메라도 함 께 회전하고, 캐릭터 주변을 돌듯 촬영할 수 있습니다. 애니메 이션은 이미 설정되어 있으므로 아래 타임라인의 스크럽 영 역(타임라인 위쪽 수치가 표시되는 영역)을 좌우로 드래그 하면 카 메라가 육면체 주변을 회전합니다.

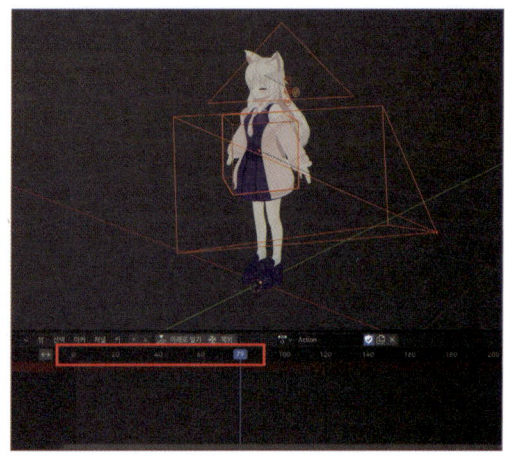

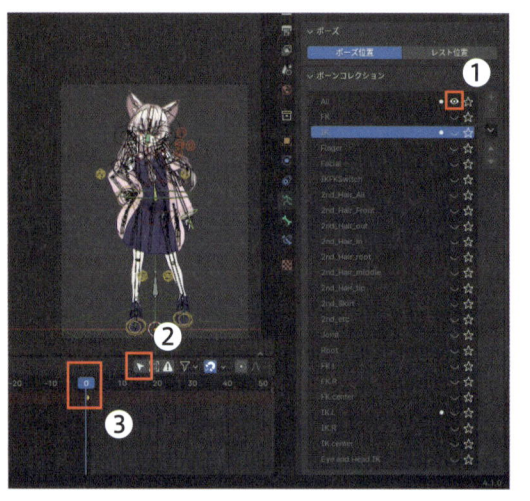

POINT

만든 포즈가 반영되지 않는다면

플레이헤드를 이동한 뒤, 만든 포즈가 처음 포즈로 돌아
가거나 다른 포즈로 변할 때가 있습니다. 이것은 어딘가
에 키 프레임을 설정했기 때문일 수 있습니다. 키 프레
임은 특정 프레임에서 캐릭터의 포즈나 위치를 기록하
는 것으로, 설정되어 있는 포즈는 프레임을 움직일 때마
다 반영됩니다. 이 문제를 해결하려면 불필요한 키 프
레임을 삭제합니다. **Bone Collections** 패널에서 **All**
의 눈동자 모양 아이콘을 클릭해 모든 본을 표시합니다
❶. 다음으로 도프시트 오른쪽 위에 있는 **Only Show**
Selected(선택 중인 것만 표시)를 비활성화 하고❷, 본
을 선택하지 않아도 키 프레임이 표시되도록 합니다. 도
프시트 위에 키 프레임이 표시되었다면 해당 키 프레임
을 선택한 뒤 **X키**를 눌러 삭제합니다❸.

06
Step
카메라 뷰로 전환하기

카메라 오브젝트를 설
정합니다. **텐키 0**을 누
르거나 3D 뷰포트 오른쪽에 있
는 카메라 아이콘을 클릭하면
현재 시점이 카메라 시점으로
전환됩니다. 캐릭터가 카메라
프레임 안에 들어가지 않을 때
는 카메라 프레임 크기를 변경
해야 합니다.

07 카메라 크기 변경하기

Step

오른쪽 프로퍼티스 → **출력 프로퍼티스** → **형식** 패널의 **해상도 X**, **해상도 Y**를 변경합니다(렌더링 화면 크기를 결정할 수 있는 항목). **해상도 X**를 1200, **해상도 Y**를 1600으로 설정합니다. 해상도는 원하는 대로 조정해도 좋습니다.

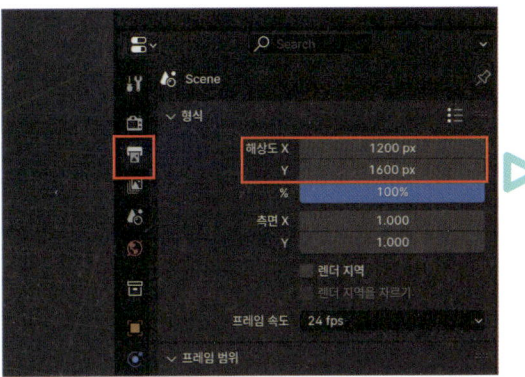

08 카메라 프레임을 클릭하기

Step

캐릭터가 아직 카메라 프레임 안에 들어가지 않거나 캐릭터가 카메라에서 너무 멀 때는 카메라 오브젝트를 조정합니다. 왼쪽 위 모드를 **오브젝트 모드**로 전환한 뒤 카메라 프레임을 클릭하면, 프레임이 노란색이 되고 카메라 오브젝트가 선택됩니다.

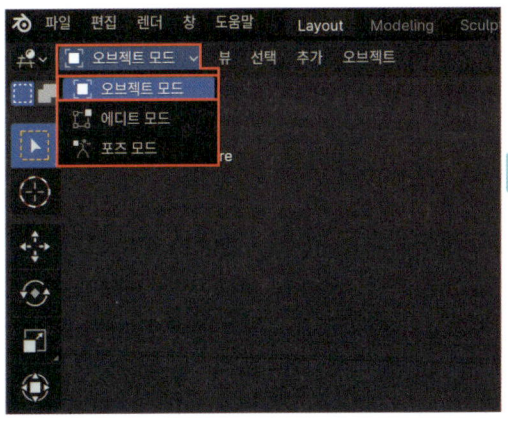
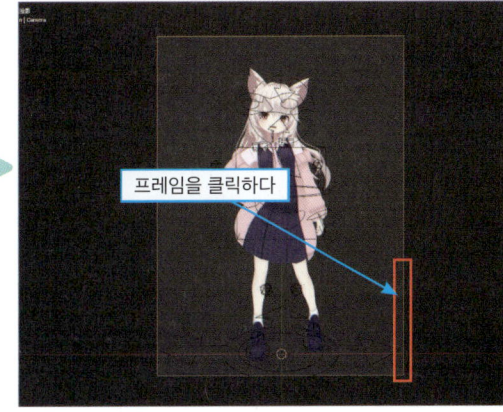

프레임을 클릭하다

09 카메라 프레임 조정하기

Step

오른쪽 **사이드바**(N키) → **항목** 탭을 선택합니다. **변환** 패널 안에서 카메라 위치와 회전을 조정할 수 있습니다. 여기에서는 위치 Y(깊이)를 -1.8, 위치 Z(높이)를 0.9로 설정했습니다. 이 수치로 정했을 때 캐릭터가 프레임 안에 충분히 들어가지 않는다면 직접 수치를 조정합니다.

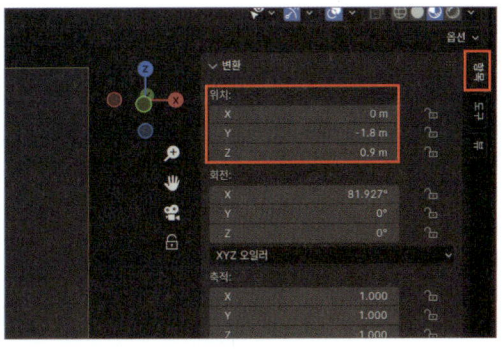

10 얼굴 및 눈 위치 조정하기

Step

얼굴과 눈의 위치를 조정합니다. **아웃라이너**에서 **Chara → Armature**를 선택하고 왼쪽 위 모드를 **포즈 모드**로 전환합니다(**포즈 모드**가 표시되지 않을 때는 카메라 오브젝트가 선택되어 있을 것이므로, 리그를 선택합니다), 얼굴을 제어하는 본인 **HeadIK**, 눈을 제어하는 본인 **EyeIKCenter**를 이동(**G키**)해 캐릭터가 카메라 방향을 보도록 조정합니다. 이 2개의 본을 찾을 수 없을 때는 프로퍼티스 → **오브젝트 데이터 프로퍼티스** → **Bone Collections** 패널 안의 **IK** 컬렉션의 **보임**을 활성화합니다. 그 밖의 본도 포즈를 수정하고 싶을 때는 프로퍼티스 → **오브젝트 데이터 프로퍼티스** → **Bone Collections**의 표시/숨기기를 전환하면서 조정합니다.

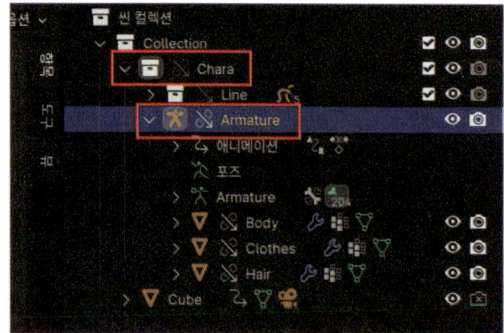
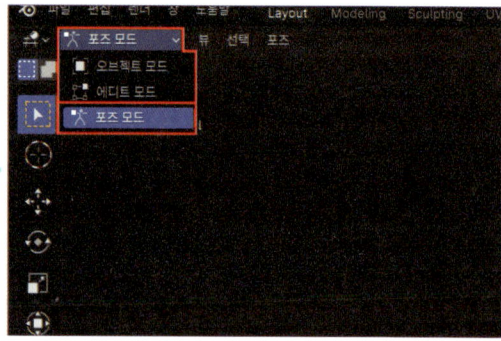

11 윤곽선 표시하기

Step

윤곽선을 표시합니다. 오른쪽 위 아웃라이너에서 **Cube**의 눈동자 모양 아이콘을 클릭해 숨기기 합니다❶. **Cube**를 숨기지 않으면 윤곽선이 올바르게 표시되지 않습니다. 그리고 **Cube**의 눈동자 모양 아이콘 오른쪽에 있는 카메라 아이콘(렌더에서 비활성화)이 비활성화 되어 있는 것을 확인합니다. 다음으로 **Chara → Armature**에서 윤곽선을 표시하는 **Line** 컬렉션의 체크 기호를 클릭해 표시합니다❷. 이제 카메라 시점에서 윤곽선이 표시됩니다(포즈나 애니메이션을 만들 때는 처리가 무거워지므로 제외해 둡니다).

Next Page ▶

MEMO

앞에서 **Line** 컬렉션의 체크 기호를 활성화하면 **Cube**가 있는 부분에 라인 아트가 표시되지 않습니다(**Cube** 내부에 3D 모델이 있기 때문에, 3D 모델의 라인 아트가 가려집니다). **Cube**를 숨기기 하고, **Line** 컬렉션의 체크 기호를 비활성화 한 뒤 다시 활성화 하면 라인 아트가 표시됩니다.

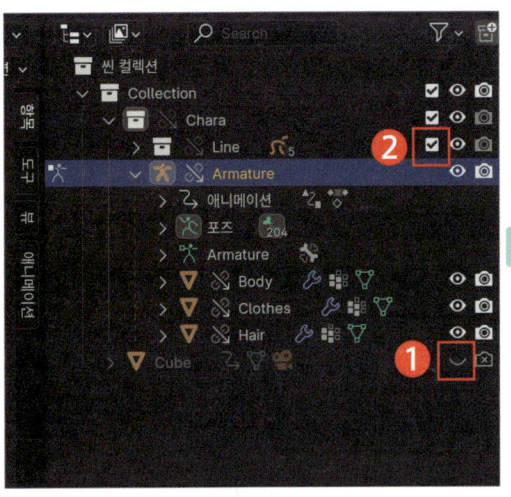

12 뷰포트 셰이딩 확인하기

Step

가장 마지막에 렌더링을 하지만 일단 **뷰포트 셰이딩**을 **렌더**(간이로 렌더링 결과를 표시합니다)로 전환해 렌더링을 확인합니다. 임포트 하는 데 조금 시간이 걸리므로 기다립니다.

13 배경을 흰색으로 만들기

Step

❶ **렌더리드**에서 확인하면 배경이 조금 어두우므로 흰색으로 만듭니다. 프로퍼티스→ **월드 프로퍼티스** (**지구본 모양 아이콘**)을 클릭하면 3D 뷰포트 공간(월드)를 설정하는 항목이 표시됩니다.

Next Page ▶

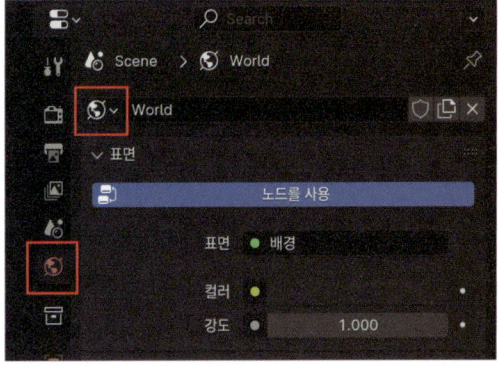

❷ **표면** 패널 안의 **컬러**는 3D 공간의 색감을 결정하는 항목이므로, 이 항목을 클릭합니다. 컬러 피커가 표시되면 오른쪽의 명암 그러데이션을 가장 위로 설정해 배경을 흰색으로 만듭니다.

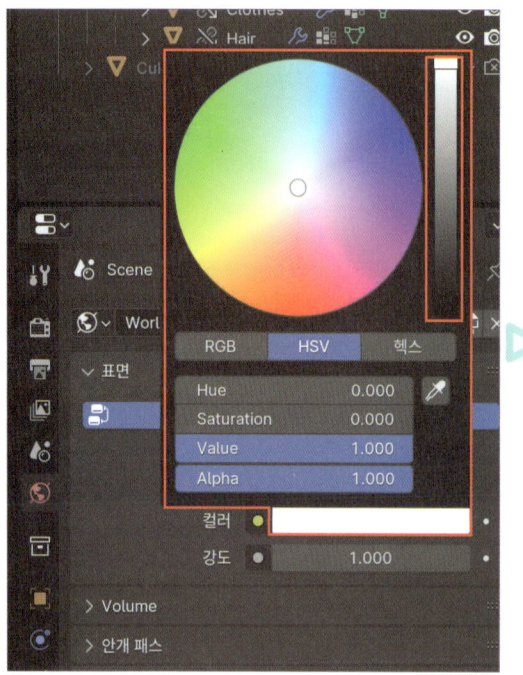

14 출력 설정하기

Step

다음으로 동영상을 출력하기 위한 설정을 합니다. 프로퍼티스 → **출력 프로퍼티스**를 클릭하고 **출력** 패널 안의 **폴더를 여는 아이콘**을 선택합니다. **블렌더 파일 보기**가 열립니다. 임의의 폴더를 만들고 동영상 이름을 결정합니다 (여기에서는 **pose**로 입력했습니다). 오른쪽 **수락**을 클릭합니다.

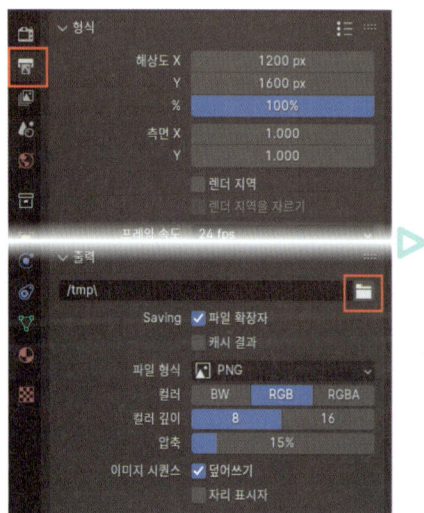

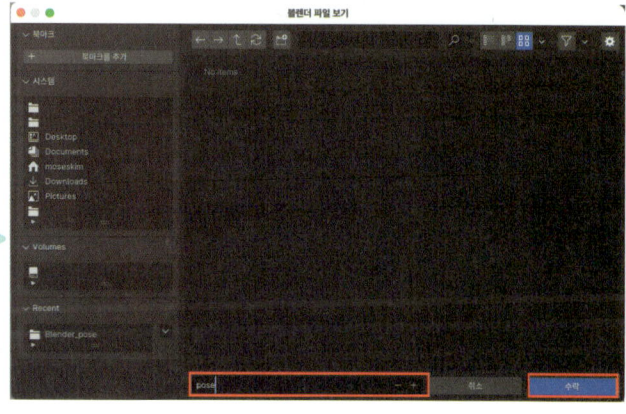

15 인코딩 설정하기

Step

파일 형식은 mp4 형식으로 출력할 수 있는 **FFmpeg Video**을 선택하고 **인코딩** 패널 오른쪽에 있는 아이콘에서 **H264 in MP4**를 선택합니다. 이것으로 동영상 출력 준비를 마쳤습니다.

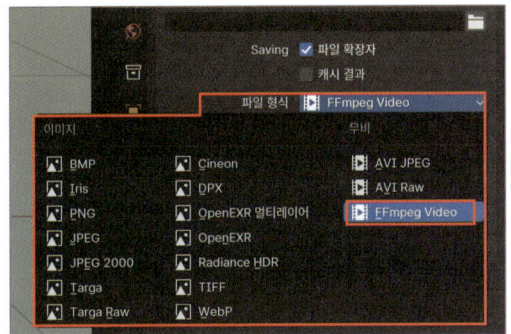

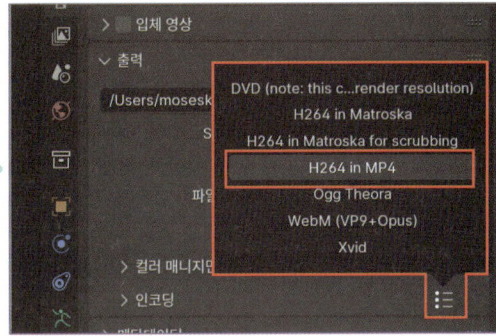

16 시작 프레임과 종료 프레임 설정하기

Step

시작 프레임과 **종료 프레임**을 확인합니다. 이 항목은 렌더링 할 범위를 결정하는 것입니다. **타임라인** 에디터에서도 조정할 수 있습니다. 여기에서는 시작을 **1**, 종료를 **250**으로 설정합니다. 그리고 아래의 단계 항목에서는 렌더링 시 각 프레임을 건너 뛰는 수를 결정합니다. 예를 들면 프레임 속도가 **24**일 때 단계를 **2**로 설정하면, **12**로 렌더링 할 수 있습니다. 여기에서는 기본값인 **1**을 유지했습니다.

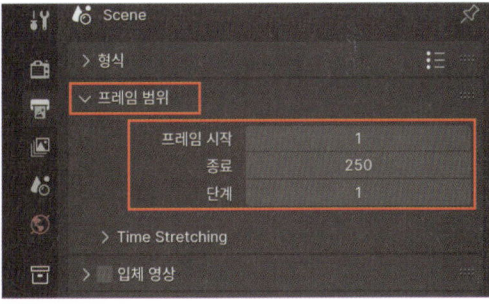

17 렌더링 하기

Step

톱 바의 **렌더 → 애니메이션을 렌더**(Ctrl+F12키)를 실행합니다. **블렌더 렌더** 창이 표시되고 렌더링이 시작됩니다. 잠시 기다립니다.

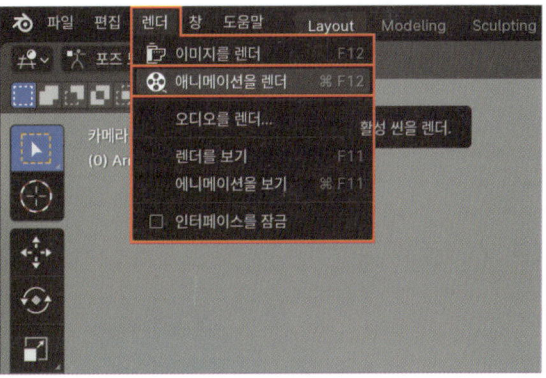

18 렌더링 결과 확인하기

Step

렌더링이 완료되면 지정한 폴더 위치에 동영상이 출력됩니다. 저장 위치로 이동하는 단계를 생략하고 싶을 때는 **렌더 → 애니메이션을 보기**(Ctrl+F11키) 에서 곧바로 애니메이션을 확인할 수 있습니다.

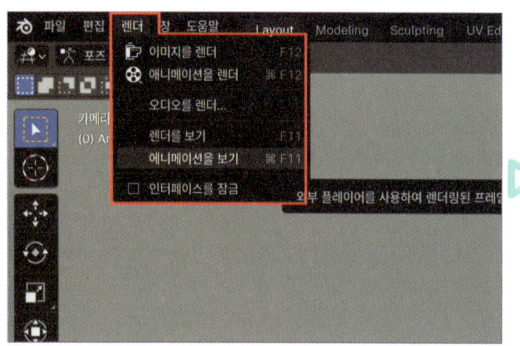
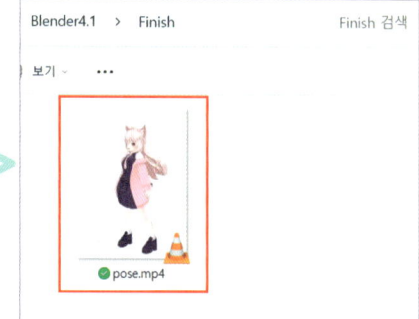

렌더링이 잘 되지 않을 때는

렌더링이 잘 되지 않을 때의 몇 가지 원인을 생각할 수 있습니다. 특히 다음 세 가지 원인인 경우가 많습니다.

아웃라이너에서 렌더 비활성화가 설정된 경우
아웃라이너 오른쪽에 있는 카메라 아이콘이 비활성화 되어 있으면 렌더링 시 오브젝트가 표시되지 않습니다. 활성화하면 오브젝트가 렌더링 됩니다. 반대로 표시하고 싶지 않은 오브젝트가 출력될 때는 이 설정을 비활성화 합니다.

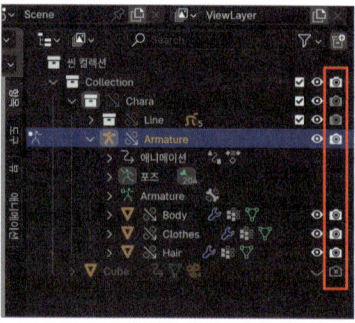

파일 확장자 항목이 비활성화 된 경우
렌더링이 시작되지 않는다면 **파일 확장자**가 비활성화 되어 있을 수 있습니다. 이 항목은 렌더링 된 출력 파일에 지정된 확장자(**.png** 또는 **.mp4**)를 추가하는 기능입니다. 일반적으로 이 기능을 비활성화 하지 않는 것이 좋습니다.

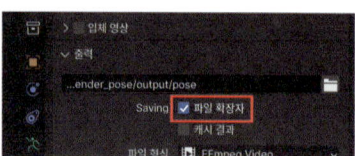

입체 영상 패널이 활성화 된 경우
입체 영상 패널이 비활성화 되어 있으면 이미지나 동영상이 입체 영상용으로 출력됩니다. 입체 영상을 의도하지 않았을 때는 이 설정을 비활성화 하는 것이 좋습니다.

지금까지 포즈 만들기에 관해 학습했습니다. 이후에는 여러분이 직접 포즈를 만들어 봅시다. 다음으로 매력적인 포즈를 만들기 위한 기법들을 소개합니다.

◼ 캐릭터 성격에 맞는 포즈를 만든다

캐릭터의 매력을 최대한으로 이끌어 내기 위해서는 그 캐릭터의 성격이나 감정에 맞는 포즈를 선택하는 것이 중요합니다. 예를 들면 건강하고 활발한 캐릭터에는 신체를 열어 개방적으로 보이는 포즈가 잘 어울립니다. 이 포즈에서는 캐릭터가 주변에 대해 열려 있고, 자신의 기분을 자유롭게 표현하는 느낌을 줄 수 있습니다. 한편, 침착한 성격의 캐릭터에는 신체를 다소 안쪽으로 숨긴 편안한 포즈가 어울립니다. 팔이나 다리를 크게 움직이지 않고, 한쪽 방향을 똑바로 향하게 하면 포즈가 정리되고, 침착한 분위기를 전달할 수 있습니다.

◻ 감정을 표현하자

포즈를 통해 캐릭터의 감정을 표현할 수 있습니다. 예를 들면 화가 났을 때는 주먹을 세게 쥐거나, 가슴을 내밀거나, 팔이나 다리를 똑바르게 펴면 신체 전체에 긴장감이 돌기 때문에 화난 상태가 전달됩니다. 또한 응시하는 듯한 시선, 머리카락이 거꾸로 솟는 듯한 표현을 추가하면 화난 상태를 보다 강조할 수 있습니다. 한편, 공포를 표현하고 싶을 때는 양손으로 신체를 보호하는 듯한 포즈, 얼굴을 아래로 향하는 포즈가 효과적입니다. 그리고 신체를 구부려 **허리를 구부린 듯한** 포즈를 사용하면 캐릭터가 두려워하고 있는, 또는 경계하고 있는 것을 시각적으로 전달할 수 있습니다. 눈물을 흘리게 함으로써 공포의 감정을 보다 강조할 수 있습니다.

◼ 인상에 남는 포즈를 만든다

여러분의 아이디어를 활용해 캐릭터가 활기 있게 보이는 매력적인 포즈를 만들어 봅시다.

활동선line of action

신체의 포즈가 수평 혹은 수직이 되면 포즈가 딱
딱하게 보이게 됩니다. 여기에서는 **가상의 곡선**을
의식하는 것이 좋습니다. 발, 허리, 머리를 비틀어
곡선을 표현함으로써 포즈에 움직임이 생기고, 캐
릭터가 활기를 띠기 시작합니다. 이 가상의 선을
활동선line of action이라 부릅니다. 활동선은 움직
임의 흐름을 나타내는 선입니다. 이 선을 따라 신
체의 각 파츠를 맞추면 움직임이 보다 강조되고,
표현도 풍부해 집니다. 활동선 기법은 동작이 많
은 애니메이션에서 더욱 중요합니다.

자료 검색 팁

자료(참조)를 검색할 때는 영어로 검색하는 것이 좋습니다. 예를 들면 걷는 애니메이션을 만들 때는 'Walk Reference', 공을 던
지는 애니메이션을 만들 때는 'Ball Throw Reference' 같이 '(검색할 키워드) Reference'로 검색하면 참고할 수 있는 다수의 동
영상들을 찾을 수 있습니다.

애니메이션의 기초를 배우자

이번 장에서는 공의 바운드, 본을 사용한 흔들림의 애니메이션 사용해 애니메이션 기초와 블렌더 조작에 관해 학습합니다.

간단한 애니메이션을 만들자!

1

캐릭터 애니메이션을 만들기 전에 먼저 간단한 애니메이션을 만들어 봅시다. 처음부터 복잡한 애니메이션을 만들려고 하면 복잡함이 압도되어 좌절할 수 있기 때문에, 우선 간단한 움직임부터 시작하는 것이 좋습니다. 여기에서는 **공의 바운드**를 만들면서 **그래프 에디터**에 관해 학습합니다. 그래프 에디터의 기능 중 애니메이션을 만들 때 중요한 조작을 익혀 봅니다.

1-1 | 공 애니메이션을 만들자!

공의 움직임은 애니메이션의 많은 기본 요소를 담고 있습니다. 예를 들면 중력을 고려한 공이 튀어 오를 때 **수축과 팽창**을 사용한 탄력의 표현, 자연스럽고 부드러운 움직임을 만들기 위한 **운동 곡선** 등입니다. 포즈를 만들 때는 자유롭게 모험하면서 자신의 감각으로 포즈 만들기를 즐기는 것도 중요하지만, 애니메이션을 만들 때는 움직임에 일관성을 확보하는 것이 중요합니다. 1초 전과 1초 후의 움직임이 제각각이면 애니메이션이 부자연스럽게 보이기 때문입니다. 그래서 이 책에서는 수치 입력을 사용해 캐릭터나 물체의 움직임을 확실하게 제어합니다. 물론 **수동으로 애니메이션을 만들고 싶다!!**고 생각한다면 자유롭게 조정하면서 애니메이션 만들기를 즐겨 주세요!

※ 다음 그림은 앞으로 만들 공이 바운드하는 애니메이션입니다. 파란색 선은 움직임의 궤적을 표시한 것이며, 점은 공의 위치입니다.

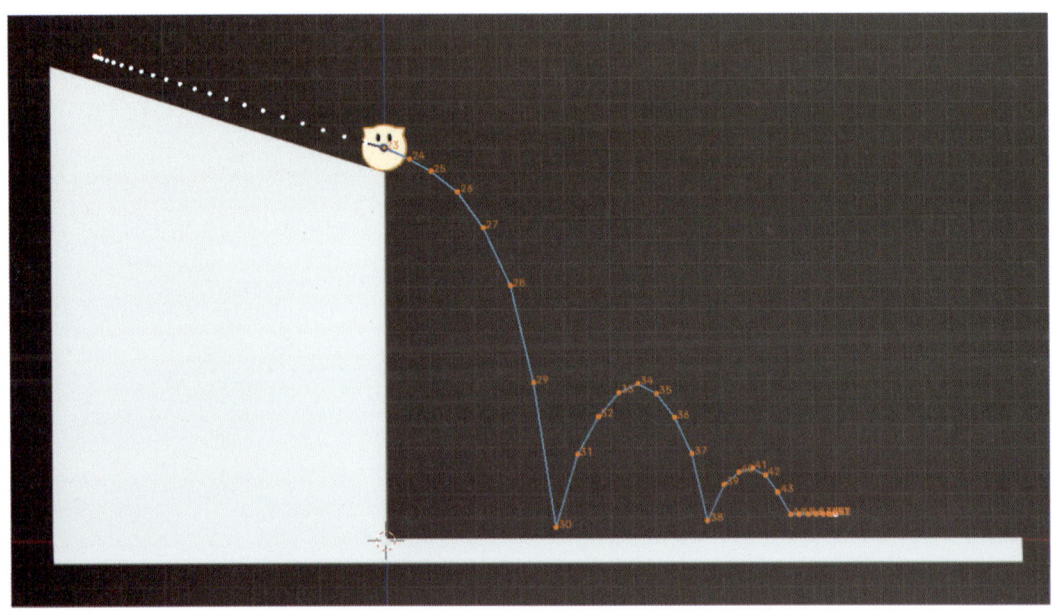

Column

중력에 관해

3D CG 애니메이션에서 중력 표현은 매우 중요합니다. 공이 떨어질 때 처음에는 천천히 떨어진 뒤 점점 빨라지고, 지면에 닿으면 바운드 되어 조금 올라갑니다. 그 뒤 다시 떨어질 때도 이전과 같이 점점 빨라지면서 지면에 닿습니다. 중력을 무시하면 캐릭터가 공중에 떠다니거나, 움직임이 너무 가벼워져 이상하게 보일 수 있습니다. 애니메이션을 만들 때는 항상 중력을 의식해야 합니다. 단, 의도적으로 중력을 무시해 시청자에게 참신한 놀라움을 줄 수도 있습니다.

1-2 샘플 파일을 연다

먼저 공의 블렌더 파일을 엽니다.

01 샘플 파일 열기
Step

샘플 파일에서 **Chapter03(파일명)** → **Ball_animation.blend**를 열면 바닥과 공(겉모습은 구체형 고양이이지만, 말랑한 공이라고 생각해 주십시오)이 배치된 블렌더 파일이 열립니다. 이 공을 사용해 바운드 애니메이션을 만듭니다. 기본적인 순서는 **3D 뷰포트** 안에서 오브젝트를 변형시키면서 화면 아래의 **도프시트**나 **타임라인**을 활용하며 진행합니다. 그리고 오른쪽 위의 **아웃라이너**나 오른쪽 **프로퍼티스**는 오브젝트 관련 조작을 수행하기 위해 필요한 영역입니다. 이 레이아웃은 화면 위쪽에 있는 **Animation** 탭의 기본 레이아웃을 조금 수정한 것입니다.

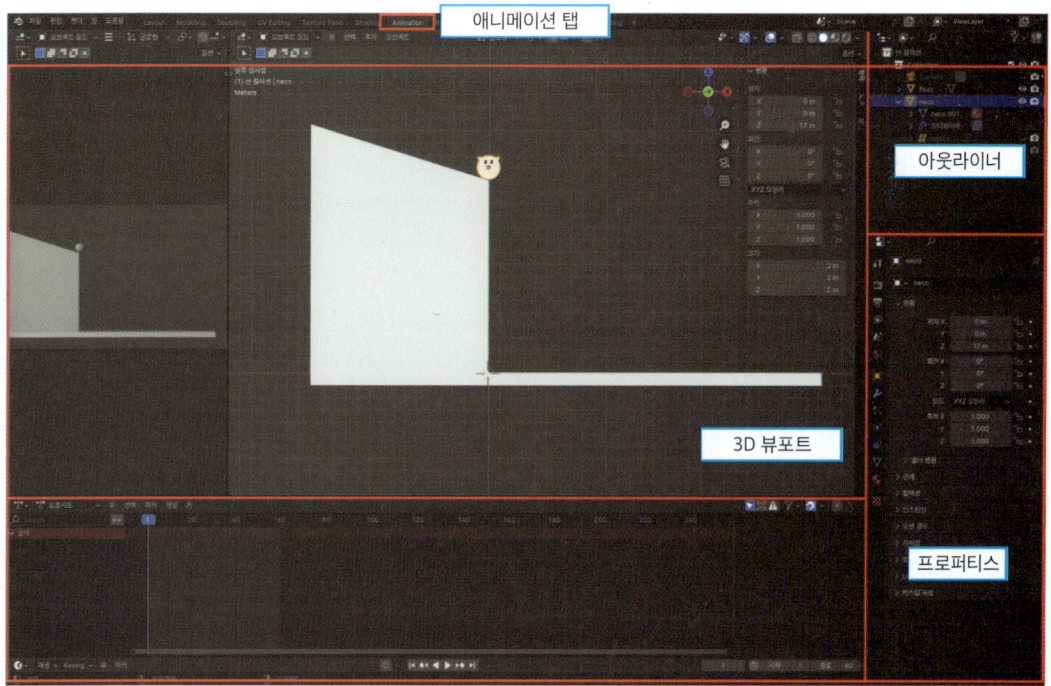

마우스 커서 위치에 주의하자

블렌더에서 애니메이션을 만들 때는 3D 뷰포트와 도프시트를 오가는 일이 많습니다. **블렌더에서는 마우스 커서 위치에 따라 조작이 달라진다**는 특징이 있습니다. 예를 들면 3D 뷰포트 위에서 키 프레임을 삽입하는 ⼁키 를 누르면 도프시트 위에 키 프레임이 삽입됩니다. 같은 조작을 도프시트 위에서 실행하면 다른 메뉴가 표시됩니다. 평소와 조작이 달라졌을 때는 반드시 마우스 커서가 어느 영역에 있는지 확인합시다.

02 아웃라이너 표시/숨기기 설정하기

Step

바닥의 오브젝트는 선택할 수 없게 설정되어 있습니다. 이 설정은 오른쪽 위 아웃라이너에 있는 **선택 비활성화**에서 표시/숨기기를 변경할 수 있습니다❶. 이 아이콘은 아웃라이너 오른쪽 위에 있는 **필터(깔때기 아이콘)**❷ 메뉴 안의 **제한 전환**에서 표시/숨기기 표시를 전환할 수 있습니다❸.

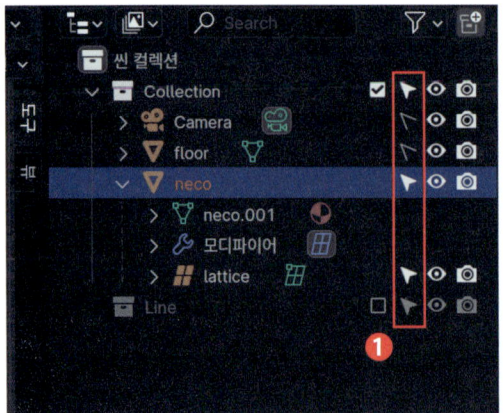
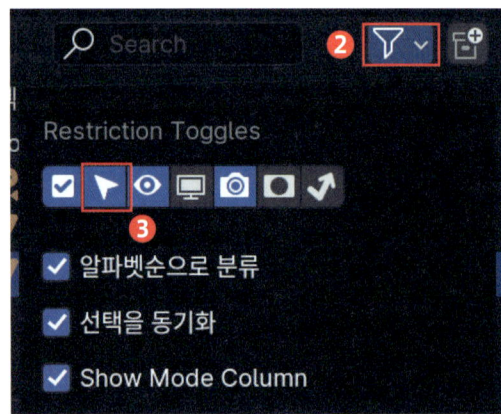

1-3 공의 시작 위치를 결정하자

애니메이션을 만들 때는 키 프레임을 설정하면서 진행합니다. 키 프레임은 캐릭터나 물체의 움직임을 기록하기 위한 기능입니다. 먼저 공의 초기 위치를 결정하고, 그 위치에 키 프레임을 설정합니다. 다음으로 공이 어디로 이동하는지 결정하고, 그 새로운 위치에도 키 프레임을 설정합니다. 이렇게 **물체를 움직인다 → 키 프레임으로 움직임을 기록한다 → 프레임을 진행한다 → 다시 물체를 움직인다 → 키 프레임에 움직임을 기록한다**는 순서로 반복하는 것이 애니메이션 만들기의 기본입니다. 먼저 공의 움직임을 계획적으로 만들어 봅시다.

01
Step

도프시트 설정하기

먼저 시작 위치를 결정합니다. 아래 **도프시트**에서 **1**번째 프레임으로 이동합니다. 도프시트 화면에서는 마우스 휠을 사용해 화면을 줌 인/줌 아웃할 수 있으며 마우스 가운데 버튼 클릭 드래그 해 화면을 이동할 수 있습니다. 그리고 도프시트 위쪽 **스크럽 영역**(프레임 번호가 표시되어 있는 영역**)을 클릭하거나 마우스 좌클릭 드래그 해 프레임을 이동할 수 있습니다.

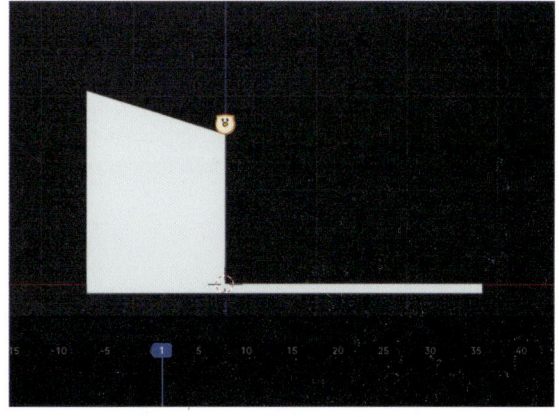

02
Step

오브젝트 이동하기

3D 뷰포트의 시점을 앞쪽 시점(**텐키 1**)으로 전환하고 정사법(**텐키 5**)로 설정되어 있는지 확인합니다. 정사법으로 설정하면 물체 위치를 정확하게 확인할 수 있습니다. 그리고 현재 투시법은 3D 뷰포트 왼쪽 위에 있는 텍스트 정보에서 확인할 수 있습니다. 다음으로 왼쪽 위 모드가 **오브젝트 모드**인지 확인했다면 위치를 이동하기 위해 공(neco 오브젝트)를 선택합니다. 오른쪽 **사이드바(N키)**의 항목 탭 안에 있는 **변환** 패널에서 X의 위치를 **-13**, Y의 위치를 **0**, Z의 위치를 **21**로 입력합니다. 이 설정을 하면 공이 바닥에 정확하

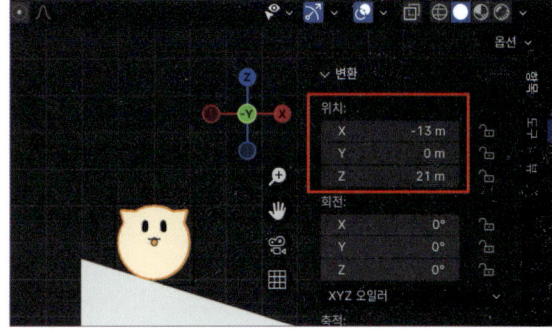

게 닿을 것입니다. 수동으로 조정할 경우에는 **앞쪽 시점**으로 변경하고 이동의 단축키인 **G키**로 조정합니다.

Column

3D 뷰포트의 시점을 항상 의식하자

애니메이션을 만들 때는 3D 모델이 움직이는 방향이나 각도가 올바른지 확인하기 위해 3D 뷰포트의 시점을 변경하면서 작업하는 것이 중요합니다. 하지만 초심자라면 먼저 **앞쪽 시점**(텐키 1), **옆쪽 시점**(텐키 3), **위쪽 시점**(텐키 7) 등 최소한의 기본적인 시점에서 시작하는 것이 좋습니다. 먼저 이 3개 시점에 익숙해진 뒤 점점 다른 시점도 사용해 주십시오. 이번 장에서 사용하는 블렌더 파일은 **앞쪽 시점**에서만 애니메이션을 만들 수 있게 설명하고 있습니다.

03 키 프레임 삽입하기

공의 위치에 키 프레임을 삽입합니다. 3D 뷰포트 헤더의 헤더에 있는 **오브젝트 → 애니메이션 → Insert Keyframe with Keying Set**(K키)을 실행합니다❶❷. 키 프레임 삽입 관련 메뉴가 표시됩니다. 여기에서는 **위치**를 클릭합니다❸.

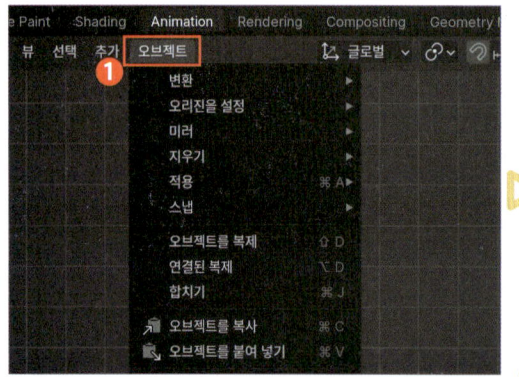
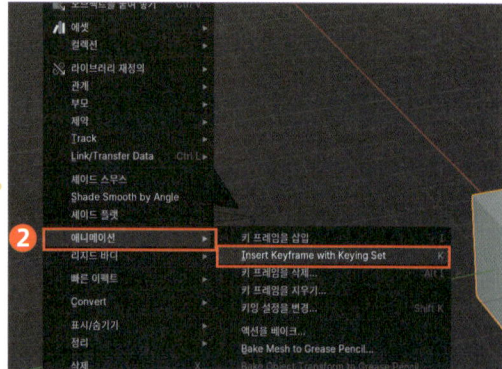

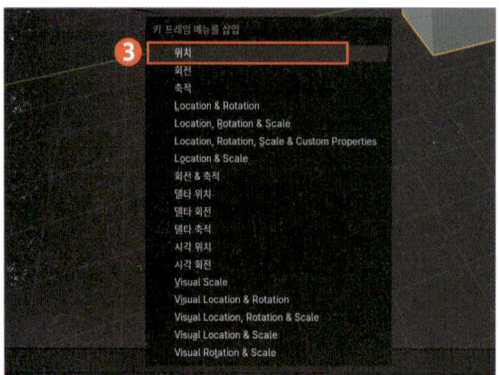

POINT

키 프레임이 들어가지 않을 때는

아무것도 선택하지 않은 상태에서 키 프레임을 삽입하려고 하면 아래와 같이 **활성 키잉 설정에 대한 적절한 컨텍스트 정보 없음**이라는 에러 메시지가 표시됩니다. 기본적으로 애니메이션은 선택한 오브젝트를 대성으로 키 프레임을 넣으므로 반드시 대상 오브젝트를 선택해야 합니다/

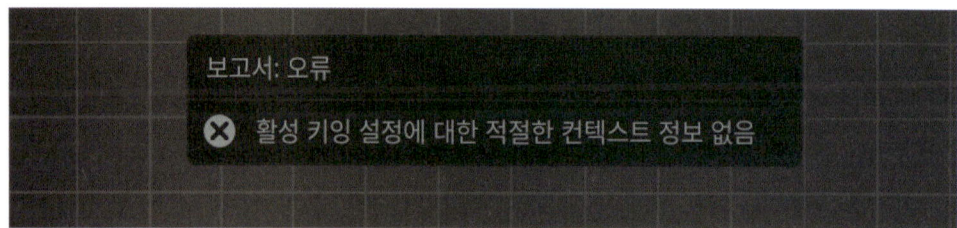

---

04 도프시트 확인하기

Step

도프시트 위에 1번째 프레임에 들어간 것을 확인합니다①. 1프레임 이외에 키 프레임이 있을 때는 해당 키 프레임들을 선택하고 마우스 좌클릭 드래그(또는 G키)해 이동시켜 수정합니다. 그리고 도프시트 왼쪽에 있는 **채널** 안에는 새롭게 공(neco 오브젝트)의 키 프레임 정보가 추가됩니다. 아래쪽 방향 화살표 모양 아이콘②를 클릭하면 변형과 관련된 X축(좌우), Y축(깊이), Z축(높이) 정보가 표시됩니다. 이번에는 위치에 키 프레임을 설정했으므로 위치 변형 정보만 표시됩니다. 애니메이션을 만들 때는 이 채널 안에서 조작할 때가 많으므로 기억해 둡시다.

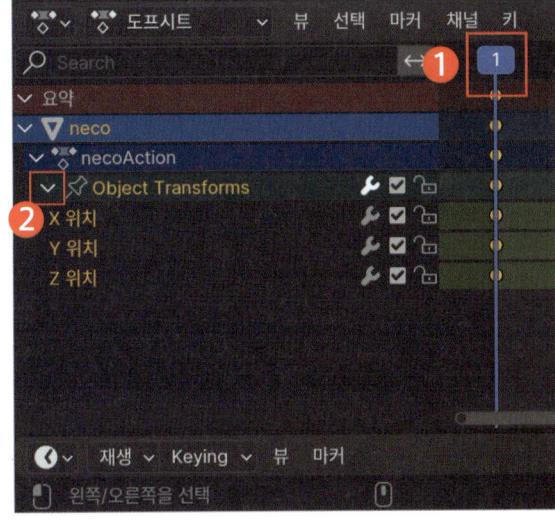

> **MEMO**
>
> 채널 안의 문자가 보이지 않을 때는 도프시트의 **편집 → 환경 설정 → 인터페이스** 안에 있는 **해상도 축적** 값을 높게 설정해 블렌더 안의 문자를 크게 만들 수 있습니다.

05 위치 삭제하기

Step

깊이를 나타내는 **Y 위치**는 사용하지 않으므로 이 축을 삭제합니다. 왼쪽 채널 안에 있는 **Y 위치**를 선택(문자가 주황색으로 표시되지 않는다면 선택합니다)하고 마우스 우클릭 합니다. 그러면 채널 관련 메뉴가 표시됩니다. 이 안에 있는 **채널을 삭제(X키)**를 실행합니다. 이제 Y축 정보만 삭제했습니다. 이 순서를 기억해 두면 불필요한 데이터를 정리해 작업 효율을 높일 수 있습니다.

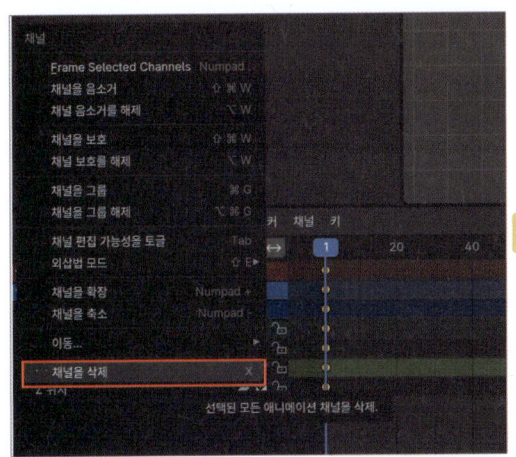

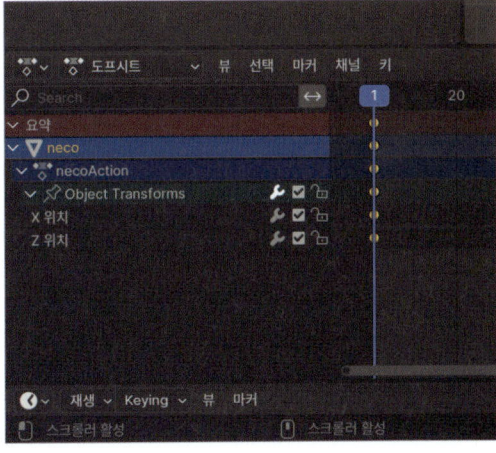

초 단위 표시에 관해

도프시트 위쪽(스크럽 영역)에 프레임 번호가 아닌 초 단위를 표시하고 싶은 헤더의 **뷰 → 초 단위 표시(Ctrl+T키)**를 활성화합니다. 이 기능은 특정한 동작이 몇 초 동안 이어지는지 확인하고 싶을 때 도움이 됩니다.

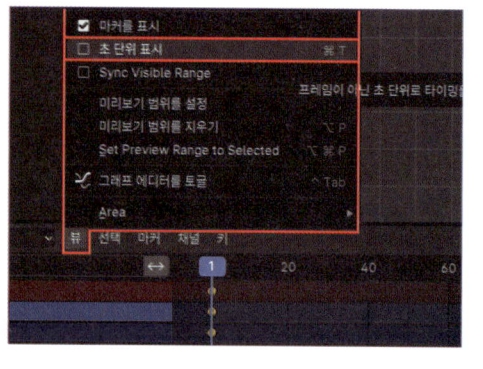

1-4 공을 움직여 보자

애니메이션을 만들 때 움직임을 세세하게 나누면 쉽게 관리할 수 있습니다. 이 책에서 만드는 바운드하는 공의 움직임은 세로의 움직임(이동의 Z축), 가로의 움직임(이동의 X축), 회전의 움직임(회전의 Y축) 3개로 나뉘어 있습니다. 이렇게 먼저 가로의 움직임을 결정하고, 다음으로 세로의 움직임을 결정하고, 마지막으로 회전의 움직임을 추가함으로써 매끄럽게 애니메이션을 완성할 수 있습니다.

01 프레임 이동하기

Step

3D CG 애니메이션 만들기에 익숙하지 않을 때는 각 축을 개별로 해서 키 프레임을 설정하는 방법도 좋습니다. 먼저 공의 가로 움직임인 **X축**에 키 프레임을 넣습니다. **52**번째 프레임으로 이동해 하고 이 지점이 공이 멈추는 위치가 되도록 설정합니다.

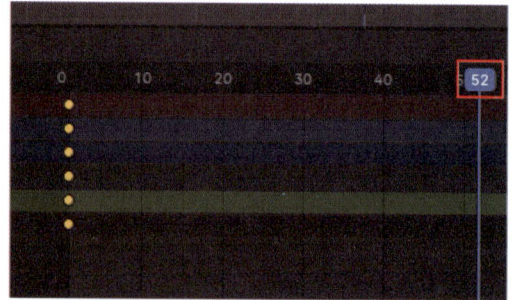

02 위치 조정하기

Step

공이 선택되어 있는 것을 확인했다면 **사이드바(N 키) → 항목** 탭 안에 있는 **변환** 패널 안에서, 위치 X에 **20**을 입력합니다. 수치 필드가 빨간색으로 표시되는 것은 수치는 변경되었지만 아직 키 프레임은 삽입되지 않았다는 의미입니다.

녹색은 다른 프레임에 키 프레임이 들어있다는 의미입니다.

03 키 프레임 삽입하기

공은 이동하고 있지만 수치를 입력한 단계에서는 아직 키 프레임이 삽입되지 않았습니다. 여기에서는 X축에 키 프레임을 삽입합니다. 위치 X에 마우스 커서를 올리고 마우스 우클릭 하면 키 프레임 관련 메뉴가 표시됩니다. 이 안에서 **싱글 키 프레임을 삽입**(마우스 커서를 올린 대상의 수치 필드에만 키 프레임을 삽입할 수 있음)을 클릭하면 위치 X의 수치 필드에만 키 프레임이 삽입됩니다. 수치가 노란색으로 표시되는 것은 **여기에 키 프레임이 삽입되어 있다**는 의미입니다.

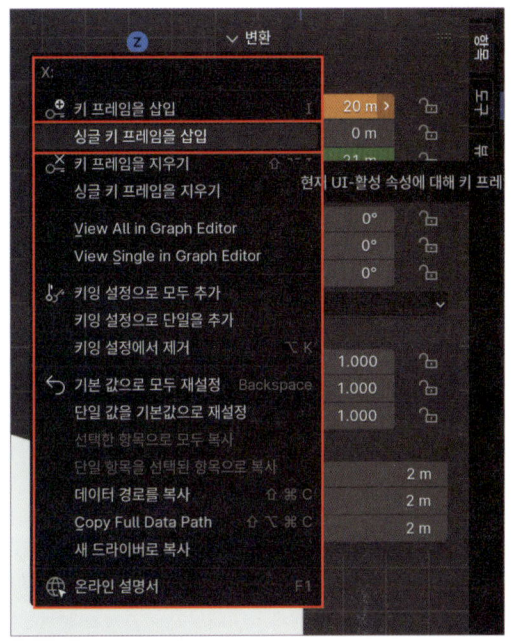

> **MEMO**
>
> 키 프레임을 삽입하기 전에 프레임을 이동하면 입력한 수치(빨간색으로 표시된 수치 필드)가 원복됩니다. 작업 중에는 프레임을 이동하지 않도록 주의합니다. 실수로 프레임을 이동했을 때는 **Ctrl+Z키**를 사용해 조작을 원복합니다.

04 애니메이션 확인하기

현재 상태에서 애니메이션을 확인해 봅시다. 도프시트 위쪽 **스크럽 영역**(프레임 번호가 있는 영역)을 마우스 좌클릭 드래그 하거나 **Space키**를 누르면 애니메이션이 재생되고, 고양이가 옆으로 움직이게 됩니다(애니메이션을 정지할 때는 **Space키**를 한 번 더 누릅니다). 이렇게 키 프레임과 키 프레임 사이는 블렌더에서 자동으로 움직여 줍니다. 이 키 프레임 사이의 움직임을 조정하는 조작은 뒤에서 설명합니다.

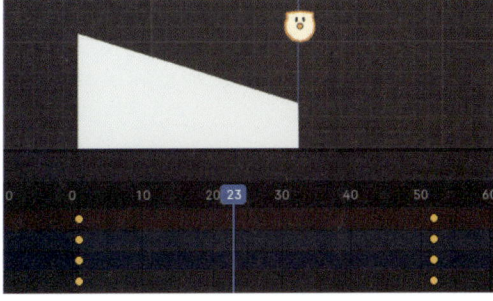

Column

채널 조작 제한에 관해

채널명 오른쪽에는 체크 박스❶와 자물쇠 아이콘❷이 있습니다. 이 아이콘들은 애니메이션이나 도프시트 위에서의 조작을 제한하는 기능입니다. 체크 박스는 **채널 음소거를 토글**이라는 기능으로 이 항목을 비활성화 하면 해당 축의 변형을 정지할 수 있습니다. 예를 들면 X축과 Y축의 움직임을 정지시킨 상태에서 Z축의 움직임만 확인하고 싶을 때 등, 각 축의 움직임을 세세하게 확인하고 싶을 때 사용합니다. 자물쇠 아이콘은 해당 축의 키 프레임 조작을 비활성화하는 기능입니다. 이 항목을 활성화하면 해당 축의 키 프레임이 회색으로 처리되고, 새롭게 키 프레임을 삽입할 수 없게 됩니다. 주로 실수로 키 프레임을 삽입하는 것을 방지하는 데 도움이 됩니다. 애니메이션을 만드는 중에 움직임이 갑자기 나타나거나 사라진다면 이 항목들을 확인해 봅시다.

05 자동 키잉 활성화하기

Step 좌우 X축 조정을 마쳤으므로 다음은 상하 Z
축을 조정해 대략적인 공의 바운드 동작을 만
듭니다. 앞에서는 수동으로 키 프레임을 삽입했지만
작업 효율을 높이기 위해 자동 키잉 기능을 사용합니
다. 도프시트 아래에 있는 **타임라인** 안에서 **자동 키잉**
을 활성화함으로써 오브젝트를 움직이거나 수치를 입
력할 때 자동으로 키 프레임을 삽입할 수 있습니다. 애

니메이션을 만들 때는 기본적으로 이 기능을 활성화 해두면 좋습니다(블렌더 4.3에서는 자동 키잉을 활성화하면 구체 아이콘이 빨
간색이 됩니다).

06 편집 잠그기

Step X축에 키 프레임이 삽입되지 않도록 위치를 잠급니다. **사이드바**(N
키) → **항목** 탭 → **변환** 패널에서 위치 X의 수치 필드 오른쪽에 있는
자물쇠 아이콘을 활성화합니다. 이 항목을 활성화하면 특정 축의 편집만 방
지할 수 있습니다. 여기에서는 위치 X의 편집을 비활성화합니다. 갑자기 오
브젝트를 변형할 수 없게 되었을 때는 이 잠금이 활성화 되어 있는 것은 아
닌지 확인해 봅시다.

07 프레임 이동과 Z축 입력하기 1

Step **23**번째 프레임으로 이동해 **사이드바**(N키) → **항목** 탭 → **변환** 패널에서 에서 위치 Z에 **17**을 입력합니다. **자동 키잉**
을 활성화했으므로 이 수치를 입력하면 키 프레임이 자동으로 삽입됩니다. 여기에서는 수치를 입력했지만 수동으
로 조정을 하고 싶을 때는 오브젝트를 선택하고 **이동**(G키) 으로 위치를 조정합니다(X축은 위치 잠금 되어 있으므로 상하의 Z축
방향으로만 움직입니다).

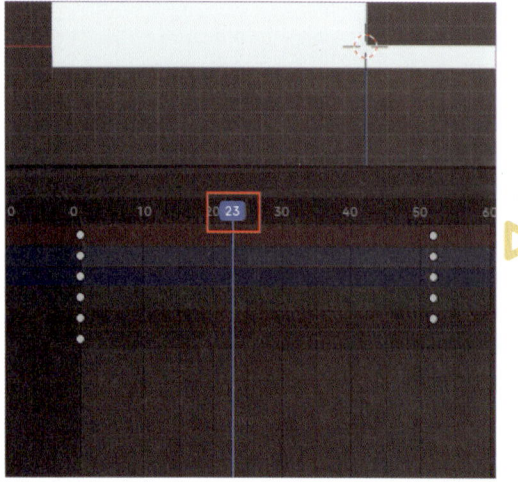
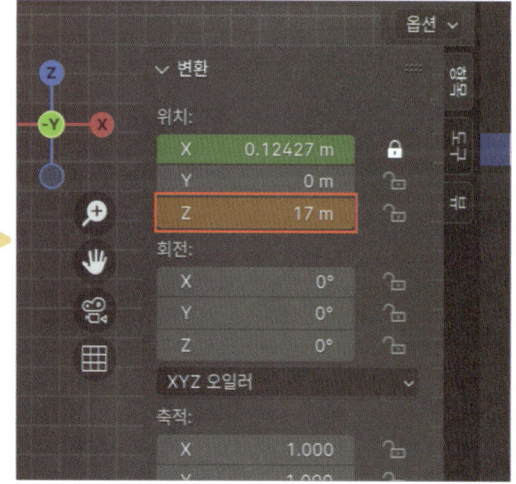

08 프레임 이동과 Z축 입력하기 2

도프시트에서 30번째 프레임으로 이동한 뒤 공을 선택합니다. **사이드바**(N키) → **항목** 탭 → **변환** 패널에서 위치 Z에 **0.57**을 입력합니다. 이 수치를 입력하면 공이 바닥에 파묻히지만, 이것은 나중에 **수축과 팽창**이라 불리는 부드러움을 표현하는 변형 작업을 위한 준비입니다. 이 위치를 설정해 두면 이후 작업에서 자연스러운 움직임을 쉽게 만들 수 있습니다.

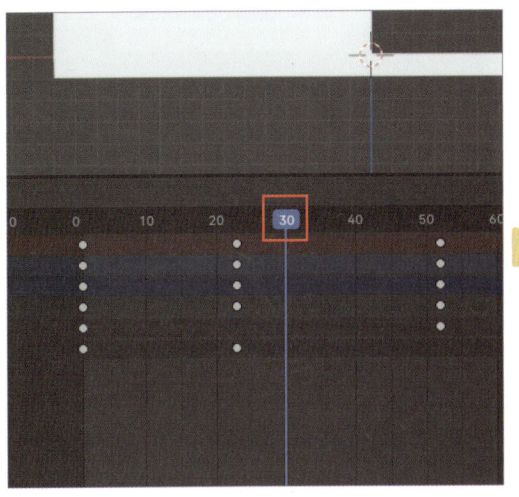

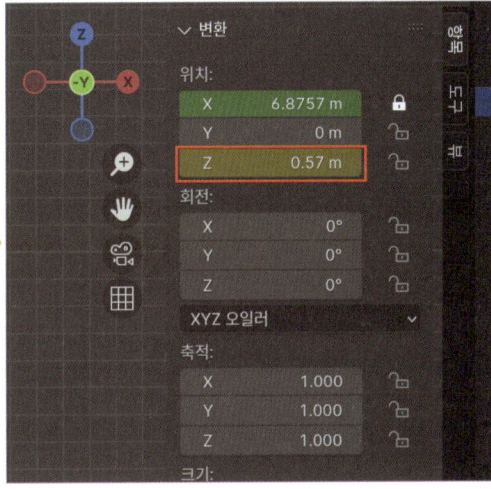

09 프레임 이동과 Z축 입력하기 3

다음은 최초(1 번째)에 공이 튀어 오를 높이를 결정합니다. **34**번째 프레임으로 이동해 **사이드바**(N키) → **항목** 탭 → **변환** 패널에서 위치 Z에 **6.7**을 입력합니다.

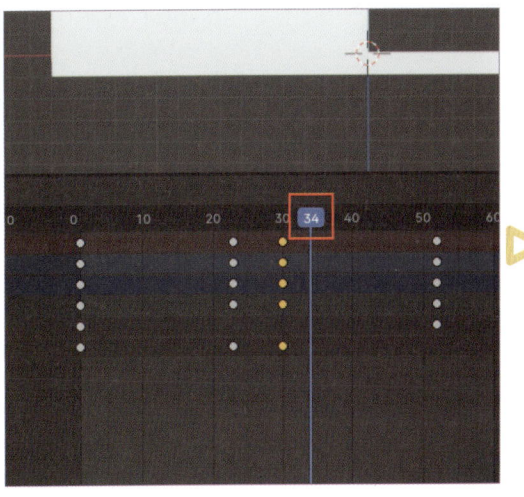

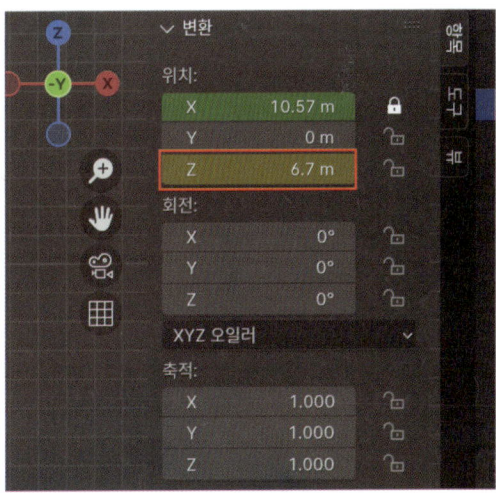

Column

튀어 오르는 높이의 기준에 관해

이 책의 순서에서는 초심자를 위해 수치 입력을 권장합니다. 그러나 수동으로 조정하고 싶은 분은 공이 떨어져 지면에 부딪히기까지의 거리를 고려해, 그 거리의 절반 또는 그보다 조금 더 낮은 정도의 높이로 설정하면 좋습니다. 이 책은 공이 가벼운 것이라고 가정하고 있지만, 가벼움을 표현하기 위해 이 기준보다 조금 더 높이 배치했습니다. 단, 무거운 공(예를 들면 볼링 공 등)일 때는 거의 튀어 오르지 않으므로 무게를 표현하고 싶을 때는 이 기준보다 낮은 위치에 배치하거나 튀어 오르지 않게 하는 편이 좋습니다.

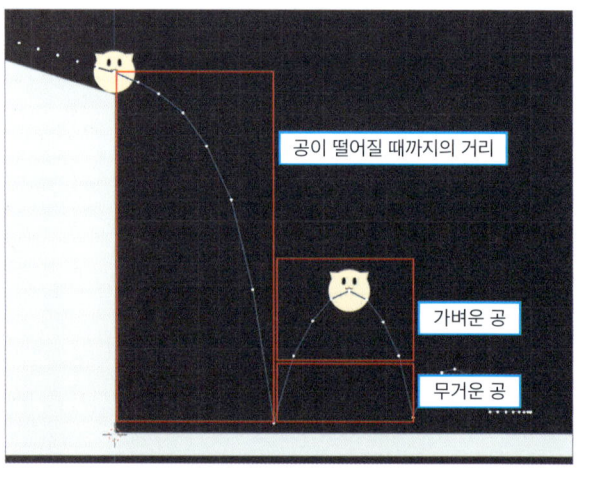

공이 떨어질 때까지의 거리

가벼운 공

무거운 공

10 프레임 이동과 Z축 입력하기 4

Step

공이 한 차례 바운드 한 뒤 다시 지면에 부딪힙니다. 38번째 프레임으로 이동해 **사이드바(N키)** → **항목** 탭 → **변환** 패널에서 위치 Z에 **0.84**를 입력합니다. 이 수치를 입력하면 공이 바닥 안으로 조금 파묻히지만 나중에 변경할 것이므로 이 상태로 진행합니다.

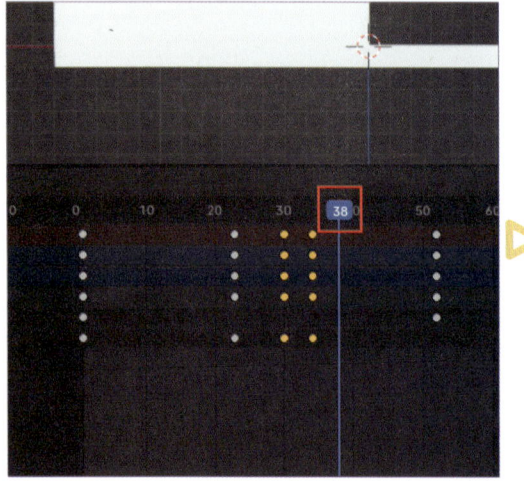

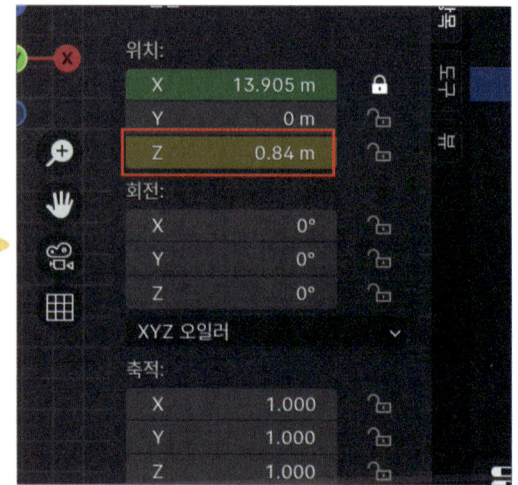

136

11 프레임 이동과 Z축 입력하기 5

Step 두 번째 튀어 오름을 표현합니다. **41**번째 프레임으로 이동해 위치 Z에 **3**을 입력합니다. 여기에서 바운드 높이의 기준은 첫 번째 바운드 높이의 절반 또는 그보다 조금 아래로 설정하는 것이 좋습니다. 물론 공의 질감이나 무게에 따라 달라지지만 이 기준을 참고해 조정하면 바운드 애니메이션을 쉽게 만들 수 있습니다.

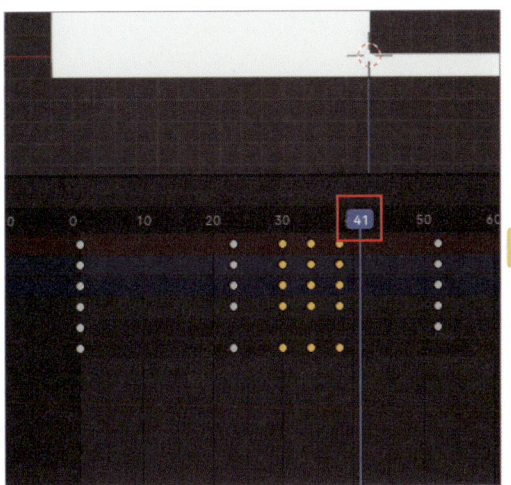 

12 프레임 이동과 Z축 입력하기 5

Step 2번째 공의 착지를 표현합니다. **44**번째 프레임으로 이동해 **사이드바(N키)** → **항목** 탭 → **변환** 패널에서 위치 Z에 **1.1**을 입력합니다. 대략적인 위치를 결정했으므로 일단 **Space키**를 눌러 애니메이션을 재생해 봅니다. 공이 판 위에서 미끄러져 떨어진 뒤 바운드 하는 애니메이션이 만들어졌습니다(원래 공은 더 여러차례 튀어 오르지만 초심자용이므로 여기에서는 2번만에 바운드를 멈춥니다). 단, 아직 키 프레임과 키 프레임 사이의 움직임이 자연스럽지 않으므로 이 사이의 움직임을 조정하기 위한 **그래프 에디터**에 관해 설명합니다.

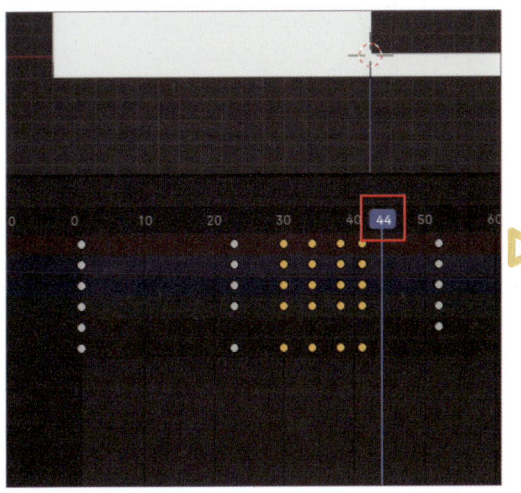 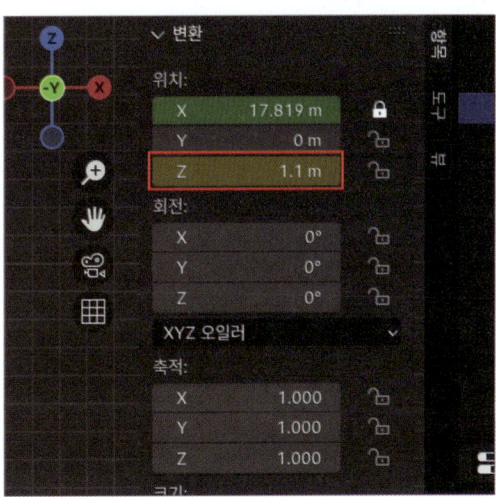

그래프 에디터로 움직임을 조정하자 1

그래프 에디터는 키 프레임과 키 프레임 사이의 움직임을 조정하기 위한 에디터입니다. 애니메이션의 움직임을 곡선 을 사용해 시각적으로 표시하고, 이 커브를 사용해 움직임의 빠르기나 부드럽기를 세세하게 조정할 수 있습니다. 애니메이션을 만들 때 빈번하게 사용하는 에디터이므로, 사용 방법을 기억해 두면 좋습니다.

01 그래프 에디터로 변경하기

Step

도프시트 왼쪽 위에 있는 **에디터 유형**을 클릭하면 다양한 에디터가 표시됩니다. 그 중에서 **그래프 에디터**를 클릭합니다.

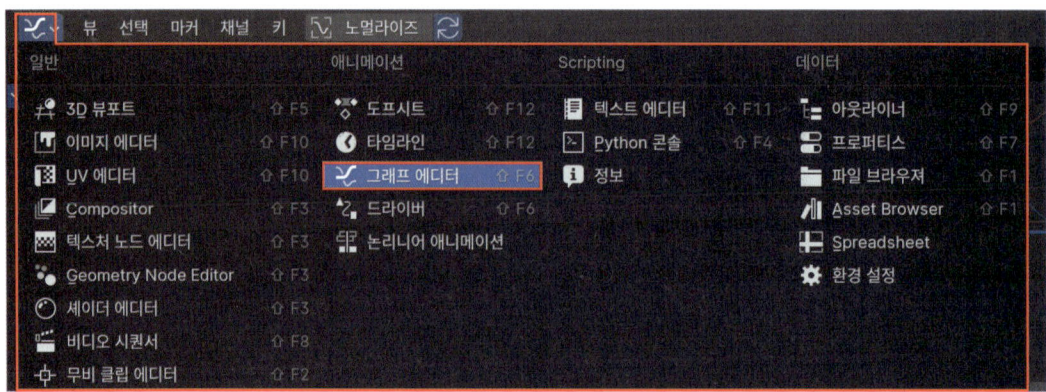

도프시트가 **그래프 에디터**로 바뀝니다. 이 에디터도 도프시트와 마찬가지로 **마우스 휠을 상하로 회전**해 화면 줌 인/줌 아웃, **마우스 가운데 버튼 클릭 드래그**로 화면을 이동할 수 있습니다. 그리고 **Ctrl+마우스 가운데 버튼 클릭 드래그**로 화면을 세로 또는 가로로 늘릴 수 있습니다.

또한 도프시트 헤더 안의 **뷰 → 그래프 에디터를 토글** (**Ctrl+TaB키**)을 사용해 그래프 에디터로 전환할 수도 있습니다.

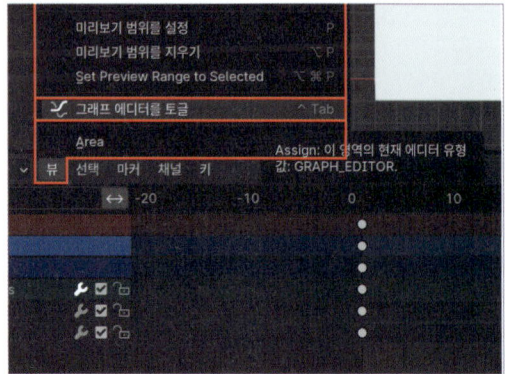

02 그래프 안에 모두 표시하기

Step

그래프 에디터 안에서 키 프레임을 쉽게 알 수 있게 표시합니다. **가장 먼저 공(neco 오브젝트)가 선택되어 있는 것을 확인합니다.** 공을 선택하지 않으면 **그래프 에디터** 위에 키 프레임이 곡선으로 표시되지 않습니다. 다음으로 3D 뷰포트의 **사이드바(N키)**를 표시하고, 키 프레임을 삽입한 위치 X 또는 위치 Z의 수치 필드에서 마우스 우클릭 합니다. 메뉴 안에서 **View All in Graph Editor** 항목을 클릭합니다(이 조작은 키 프레임이 삽입되어 있지 않으면 표시되지 않습니다). 이것은 위치, 회전, 축적 중 하나의 커브를 그래프 에디터 안에 모두 표시하는 기능입니다. 이 조작을 수행하면 그래프 에디터 위에 위치 커브가 모두 표시됩니다. 또한 그래프 에디터 위의 커브는 정확하게는 **F-커브**F-curve라 부릅니다.

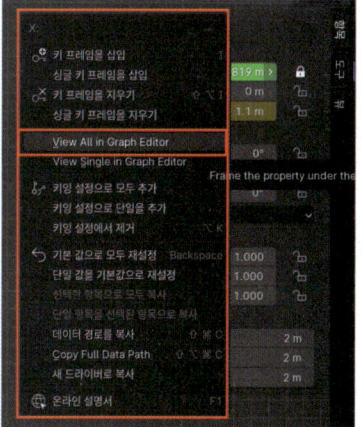

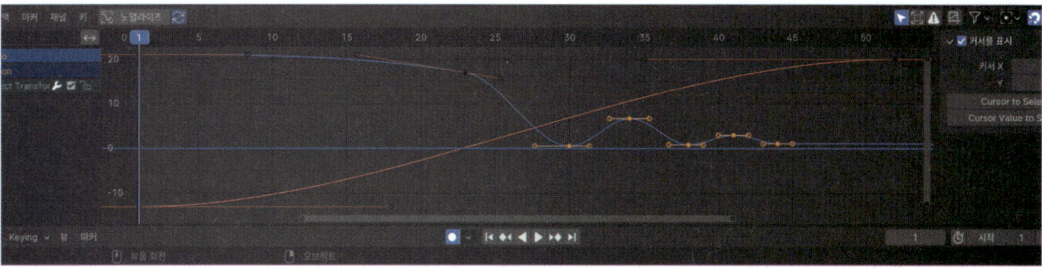

03 그래프 에디터 화면

Step

그래프 에디터 화면 왼쪽에는 세로로 수치가 표시되어 있으며, 이것은 변형의 수치를 나타냅니다. 가운데 있는 0을 기준으로 키 프레임을 상하로 움직임으로써 위치나 회전을 조정할 수 있습니다. 가로는 시간을 나타내며 그래프 에디터는 이 **세로 변형 축**과 **가로 시간 축**을 사용해 조정하는 것이 주요한 사용 방법입니다.

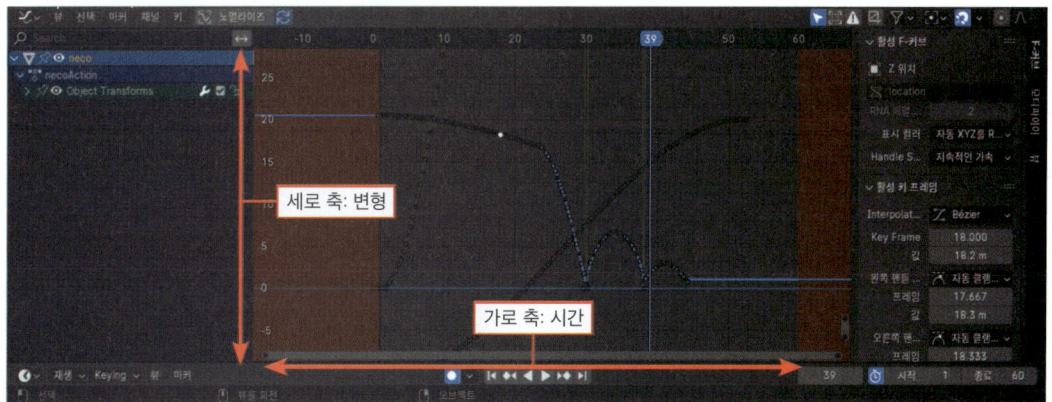

04 채널 선택하기

Step

화면 왼쪽은 **채널** 영역으로 각 축의 커브를 관리합니다. 채널 안에 있는 오른쪽 화살표❶를 클릭하면 패널이 열리고 X 위치, Z 위치와 축 정보가 표시됩니다. 각 축을 선택 또는 Shift키로 선택하면 그 축을 조정할 수 있습니다❷. 모든 축을 선택하고 싶을 때는 채널 안에 있는 오브젝트명 또는 **Action** 패널, **Object Transforms** 패널 중 하나를 선택하고❸ 모두 선택의 단축키인 **A키**를 누릅니다.

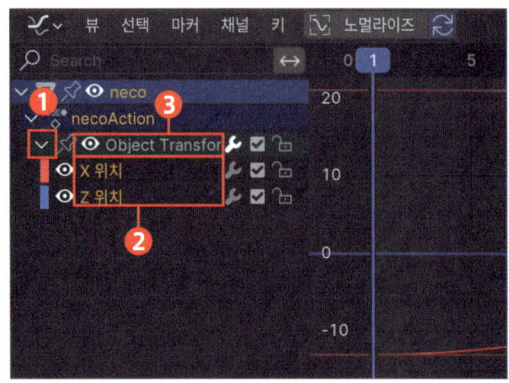

눈동자 모양 아이콘❹를 클릭하면 키 프레임 표시/숨기기를 전환할 수 있습니다. 키 프레임이 표시되지 않는다면 이 설정을 확인합니다.

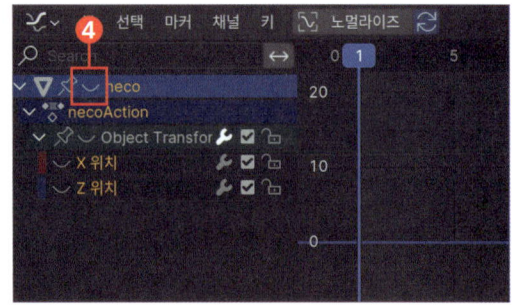

Column

키 프레임 표시 관련 조작

대상의 커브를 그래프 에디터 안에서 모두 표시하고 싶을 때는 그래프 에디터 왼쪽에 있는 채널의 축을 선택하고 그래프 에디터 위쪽 헤더 안에 있는 **뷰 → 모든 프레임**(Home키)를 누를 수 있습니다. 그리고 선택되어 있는 키 프레임으로 줌 인하고 싶을 때는 **선택한 프레임**(텐키 .)을 실행합니다.

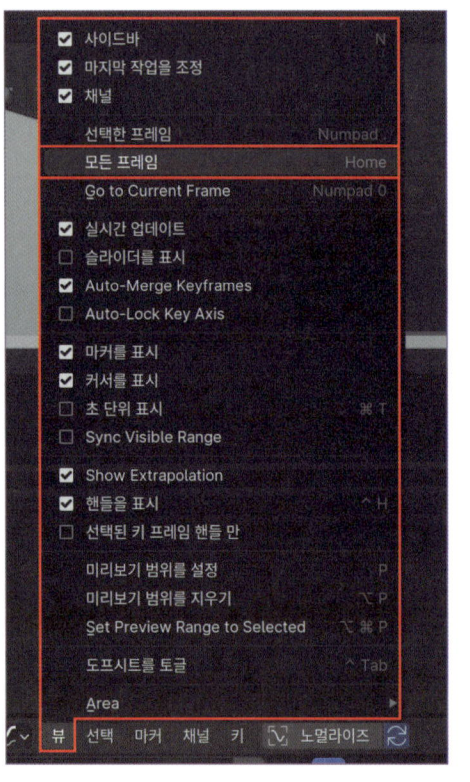

140

05 그래프 에디터 확인하기

Step

간단한 조작을 확인합니다. **그래프 에디터** 왼쪽에 있는 채널에서 **Z 위치**(높이)를 선택하고 Z축의 커브만 표시합니다(커브가 표시되지 않을 때는 3D 뷰포트에서 공을 선택합니다). 다음으로 **23**번째 프레임으로 이동해 그래프 데이터에서 키 프레임을 선택합니다. 마우스 좌클릭 드래그 해 키 프레임을 이동(또는 **G키**)할 수 있으므로 상하좌우로 움직이며 확인해봅시다. 앞에서 설명한 것처럼 상하값은 변형의 축이므로 공이 위아래로 움직입니다. 좌우값은 시간이므로 공의 떨어지는 시점이 어긋납니다.

※ 확인을 마쳤다면 **Ctrl+Z키**를 눌러 한 단계 이전으로 되돌립니다.

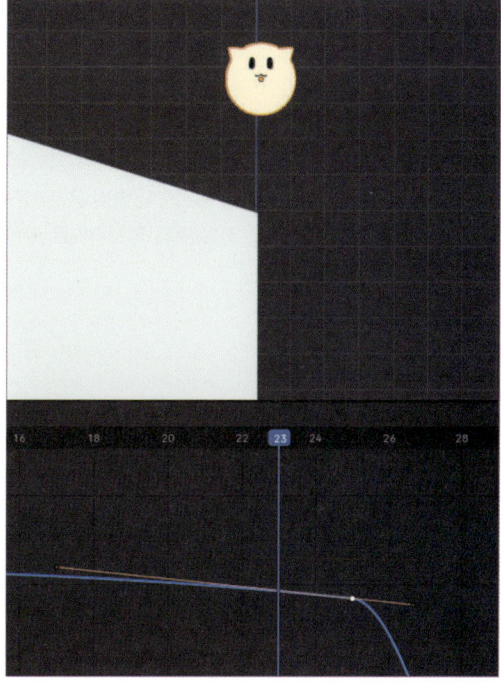

06 핸들 확인하기

Step

23번째 프레임을 선택하면 세로로 긴 가는 선이 표시됩니다. 이것은 **핸들**이라 부르며 3개의 점을 기반으로 마우스 좌클릭 해 움직여 커브를 변형할 수 있습니다. 이 **핸들**을 변형함으로써 애니메이션에 변화를 더할 수 있습니다.

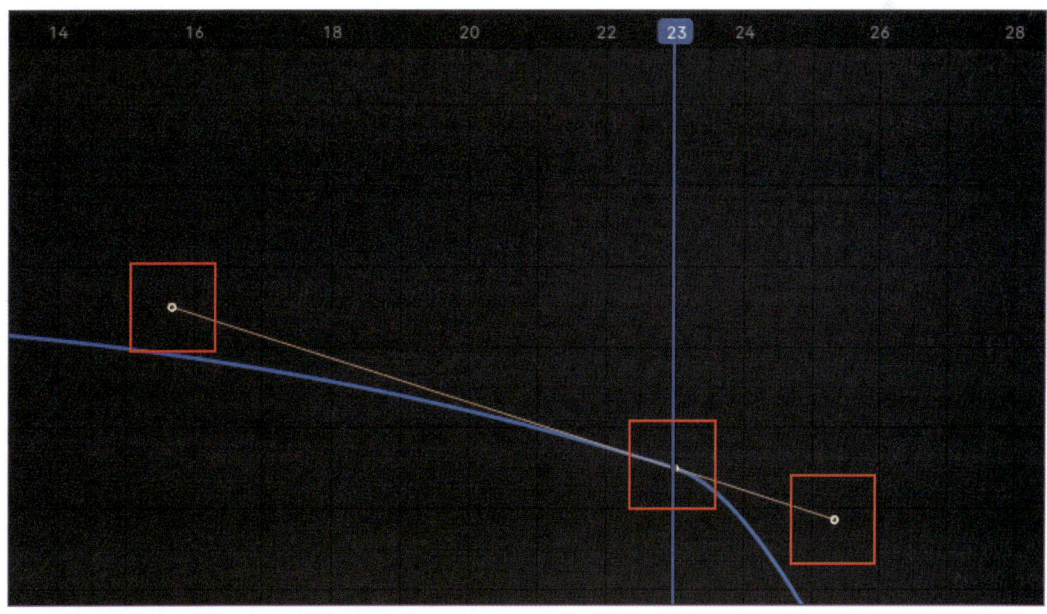

활성 키 프레임 패널 표시하기

Step

핸들 조작은 도프시트 오른쪽 **사이드바**(N키) → **F-커브** 탭 → **활성 키 프** **레임** 패널에서 세세하게 조정할 수 있습니다. 키 프레임은 가운데 점의 위치에 있으며, 오른쪽 핸들과 왼쪽 핸들은 문자 그대로 좌우의 점을 의미합니다. 점을 선택하고 조작하는 것이 어려울 때는 이 수치를 마우스 좌클릭 해 간단하게 조정할 수 있습니다. 뒤에서 수행하는 캐릭터 애니메이션에서는 이 메뉴에서 수 치 입력을 통해 움직임을 세세하게 조정하지만, 공 애니메이션에서는 커브의 형 태나 시점을 조정하는 연습을 하기 위해 의도적으로 수동으로 그래프 에디터를 간단하게 조작합니다.

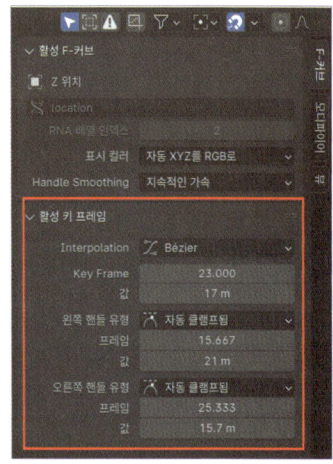

Column

핸들이 표시되지 않을 때는

핸들이 표시되지 않을 때는 설정에서 핸들을 숨긴 상태일 가능 성이 있습니다. 그래프 에디트 위쪽 헤더의 **뷰 → 핸들을 표시** (**Ctrl+H키**) 항목을 활성화합니다.

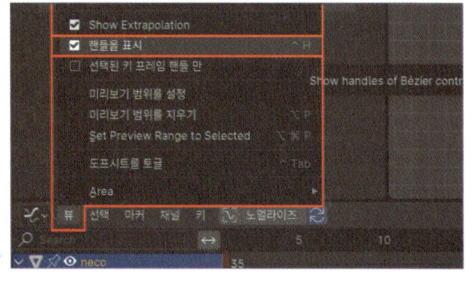

---

08 **공 위치 조정하기 1**

Step

핸들을 사용해 키 프레임 사이의 움직임을 조 정합니다. **1**번째 프레임에서 **23**번째 프레임 의 움직임을 확인하면 공이 공중에 떠있거나, 바닥에 파묻힌 상태가 됩니다. 이 부자연스러운 움직임을 핸 들을 사용해 수정합니다. 현재 프레임을 **16**번째 프레 임으로 이동한 뒤, 그래프 에디터에서 **23**번째 프레임 의 왼쪽 핸들을 선택합니다. 공기 바닥에 붙었다면 마 우스 왼쪽 버튼을 떼고 조작을 확인합니다(**G키**를 사용 했을 때는 마우스 좌클릭 해 결정). 이렇게 2개의 화면을 보 면서 수정하는 것이 그래프 에디터의 기본 조작입니다.

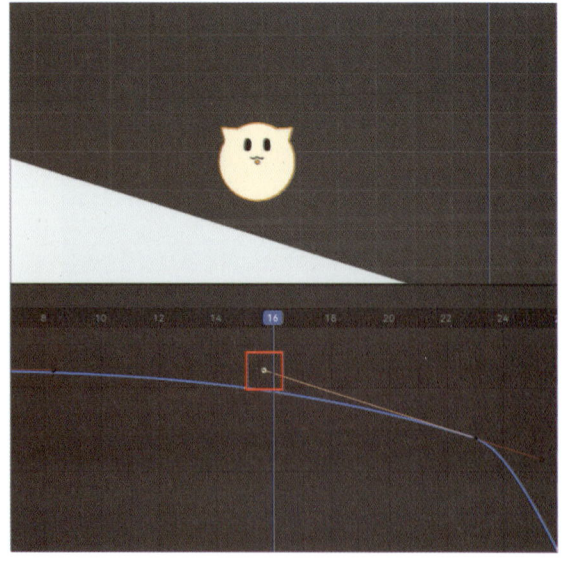

09 공 위치 조정하기 2

그런 다음 왼쪽 드래그(또는 **G키**를 눌러 이동)를 하고 왼쪽 핸들을 움직입니다. 그러면 그래프 편집기의 커브가 핸들의 기울기에 따라 변형되어 3D 뷰포트에서 볼의 움직임에도 영향을 줍니다. 볼이 바닥에 접지되면 마우스 왼쪽 버튼을 놓고 조작을 확인합니다 (**G키**의 경우 왼쪽 클릭으로 결정). 이와 같이, 두 개의 화면을 보면서 수정해 가는 것이 그래프 에디터의 기본 조작이 됩니다.

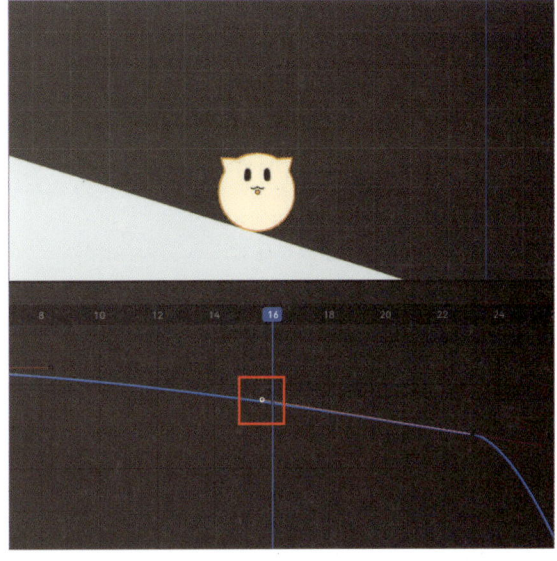

10 그래프 에디터의 X 위치 확인하기

X 위치의 커브를 확인해 봅니다. 그래프 에디터의 왼쪽에 있는 채널에서 **X 위치**를 클릭하면 빨간색 커브가 표시됩니다. 이 X축의 커브는 2개의 키 프레임만으로 구성되어 있기 때문에 부드러운 커브를 그리고 있는 것을 알 수 있습니다. 하지만 키 프레임이 늘어날 수록 이 커브가 딱딱하게 되고 움직임이 자연스럽지 않게 되는 경우가 있습니다. 그렇기 때문에 애니메이션을 만들 때는 **최소한의 키 프레임 수에서 시작하는 것**이 좋습니다. 환인을 마쳤다면, 채널에서 다시 **Z 위치**를 선택합시다.

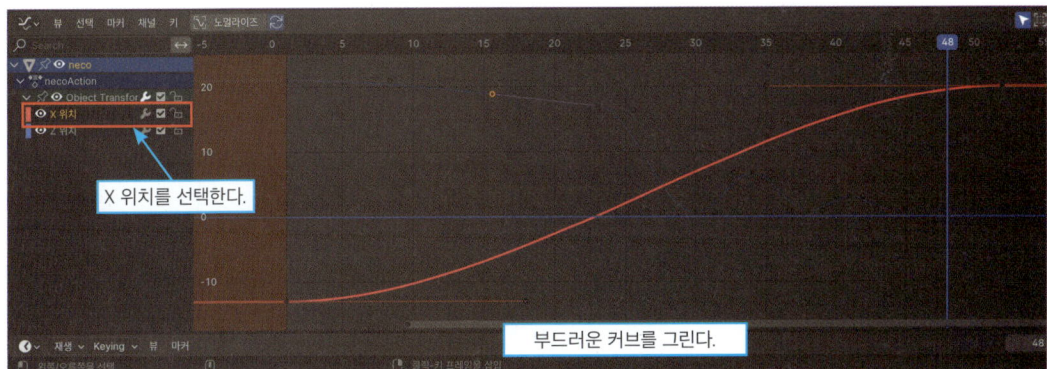

이징easing

이징은 애니메이션을 자연스럽게 보이도록 하기 위한 중요한 기법의 하나로, 움직임의 속도에 변화 더하는 것이 있습니다. 아래 그림의 ❶, ❷, ❸을 확인해 봅시다. 물체의 궤적과 움직이는 시간은 같지만 ❷는 점점 움직임이 빨라지고, ❸은 움직임이 점점 느려집니다. 이렇게 움직임의 시작과 끝에 속도의 변화를 줌으로써 움직임에 리듬이 생겨납니다. 이 기법을 **이징**이라 부릅니다. 기본적으로 어떤 물체이든 갑자기 멈추거나 움직이지 않습니다. 일반적으로 점점 속도가 늘어나거나 점점 속도가 줄어듭니다. 이 움직임의 특징은 **관성의 법칙**에 기반하고 있으며 이징은 이 법칙에 따르는 기법이라고 이해하면 좋을 것입니다. 그리고 **이징**은 **슬로우 인/슬로우 아웃**이라 불리기도 합니다.

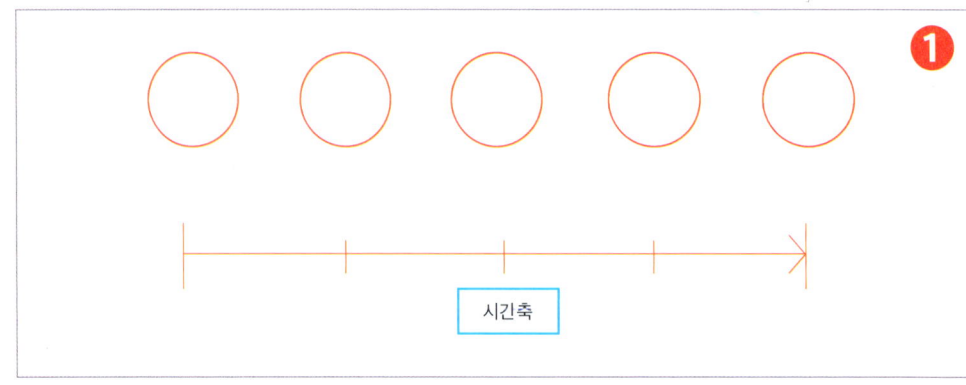

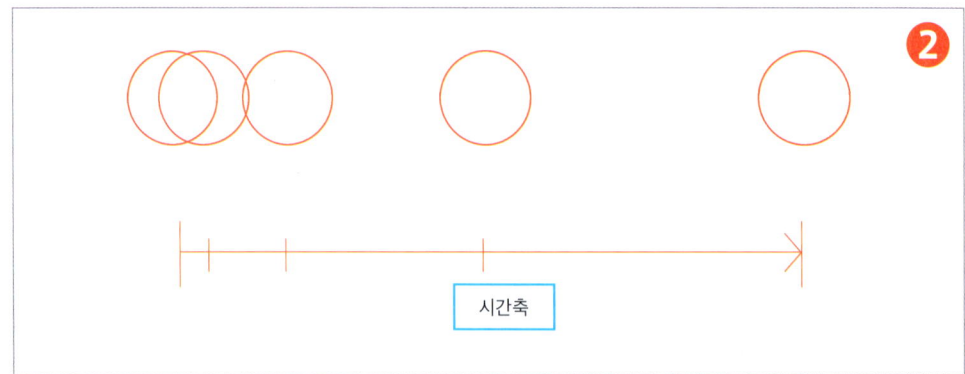

커브의 형태는 아래와 같습니다. ④는 이징을 적용하지 않은 경우입니다. 커브는 직선이 되고, 움직임이 밑은 속도가 됩니다. ⑤의 커브는 곡선이 점점 강해지므로 움직임의 속도가 점점 빨라집니다. 반대로 ⑥의 커브는 곡선이 점점 완만하게 되므로 움직임의 속도가 점점 느려집니다. 이 가속과 감속을 조합하면 ⑦의 커브가 됩니다.

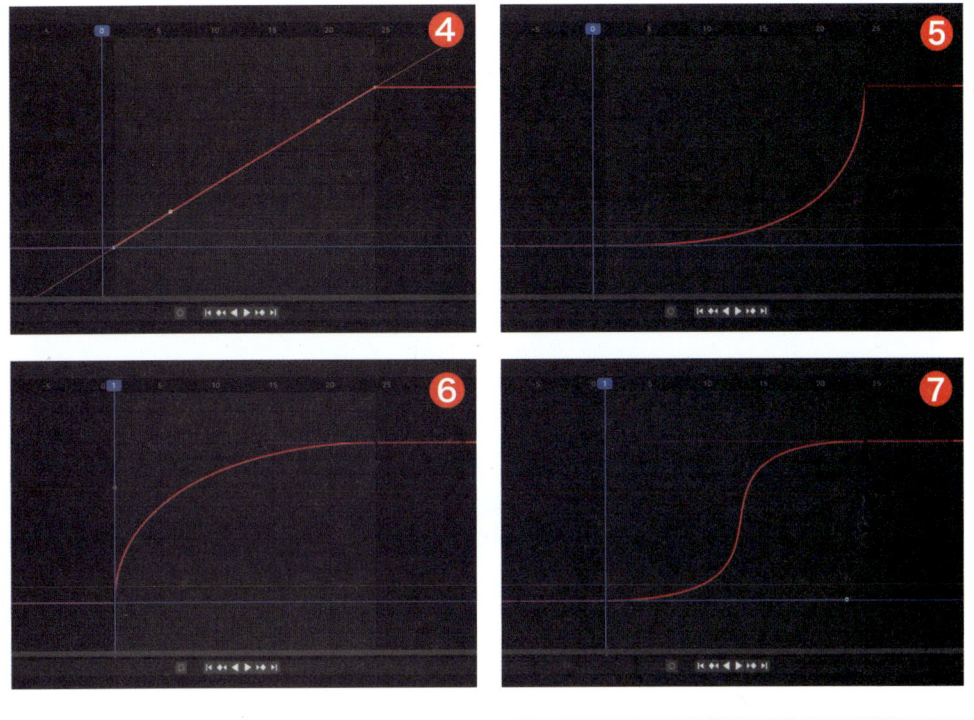

1-6 그래프 에디터로 움직임을 조정하자 2

다음은 공의 바운드를 수정합니다. 현재 상태에서는 공이 바운드 하는 것처럼 보이지 않으므로 그래프 에디터에서 핸들 설정을 조정합니다.

01 Z축 선택 및 프레임 이동하기

Step

그래프 에디터 왼쪽에 있는 채널에서 **Z 위치**(**높이**)를 클릭하고, Z축의 커브를 표시합니다 ①. 다음으로 30번째 프레임으로 이동하고②, 이 프레임에 있는 핸들을 조정합니다. 기본 설정에서는 좌우 핸들을 움직이면 반대쪽의 점이 반대 방향으로 움직이게 됩니다. 부드러운 곡선을 그리고 싶을 때는 문제가 없지만, 공의 바운드를 표현할 때는 직선적인 커브를 만듦으로써 보다 자연스러운 움직임을 표현할 수 있습니다. 이를 위해 핸들 설정을 변경합니다.

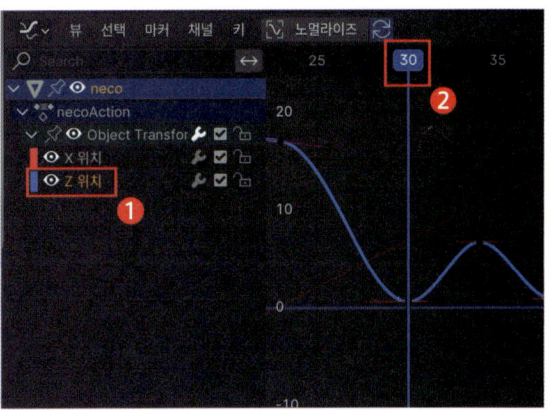

02 핸들 유형 변경하기

Step ❶ **30**번째 프레임에 있는 핸들 가운데 점을 선택하고 마우스 우클릭 해 메뉴를 표시합니다. 커브 설정 관련 항목이 몇 가지 표시됩니다. 그 안에서 **핸들 유형**(V키) → **벡터**를 클릭합니다(그래프 에디터 헤더의 **키** → **핸들 유형**에서 설정할 수도 있습니다). 가운데 점을 선택하지 않으면 왼쪽 점이 동시에 적용되지 않으므로 주의합니다.

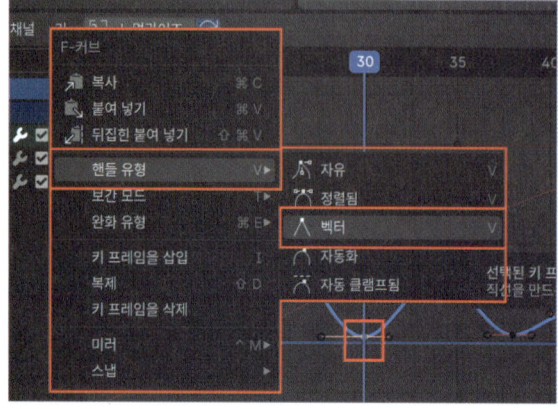

❷ 핸들 방향이 바뀌고 커브가 직선이 됩니다. **벡터**는 핸들을 직선 형태로 만들 수 있는 기능입니다. 기본값으로 되돌아가고 싶을 때는 마우스 우클릭 → **핸들 유형**(V키) → **자동 클램프됨**을 선택합니다.

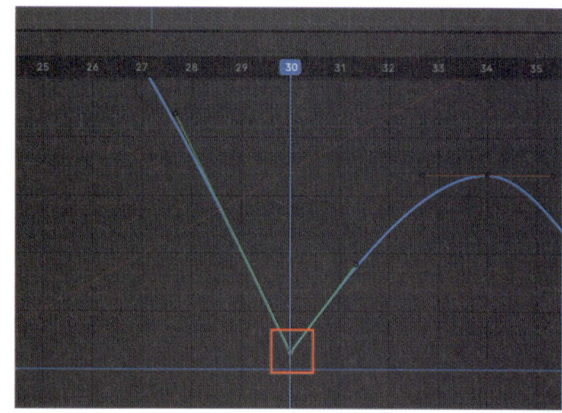

03 여러 핸들 유형 변형하기

Step 같은 조작을 다른 키 프레임에서도 수행합니다. 여러 핸들을 선택한 뒤 한 번에 핸들 유형을 변경합니다. **38**번째 프레임과 **44**번째 프레임에 있는 핸들들의 가운데 점을 **Shift키**를 눌러 선택하고, 마우스 우클릭 → **핸들 유형**(V키) → **벡터**를 클릭합니다.

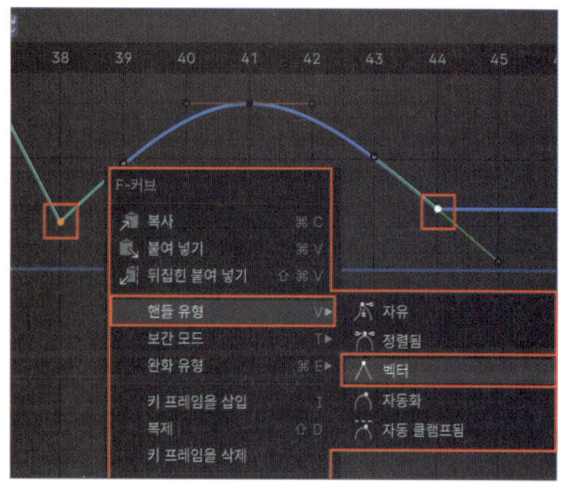

04 곡선 수정 방법

Step

곡선 수정 방법을 소개합니다. **30**번째 프레임의 오른쪽 핸들, **38**번째 프레임의 왼쪽 핸들을 함께 선택합니다. 다음으로 축적의 단축키인 **S키**를 누르면 2개 핸들의 중앙을 기점으로 핸들을 조정할 수 있습니다. 그 밖에, 핸들의 가운데 점을 선택하고 축적(**S키**)를 누르면 포물선을 조정할 수 있으므로 원하는 대로 조정합니다. 단, 곡선은 가능한 좌우 대칭인 포물선을 그리도록 합니다. 좌우 대칭의 포물선이 아니면 움직임이 부자연스럽게 됩니다.

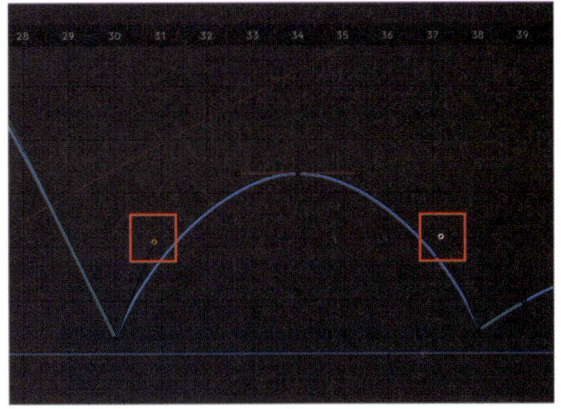

Column

운동 곡선에 관해

현실에서의 자연스러운 움직임의 궤적의 대부분은 곡선(**운동 곡선**)을 그리며, 공의 바운드 궤적 역시 곡선입니다. 이 '곡선'을 생각함으로써 애니메이션에서도 현실에 가까운 움직임으로 만들 수 있습니다. 곡선을 생각한 움직임은 아름다움과 부드러움으로도 이어지는 경우가 많습니다.

Column

핸들 유형에 관해

핸들 유형은 5가지가 있습니다. 이들의 차이에 관해 설명합니다. 만드는 애니메이션에 맞춰 핸들 유형(단축키는 V키)을 선택합니다.

자유

핸들의 3개 점을 자유롭게 움직일 수 있는 유형입니다. 핸들 방향이나 길이를 독립적으로 조정할 수 있어 움직임을 세세하게 제어하고자 할 때 적합합니다.

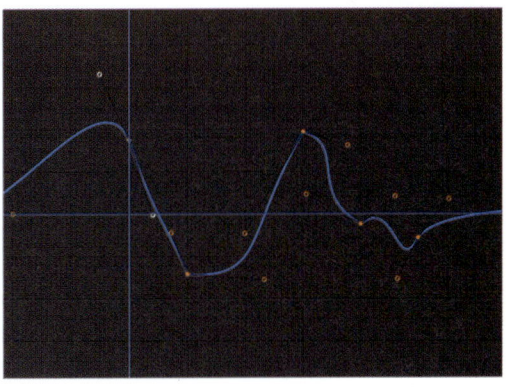

정렬됨

핸들이 자동으로 직선으로 정렬됩니다. 하나의 핸들을
움직이면 반대쪽 핸들도 함께 움직여 매끄러운 커브가
만들어 집니다.

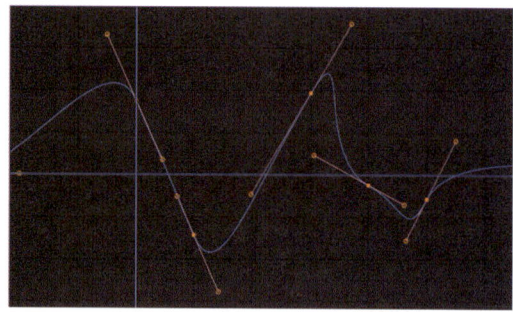

벡터

핸들이 직선으로 배치되고 직선적인 보간을 만듭니다.
직선적인 이동이나 갑작스러운 움직임의 변화를 표현할
때 적합합니다.

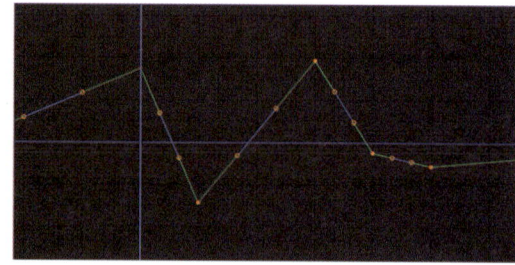

자동화

자동으로 매끄러운 커브를 만드는 유형입니다. 핸들은
수동으로 조정할 수 없지만, 자연스러운 보간을 만들어
냅니다. 매끄러운 보간을 간단하게 설정하고 싶을 때 적
합합니다.

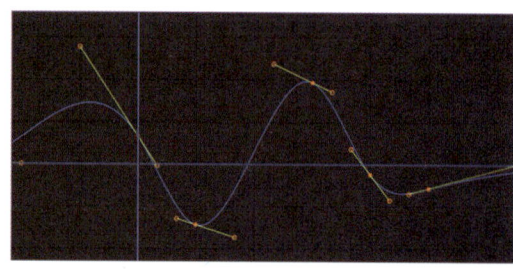

자동 클리핑됨

이 유형도 자동으로 매끄러운 커버를 만듭니다. 하지만
'자동화' 유형보다 커브가 강해지지 않도록 제한합니다.
인접한 키 프레임 사이에서 안정된 움직임을 유지하고
싶을 때 사용합니다.

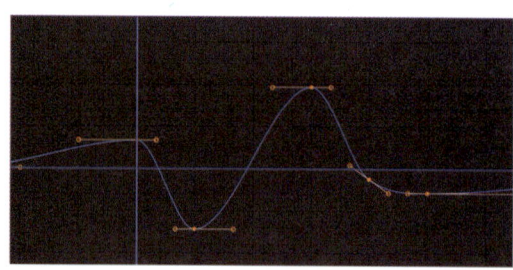

1-7 공을 회전시키자

좌우의 X 위치와 상하의 Z 위치를 조정했으므로 이제 공을 회전시킵니다.

01 회전 Y의 수치 필드에 키 프레임 삽입하기

Step

먼저 **1**번째 프레임으로 이동해 3D 뷰포트의 **사이드바**(**N키**) → **항목** 탭 → **변환** 패널에서 회전 Y의 수치 필드를 마우스 우클릭 합니다. 메뉴 안에 있는 **싱글 키 프레임을 삽입**을 클릭하면 회전 Y에 키 프레임이 삽입됩니다.

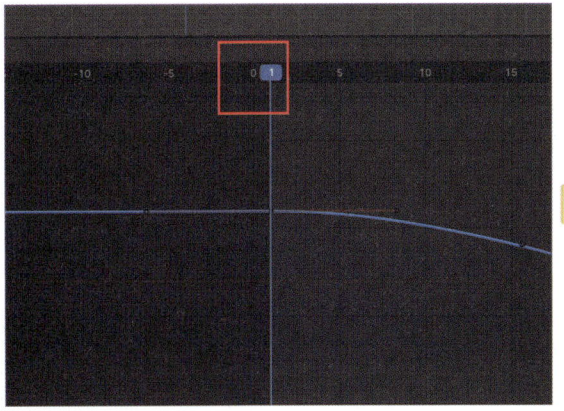
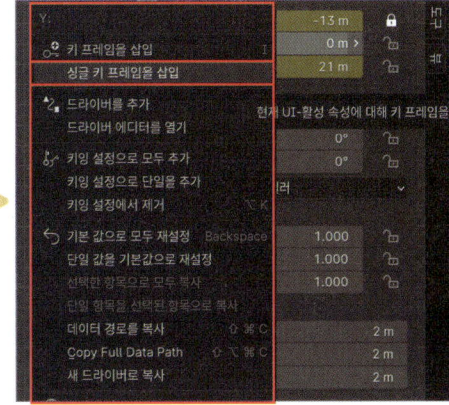

02 회전 Y 수치 필드에 수치 입력하기

Step

52 번째 프레임으로 이동해 **사이드바**(**N키**) → **항목** 탭 → **변환** 패널에서 회전 Y의 수치 필드에 **360**을 입력합니다. 일단 **Space키**를 눌러 애니메이션을 재생하면 공이 회전하면서 바운드 하게 됩니다(정지할 때는 다시 **Space키**를 누릅니다).

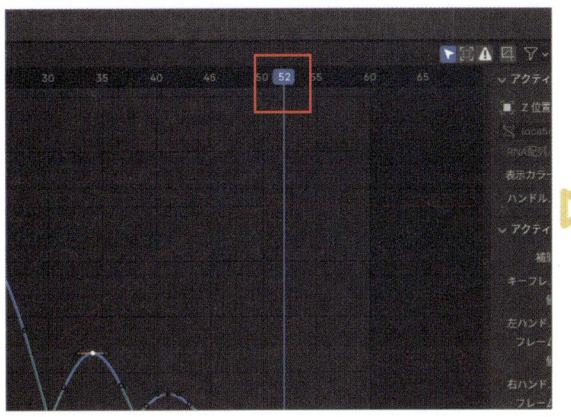
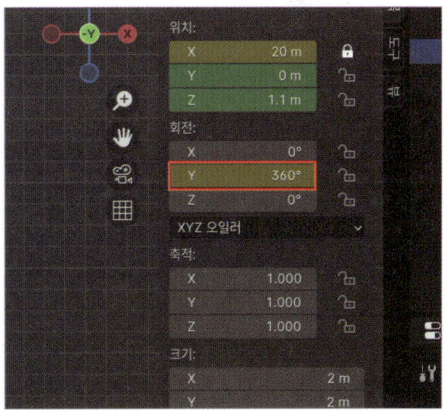

'노멀라이즈'에 관해

그래프 에디터 왼쪽 위의 **노멀라이즈**를 활성화하면 모든 커브의 변형값이 -1에서 1까지의 범위 안에 표시됩니다. 이를 활용하면 애니메이션의 움직임은 변하지 않지만, 다른 변형의 범위를 가진 커브끼리 쉽게 편집할 수 있게 됩니다. 특히 커브 수가 늘어나 복잡하게 되었을 때는 이 기능을 사용하면 작업을 원활하게 진행할 수 있습니다.

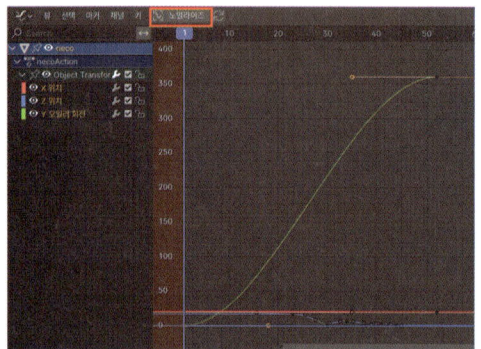 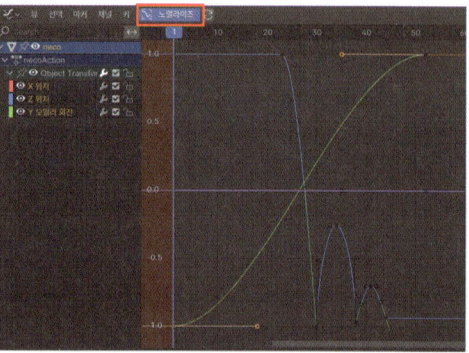

03 모션 경로 선택하기

Step 다음으로 **모션 경로** 기능을 사용해 움직임을 확인합니다. **모션 경로**는 오브젝트나 본의 움직임의 궤적을 시각화 하는 기능입니다. 애니메이션의 움직임을 파악하는 데 편리합니다. 이 기능을 사용하려면 대상 오브젝트 또는 본을 선택해야만 합니다. 먼저 **오브젝트 모드**에서 공을 선택합니다❶. 다음으로 프로퍼티스 → **오브젝트 프로퍼티스**를 클릭합니다.

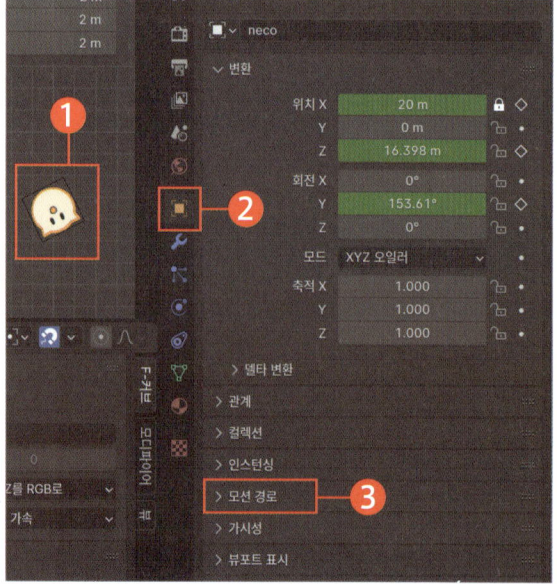

04 모션 경로 설정하기

Step

모션 경로 관련 설정을 합니다. **경로 유형**은 기본값인 **범위에서❶**를 선택합니다. Calculation Range는 **Scene Frame Range❷**로 설정합니다. 이렇게 설정하면 대상 오브젝트의 모든 프레임의 움직임에 모션 경로를 적용할 수 있게 됩니다. 설정을 마쳤다면 아래쪽에 있는 **계산...❸**을 클릭합니다.

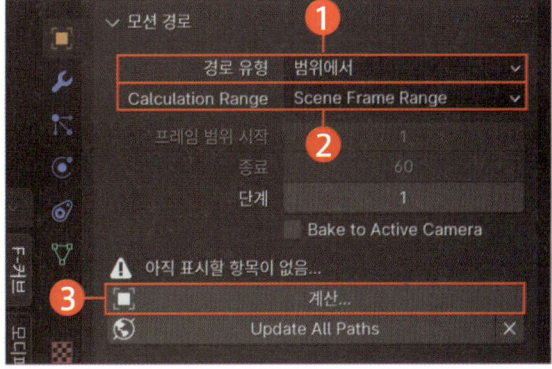

모션 경로 설정 메뉴가 표시됩니다. 이 항목들은 앞에서 설정을 마쳤으므로 **OK**를 클릭합니다❹. 그러면 3D 뷰포트 위에 하늘색 궤적(모션 경로)가 만들어지고, 오브젝트의 동작을 시각적으로 확인할 수 있습니다.

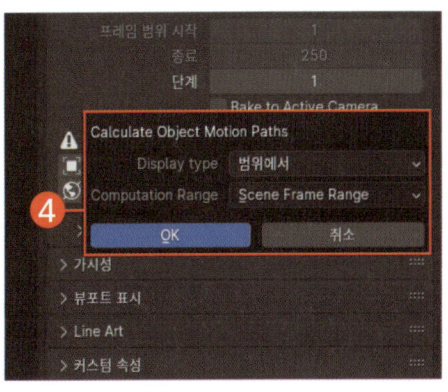

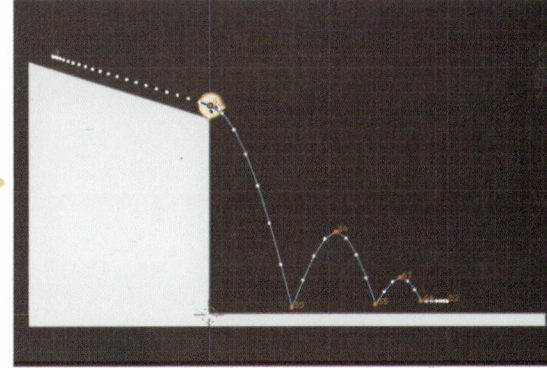

05 모션 경로 확인하기

Step

모션 경로에는 작은 흰색 점이 표시됩니다 이 점은 공의 위치를 표시합니다. 점의 간격이 넓을수록 공은 빠르게 움직이고, 점의 간격이 좁을수록 공은 천천히 움직이는 것을 알 수 있습니다. 이번과 같이 **오브젝트 모드**에서 키 프레임을 삽입한 경우, 모션 경로를 공의 중앙에 있는 오브젝트의 원점이 통과하는 위치에 표시됩니다. 주황색 점에 잇는 숫자❶는 키프레임이 설정되어 있는 위치와 그 프레임 번호를 나타내며, 흰색 점❷은 키 프레임이 설정되지 않는 프레임을 나타냅니다.

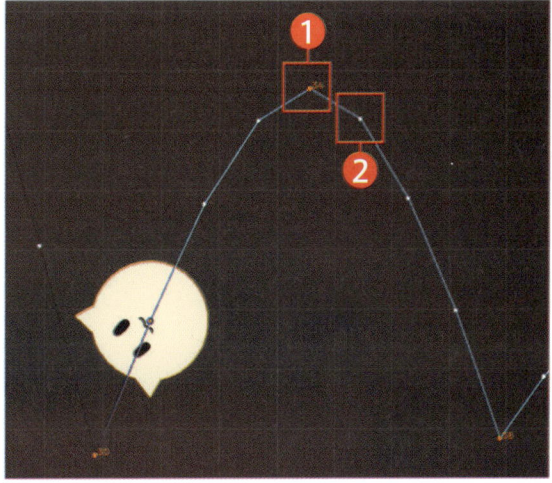

06 모션 경로 업데이트 및 삭제하기

Step

프로퍼티스 → **오브젝트 데이터 프로퍼티스** →
모션 경로 안에 있는 **Update Path**를 클릭하
면, 선택한 오브젝트의 모션 경로가 업데이트 됩니다.
모든 모션 경로를 업데이트 하고 싶을 때는 **Update All
Paths**를 클릭합니다. 3D 뷰포트 위에서의 업데이트는
자동으로 반영되지만, 수동 입력이나 그래프 에디터에
서의 변경은 자동 변경되지 않습니다. 그 때는 수동으로
업데이트해야 합니다.

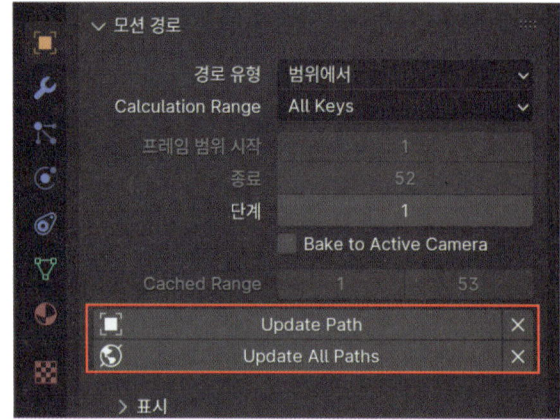

07 궤적 확인하기

Step

움직임의 궤적에 문제가 없는지 확인합니다. 기본적으로 이 책의 순서대로 진행했다면 ❶과 같이 포물선을 그리는
공의 바운드가 표현될 것입니다. 궤적이 ❷와 같이 울퉁불퉁할 때는 그래프 에디터에서 수정해야 합니다.

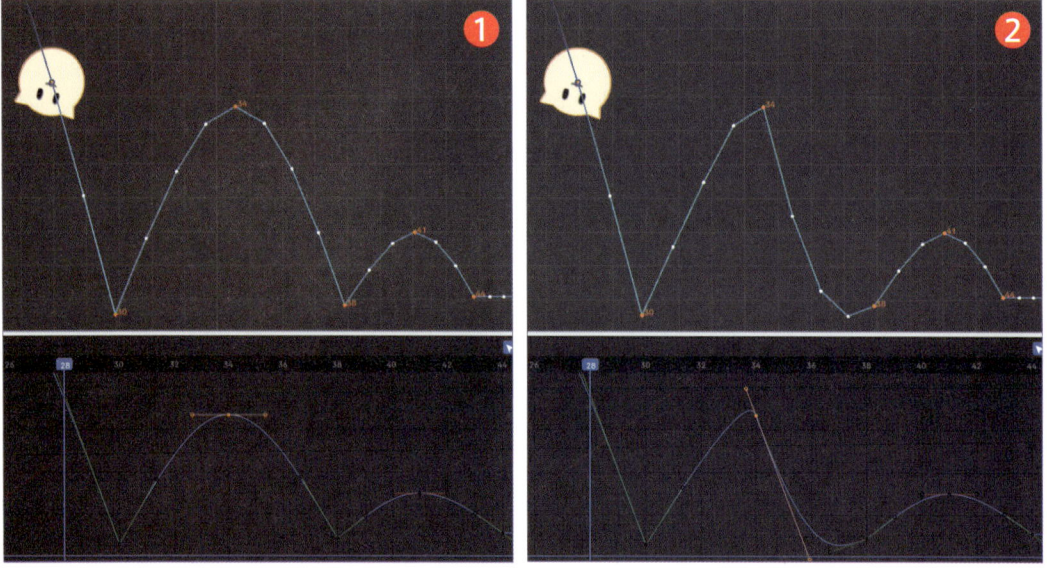

그래프 에디터 위에서 핸들을 조작한 뒤 **원래대로 되돌리고** 싶을 때는 대상 핸들을 선택하고 그래프 에디터에서 **마우스 우클릭 → 스냅 → 평평한 핸들**을 사용해 조정할 수 있습니다.

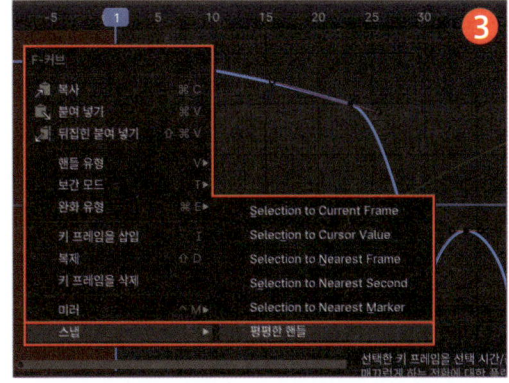

좌우 핸들을 좌우 대칭으로 되돌리고 싶을 때는 대상 핸들을 선택하고 **마우스 우클릭 → 핸들 유형(V키) → 자동 클램프됨**(**자동으로 커브를 부드럽게 만드는 기능**)을 선택합니다. 이 조작들을 참고해 포물선을 그리듯 수정합니다. 그리고 지면에 충돌할 때의 튀어 오름을 표현하려면 **핸들 유형(V키)**를 벡터로 설정하는 것이 좋습니다④.

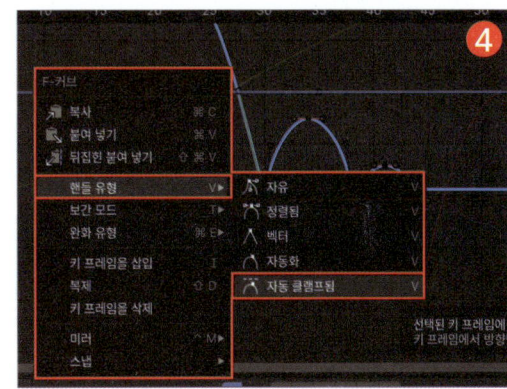

08 커브를 키프레임화 하기

Step

다음으로 이 커브를 키프레임화 하고 공의 애니메이션을 세세하게 수정합니다. 커브를 키프레임화 하는 조작은 몇 가지가 있습니다. 여기에서는 도프시트 위에서 수행하는 방법을 설명합니다. 왼쪽 위 에디터 유형에서 **도프시트**를 선택하거나 그래프 에디터 위에서 **Ctrl+TaB키**를 눌러 도프시트로 이동합니다①. 다음으로 도프시트 위에서 모두 선택의 단축키인 **A키**를 누릅니다. 계속해서 도프시트의 헤더에 있는 **키 → Bake keyframes(Shift+Alt+Q키)**를 선택합니다②.

※ 이 조작은 취소할 수 없으므로, 사전에 블렌더 파일을 다른 이름으로 저장해 둘 것을 권장합니다.

Next Page

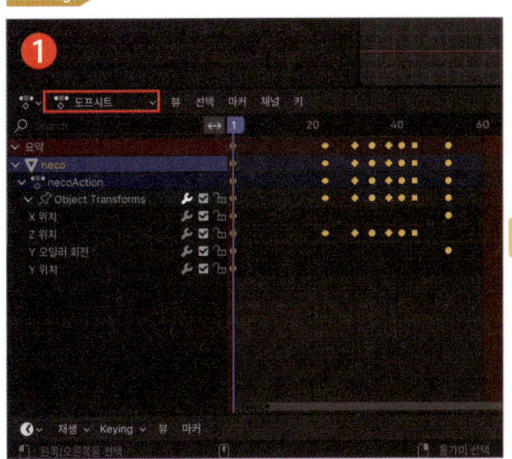

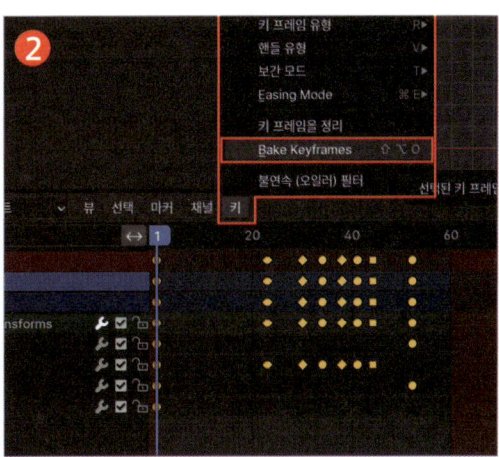

그러면 키 프레임 사이에 하늘색의 작은 키 프레임이
삽입됩니다. 이것은 **Bake keyframes**를 실행했을 때
만들어지는 키프레임 유형입니다. 보통의 키 프레임과
마찬가지로 **이동(G키)**, **삭제(X키)**, 수치 조정 등을 할
수 있습니다.

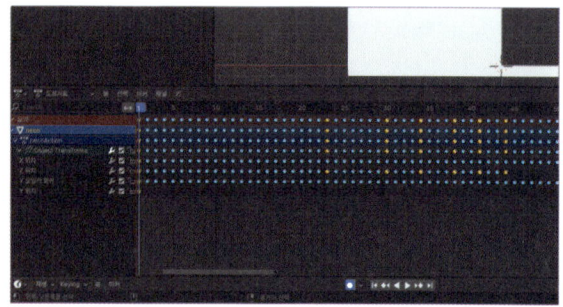

09 프레임 조정하기

Step

커브를 키프레임화 함으로써 공의 움직임을 세세하게 조정할 수 있게 되었으므로 공의 바운드를 수정합니다. 여
기에서는 공이 지면에 착지하는 순간의 Y 회전 값을 **0**으로 설정합니다. 이를 통해 뒤에 일어나는 공의 변형이 원
활하게 됩니다. **30**번째 프레임으로 이동해❶ **사이드바(N키)** → **항목** 탭 → **변환** 패널에서 Y 회전의 값에 **0**을 입력합니다❷.
38번째 프레임에도 동일한 조작을 합니다❸. 그리고 **44**번째 프레임도 공이 지면에 착지하는 순간이지만 돌아가는 움직임
을 보여줄 것이므로 여기의 회전값은 변경하지 않습니다.

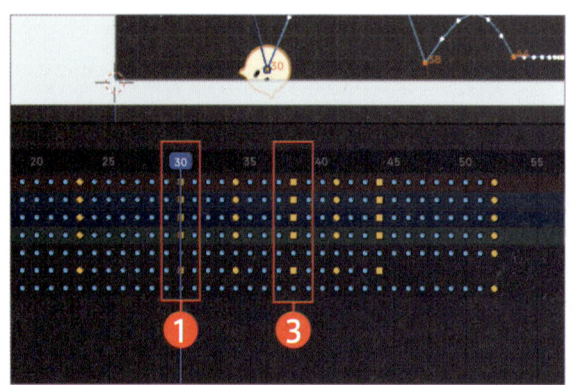
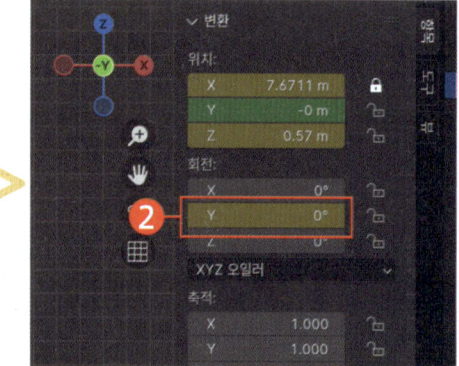

10 모션 경로 변경하기

Step

커브를 키프레임화 한 뒤 모션 경로를 변경합
니다. 프로퍼티스 → **오브젝트 프로퍼티스** →
모션 경로 패널 안에 있는 **Update Path**를 클릭합니
다.

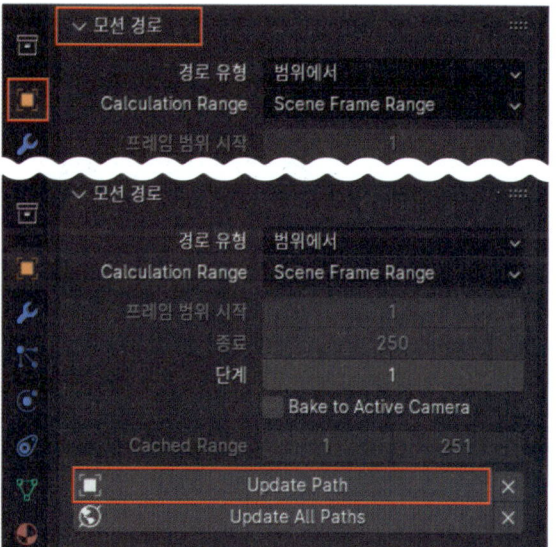

1-8 공의 부드러움을 표현하자

다음은 **수축과 팽창**이라는 기법을 사용해 공이 가진 부드러움이나 무게를 표현합니다. 이 **수축과 팽창**은 디즈니에서 고안한 **애니메이션 12 원칙**(https://www.clipstudio.net/kr/animation/12-principles/)의 하나로 움직임에 따라 수축 및 팽창시키는 기법입니다. **곡선**(운동 곡선)을 그리듯 움직임으로써 자연스럽게 보이게 하는 기법도 이 12 원칙에 포함되어 있습니다.

🔲 수축과 팽창 유무 비교

아래 그림은 수축과 팽창을 적용하지 않았을 때❶와 적용했을 때❷를 비교한 것입니다. 딱딱한 물체라면 ❶과 같이 수축과 팽창을 하지 않아도 문제 없지만, 부드러운 물체일 때는 ❷와 같이 수축과 팽창을 함으로써 운동의 어색함이 사라지고 한층 물체의 부드러움을 전달할 수 있기 때문에, 움직임에 설득력이 높아집니다. 공이 지면에 부딪히는 순간에 조금 수축하고, 튀어 오를 때 팽창하는 움직임을 더함으로써 공이 탄력과 질감을 가지고 있는 것처럼 보이게 됩니다.

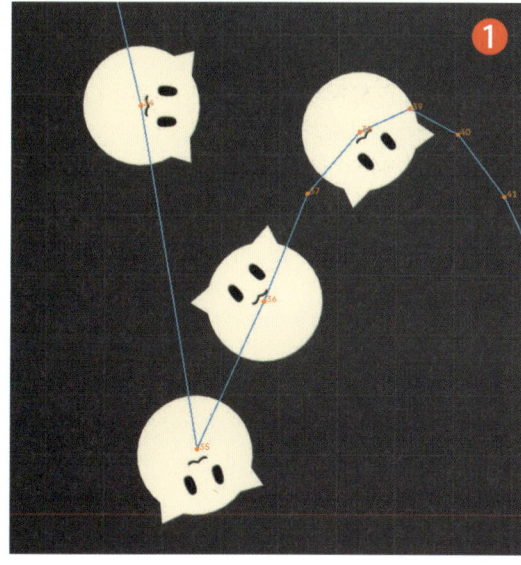

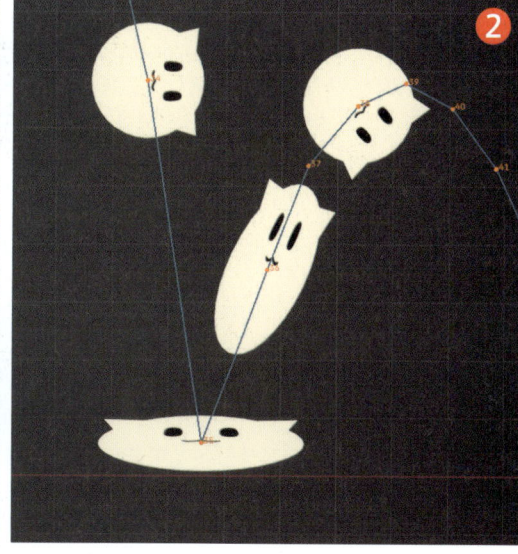

🔲 래티스에 관해

래티스lattice는 투명한 육면체 프레임 안에 들어가 있는 오브젝트를, 해당 프레임을 움직임으로써 자유자재로 손쉽게 변형하는 기능입니다. 그림으로 설명하면 오브젝트 바깥쪽에 래티스가 있고❶, 이 프레임 안에 있는 오브젝트는 래티스의 움직임에 맞춰 변형되는 구조입니다❷. 래티스는 오브젝트를 직접 편집하지 않고 변형할 수 있기 때문에 애니메이션을 만들 때 자주 사용합니다.

 Next Page ▶

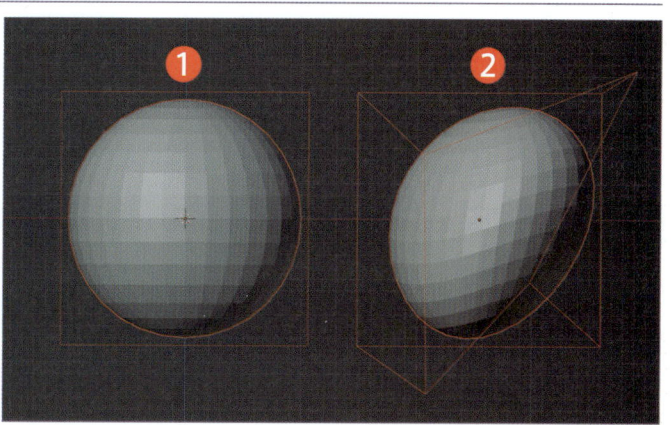

다음으로 래티스 적용 방법을 소개합니다. 프로퍼티스 → **모디파이어 프로퍼티스** → **변형** → **래티스**를 추가하고, 모디파이어 안에 있는 오브젝트에서 대상 래티스를 지정합니다. 그 뒤 3D 뷰포트 위에서 **래티스(자식)**을 선택한 뒤 **오브젝트(부모)** 순서로 부모(Ctrl+P키)를 설정하고 메뉴 안에서 **오브젝트**를 선택해 래티스를 적용할 수 있습니다. 이 책에서 다루는 공에는 이 순서로 래티스를 적용해 두었습니다.

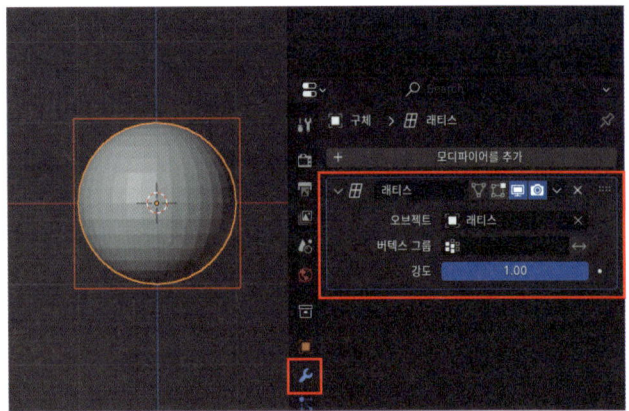

Column

모디파이어란

모디파이어modifier는 소스 오브젝트의 형태를 유지한 채 다양한 변형을 더할 수 있는 기능입니다. 모디파이어를 사용하려면 먼저 **오브젝트 모드**에서 변형할 오브젝트를 선택합니다. 다음으로 화면 오른쪽 프로퍼티스 → **모디파이어 프로퍼티스(스패너 아이콘)**을 클릭하고, **모디파이어 추가** 버튼을 누릅니다. 여기에서 사용할 모디파이어 목록에서 선택합니다(**래티스**도 모디파이어의 하나입니다). 모디파이어를 적용할 때는 모디파이어 오른쪽 위에 있는 화살표 모양 아이콘을 클릭하고 **적용**을 선택합니다. 이제 오브젝트는 모디파이어에 의해 변형된 상태가 확정되고 모디파이어는 삭제됩니다. 한 번 적용한 모디파이어는 원래대로 되돌릴 수 없으므로 주의합니다. 그리고 모디파이어를 삭제할 때는 오른쪽 위의 **X 버튼**을 누르기만 하면 됩니다.

◻ '수축과 팽창'을 하자

01 래티스 표시하기
Step

공에 적용되어 있는 래티스를 표시합니다. 오른쪽 위 아웃라이너의 **neco** 오브젝트 왼쪽에 있는 오른쪽 방향 화살표를 클릭하면 계층이 열립니다. 이 안에 있는 **lattice**의 눈동자 모양 아이콘을 클릭해 표시하면, 3D 뷰포트 위에 래티스(투명한 육면체)가 표시됩니다.

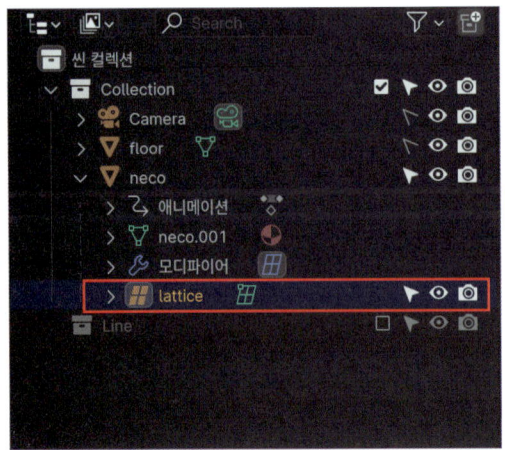

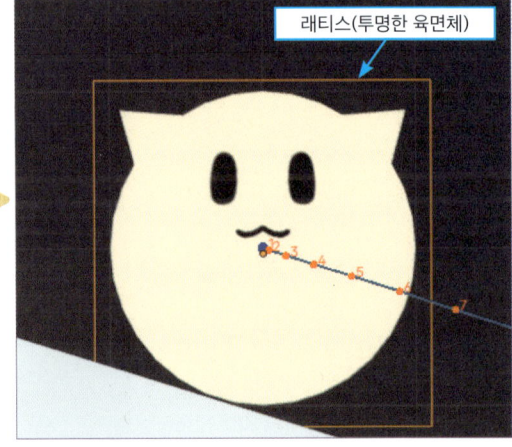

래티스(투명한 육면체)

02 프레임 이동과 데이터 프로퍼티스 설정하기

Step

30번째 프레임으로 이동해 오른쪽 위 아웃라이너에서 **lattice**를 선택합니다❶. 또는 3D 뷰포트에서 공을 감싸고 있는 래티스를 선택해도 좋습니다. 다음으로 프로퍼티스 → **오브젝트 데이터 프로퍼티스**를 클릭합니다❷. 이 안에 있는 **셰이프 키** 패널을 클릭하면 수치 목록이 표시됩니다❸. 이것은 셰이프 키라는 버텍스의 이동을 기록하는 기능입니다. Base 라는 오리지널 메쉬를 소스로, 셰이프 키를 점점 추가해 변형을 기록합니다. 오른쪽 위 **+ 버튼**을 클릭하면 셰이프 키가 추가, **- 버튼**을 클릭하면 셰이프 키가 삭제됩니다. 이 기능은 주로 캐릭터의 표정을 만들거나 다양한 변형을 기록할 때 사용합니다. 여기에서는 미리 변형을 기록한 셰이프 키를 사용해 **수축과 팽창**을 표현합니다.

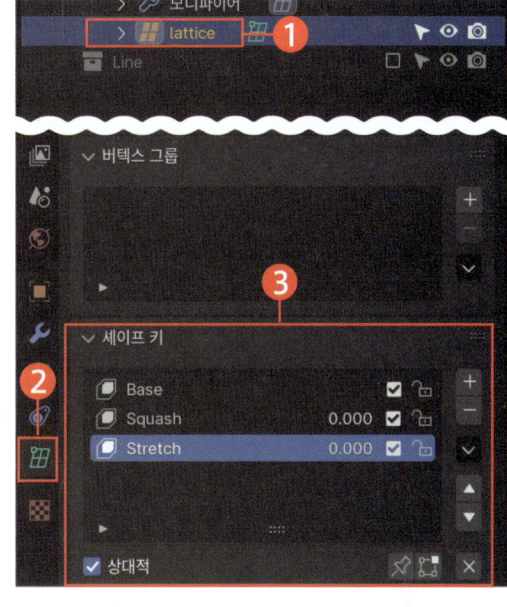

03 Squash (수축) 설정하기

Step

셰이프 키 패널 안에 있는 **Squash**(수축)의 수치를 마우스 좌클릭 하면 수치를 입력할 수 있습니다. 1 을 입력하면 공을 상하로 찌그러뜨릴 수 있습니다(또는 수치 필드를 마우스 좌클릭 상태에서 좌우로 드래그 해 조정할 수도 있습니다). 이제 지면에 부딪힌 충격으로 공이 위아래로 수축된 표현을 할 수 있게 되었습니다.

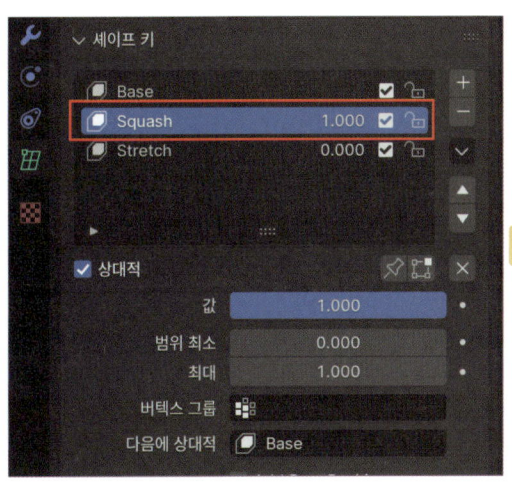

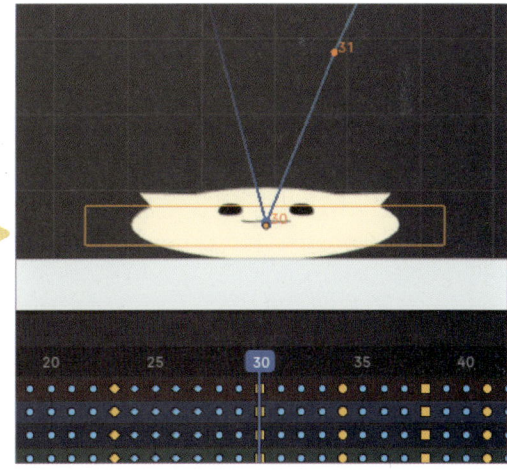

04 키 프레임 삽입하기

Step

30번째 프레임에 있는 것을 확인한 뒤 프로프티스의 셰이프 키 안에 있는 **Squash**(수축) 수치를 마우스 우클릭 합니다. 다음으로 메뉴에서 **키 프레임을 삽입**(I키)을 선택하면 수치 필드가 노란색으로 변하고, 키 프레임이 삽입됩니다. 도프시트를 확인하면 셰이프 키에 관련된 항목이 새롭게 채널 안에 추가되고 삽입한 키 프레임이 표시되는 것을 알 수 있습니다.

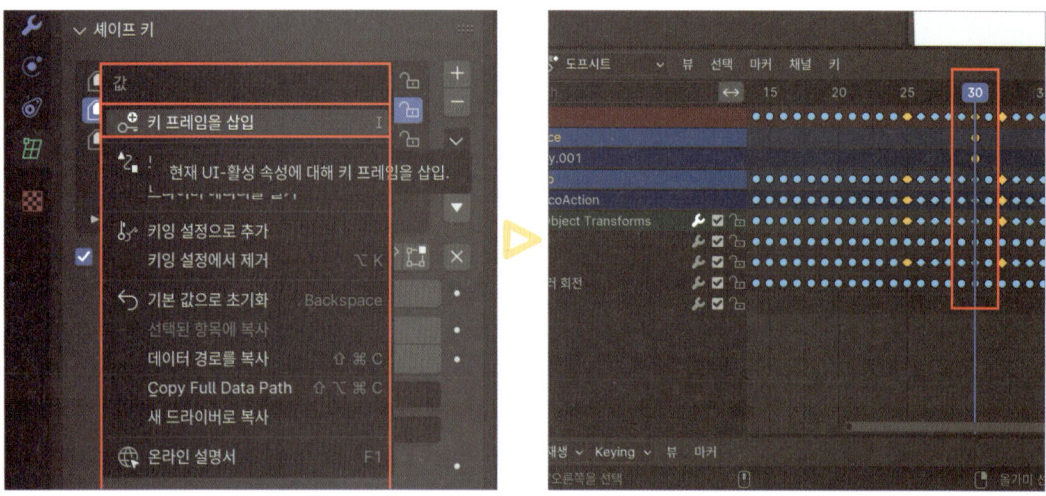

05 Squash(수축) 값 설정하기

Step

공이 찌그러진 채 애니메이션이 진행되지 않도록 필요한 위치에만 수축을 적용합니다. 공이 지면에 부딪히기 직전인 **29**번째 프레임으로 이동해 셰이프 키 패널에서 **Squash**(수축)의 값을 **0**으로 설정합니다(타임라인의 **자동 키잉**이 활성화 되어 있으므로 수치를 입력하면 키 프레임이 삽입됩니다).

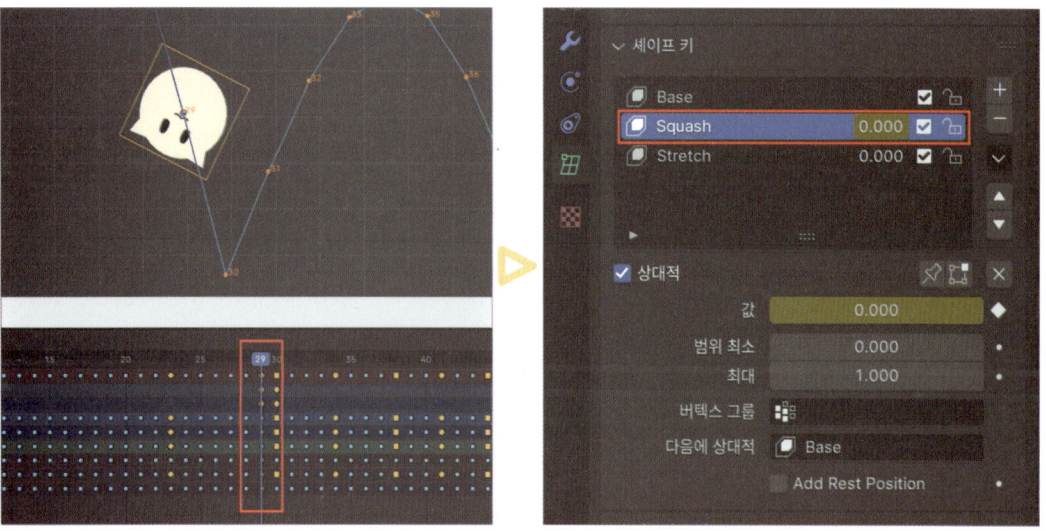

06
Step

30번째 프레임에 Stretch(팽창) 입력하기

다음으로 지면의 튀어 오름을 표현하기 위해 팽창을 수행합니다. 다른 움직임에 영향을 주지 않도록 설정합니다. **30번째** 프레임으로 이동해 **셰이프 키** 패널의 **Stretch**(팽창)에 **0**을 입력합니다. 그 뒤 수치 필드를 마우스 우클릭 해 메뉴를 표시하고 **키 프레임을 삽입**(I키)를 클릭합니다.

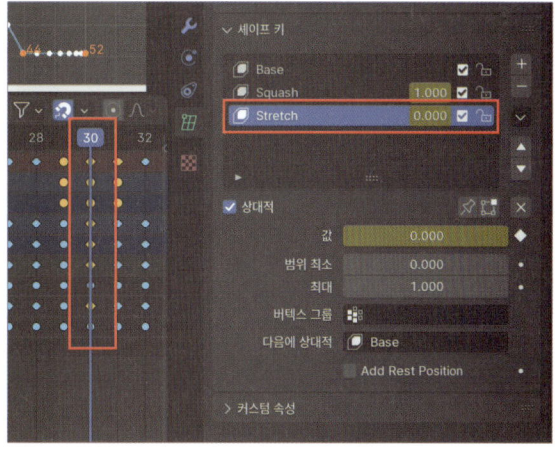

07
Step

31번째 프레임에 Squash(수축), Stretch(팽창) 입력하기

31번째 프레임으로 이동해 **Squash**(수축)에 **0**, **Stretch**(팽창)에 **0.5**를 입력합니다.

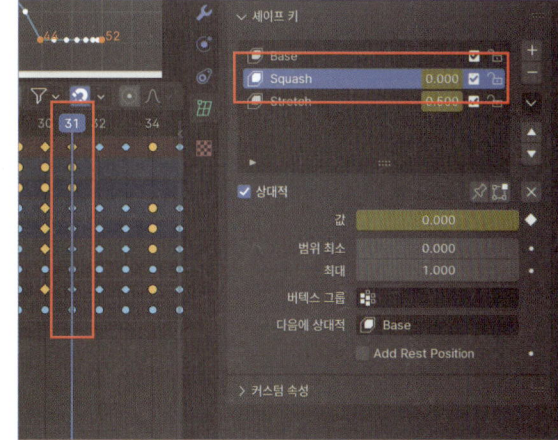

08
Step

오브젝트 회전하기

공이 이상한 방향을 향하고 있으므로 수정합니다. **31번째** 프레임에 있는 것을 확인한 뒤 **공 오브젝트를 선택하고**, **사이드바**(N키) → **항목** 탭 → **변환** 패널에서 회전 Y에 **384**를 입력합니다(이 수치가 잘 맞지 않는다면 직접 수치를 조정합니다). 이제 공이 궤도에 맞춰 늘어나게 되었습니다.

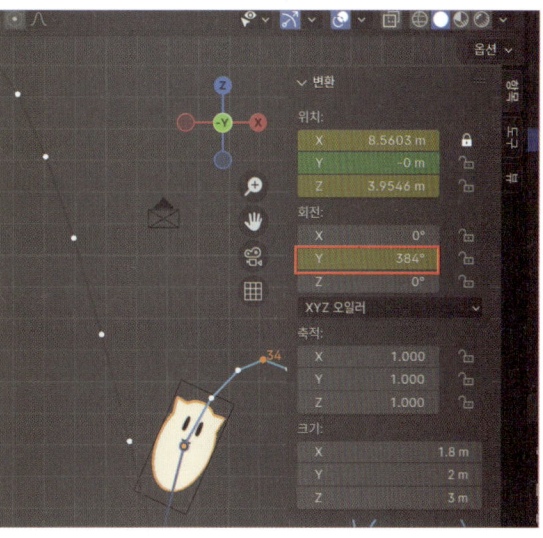

MEMO

회전을 하는 것은 어디까지나 공 오브젝트이며, lattice가 아닌 것에 주의해 주세요.

09 32번째 프레임에 Stretch(팽창) 입력하기

Step **32**번째 프레임으로 이동해 다시 래티스(투명한 육면체)를 선택합니다. **셰이프 키** 패널 안에서 **Stretch**(팽창) 값에 **0**을 입력합니다.

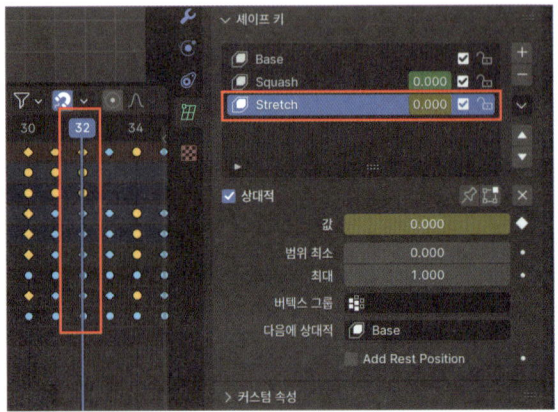

10 37번째 프레임에 키 프레임 삽입하기

Step **2**번째 지면 충돌과 튀어 오름에도 같은 조작을 합니다. **37**번째 프레임으로 이동해 **Squash**(수축) 수치 필드가 0으로 되어 있는 것을 확인했다면 **마우스 우클릭 → 키 프레임을 삽입**을 클릭합니다(수축이 다른 움직임에 영향을 주지 않도록 **0**으로 설정해야 합니다).

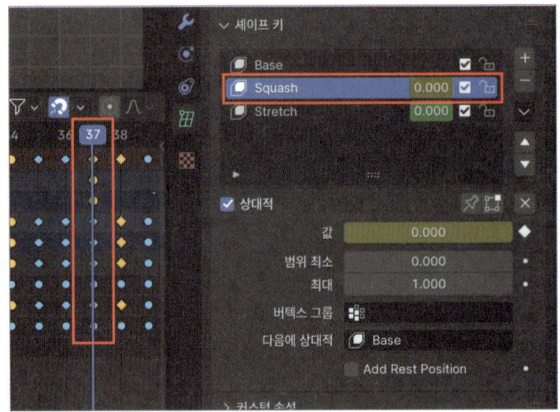

11 38번째 프레임에 키 프레임 삽입하기

Step **38**번째 프레임으로 이동해 Squash(수축) 수치 필드에 **0.5**를 입력합니다. 아래의 **Stretch**(팽창)은 **마우스 우클릭 → 키 프레임을 삽입**(I키)을 클릭하고 **0**인 키프레임을 삽입합니다(앞과 마찬가지로 팽창이 다른 움직임에 영향을 주지 않도록 키프레임을 삽입해야 합니다).

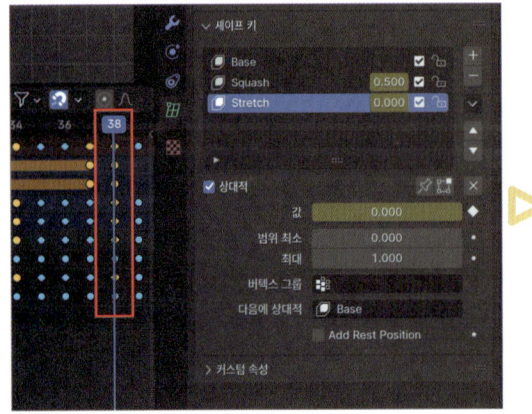

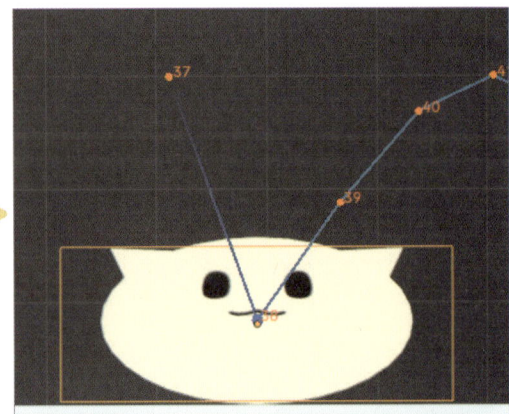

12 39번째 프레임에 Squash(수축), Stretch(팽창) 입력하기

Step

39번째 프레임으로 이동해 **Squash**(수축) 값에 **0**을 입력합니다. 아래의 **Stretch**(팽창) 값에 **0.3**을 입력합니다.

13 오브젝트 회전하기

Step

공의 방향을 수정합니다. 공을 선택하고 **사이드바**(N키) → **항목** 탭 → **변환** 패널에서 회전 Y에 **395**를 입력합니다(이 수치가 잘 맞지 않는다면 직접 수치를 조정합니다).

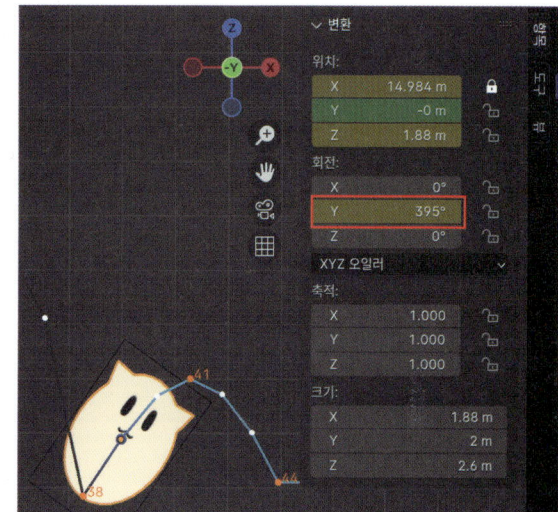

14 40번째 프레임에 키 프레임 삽입하기

Step

40번째 프레임으로 이동해 아래의 **Stretch**(팽창)에 **0**을 입력하고 키 프레임을 삽입합니다. 작업을 마쳤다면 애니메이션에 문제가 없는지 재생해서 확인해 봅니다.

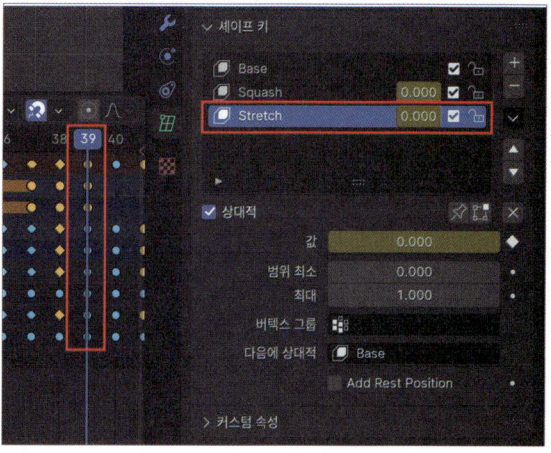

15 렌더링하기

Step

샘플 데이터 안에 카메라가 포함되어 있으므로(숨기기/비활성화 상태입니다), 동영상을 출력하고 싶을 때는 **프로퍼티스 → 출력 프로퍼티스 → 출력** 패널에서 설정합니다. 출력 위치를 지정하고 **파일 형식**을 **FFmpeg Video**로 설정합니다. 인코딩은 **H264 in MP4**를 지정합니다. 마지막으로 톱 바의 **렌더 → 애니메이션을 렌더**(**Ctrl+F12키**)를 클릭해 동영상을 출력합니다. 이것으로 공 애니메이션을 완성했습니다.

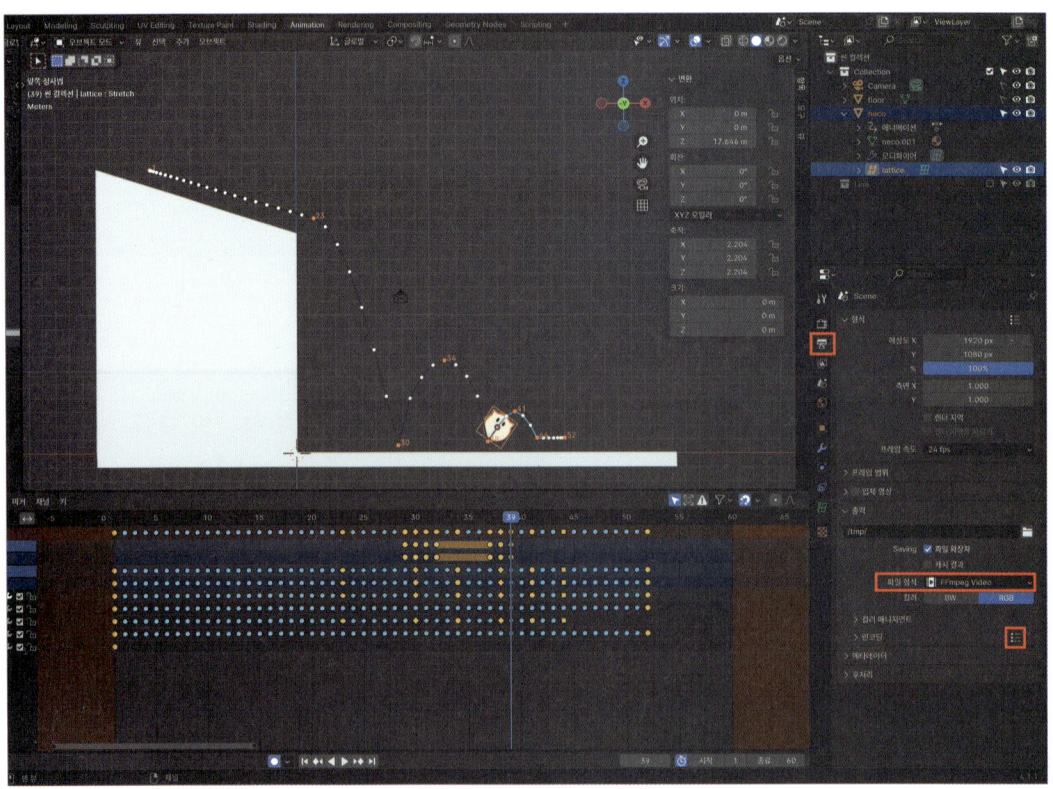

흔들림을 만들자!

Chapter 3

2

Chapter 1

Chapter 2

Chapter 3

Chapter 4

Chapter 5

다음은 본을 사용해 흔들림의 애니메이션을 만듭니다. 캐릭터 애니메이션에서는 머리카락이나 스커트 같이 길이가 긴 오브젝트를 본을 사용해 좌우로 흔들리게 만들 때가 많습니다. 이것도 캐릭터를 매력적으로 보이게 하는 중요한 포인트이므로 기억해 둡시다.

2-1 흔들림을 자연스럽게 보이게 하려면

먼저 아래 그림을 봅니다. 첫 번째 움직임❶은 머리카락이나 스커트가 딱딱한 물체처럼 움직이며 부자연스럽게 보입니다(만약 딱딱한 물체라면 이 움직임으로 문제 없습니다). 그에 비해 두 번째 움직임❷은 머리카락이나 스커트가 밑동에서 끝부분으로 가면서 조금씩 뒤늦게 움직임을 시작하기 때문에 부드럽고 자연스러운 느낌을 줄 수 있습니다. 이렇게 움직임의 일부가 뒤늦게 따르는 것을 **오버랩**overlap이라 부릅니다. 또한 밑동이 움직임을 멈춰도 끝부분은 계속 동작하는 것을 **팔로우 스루** follow through라 부릅니다. 이 두가지 기법도 **애니메이션 12 원칙**에 포함되어 있으며, 현실에 가까운 움직임을 표현하기 위해 반드시 필요합니다.

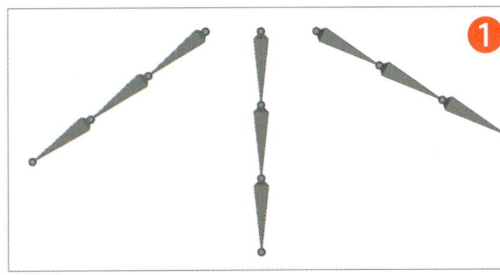 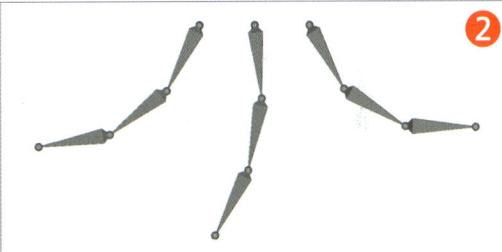

2-2 흔들림의 애니메이션을 만들자

본을 사용해 흔들림의 연습을 해봅니다. 본은 렌더링 시 반영되지 않으므로(보이지 않으므로) 여기에서는 동영상도 출력하지 않습니다.

01 샘플 파일 열기

샘플 파일에 포함된 Nabiki_animation. blend 파일을 열고 연결된 3개의 본이 3D 뷰포트 위에 배치되는 것을 확인합니다. 이 본들을 사용해 흔들림의 애니메이션에 익숙해져 봅시다.

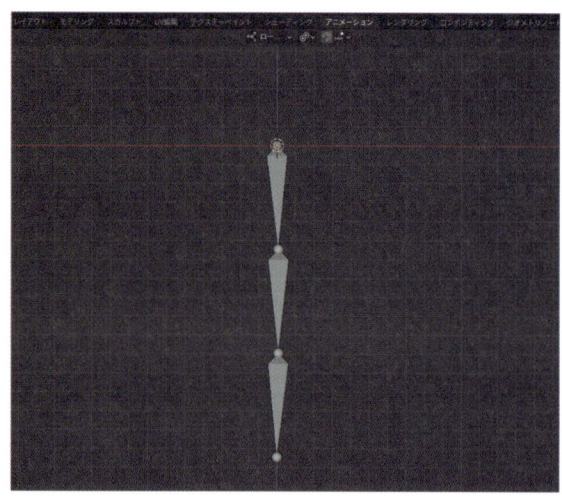

02 설정 확인하기

설정을 확인합니다. 3D 뷰포트 위쪽 변환 오리엔테이션이 **로컬(각 본의 축을 기준으로 변형한다)**, 피벗 포인트를 변환이 **개별 오리진(여럿을 선택했을 때, 각 본의 원점을 변형의 기준점으로 한다)**, 화면 아래 있는 타임라인의 **자동 키잉(키 프레임이 삽입되어 있는 경우 변형이나 수치 입력을 하면 자동으로 키 프레임이 삽입된다)**가 활성화 되어 있는 것을 확인합니다.

03 포즈 모드에서 밑동 본 선택하기

본의 루트를 회전시켜 대략적인 애니메이션을 만들어 봅니다. 1번째 프레임에 있는 것을 확인하고, **포즈 모드**에서 밑동 본을 선택합니다. 다음으로 3D 뷰포트 위에서 키 프레임 메뉴를 삽입 메뉴의 단축키인 **K키**를 실행하고 **회전**을 클릭합니다.

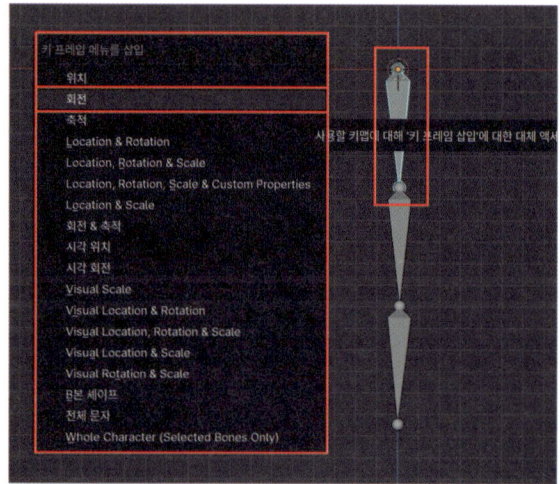

164

04 12번째 프레임으로 이동해 회전하기

Step

12번째 프레임으로 이동해 **텐키 1**을 눌러 **앞쪽 시점**으로 전환합니다. **회전(R키)**을 사용해 밑동 본을 오른쪽으로 회전한 뒤, 마우스 좌클릭 해 결정합니다. 회전 각도는 임의로 설정해도 좋습니다. 흔들림의 연습이므로 가능한 크게 회전시키는 것을 권장합니다(이 책에서는 회전 Z를 **0.45** 정도로 설정했습니다).

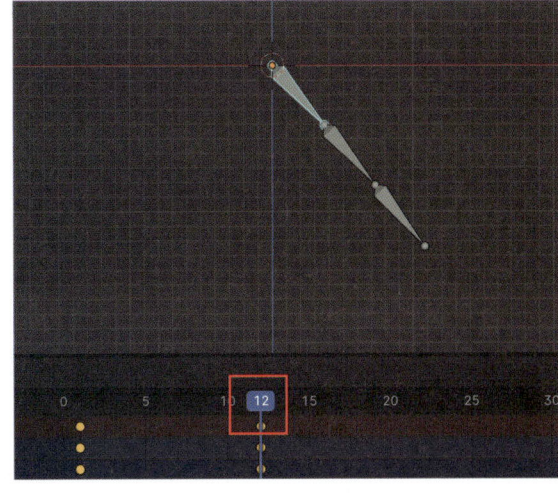

05 24번째 프레임으로 이동해 회전하기

Step

24번째 프레임으로 이동해 왼쪽으로 회전합니다. **사이드바(N키)** → **항목** 탭 → **변환** 패널에서 회전 Z 수치 왼쪽에 **-(마이너스)**를 입력하면, 정확하게 반대 방향으로 회전시킬 수 있습니다.

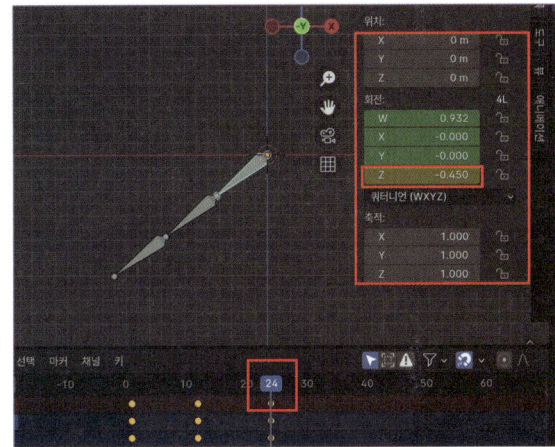

06 33번째 프레임으로 이동해 회전하기

Step

33번째 프레임으로 이동해 **사이드바(N키)** → **항목** 탭 → **변환** 패널에서 회전 Z의 수치에 0을 입력합니다. 이것으로 대략적인 회전이 가능하게 되었지만 현재 상태에서는 움직임이 딱딱하므로 중간 본과 마지막 본도 움직여 봅니다.

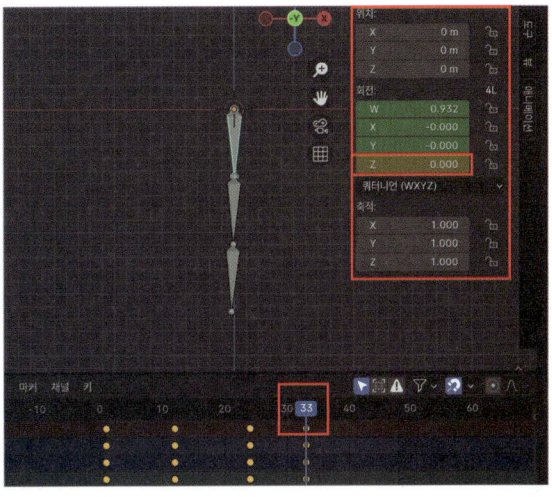

07
Step

1번째 프레임에서 K키를 실행해 회전 설정하기

중간 본과 마지막 본에 키 프레임을 삽입합니다. 1번째 프레임으로 이동해 중간 본고 마지막 본을 마우스 좌클릭 드래그 해 함께 선택(박스 선택)합니다. 3D 뷰포트 위에서 **K키**를 누르고 **회전**을 클릭합니다.

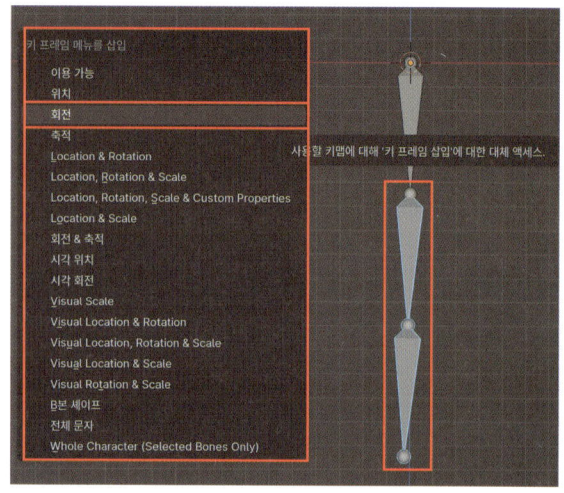

08
Step

7번째 프레임으로 이동하기

다음으로 중간 본과 마지막 본에 키 프레임을 삽입해 움직임을 지연시킵니다(**오버랩**). 움직임을 지연시키는 팁은 **밑동 본이 가속하는 구간(가장 빠른 구간)에서 중간 본과 마지막 본을 역방향으로 회전시키는 것**입니다. 예를 들면 밑동 본을 오른쪽으로 회전시킬 때 가속하는 구간에서는 중간 본과 마지막 본을 왼쪽 방향으로 회전합니다. 이렇게 하면 중간 본과 마지막 본은 밑동 본의 움직임 보다 지연해 움직이게 됩니다(정확하게는 가속하는 구간에서 중간 본과 마지막 본은 밑동 본이 있던 위치로 향합니다). 가속하는 구간은 모션 경로에서 점의 간격이 넓은 부분입니다. 여기에서는 7번째 프레임 부근이 이에 해당하므로 해당 프레임으로 이동합니다.

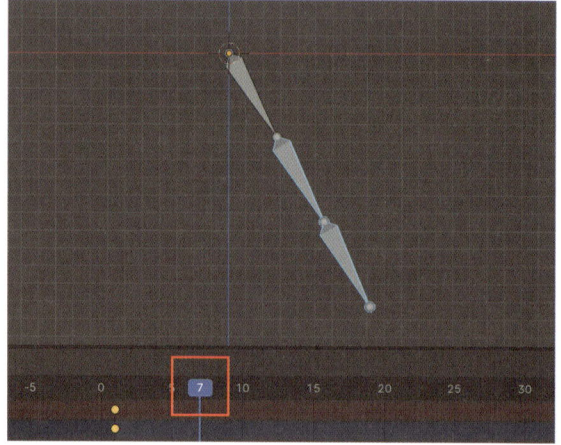

09
Step

회전 설정과 조정하기

중간 본과 마지막 본이 선택되어 있는지 확인했다면 **앞쪽 시점**(텐키 1)으로 전환해 밑동 본과 반대 방향으로 **회전**(**R키**)시킵니다. 예를 들면 밑동 본이 오른쪽으로 회전하고 있을 때, 중간 본과 마지막 본은 반대 방향인 왼쪽으로 회전시킵니다. 회전 시 주의할 점은 최초에 시작한 지점을 넘지 않도록 하는 것입니다. 시작 지점보다 중간 본과 마지막 본이 너무 많이 움직이면 이들이 독립적으로 움직이는 것처럼 보입니다. 회전을 완료했다면 도프시트의 스크럽 영역(프레임 번호가 기재되어 있는 영역)을 마우스 좌클릭 드래그 해 움직임을 확인해 봅니다. 만약 중간 본과 마지막 본이 시작 지점을 넘었을 때는 **7**번째 프레임으로 돌아가 다시 조정합니다. 그리고 마지막 본은 가장 지연되는 위치이므로 중간 본 보다 크게 회전시키면 효과적입니다.

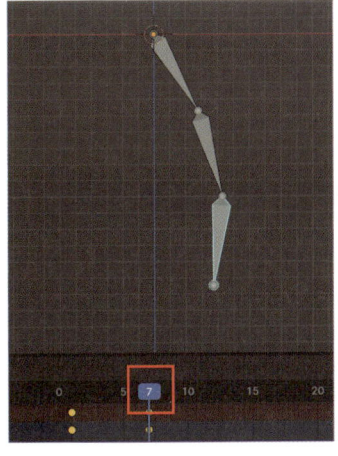
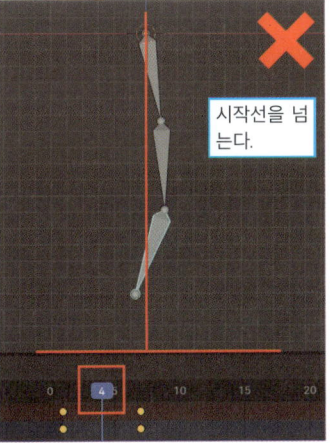

시작선을 넘
는다.

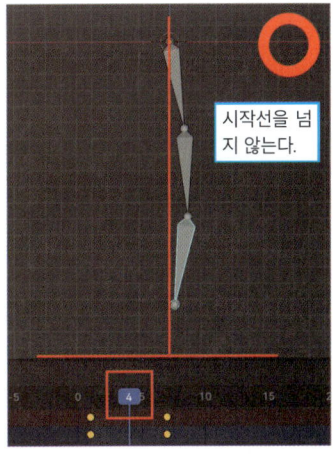

시작선을 넘
지 않는다.

10

Step

18번째 프레임으로 이동해 회전하기

중간 본과 마지막 본의 움직임을 계속해서 만듭니다. 앞에서 설명한 것처럼 **밑동 본이 가속하는 구간에서 중간 본과 마지막 본을 역방향으로 회전**하는 방법을 계속해서 적용합니다. 다음으로 밑동 본이 가장 빠르게 가속하고 있는 구간을 찾습니다. 여기에서는 **18번째 프레임**으로 이동해 중간 본과 마지막 본을 선택합니다. 그 뒤, 밑동 본과 반대 방향으로 회전(**R키**)시킵니다. 여기에서는 밑동 본이 왼쪽으로 회전하고 있으므로 중간 본과 마지막 본은 오른쪽 방향으로 회전시킵니다.

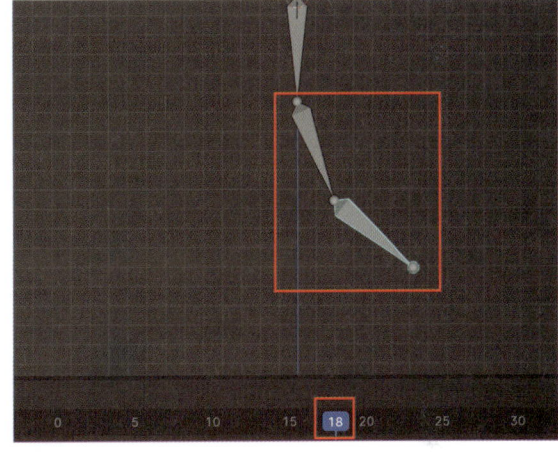

11

Step

29번째 프레임으로 이동해 회전하기

다음에도 밑동 본이 가장 빠르게 가속하는 구간을 찾습니다. 여기에서는 **29번째 프레임**(또는 **28번째 프레임**)으로 이동해 중간 본과 마지막 본을 선택하고 밑동 본과 역방향으로 회전(**R키**)시킵니다.

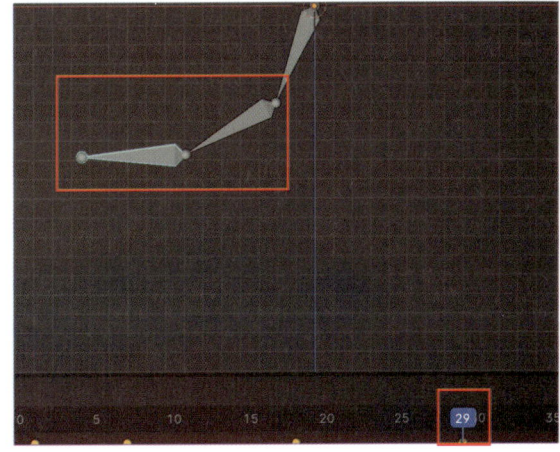

12 36번째 프레임으로 이동해 회전하기

Step

밑동 본의 움직임이 멈춘 뒤에도 중간 본과 마지막 본은 한 동안 움직임을 계속합니다(**팔로우 스루**). 갑자기 멈추지 않고 조금씩 움직임이 작아지다가 결국에 멈춥니다. 이 움직임을 표현하기 위해 밑동 본이 멈춘 프레임에서 조금 진행한 **36**번째 프레임 부근으로 이동합니다. 그 뒤 오른쪽 방향으로 회전(**R키**)시켜 원래 멈춰야 할 지점을 넘어 움직이게 합니다.

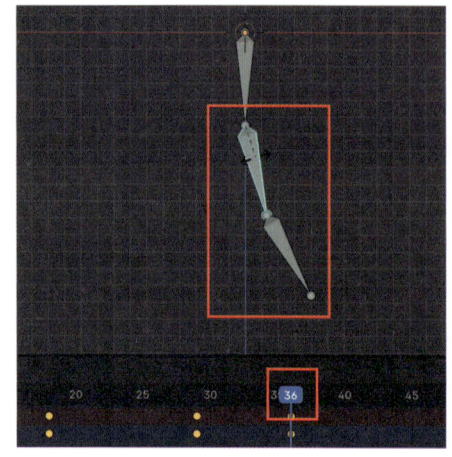

13 42번째 프레임으로 이동해 회전하기

Step

마지막으로 중간 본과 마지막 본을 멈추게 합니다. **42**번째 프레임으로 이동해 회전(**R 키**)으로 중간 본과 마지막 본을 수직으로 만듭니다. 마쳤다면 **Space키**를 눌러 재생/정지해 움직임에 문제가 없는지 확인합니다. 중간 본과 마지막 본이 밑동 본의 뒤를 따르는 것처럼 지연되어 움직이면 올바른 동작입니다. 이 방법을 따라 흔들리는 대상의 애니메이션을 만듭니다.

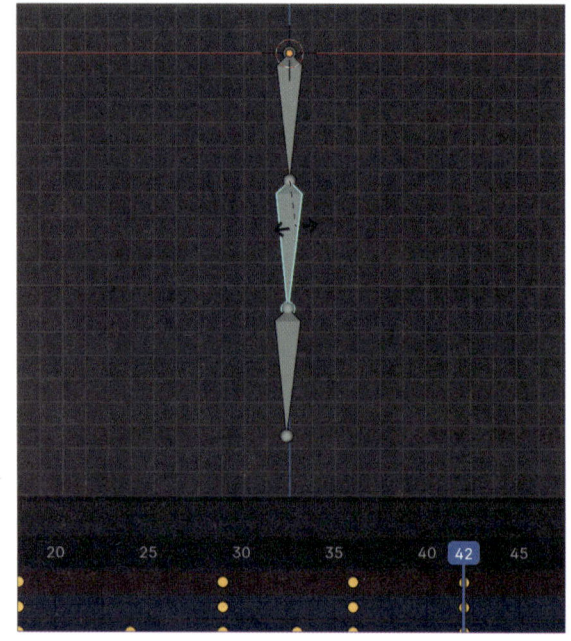

캐릭터 애니메이션을 만들자

드디어 지금부터 캐릭터 애니메이션을 만듭니다. 이번 장에서는 미리 준비한 블렌더 파일을 사용해 짧은 애니메이션을 실제로 만들어 봅니다. 고개 끄덕이기, 손 흔들기, 작게 점프하기, 물건 들기, 걷기 애니메이션을 만드는 순서에 관해 설명합니다. 하나씩 확인하면서 진행해 봅시다.

고개를 끄덕이기 애니메이션을 만들자

Chapter 4

1

먼저 '고개를 끄덕이기' 애니메이션부터 시작합니다. 갑자기 화려한 동작을 만들기는 어려우므로 먼저 작은 움직임부터 시작하는 것이 좋습니다. '고개를 끄덕이기'는 단순한 움직임이지만 시점이나 리듬 같은 애니메이션의 기본을 학습하기에 매우 좋습니다. 머리 뿐만 아니라 신체, 시선, 머리카락도 연동해 움직이는 것이 팁입니다.

1-1 들어가며

고개를 끄덕이기는 캐릭터의 감정이나 의사를 표현하는 중요한 움직임의 하나입니다. 사소한 움직임으로도 캐릭터에게 생명을 불어 넣을 수 있습니다. 이 항목에서는 **내성적인 캐릭터가 이쪽을 응시한 뒤, 가볍게 고개를 끄덕여 자신의 결의를 나타내는** 3초 정도의 애니메이션을 만듭니다. 이 애니메이션도 공 애니메이션과 마찬가지로 초심자를 위해 수치 입력을 통해 움직임을 제어합니다. 수동(여기에서는 이동(G키)과 회전(R키) 등, 손을 사용한 조작이라는 의미로 사용했습니다)으로 조정하고 싶을 때의 팁도 함께 설명합니다. 그리고 이 책에 기재되어 있는 수치들은 어디까지나 기준일 뿐이므로 애니메이션 만들기에 익숙해졌다면 자유롭게 조정해 봅시다.

※ 아래 그림은 이제부터 만들 고개를 끄덕이기 애니메이션입니다.

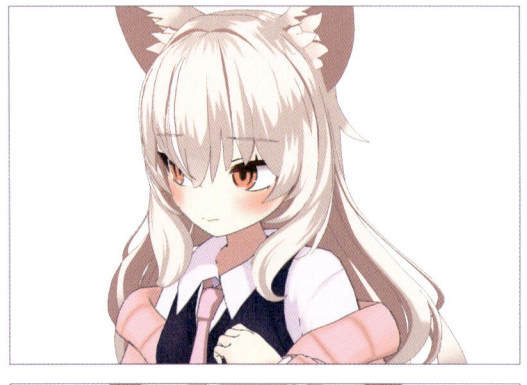 

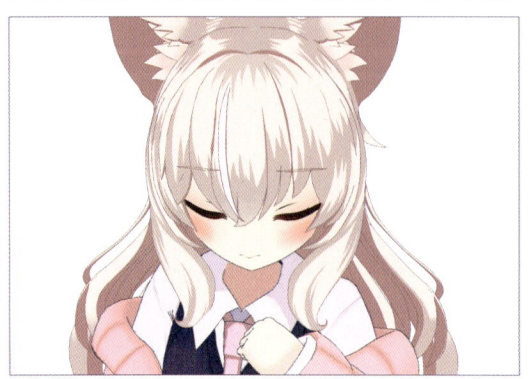 

1-2 　준비 및 확인

애니메이션을 만들기 위한 블렌더 파일을 준비했습니다. 샘플 파일에 포함된 **01_sample_Uh → Animation_Uh.blend**에서 고개를 끄덕이기 애니메이션을 만듭니다.

01 샘플 파일 확인하기

Step

작업은 샘플 파일 안의 **01_smaple_Uh** 폴더에서 수행합니다. 이 폴더에는 여러 블렌더 파일이 들어있습니다. **Animation_Uh.blend** 파일은 **Chapter04Chara.blend**의 캐릭터 데이터를 **연결**로 임포트 합니다. 그리고 샘플 데이터 안에는 **Blender4.1, Bledner4.3.2**라는 2개의 폴더가 있습니다. 블렌더 4.3 이후의 버전을 사용하고 있는 경우 **Blender4.1** 폴더 안의 데이터를 사용하면 외곽 선이 올바르게 표시되지 않습니다. 반드시 블렌더 4.3.2 버전 **Blender4.3.2** 폴더 안의 내용을 데이터로 사용해 주십시오.

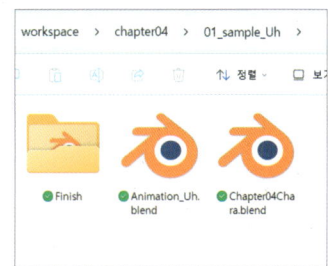

02 Animation_Uh.blend 열기

Step

Animation_Uh.blend를 더블 클릭해 엽니다. 오른쪽 3D 뷰포트에서 변형하면서(왼쪽은 카메라 시점의 3D 뷰포트) 화면 아래의 도프시트에서 키 프레임을 삽입하면서 애니메이션을 만듭니다. 샘플 파일은 곧바로 작업할 수 있도록 1번째 프레임에 이미 키 프레임이 설정되어 있습니다.

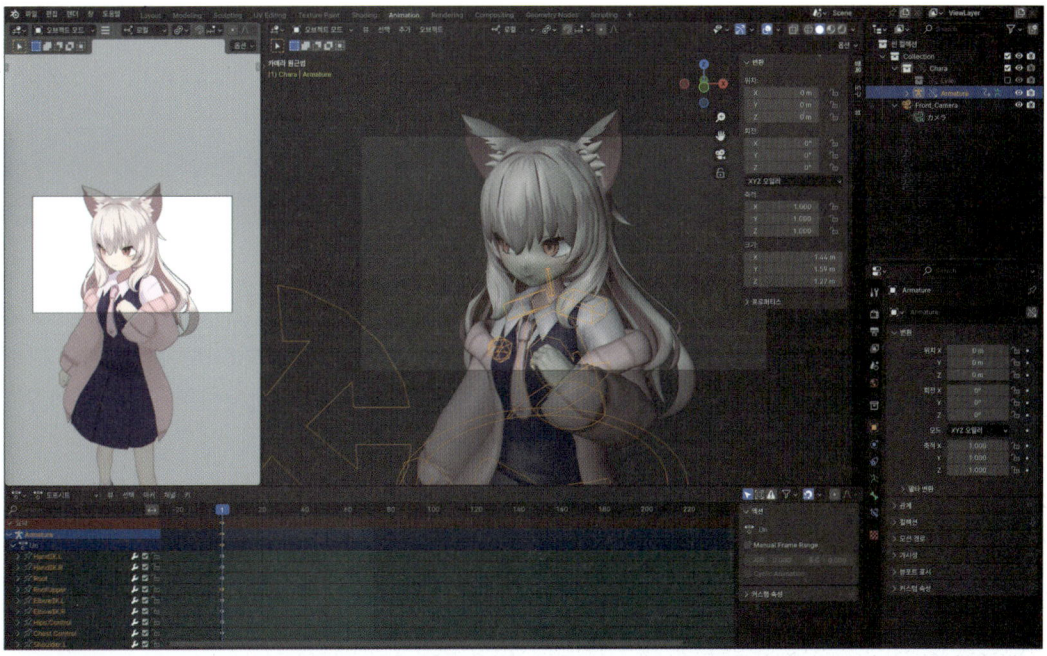

> **MEMO**
>
> 3D 뷰포트 오른쪽 위의 **뷰포트 셰이딩** 메뉴 안에서 라이트닝을 **스튜디오**, 컬러를 **텍스처**로 설정했습니다. 이것은 애니메이션을 만드는 도중에 정체 움직임과 텍스처를 쉽게 확인하기 위해서 입니다. 본이 잘 보이지 않는다면 **컬러**를 기본값인 **매테리얼**로 되돌려도 됩니다. 씬의 목적에 맞춰 적절하게 설정합시다.

03 각 설정 확인하기

Step 각 설정을 확인합니다. 3D 뷰포트 헤더에 있는 **변환 오리엔테이션**이 **로컬**(본의 축을 기준으로 변형), **피벗 변환 포인트**가 **개별 오리진**(여러 본 선택 시 각 본을 기점으로 변형)으로 설정되어 있는지 확인합니다. 이 설정들은 변형의 기준이 되므로, 변형이 생각대로 되지 않을 때는 반드시 이 항목들을 확인해야 합니다.

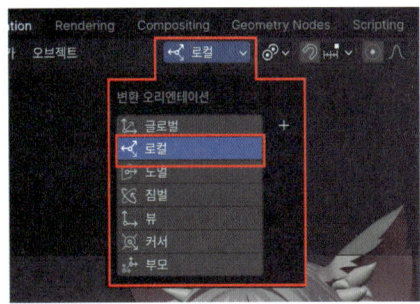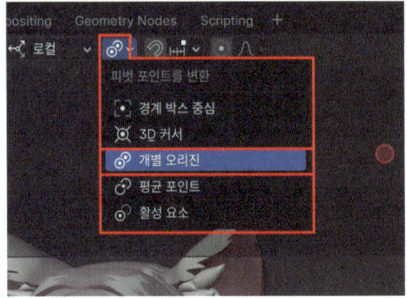

04 선택 관련 설정하기

Step 다음으로 선택 관련 설정을 합니다. 3D 뷰포트 오른쪽 위 **Selectability & Visibility**를 클릭합니다. 잘못 선택하는 것을 방지하기 위해 **메쉬**, **그리스 펜슬**, **카메라**를 선택할 수 없도록 삽니다(아웃라이너에서는 선택할 수 있습니다). 이 오브젝트들을 3D 뷰포트 상에서 선택하고 싶을 때는 화살표 모양 아이콘을 클릭해 Selectability를 활성화합니다.

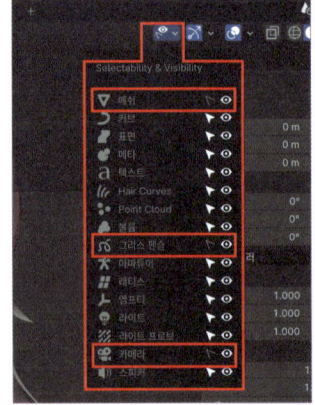

05 도프시트와 타임라인 설정 확인하기

Step 도프시트와 타임라인 설정을 확인합니다. 화면 아래 있는 도프시트 왼쪽 위의 모드가 **도프시트**(모든 키 프레임을 편집할 수 있는 단순한 모드)인지 확인하고, 타임라인의 **자동 키잉**(자동으로 키 프레임을 삽입하는 기능)이 활성화 되어 있는 것도 확인합니다. 자동 키잉은 작업 효율을 높여주기 때문에 항상 활성화 하는 것이 편리합니다.

`Next Page`

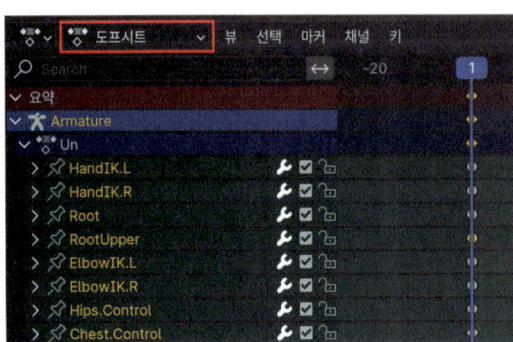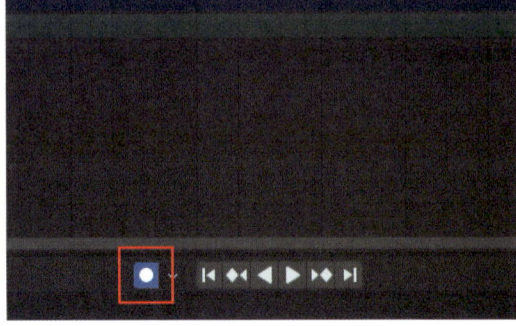

그리고 도프시트의 모드를 **액션 에디터**(애니메이션 전체를 관리하는 모드)로 전환하면 **Un**이라는 액션이 사전에 설정되어 있는 것을 확인할 수 있습니다. 이 액션 안에서 고개를 끄덕이기 애니메이션을 만듭니다. 이 책에서는 **도프시트** 모드에서 작업을 진행하므로 **액션 에디터** 모드 확인 후에는 **도프시트** 모드로 전환해 둡니다.

MEMO

Un 액션은 **도프시트** 모드에서도 편집할 수 있습니다. 특정한 액션으로 전환할 때, 새로운 액션을 추가할 때는 **액션 에디터** 모드로 전화해야 합니다.

06 아웃라이너 확인하기

Step

오른쪽 위 아웃라이너를 간단하게 확인합니다. **Line** 컬렉션에는 라인 아트(카메라 시점에서 윤곽선을 표시하는 기능)이 저장되어 있습니다. 기본값에서는 이것이 **뷰 레이어에서 삭제**되어 있습니다. 이 기능을 활성화한 상태에서 애니메이션을 만들면 라인아트가 표시되어 동작이 무거워지거나 오작동의 원인이 됩니다. 비활성화해 제외해 두는 것이 좋습니다.

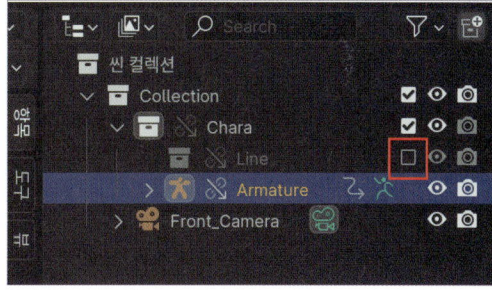

07 Bone Collections 패널 확인하기

Step

마지막으로 프로퍼티스 → **오브젝트 데이터 프로퍼티스** → **Bone Collections** 패널을 확인합니다. 이 패널은 각 본을 컬렉션으로 모아 쉽게 관리할 수 있도록 하기 위한 기능입니다. **IK** 컬렉션만 표시되어 있는지 확인합니다. 파란색으로 표시되어 있는 컬렉션은 현재 선택 중을 의미하고, 눈동자 모양 아이콘은 컬렉션 표시/숨기기 전환 기능, 오른쪽 별 모양 아이콘은 해당 컬렉션만 표시하는 기능입니다. 본이 표시되지 않거나, 불필요한 본이 포함되는 등의 경우에는 이 패널을 확인 및 수정해 주십시오.

※ 이후 애니메이션 만들기에서 변경점이 없는 경우에는 이 절에서 설명한 확인 단계는 생략합니다. 양해 부탁 드립니다.

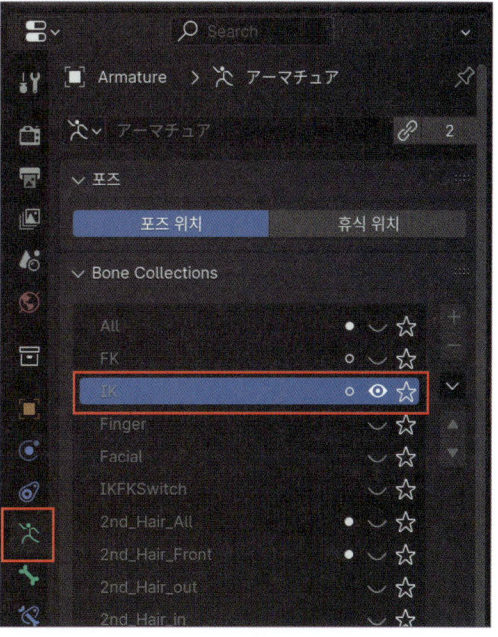

주요 포즈를 만들자

애니메이션 만들기에는 **포즈 투 포즈**pose-to-pose라 부르는, 먼저 중요한 포드(키 포즈)를 만들고 나중에 중간 포즈를 만들어가는 대표적인 제작 방법이 있습니다. 먼저 중요한 포즈를 결정해 두면 캐릭터의 움직임을 계호기적으로 제어할 수 있으므로, 도중에 큰 실수가 발생할 가능성이 낮아집니다. 특히 초심자는 이 **포즈 투 포즈**에 따라 애니메이션을 만드는 것이 좋습니다. 여기에서는 **이쪽을 바라보는 포즈**, **고개를 끄덕이는 포즈**의 2개 주요 포즈를 만듭니다. 이 포즈들에 기반해 뒤에서 **그래프 에디터**(커브를 사용해 키 프레임 사이의 움직임을 조정하는 커브 에디터)를 사용해 세세하게 제어합니다.

01 24번째 프레임으로 이동하기

Step

이쪽을 바라보는 포즈를 만들기 위해 화면 아래 있는 도프시트에서 **24**번째 프레임으로 이동합니다. 도프시트 위쪽에 있는 프레임 번호(스크럽 영역)을 마우스 좌클릭 하거나, 마우스 좌클릭 드래그 해 프레임을 이동할 수 있습니다.

※ 이후의 설명에서는 프레임을 이동하면서 포즈를 만들기 때문에, 현재 작업 중인 프레임을 확실하게 인지해야 합니다.

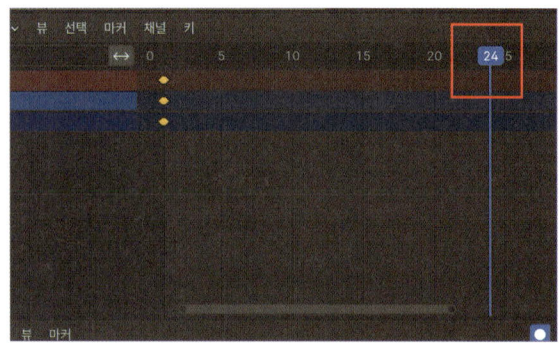

02 포즈 모드로 전환하기

Step

3D 모델링을 선택하고 왼쪽 위 모드에서 **포즈 모드**로 전환합니다.

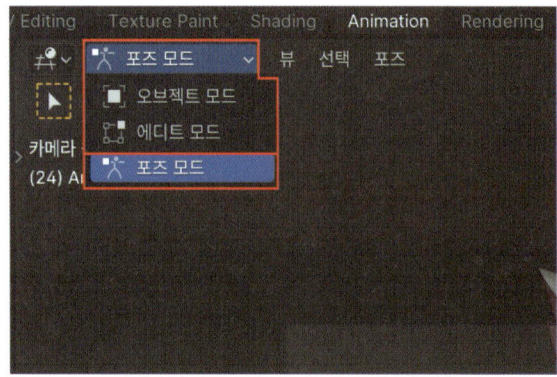

> **MEMO**
>
> 이 책에서는 캐릭터의 정확한 형태나 위치를 파악하기 위해 정사법(**텐키 5**)에서 작업을 진행합니다. 3D 뷰포트 왼쪽 위에 있는 **텍스트 정보**에서 현재 투사법을 확인할 수 있습니다. **원근법**은 원근감이 있는 투사법, **정사법**은 원근감이 없는 투사법입니다.

03 Rootupper 본 선택하기

먼저 캐릭터가 선 위치를 결정하기 위해 허리를 움직입니다. 현재는 카메라 시점이므로 오른쪽 3D 뷰포트에 마우스 커서를 올리고 **텐키 0**을 눌러 일반적인 정사법으로 되돌립니다. 다음으로 캐릭터의 복부 중앙에 있는 녹색 원형의 **Rootupper** 본을 선택합니다. **Rootupper** 본은 손과 머리의 IK 본을 동시에 움직일 수 있습니다. 한편, **Hips.Control**(빨간색 골반 모양의 본)은 IK 본을 고정한 채 허리를 움직입니다. 어느 쪽을 먼저 움직일 것인지는 만들 애니메이션에 따라 달라지지만, 여기에서는 **Rootupper** 본에서 시작합니다.

04 캐릭터 움직이기

움직임을 확인하기 위해 **텐키 1**을 눌러 앞쪽 시점으로 전환합니다. 3D 뷰포트 오른쪽 **사이드바**(**N키**) → **항목** 탭 → **변환** 패널에서 위치 X(좌우의 X축을 따라 이동)에 **0**을 입력합니다. 수치 필드가 노란색으로 표시되는 것은 **이 프레임에 키 프레임이 들어 있다**는 의미입니다. 녹색으로 표시되는 것은 **다른 프레임에 키 프레임이 들어 있다**는 의미입니다. 그러면 캐릭터가 조금 왼쪽으로 기울어 집니다. 수동으로 조정하고 싶을 때는 **G키** → **X키**를 눌러, 로컬 X축을 따라 이동시킵니다. 1번째 프레임의 위치 X는 **-0.03**, 다음 키 프레임의 위치 X는 **0**으로 키프레임 사이의 수치 변화가 매우 작지만, 캐릭터의 움직임이 과도해지지 않도록 세세한 움직임임을 표현할 수 있습니다.

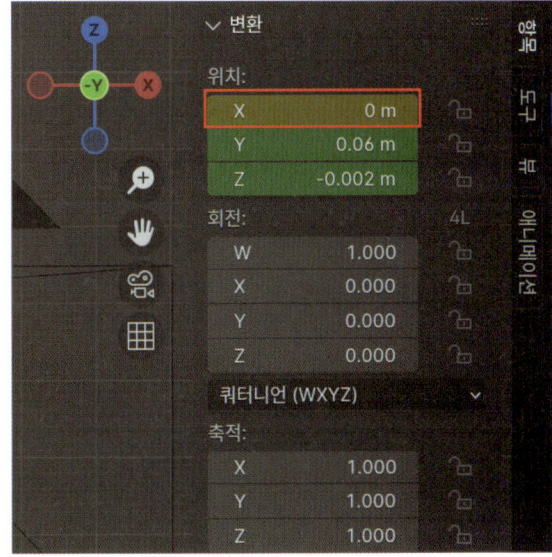

Column

변형 취소

본의 변형을 취소하려면 **포즈 모드**에서 **A키**를 눌러 모든 본을 선택하거나 대상 본을 선택한 뒤, 3D 뷰포트의 헤더에서 **포즈** → **변환을 지우기** → **모두**를 실행합니다. 그리고 이 메뉴에서 위치(**Alt+G키**), 회전(**Alt+R키**), 축적(**Alt+S키**)의 변형을 각각 취소할 수도 있습니다.

05 24번째 프레임의 키 프레임 확인하기

Step 수치를 입력한 뒤 화면 아래 도프시트의 **24번째** 프레임에 키 프레임이 삽입된 것을 확인합니다. 화면 아래 타임라인 안의 **자동 키잉**을 활성화 했기 때문에 변형하는 즉시 키 프레임이 삽입됩니다.

06 24번째 프레임에서 신체 방향 조절하기

Step 신체 방향을 조정합니다. 현재 프레임이 24번째 프레임인지 확인합니다. 상반신에 있는 빨간색 본인 **Chest.Control**(상반신을 제어하는 본)을 선택합니다. **사이드 바**(N키) → **항목** 탭 → **변환** 패널에서 회전 Y에 **-0.1**, 회전 Z에 **-0.05**를 입력합니다(회전 Y는 신체 비틀기, 회전 Z는 좌우 회전을 의미합니다). 수동으로 조정하고 싶을 때는 **텐키 1**을 눌러 **앞쪽 시점**으로 전환한 뒤 **회전**(R키) → **X키** 또는 **Y키**를 사용해 캐릭터의 상반신을 조금 왼쪽으로 기울입니다. 상반신을 회전시킬 때의 기준을 설명하면 **회전 Y의 비틀기는 움직임 또는 힘의 흐름을 만들기 위한 수치, 회전 X의 전후 및 회전 Z의 좌우 회전은 신체의 균형을 잡기 위한 수치**라고 생각하면 쉽게 이해할 수 있습니다. **Rootupper**와 마찬가지로 키 프레임 사이에서의 수치 변화는 가능한 작게 억제함으로써 세세한 움직임을 표현할 수 있습니다.

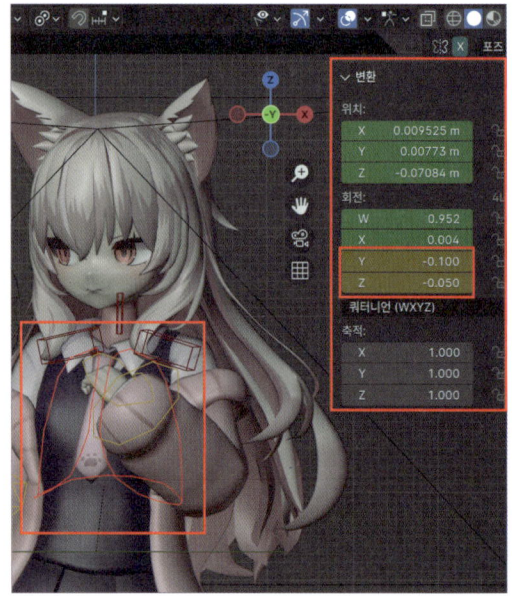

MEMO

회전 수치 필드가 4개인 것은 **쿼터니언**이라는 회전 모드를 사용하기 때문입니다. **W**는 회전 각도나 크기를 나타냅니다. 이 모드를 사용하면 회전과 관련된 다양한 문제가 발생하기 어려워집니다. **쿼터니언**은 회전 수치 필드 아래 있는 **회전 모드**에서 설정할 수 있습니다. 이 책에서 사용하는 캐릭터 데이터는 **쿼터니언**이 아니라 **오일러 각도**라는 회전도 사용하고 있습니다. 이 두 가지는 회전 구조가 다르므로, 회전 모드를 변경하면 수치 입력이 잘 되지 않을 수 있습니다. 그렇기 때문에 이 책의 애니메이션 만들기에서는 모드를 변경하지 않도록 주의합니다.

실수로 다른 프레임에 키 프레임을 삽입했다면?

키 프레임이 **24**번째 프레임이 아니라 다른 프레임에 삽입한
경우, 도프시트에서 키 프레임 위쪽을 선택하고 마우스 좌클
릭 드래그 해 이동합니다. 위쪽에 있는 **요약**에서 **아마튜어**에
포함되어 있는 키 프레임을 드래그 하면 모든 키 프레임을 함
께 이동할 수 있습니다❶. 한편, 아래쪽의 각 본에 있는 키프
레임을 드래그 하면 본 별로 다른 파츠의 키 프레임이 움직
입니다❷. 그렇기 때문에 한 번에 조정하고 싶을 때는 위쪽의
키 프레임을 사용하고, 특정 파츠만 조정하고 싶을 때는 왼쪽
채널을 확인하면서 키 프레임을 이동합니다.

07 얼굴 방향 조정하기

Step

얼굴 방향도 도정합니다. 먼저 화살표가 가운데로 모이는 모양 본인 **HeadIK**(얼굴 방향을 제어하는 본)을 선택하고 **사
이드바(N키) → 항목 탭 → 변환** 패널에서 위치 X(좌우 방향 이동)에 **0.015**, 위치 Y(전후 이동)에 **-0.08**, 위치 Z(상하 이동)
에 **0.01**을 입력합니다. 수동으로 조정하고 싶을 때는 현재 보고 있는 시점에 주의하면서 이동(**G키**)으로 얼굴 방향을 변경합니
다(현재 시점에 대해 평향으로 이동합니다). 그리고 위치 Z는 얼굴이 확실하게 카메라에 비치도록 **0.01**로 설정했습니다. 예를 들면
-0.01로 설정하면 얼굴을 훨씬 많이 내릴 수 있습니다. 보다 내성적인 캐릭터의 느낌을 주고 싶을 때는 이 수치를 조금 내려도
좋습니다.

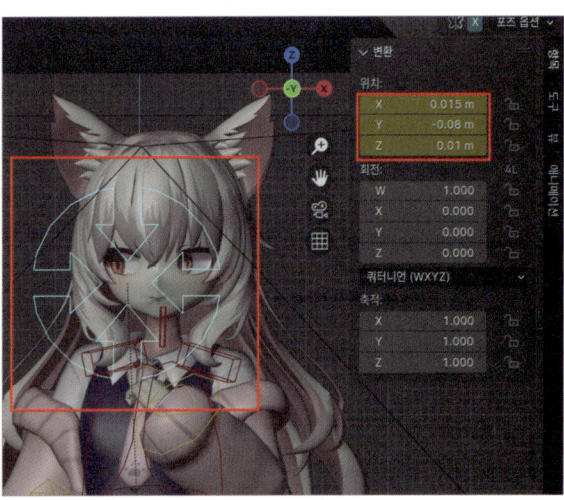

08 시선 조정하기

Step

시선을 조정합니다. 눈을 제어하는 본 **EyeIKCenter**를 선택하고 **사이드바(N키)** → **항목** 탭 → **변환** 패널에서 위치 X(좌우 이동)에 **0.05**, 위치 Y(전후 이동)에 **0.2**, 위치 Z(상하 이동)에 **0.1**을 입력합니다. 수동으로 조정할 경우에는 이동(G키)으로 카메라 시선이 되도록 조정합니다. 눈을 약간 치켜 올려 눈이 크게 보이게 하고, 천진난만함과 순수한 느낌을 주는 동시에 귀여움 강조합니다(약간 치켜 올린 눈은 아이가 자주 하는 눈입니다). 여기에서는 카메라 시선을 의식해 수치를 설정했지만 위치 X를 조정해 시선을 피하거나, 위치 Z를 내려서 아래를 바라보도록 하는 등 선호에 맞춰 시선을 만들어 좋습니다.

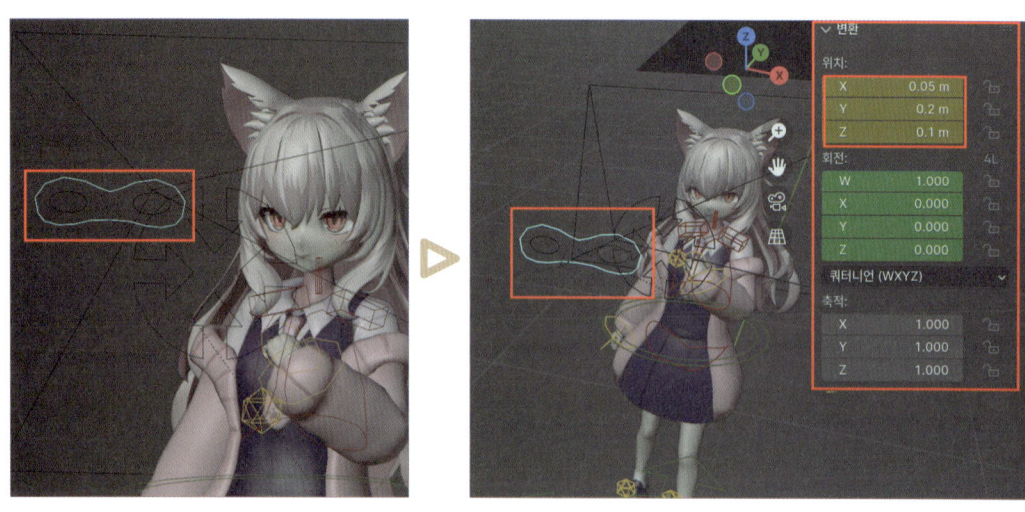

09 왼손 포즈 설정하기

Step

왼손 포즈를 결정합니다. 왼손에 있는 노란색 벙어리 장갑 모양 본인 **HandIK.L**(왼손을 제어하는 본)을 선택합니다. **사이드바(N키)** → **항목** 탭 → **변환** 패널에서 위치 X에 **-0.08**, 위치 Y에 **-0.27**, 회전 W에 **-0.04**, 회전 X(손의 전후 회전)에 **0.5**, 회전 Y(손 비틀기)에 **0.03**을 입력합니다. 손을 가슴에 닿게 해 불안감을 표현합니다. 수동으로 조정할 경우에는 **이동(G키)** → **X, Y, Z키**(다시 한번 누르면 로컬, 글로벌로 변환 오리엔테이션을 전환할 수 있습니다)나 **회전(R키)** → **X, Y, Z키**로 조작하면서 손인 신체를 관통하지 않도록 다양한 시점에서 확인하면서 조정합니다.

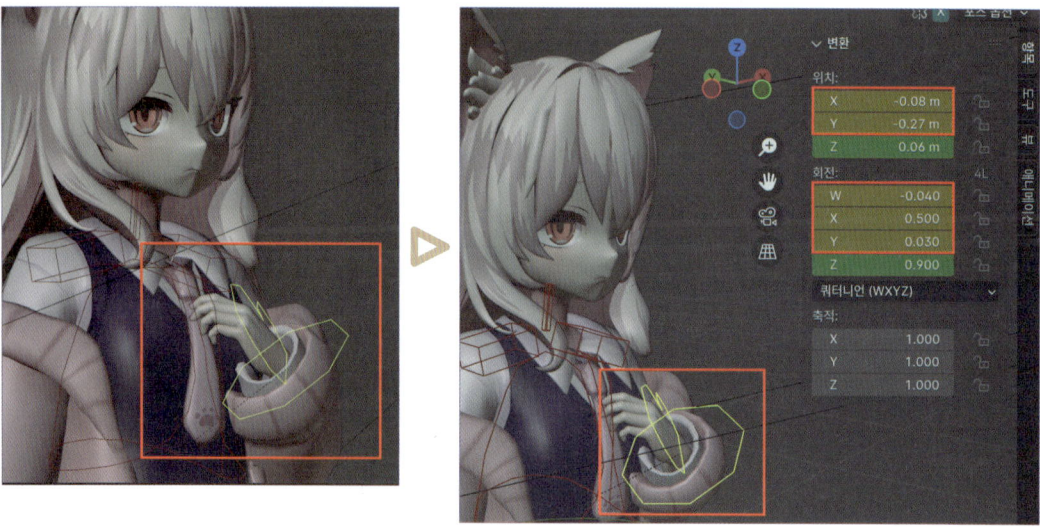

10 A키를 눌러 모든 본 선택하기

Step

지금까지 만든 **이쪽을 보고 있는 포즈**를 복제합니다. 현재 프레임이 **24프레임**인지 도프시트 또는 타임라인에서 확인합니다. 그리고 왼쪽 위 모드가 포즈 모드인지 확인합니다. 3D 뷰포트에 마우스 커서를 올리고 **A키**를 눌러 모든 본을 선택합니다. 복제를 하기 위해서는 대상 본을 선택해야 합니다.

11 키 프레임 복제하기

Step

24번째 프레임에 삽입되어 있는 키 프레임의 위쪽(도프시트 왼쪽에 있는 채널의 **개요** 또는 **Armature**에 포함된 키 프레임입니다. 채널의 화살표 모양 아이콘을 클릭하면 채널을 열고 닫을 수 있습니다)을 도프시트에서 선택합니다❶. **24번째 프레임의 키 프레임이 모두 선택됩니다. 도프시트 위에서 마우스 우클릭 해 표시되는 메뉴에서 **복제(Shift+D키)**를 실행합니다❷.

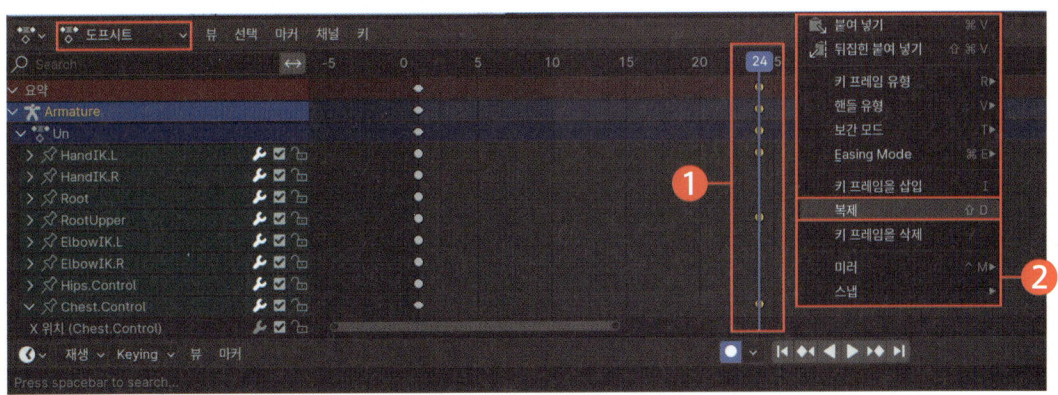

12 복제한 키 프레임을 35번째 프레임으로 이동하기

Step

복제된 키 프레임의 위치를 결정하는 모드가 됩니다. **35**번째 프레임으로 마우스 커서를 이동하고 마우스 좌클릭 해 위치를 결정합니다(마우스 우클릭 해 복제 취소). 실수로 다른 프레임에 복제했을 때는 키 프레임을 모두 선택하고 마우스 좌클릭 드래그 해 **35**번째 프레임으로 이동합니다.

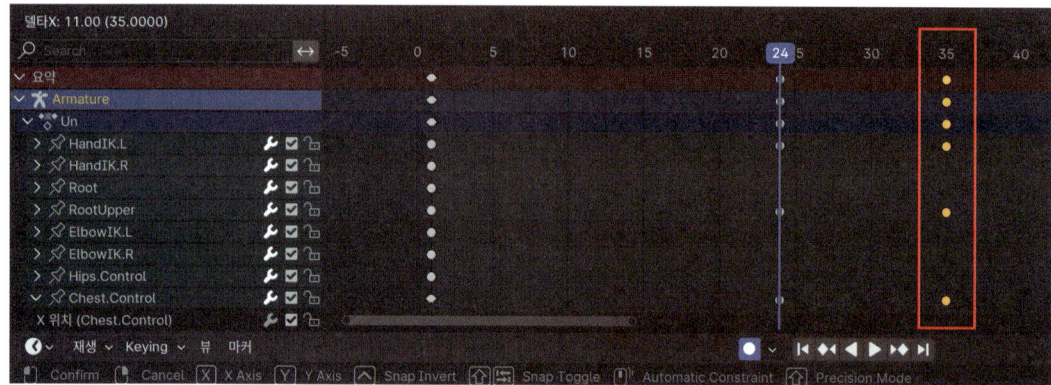

Column

'간격'에 관해

포즈를 복제하면 캐릭터가 다음 포즈로 이동하기 전에 잠깐 해당 포즈를 유지합니다. 이러한 동작이 없으면 캐릭터가 멈추지 않고 계속 움직여, 애니메이션이 이상하게 느껴질 때가 있습니다. 여기에서 포즈와 포즈 사이에 '간격'을 만들어 시청자에게 잠깐 휴식을 전해주는 것이 중요합니다. 귀여운 캐릭터가 잠깐 호흡을 가다듬음으로써 시청자도 잠깐 편안함을 느낄 수 있습니다.

---

13 모든 본에 키 프레임 삽입하기

Step

캐릭터 애니메이션에서는 의도하지 않은 움직임을 방지하기 위해 모든 본에 키 프레임을 삽입하는 것이 중요합니다. ❶ 먼저, **35**번째 프레임으로 이동합니다(도프시트 위쪽 프레임 번호가 기재되어 있는 스크럽 영역을 마우스 좌클릭 해 프레임 이동). 다음으로 3D 뷰포트에 마우스 커서를 올리고 **A키**를 눌러 모든 본을 선택합니다. 그 뒤 3D 뷰포트 헤더의 **포즈 → 애니메이션 → Insert Keyframe with Keying Set**(**K키**)를 클릭합니다.

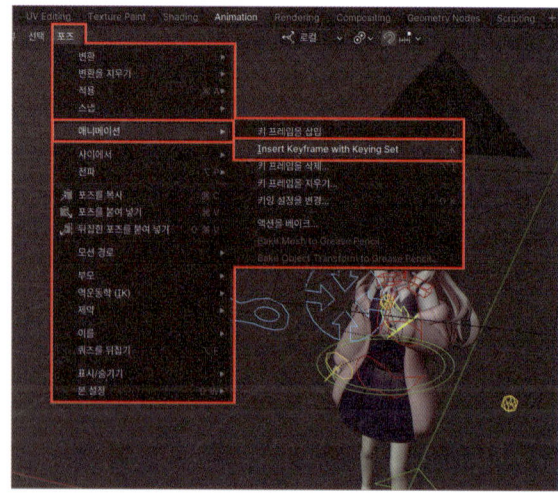

❷ 메뉴 안에 있는 **Location & Rotation**을 클릭합니다. 선택한 모든 본에 위치와 회전 관련 키 프레임이 도프시트 위에 삽입됩니다. 여기에서는 크기를 변경하는 애니메이션은 없으므로 **축적**은 제외했습니다. 모든 본에 키 프레임을 삽입하는 작업은 캐릭터가 폭주하지 않도록, 움직임을 억제하기 위해 필요한 작업이라고 생각하면 좋을 것입니다.

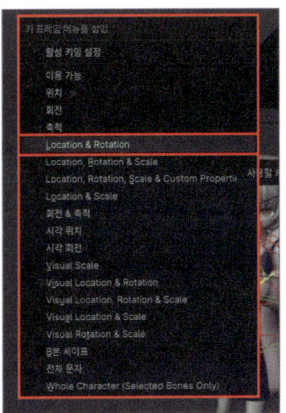
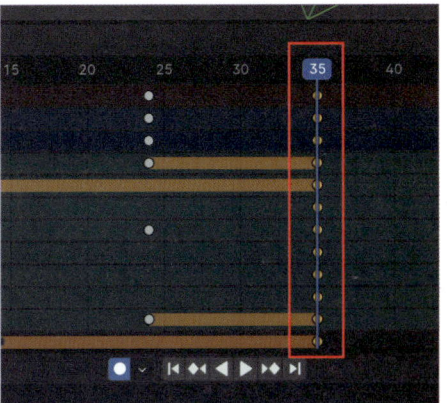

Chapter 1

Chapter 2

Chapter 3

Chapter 4

Chapter 5

Column

모든 본에 키 프레임을 삽입하는 이유

다음 포즈를 만들기 전 이전 포즈에서 위치나 회전의 X, Y, Z축 모두에 키 프레임을 삽입하지 않으면 캐릭터가 의도하지 않게 움직이는 경우가 있습니다. 이것은 앞 포즈에서 일부 축에 키 프레임이 설정되어 있지 않아 발생하는 증상입니다. 예를 들면 앞의 포즈에서 X축의 회전에 키 프레임이 삽입되어 있지 않았을 때 다음 포즈에서 X축에 키 프레임을 삽입하면, 앞 포즈의 X축이 이상한 방향으로 동작합니다❶. 이런 문제를 방지하기 위해서는 포즈를 설정할 때 모든 본을 선택하고 키 프레임을 삽입하는 것이 중요합니다. 단, 그래프 에디터에서 움직임을 세세하게 조정할 때는 움직임을 매끄럽게 하기 위해, 일부 축의 키 프레임을 삽입하지 않거나 삭제하기도 합니다. 이 책에서는 **35**번째

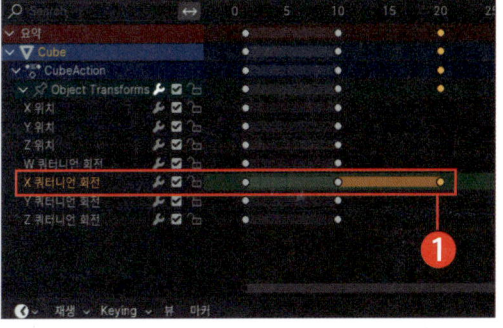

프레임에서 모든 본에 키 프레임을 삽입했습니다. **24**프레임에서는 나중에 그래프 에디터에서 조정하기 때문에 특정한 축에만 키 프레임을 삽입했습니다.

14 고개를 끄덕이기 포즈 만들기

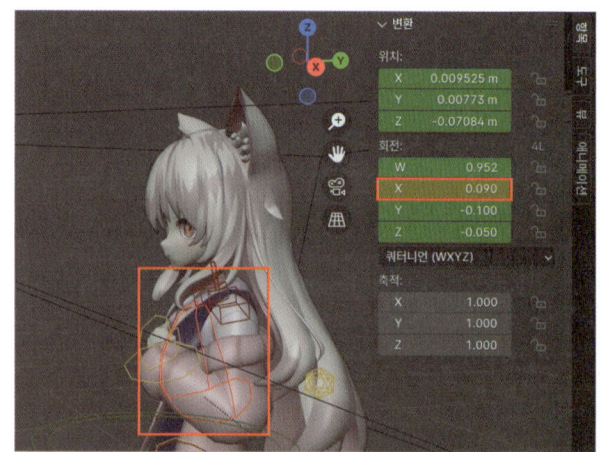

Step 고개를 끄덕이기 포즈를 만듭니다. **45번**째 프레임으로 이동해 **Chest.Control**(상반신을 제어하는 **빨간색 폐 모양 본**)을 선택합니다. **사이드바**(N키) → **항목** 탭 → **변환** 패널에서 회전 X(전후 회전)에 **0.09**를 입력합니다. 수동으로 조정할 경우에는 **회전**(R키) → **X**키를 사용해 캐릭터가 앞쪽으로 조금 웅크리도록 움집입니다. 고개를 끄덕이기 동작에서는 상반신이 아주 많이 기울지는 않으므로(너무 크게 앞으로 기울이면 엎드린 듯한 느낌을 줍니다), 여기에의 회전 X의 수치는 조금만 설정하는 것이 좋습니다.

15 얼굴을 아래로 향하기

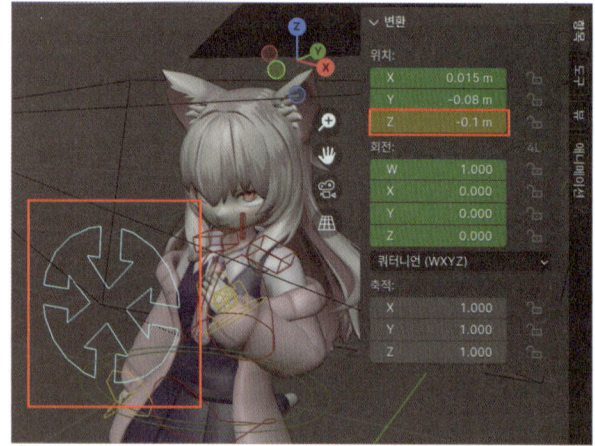

Step **Chest.Control**을 조정하면 캐릭터의 신체가 조금 앞쪽으로 구부러지게 됩니다. 여기에서 머리를 조금 아래로 움직이지 않으면 머리와 신체가 연동하지 않는 듯 보이고 움직임이 딱딱하게 됩니다. **HeadIK**(얼굴 방향을 제어하는 본)을 선택하고 **사이드바**(N키) → **항목** 탭 → **변환** 패널에서 위치 Z에 **-0.1**을 입력합니다. 수동으로 조정할 경우에는 **이동**(G키) → **Z**키로 세세하게 조정합니다. 신체를 움직일 때는 얼굴도 조금 움직이면 부자연스러운 움직임이 사라집니다.

16 키 프레임을 복제해 붙여 넣기

Step **35번**째 프레임을 복제해 **55번**째 프레임에 붙여 넣습니다. 먼저 3D 뷰포트에서 **A**키를 눌러 모든 본을 선택합니다. 그 뒤 화면 아래 있는 도프시트에서 35번째 프레임 위쪽의 키 프레임을 선택하고 **복제**(Shift+D키)합니다. 키 프레임이 복제되면 **55번**째 프레임으로 이동해 마우스 좌클릭 해 붙여 넣습니다.

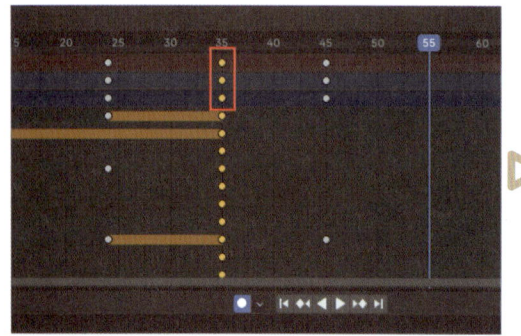
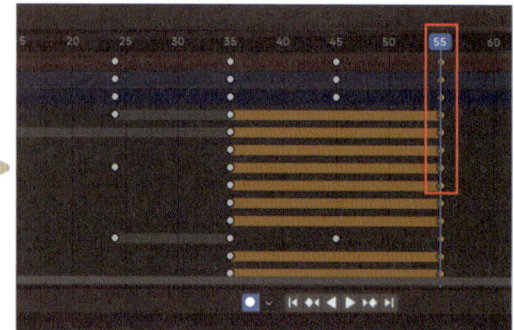

'오일러 각도'과 '쿼터니언'이란

캐릭터를 회전 시키는 방법에는 **오일러 각도**와 **쿼터니언**의 2가지가 있습니다. 설정을 변경할 때는 대상 오브젝트나 본을 선택한 뒤 **사이드바(N키)** → **항목** 탭 → **변환** 패널에서 **회전 모드**를 선택한 후 변경합니다.

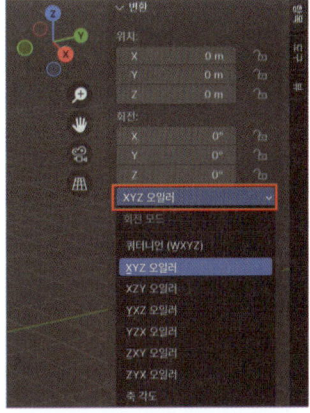

오일러 각도는 간단히 말하면 오브젝트 또는 본을 **회전 시키는 순서**를 결정하는 방법입니다. **XYZ 오일러 각도**과 **ZXY 오일러 각도** 등 다양한 종류가 있으며 어렵게 보이지만 실제는 회전 순서가 다를 뿐입니다. 예를 들면 **XYZ 오일러 각도는 X축을 먼저 돌리고, 그 후 Y축, 마지막으로 Z축을 회전시키는 느낌입니다.** 이 오일러 각도에는 특정 조건에서 잘 회전하지 않게 되는 단점이 있으며, 이것을 짐벌 잠금이라 부릅니다(정확하게는 축이 겹쳐져 축이 없는 방향으로 움직이지 않게 되는 것입니다).

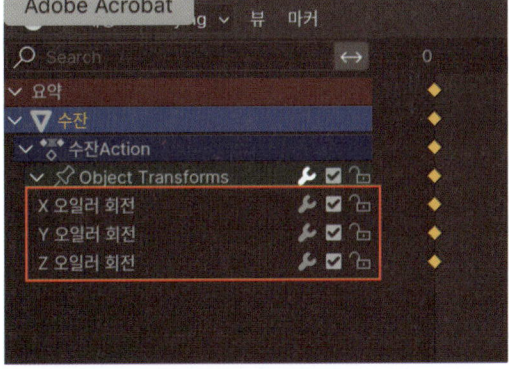

쿼터니언은 다양한 방향에서 자유롭게 회전시킬 수 있는 방법으로 직역하면 **4차원 수**라는 의미입니다. 4개의 수치(W, X, Y, Z)를 사용하기 때문에 4차원 수라 부른다고 생각하면 쉽게 이해할 수 있을 것입니다. 오일러 각도는 순서대로 회전하기 때문에 의도하지 않은 변형이 쉽게 발생하지만, 쿼터니언은 이 점에 신경 쓸 필요가 없습니다. 대신 4개의 수치를 사용하기 때문에 계산이 상당히 복잡하게 되기 쉽습니다. 그리고 키 프레임 사이에서의 최단거리로 변형하기 때문에 매번 키프레임을 삽입해 손을 더해야 합니다. 구분해서 사용할 수 있는 방법이지만 **손목이나 어깨 같이 여러 축으로 회전시킬 필요가 있는 경우에는 쿼터니언, 아래 팔이나 무릎 같이 1개의 축만으로 회전시킬 때는 오일러 각도**(우선 기본값인 XYZ 오일러 각도를 사용하면 좋습니다)을 사용하는 것이 단순하고 좋습니다.

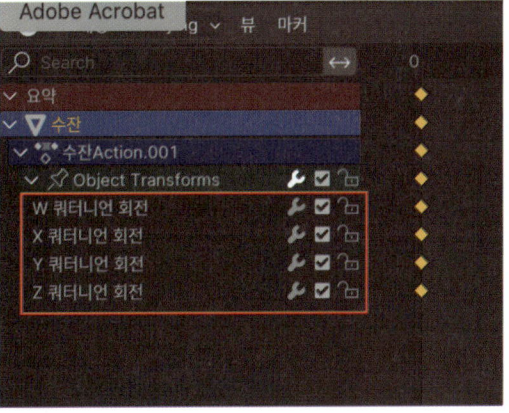

그래프 에디터를 조정하자

주요 포즈를 만들었으므로 다음 단계를 진행합니다. 여기에서는 **그래프 에디터**를 사용해 키 프레임 사이의 움직임을 조정합니다. 현재 키 프레임 사이는 최단 거리로 움직이기 때문에 움직임에 완급이 없는 상태입니다. 포즈 사이에 키 프레임을 삽입하는 것도 좋지만, 그렇게 하면 움직임이 직선적이 되어 딱딱하고 부자연스럽게 보입니다. 그래서 그래프 에디터를 사용해 커브를 조정함으로써 움직임의 부드러움과 곡선적인 움직임(운동 곡선)을 제어할 수 있게 됩니다. 그래프 에디터에서는 키 프레임 사이의 움직임을 보다 세세하게 조정할 수 있어, 속도의 완급이나 자연스러운 커브를 쉽게 만들 수 있습니다.

01 본 선택하기

Step

그래프 에디터를 사용하려면 먼저 대상 본을 선택해야 합니다. 3D 뷰포트에서 조정할 본을 선택합니다. 여기에서는 **Chest.Control**(상반신을 제어하는 **빨간색 폐 모양 본**)을 선택합니다.

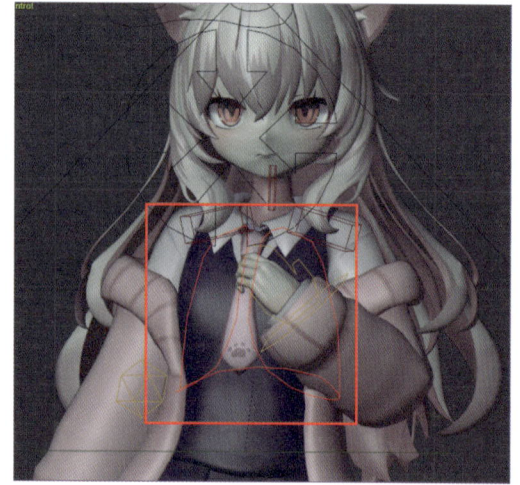

02 그래프 에디터 선택하기

Step

도프시트 왼쪽 위에 있는 **에디터 유형**에서 **그래프 에디터**를 선택해 전환합니다. 또는 도프시트 헤더 → **뷰** → **그래프 데이터로 전환**(Ctrl+TaB키)을 선택해 전환할 수도 있습니다.

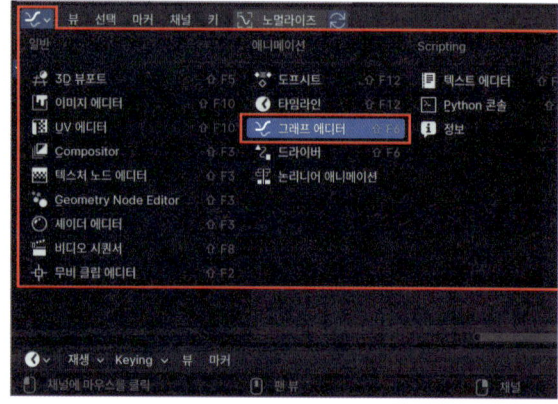

03 Chest.Control 계층 전개하기

Step

그래프 에디터 왼쪽에 있는 채널에서 **Chest. Control** 계층을 엽니다(왼쪽 화살표 모양 아이콘을 클릭하면 계층을 열고 닫을 수 있습니다). 그 뒤 **X 쿼터니언 회전**을 클릭합니다. 왼쪽에 있는 눈동자 모양 아이콘은 그래프 표시/숨기기를 전환하는 기능입니다. 실수로 숨기기 하지 않도록 주의합니다. 그래프 에디터에서는 세로 축은 편형, 가로축은 시간을 나타냅니다.

※ 채널 안에 모든 본이 표시되어 있는 경우에는 그래프 에디터의 헤더 아래 있는 오른쪽 **Only Show Selected(화살표 모양 아이콘)**를 활성화합니다.

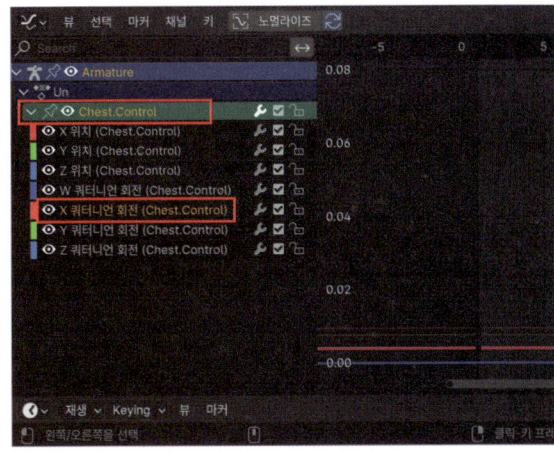

04 커브 확인하기

Step

커브가 너무 작거나 커서 보기 어려울 때가 있습니다. 이 때는 그래프 에디터의 헤더 → **뷰** → **모든 프레임**(Home키)를 선택해 현재 선택한 커브를 화면 가득 표시할 수 있습니다. 커브 형태 변화에 따라 핸들이나 커브가 잘 보이지 않을 때는, 그 때마다 그래프 에디터 안에서 **Home키**를 실행해 조정합시다.

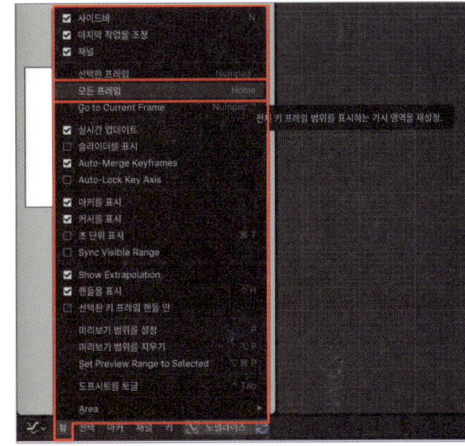

05 1번째 프레임에 있는 핸들 선택하기

Step

커브를 조정합니다. 왼쪽 채널에서 **Chest. Control**의 X축 회전에 관한 빨간색 커브가 표시되는 것을 확인했다면, 1번째 프레임에 있는 핸들(가운데 점)을 선택합니다. **마우스 휠 상하 회전**으로 화면의 줌 인/줌 아웃, **마우스 가운데 버튼 클릭 드래그**로 화면 이동, **Ctrl+마우스 가운데 버튼 클릭 드래그**로 화면을 세로 또는 가로로 늘릴 수 있습니다. 그래프 에디터가 보기 어렵다면 영역의 경계(3D 뷰포트와 그래프 에디터의 경계)를 마우스 좌클릭 드래그 해 화면의 크기를 조정합니다.

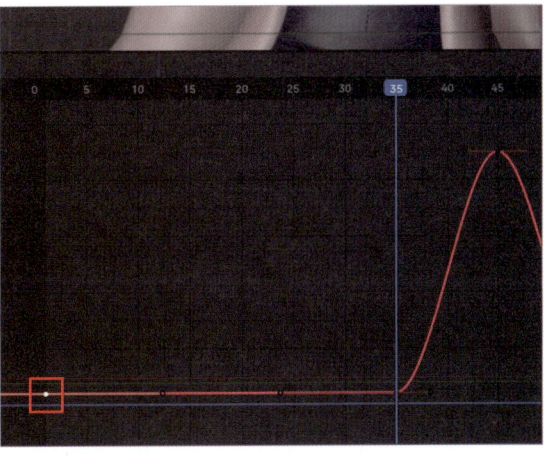

06 핸들에 수치 입력하기

Step

그래프 에디터 오른쪽의 **사이드바**(N키) → **F-커브** 탭 → **활성 키 프레임** 패널을 엽니다. 이 패널은 현재 선택한 핸들을 세세하게 조정할 수 있습니다. 여기에서는 **오른쪽 핸들** 프레임에 **14**, 값에 **0.155**를 입력합니다. **프레임**은 배치할 프레임 수, **값**은 변형값을 가리킵니다. 1번째 프레임의 오른쪽 핸들을 오른쪽으로 배치하면 커브가 위쪽으로 올라가는 듯한 형태가 됩니다.

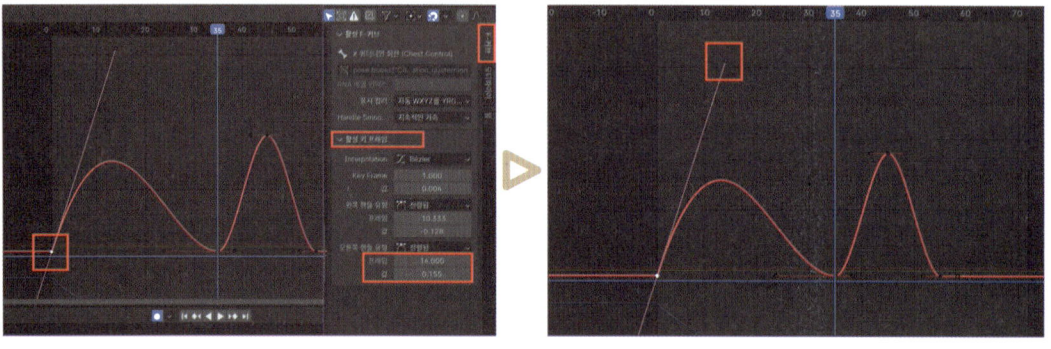

> **MEMO**
>
> 지정된 수치를 입력해도 커브 형태가 샘플과 다르게 보일 수 있습니다. 이 때는 그래프 에디터 표시를 조정해 봅시다.
> 그래프 에디터 위에서 **Ctrl+마우스 가운데 버튼 클릭 상하 드래그**해 표시 범위를 축적할 수 있습니다.
> 그래도 커브 형태가 잘 보이지 않을 때는 **사이드바**(N키) → **F-커브** 탭 → **활성 키 프레임** 패널에서 왼쪽 핸들의 프레임에 **4**, 값에 **0**을 입력합니다.

07 35번째 프레임에 있는 핸들 조정하기

Step

35번째 프레임에 있는 핸들(가운데 점)을 선택합니다. 그래프 편집기의 오른쪽에 있는 **사이드바**(N키)의 **F 커브** 탭에서 **활성 키프레임** 패널에서 왼쪽 핸들의 프레임에 **4**, 값에 **0**을 입력합니다.

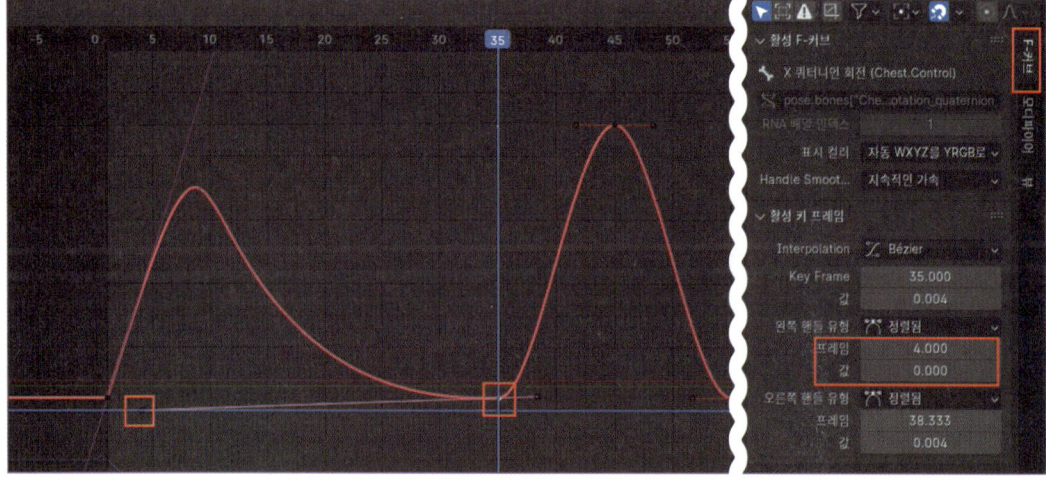

08 커브 조정하기

Step 그림과 같은 커브의 형태를 만들면 캐릭터가 옆에서 앞쪽으로 향할 때 조금 앞으로 굽힌 자세를 만들어 낼 수 있습니다. 단, 그 때 신체만 회전시키면 움직임이 기계적이고 부자연스럽게 보입니다. 여기에서는 몸을 앞으로 굽힘으로써 캐릭터가 중심을 조정하고, 신체 전체에서 균형을 잡으려고 하는 것처럼 보이게 할 수 있습니다. 순서대로 수치를 지정해도 그림과 같은 커브가 되지 않을 때는 그림을 참고해 수동으로 핸들을 조정합시다.

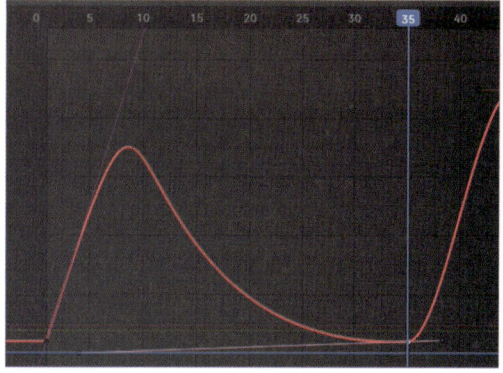

09 HeadIK의 Z 위치 선택하기

Step 신체만 앞으로 구부러지면 머리가 움직이지 않기 때문에 부자연스럽게 보입니다. 그렇기 때문에 머리의 움직임임도 그래프 에디터에서 조정해야 합니다. 먼저 **HeadIK(얼굴의 움직임을 제어하는 원형 본)**를 선택하고, 그래프 에디터의 왼쪽 채널에서 **Z 위치**를 클릭합니다. 이 **Z 위치**는 머리의 상하 방향 움직임을 제어하는 채널입니다.

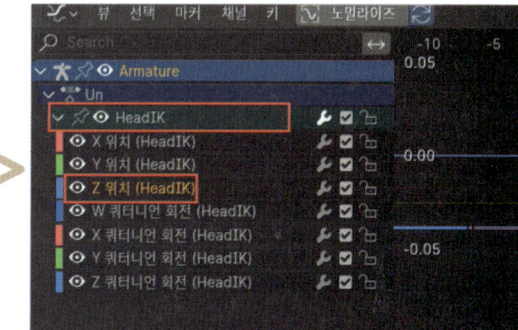

10 1번째 프레임의 핸들 조정하기

Step 1번째 프레임의 핸들(가운데 점)을 그래프 에디터에서 선택합니다. 그래프 에디터 오른쪽에 있는 **사이드바(N키)** → **F-커브** 탭 → **활성 키 프레임** 패널에서 오른쪽 핸들 프레임에 **15**, 값에 **-0.2**를 입력합니다.

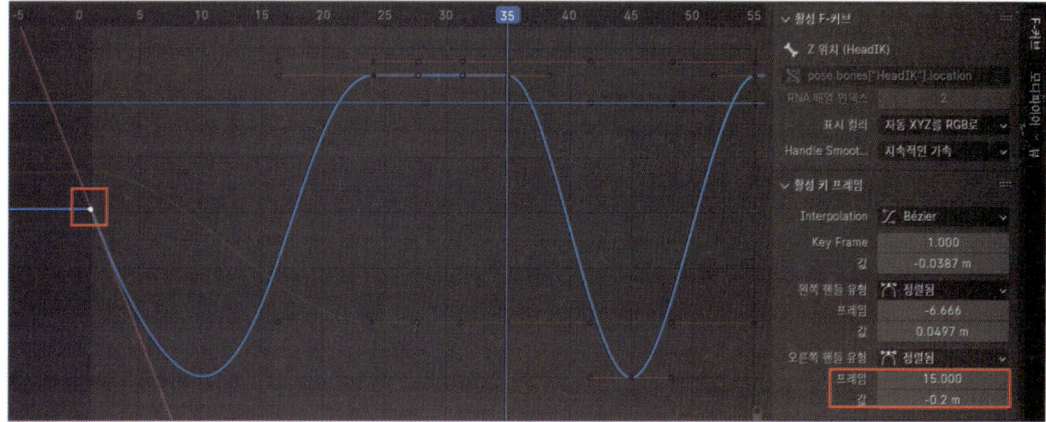

11 핸들 조정하기

Step 커브가 움푹 패여 있고 핸들이 크게 기울어져
있습니다. 이 상태에서 **Z 위치** 채널이 선택되
어 있는 것을 확인하고, 그래프 에디터 안에서 **Home
키**를 누르면, 편재 선택되어 있는 채널의 커브 전체가
화면에 표시되어 쉽게 볼 수 있습니다. 얼굴을 아래로
향하는 동작을 더함으로써 앞에서 보다 어색함이 해소
되어, 자연스러운 움직임을 완성할 수 없습니다. 순서
대로 수치를 지정해도 그림과 같은 커브가 되지 않을
때는 그림을 참조해 수동으로 핸들을 조정합니다.

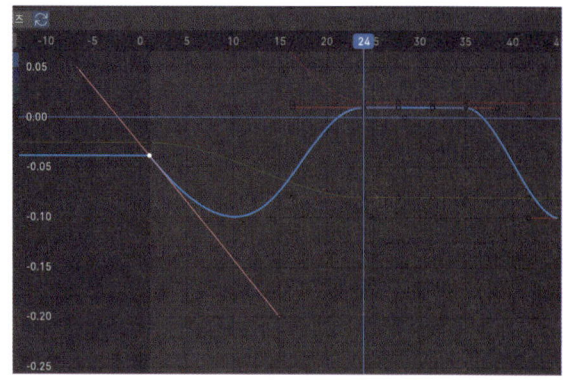

12 키 프레임 삭제하기

Step 얼굴의 움직임을 한층 세세하게 수정합니다.
HeadIK의 **Z 위치**의 **24**번째 프레임에 있는
핸들(가운데 점)을 선택하고 **X키 → 키 프레임을 삭제**를
눌러 삭제합니다. 이것을 삭제하면 **1**번째 프레임에서
35번째 프레임까지의 커브 형태를 부드럽게 만들 수
있습니다.

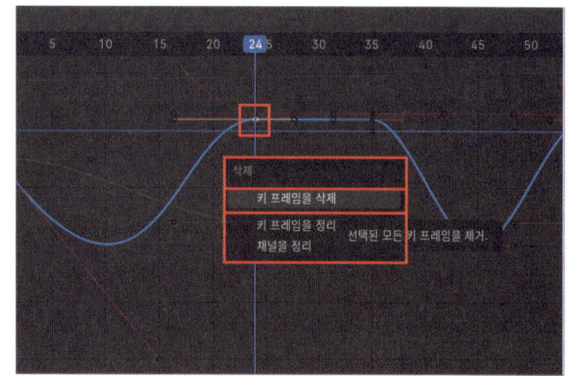

13 35번째 프레임의 핸들 조정하기

Step **35**번째 프레임의 핸들(가운데 점)을 선택합니다. 그래프 에디터의 오른쪽에 있는 **사이드바**(N키) → **F-커브** 탭 → **활
성 키 프레임** 패널에서 왼쪽 핸들의 프레임에 **5**, 값에 **0.01**을 입력합니다.

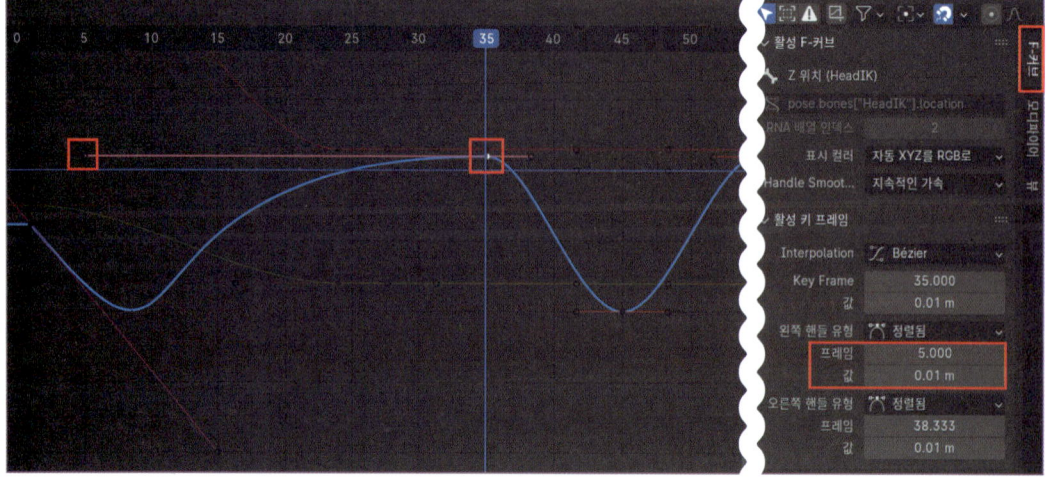

14 커브 확인하기

Step

그림과 같은 커브의 형태가 되었다면 문제 없습니다. 이 형태로 만들면 **24**번째 프레임에 신체가 갑자기 멈추지 않고 이전 동작(신체의 방향을 바꾸는)으로부터 조금 영향을 받는 듯한 표현을 할 수 있습니다.

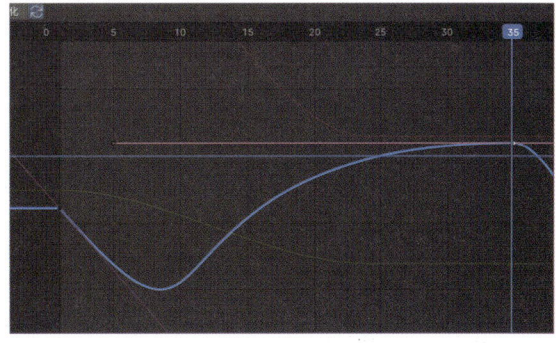

15 35번째 프레임의 핸들 선택하기

Step

다음으로 예비 동작을 만듭니다. **예비 동작**이란 **애니메이션 12 원칙**의 하나로 캐릭터가 메인 동작을 하기 전에 보이는 움직임입니다. 예를 들면 앞에서 기세 좋게 전진하기 전에 조금 뒤로 물러남으로써, 앞으로 나가는 움직임이 보다 강조됩니다(예비 동작은 메인 움직임을 눈에 띄게 하기 위한 움직임이라고 말할 수 있습니다). 이번 애니메이션에서는 목을 내리기 전에 아주 조금 목을 올리거나 뒤로 잡아 끄는 움직임을 더함으로써 목을 내리는 움직임이 보다 자연스럽게 강조합니다. 먼저 **35**번째 프레임의 핸들(가운데 점)을 선택합니다.

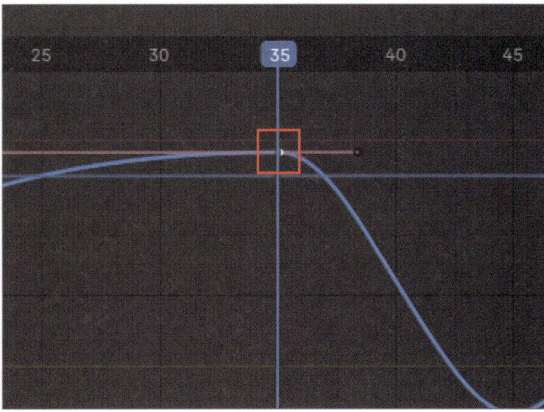

16 핸들 유형 변경하기

Step

핸들 유형을 변경합니다. 그래프 에디터 안에서 마우스 우클릭 해 메뉴를 표시하고 **핸들 유형(V키) → 자유**를 선택합니다. 이 작업을 하면 좌우 핸들이 각각 독립됩니다.

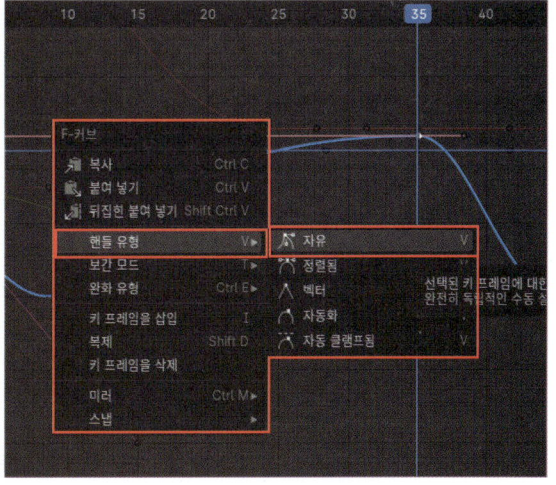

17 35번째 프레임의 핸들 조정하기

Step

그래프 에디터 오른쪽 **사이드바**(N키) → **F-커브** 탭 → **활성 키 프레임** 패널에서 오른쪽 핸들의 프레임에 **43**, 값에 **0.07**을 입력합니다. **자유** 유형의 오른쪽 핸들을 조금 올려 얼굴을 내리기 전에 조금 위로 올리는 동작을 추가할 수 있습니다.

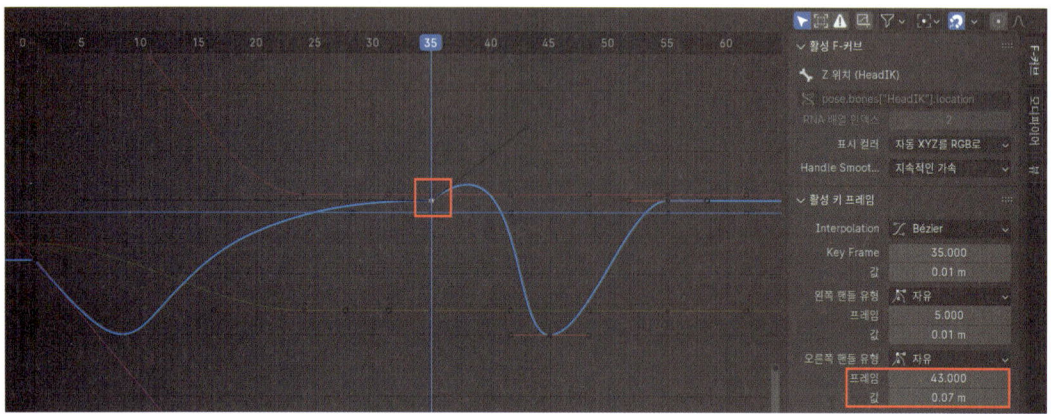

1-5   움직임을 수정하자

Space키를 눌러 애니메이션을 재생해 봅시다(정지할 때는 다시 Space키를 누릅니다). 그러면 몇 군데 움직임에서 위화감이 느껴질 것입니다. 여기에서는 **고개를 끄덕일 때 손이 움직이지 않는다**, **마지막 움직임이 멈춰 있다**는 두 가지 문제점을 수정합니다.

01 도프시트로 전환하기

Step

키 프레임 추가와 수치를 입력하기 위해 그래프 에디터 왼쪽 위에 있는 **에디터 유형**을 클릭해 **도프시트**로 전환합니다. 또는 그래프 에디터 헤더의 뷰 → **도프시트로 전환**(Ctrl+TaB키)를 실행해 전환할 수도 있습니다.

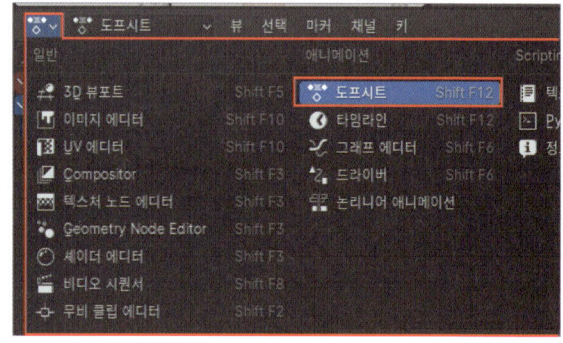

02 왼손 움직임 조정하기

Step

왼손 움직임을 조정합니다. 이 움직임은 마지막에 주먹을 꽉 쥐어서 결의를 표현합니다. 먼저 왼손을 제어하는 본인 **HandIK.L**(노란색 벙어리 장갑 모양 본)을 선택합니다. 다음으로 도프시트 위 프레임 번호(스크럽 영역)을 마우스 좌클릭 해 **40**번째 프레임으로 이동합니다. Next Page

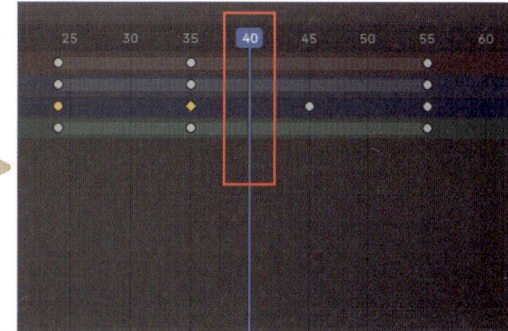

03 HandIK.L 설정하기

Step

3D 뷰포트 오른쪽 **사이드바**(N키) → **항목** 탭 → **변환** 패널에서 위치 X에 **-0.1**, 위치 Y에 **-0.3**, 위치 Z에 **0.03**을 입력합니다.

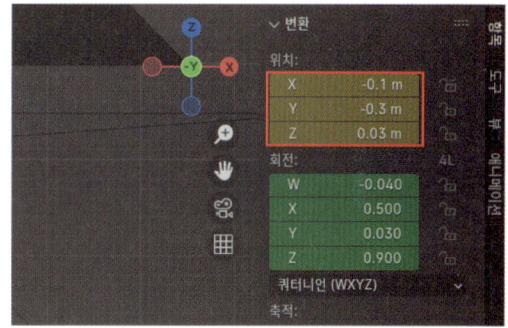

04 55번째 프레임의 HandIK.L 설정하기

Step

본 **HandIK.L**을 선택한 것을 확인하고 **55**번째 프레임으로 이동합니다. **사이드바**(N키) → **항목** 탭 → **변환** 패널에서 위치 X에 **-0.07**, 위치 Y에 **-0.3**, 위치 Z에 **0.03**을 입력합니다(여기의 수치는 기준일 뿐이므로 원하는 값으로 조정해도 좋습니다). 이렇게 입력하면 **40**번째 프레임에서 위로 올렸던 손이 조금 아래에서 멈춥니다.

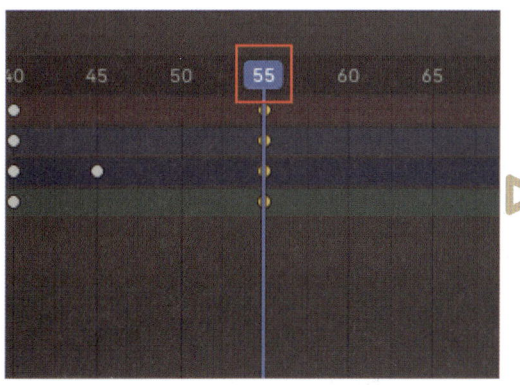

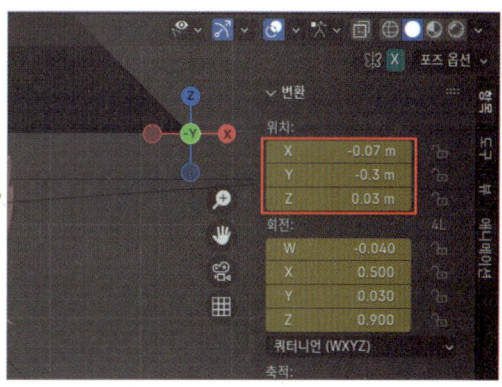

05 72번째 프레임으로 이동해 Chest.Control만 선택하기

Step 마지막 움직임에서 갑자기 정지하는 것은 부자연스러우므로 **신체가 정지할 때 지나친 움직임을 조금 되돌리는 동작**으로 변경합니다. 여기에서 조정하는 것은 얼굴을 제어하는 본인 **HeadIK**, 상반신을 제어하는 본인 **Chest. Control**입니다. 먼저 3D 뷰포트 위에서 **Chest.Control**만 선택합니다. 다음으로 도프시트의 왼쪽(채널)에서 **Chest. Control**이 표시되어 있는지 확인합니다. 만약 채널 안에 모든 본이 표시된다면 도프시트 오른쪽 위에 있는 **Only Show Selected**(화살표 모양 아이콘)을 활성화합니다.

 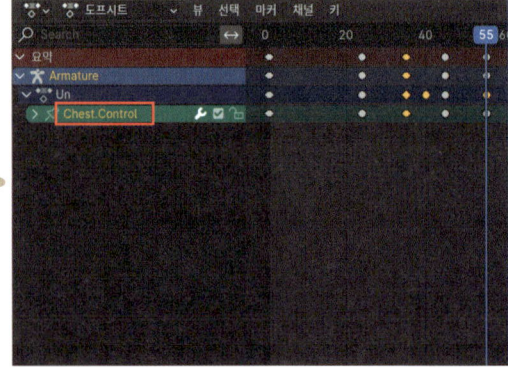

Column

본을 하나만 선택하는 이유

여러 본을 선택해 커브를 관리할 수도 있지만, 그 때는 마지막으로 선택한 본(활성화된 본)의 변형에 관한 수치가 **사이드바 → 항목 탭 → 변환** 패널에 표시됩니다. 애니메이션 만들기에 아직 익숙하지 않을 때는 많은 커브가 그래프 에디터 안에 표시되어 혼란에 빠지거나 잘못된 조작의 원인이 되기도 합니다. 처음에는 하나의 본만 선택해 변형하는 것이 좋습니다.

---

06 그래프 에디터로 전환하기

Step 도프시트 왼쪽 위 **에디터 유형**에서 **그래프 에디터**를 선택하거나 도프시트 위에서 **Ctrl+TaB키**를 실행해 화면을 **그래프 에디터**로 전환합니다.

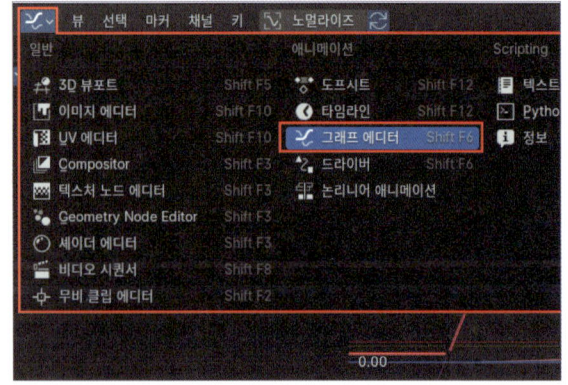

07 X 쿼터니언 회전 선택하기

Step

이 단계에서는 이 본의 각 축에 2개의 키 프레임을 삽입합니다. 그래프 에디터 왼쪽에 있는 **Chest.Control** 패널을 엽니다(오른쪽 방향 화살표 모양 아이콘을 클릭해 펼칩니다). 다음으로 **X 쿼터니언 회전**을 선택합니다. 그리고 채널과 그래프 에디터의 경계를 마우스 좌클릭 드래그 해 크기를 변경할 수 있습니다. 채널 이름 등이 잘 보이지 않을 때는 조정합니다.

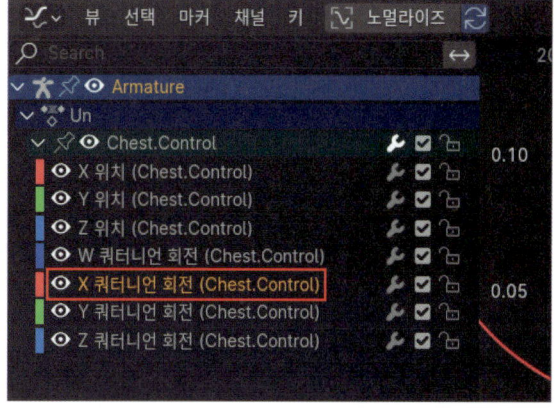

08 72번째 프레임에 키 프레임 삽입하기

Step

다음으로 **72**번째 프레임이 선택되어 있는지 확인하고, 그래프 에디터 헤더의 **키 → 삽입 → 선택한 채널만(I키)**를 실행해 선택한 채널 안에 키 프레임을 삽입합니다.

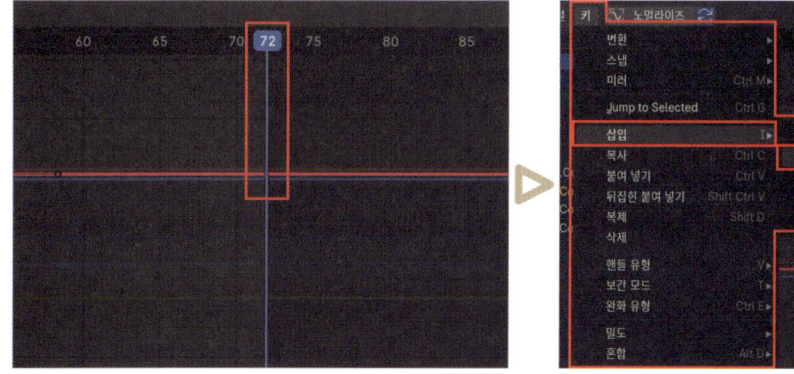

09 55번째 프레임 수정하기

Step

다음으로 **55**번째 프레임으로 이동합니다. 수치 입력 변형을 할 것이므로 대상 프레임으로 이동해야 합니다. 3D 뷰포트의 **사이드바(N키) → 항목** 탭 → **변환** 패널에서 회전 X에 **-0.01**을 입력합니다. Next Page

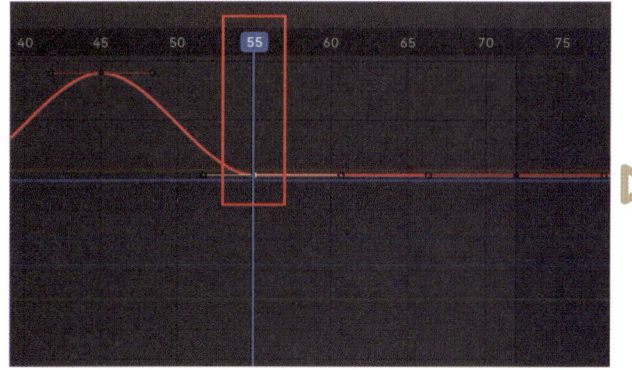

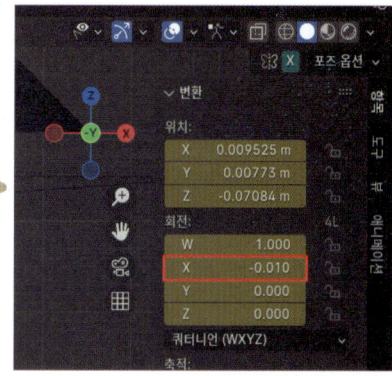

그림과 같은 커브 형태가 되면 문제 없습니다. 이러한 커브를 만들면 정지하기 위해 지나치게 움직이던 신체가 조금 되돌아가는 것처럼 동작합니다.

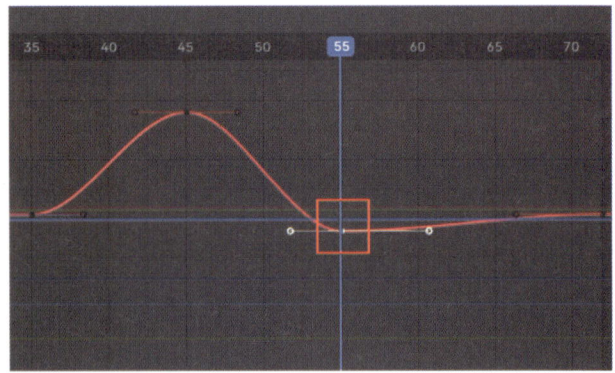

10 HeadIK 채널 안에 있는 Z 위치 선택하기
Step

다음으로 얼굴을 제어하는 본인 **HeadIK**에도 같은 조작을 합니다. 3D 뷰포트에서 **HeadIK**를 선택하고, 그래프 에디터 왼쪽의 **HeadIK** 채널에 있는 **Z 위치**를 선택합니다.

11 72번째 프레임에 키 삽입하기
Step

72번째 프레임에 있는 것을 확인합니다. 그래프 에디터의 헤더에서 **키 → 삽입 → 선택한 항목만(I키)**를 실행합니다. 이 조작을 하면 **55~72** 프레임 사이에 커브를 만들 수 있습니다.

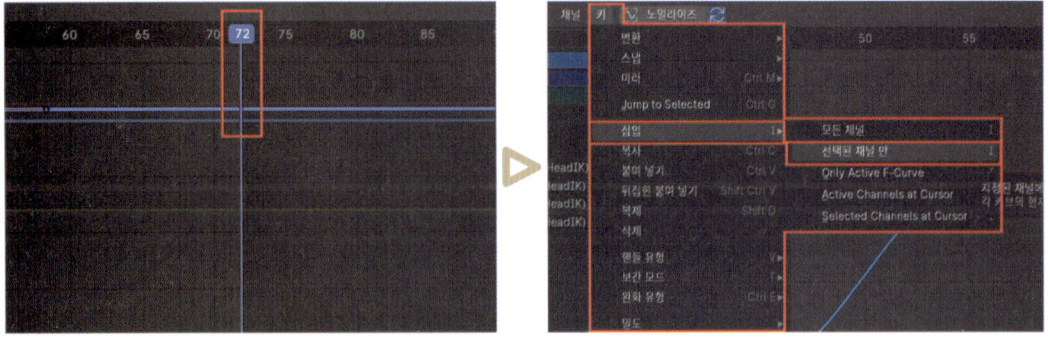

12 55번째 프레임의 핸들 조정하기

Step

55번째 프레임의 핸들(가운데 점)을 선택합니다. 그래프 에디터 오른쪽 **사이드바**(N키) → **활성 키 프레임** 패널에서 오른쪽 핸들의 프레임에 **58**, 값에 **0.04**를 입력합니다.

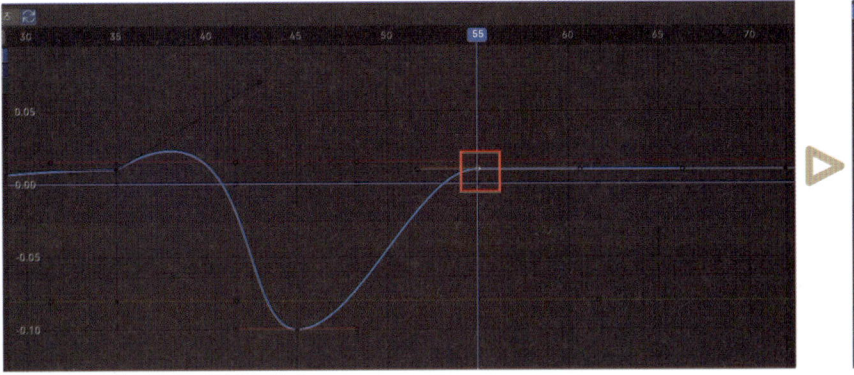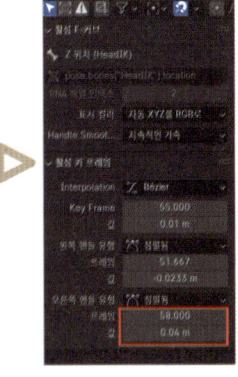

13 커브 확인 및 조정하기

Step

HeadIK의 Z 위치 커브가 그림과 같은 형태가 되었다면 문제 없습니다. 이 형태로 만들면 얼굴을 올린 뒤 조금 아래로 내리는 움직임이 추가됩니다. 사람이나 동물은 항상 정확하게 멈추지 않습니다. 조금 더 움직인 뒤 동작을 되돌리는 듯한 여운이나 반동이 있을 때가 많습니다. 이 움직임을 넣음으로써 애니메이션의 움직임에 무게감을 느끼게 할 수 있습니다. 작업을 마쳤다면 그래프 에디터 왼쪽 위 **에디터 유형**에서 **도프시트**를 선택하거나 그래프 에디터 위에서 **Ctrl+TaB키**를 눌러 도프시트로 빠르게 전환합니다.

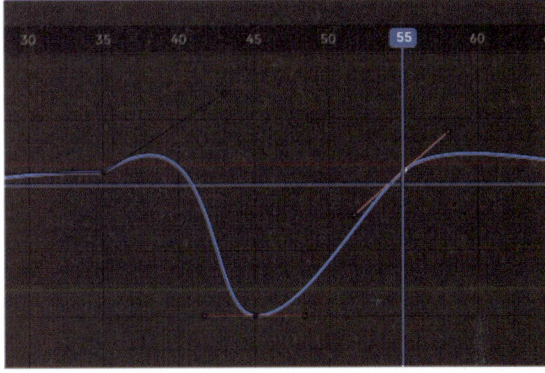

1-6 머리카락을 흔들리게 하자

다음은 머리카락이 흔들리는 애니메이션(세컨더리 애니메이션)을 만듭니다. 흔들리는 것은 캐릭터의 움직임에 반응해 흔들리므로 애니메이션의 진행에 맞춰 만드는 방법이 좋습니다. 이 방법을 **스트레이트 어펜드**straight-append라 부릅니다. 머리에서 순서대로 만듦으로써 머리카락이 신체의 움직임에 어떻게 반응하는지 직관적으로 쉽게 이해할 수 있습니다. 머리카락의 본은 숫자가 많고, 이들을 일일이 제어하기에는 많은 시간이 소요됩니다. **Bone Collections** 기능을 사용해 머리카락의 본만 선택할 수 있도록 합니다.

01 Bone Collections 설정하기

Step 오른쪽 프로퍼티스 → **오브젝트 데이터 프로퍼티스** → Bone Collections 패널의 **IK** 컬렉션을 숨기기 합니다. 오른쪽 눈동자 모양 아이콘에서 표시/숨기기를 전환할 수 있습니다(별 마크는 해당 컬렉션만 표시하는 기능입니다). 다음으로 **2nd_Hair_out**, **2nd_Hair_in** 컬렉션의 눈동자 모양 아이콘을 클릭해 표시합니다. 이 2개의 컬렉션은 뒷머리카락을 제어하는 본입니다. **out**은 바깥쪽 머리카락, **in**은 안쪽 머리카락을 의미합니다.

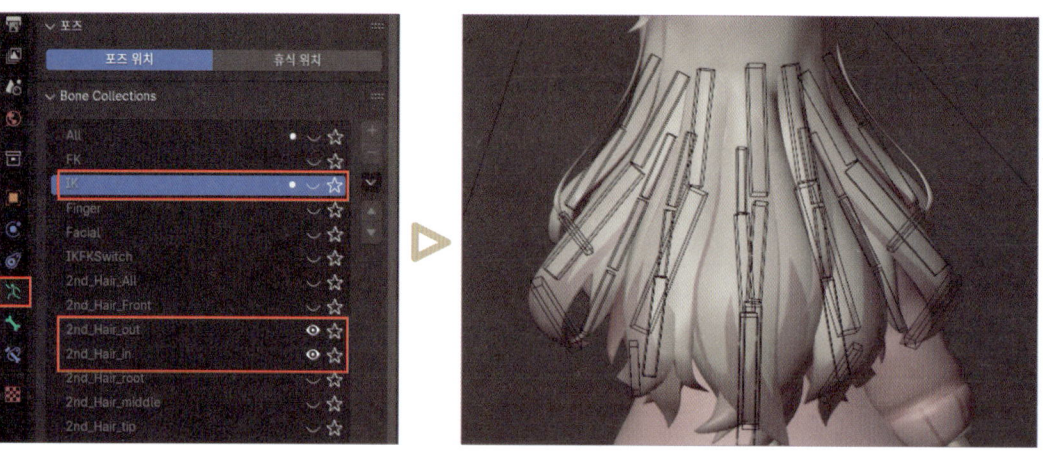

02 머리카락 본 선택하기

Step 3D 뷰포트 위에서 모두 선택의 단축키인 **A키**를 누릅니다. 그 때 **그래프 에디터**에서 **도프시트**로 전환합니다. 그러면 **도프시트** 위에 뒷머리카락을 제어하는 채널이 표시됩니다. 채널이 표시되지 않을 때는 뒷머리카락의 본 중 임의의 1개를 선택한 상태에서 **A키**를 누릅니다. 도프시트는 본을 선택해야만 키 프레임이 표시합니다. **Un**은 현재 편집하고 있는 액션이며, 만든 키프레임은 모두 이 항목에 표시됩니다❶. 이 항목에 표시되어 있는 키 프레임은 본을 선택하지 않은 상태에서도 표시되지만 조작은 할 수 없습니다. 한편, 뒷머리카락 관련 본은 1번째 프레임에만 키 프레임이 삽입되어 있으므로 아무것도 표시되지 않습니다❷.

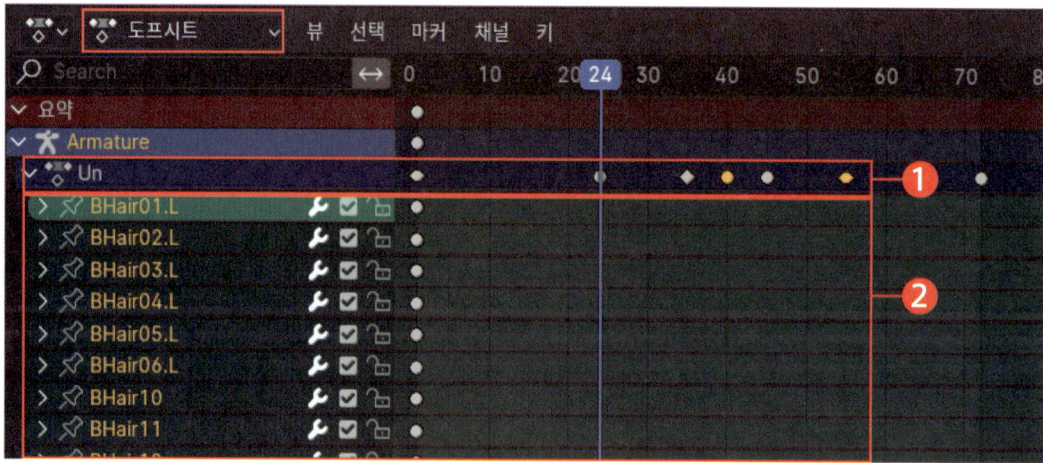

03 13번째 프레임으로 이동하기

Step

먼저 대상 프레임으로 이동합니다. 여기에서는 신체가 옆쪽에서 앞쪽을 향할 때 **가장 가속되는 구간**인 13번째 프레임으로 이동합니다. 이 프레임에서 머리카락을 흔들리게 함으로써 이후의 조정을 쉽게 할 수 있게 됩니다.

04 머리카락 조정하기

Step

3D 뷰포트에서 **텐키 1**을 눌러 **앞쪽 시점**으로 전환합니다. 다음으로 3D 뷰포트 위쪽 **변환 오리엔테이션**이 **로컬**로 되어 있는지 확인한 뒤, **A키**를 눌러 뒷머리카락을 모두 선택합니다. **회전(R키)** → **Z키**를 누르고 **-5**를 입력한 뒤 **EnteR키**를 눌러 결정합니다. 이것으로 입력한 수치에 맞춰 머리카락이 회전합니다. 수동으로 조정할 경우에는 마우스를 왼쪽으로 움직여 머리카락이 신체의 움직임을 따르듯 조정합니다. 회전 각도가 너무 크면 머리카락이 강풍에 날리는 것처럼 보이므로 조금만 흔들리는 정도로 만드는 것이 좋습니다. 신체가 왼쪽을 향하므로 머리카락은 그 반대 방향으로 흔들립니다(머리카락은 바람이 없는 곳에서는 신체의 움직임에 따라 흔들립니다).

그리고 회전을 결정하면 3D 뷰포트 왼쪽 아래 **오퍼레이터 패널**이 표시됩니다. 이 패널을 클릭해서 열면 보다 세세한 변형을 조정할 수 있습니다. 여기의 각도에 **-5**를 입력하고 **축**을 **Z**, **오리엔테이션**을 **로컬**로 설정해 같은 작업을 할 수 있습니다.

05 24번째 프레임에서 머리카락 조정하기

Step

다음으로 신체의 움직임을 멈추는 24번째 프레임으로 이동합니다. 모두 선택의 단축키인 **A키**를 누르고 **회전(R키)** → **Z키**를 실행합니다. 그 뒤 **7**을 입력하고 **EnteR키**를 눌러 확정합니다(왼쪽 아래 **오퍼레이터** 패널에서 **각도**에 7을 입력해도 좋습니다). 수동으로 조정할 경우에는 마우스를 오른쪽으로 이동해 머리카락이 신체의 정지에 맞춰 왼쪽으로 흔들리도록 조정합니다. 이 흔들림을 통해 캐릭터가 움직임을 멈춘 뒤에도 머리카락이 관성으로 인해 조금 흔들리는 자연스러운 움직임을 표현할 수 있습니다.

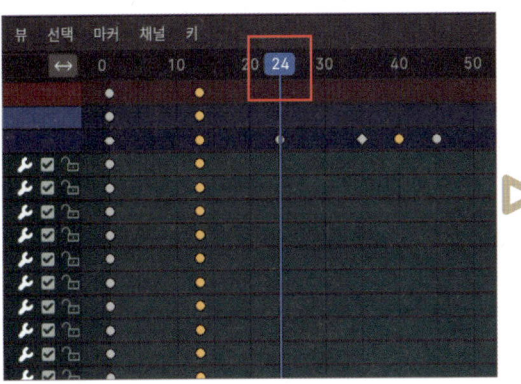

06 35번째 프레임에서 머리카락 조정하기

Step 고개를 끄덕이기 직전의 포즈인 **35**번째 프레임으로 이동합니다. 모두 선택의 단축키인 **A키**를 누르고 **회전(R키)** → **Z키**를 실행합니다. 그 뒤 **-3**을 입력하고 **EnteR키**를 눌러 확정합니다(왼쪽 아래 **오퍼레이터** 패널에서 **각도**에 **-3**을 입력해도 좋습니다). 이렇게 신체(몸체)가 정지한 뒤에도 머리카락(몸체에 포함된 파츠) 계속 흔들리게 하는 기법을 **팔로우 스루**라 부릅니다. 그리고 신체가 정지하면 흔들림도 점점 작아집니다. 수동으로 조정할 경우에는 마우스를 왼쪽으로 이동해 조정합니다.

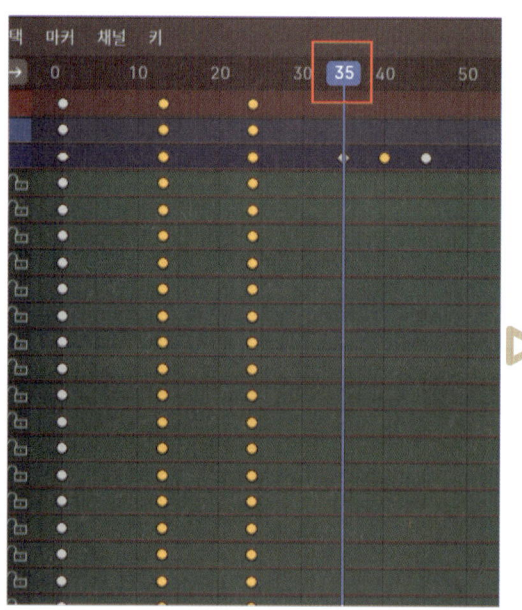 

07 1번째 프레임의 키를 복제해서 이동하기

Step 머리카락의 움직임을 복제합니다. 1번째 프레임에 있는 키 프레임 위쪽을 선택한 뒤 **복제(Shift+D키)**합니다. 복제한 키 프레임의 위치를 결정하는 모드가 됩니다. 가장 마지막인 **72**번째 프레임에 배치합니다. **72**번째 프레임이 아닌 곳에 배치했을 때는 마우스 좌클릭 드래그 해 이동해서 조정합니다. 이것으로 머리카락이 조금 흔들리는 움직임을 표현할 수 있게 되었습니다. 머리카락의 움직임은 완전히 멈추지 않고, 조금이라도 좋으니 계속 움직이는 편이 자연스럽습니다.

> **MEMO**
>
> 복제할 때 이미 키 프레임이 삽입되어 있는 위치에 복제하면 키 프레임이 덮어씌워집니다. 이 때는 **Ctrl+Z키**를 눌러 한 단계 이전으로 되돌아가 수정합니다.

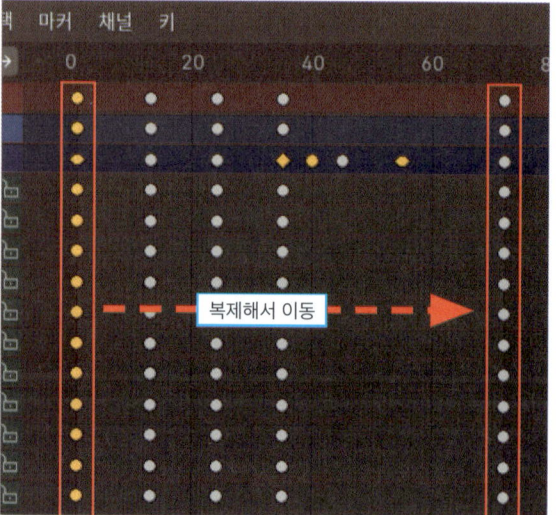

복제해서 이동

08 2nd_Hair_middle 활성화하기

Step
머리카락을 한층 자연스럽게 보이도록 조정
합니다. 오른쪽 프로퍼티스 → **오브젝트 데
이터 프로퍼티스** → **Bone Collections** 패널에 있는
2nd_Hair_middle의 **솔로 기능(오른쪽 별 모양 아이콘)**
을 활성화합니다. 이 별 모양 아이콘을 활성화하면 해
당 컬렉션 안의 본만 3D 뷰포트에 표시됩니다. **2nd_
Hair_middle** 컬렉션은 뒷머리카락의 중간 부분(본)
을 표시하고, 세세한 흔들림 조정에 사용합니다. 또한
2nd_Hair_tip 컬렉션은 머리카락 끝부분의 본만 표시
합니다.

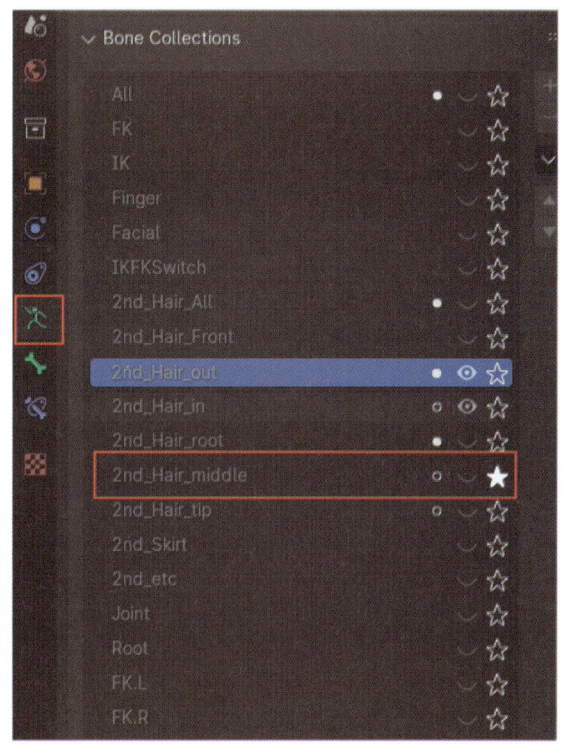

09 13, 24, 35 프레임 선택하기

Step
3D 뷰포트에서 뒷머리카락 중간 부분이 선
택되어 있는 것을 확인합니다(선택되지 않았을
때는 3D 뷰포트에서 **A키**를 눌러 모두 선택합니다). 다음으
로 도프시트에서 13번째 프레임, 24번째 프레임, 35번
째 프레임의 키 프레임 위쪽을 선택합니다. 선택할 때
는 **Shift+마우스 좌클릭** 또는 키 프레임 위쪽을 마우
스 좌클릭 드래그 해 **박스 선택**합니다. 키 프레임이 주
황색으로 변하면 선택된 상태입니다. **1번째 프레임**과
마지막 **72번째 프레임**에 있는 키 프레임은 선택하지
않도록 주의합니다. **1번째 프레임**을 움직이면 움직임
이 시작하는 프레임이 어긋나기 때문입니다. **72번째**
프레임을 움직이지 않는 것은 키 프레임이 72프레임
이후로 튀어 나오지 않도록 하기 위해서 입니다. 먼저
렌더링 범위인 **1~72** 프레임 안에서 작업해 애니메이
션 만들기에 익숙해 집시다.

※ 키 프레임이 주황색으로 표시되어도 3D 뷰포트에 표시된 본만 편집할 수 있습니다.

10 키 프레임 이동하기

Step 선택한 키 프레임들을 마우스 좌클릭 드래그 해 5프레임 앞으로 이동시킵니다. **13**번째 프 레임은 **18**번째 프레임, **24**번째 프레임은 **29**번째 프레 임으로 이동합니다.

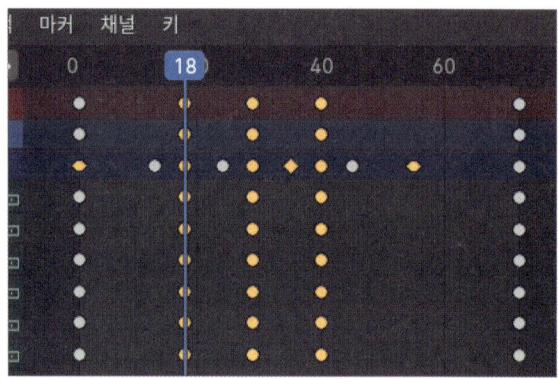

11 2nd_Hair_tip 활성화하기

Step 다음으로 머리카락 끝을 움직입니다. 오른 쪽 프로퍼티스 → **오브젝트 데이터 프로퍼티 스** → **Bone Collections** 패널에서 **2nd_Hair_tip**의 솔로(오른쪽 별 모양 아이콘)만 활성화합니다(**2nd_Hair_ middle**의 솔로는 비활성화합니다).

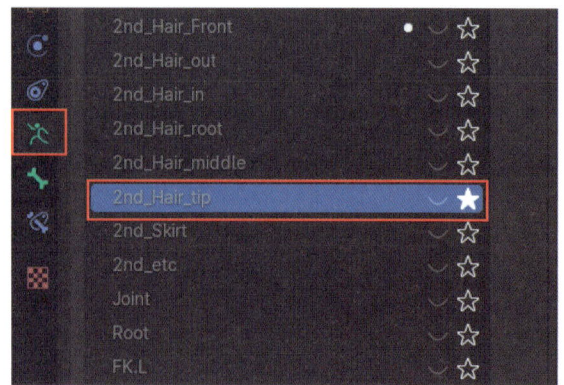

12 키 프레임 이동하기

Step 3D 뷰포트 위에서 **A키**를 눌러 머리카락 끝의 본을 모두 선택합니다. 다음으로 도프시트 위에서 **13**번째 프레임, **24**번째 프레임, **35**번째 프레임의 키 프레임 위쪽을 선택합니다. 이 키 프레임들을 마우스 좌클릭 드래그 해 **10** 프 레임 앞으로 이동합니다(**13**번째 프레임의 키 프레임은 **23**번째 프레임으로 이동하게 됩니다). 이렇게 키 프레임을 어긋나게 해서 머 리카락을 자연스럽게 표현할 수 있습니다.

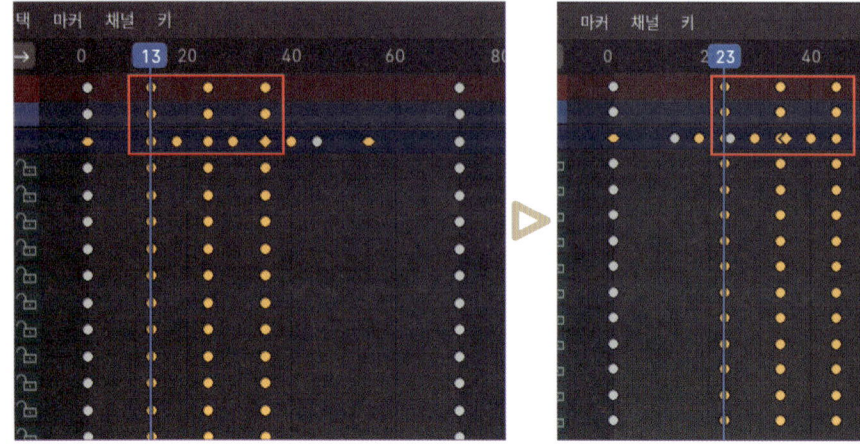

13 2nd_Hair_Front 활성화하기

Step
앞머리카락과 옆머리카락의 흔들림을 만듭니다. 이 흔들림을 만드는 작업은 그 순서가 길기 때문에 앞과 같이 키 프레임을 어긋나게 하는 방법이 아니라 회전만으로 조정합니다. 오른쪽 프로퍼티스 → **오브젝트 데이터 프로퍼티스** → **Bone Collections** 패널에서 **2nd_Hair_Front**의 솔로(별 모양 아이콘) 만 활성화합니다. **2nd_Hair_tip**의 솔로는 비활성화합니다.

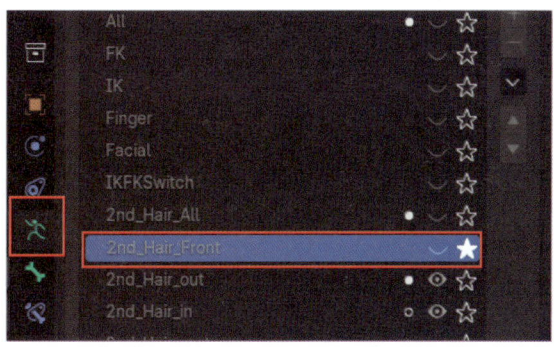

14 13번째 프레임에서 머리카락 조정하기

Step
3D 뷰포트 위에서 **A키**를 눌러 앞머리카락과 옆머리카락 본을 선택합니다. 13번째 프레임으로 이동해 3D 뷰포트 위에서 **회전(R키)** → **Y키**를 2번 눌러 **글로벌** 축으로 전환합니다. 다음으로 **5**를 입력하고 **EnteR키**를 눌러 확정합니다(왼쪽 아래 오퍼레이터 패널에서 각도를 5, 축을 Y, 오리엔테이션을 **글로벌**로 설정해도 같은 조작을 할 수 있습니다). 수동으로 조정할 경우에는 마우스를 왼쪽으로 움직여 조정합니다. 그 때 옆쪽에서 앞쪽으로 움직일 때의 가속 구간에서 앞머리카락과 옆머리카락에 작은 흔들림을 만듭니다.

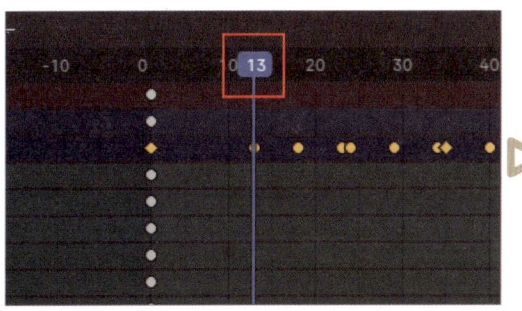 

15 29번째 프레임에서 머리카락 조정하기

Step
29번째 프레임으로 이동해 3D 뷰포트 위에서 **회전(R키)** → **Y키**를 2번 눌러 **글로벌** 축으로 전환합니다. 다음으로 **-7**을 입력하고 **EnteR키**를 눌러 확정합니다(왼쪽 아래 오퍼레이터 패널에서 각도를 -7, 축을 Y, 오리엔테이션을 **글로벌**로 설정해도 같은 조작을 할 수 있습니다). 수동으로 조정할 경우에는 마우스를 오른쪽으로 움직여 조정합니다. 뒷머리카락과 똑같이 흔들리면 부자연스러우므로 무작위 느낌을 주기 위해 **29**번째 프레임에서 세세하게 조정합니다.

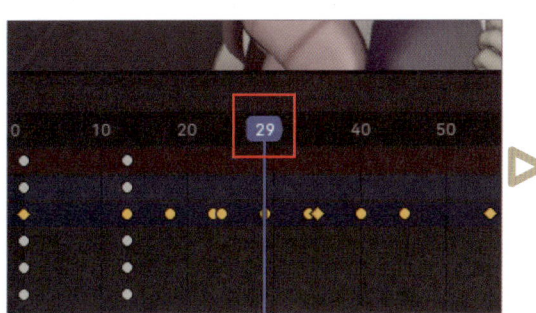 

16

1번째 프레임의 키 프레임을 복제해서 이동하기

Step 키 프레임을 복제합니다. 1번째 프레임의 키 프레임 위쪽을 선택하고 **복제(Shift+D키)**합니다. 다음으로 **45번째** 프레임에 복제한 키 프레임을 마우스 좌클릭 해 붙여 넣습니다.

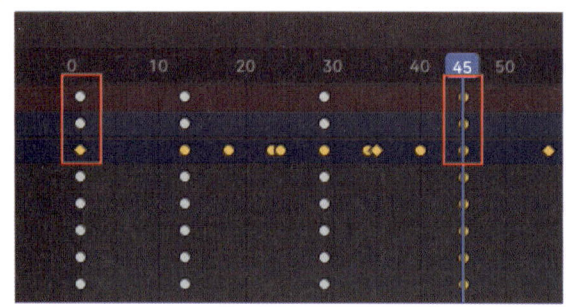

17

1번째 또는 45번째 키 프레임을 복제해서 이동하기

Step 마찬가지 순서를 반복해 1번째 프레임 또는 **45번째** 프레임의 키 프레임을 복제해 **72번째** 프레임에 붙여 넣습니다. 종료 프레임에 키 프레임이 없으면 움직임이 갑자기 멈춰 부자연스럽게 보이기 때문입니다. 가능한 키 프레임을 설정해 둡니다.

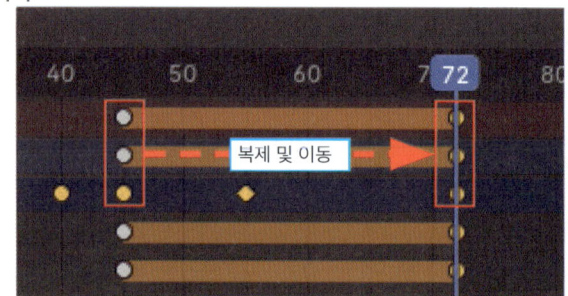

18

55번째 프레임에서 머리카락 조정하기

Step **55번째** 프레임으로 이동해 3D 뷰포트 위에서 **회전(R키)** → **Y키**를 2번 눌러 **글로벌** 축으로 전환합니다. 다음으로 **3**을 입력하고 **EnteR키**를 눌러 확정합니다(왼쪽 아래 오퍼레이터 패널에서 각도를 3, 축을 Y, 오리엔테이션을 **글로벌**로 설정해도 같은 조작을 할 수 있습니다). 이 조작을 통해 머리카락이 얼굴의 움직임에 맞춰 살짝 흔들리는 표현을 할 수 있습니다. 수동으로 조정할 경우에는 **회전(R키)**을 사용해 마우스를 왼쪽으로 움직여 조정합니다. 여기에서는 수치를 입력했지만 앞머리카락과 옆머리카락은 수동으로 조정하는 편이 빠르기 때문에 애니메이션 만들기에 익숙해졌다면 수동으로 조정하는 방법을 사용해 보십시오.

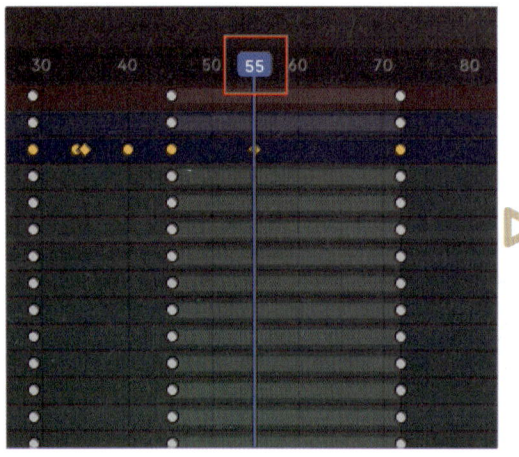

1-7 표정을 바꾸자

움직임을 어느 정도 완성했으므로 다음은 표정을 만듭니다.

01 Facial 컬렉션 표시하기

Step 먼저 오른쪽 프로퍼티스 → **오브젝트 데이터 프로퍼티스** → Bone Collections 패널에서 **2nd_Hair_Front**의 솔로(별 모양 아이콘)를 비활성화합니다. 다음으로 **2nd_Hair_out**, **2nd_Hair_in** 컬렉션을 숨기기 하고(눈동자 모양 아이콘 클릭), **Facial** 컬렉션을 표시합니다.

02 Facial_eye 선택하기

Step 3D 뷰포트 위, 캐릭터 오른쪽에 4개의 표정을 제어하는 본이 표시됩니다. 그 중에서 눈을 제어하는 본 **Facial_eye**를 선택합니다❶. **Facial_eye**는 원 안에 눈 아이콘이 그려져 있는 본입니다. 다음으로 **사이드바**(N키) → **항목** 탭❷을 열고 **프로퍼티스** 패널을 클릭❸한 뒤, 수치 입력 필드를 표시합니다. 이 필드에 키프레임을 삽입합니다.

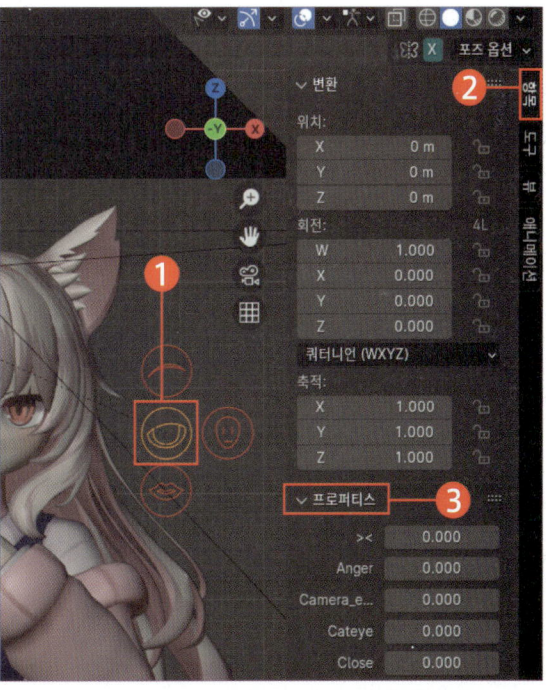

03 6번째 프레임에 키 프레임 삽입하기

Step

도프시트에서 **6**번째 프레임으로 이동합니다. **사이드바**(N키) → **항목** 탭 → **프로퍼티스** 패널의 **Close** 수치 필드를 마우스 우클릭 한 뒤 **키 프레임을 삽입**(I키)을 클릭합니다. 이것은 의 개폐를 제어하는 셰이프 키(버텍스의 이동을 기록해 표정 등을 제어하는 기능)입니다. 수치 필드가 노란색으로 표시되면 셰이프 키에 키 프레임이 삽입된 것을 의미합니다. 이 프레임에 수치가 **0**인 키 프레임을 삽입하는 이유는 눈을 감은 뒤 다시 눈을 뜨는 동작을 만들기 위한 것입니다.

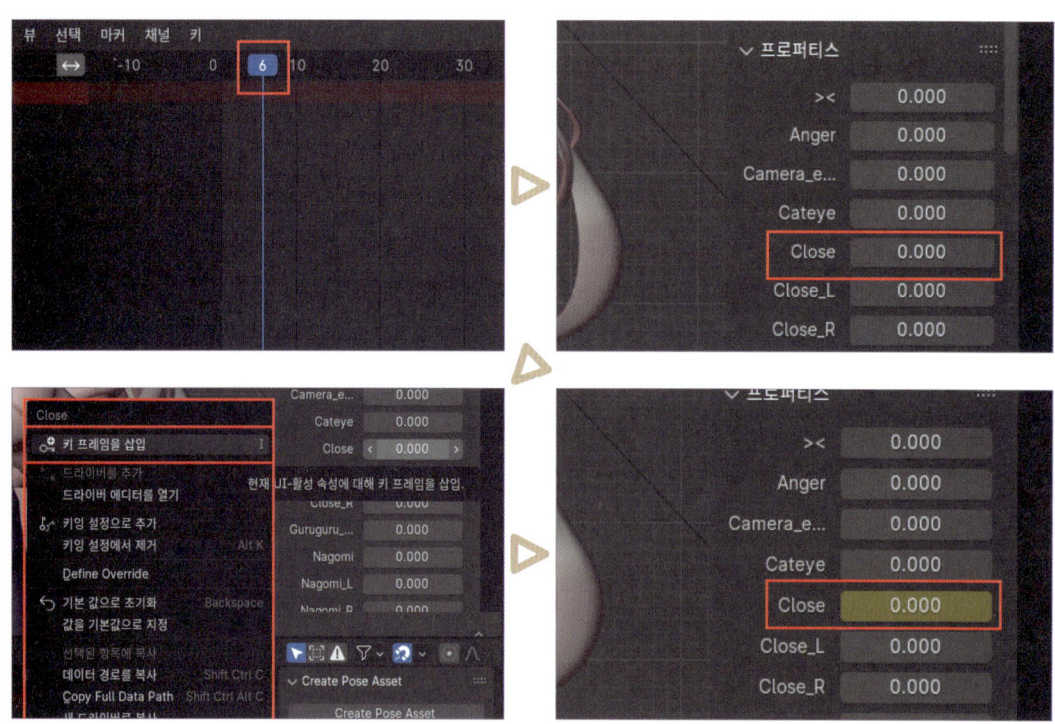

04 키 프레임 복제하기

Step

6번째 프레임에 키 프레임을 삽입했다면 이 키 프레임을 복제해 각 프레임에 붙여 넣습니다. **6**번째 프레임의 키 프레임 위쪽을 선택한 뒤 **복제**(Shift+D키)합니다. 그리고 **13**번째 프레임, **35**번째 프레임, **51**번째 프레임에 복제한 키 프레임을 배치합니다(복제한 키 프레임에서 **Shift+D키**를 다시 실행하면 연속해서 복제할 수 있습니다).

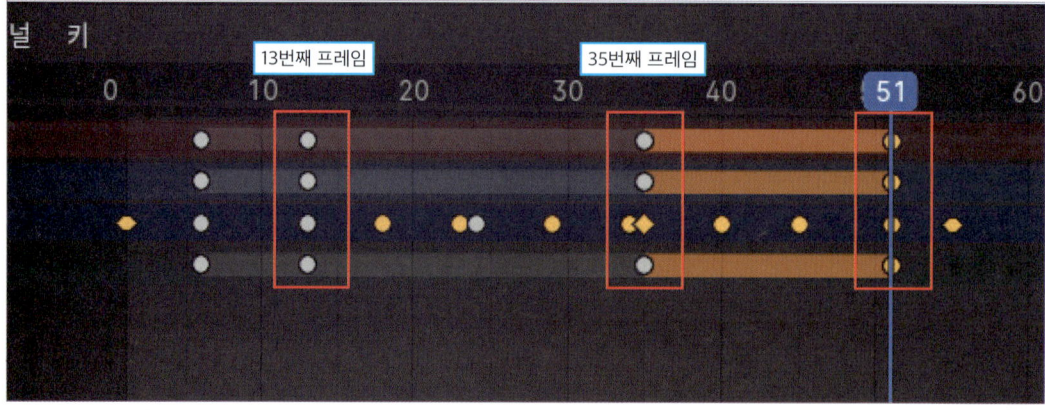

05 8번째 프레임에 키 프레임 삽입하기

Step 8번째 프레임으로 이동해 **사이드바(N키)** → **항목** 탭 → **프로퍼티스** 패널에 있는 **Close**를 클릭하고 **1**을 입력합니다.

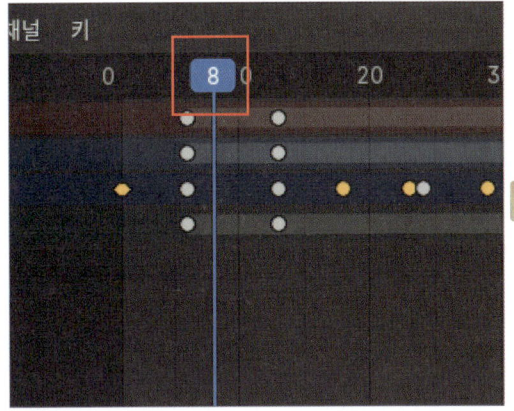

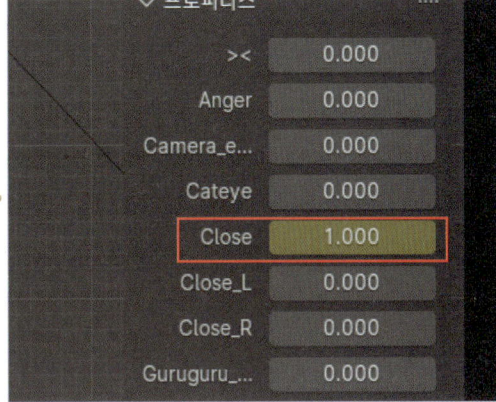

06 키 프레임 복제하기

Step 8번째 프레임의 키 프레임 위쪽을 선택하고 **복제(Shift+D키)**합니다. **11**번째 프레임, **37**번째 프레임, **49**번째 프레임에 앞에서 복제한 키 프레임을 붙여 넣습니다. 이렇게 키 프레임을 복제함으로써 눈을 자연스럽게 뜨고 감게 됩니다.

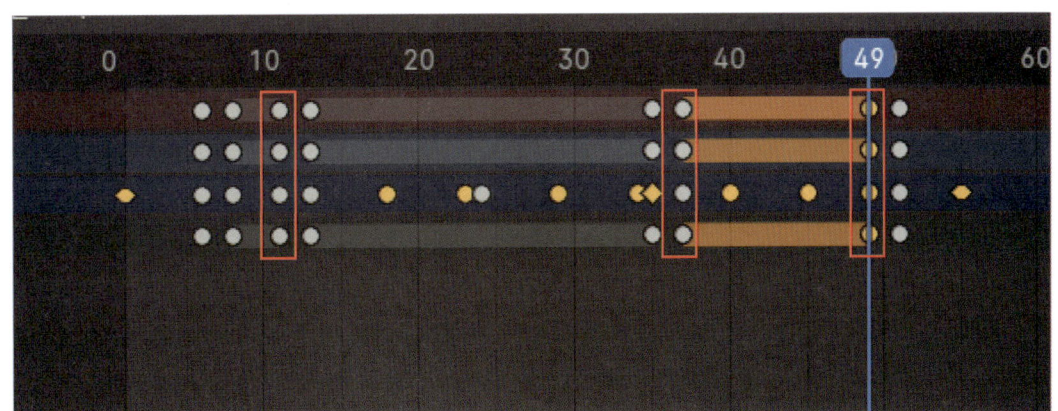

캐릭터 볼을 붉게 하기

다음으로 표정을 제어하는 본인 **Facial**을 선택합니다. 이 본은 원 가운에 얼굴 아이콘이 그려져 있습니다. **사이드 바(N키) → 항목 탭 → 프로퍼티스** 패널에서 Blush 수치를 **1**로 설정합니다. 이제 캐릭터의 볼이 붉기 변합니다. 수치 필드가 파란색이 되는 것은 연결된 데이터 수치가 변경된 것을 나타냅니다. 그리고 **솔리드** 표시에서는 볼의 홍조가 올바르게 표시되지 않지만 **매테리얼 뷰** 또는 **렌더** 표시로 전환하면 올바르게 확인할 수 있습니다(3D 뷰포트 오른쪽 위 **뷰포트 셰이 딩** 메뉴에서 전환할 수도 있습니다). 렌더링 할 때는 문제 없이 표시되므로 일반적인 작업에서는 **솔리드** 표시로 유지하는 것이 좋습니다.

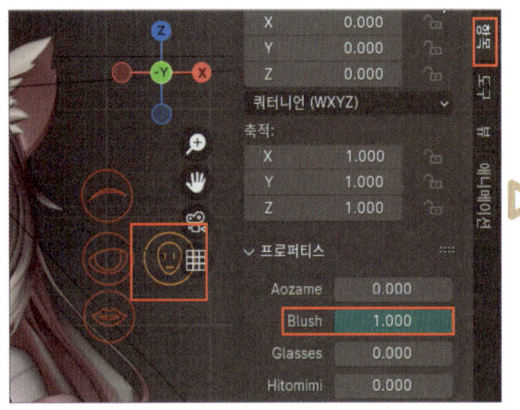

Column

가벼운 미소를 짓게 만들자!

셰이프 키의 키 프레임 삽입을 효과적으로 사용하면 다양한 표정을 만들 수 있습니다. 이 책에서는 자세한 순서를 설명하지 않지만 **40**번째 프레임에서 입을 제어하는 본 **Facial_mouth**를 선택하고 사이드바(N키) → 항목 탭 → 프로퍼티스 패널에서 **niko**에 **0**, **unyo**에 **1**을 입력한 뒤 키 프레임을 삽입합니다(수치 필드에 마우스 커서를 올리고 마우스 우클릭 → **키 프레임을 삽입(I키)** 실행). **42**번째 프레임에서는 **niko**에 **1**, **unyo**에 **0**을 입력해 키 프레임을 삽입합니다. 그러면 캐릭터가 고개를 끄덕이기 할 때 가볍게 미소를 짓는 연출을 할 수 있습니다.

1-8 **움직임을 수정하자**

마지막으로 손가락 움직임을 조정합니다.

01 Finger 컬렉션 표시하기

Step
오른쪽 프로퍼티스 → **오브젝트 데이터 프로퍼티스** → **Bone Collections** 패널의 Facial을 숨기기 합니다(눈동자 모양 아이콘 클릭). 다음으로 **Finger** 컬렉션을 표시합니다. 이 컬렉션에는 손가락 본만 포함되어 있습니다.

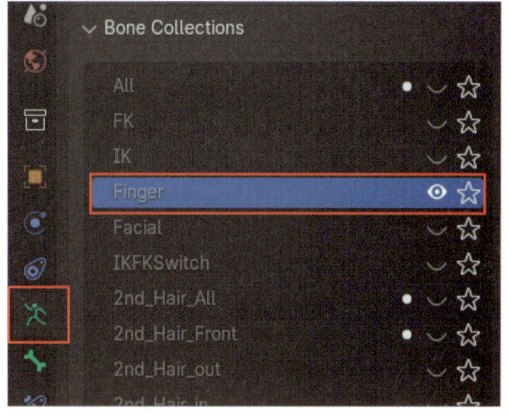

02 35번째 프레임으로 이동해 왼손 손가락을 범위 선택하기

Step
도프시트에서 **35**번째 프레임으로 이동하고 3D 뷰포트에서 **텐키 1**을 눌러 **앞쪽 시점**으로 전환합니다. 박스 선택(툴바를 박스 선택해야 합니다)이나 **B키**를 사용해 왼손 손가락을 범위 선택합니다. 앞에서 선택한 본에 포즈를 적용합니다.

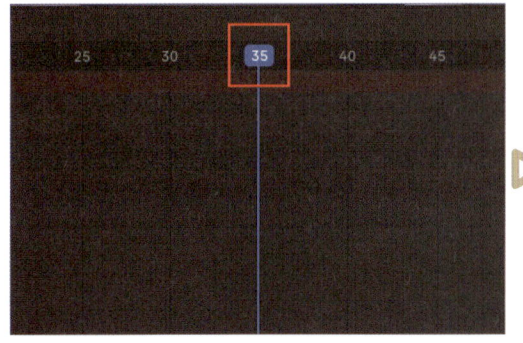 ▷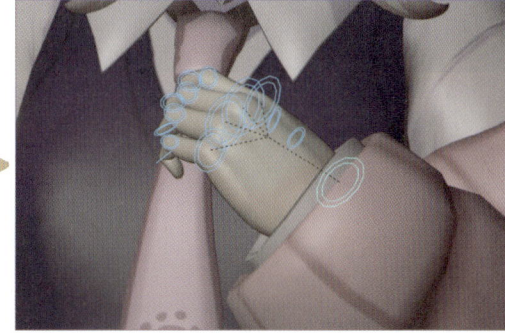

03 키 프레임 삽입하기

Step
3D 뷰포트 위에서 **K키**를 눌러 **키 프레임 삽입 메뉴**를 표시하고 **회전**을 클릭해 회전 관련 키 프레임을 삽입합니다. 단축키 **K키**는 반드시 3D 뷰포트 위에서 실행해야 합니다.

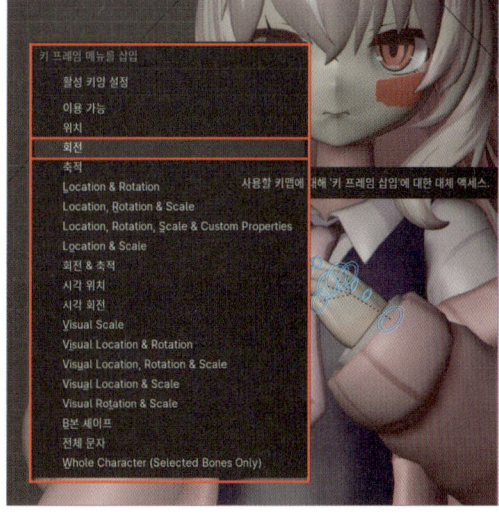

04 에셋 셸프 표시하기

Step 도프시트 위에서 **42**번째 프레임으로 이동해 **사이드바(N키) → 애니메이션** 탭 → **포즈 라이브러리** 패널을 엽니다. **Toggle Asset Shelf**를 클릭하면 포즈 관련 메뉴(에셋 셸프)가 3D 뷰포트 아래 표시됩니다. 3D 뷰포트 오른쪽 아래 있는 작은 화살표 모양 아이콘을 클릭해도 **에셋 셸프**를 표시할 수 있습니다.

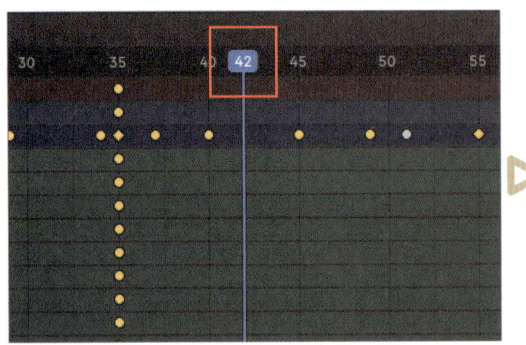 

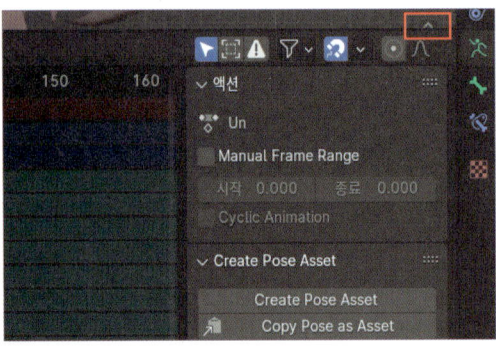

애니메이션 탭이 표시되지 않을 때도 3D 뷰포트 오른쪽 아래에 있는 작은 화살표 모양 아이콘을 클릭하면 에셋 셸프를 표시할 수 있습니다.

05 에셋 셸프 적용하기

Step **에셋 셸프** 안의 포즈 **Guu**(주먹을 꽉 쥔 썸네일)을 클릭하면 왼쪽 손을 쥐고 있는 포즈가 적용됩니다. 타임라인의 **자동 키잉**이 활성화 되어 있으므로, 포즈를 적용하면 **42**번째 프레임에 키 프레임이 삽입됩니다. 포즈가 적용됐다면 **애니메이션** 탭에서 **Toggle Asset Shelf**를 클릭하거나, **에셋 셸프** 위쪽을 아래로 드래그 해서 메뉴를 닫습니다.

1-9   카메라 워크를 고려하자

카메라 워크를 추가해 캐릭터의 연기를 한층 돋보이게 합시다. 여기에서는 카메라를 천천히 캐릭터에게 기울여서 캐릭터가
고개를 끄덕이기 할 때의 감정을 보다 강하게 전달하도록 연출합니다.

01   오브젝트 모드로 변경하기

Step   카메라를 선택하려면 우선 **오브젝트 모드**로 변경해
야 합니다. 3D 뷰포트 왼쪽 위 모드를 **오브젝트 모
드**로 전환합니다.

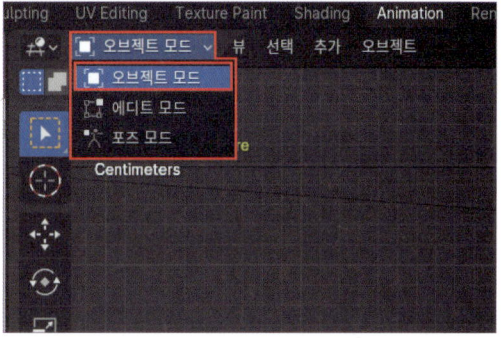

02   Front_Camera 선택하기

Step   오른쪽 위 아웃라이너에서 **Front_Camera**를 선택해 3D 뷰포트 위에 배치되어 있는 카메라를 선택할 수 있습니
다. 3D 뷰포트 오른쪽 위에 있는 **Selectability & Visibility**로 카메라를 선택하지 못하도록 했지만, 아웃라이너에
서는 선택할 수 있습니다.

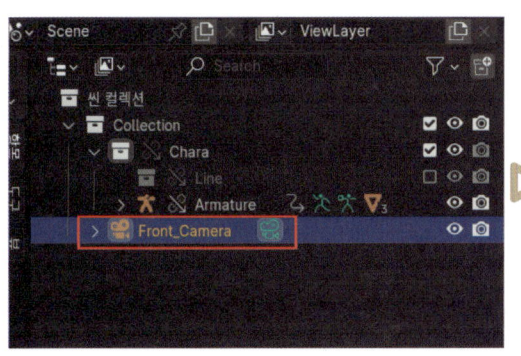
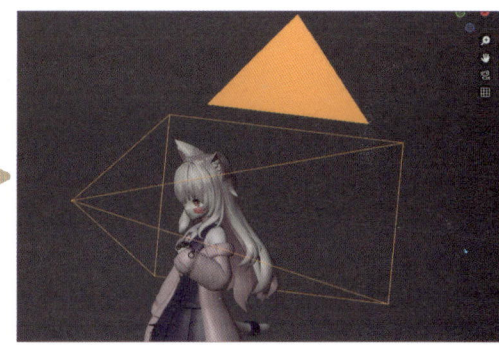

03   싱글 키 프레임 삽입하기

Step   ❶ 도프시트 위에서 **1**번째 프레임으로 이동합니다.

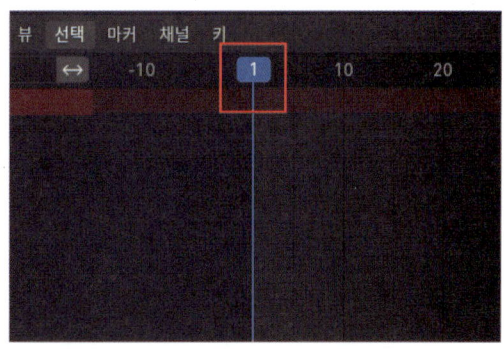

❷ 카메라가 선택되어 있는 것을 확인했다면 3D 뷰포트의 **사이드바**(N키) → **항목** 탭 → **변환** 패널에서 위치 Y에 마우스 커서를 올리고 마우스 우클릭 합니다. 다음으로 메뉴 안에 있는 **싱글 키 프레임을 삽입**(대상 축에만 키 프레임을 삽입하는 기능)을 클릭합니다.

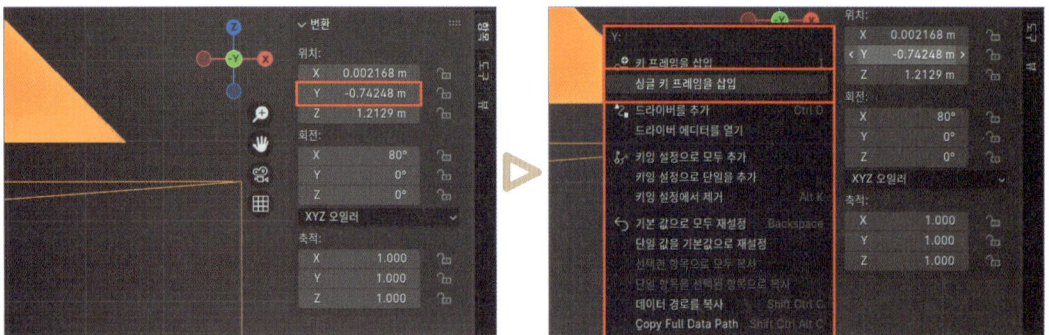

04 72번째 프레임에 키 프레임 삽입하기

Step   **72**번째 프레임으로 이동해 **사이드바**(N키) → **항목** 탭 → **변환** 패널에서 위치 Y의 수치 필드를 클릭하고 **-0.7**을 입력합니다. 수동으로 조정할 경우에는 **이동**(G키) → **Y키**를 누른 뒤, **Y키**를 다시 눌러 **글로벌**로 설정하고 카메라를 조정합니다.

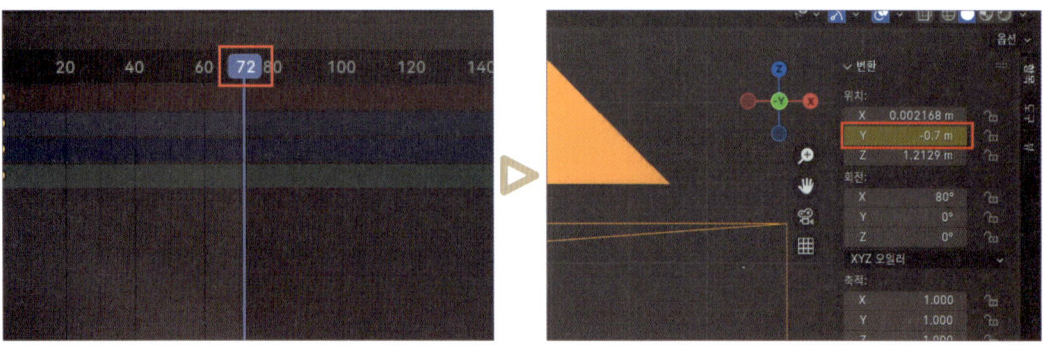

1-10 동영상을 출력하자

움직임과 카메라 워크를 완성했다면 마지막으로 동영상을 출력합니다.

01 Line 컬렉션 활성화하기

Step   오른쪽 위 아웃라이너에서 **Line** 컬렉션을 활성화하고 라인아트(윤곽선)를 표시합니다.

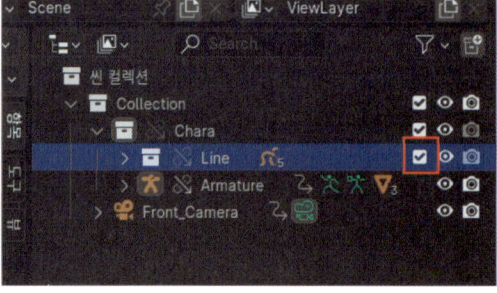

02 해상도와 종료 프레임 설정하기

Step
오른쪽 프로퍼티스 → **출력 프로퍼티스**를 클릭하고 해상도 X가 **1920**, 해상도 Y가 **1080**, 종료 프레임이 **72**로 설정되어 있는지 확인합니다.

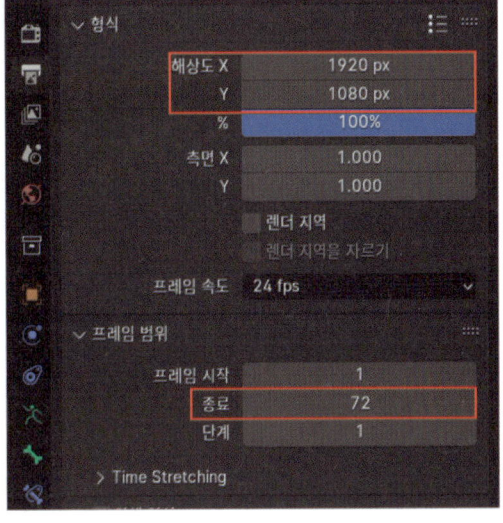

03 출력 방법 설정하기

Step
출력 패널에서 출력 위치를 지정합니다. 파일 형식을 FFmpeg Video 로 설정하고, 인코딩 패널 오른쪽에 있는 프리셋 메뉴에서 H264 in MP4를 지정합니다.

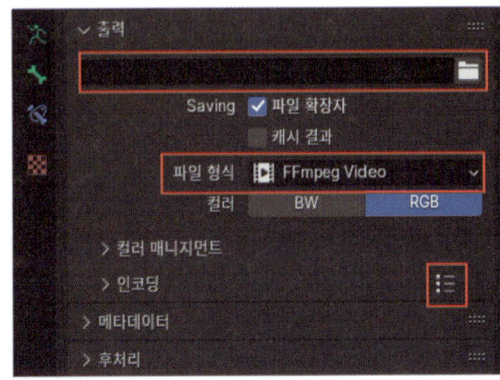

04 애니메이션 렌더링

Step
톱 바의 **렌더 → 애니메이션을 렌더(Ctrl+F12키)**를 눌러 동영상을 출력합니다. **렌더 → 애니메이션 표시(Ctrl+F11키)**를 눌러 애니메이션을 곧바로 확인할 수 있습니다. 이상으로 고개를 끄덕이기 애니메이션을 완성했습니다.

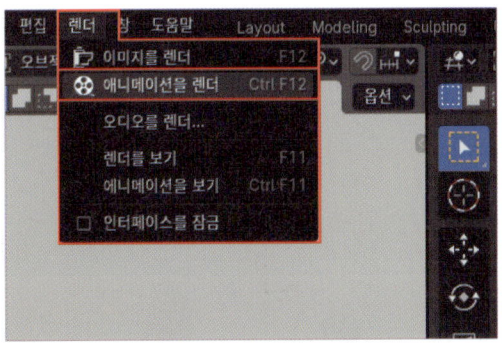

손 흔들기 애니메이션을 만들자

손 흔들기 동작은 어깨, 팔 뿐만 아니라 신체 전체에도 영향을 줍니다. 어깨와 팔이 흔들리면 신체 전체가 균형을 잡기 위해 자연스럽게 연동해서 움직이기 때문입니다. 그리고 손 흔들기 는 단순한 동작이 아니라 캐릭터가 무언가를 전달하는 제스처이기도 합니다. 예를 들면 힘차 게 인사를 하거나, 먼 위치에서 부르거나, 조금 외로운 이별을 전하는 등 손 흔들기 방법에 따 라 전달하고자 하는 의미를 자유롭게 바꿀 수 있습니다. 여기에서는 약 3초 길이의 '미소를 지으며 이쪽에 손을 흔드는 애니메이션'을 만듭니다.

2-1 준비

샘플 파일 **02_sample_Wavehand** 안의 **Animation_Wavehand.blend**를 사용해 손 흔들기 애니메이션을 만듭니다.

01 Animation_Wavehand.blend 열기

Step 샘플 파일 안의 **02_sample_Wavehand. blend** 폴더에서 **Animation_Wavehand. blend**를 더블 클릭 해 엽니다. 이 파일은 고개를 끄덕이기 애니메이션과 마찬가지로 최초의 포즈가 이미 완성되어 있습니다. 이 샘플 데이터의 변환 오리엔테이션은 **로컬**, 피벗 포인트를 변환은 **개별 오리진**으로 설정되어 있습니다. 애니메이션이 잘 변형되지 않을 때는 3D 뷰포트 위쪽에 있는 **변환 오리엔테이션**과 **피벗 포인트를 전환** 설정을 확인합니다.

02 FK와 IK 확인하기

Step 이 캐릭터 데이터는 팔의 움직임이 **FK**(각 본을 개별로 움직이는 구조)로 설정되어 있습니다. **IK**에서는 팔꿈치의 움직임이 자동으로 계산되지만, 손을 흔드는 듯한 자연스러운 곡선의 움직임을 제어하기에는 적절하지 않기 때문에 여기에서는 **F**를 사용합니다. 프로퍼티스 → **오브젝트 데이터 프로퍼티스** → Bone Collections 패널을 확인하면 **FK**와 **IK** 컬렉션이 표시되어 있는 것을 알 수 있습니다. 여기에서는 **FK** 컬렉션 안의 위팔, 아래팔, 손의 본만 표시되어 있습니다.

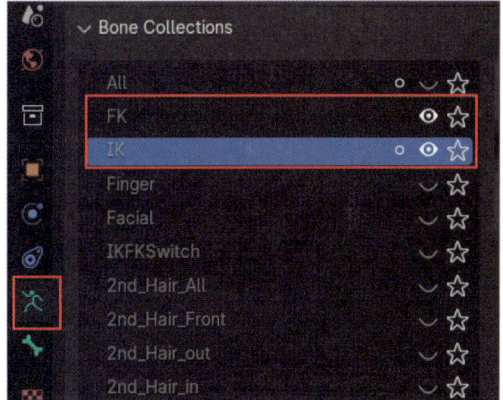

> **Column**
>
> **본 표시/숨기기를 잘못 조작했다면**
>
> 이 캐릭터 데이터는 쉽게 조작할 수 있도록 일부 본(예를 들면 IK용 손의 본)을 숨기기 했습니다. 3D 뷰포트에서 숨긴 본을 표시하려면 **Alt+H키**를 누릅니다. 단, **연결**로 임포트한 캐릭터 데이터의 경우 **Ctrl+Z키**로 조작을 원래대로 되돌릴 수 없습니다(숨기기의 단축키인 **H키**도 마찬가지입니다). 잘못 조작했을 때는 먼저 작업 내용을 저장(**Ctrl+S키**)한 뒤, 해당 데이터를 다시 열어(**Ctrl+O키**) 본 표시를 원래대로 되돌릴 수 있습니다. **연결**로 임포트한 데이터에는 소스 데이터(**Chapter04Chara.blend**) 설정이 반영되므로 다시 열면 수정됩니다.

주요 포즈를 만들자

먼저 대략적인 포즈를 결정하기 위해 주요 포즈부터 만듭니다(**포즈 투 포즈**). 여기에서는 수치 입력으로 설정하지만 수동으로 조작하고 싶을 때는 책에 제시한 수치를 참고해 변형하기 바랍니다.

01 12번째 프레임에 키 프레임 삽입하기

Step

선 위치나 신체의 기울기를 결정하기 위해 가장 먼저 허리를 조정합니다. 포즈 모드 인 것을 확인했다면 도프시트에서 12 번째 프레임으로 이동해 Hips.Control(빨간색 골반 모양 본)을 선택합니다. 3D 뷰포트의 사이드바(N키) → 항목 탭 → 변환 패널에서 위치 Y에 0.02, 회전 Z에 0.18 을 입력합니다(키 프레임이 자동으로 삽입되지 않을 때는 아래 타임라인의 자동 키잉 을 활성화합니다). 손을 크게 흔들 때 상반신이 왼쪽으로 기울어지므로 균형을 잡기 위해 골반이 조금 왼쪽 아래로 내려갑니다.

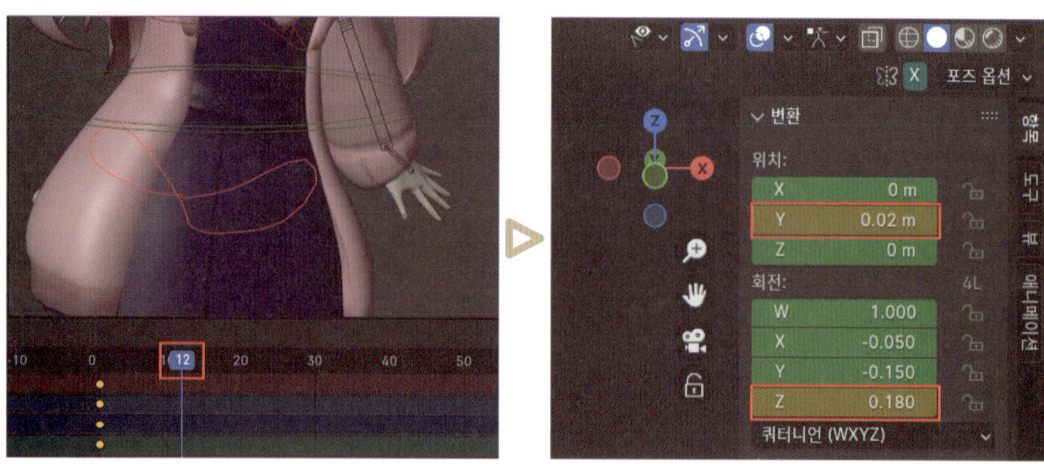

02 상반신 조정하기

Step

상반신을 조정합니다. **12**번째 프레임에 있는 것을 확인하고 **Chest.Control**(상반신을 제어하는 빨간색 폐 모양 본)을 선택합니다. 3D 뷰포트의 **사이드바**(N키) → **항목** 탭 → **변환** 패널에서 위치 X에 **0.02**, 회전 Y에 **0.26**, 회전 Z에 **-0.13**을 입력합니다. 이 프레임의 포즈는 손을 크게 흔들고 있어 상반신이 조금 젖혀진 자세를 표현합니다.

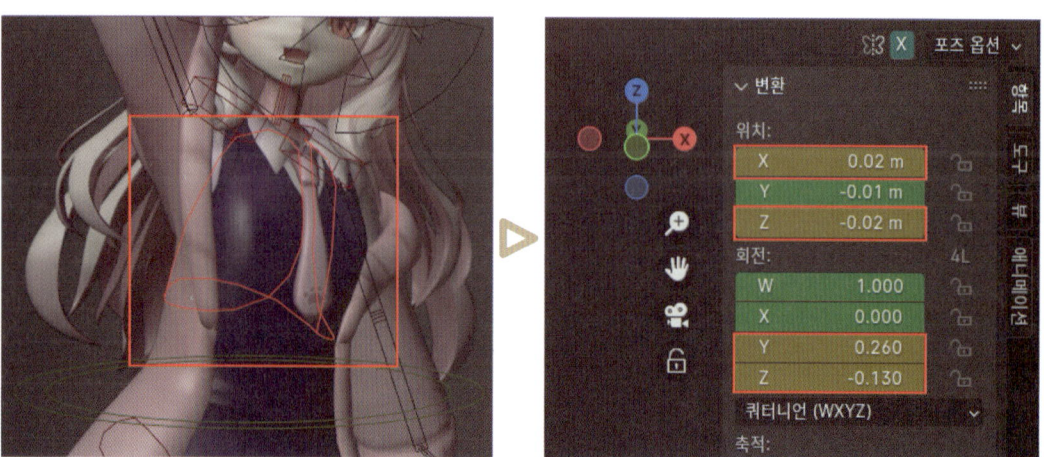

03 얼굴 조정하기

Step

얼굴을 조정합니다. **12**번째 프레임에 있는 것을 확인하고 **HeadIK**(얼굴의 기울기를 제어하는 본)를 선택합니다. 3D 뷰포트 **사이드바**(N키) → **항목** 탭 → **변환** 패널에서 위치 X에 **-0.03**, 회전 Y에 **-0.14**를 입력합니다. 허리나 상반신을 움직일 때는 얼굴 방향도 조정합니다.

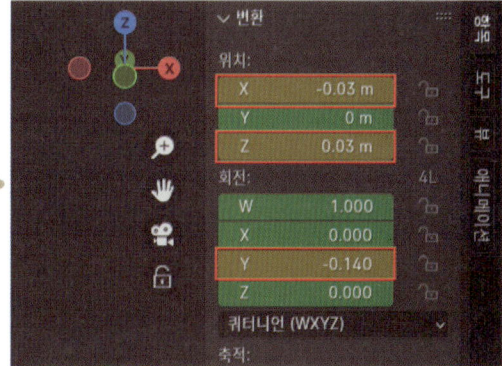

04 오른쪽 어깨 조정하기

Step

오른쪽 어깨를 조정합니다. 오른쪽 어깨의 본인 **Shoulder.R**을 선택하고 3D 뷰포트의 **사이드바**(N키) → **변환** 패널에서 회전 W에 **0.9**, 회전 X에 **-0.2** 를 입력합니다. 이 포즈에서는 팔이 조금 아래로 내려가기 때문에 어깨도 조금 내려갑니다.

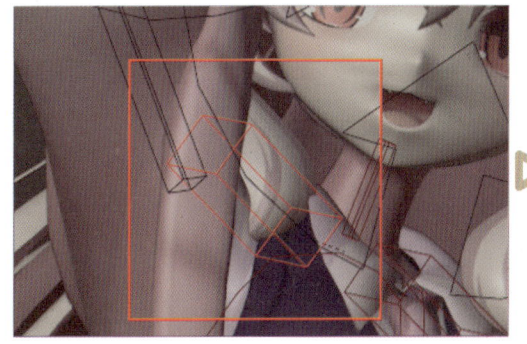
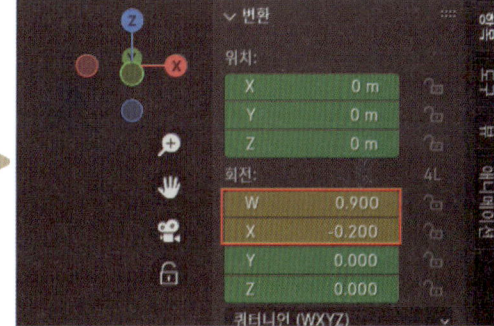

Column

팔을 올릴 때의 주의점

팔을 올리는 포즈를 만들 때는 어깨도 확실하게 올려야 합니다. 실제로 직접 어깨를 누른 상태에서 팔을 올려보면, 팔이 전혀 올라가지 않는 것을 알 수 있습니다.

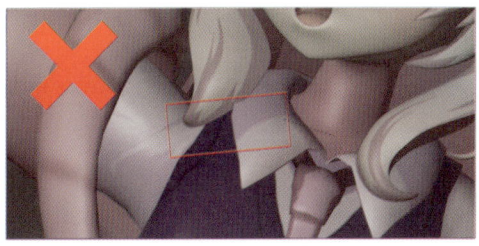

05 오른쪽 위팔 조정하기

Step 오른쪽 위팔의 본을 선택하고 **사이드바**(N키) → **항목** 탭 → **변환** 패널에서 회전 X에 **-0.5**, 회전 Z에 **-0.2**를 입력합니다.

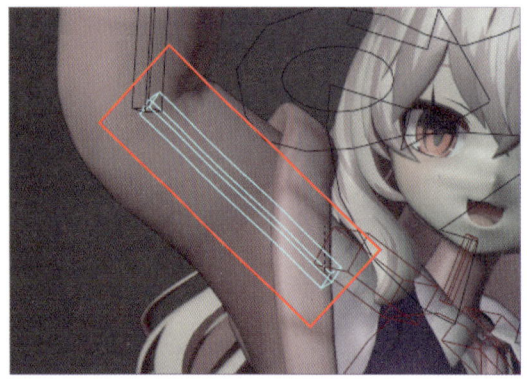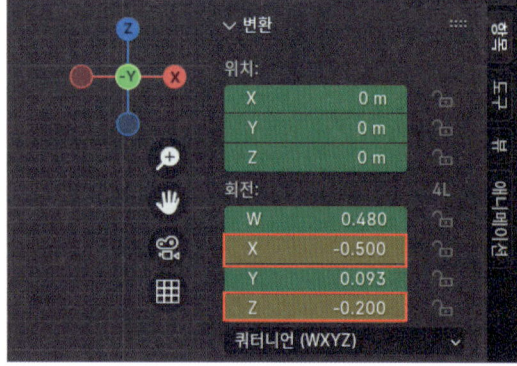

06 오른쪽 아래팔 조정하기

Step 오른쪽 아래팔의 본을 선택하고 **사이드바**(N키) → **항목** 탭 → **변환** 패널에서 회전 X에 **7**, 회전 Y에 **-0.1**, 회전 Z에 **0.1**을 입력합니다.

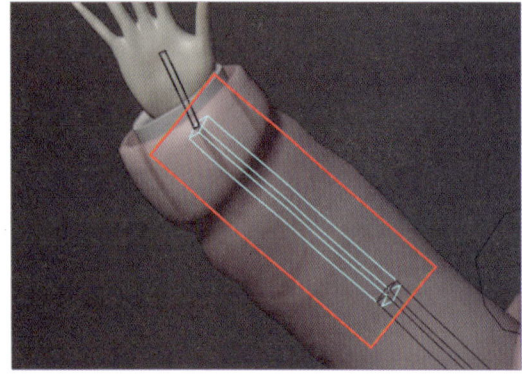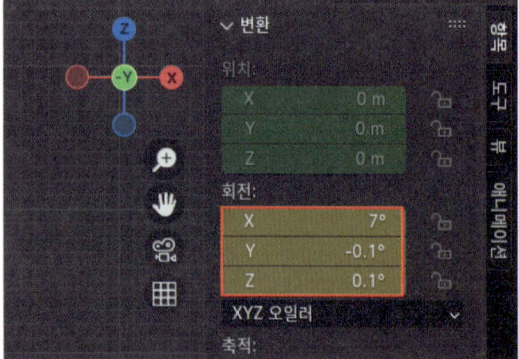

07 오른손 조정하기

Step 오른손의 본을 선택하고 **사이드바**(N키) → **항목** 탭 → **변환** 패널에서 회전 X에 **200**, 회전 Y에 **126**, 회전 Z에 **200**을 입력합니다. 손목은 뒤에서 **그래프 에디터** 를 사용해 세세하게 조정합니다.

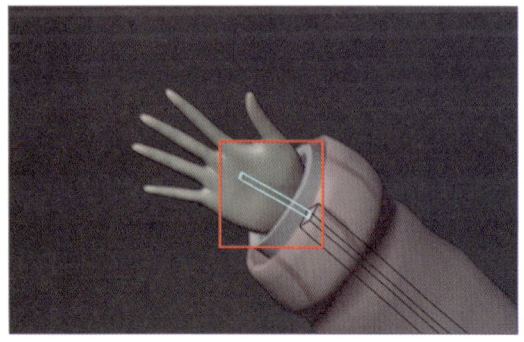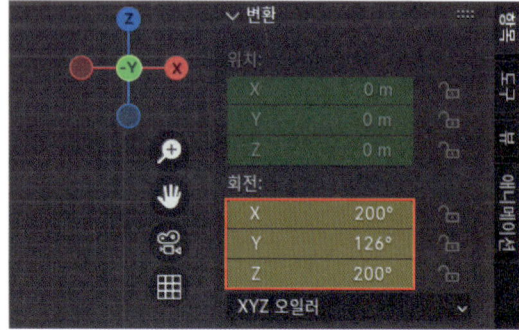

08 움직임 확인하기

Step

움직임을 확인합니다. 팔을 머리 위로 뻗어 오른쪽으로 이동시키면 신체는 자연스럽게 팔과 반대쪽으로 조금 기울어집니다. 이것은 팔을 강하게 흔들기 위해 신체가 반대 방향으로 움직여 균형을 잡아야 하기 때문입니다. 만약 신체도 팔과 같은 방향으로 움직이려고 하면 매우 부자연스럽고, 실제로 손을 흔들어 보면 불가능한 움직임이 됩니다.

09 12번째 프레임에 키 프레임에 삽입하기

Step

12번째 프레임에 모든 키 프레임을 삽입합니다. **12**번째 프레임에 있는 것을 확인하고 3D 뷰포트 위에서 **A키**를 눌러 모든 본을 선택합니다. 다음으로 **K키**를 눌러 키 프레임 삽입 메뉴를 표시하고 **Location & Rotation**에 키 프레임을 삽입합니다(또는 3D 뷰포트의 헤더에서 **포즈 → 애니메이션 → Insert Keyframs using Keying set** 을 선택해도 됩니다). 모든 본에 키 프레임을 삽입함으로써 특정 본에 키 프레임이 삽입되지 않아 발생하는 예상치 못한 움직임을 방지할 수 있습니다.

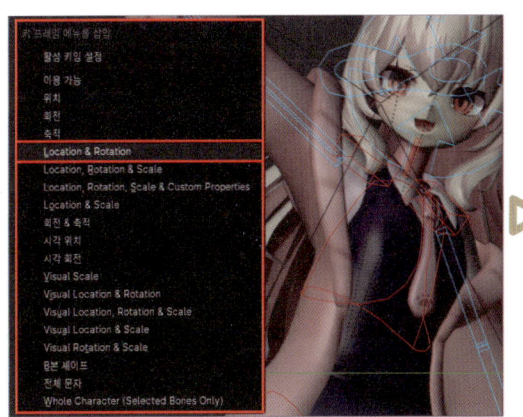
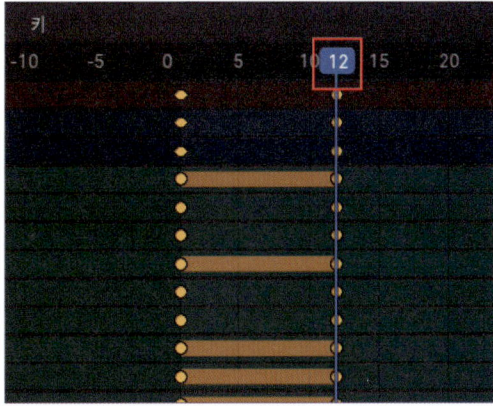

10 1번째 프레임의 키 프레임을 24번째 프레임에 복제하기

Step **그래프 에디터**에서 움직임을 조정하기 전에 1번째 프레임에 있는 키 프레임을 복제합니다. 모든 본이 선택되어 있는 것을 확인하고 도프시트에서 1번째 프레임의 키 프레임 위쪽을 선택합니다. 복제의 단축키인 **Shift+D키**를 누르고 **24**번째 프레임에 복제합니다(도프시트 헤더에서 **키 → 복제**를 선택해도 좋습니다). 이 복제에 따라 **12~24**프레임 사이의 움직임을 **그래프 에디터**에서 조정할 수 있게 됩니다.

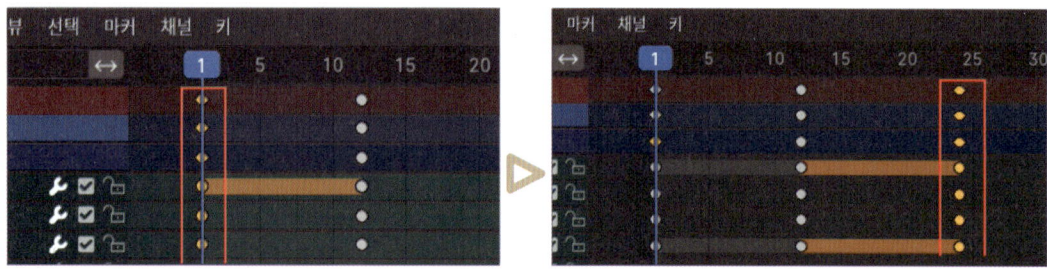

2-3 그래프 에디터에서 조정하자

그래프 에디터에서는 주로 손목의 움직임을 조정합니다.

01 그래프 에디터로 전환하기

Step 도프시트 왼쪽 위에 있는 에디터 유형을 **그래프 에디터**로 전환합니다. 또는 도프시트 위에서 **Ctrl+TaB키**를 눌러 같은 조작을 할 수 있습니다.

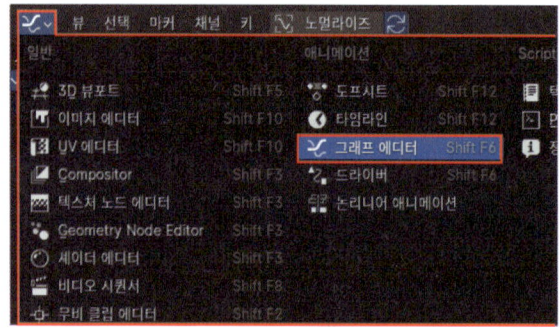

02 Z 오일러 각도 회전 선택하기

Step 오른손 본의 채널만 표시하기 위해 3D 뷰포트 위에서 오른손의 본 **Hand.R**을 선택합니다. 다음으로 그래프 에디터 왼쪽에 있는 채널 목록에서 **Hand.R** 채널(오른쪽 화살표 모양 아이콘을 클릭)을 열고 **Z 오일러 회전**(파란색 커브)를 선택합니다.

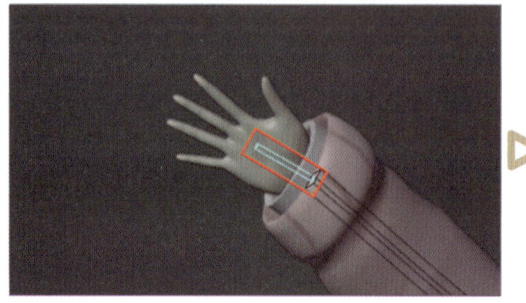
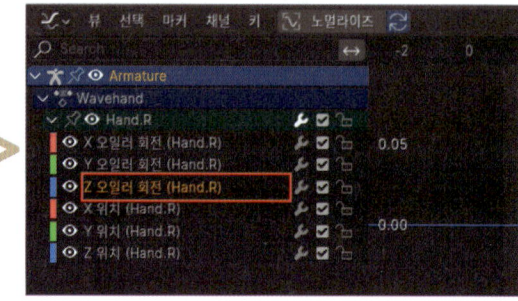

03 12번째 프레임의 핸들 수정하기

Step
12번째 프레임의 핸들(가운데 점)을 선택하고 그래프 에디터 오른쪽 **사이드바**(N키) → **F-커브** 탭 → **활성 키 프레임** 패널에서 오른쪽 핸들의 프레임에 **16**, 값에 **270**을 입력합니다.

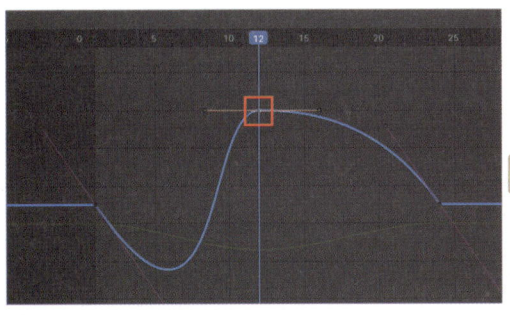 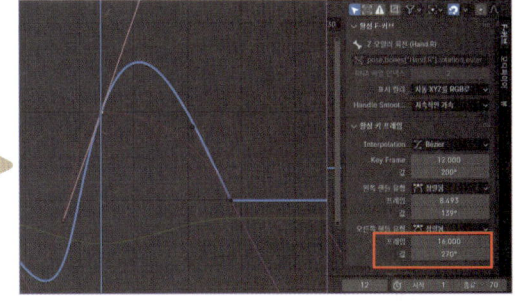

04 설정한 커브 확인하기

Step
오른쪽 그림과 같은 커브로 설정하면 팔의 끝(손)과 밑동(어깨)에서 움직임의 어긋남이 발생하고, **오버랩**(밑동과 끝에서 움직임의 시점을 어긋나게 해 자연스러운 움직임을 연출하는 기법)을 표현할 수 있습니다.

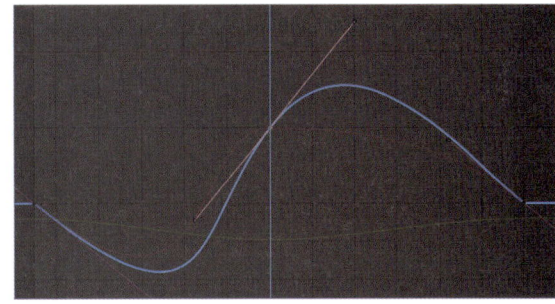

그림으로 **오버랩**에 관해 설명합니다. **12번째** 프레임에는 아래팔과 손은 같은 방향으로 움직이지만, **13번째** 프레임에서는 아래팔이 반대 방향(왼쪽 방향)으로 움직이기 시작해도 손은 아직 오른쪽 방향으로 움직입니다. **14번째** 프레임에서 손도 아래팔과 위팔의 움직임에 맞춰 왼쪽 방향으로 이동하기 때문에 자연스러운 움직임이 됩니다.

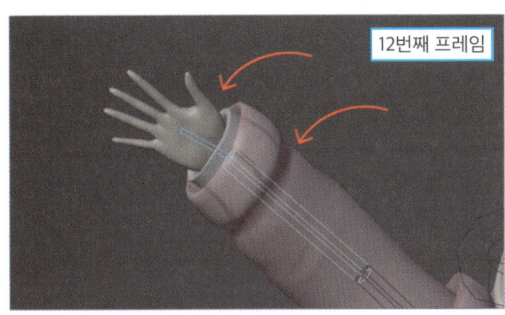 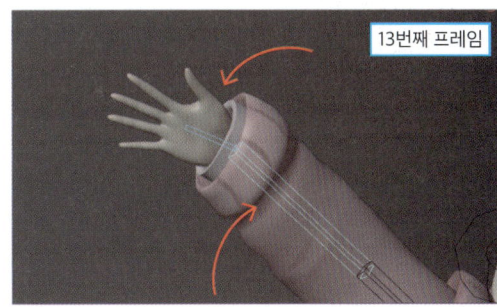

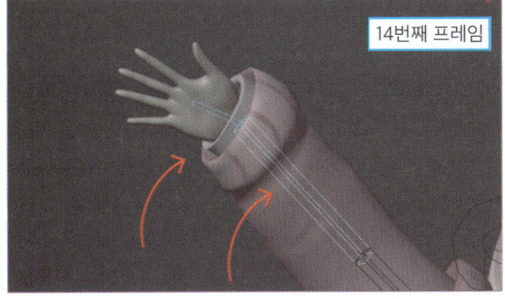

2 - 4	키 프레임을 복제하자

그래프 에디터 조정을 마쳤다면 다음으로 키 프레임을 복제해 애니메이션을 루프 시킵니다.

01 도프시트로 변경하기

Step 그래프 에디터 왼쪽 위 에디터 유형에서 **도프시트를** 선택합니다. 또는 그래프 에디터 위에서 **Ctrl+TaB키**를 눌러 같은 조작을 할 수 있습니다.

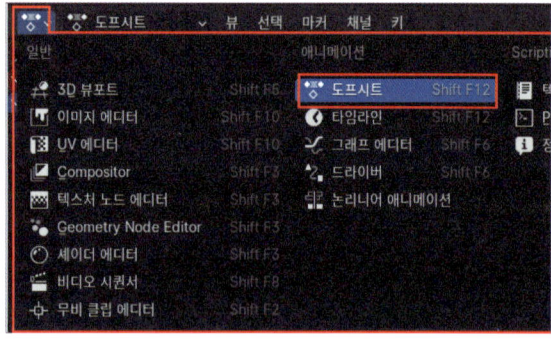

02 모든 본 선택하기

Step 키 프레임을 복제합니다. 먼저 3D 뷰포트에서 모두 선택(**A키**)으로 표시되어 있는 모든 본을 선택합니다. 다음으로 도프시트 위에 표시되어 있는 키프레임 위쪽 여럿을 함께 선택(**Shift+마우스 좌클릭**) 하거나 마우스 좌클릭 드래그 해 박스 선택합니다.

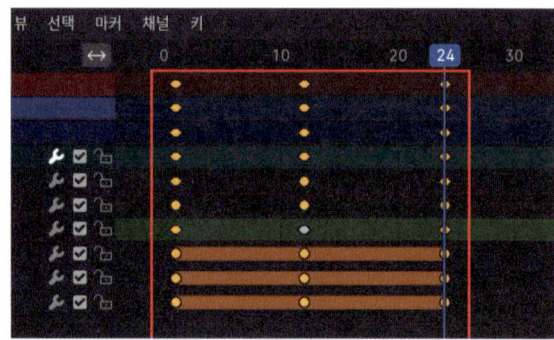

03 키 프레임을 2번 복제하기

Step 복제(**Shift+D키**)를 수행합니다. 복제한 키 프레임의 **1**번째 프레임으로 복제 소스의 키 프레임의 **24**번째 프레임에 맞춘 뒤 마우스 좌클릭 해 확정합니다❶. 배치한 뒤에는 복제한 키 프레임이 선택된 상태이므로 다시 **Shift+D키**를 누릅니다. 다음으로 복제한 키 프레임의 **24**번째 프레임을 복제 소스의 키 프레임의 **47**번째 프레임에 맞춘 뒤 마우스 좌클릭 해 확정합니다❷. 도프시트의 스크럽 영역(프레임 번호가 표시되어 있는 영역)에서 프레임 수를 확인하면서 복제하면 쉽게 작업할 수 있습니다. 마지막으로 **Space키**를 눌러 애니메이션을 재생하고 동작을 확인합니다. 캐릭터가 손을 흔드는 것을 확인했다면 다음 단계를 진행합니다.

Next Page ▶

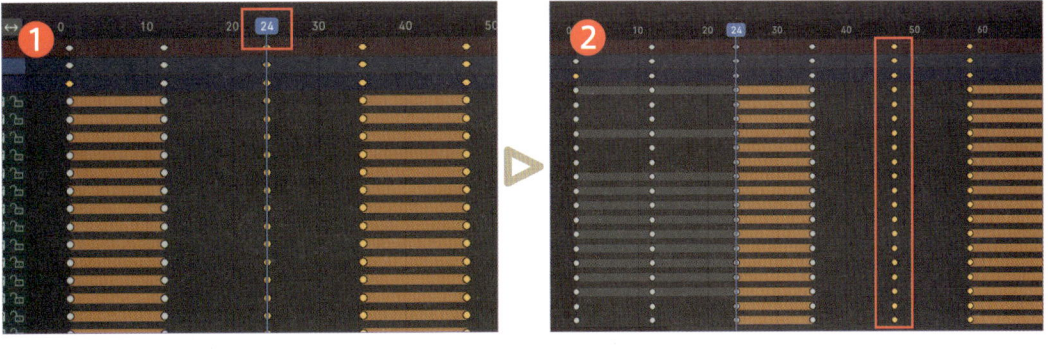

2-5 **머리카락, 스커트의 움직임을 만들자**

신체의 움직임을 완성했으므로, 다음은 머리카락과 스커트의 흔들림(세컨더리 애니메이션)을 만듭니다.

01 **Bone Collections 표시/숨기기**
Step
먼저 뒷머리카릭의 흔들림부터 만듭니다. 오른쪽 프로퍼티스 → **오브젝트 데이터 프로퍼티스** → **Bone Collections** 패널에서 **2nd_Hair_out**, **2nd_Hair_in** 컬렉션의 솔로(특정 컬렉션만 표시하는 별 모양 아이콘)를 활성화합니다.

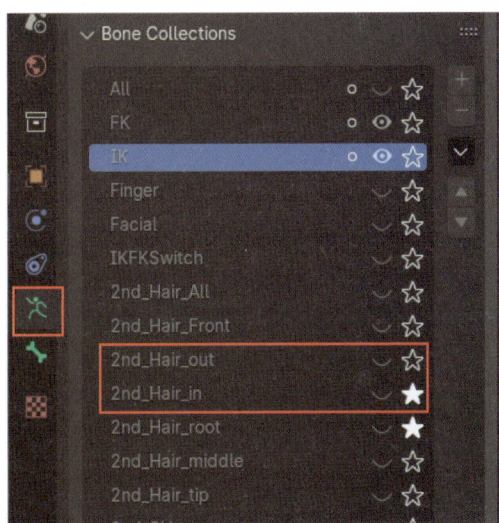

02 **12번째 프레임으로 이동하기**
Step
3D 뷰포트에서 모든 선택의 단축키인 **A키** 를 누릅니다. 뒷머리카락의 본이 모두 선택되어 있는 것을 확인하고 키 프레임을 넣기 위해 **12번째 프레임**으로 이동합니다(1번째 프레임에는 이미 키 프레임이 삽입되어 있습니다).

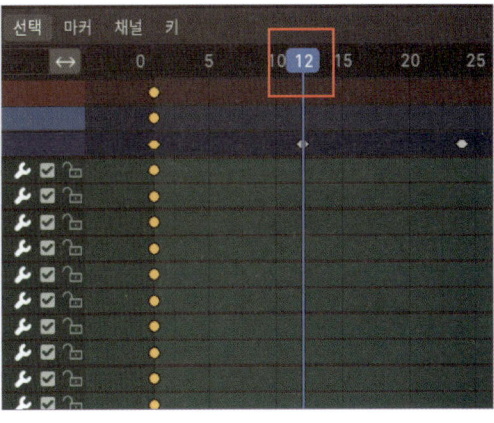

03 머리카락 회전시키기

> Step

3D 뷰포트에서 **회전**(R키) → **Z키**를 실행하고 **-10**을 입력합니다. 조작을 실해하고 왼쪽 아래 표시된 **오퍼레이터 패널**에서 각도에 **-10**을 입력해도 좋습니다.

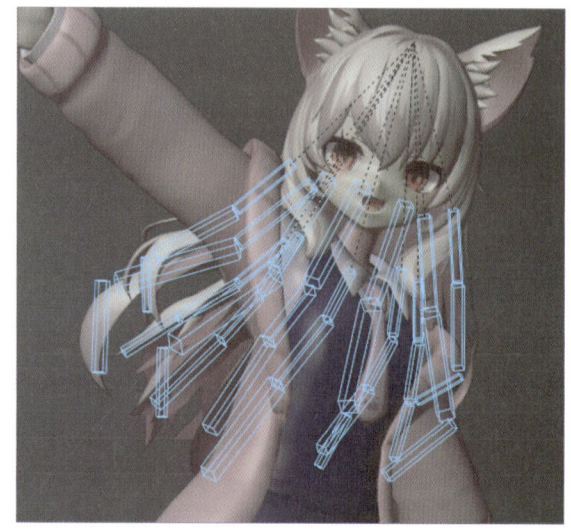

04 머리카락 키 프레임 복제하기

> Step

1번째, **12**번째 프레임 위쪽을 **Shift+마우스 좌클릭** 또는 마우스 좌클릭 드래그 해 선택합니다. 다음으로 **복제** **(Shift+D키)**를 실행하고 복제한 키 프레임의 앞쪽(1번째 프레임)을 **24**번째 프레임에 배치합니다. 복제 직후에는 키 프레임이 선택된 상태이므로 계속해서 **Shift+D키**를 실행하고 같은 조작을 **47**번째 프레임과 **70**번째 프레임에도 수행합니다.

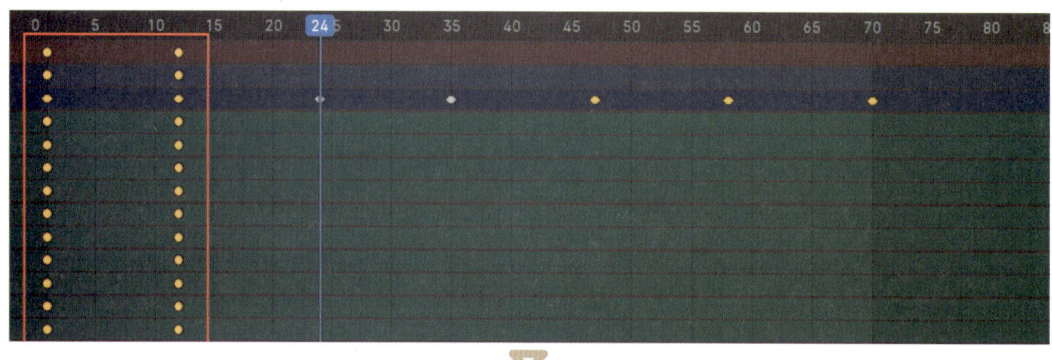

05
Step

Bone Collections 표시/숨기기

머리카락의 흔들림이 자연스럽게 보이도록 조정합니다. 오른쪽 프로퍼티스 → **오브젝트 데이터 프로퍼티스** → **Bone Collections** 패널에서 **2nd_Hair_ middle**(뒷머리카락 중간의 본이 저장되어 있는 컬렉션)의 솔로만 활성화합니다.

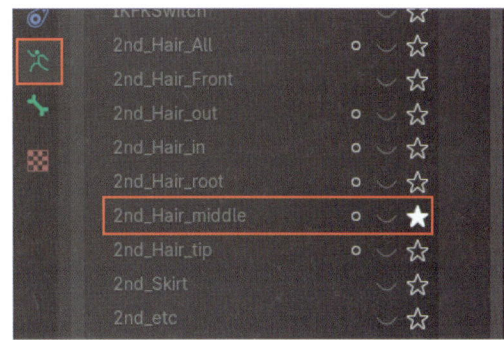

06
Step

키 프레임 이동하기

3D 뷰포트에서 모든 선택의 단축키인 **A**키를 눌러 표시된 본을 모두 선택합니다. 다음으로 도프시트에 위에서 마찬가지로 **A**키를 눌러 키 프레임을 선택하고, 이동(**G**키)을 누릅니다. 여기에서는 5프레임 정도 이동합니다.

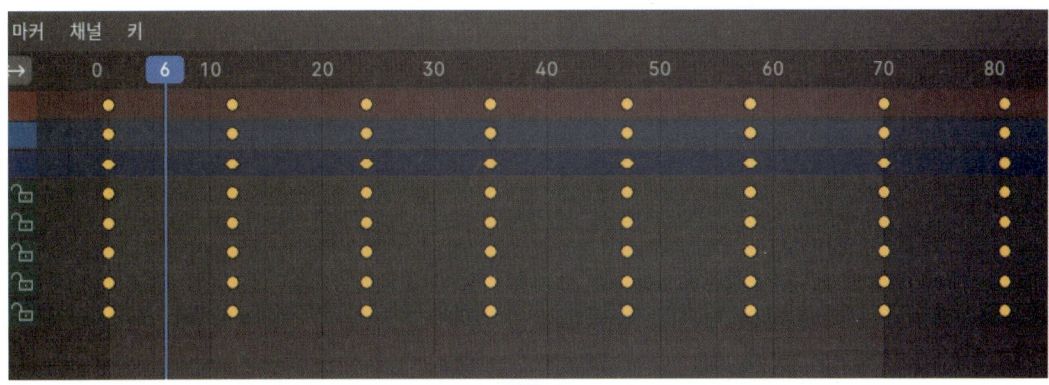

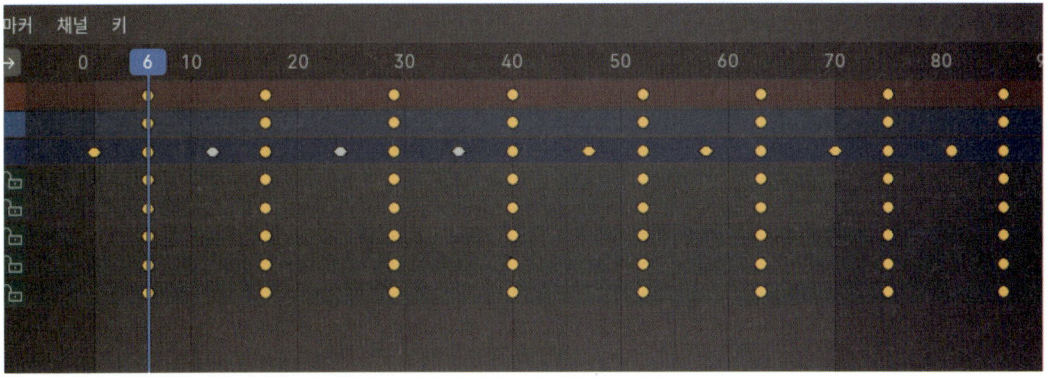

07 Bone Collections 표시/숨기기

Step 오른쪽 프로퍼티스 → **오브젝트 데이터 프로퍼티스** → **Bone Collections** 패널에서 **2nd_Hair_tip**(뒷머리카락 끝의 본이 저장되어 있는 컬렉션)의 솔로만 활성화합니다.

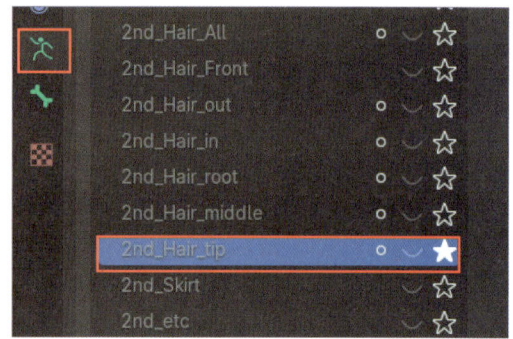

08 키 프레임 이동하기

Step 3D 뷰포트 위에서 모두 선택의 단축키인 **A키**를 눌러 표시된 본을 모두 선택합니다. 다음으로 도프시트 위에서 마찬가지로 **A키**를 눌러 키 프레임을 선택하고, **이동(G키)**을 누릅니다. 여기에서는 **10**프레임 정도 이동합니다.

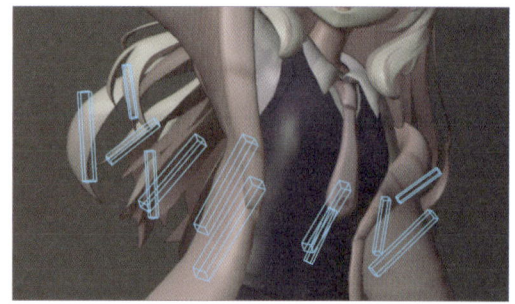

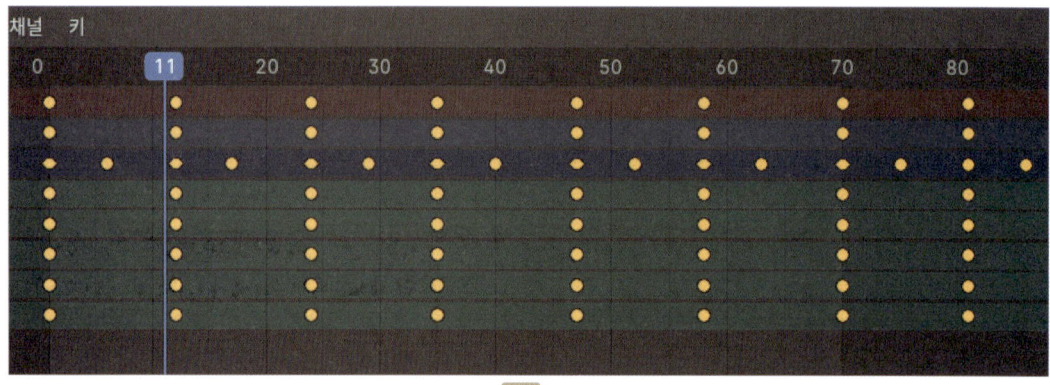

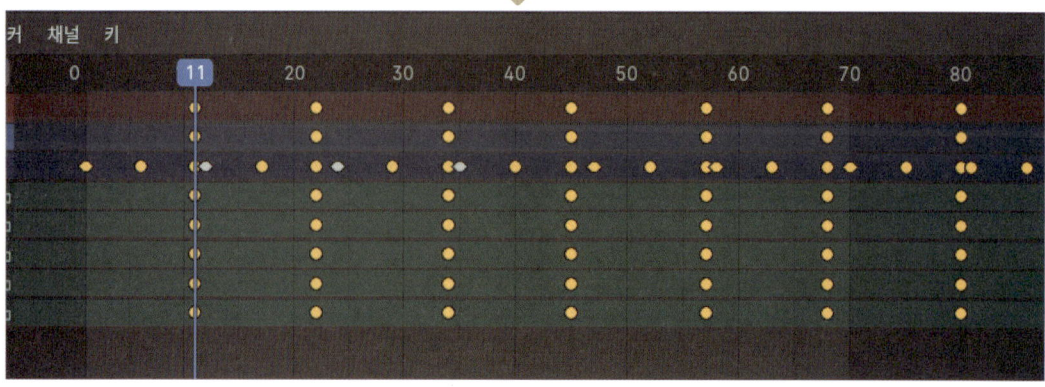

09 Bone Collections 표시/숨기기

Step

다음은 앞머리카락과 옆머리카락의 흔들림을 만듭니다. 오른쪽 프로퍼티스 → **오브젝트 데이터 프로퍼티스** → **Bone Collections** 패널에서 **2nd_Hair_Front** 컬렉션의 솔로만 활성화합니다.

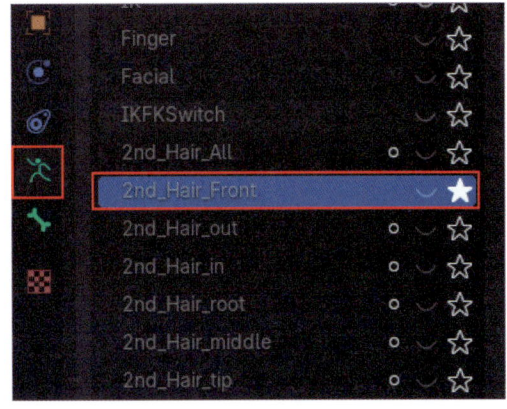

10 키 프레임 이동하기

Step

3D 뷰포트 위에서 모두 선택의 단축키인 **A키** 를 눌러 표시된 본을 모두 선택합니다. 다음으로 12 번째 프레임으로 이동합니다.

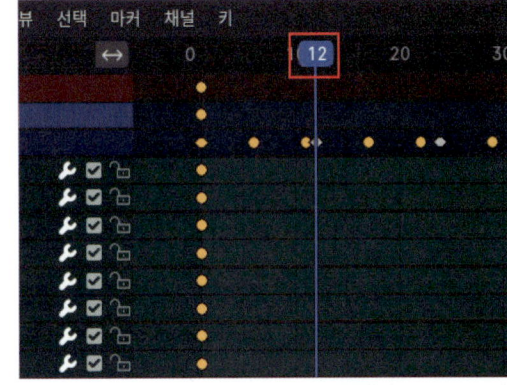

11 머리카락 회전하기

Step

3D 뷰포트에서 **회전(R키)** → **Y키**를 2번 눌러 변환 오리엔테이션을 **글로벌** 축으로 전환합니다. 그 뒤, **-7**을 입력하면 앞머리카락과 옆머리카락이 왼쪽으로 회전합니다. 조작 후 왼쪽 아래 표시된 **오퍼레이터 패널**에서 각도에 **-7**, 축에 **Y**, 오리엔테이션을 **글로벌**을 입력해 같은 결과를 얻을 수 있습니다.

12 키 프레임 복제 및 이동하기

키 프레임을 복제합니다. **1**번째, **12**번째 키 프레임 위쪽을 **Shift+마우스 좌클릭** 또는 마우스 좌클릭 드래그 해 복수 선택합니다. **복제(Shift+D키)**를 실행하고 복제한 키 프레임의 앞쪽(1번째 프레임)을 **24**번째 프레임에 배치합니다. 복제 직후에는 키 프레임이 선택되어 있는 상태이므로 계속해서 **Shift+D키**를 실행해 같은 작업을 **47**번째 프레임, **70**번째 프레임도 수행합니다.

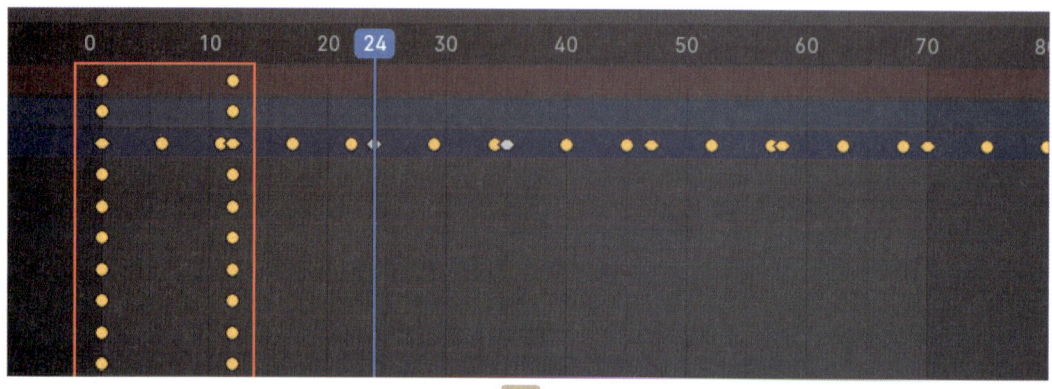

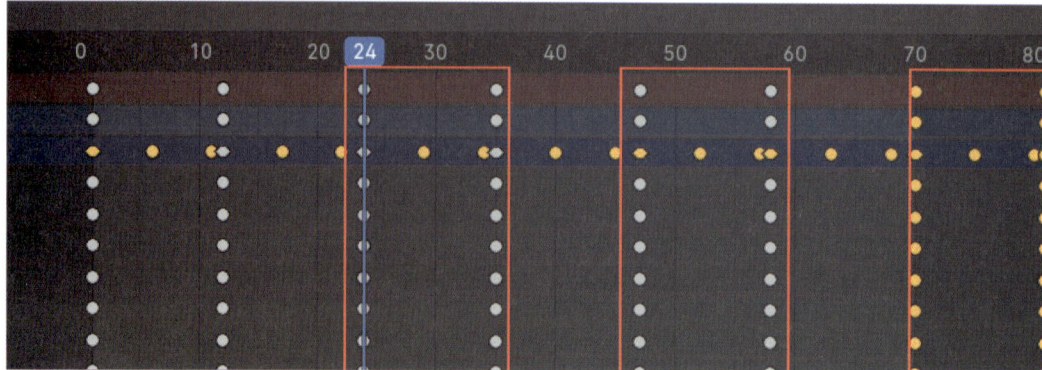

Column

흔들림에 무작위 느낌을 만들자!

이 책에서는 애니메이션을 만드는 난이도가 상승하기 때문에 설명하지 않지만, 머리카락의 흔들림에 무작위 느낌을 내면 보다 자연스러운 흔들림을 만들 수 있습니다. 여기에서 만든 앞머리카락과 옆머리카락의 흔들림의 경우 균등하게 삽입되어 있는 키 프레임을 조금 어긋나게 하면 무작위 느낌을 줄 수 있습니다. 여유가 된다면 도전해보기 바랍니다.

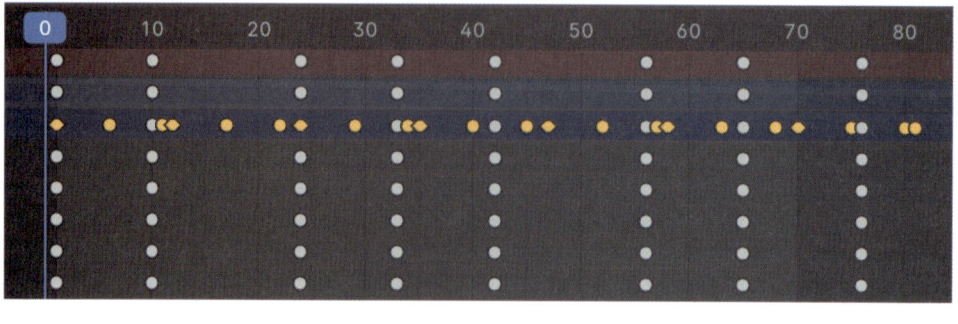

13 Bone Collections 표시/숨기기

Step 스커트에 조금의 흔들림을 추가합니다. 오른쪽 프로퍼티스 → **오브젝트 데이터 프로퍼티스** → **Bone Collections** 패널에서 **2nd_Skirt**의 솔로만 활성화합니다 (**2nd_Hair_Front**의 솔로를 비활성화하는 것을 잊지 맙시다).

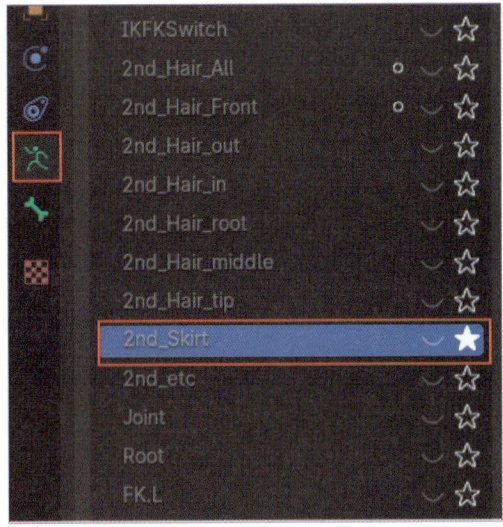

14 스커트 회전시키기

Step 3D 뷰포트에서 모두 선택의 단축키인 **A키**를 눌러 스커트의 본을 모두 선택합니다. 다음으로 **12**번째 프레임으로 이동합니다. 이후 3D 뷰포트에서 **회전(R키)** → **Y키**를 2번 눌러 변환 오리엔테이션을 **글로벌** 축으로 전환합니다. 그 뒤, **-2**를 수치 필드에 입력해 스커트를 왼쪽으로 회전시킵니다. 조작 후 왼쪽 아래 표시된 **오퍼레이터 패널** 에서 각도에 **-2**, 축에 **Y**, 오리엔테이션을 **글로벌** 을 입력해 같은 결과를 얻을 수 있습니다. 수동으로 조작할 때는 **텐키 1**을 눌러 **앞쪽 시점**으로 전환한 뒤 **회전(R키)**으로 조정합니다(신체 기울기에 맞춰 스커트가 흔들리는 느낌입니다).

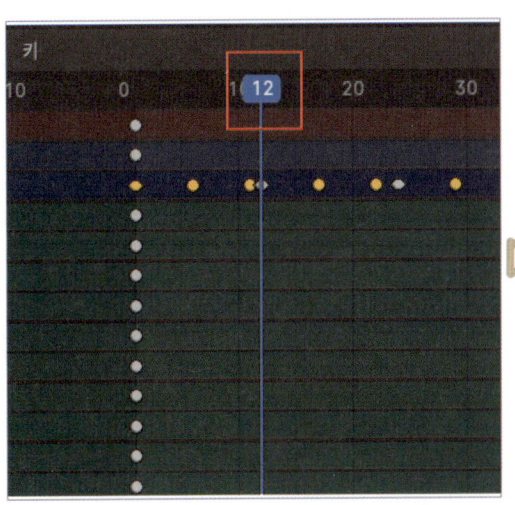

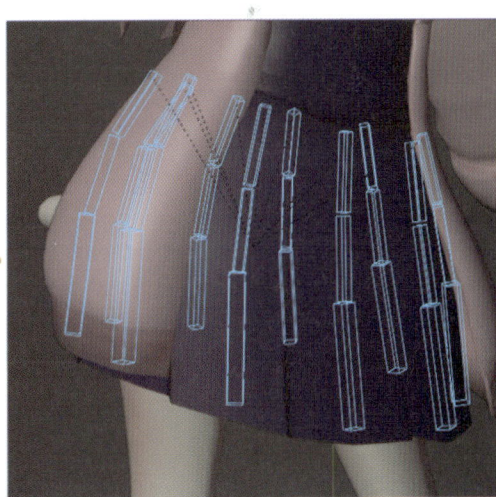

15 키 프레임 복제 및 이동하기

Step
키 프레임을 복제합니다. **1**번째, **12**번째 키 프레임 위쪽을 **Shift+마우스 좌클릭** 또는 마우스 좌클릭 드래그 해 복수 선택합니다. **복제(Shift+D키)**를 실행하고 복제한 키 프레임의 앞쪽(1번째 프레임)을 **24**번째 프레임에 배치합니다. 복제 직후에는 키 프레임이 선택되어 있는 상태이므로 계속해서 **Shift+D키**를 실행해 같은 작업을 **47**번째 프레임, **70**번째 프레임도 수행합니다.

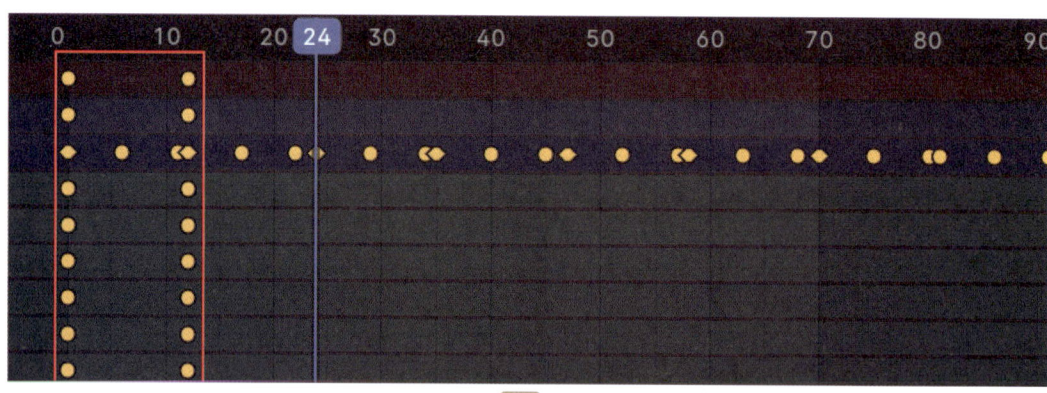

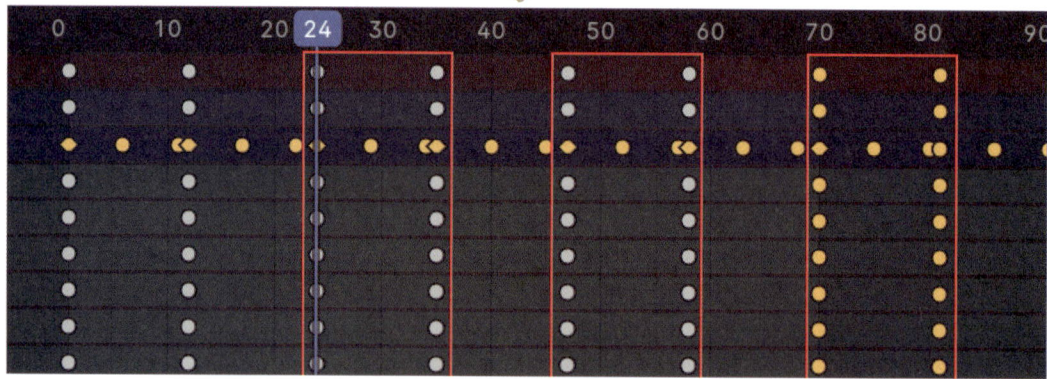

16 Bone Collections 비활성화하기

Step
작업을 마쳤다면 오른쪽 프로퍼티스 → **오브젝트 데이터 프로퍼티스** → **Bone Collections** 패널에서 솔로(별 모양 아이콘)를 모두 비활성화합니다. **FK**와 **IK** 컬렉션만 표시(눈동자 모양 아이콘)되는 지 확인합니다.

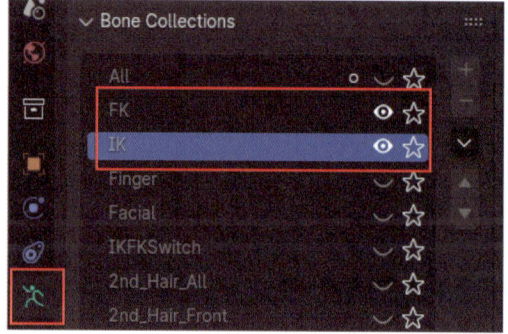

| 2-6 | 렌더링을 하자 |

마지막으로 라인아트를 표시하고 동영상을 출력합니다.

01 해상도 설정하기

Step

오른쪽 프로퍼티스 → **출력 프로퍼티스**에서 설정을 확인합니다. **해상도 X**, **해상도 Y** 값은 샘플에서는 **1200**, **1600**으로 설정되어 있지만 각자 원하는 크기로 변경해도 좋습니다. 크기를 변경할 때는 아웃라이너에서 **Front_Camera**를 선택하고, 프로퍼티스 → **오브젝트 프로퍼티스**(노란색 사각형 아이콘) → **변환** 패널에서 위치를 변경해 캐릭터가 카메라 안에 들어가도록 조정합니다.

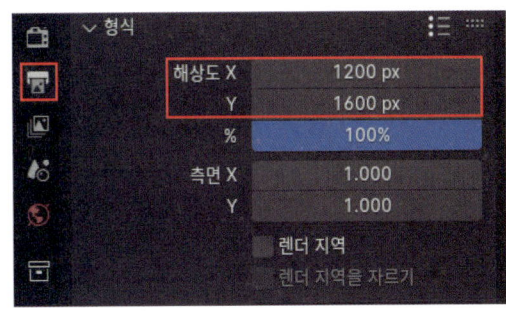

02 프레임, 출력 위치, 인코딩 설정하기

Step

종료 프레임이 **70**인 것을 확인했다면 **출력** 패널에서 출력 위치를 지정합니다. 파일 형식을 **FFmpeg Video**, 인코딩 패널 오른쪽 프리셋 메뉴에서 **H264 in MP4**를 지정합니다.

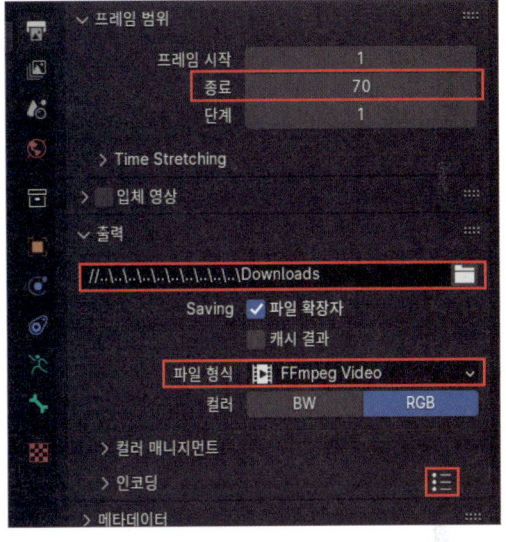

03 Line 표시하기

Step

아웃라이너에서 **Line** 컬렉션의 **뷰 레이어에서 제외**를 활성화해 캐릭터의 윤곽선을 표시합니다.

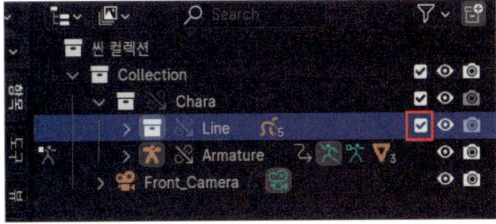

04 렌더링하기

Step

톱 바의 **렌더** → **애니메이션을 렌더**(Ctrl+F12키)를 눌러 동영상을 출력합니다. **렌더** → **애니메이션 표시**(Ctrl+F11키)를 눌러 애니메이션을 곧바로 확인할 수 있습니다. 이상으로 고개를 끄덕이기 애니메이션을 완성했습니다.

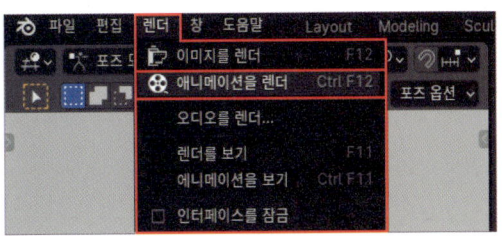

3

점프하기 애니메이션을 만들자

지금까지 '고개를 끄덕이기', '손을 흔들기' 애니메이션을 만들면서 주로 상반신의 움직임에 관해 학습했습니다. 이 움직임들은 비교적 작은 움직임을 연습하기에는 적절하지만 하반신이 거의 움직이지 않기 때문에 표현이 한정적입니다. 여기에서는 지금까지의 움직임에서 한 발 나아간 연습으로, 점프하기 동작을 만들어 봅니다. 여기에서는 '지면에 놓인 훌라후프 위를 두 발로 점프하면서 앞으로 전진하는' 3초 정도의 애니메이션을 만듭니다. 점프는 캐릭터의 전신을 사용하는 움직임으로, 중심 이동이나 착지할 때의 충격을 고려해야 하기 때문에 보다 고도의 애니메이션 기술이 요구됩니다. 그리고 점프 후 뒤를 돌아보는 연기를 추가해, 보다 귀여운 느낌을 줄 수 있는 표현을 목표로 합니다. 점프에서 중요한 것은 '발이 지면에 확실하게 착지하는 것'입니다. 발을 지면에 확실하게 접촉하게 함으로써 캐릭터에게 무게감을 주어 움직임에 현실감을 높일 수 있습니다.

3 - 1 점프를 구성하는 포즈를 확인하자

애니메이션을 만들기 전에 점프를 구성하는 각 포즈에 관해 설명합니다. 점프 동작은 **예비 동작**, **점프하는 순간**, **공중**, **착지 직전**, **착지**의 5개 움직임으로 구성되어 있습니다. 그리고 앞쪽으로 점프할 때는 **포물선을 그리는 것**이 중요합니다. 이것은 앞 장에서 설명한 **중력을 의식하는 것**과 대부분의 움직임은 **곡선**(운동 곡선)을 그린다는 기본을 활용한 것입니다.

■ 예비 동작

예비 동작(캐릭터가 메인 동작을 하기 전의 동작)은 점프하기 전에 힘을 모으는 동작입니다. 캐릭터가 무릎을 굽히고, 신체 전체를 조금 아래로 웅크리는 포즈를 함으로써, 마치 점프 에너지를 모으는 듯 보이게 할 수 있습니다. 이 예비 동작을 할 때 발생하는 반동의 힘을 이용해 점프를 하게 됩니다.

■ 점프하는 순간

지면을 박차고 신체가 공중에 뜨기 시작하는 순간의 포즈입니다. 발이 아직 지면에 붙어 있는 점이 중요한 포인트입니다. 발은 발판과 같은 역할을 합니다. 발이 지면을 확실하게 차 올려 전신이 몸 전체가 힘을 사용해 튀어 오르는 느낌을 표현합니다. 그리고 이 순간의 포즈는 발 뿐만 아니라 팔, 신체의 기울기 등에도 주의해야 합니다.

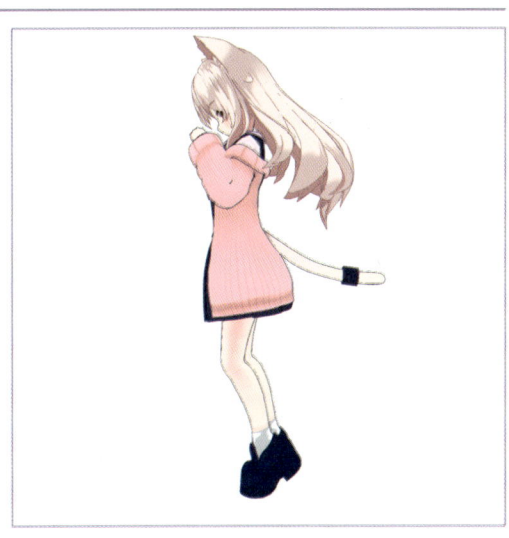

■ 공중

캐릭터가 공중의 가장 높은 위치에 도달하는 순간입니다. 이때 신체를 펴고, 팔과 다리가 가볍게 흔들리는 모습을 표현합니다. 점프할 때의 기세에 맞춰 팔과 다리의 위치를 조정하고, 편안한 느낌이 나도록 하는 것도 좋습니다.

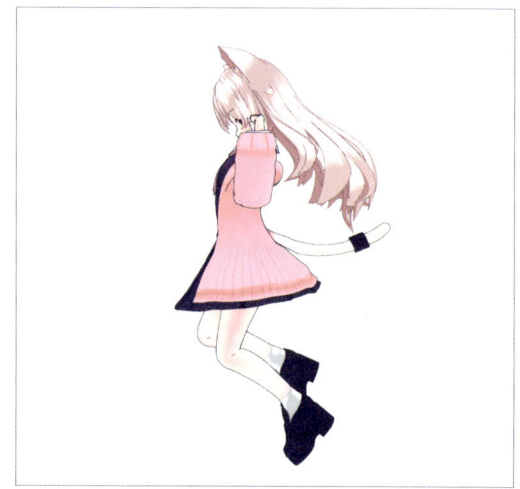

■ 착지 직전

캐릭터가 지면으로 돌아올 준비를 하는 순간입니다. 무릎이 가볍게 구부려지기 시작하며, 착지의 충격을 흡수할 준비가 된 상태를 표현합니다.

■ 착지

캐릭터가 공중에서 내려와 서는 포즈입니다. 발이 지면에 닿고, 무릎이 조금 구부려집니다. 이 포즈에서는 착지 후에 에너지를 흡수하기 위해 신체가 조금 웅크러지는 것입니다. 착지한 후, 곧바로 다음 동작으로 이어지는 것이 아니라 동작에 따라 반동을 흡수하는 시간(대기)이 필요합니다.

5개의 주요 포즈를 만들 때 처음부터 완벽하게 마무리 하려고 하면, 나중에 수정하고 싶을 때 각 파츠의 움직임을 한 번 더 조정해야만 하기 때문에 작업이 어려워 지기도 합니다. 먼저 캐릭터가 선 위치를 결정하는 것부터 시작합니다.

01 샘플 파일 열기

Step
샘플 파일 안에 있는 **03_ sample_Jump** 폴더에서 **Animation_Jump.blen** 를 더블 클릭해 엽니다. 지금까지 만든 애니메이션과 마 찬가지로 최초 포즈가 완성되어 있을 것 입니다.

02 예비 동작 포즈 만들기

Step
점프 전의 예비 동작이 되는 포즈를 만듭니다. **포즈 모드**에 있는 것을 확인한 뒤, 허리의 위치를 조정하기 위한 **Rootupeer**(하반신만 움직이는 녹색 원형 본)를 선택합니다. 도프시트에서 **10**번째 프레임으로 이동합니다. 3D 뷰포 트의 **사이드바(N키)** → **항목** 탭 → **변환** 패널에서 위치 Y에 **-0.05**, 위치 Z에 **-0.1**, 회전 X에 **0.1**을 입력합니다. 수동으로 조 정할 경우에는 **텐키 3**을 눌러 옆쪽 시점으로 전환한 뒤 **이동(G키)**, **회전(R키)**를 사용해 허리를 내립니다. 점프를 할 때는 신 체를 웅크려 힘을 모으는 동작이 중요합니다. 그래서 무릎, 신체 등 각 파츠를 구부려 준비하는 자세를 만듭니다. 신체가 적 절하게 웅크린 자세가 되었다면 다음을 진행합니다.

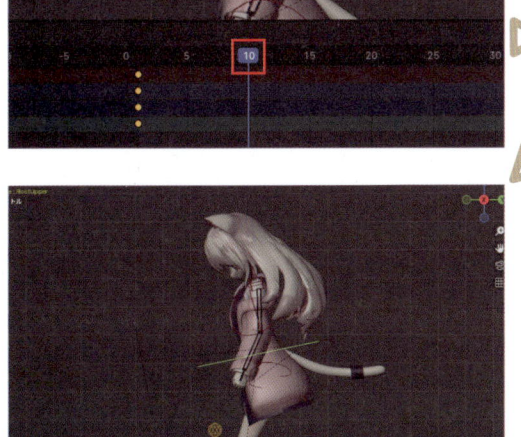

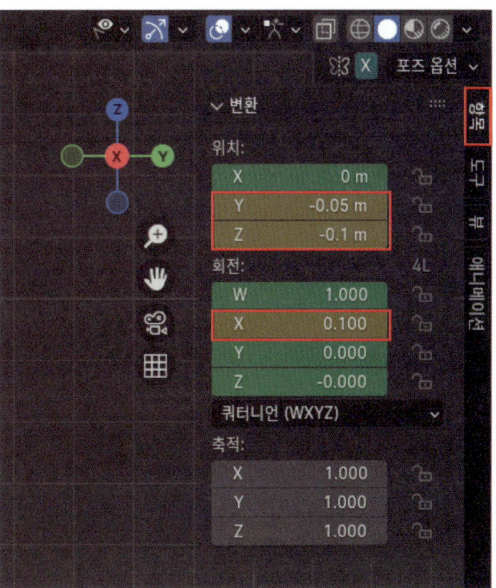

03 왼발 뒤꿈치 제어하기

Step

발의 방향을 조정합니다. 왼발 뒤꿈치를 제어하는 본인 **Footheel.Control.L**(뒤꿈치에 있는 화살표 모양 본)을 선택하고 **사이드바**(N키) → **항목** 탭 → **변환** 패널에서 회전 Z에 **20**을 입력합니다. 수동으로 조정할 경우에는 **회전**(R키) → **Z키**를 사용해 조정합니다.

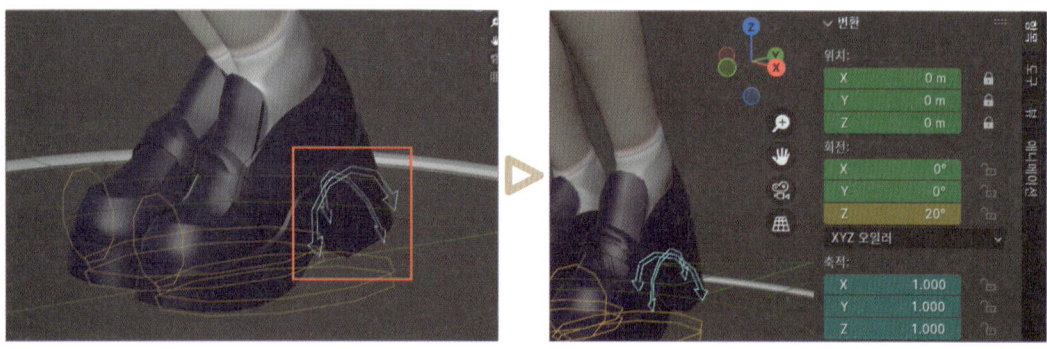

04 포즈 복사 및 붙여 넣기

Step

반대쪽인 오른발의 뒤꿈치에도 동일하게 대응합니다. 수동으로 수치를 입력하거나 조정하면 작업 효율이 낮으므로, 포즈를 복사해 붙여 넣습니다. 앞에서 변형한 왼발 뒤꿈치의 본만 선택한 뒤 3D 뷰포트 위에서 마우스 우클릭 합니다. 표시되는 메뉴 안에서 **포즈 복사**(Ctrl+C키)를 누르면 포즈가 복사됩니다. 아래쪽 상태 바 안에 **Copied pose to internal clipboard**라고 표시되면 포즈가 정상적으로 복사된 것입니다.

※포즈를 복사할 때는 반드시 대상의 본을 선택합시다.

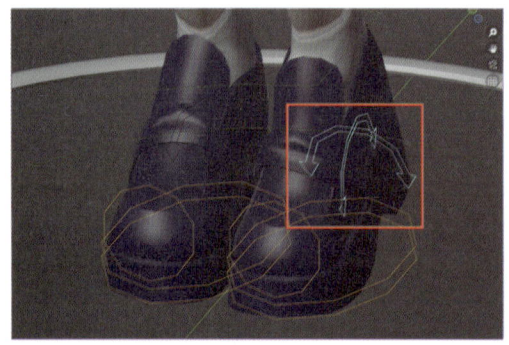

05 반대쪽 발에 포즈 붙여 넣기

Step

다시 마우스 우클릭 합니다. 표시되는 메뉴 안에서 **X-뒤집힌 포즈를 붙여 넣기**(Shift+Ctrl+V키)를 실행하면 반대쪽에도 같은 포즈가 적용됩니다. 오른발 뒤꿈치가 왼발과 동일하게 위로 올라간다면 성공입니다. 이 기능이 잘 동작하지 않을 때는 본이 복사되어 있는지 확인하고, 반대쪽인 오른발의 뒤꿈치의 본 **Footheel.Control.R**을 선택한 상태에서 **X-뒤집힌 포즈를 붙여 넣기**(Shift+Ctrl+V키)를 실행합니다. 이렇게 **앞꿈치**를 조금 구부리는 것만으로 발 전체의 움직임에 활동감을 줄 수 있습니다.

> **MEMO**
>
> 수동으로 조정할 경우에는 3D 뷰포트 오른쪽 위에 있는 X 아이콘을 활성화하거나 **포즈 옵션 → X축 미러**를 활성화하면, 좌우 대칭으로 변형할 수 있습니다. 애니메이션에 익숙해졌다면 이 기능을 이용하는 것도 좋습니다.

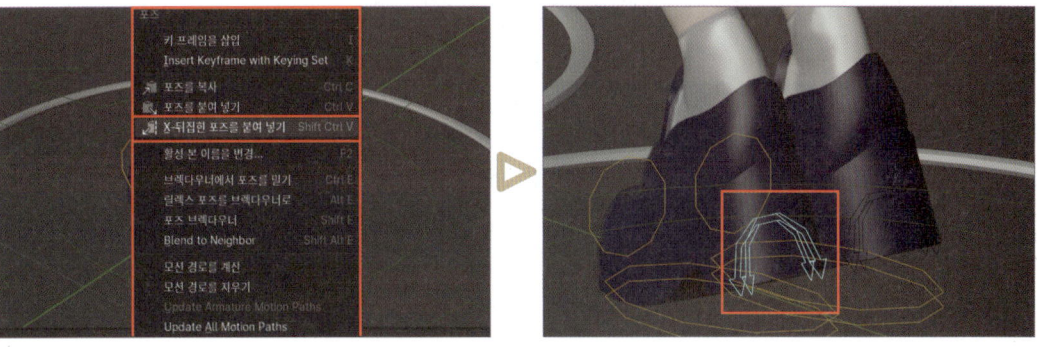

06 키 프레임 삽입하기

Step

각 본에 키 프레임을 삽입합니다. **10**번째 프레임에 있는 것을 확인한 뒤 3D 뷰포트 위에서 모두 선택의 단축키인 **A키**를 눌러 표시된 모든 본을 선택합니다. 다음으로 키 프레임 삽입 메뉴 표시 단축키인 **K키**를 누르고, 메뉴 안에서 **Location & Rotation**을 선택합니다.

※ 설명이 반복되지만 이렇게 모든 본에 키 프레임을 삽입함으로써, 본이 임의로 움직이는 등 의도하지 않은 변형을 방지할 수 있습니다.

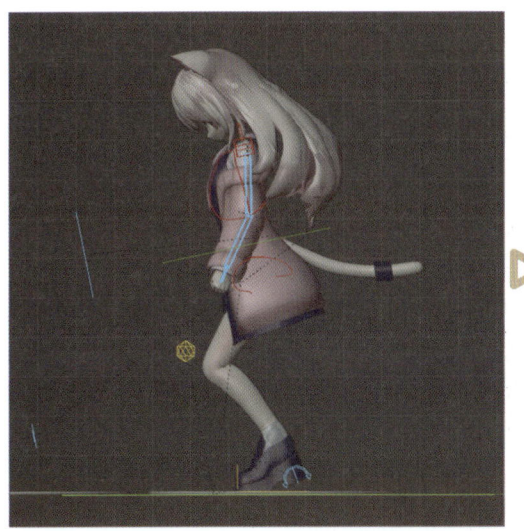
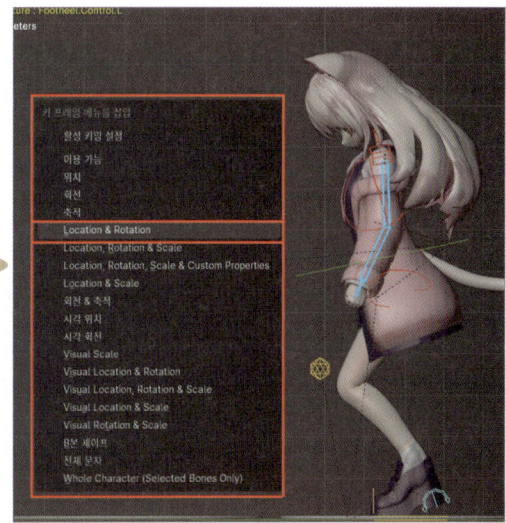

'X-뒤집힌 포즈를 붙여 넣기'에 관해

이 조작은 복사한 포즈를 좌우 반전해 붙여 넣는 기능입니다. 한쪽만 **복사(Ctrl+C키)**한 상태❶에서 **X-뒤집힌 포즈를 붙여 넣기 (Shift+Ctrl+V키)**를 실행하면, 반대쪽 발에 반전한 포즈를 붙여 넣을 수 있습니다❷. 그리고 두 발에 키 프레임을 삽입하고, 두 발을 선택해 복사❸한 뒤 같은 조작을 실행하면, 각 발에 뒤집힌 포즈가 붙여 넣어집니다❹. 이 기능은 걷기나 달리기 애니메이션을 만들거나, 좌우 반전 포즈를 만들 때 편리합니다. 하지만, 이 조작은 본 이름 마지막에 .L, .R 이 붙어 있는 좌우 대칭 본에만 적용됩니다.

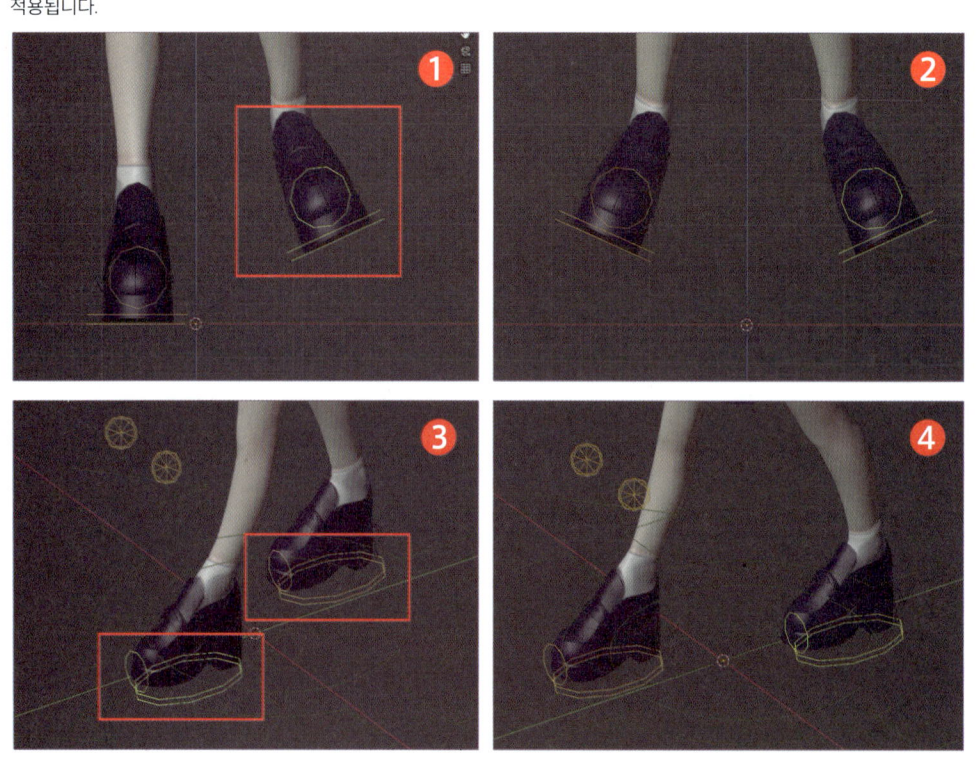

07 14번째 프레임에 키 프레임 삽입하기

다음으로 발이 지면에서 떨어지기 직전의 포즈를 만들고, 허리와 발의 위치를 결정합니다. **14**번째 프레임으로 이동해 **Rootupper**(하반신만 움직이는 녹색 원형 본)을 선택합니다. **사이드바(N키)** → **항목** 탭 → **변환** 패널에서 위치 Y에 -0.1, 위치 Z에 0.01, 회전 X에 0 을 입력합니다. 발을 발판과 같이 사용해 점프하므로 이 포즈가 없으면 캐릭터가 갑자기 공중으로 날아 오르는 듯한 부자연스러운 움직임을 보이게 되며, 위화감이 듭니다. 그리고 점프할 때는 앞꿈치를 확실하게 지면에 두는 것이 중요합니다. 이를 통해 힘을 모아 점프하는 움직임을 표현할 수 있습니다. 앞꿈치를 지면에 두지 않으면 캐릭터가 힘을 모으는 것처럼 보이지 않고, 점프의 기세나 세기도 사라집니다.

Next Page

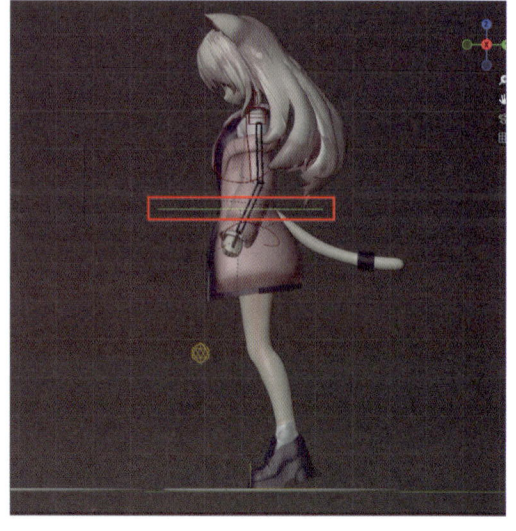

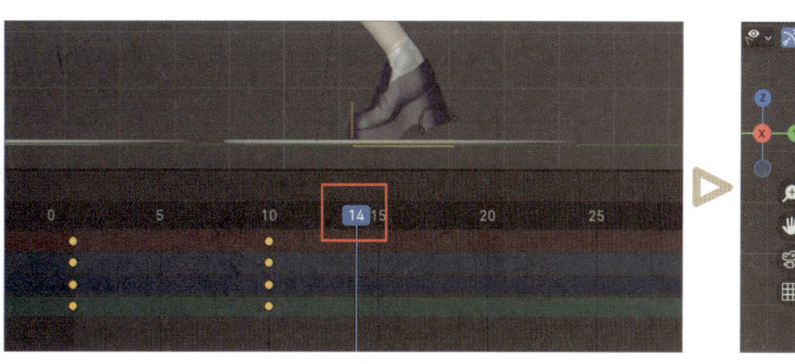
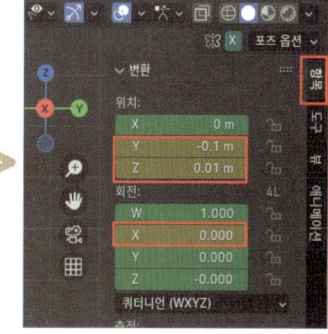

08 왼발 뒤꿈치 회전하기

Step

왼발 뒤꿈치를 조금 들어 올립니다. 왼발 뒤꿈치를 제어하는 본 **Footheel.Control.L**(뒤꿈치에 있는 화살표 모양 본)을 선택하고 **사이드바**(N키) → **항목** 탭 → **변환** 패널에서 회전 Z에 **40**을 입력합니다.

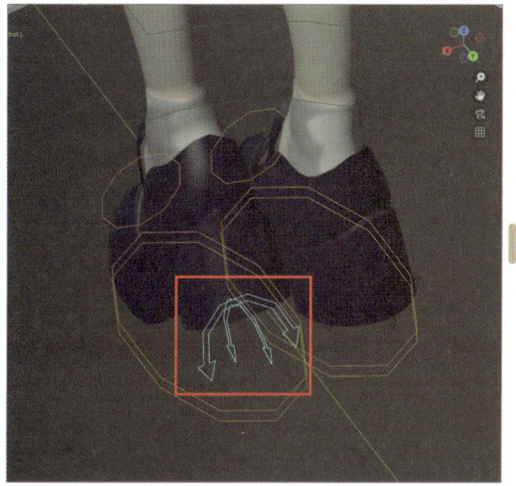
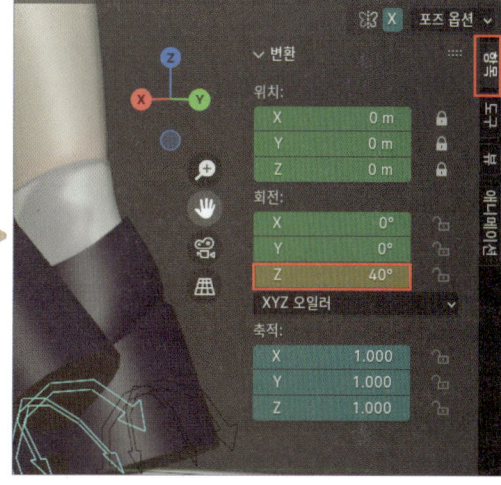

09 포즈 복사 및 복제하기

Step

다음으로 마우스 우클릭 해 **포즈를 복사**(**Ctrl+C키**)를 실행합니다❶. 계속해서 마우스 우클릭 후 **X-뒤집힌 포즈를 붙여 넣기**(**Shift+Ctrl+V키**)를 실행해❷, 반대쪽 뒤꿈치에도 뒤집힌 포즈를 붙여 넣습니다.

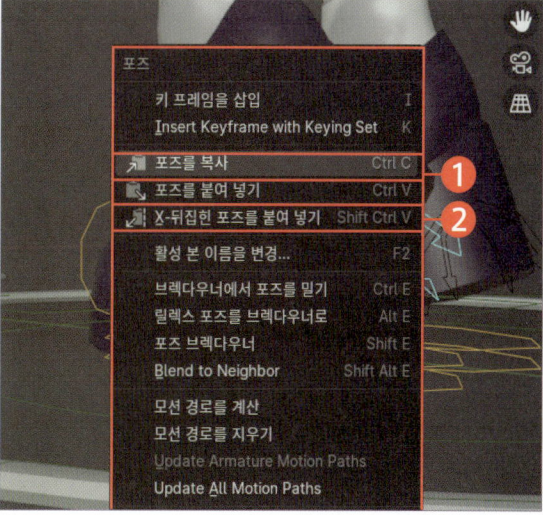

10 오른발 회전 변경하기

Step

두 발이 좌우 대칭이 되어 캐릭터의 움직임이 기계적이고 딱딱한 느낌이 듭니다. 한쪽 발을 조금 앞으로 내미는 등, 좌우 비대칭으로 만들어 자연스럽게 보이도록 조정합니다. 여기에서는 오른발 뒤꿈치의 회전에 **-30**을 입력합니다.

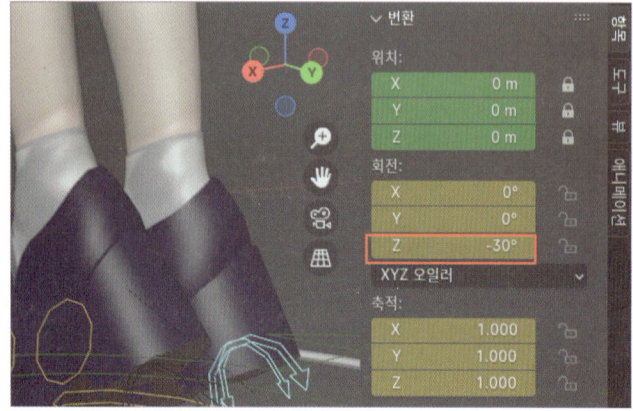

11 14번째 프레임에 키 프레임 삽입하기

Step

14번째 프레임에 있는 것을 확인했다면 3D 뷰포트 위에서 모두 선택의 단축키인 **A키**를 눌러 표시되어 있는 모든 본을 선택합니다. 다음으로 키 프레임 메뉴를 삽입 메뉴의 단축키인 **K키**를 실행하고 메뉴 안에서 **Location & Rotation**을 클릭합니다.

12 17번째 프레임에 키 프레임 입력하기

Step

다음은 공중 포즈를 만듭니다. 도프시트에서 17 번째 프레임으로 이동한 뒤, 다시 Rootupper 를 선택합니다. 사이드바(**N키**) → 항목 탭 → 변환 패널에서 위치 Y(전후 위치)에 -0.35, 위치 Z(상하 위치)에 0.1 을 입력합니다. 점프 후 공중에 떠 있는 상태에 조금 앞으로 움직입니다. 수동으로 조정할 경우에는 이동(**G키**)으로 조정합니다. 위치 Z로 점프의 높이, 위치 Y로 앞으로 움직인 정도를 조정합니다.

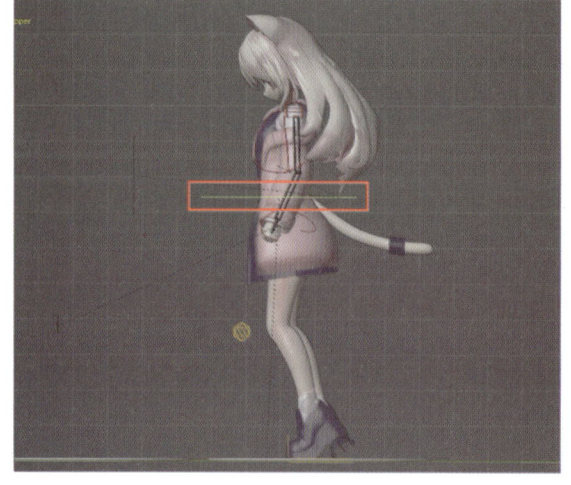

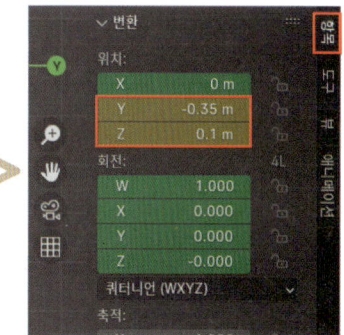

13 발을 조금 구부리기

Step

공중 포즈에서는 캐릭터가 **기분 좋게 날아가고 있는 것처럼 보이는가**가 중요합니다. 발의 배치나 각도에 주의하면서 가볍게 날고 있는 느낌을 만들어 줍니다. 공중에서는 발을 조금 구부려서 떠 있는 느낌을 연출할 수 있습니다. 이 때 무릎의 방향이 부자연스럽지 않도록 주의합니다. 왼쪽 무릎의 방향을 제어하는 본 **KneeIK.L**(무릎 앞쪽에 있는 구체 본)을 선택하고 **사이드바**(N키) → **항목** 탭 → **변환** 패널에서 위치 Y에 **1**을 입력합니다. 이 본이 점프한 다음 위치로 이동합니다. 발을 IK로 제어하면 무릎이 항상 이 본(KneeIK) 방향을 향하므로, 발을 움직일 때는 무릎 방향에도 주의합니다.

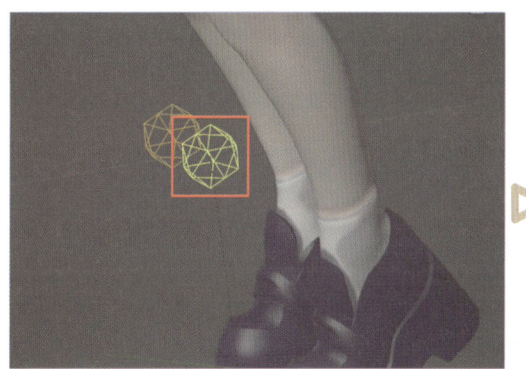

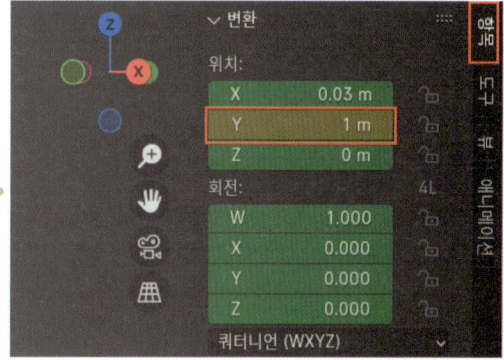

14 포즈 복사 및 붙여 넣기

Step

여기에서도 포즈를 복사 → X 뒤집힌 포즈를 붙여 넣기 해서 반대쪽 본에도 적용합니다. **KneeIK.L**이 선택되어 있는 것을 확인하고 마우스 우클릭 한 뒤 **포즈를 복사**(**Ctrl+C키**)를 실행합니다❶. 계속해서 마우스 우클릭 한 뒤 **X-뒤집힌 포즈를 붙여 넣기**(**Shift+Ctrl+V키**)를 실행합니다❷. 반대쪽의 **KneeIK.R**이 옆으로 나란히 위치하면 성공입니다.

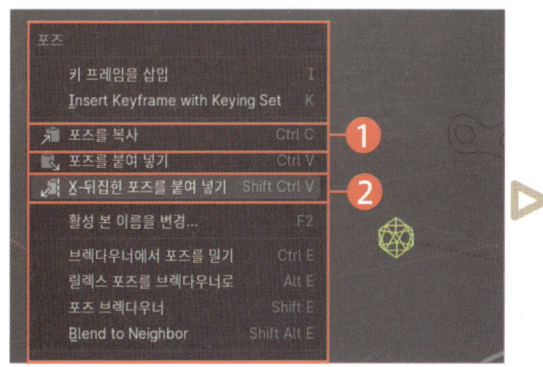

15 발 조정하기

다음으로 발을 조정합니다. 왼발을 제어하는 본인 **FootIK.L**을 선택하고 **사이드바**(N키) → **항목** 탭 → **변환** 패널에서 위치 X(전후)에 **-0.1**, 위치 Y(상하)에 **0.2**, 위치 Z(좌우)에 **0**, 회전 Z에 **0.5**를 입력합니다. 공중에서는 발이 편안한 상태이므로 앞꿈치가 앞쪽을 향하지 않고 조금 회전시켜 지면 방향을 향하는 것이 좋습니다. 그리고 위치 X를 **-0.2 ~ -0.3**으로 해서 발을 조금 앞쪽으로 내밀면 좋습니다(또는 **이동**(G키) → **Y키**를 2번 눌러 **글로벌**로 전환한 뒤 발을 앞뒤로 이동해 조정합니다).

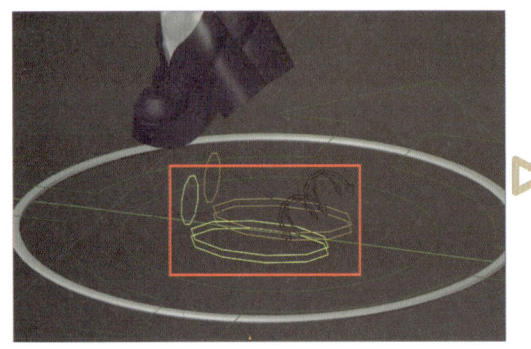
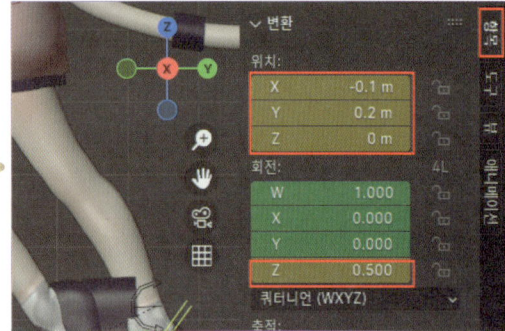

16 회전 초기화하기

뒤꿈치가 많이 올라가 부자연스러우므로 변형을 초기화합니다. 왼쪽 뒤꿈치를 제어하는 본인 **Footheel.Control.L**을 선택하고 회전을 초기화하는 단축키인 **Alt+R키**를 누릅니다.

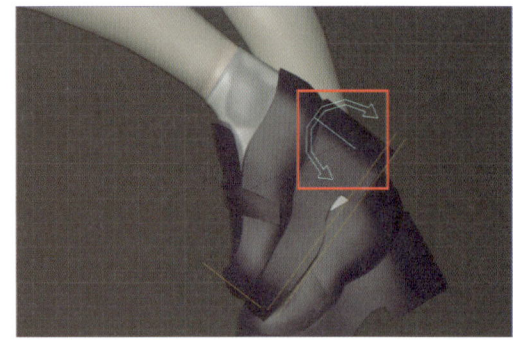

17 포즈 복사 및 붙여 넣기

반대쪽 발과 뒤꿈치의 본에 뒤집힌 포즈를 붙여 넣습니다. **FootIK.L**과 **Footheel.Control.L**을 Shift+마우스 좌클릭 해 선택합니다. 마우스 우클릭 후 **포즈를 복사**(Ctrl+C키)를 실행합니다❶. 계속해서 마우스 우클릭 후 **X-뒤집힌 포즈를 붙여 넣기**(Shift+Ctrl+V키)를 실행합니다❷.

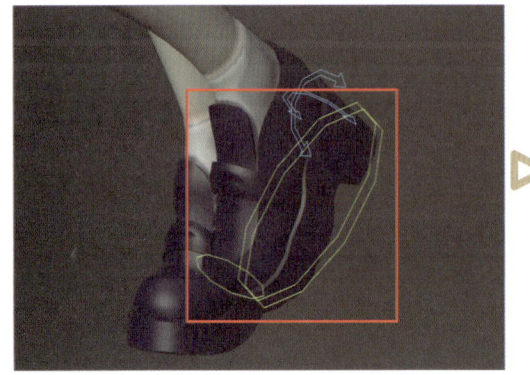
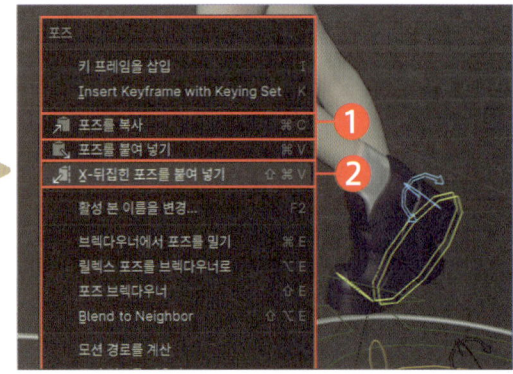

18

Step

발 회전 제어하기

여기도 두 발이 좌우 대칭으로 부자연스러우므로 비대칭으로 만듭니다. 오른발(FootIK.R)을 선택하고 **사이드바**(N 키) → **항목** 탭 → **변환** 패널에서 위치 Y에 **0.3**, 회전 W에 **1**, 회전 Z에 **-0.7**을 입력합니다.

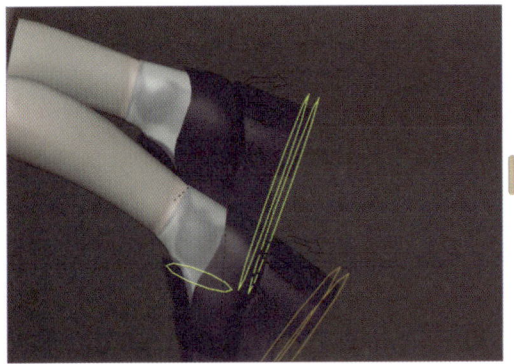

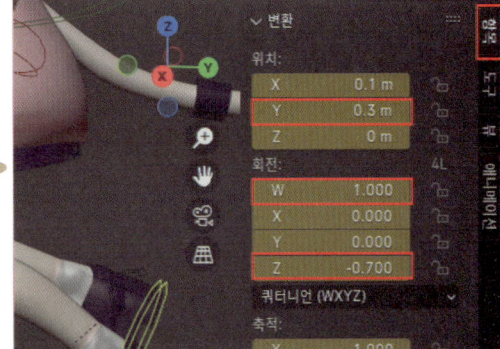

이렇게 두 발을 좌우 비대칭으로 배치하면 보다 자연스러운 애니메이션을 만들 수 있습니다. 특히 공중 포즈에서는 가볍게 균형을 잡으려고 하는 것처럼 보이게 할 것이므로 발을 비대칭으로 배치했습니다.

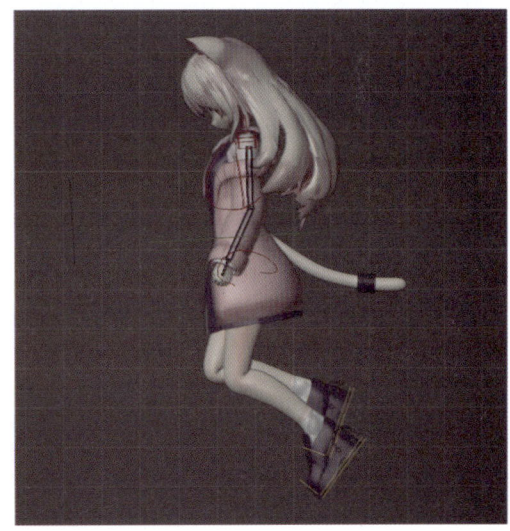

19

Step

17번째 프레임에 키 프레임 삽입하기

키 프레임도 빼놓지 않고 삽입합니다. **17번째** 프레임에 있는 것을 확인하고 **A키**를 눌러 모든 본을 선택합니다. 3D 뷰포트 위에서 키 프레임 메뉴를 삽입 메뉴의 단축키인 **K키**를 누르고 **Location & Rotation**을 클릭합니다.

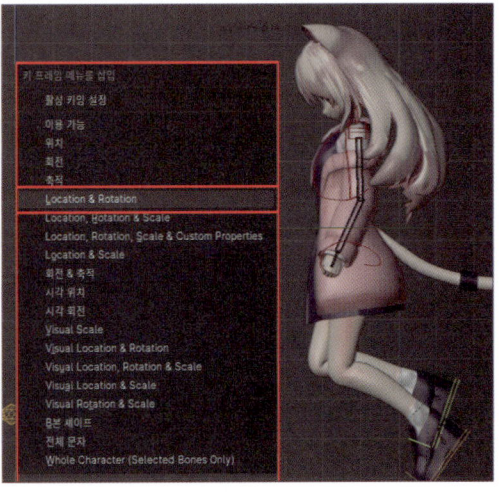

| 3 - 3 | 먼저 허리와 발을 조정하자 2 |

계속해서 점프 포즈를 만듭니다. 지면에 착지하기 직전의 포즈, 지면에 착지하는 포즈, 착지한 뒤 에너지를 흡수하기 위한 포즈 등 몇 가지 포인트가 있습니다.

01 21번째 프레임에 키 프레임 삽입하기

Step 지면에 착지할 때까지의 포즈를 만듭니다. **포즈 모드**인지 확인하고 **21번째** 프레임으로 이동합니다. **Rootupper**를 선택하고 **사이드바**(N키) → **항목** 탭 → **변환** 패널에서 위치 Y에 **-0.55**, 위치 Z에 **0.02**, 회전 X에 **0.07**을 입력합니다. 착지 지점으로 향하고 있기 때문에 발로 충격을 흡수할 수 있도록 허리를 조정해야 합니다.

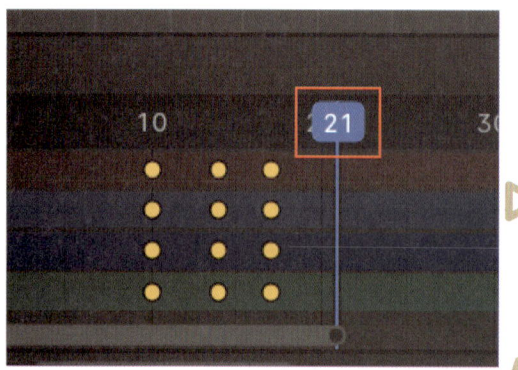
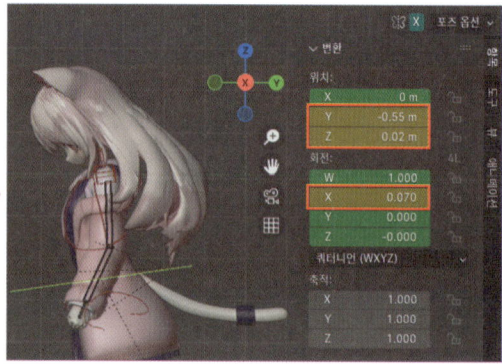
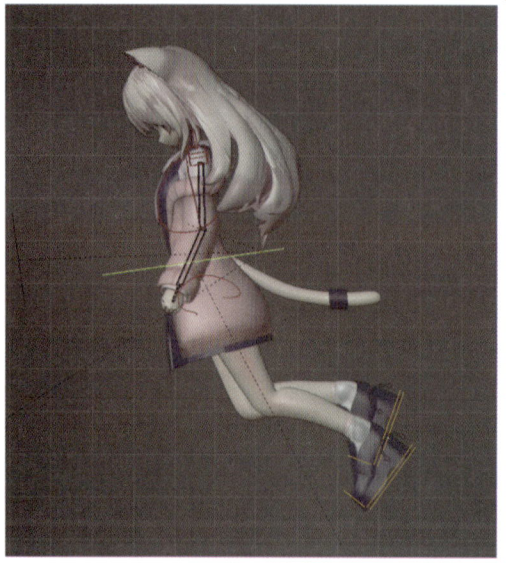

02 왼발 제어하기

Step 왼발을 제어하는 본 **FootIK.L**을 선택합니다. **사이드바**(N키) → **항목** 탭 → **변환** 패널에서 위치 X에 **-0.06**, 위치 Y에 **0.04**, 위치 Z에 **0.02**, 회전 Z에 **0.15**를 입력합니다. 착지하기 직전에는 두 발을 지면에 가깝게 만듭니다.

242

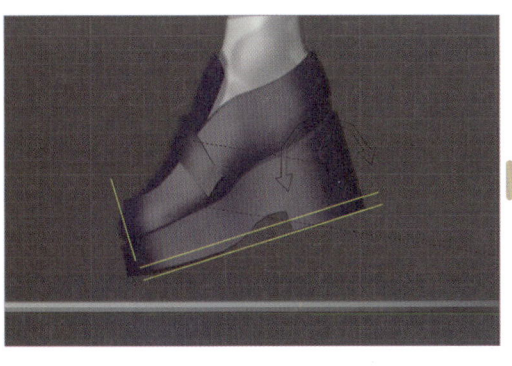
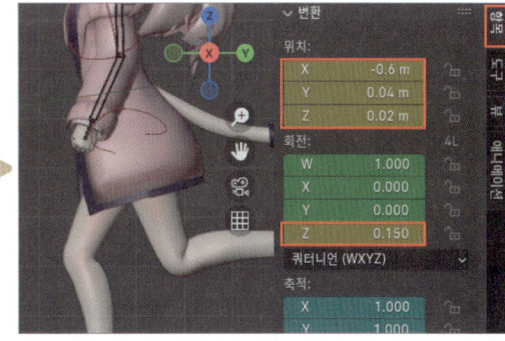

03 포즈 복사 및 붙여 넣기

Step

반대쪽 오른발 본에 뒤집힌 포즈를 붙여 넣기 합니다. **FootIK.L**을 선택하고 마우스 우클릭 합니다. **포즈를 복사**(Ctrl+C키)를 실행하고 ❶, 다시 마우스 우클릭 해 **X-뒤집힌 포즈를 붙여 넣기**(**Shift+Ctrl+V키**)를 실행합니다 ❷.

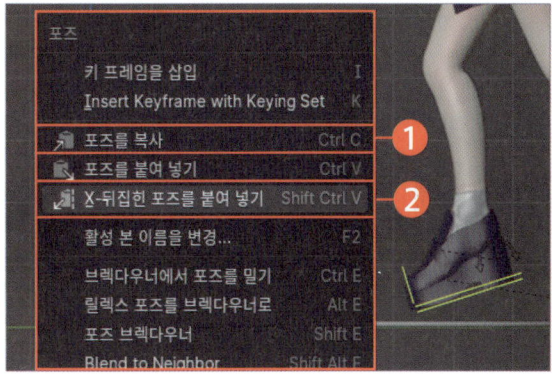

04 오른발 조정하기

Step

현재 두 발이 좌우 대칭이므로 시점을 변경해 오른발의 **FootIK.R**을 선택합니다. **텐키 3**을 눌러 옆쪽 시점으로 변경한 뒤 **이동**(G키) 으로 조정해 두 발을 좌우 비대칭으로 만듭니다.

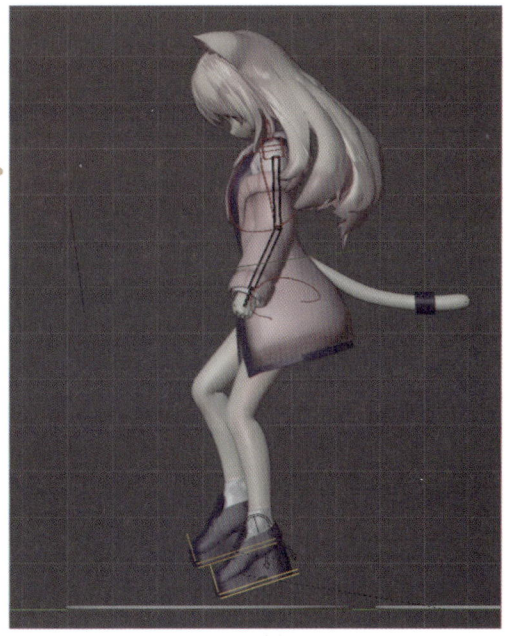

05 21번째 프레임에 키 프레임 삽입하기

Step

모든 본에 키 프레임을 삽입합니다. **21번째 프레임**에 있는 것을 확인하고 **A키**를 눌러 모든 본을 선택합니다. 3D 뷰포트 위에서 키 프레임 메뉴를 삽입 메뉴의 단축키인 **K키**를 누르고 **Location & Rotation**을 클릭합니다.

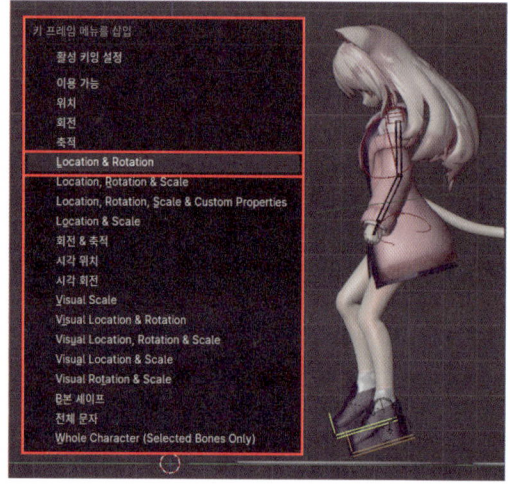

Column

'뒤꿈치'부터 착지하는가, '앞꿈치'부터 착지하는가

앞쪽을 향해 크게 점프할 때는 충격을 흡수하기 위해 **뒤꿈치**부터 착지하는 것이 자연스럽습니다. 하지만 수직으로 점프하거나 작게 점프할 때는 **뒤꿈치**부터 착지하면 큰 충격을 받으므로, 이 때는 **앞꿈치**부터 착지하는 것이 안정적입니다. 이런 이유로 여기에서 만드는 점프는 작으므로 후자인 **앞꿈치**부터 착지하는 방법을 사용합니다.

06 22번째 프레임에 키 프레임 삽입하기

Step

착지하는 포즈를 만듭니다. **22번째 프레임**으로 이동해 **Rootupper** 를 선택합니다. **사이드바(N키)** → **항목** 탭 → **변환** 패널에서 위치 Y에 **-0.6**, 위치 Z에 **-0.08**, 회전 X에 **0.1**을 입력합니다. 착지할 때는 점프의 충격을 줄이도록 신체를 조금 구부립니다.

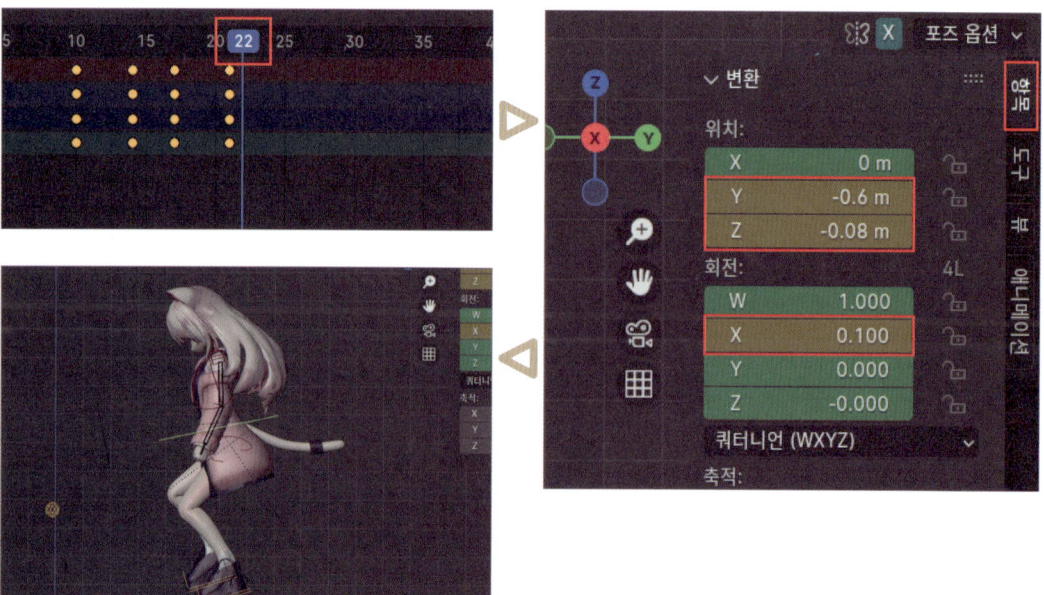

244

07 왼발 조정하기

Step

왼발을 제어하는 본 **FootIK.L**을 선택합니다. **사이드바**(N키) → **항목** 탭 → **변환** 패널에서 위치 X에 **-0.65**, 위치 Y에 **0**, 회전 Z에 **0**을 입력합니다.

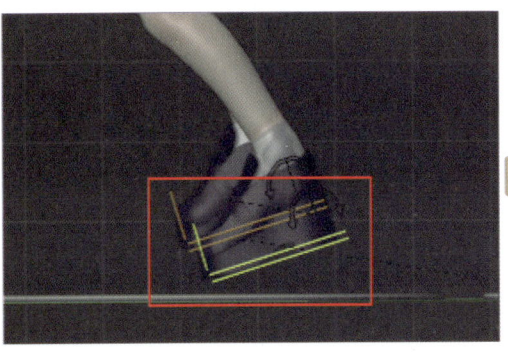 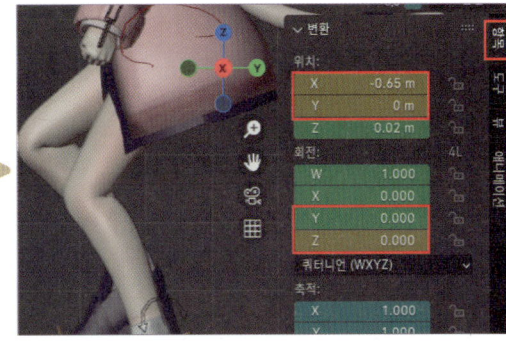

08 포즈 복사 및 붙여 넣기

Step

왼발을 제어하는 **FootIK.L**이 선택되어 있는 것을 확인합니다. 마우스 우클릭 후 **포즈를 복사**(Ctrl+C키)를 실행합니다❶. 다시 마우스 우클릭해 **X-뒤집힌 포즈를 붙여 넣기**(Shift+Ctrl+V키)를 실행합니다❷.

09 오른발 제어하기

Step

반대쪽 오른발을 제어하는 본 **FootIK.R**을 선택합니다. **이동**(G키) → **Y키**를 2번 눌러 변환 오리엔테이션을 **글로벌**로 바꿉니다. 조금 앞으로 이동해 좌우 비대칭으로 만듭니다.

10 29번째 프레임에 키 프레임 삽입하기

Step

다음은 착지입니다. 충격을 줄이기 위해 신체를 조금 더 웅크립니다. 29번째 프레임으로 이동해 **Rootupper**를 선택합니다. **사이드바**(N키) → **항목** 탭 → **변환** 패널에서 위치 Y에 **-0.66**, 위치 Z에 **-0.1** 을 입력합니다.

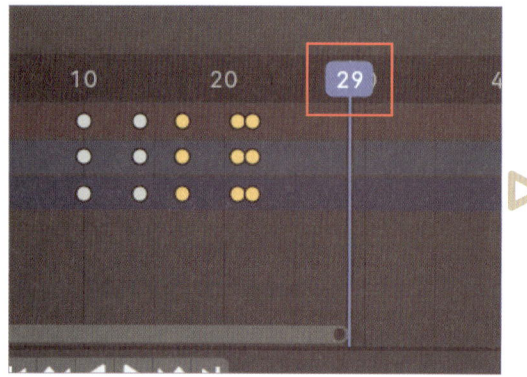
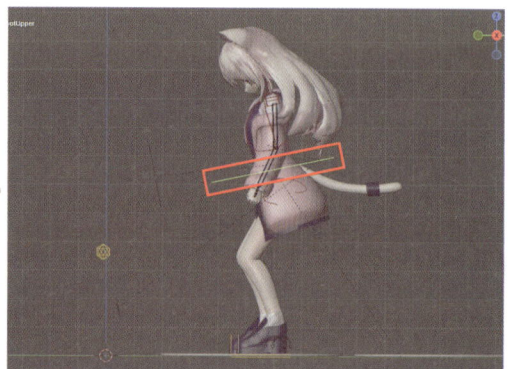

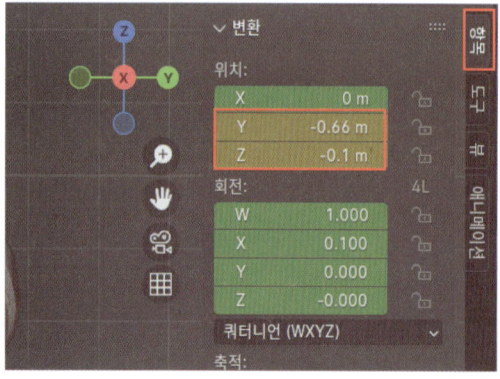

수동으로 조정할 때 앞으로 너무 많이 웅크리면 쓰러질 것 같은 자세가 되므로 주의합니다. 단, 뒤에 만드는 동작이 넘어지는 동작이라면 문제 없습니다. 옆쪽 시점(**텐키 3**)에서 허리와 머리 사이에 세로선을 그려 그 선이 양팔 사이에 오도록 하면 안정적인 자세가 됩니다.

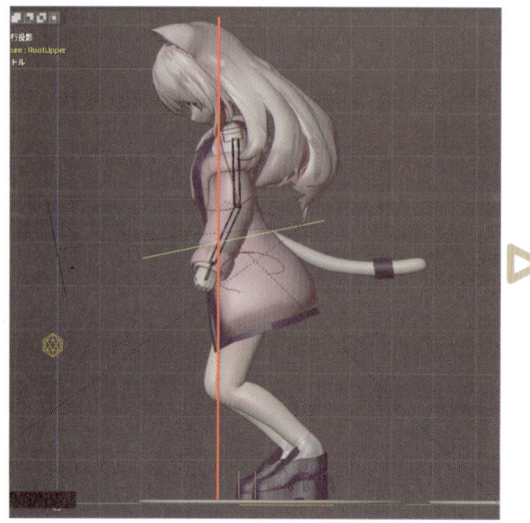
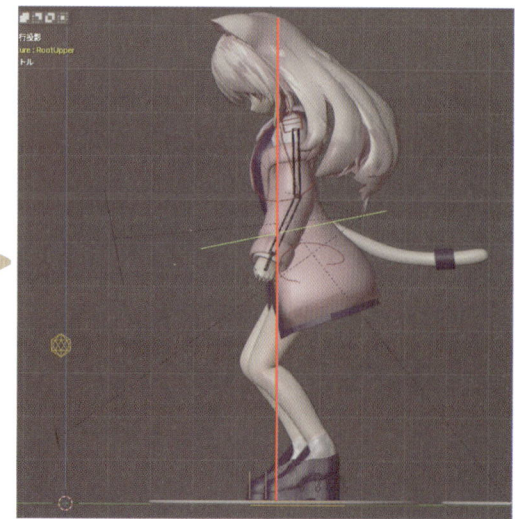

11 39번째 프레임에 키 프레임 삽입하기

Step

점프의 에너지를 흡수함으로써 다음 동작을 할 수 있게 되었습니다. 이번 동작에서는 웅크린 신체를 위로 올려 줍니다. 39번째 프레임으로 이동한 뒤 **Rootupper**를 선택합니다. **사이드바(N키) → 항목** 탭 → **변환** 패널에서 위치 Y에 **-0.7**, 위치 Z에 **-0.01**, 회전 X에 **0**을 입력합니다. 이 포즈도 옆쪽 시점에서 허리와 머리 영역에 세로선을 그어, 두 발 사이의 영역에 세로선이 오도록 합니다.

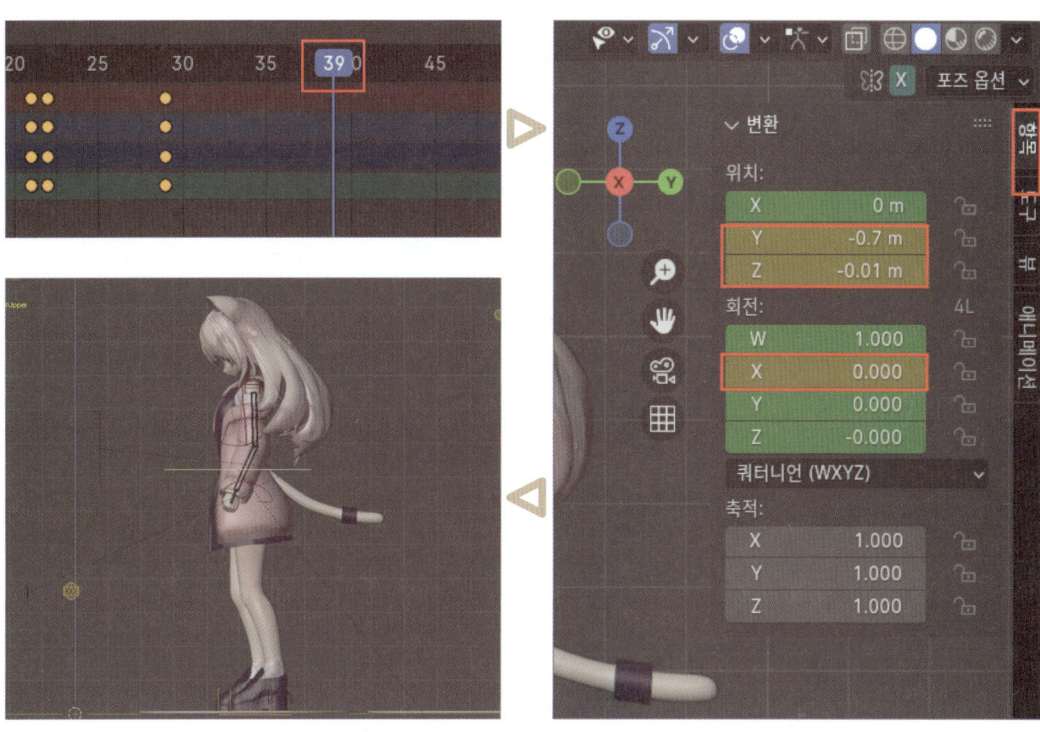

12 22, 29, 39 프레임에 키프레임 삽입하기

Step

각 포즈의 조정을 마쳤다면 키 프레임을 삽입합니다. 22번째 프레임으로 이동해 3D 뷰포트 위에서 모두 선택의 단축키인 **A키**를 눌러 표시되어 있는 모든 본을 선택합니다. 다음으로 키 프레임 메뉴를 삽입 메뉴의 단축키인 **K키**를 누르고 **Location & Rotation**을 클릭합니다. 같은 조작을 29번째 프레임, 39번째 프레임에도 수행합니다. 만일을 위해 도프시트 왼쪽에서 채널을 열고 키 프레임이 들어가 있는지 확인하는 것도 좋습니다.

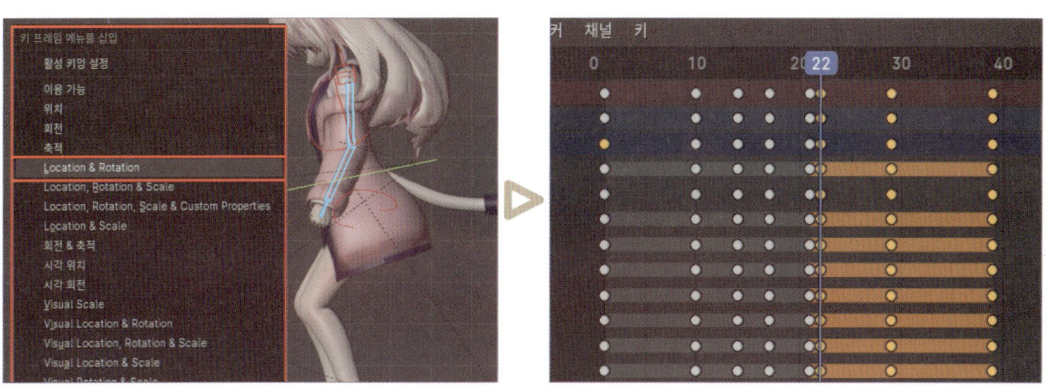

13 포물선 확인하기

Step

이 시점에서 일단 점프가 포물선을 그리는지 확인합니다. **Rootupper**를 선택하고❶, 프로퍼티스 → **오브젝트 데이터 프로퍼티스**를 클릭합니다❷. **모션 경로** 패널을 열고 **계산…**을 클릭합니다❸. Calculate Paths for Selected **Bones**(선택한 본의 경로 계산) 메뉴가 표시됩니다. 기본 설정 상태에서 **계산**을 클릭합니다.

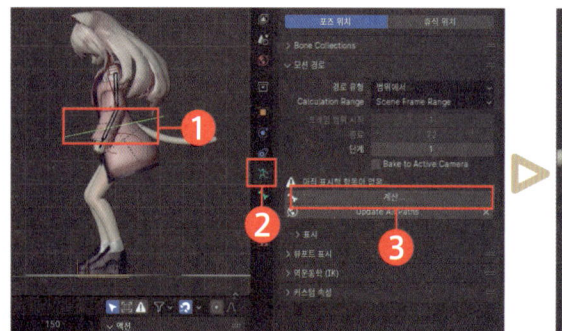
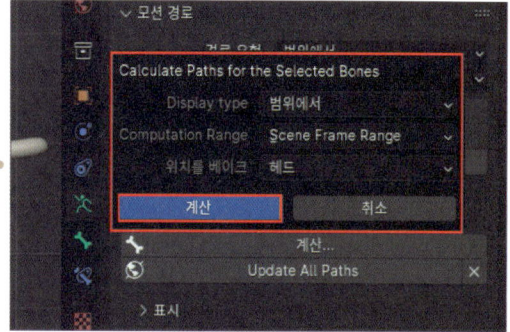

Rootupper의 움직임의 궤적이 표시됩니다. 이 궤적이 어느 정도 포물선을 그린다면 문제 없습니다. 점프 동작은 상승해서 정점에 도달하고, 중력의 영향을 받아 낙하하는 포물선 형태입니다. 이것은 물리 법칙에 기반한 자연스러운 궤적입니다. 궤도가 직선 형태이거나 포물선에서 크게 벗어나면 중력의 영향을 무시한 부자연스러운 움직임으로 보이거나, 점프라는 느낌이 들지 않게 됩니다. 움직임에 문제가 있을 때는 키 프레임의 위치나 회전을 조정하거나 **그래프 에디터**에서 확인이나 수정을 해야 합니다. 특별히 문제가 없다면 **Update path** 오른쪽 **X 버튼**을 클릭해 궤적을 삭제합니다.

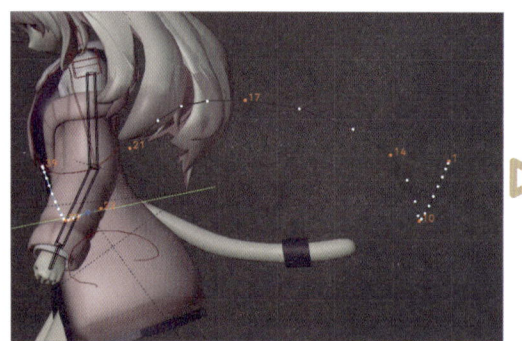
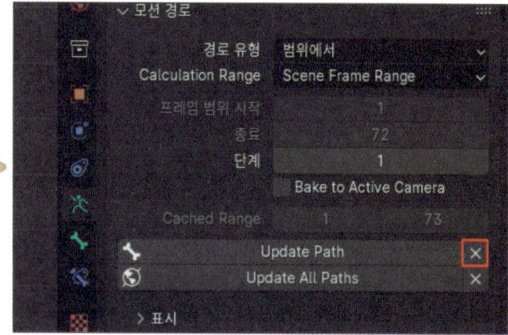

3-4 | 신체, 머리, 팔을 조정하자

허리와 다리의 조정을 마쳤으므로 다음으로 신체 전체의 포즈를 만듭니다.

01 10번째 프레임에 키 프레임 삽입하기

Step

Rooupper를 사용해 위치를 결정했으므로 여기에서는 주로 회전을 조정합니다(위치는 원하는 대로 조정해도 좋습니다). **10**번째 프레임으로 이동해 빨간색 골반 모양 본 **Hips.Control**을 선택합니다. **사이드바**(N키) → **항목** 탭 → **변환** 패널에서 회전 X에 **-0.1**을 입력합니다(수동으로 조정할 경우에는 **R키** → **X키**를 사용합니다). 점프하기 직전에는 허리를 조금 앞쪽으로 향하면 좋습니다.

Next Page

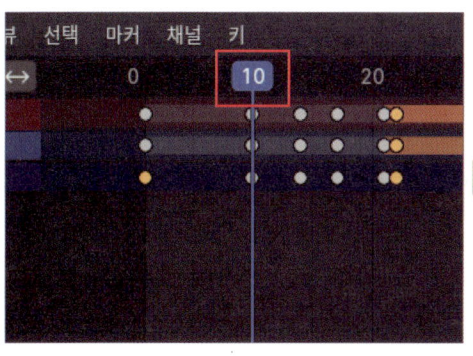

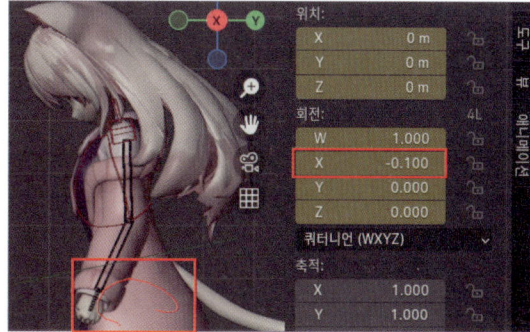

02 상반신 제어하기

Step

상반신을 제어하는 본 **Chest.Control**(빨간색 폐 모양 아이콘)을 선택하고 **사이드바**(N키) → **항목** 탭 → **변환** 패널에서 회전 X에 **0.1**을 입력합니다. 신체를 조금 앞으로 기울여 웅크리듯 함으로써 점프에 힘을 더합니다.

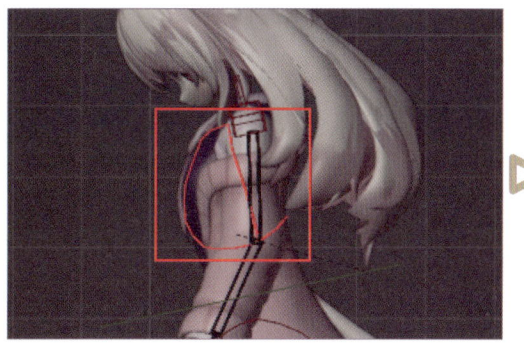

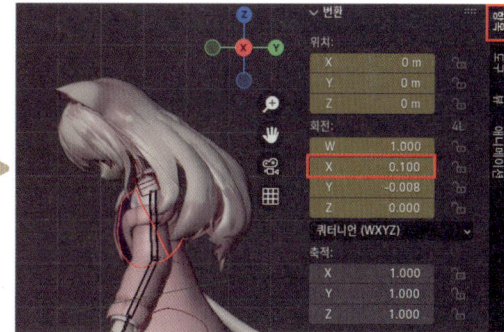

03 팔 방향 변경하기

Step

팔 방향을 바꿉니다. 점프는 순간적인 동작이므로 신체 전체를 웅크려 힘을 모은 뒤 단숨에 폭발 시키는 움직임입니다. 점프하기 직전에 팔이 똑바로 펴져 있으면 있으며 캐릭터가 점프 준비를 하는 것으로 보이지 않습니다. 캐릭터가 **자, 점프한다!**는 준비를 한다는 의식을 표현하기 위해서는 팔꿈치, 팔, 신체를 조금 구부린 상태로 만들어야 합니다. 왼쪽 위팔의 본인 **UpperArm.L**을 선택하고 **사이드바**(N키) → **항목** 탭 → **변환** 패널에서 회전 X에 **0.1**, 회전 Y에 **0.2**, 회전 Z에 **-0.3** 을 입력합니다. 이후 왼쪽 아래팔의 **LowerArm.L**을 선택하고 **사이드바**(N키) → **항목** 탭 → **변환** 패널에서 회전 X에 **-8**, 회전 Y에 **-20**, 회전 Z에 **50**을 입력합니다(여기에서의 수치는 기준일 뿐입니다. 선호에 맞게 조정합시다). 앞쪽 시점(**텐키 1**)에서 봤을 때 팔과 신체 사이에 간격이 있으면 실루엣이 확실하게 되며 캐릭터의 움직임이 보다 강조됩니다.

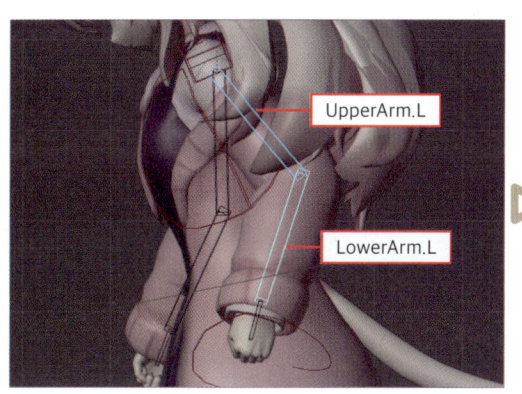

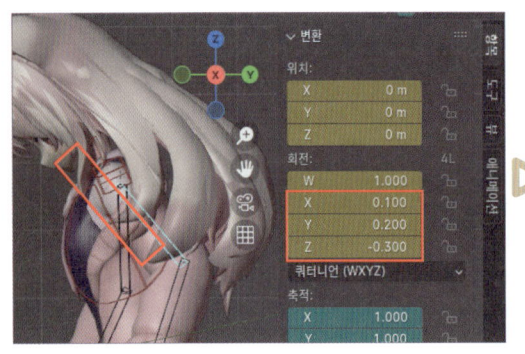
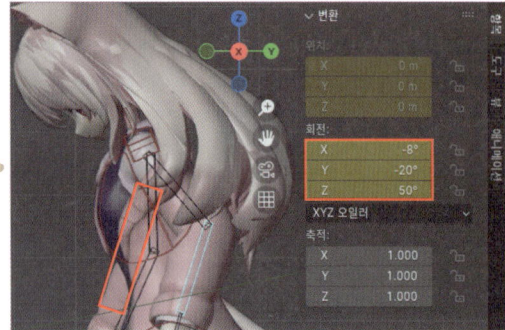

04 포즈 복사 및 붙여 넣기

Step 반대쪽 팔에 수치를 붙여 넣습니다.
UpperArm.L과 **LowerArm.L**을 **Shift+마우스 좌클릭** 해 함께 선택한 뒤 **마우스 우클릭** 합니다.
포즈를 복사(Ctrl+C키)①을 실행하고 이어서 마우스 우클릭 한 뒤 **X-뒤집힌 포즈를 붙여 넣기(Shift+Ctrl+V키)**
②를 실행합니다.

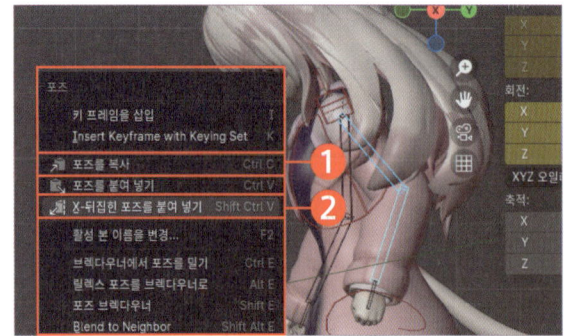

05 팔 구부리기

Step 점프하기 직전의 포즈에서는 팔을 구부려 신체에 힘이 남아있는 모습을 만들면 점프하기 전의 긴장감을 표현할 수 있습니다. **14번째 프레임**으로 이동해 왼쪽 위팔의 본 **UpperArm.L**을 선택합니다. 위팔의 본에는 **사이드바(N키) → 항목 탭 → 변환** 패널에서 회전 X에 **0**, 회전 Z에 **0.2**를 입력합니다. 계속해서 왼쪽 아래팔의 본 **LowerArm.L**도 선택하고 **사이드바(N키) → 항목 탭 → 변환** 패널에서 회전 X에 **-5**, 회전 Y에 **0**, 회전 Z에 **130**을 입력합니다. 수치 입력이 어려울 때는 **회전(R키) → Z키**를 사용해 조정하거나 다양한 각도에서 확인하면서 **회전(R키)**을 사용해 팔이 구부러지도록 변형해야 합니다. 앞쪽 시점(텐키 1)에서 봤을 때, 팔꿈치가 비스듬하게 아래를 향하도록 하면 좋습니다. 2개의 본(왼쪽 위팔과 왼쪽 아래팔)을 선택하고 마우스 우클릭 후 **포즈를 복사(Ctrl+C키)**와 **X-뒤집힌 포즈를 붙여 넣기(Shift+Ctrl+V키)**를 잊지 말고 실행합니다.

※ 여유가 된다면 어깨 방향도 조금 조정하면 좋습니다. 어깨의 본인 **Shoulder.L**을 선택하고 **회전(R키) → X키**를 사용해 조금만 위로 올리면 보다 자연스러운 포즈로 보입니다.

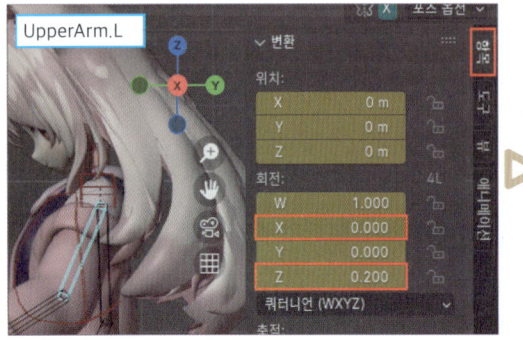
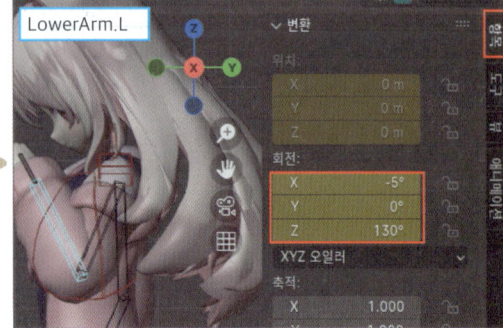

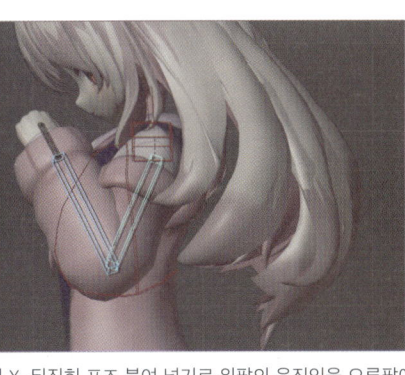

포즈를 복사 및 X-뒤집힌 포즈 붙여 넣기로 왼팔의 움직임을 오른팔에 복사했다.

06 17번째 프레임에 키 프레임 삽입하기

Step 공중 포즈에서는 상반신을 반대로 함으로써 기분 좋게 날아가는 듯한 표현을 할 수 있습니다. **17번째 프레임**으로 이동해 **Chest.Control**(빨간색 폐 모양 본)을 선택합니다. 여기에는 **사이드바(N키)** → **항목** 탭 → **변환** 패널에서 회전 X에 **-0.1**을 입력합니다. 수동으로 조정할 경우에는 **회전(R키)** → **X키**로 조정합니다.

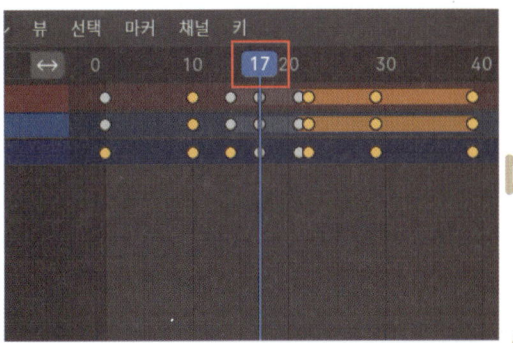

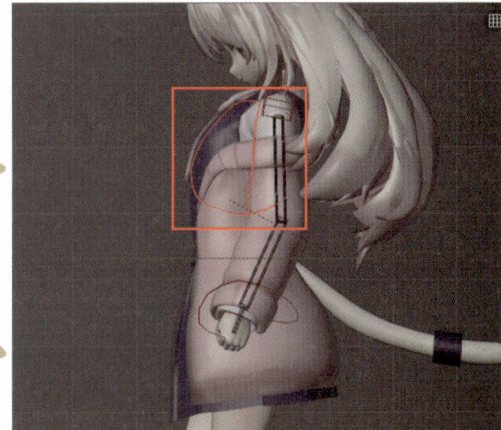

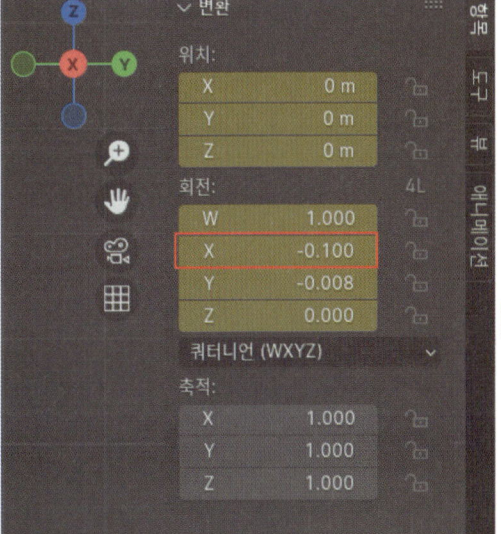

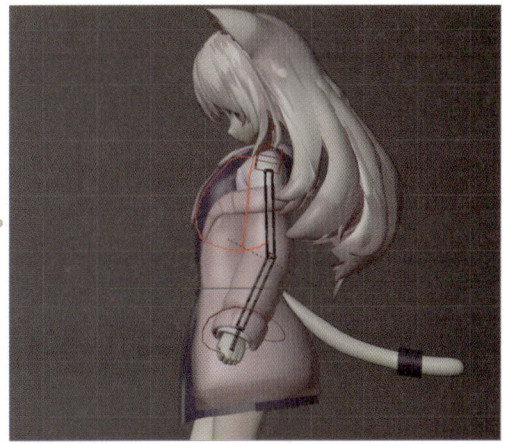

07 17번째 프레임에서 팔 구부리기

Step

계속해서 팔을 조정합니다. 점프 중일 때 팔을 구부림으로써 친근함이나 귀여운 인상을 강조합니다. **17**번째 프레임으로 이동해 왼쪽 위팔의 본 **UpperArm.L**을 선택합니다. 위팔의 본에서는 **사이드바**(N키) → **항목** 탭 → **변환** 패널에서 회전 X에 **0**, 회전 Y에 **-0.8**, 회전 Z에 **0.1**을 입력합니다. 이어서 왼쪽 아래팔의 본 **LowerArm.L**을 선택하고 **사이드바**(N키) → **항목** 탭 → **변환** 패널에서 회전 X에 **-6**, 회전 Y에 **0**, 회전 Z에 **130**을 입력합니다. 수동으로 조정할 경우에는 앞쪽 시점(텐키 1)에서 봤을 때 팔이 W 모양이 되도록 조정합니다. 마지막으로 2개의 본(위팔과 아래팔)을 선택하고 마우스 우클릭 해 **포즈를 복사**(Ctrl+C키)하고 다시 마우스 우클릭 후 **X-뒤집힌 포즈를 붙여 넣기**(Shift+Ctrl+V키)도 잊지 맙시다.

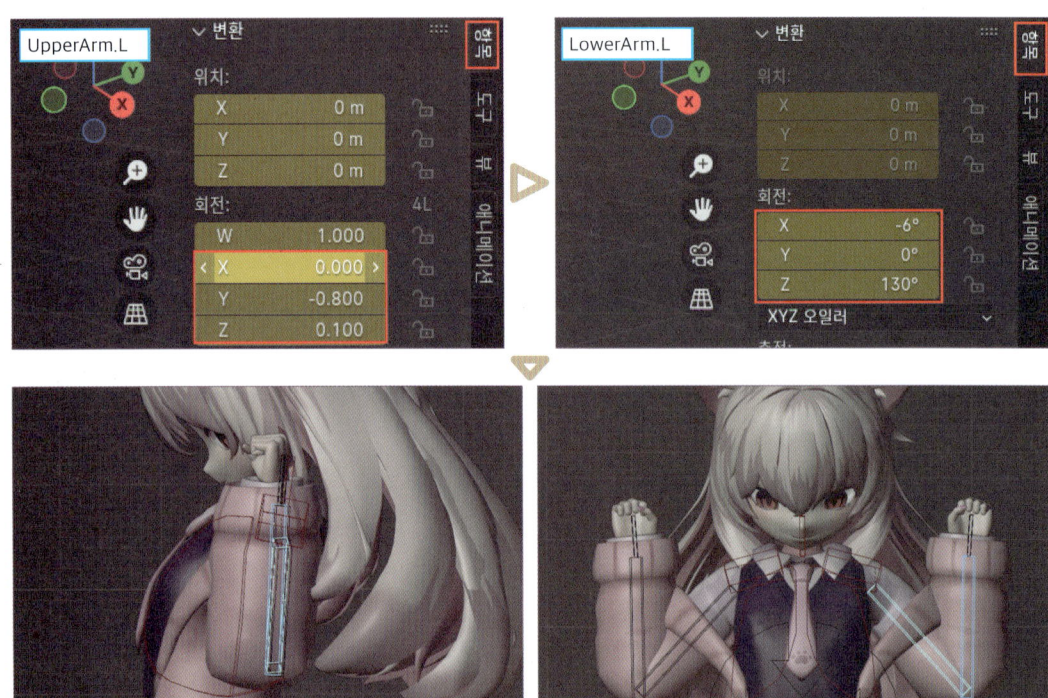

08 키 프레임 선택하기

Step

키 프레임을 복제해 붙여 넣습니다. 3D 뷰포트 위에서 **앞쪽 시점**(텐키 1)으로 전환한 뒤 왼쪽과 오른쪽 위팔과 아래팔, 총 4개의 본을 **Shift+마우스 좌클릭** 해 함께 선택합니다(잘못해서 다른 본을 선택하지 않도록 주의합니다). 다음으로 도프시트의 **17**번째 프레임 위쪽을 클릭해 이 키 프레임들만 복제할 수 있게 선택합니다.

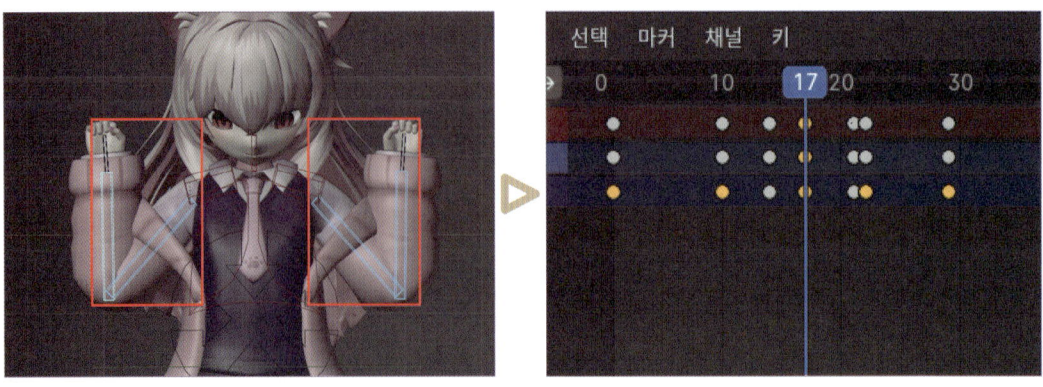

09 키 프레임 복제하기

Step

복제(Shift+D키)를 수행하고 마우스 커서를 움직여 21번째 프레임에 복제합니다. 실수로 다른 프레임에 복제했다면 **Ctrl+Z키**를 눌러 되돌린 뒤 다시 복제를 실행합니다.

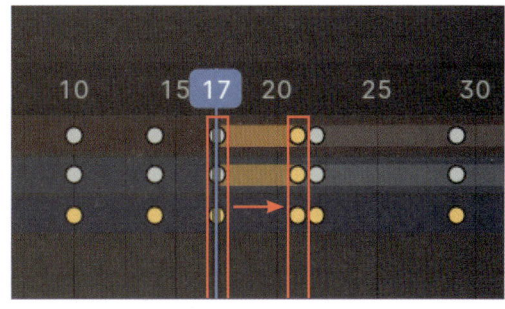

10 22번째 프레임에서 팔 구부리기

Step

착지하는 순간의 포즈를 조정합니다. **22**번째 프레임으로 이동해 왼쪽 위팔의 본 **UpperArm.L**을 선택합니다. 위팔의 본에 **사이드바**(N키) → **항목** 탭 → **변환** 패널에서 회전 X에 **0**, 회전 Y에 **0.2**를 입력합니다. 계속해서 왼쪽 아래팔의 본 **LowerArm.L**을 선택하고 **사이드바**(N키) → **항목** 탭 → **변환** 패널에서 회전 X에 **-22**, 회전 Y에 **0**, 회전 Z에 **130**을 입력합니다. 점프의 충격을 흡수하기 위해 신체 전체를 웅크린다고 생각하면 쉽게 이해할 수 있을 것입니다. 마지막으로 2개의 본(왼쪽 위팔과 아래팔)을 선택하고 마우스 우클릭 한 뒤 **포즈를 복사**(Ctrl+C키), 다시 마우스 우클릭 한 뒤 **X-뒤집힌 포즈를 붙여 넣기**(Shift+Ctrl+V키)도 잊지 말고 실행합니다.

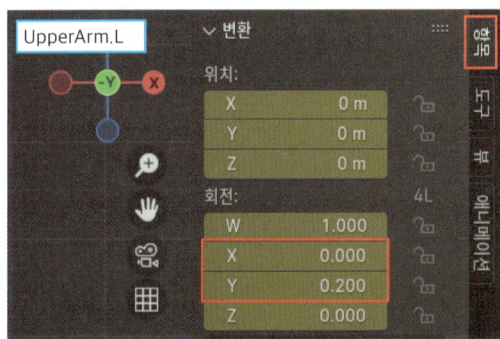

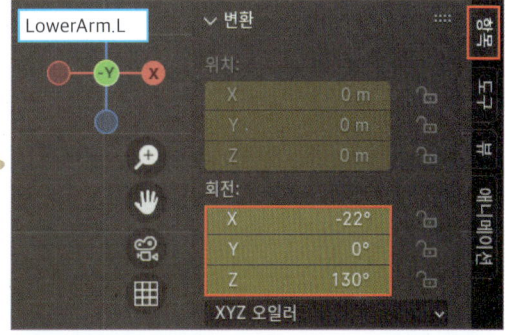

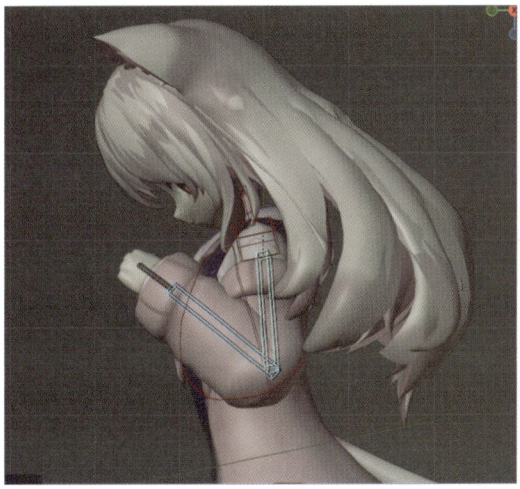

11 상반신 회전하기

Step 상반신을 제어하는 본 **Chest.Control**(빨간색 폐 모양 본)을 선택하고 **사이드바**(N키) → **항목** 탭 → **변환** 패널에서 회전 X에 **0.1**을 입력합니다(수동으로 조정할 경우에는 **R키** → **X키**를 사용합니다). 신체를 웅크려 충격을 완화합니다.

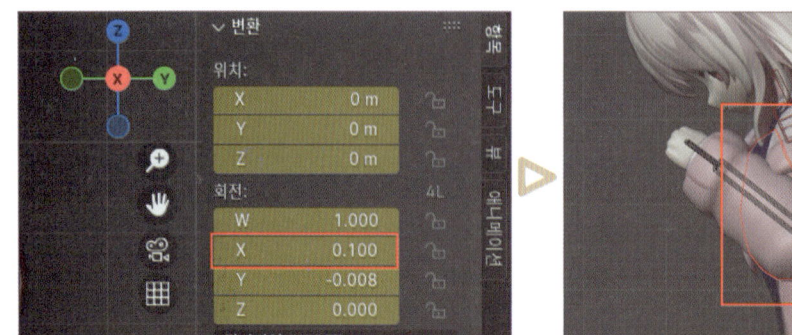

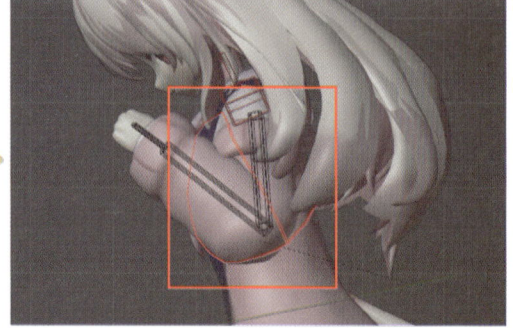

12 22번째 프레임의 키 프레임을 29번째 프레임에 복제하기

Step 키 프레임을 복제합니다. 3D 뷰포트 위에서 **앞쪽 시점**(텐키 1)으로 전환하고 왼쪽과 오른쪽 위팔, 아래팔의 본과 상반신 본, 총 5개의 본을 **Shift+마우스 좌클릭** 한 뒤 복제를 선택합니다(다른 본을 선택하지 않도록 주의합니다). 도프시트 위에서 **22번째** 프레임의 키 프레임 위쪽을 선택해 이 키 프레임만 복제하도록 설정합니다. 다음으로 마우스 커서를 움직여 **29번째** 프레임에 **복제**(Shift+D키)합니다. 실수로 다른 프레임에 복제했다면 **Ctrl+Z키**를 눌러 되돌린 뒤 다시 복제합니다.

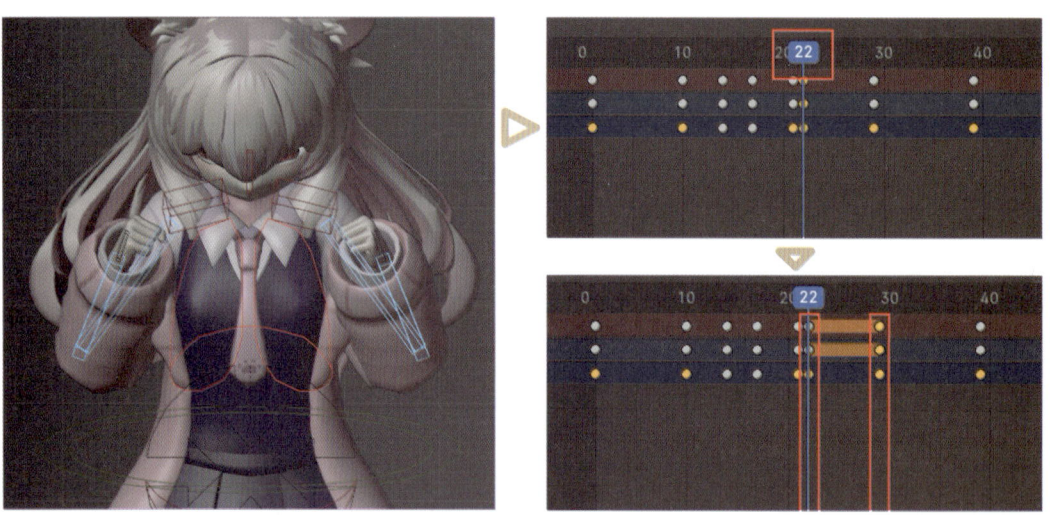

3-5 뒤를 돌아보기 움직임을 만들자

점프를 한 뒤 살짝 뒤를 돌아보는 움직임을 추가해 스토리가 있는 애니메이션으로 마무리합니다. 여기에서는 뒤를 돌아보는 동작을 만듭니다.

01 39번째 프레임의 키 프레임 반전하기

Step 앞에서 의도하지 않은 움직임을 방지하기 위해 모든 본에 키 프레임을 삽입했습니다. 여기에서 **뒤를 돌아보기**를 만들기 위해 **39**번째 프레임의 Rootupper 이외의 본의 키 프레임을 삭제합니다. **39**번째 프레임으로 이동해 **Rootupper**를 선택합니다. 다음으로 3D 뷰포트의 헤더에서 **선택 → 반전(Ctrl+I키)**을 실행합니다. 이것은 선택한 대상과 선택하지 않은 대상을 치환하는 기능입니다.

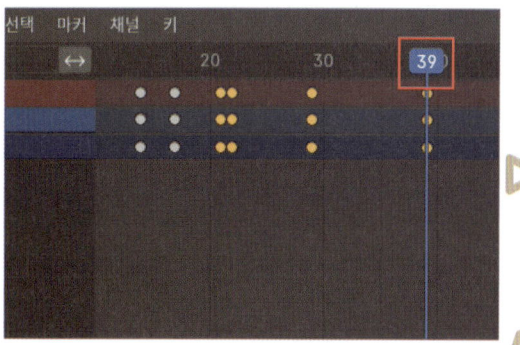

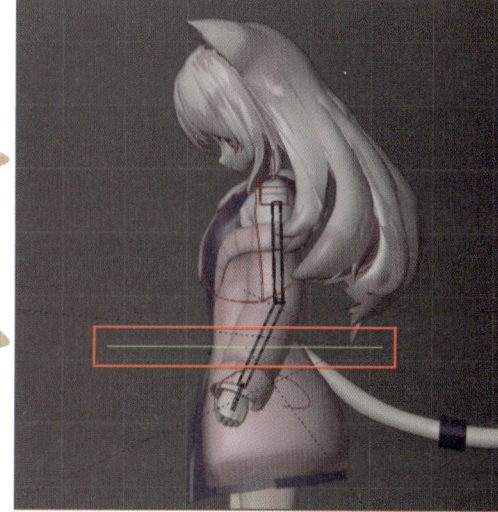

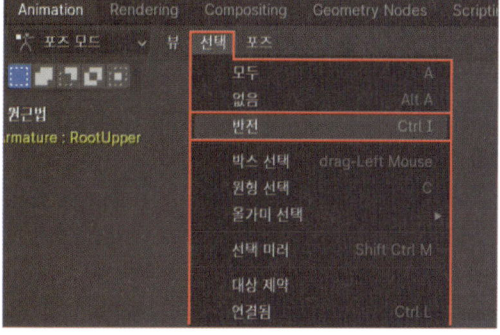

02 키 프레임 삭제하기

Step **Rootupper** 이외의 본이 선택된 것을 확인했다면 도프시트 위에서 **39**번째 프레임의 키 프레임 위쪽을 선택합니다. 그 뒤 도프시트 위에서 **X 키**를 눌러 **키 프레임을 삭제**를 클릭합니다. 만일을 위해 **Rootupper**를 선택하고 이 본의 키 프레임이 삭제되지 않았는지 도프시트에서 확인합니다. **Rootupper**의 키 프레임이 남아 있다면 문제 없습니다.

※ 해당 프레임에서 마지막으로 설정한 포즈는 새로운 프레임을 삽입하지 않는 한, 다음 프레임 이후에도 동일하게 유지됩니다.

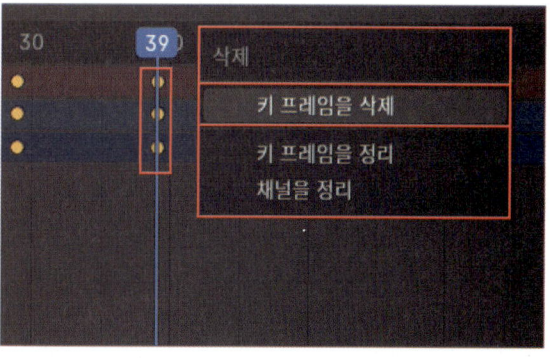

03 44번째 프레임에 키 프레임 삽입하기

Step

먼저 얼굴을 조정합니다. 뒤를 돌아보기 동작에서는 머리부터 먼저 움직이기 때문입니다. 그리고 단지 뒤를 보는 것만으로는 움직임이 기계적이 되기 쉽습니다. 그래서 우선 아래를 향했다가 뒤를 돌아보고, 그 뒤 천천히 움직임을 멈추게 합니다(갑자기 정확하게 멈추면 캐릭터가 긴장하고 있는 것처럼 보입니다). **44**번째 프레임으로 이동해 얼굴 방향을 제어하는 본 **HeadIK**를 선택합니다. 오른쪽 **사이드바**(N키) → **항목** 탭 → **변환** 패널에서 위치 X에 **-0.15**, 위치 Y에 **-0.3**, 위치 Z에 **-0.12**를 입력합니다. 수동으로 조정할 경우에는 얼굴이 왼쪽 아래를 향하도록 이동하면 좋습니다.

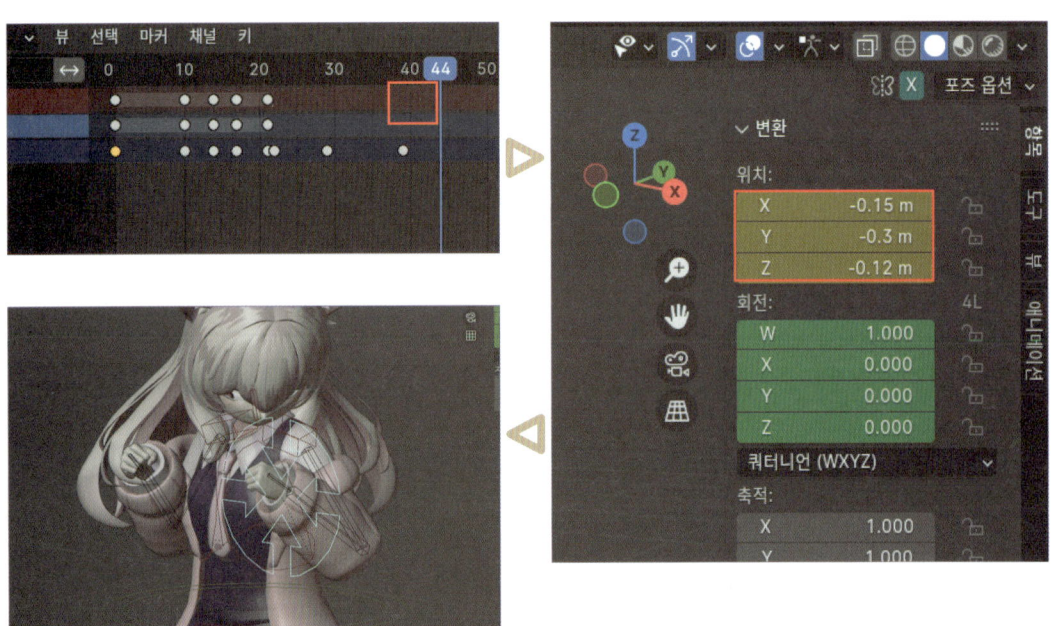

04 상반신 조정하기

Step

다음으로 상반신을 조정합니다. 선 상태에서 뒤를 돌아볼 때 얼굴만 움직이고 신체가 전혀 움직이지 않는 것은 자연스럽지 않으므로 신제도 확실히 움직입니다. **44**번째 프레임에 있는 것을 확인하고 **Chest.Control**(빨간색 폐 모양 본)을 선택합니다. **사이드바**(N키) → **항목** 탭 → **변환** 패널에서 회전 X에 **0.05**, 회전 Y에 **0.1**을 입력합니다. 수동으로 조정할 경우에는 얼굴보다 조금 덜 왼쪽으로 회전시킵니다. 얼굴 방향과 상반신 방향이 완전히 일치하는 것이 아니라 상반신의 회전을 조금 덜 하면 움직임이 보다 자연스럽게 됩니다.

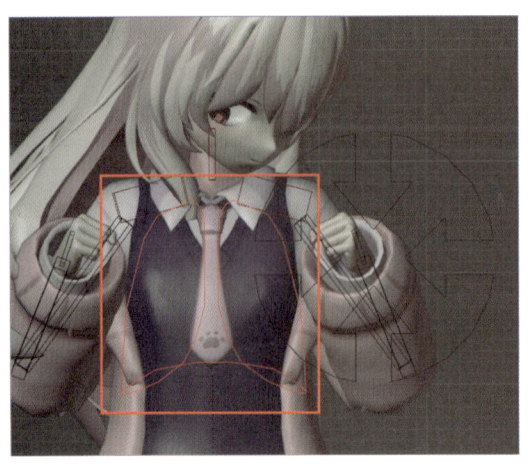

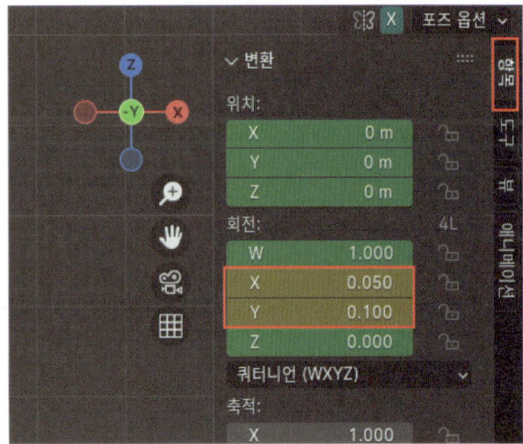

05 허리 조정하기

Step
상반신 뿐만 아니라 허리도 조금 움직여 봅니다. **44**번째 프레임에 있는 것을 확인하고 **Hips.Control**(빨간색 골반 모양 본)을 선택합니다. **사이드바(N키) → 항목** 탭 → **변환** 패널에서 회전 Y에 **-0.05**, 회전 Z에 **0.05** 를 입력합니다. 수동으로 조정할 경우에는 상반신 보다 조금 덜 왼쪽으로 회전합니다. 상반신의 회전 Y는 **0.1**이었으므로 골반의 회전 Y는 그것보다 작은 수치를 입력해 움직임의 균형을 맞출 수 있습니다.

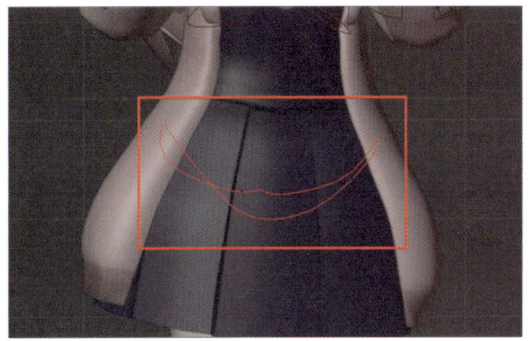
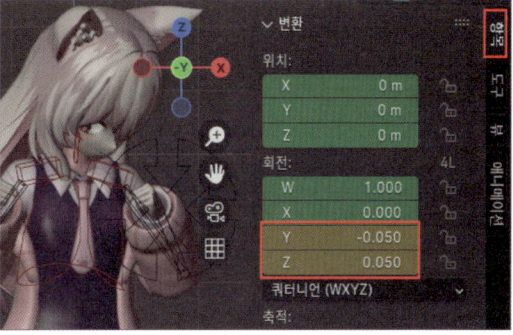

06 눈 조정하기

Step
캐릭터는 뒤에 신경을 쓰고 있으므로 눈도 그에 맞춰 조정합니다. 눈을 제어하는 본 **EyeIKCenter**를 선택합니다. **사이드바(N키) → 항목** 탭 → **변환** 패널에서 위치 X에 **-0.3**, 위치 Y에 **-0.65**, 위치 Z에 **-0.2**를 입력합니다.

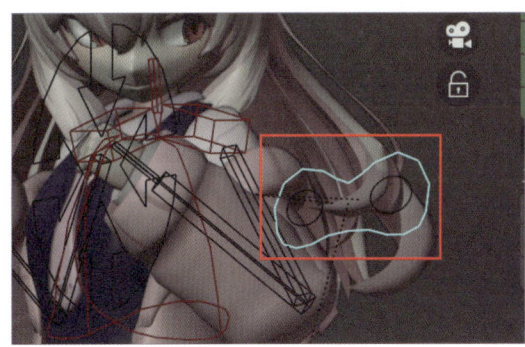
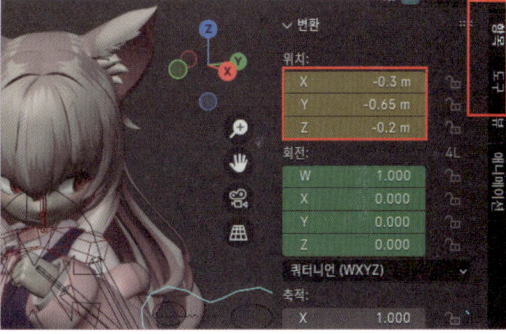

07 60번째 프레임의 키 프레임 조정하기

Step
현재 상태에서는 움직임이 갑자기 멈추므로 움직임 이 천천히 멈추도록 조정합니다. 60 번째 프레임으 로 이동해 얼굴 방향을 제어하는 본 **HeadIK**를 선택합니다.

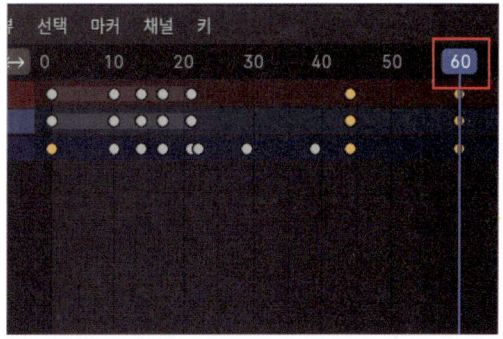

사이드바(N키) → **항목** 탭 → **변환** 패널에서 위치 X에 **-0.2**, 위치 Y에 **-0.36**, 위치 Z에 **-0.06**을 입력합니다. 이제 아래를 향하고 있던 얼굴을 조금 위로 들고 뒤를 바라보는 상태가 됩니다. 카메라 시점(텐키 0)에서 표정이 확실하게 보이는지 확인하면 좋을 것입니다.

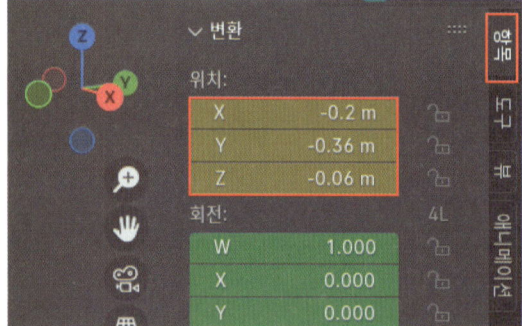

08 상반신 조정하기

⬛⬛⬛
Step

60번째 프레임에 있는 것을 확인하고 **Chest.Control**(빨간색 폐 모양 본)을 선택합니다. **사이드바(N키)** → **항목** 탭 → **변환** 패널에서 회전 Y에 **0.2**를 입력합니다.

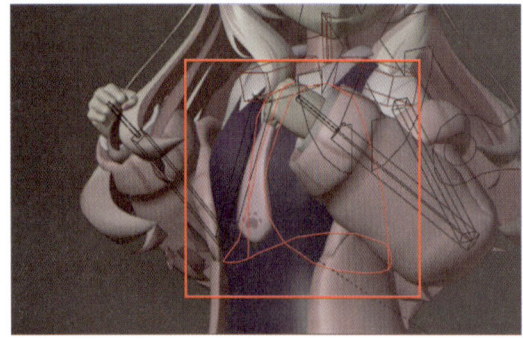

09 허리 조정하기

⬛⬛⬛
Step

60번째 프레임에 있는 것을 확인하고 **Hips.Control**(빨간색 골반 모양 본)을 선택합니다. **사이드바(N키)** → **항목** 탭 → **변환** 패널에서 회전 Y에 **-0.15**, 회전 Z에 **0.1**을 입력합니다.

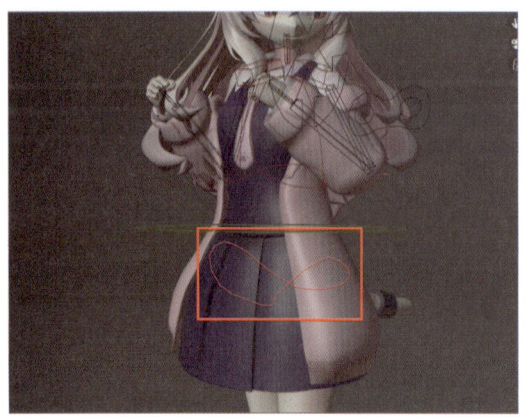
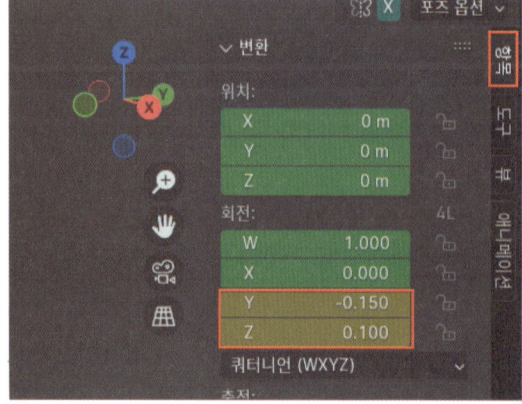

10 29번째 프레임의 키 프레임 조정하기

Step

현재 상태에서는 팔이 거의 움직이지 않아 딱딱하게 보입니다. 조금이라도 좋으니 아래팔을 움직입니다. 29번째 프레임으로 이동해 왼쪽 아래팔의 본 **LowerArm.L**을 선택합니다. **사이드바**(N키) → **항목** 탭 → **변환** 패널에서 회전 X에 **-15**, 회전 Z에 **115**를 입력합니다. 착지하면서 몸 전체를 웅크리고 있기 때문에 팔도 점프의 충격에 맞춰 조금 아래로 내려 줍니다. 왼쪽 아래팔을 선택하고 마우스 우클릭 한 뒤 **포즈를 복사**(Ctrl+C키)하고 다시 마우스 우클릭 한 뒤 **X-뒤집힌 포즈를 붙여 넣기**(Shift+Ctrl+V키)를 실행합니다.

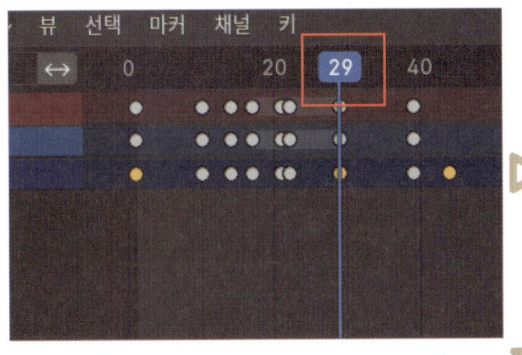

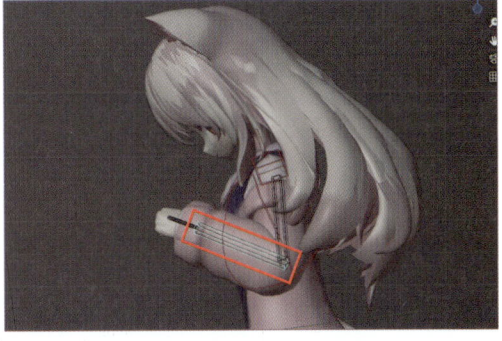

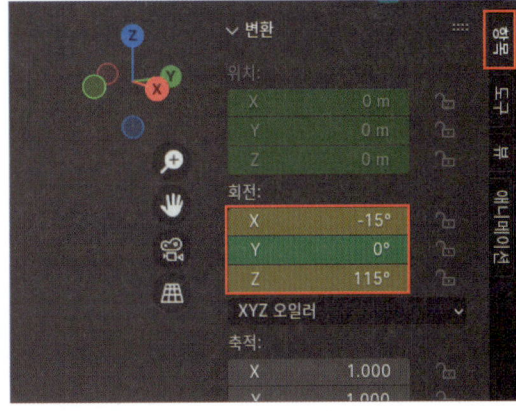

11 39번째 프레임의 키 프레임 조정하기

Step

왼팔, 오른팔을 각각 움직여 세세하게 조정합니다. 39번째 프레임으로 이동해 왼쪽 위팔의 본 **UpperArm.L**을 선택합니다. Next Page

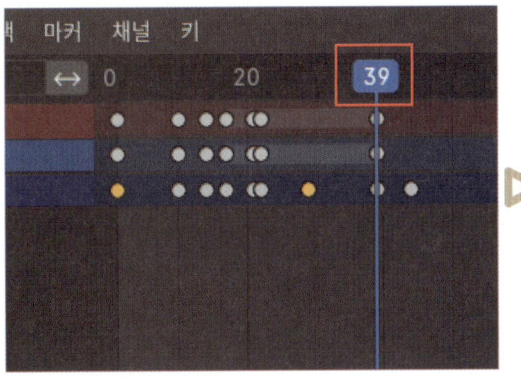

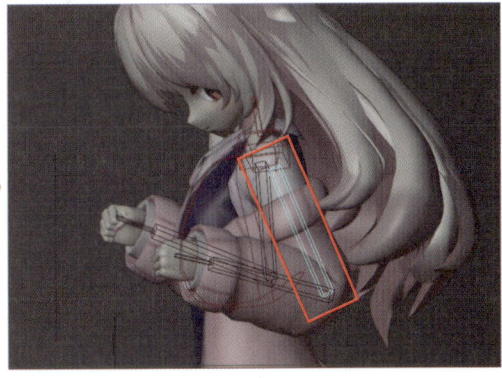

사이드바(N키) → **항목** 탭 → **변환** 패널에서 회전 X에 **0.2**, 회전 Y에 **0**, 회전 Z에 **-0.2**를 입력합니다. 여기에서 왼쪽 위팔을 움직이는 이유는 상반신을 비틀면서 위를 돌아볼 때 팔도 함께 움직이지 않으면 동작이 딱딱하게 보이기 쉽기 때문입니다.

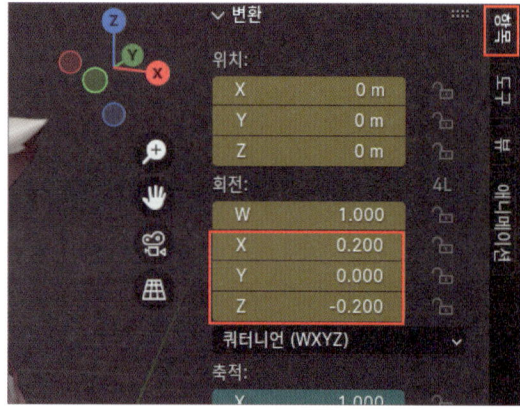

12

45번째 프레임의 키 프레임 조정하기

Step

머리카락도 오른쪽 아래팔을 관통하므로 이것을 방지하기 위해 오른쪽 아래팔을 조금 움직입니다. **45**번째 프레임으로 이동해 오른쪽 아래팔의 본 **LowerArm.R** 을 선택합니다. **사이드바**(N키) → **항목** 탭 → **변환** 패널에서 회전 X에 **0**, 회전 Y에 **0**, 회전 Z에 **-100**을 입력합니다. 머리카락이 여전히 팔을 관통할 수도 있지만, 다음 머리카락 흔들림 애니메이션에서 수정합니다. 여기에서는 **그래프 에디터**를 사용한 움직임 수정은 하지 않습니다.

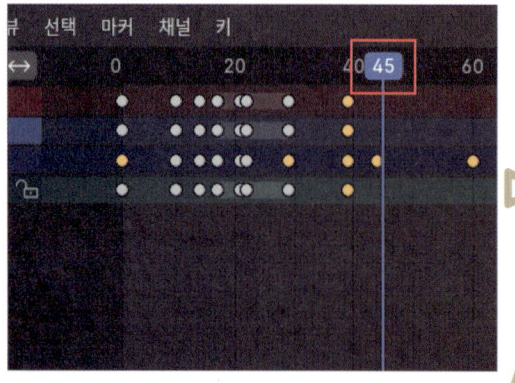
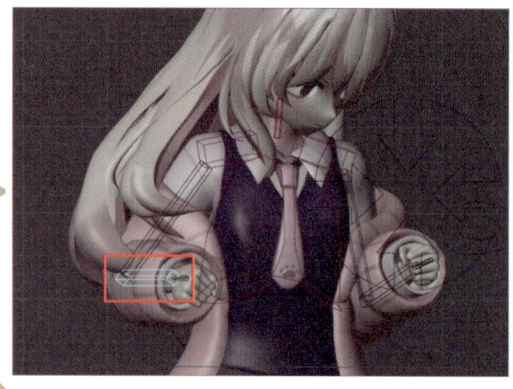

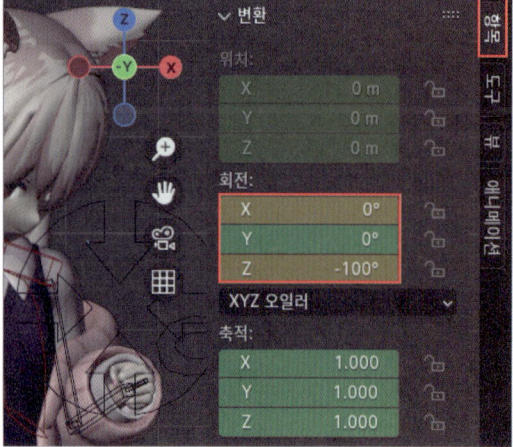

3-6 머리카락의 흔들림을 만들자

주요한 포즈를 모두 완성했습니다. 다음은 흔들림과 관련된 파츠의 애니메이션을 만듭니다.

01 2nd_Hair_out, 2nd_Hair_in 컬렉션 표시하기

Step

뒷머리카락의 흔들림부터 만듭니다. 오른쪽 프로퍼티스 → **오브젝트 데이터 프로퍼티스** → **Bone Collections** 패널에서 **2nd_Hair_out**과 **2nd_Hair_in** 컬렉션의 솔로(별 모양 아이콘)을 활성화합니다.

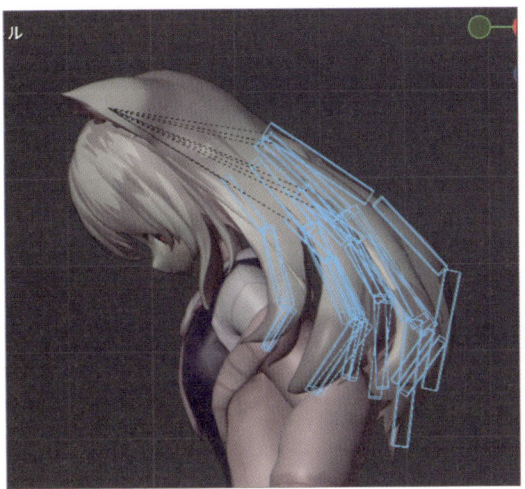

02 10번째 프레임의 키 프레임 조정하기

Step

10번째 프레임으로 이동해 3D 뷰포트에서 모두 선택의 단축키인 **A키**를 누릅니다. 뒷머리카락 본이 모두 선택된 것을 확인하고 **회전(R키)** → 261-2**X키**(로컬) → **-10**을 입력합니다(왼쪽 아래 오퍼레이터 패널에서 조정할 수도 있습니다). 수동으로 조정할 경우에는 머리카락이 팔을 관통하지 않을 정도로 **R키** → **X키**(로컬)에서 조정하면 좋습니다.

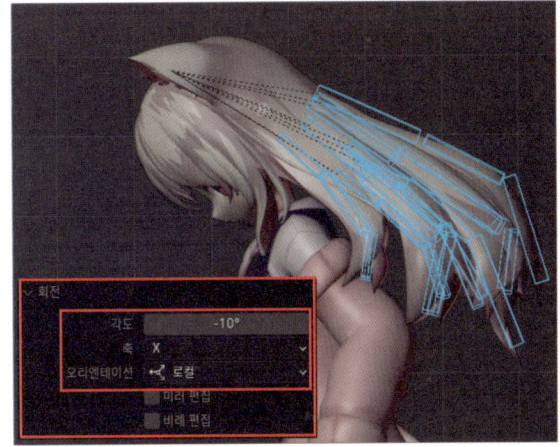

03 10번째 프레임의 키 프레임 복제하기

Step

키 프레임을 복제합니다. **10**번째 프레임의 키 프레임 위쪽을 선택하고 **복제(Shift+D키)**를 수행합니다. **15**번째 프레임에 복제한 키 프레임을 붙여 넣습니다.

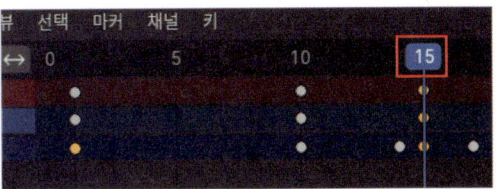

04 22번째 프레임의 키 프레임 조정하기

Step 22 번째 프레임으로 이동해 3D 뷰포트 위에서 모두 선택의 단축키인 **A키**를 누릅니다. 뒷머리카락의 본이 모두 선택된 것을 확인하고 **회전(R키) → X키(로컬) → -15**를 입력합니다. 공중에서 정점에 도달하고, 이후 중력에 의해 떨어질 때 머리카락을 조금 위로 흔들리게 함으로써, 머리카락의 가벼움과 부드러움을 표현할 수 있습니다(머리카락이 바람이나 공기의 저항을 받아 한 순간 떠오릅니다). 이 움직임이 없으면 머리카락의 움직임이 딱딱한 느낌을 줍니다.

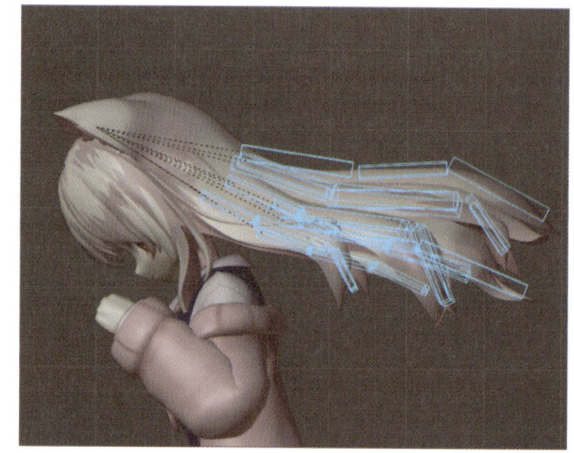

05 27번째 프레임의 키 프레임 조정하기

Step **27번째** 프레임으로 이동해 뒷머리카락의 본이 모두 선택된 것을 확인하고 **회전(R키) → X키(로컬) → 16**을 입력합니다. 지면에 착지하고 위로 올라갔던 머리카락은 중력의 영향을 받아 다시 내려옵니다.

06 27번째 프레임의 키 프레임 복제하기

Step 키 프레임을 복제합니다. **27번째** 프레임의 위쪽을 선택하고 **복제(Shift+D키)** 를 실행합니다. **37번째** 프레임에 복제한 키 프레임을 붙여 넣습니다.

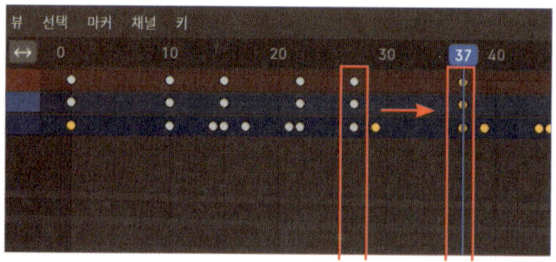

07 50번째 프레임의 키 프레임 조정하기

Step

뒤를 돌아보는 얼굴의 움직임에 맞춰 머리카락도 조금 흔들리게 합니다. 50 번째 프레임으로 이동해 뒷머리카락의 본이 모두 선택된 것을 확인하고 **회전(R키) → Z키**(로컬) → **-5**를 입력합니다.

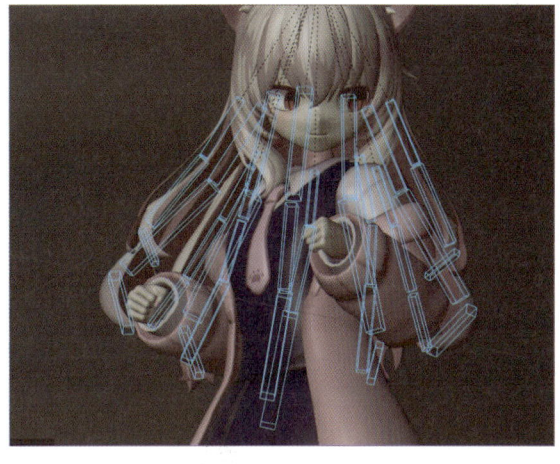

08 70번째 프레임의 키 프레임 조정하기

Step

70번째 프레임으로 이동해 뒷머리카락의 본이 모두 선택된 것을 확인하고 3D 뷰포트에서 회전을 초기화하는 단축키인 **Alt+R키**를 누릅니다. 머리의 움직임이 멈추었기 때문에 흔들리던 머리카락도 점차 움직임을 멈추게 됩니다.

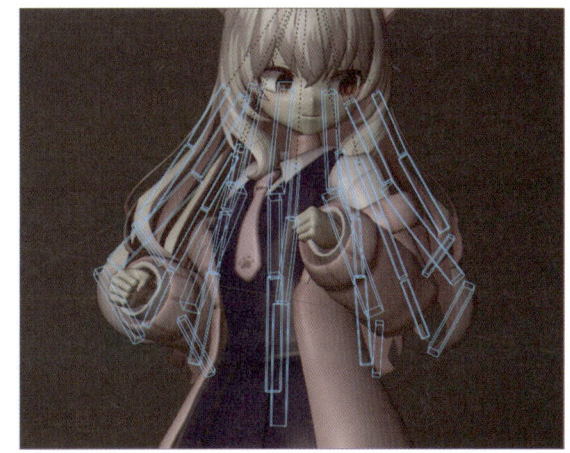

Column

뒷머리카락의 움직임을 어긋나게 하자!

뒷머리카락의 흔들림을 어긋나게 하는 방법은 지금까지 만든 **고개를 끄덕이기, 손을 흔들기** 애니메이션과 마찬가지이므로, 여기에서는 개조식으로 간단히 정리합니다. 다음 순서를 참고해 머리카락의 움직임을 어긋나게 해봅시다.

❶ 프로퍼티스 → **오브젝트 데이터 프로퍼티스** → Bone Collections 패널에서 2nd_Hair_middle 의 **솔로**(별 모양 아이콘) 만 활성화한 뒤 3D 뷰포트 위에서 **A키**를 누릅니다. 다음으로 도프시트 위에서 **A키** 를 눌러 키 프레임을 선택하고 **이동(G키)**을 실행합니다. 여기에서는 **5**프레임 정도 앞으로 밀어 줍니다. 작업을 마쳤다면 **2nd_Hair_middle**의 **솔로**를 비활성화합니다.

❷ 마찬가지로 **Bone Collections** 패널에서 2nd_Hair_tip의 **솔로**만 활성화한 뒤 3D 뷰포트 위에서 **A키**를 누릅니다. 다음으로 도프시트 위에서 **A키**를 눌러 키 프레임을 선택하고 **이동(G키)**을 실행합니다. 여기에서는 **10**프레임 정도 앞으로 밀어 줍니다. 작업을 마쳤다면 **2nd_Hair_tip**의 **솔로**를 비활성화합니다.

09 2nd_Hair_Front의 솔로(별 모양 아이콘) 표시하기

Step 다음은 앞머리카락과 옆머리카락의 흔들림을 만듭니다. 프로퍼티스 → **오브젝트 데이터 프로퍼티스** → Bone Collections 패널에서 **2nd_Hair_Front**의 **솔로**만 활성화하고 3D 뷰포트 위에서 **A키**를 누릅니다.

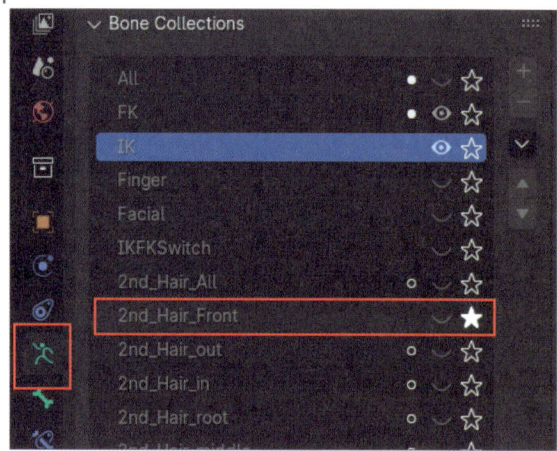

10 앞머리카락 형태 확인하기

Step 여기에서의 앞머리카락과 옆머리카락은 수치 입력 보다 수동으로 조정하는 것이 빠르므로 3D 뷰포트에서 **옆쪽 시점**(텐키 3)으로 전환한 뒤 움직임에 맞춰 **R키** 또는 **K키** → **Location & Rotation**을 사용해 조정합니다. **10번째** 프레임에서는 머리가 아래 방향을 향하고 있으므로 중력의 영향으로 앞머리카락과 옆머리카락도 자연스럽게 아래로 떨어지게 됩니다. 단, 앞머리카락은 격하게 움직이거나 바람이 불더라도 너무 많이 흔들리거나 변형되지 않도록 합니다. 앞머리카락이 너무 많이 움직이면 캐릭터의 이미지가 손상되기도 합니다. 여기에서는 앞머리카락이 완전히 떨어지지 않고 조금만 기울어지는 정도로 조정했습니다.

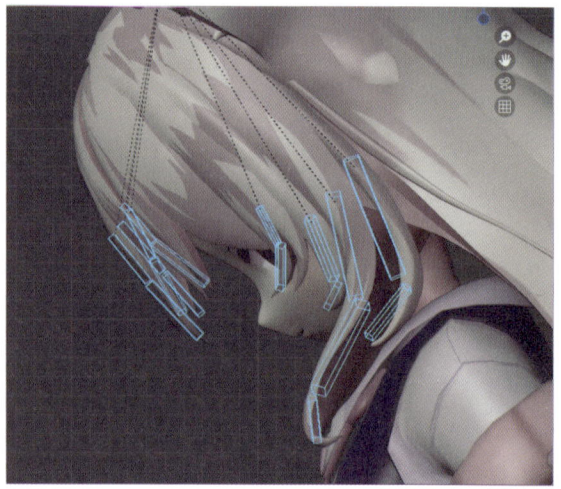

11 10번째 프레임의 키 프레임 복제하기

Step **10번째** 프레임의 키 프레임을 **복제**(Shift+D 키)한 뒤, **22번째** 프레임에 붙여 넣습니다.

> **MEMO**
>
> **STEP 10** 에서 10번째 프레임의 **2nd_Hair_Front**에 키프레임을 넣지 않으면 **STEP 11**에서는 편집할 수 없습니다.

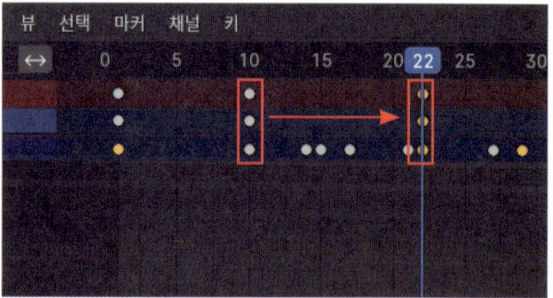

12
29번째 프레임의 키 프레임 편집하기

Step

29번째 프레임으로 이동해 **텐키 3**을 눌러 옆쪽 시점인지 확인합니다. **회전(R키)**을 사용해 움직임에 맞춰 흔들림을 수정합니다. 점프 후 착지하는 단계이므로 앞머리카락과 옆머리카락이 조금 앞쪽으로 흔들립니다.

13
40번째 프레임의 키 프레임 편집하기

Step

40번째 프레임으로 이동해 시점을 캐릭터의 얼굴 정면으로 합니다. **회전(R키)를 누르고 얼굴의 방향에 맞춰 머리카락이 오른쪽으로 흔들리게 합니다. 앞에서 설명한 것처럼 앞머리카락의 흔들림은 가능한 억제하고 머리카락의 의상을 관통할 때는 다른 각도에서 확인하면서 **회전(R키)**을 사용해 머리카락과 의상 사이에 간격을 만들어 줍니다.

▷

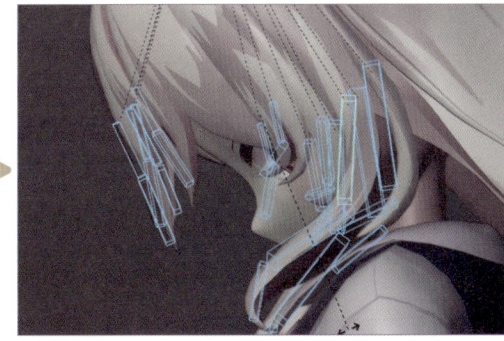

14
59번째 프레임의 키 프레임 편집하기

Step

59번째 프레임으로 이동해 시점을 캐릭터의 얼굴 정면으로 합니다. **회전(R키)**를 누르고 얼굴의 방향에 맞춰 머리카락이 왼쪽으로 흔들리게 합니다. 얼굴의 움직임이 멈춘 후에도 머리카락이 계속해서 흔들리게 하면 머리카락의 가벼움을 표현할 수 있습니다. 머리카락이 부자연스럽게 흔들린다면 다른 각도에서 확인하면서 **회전(R키)**을 사용해 조정합니다.

15 72번째 프레임의 키 프레임 편집하기

Step

72 번째 프레임으로 이동해 왼쪽으로 움직였던 머리카락을 다시 오른쪽으로 되돌아가도록 조정합니다. 여기에서는 모든 본을 선택한 상태에서 흔들림을 만들었지만, 보다 세세한 흔들림을 만들고 싶을 때는 각 본을 개별 선택한 뒤 **회전(R키)**을 사용해 조정하면 좋습니다. 이것으로 앞머리카락과 옆머리카락의 조정을 마쳤습니다. 작업을 마쳤다면 프로퍼티스 → **오브젝트 데이터 프로퍼티스** → Bone Collections 패널에서 **2nd_Hair_Front**의 **솔로**를 비활성화합니다.

3-7	스커트 흔들림을 만들자

스커트가 흔들리지 않으면 부자연스러우므로, 여기에서는 스커트의 흔들림을 만듭니다.

01 2nd_Skirt의 솔로(별 모양 아이콘) 활성화하기

Step

먼저 스커트의 흔들림을 만듭니다. 프로퍼티스 → **오브젝트 데이터 프로퍼티스** → Bone Collections 패널에서 **2nd_Skirt**의 **솔로(별 모양 아이콘)**를 활성화합니다. 점프하기 직전의 포즈(예비 동작)인 **10**번째 프레임으로 이동해 3D 뷰포트에서 모두 선택의 단축키인 **A키**를 눌러 스커트의 본을 모두 선택합니다.

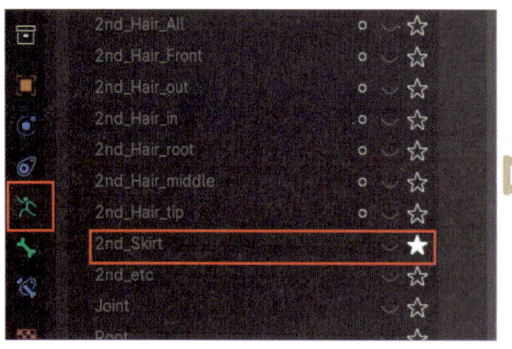
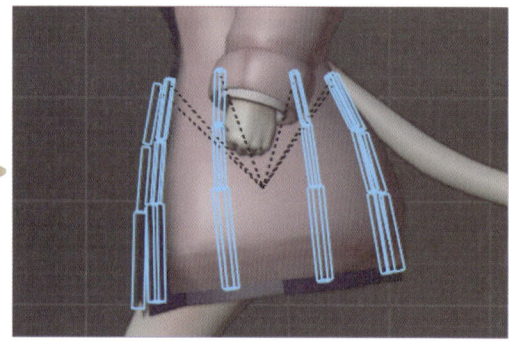

02 10번째 프레임의 키 프레임 편집하기

Step

회전(R키) → **X키**를 2번 눌러 오리엔테이션을 **글로벌** X축으로 합니다. 다음으로 **-4**를 입력해 다리의 움직임에 맞춰 스커트를 흔들리게 합니다. 수동으로 조정할 경우에는 **텐키 3**을 눌러 옆쪽 시점으로 전환한 뒤 **회전(R키)**을 사용해 조정합니다. 이 움직임은 크지 않으므로 스커트의 흔들림이 적어도 괜찮습니다. 단, 다리가 스커트를 관통하지 않도록 주의합니다.

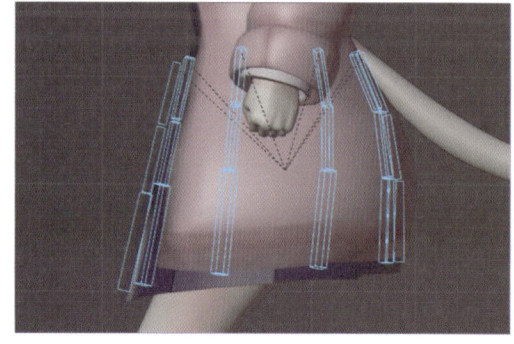

03 14번째 프레임의 키 프레임 편집하기

Step

점프하는 순간인 **14**번째 프레임으로 이동해 스커트의 본이 모두 선택되어 있는지 확인합니다. **회전 (R키) → X키**를 2번 눌러 오리엔테이션을 **글로벌** X축으로 한 뒤 **5**를 입력합니다.

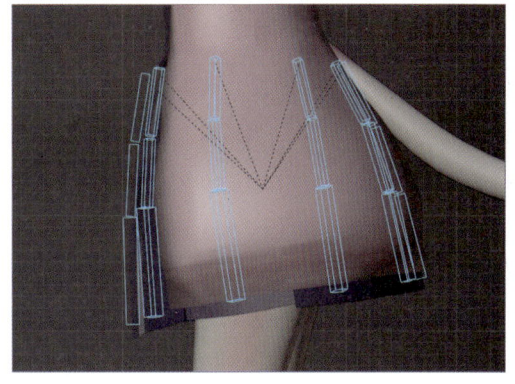

04 18번째 프레임의 키 프레임 편집하기

Step

공중에 있을 때의 스커트의 흔들림을 만듭니다. **14**번째 프레임으로 이동해 스커트의 본을 모두 선택합니다. **회전(R키) → X키(로컬)**를 누른 뒤 **13**을 입력합니다.

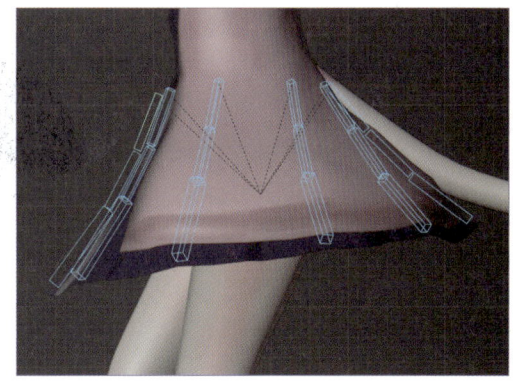

05 20번째 프레임의 키 프레임 편집하기

Step

20번째 프레임으로 이동합니다. 오른발이 스커트를 관통하므로 수정합니다. 시점을 바꿔 스커트의 본의 밑동 2개를 선택합니다. **회전(R키) → X키**를 누르고 오른발이 가려질 때까지 스커트를 올립니다. 이렇게 스커트의 흔들림은 세세하게 조정해야 합니다. 그 밖에도 수정할 위치가 있다면 각자 조정합니다.

 ▷

06 20번째 프레임의 모든 본에 키 프레임 삽입하기

Step 20번째 프레임의 모든 본에 키 프레임을 삽입합니다. 3D 뷰포트 위에서 키프레임 메뉴를 넣기 메뉴의 단축키인 **K키**를 누른 뒤 **Location & Rotation**을 클릭합니다.

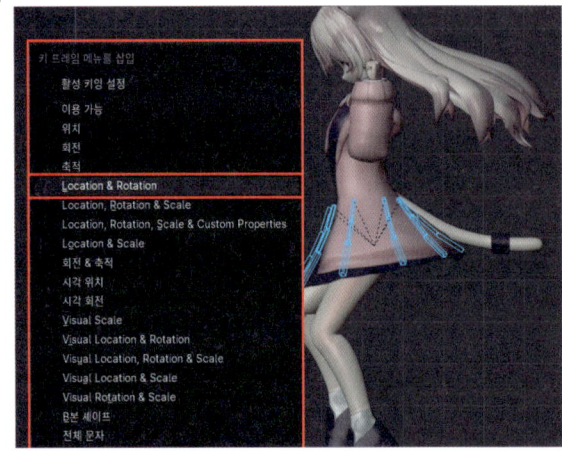

07 20번째 프레임의 키 프레임 복제하기

Step 삽입한 키 프레임을 복제합니다. 도프시트 위에서 **20**번째 프레임의 키 프레임 위쪽을 선택해 복제한 뒤 **22**번째 프레임에 붙여 넣습니다.

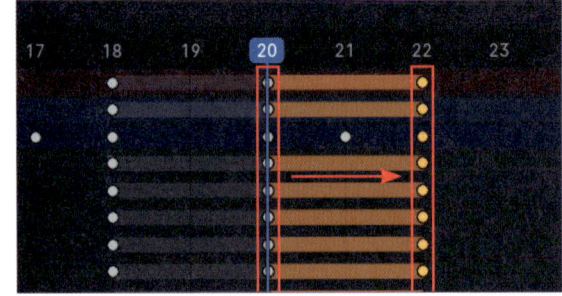

08 26번째 프레임의 키 프레임 편집하기

Step 다음으로 캐릭터가 착지했을 때 스커트가 자연스럽게 흔들리도록 조정합니다. 조정을 쉽게 할 수 있도록 먼저 스커트의 회전을 초기화합니다. 지면에 착지한 순간인 **26**번째 프레임으로 이동해 회전을 초기화하는 단축키인 **Alt+R키**를 누릅니다. 움직임에 맞춰 때때로 회전을 초기화하면 보다 쉽게 수정을 할 수 있습니다. 스커트 회전을 초기화했다면 **회전**(**R키**) → **X키**를 2번 눌러 **글로벌** X축으로 전환합니다. 다음으로 **-10**을 입력하면 신체의 기울기에 맞춰 스커트도 자연스럽게 기울어집니다.

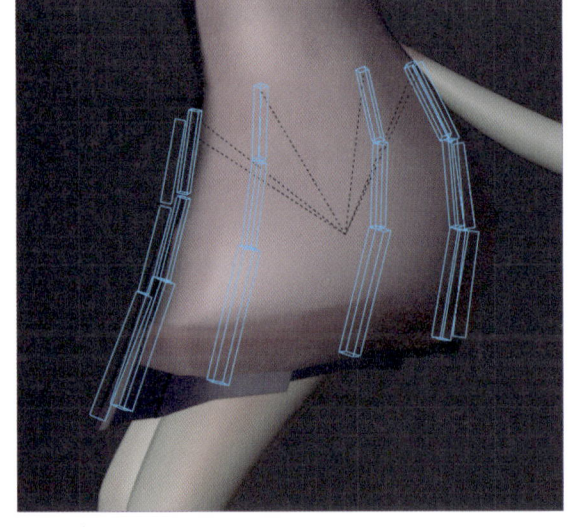

09
Step

40번째 프레임의 키 프레임 초기화하기

40번째 프레임으로 이동해 회전을 초기화하는 단축키인 **Alt+R키**를 실행합니다. 이제 착지 후에 스커트의 흔들림이 원래대로 돌아옵니다.

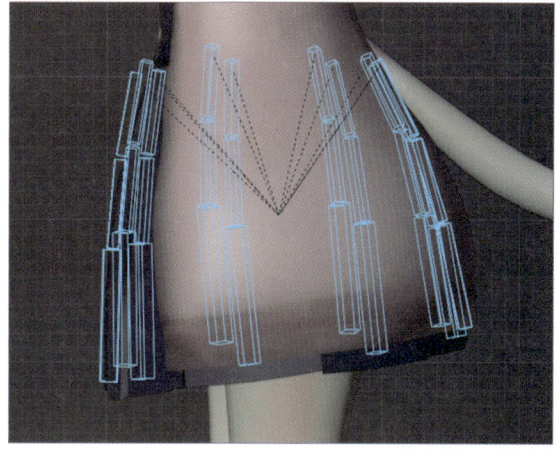

10
Step

46번째 프레임의 키 프레임 편집하기

신체를 비틀 때 생기는 스커트의 움직임을 만듭니다. 이 움직임은 크지 않으므로 흔들림도 작게 만듭니다. 신체를 비틀 때 가장 가속하는 시점인 **46번째 프레임**으로 이동합니다(수동으로 조정할 때는 해당 프레임을 찾아 이동합니다). 3D 뷰포트 위에서 **회전(R키) → Z키(로컬 축)** 를 누른 뒤 **-0.5**를 입력합니다. 눈에 잘 띄지 않지만 이런 작은 흔들림만으로도 애니케이션을 보다 풍부하게 만들 수 있습니다.

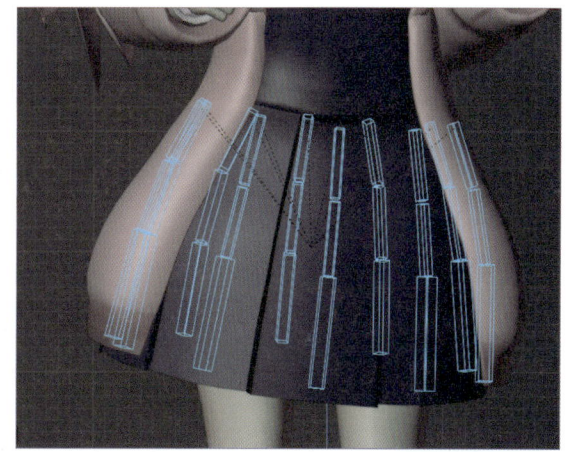

11
Step

72번째 프레임의 키 프레임 편집하기

마지막으로 **72번째** 프레임으로 이동해 3D 뷰포트 위에서 **회전(R키) → Z키(로컬 축)** 를 누른 뒤 1 을 입력합니다. 신체가 멈춘 뒤에도 스커트는 계속 흔들리게 됩니다.

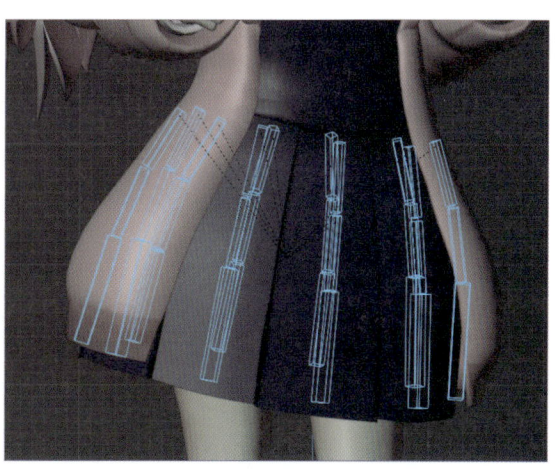

꼬리를 흔들리게 하자!

책에서는 자세히 설명하지 않지만 캐릭터의 꼬리를 흔들리게 하면 애니메이션이 보다 풍부해 집니다. 여유가 있다면 아래 순서를 참고해 꼬리를 흔들어 봅시다.

❶ 프로퍼티스 → 오브젝트 데이터 프로퍼티스 → **Bone Collections** 패널에서 **2nd_etc**의 **솔로(별 모양 아이콘)**만 활성화합니다. 이것은 꼬리의 움직임, 가디건의 조정 등 보다 세세한 움직임을 관리하는 컬렉션입니다.

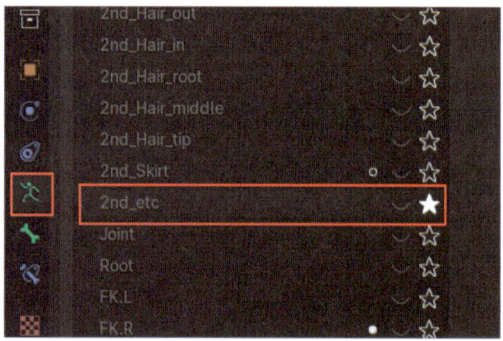

❷ 3D 뷰포트 위에서 꼬리의 본만 선택하고 **텐키 3**을 눌러 옆쪽 시점으로 전환합니다. **회전(R키)**을 사용해 움직임에 맞춰 꼬리를 흔듭니다. **10 ~ 15번째** 프레임에서는 신체에 힘을 주기 위해 꼬리를 조금 내립니다. 공중에 떠있는 **20번째** 프레임에서는 꼬리를 위로 올리고, 지면에 착지하는 **25번째** 프레임에서는 꼬리를 아래로 내려 에너지를 흡수하는 듯한 움직임을 추가하면 좋습니다.

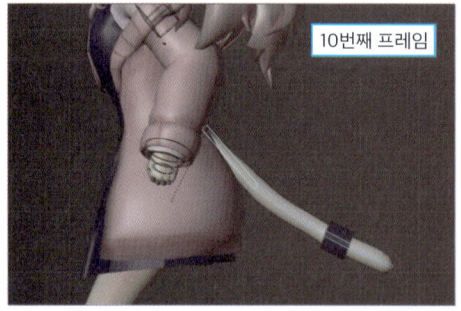

10번째 프레임

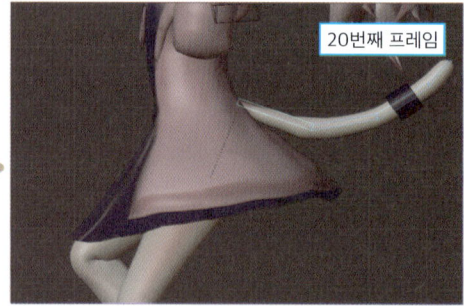

20번째 프레임

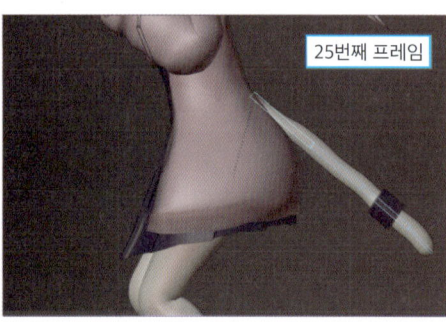

25번째 프레임

❸ **40**번째 프레임에서는 꼬리의 움직임을 원래대로 되돌립니다(**Alt+R키**). **텐키 7**을 눌러 **위쪽 시점**으로 전환한 뒤 **46**번째 프레임 이후에는 **회전(R키)**을 사용해 신체의 회전에 맞춰 꼬리를 흔들리게 합니다. 이렇게 하면 캐릭터의 움직임을 자연스럽게 따르는 꼬리를 표현할 수 있습니다.

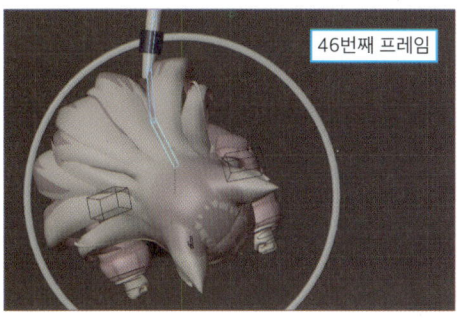
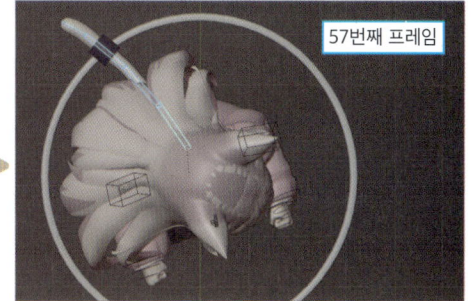

46번째 프레임 ▷ 57번째 프레임

꼬리는 캐릭터의 움직임에 맞춰 반응하고 균형을 잡거나, 감정을 표현하거나, 움직임에 힘을 싣는 등의 역할을 합니다. 기본적인 흔들림을 만드는 방법은 머리카락이나 스커트와 같다고 생각하면 좋습니다.

3-8 렌더링을 하자

마지막으로 애니메이션을 렌더링합니다. 지금까지 만든 애니메이션들과 조작은 거의 같습니다. **해상도 X**, **해상도 Y**(출력 프로퍼티스 → **형식** 패널에서 설정할 수 있습니다)는 샘플에서는 **1200**, **1200**으로 설정되어 있지만 원하는 값으로 변경해도 괜찮습니다.

01 출력 프로퍼티스 설정
Step 오른쪽 프로퍼티스 → **출력 프로퍼티스** → 프레임 범위 패널에 종료 프레임이 **72**로 설정되어 있는지 확인합니다. 다음으로 **출력** 패널에서 출력 위치를 지정합니다. 파일 형식을 **FFmpeg Video**, 인코딩 패널 오른쪽에 있는 프리셋 메뉴에서 **H264 in MP4**를 지정합니다.

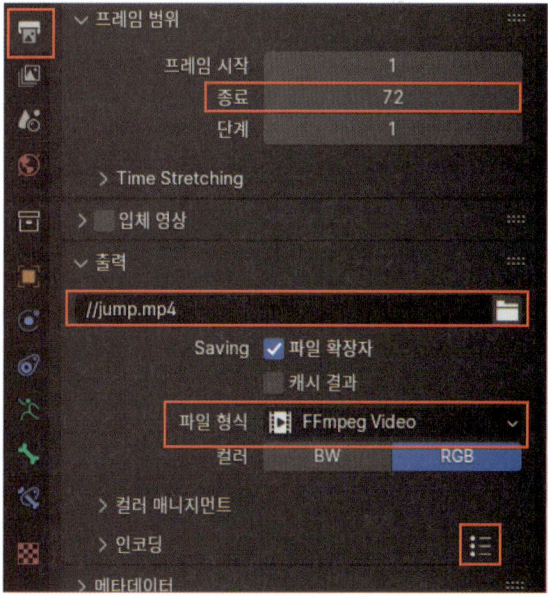

02 Line 활성화하기

Step

아웃라이너에서 **Line** 컬렉션의 **뷰 레이어에서 제외**를 활성화해 캐릭터의 윤곽선을 표시합니다.

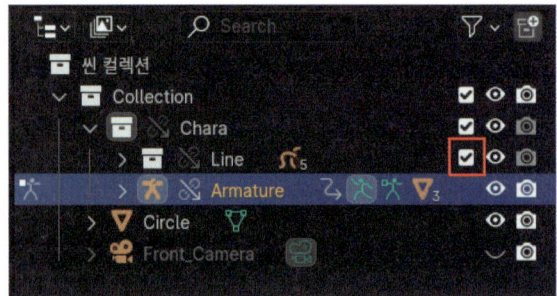

03 애니메이션 렌더링하기

Step

톱 바의 **렌더 → 애니메이션을 렌더**(Ctrl+F12 키)를 눌러 동영상을 출력합니다. **렌더 → 애니메이션을 표시**(Ctrl+F11키)를 눌러 애니메이션을 즉시 확인할 수 있습니다. 이상으로 점프 애니메이션은 완성입니다.

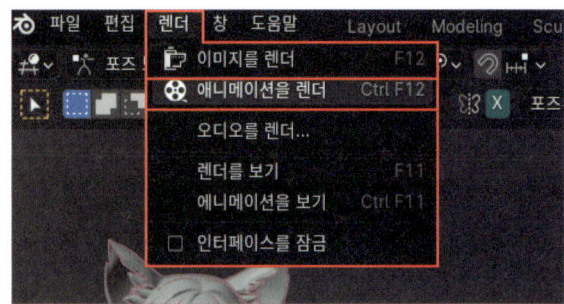

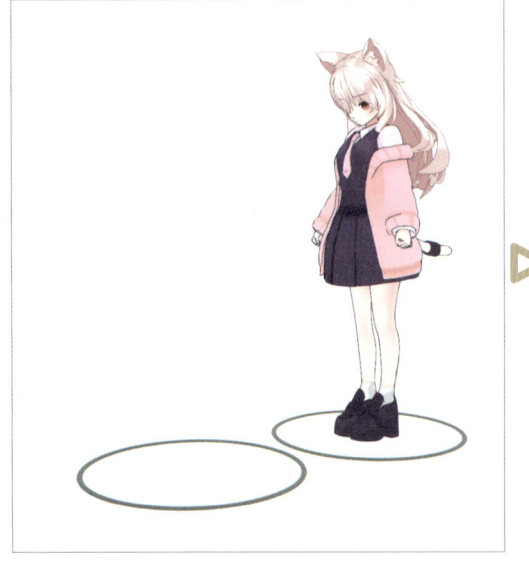

물건을 잡는 애니메이션을 만들자

지금까지 학습한 기초 동작을 응용해 좀 더 복잡한 동작에 도전해 봅니다. 여기에서는 손이 달린 도구를 잡아 들어 올리는 2초 정도 길이의 애니메이션을 만듭니다. 가능한 '물건을 잡는' 동작에 집중할 수 있도록 발의 움직임은 전혀 추가하지 않습니다. 신체와 팔, 얼굴의 움직임으로 마무리하고 동영상을 출력합니다. 그리고 물건이 손의 움직임에 따르도록 설정하는 방법에 관해서도 설명합니다.

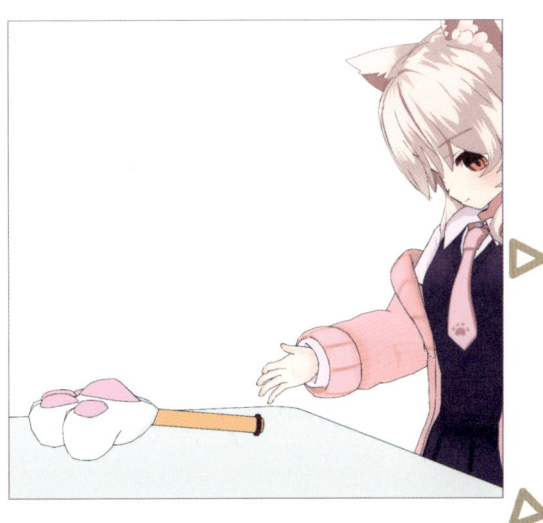 

잡는 포즈를 만드는 포인트

물건을 잡을 때는 수평으로 잡는 것이 아니라 ❶과 같이 손을 조금 비스듬하게 잡도록 만듭니다. 실제로 물건을 잡을 때는 특히 새끼손가락과 약손가락에 힘이 들어갑니다. 한편 ❷와 같이 수평으로 잡으면 손가락이 똑바로 정렬되고 움직임이 딱딱하게 보입니다. ❶의 포즈를 만들 때는 새끼손가락과 약속가락의 간격을 확실하게 좁혀서 쥐고 있는 형태를 표현합니다.

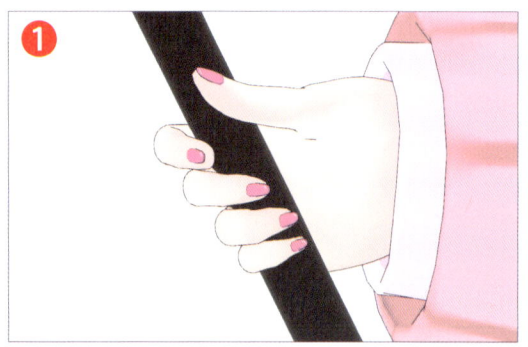
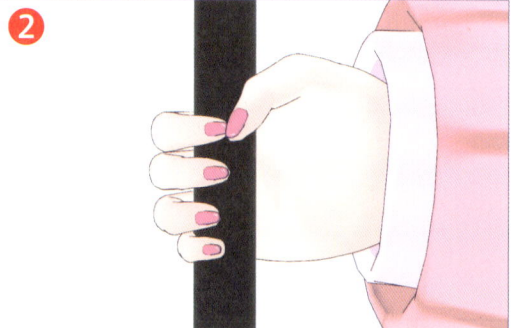

4 - 2

물건을 잡는 포즈를 만들자

샘플 파일에 포함되어 있는 데이터를 사용합니다. 지금까지는 주요 포즈를 먼저 만들었지만 이번에는 '물건을 잡는 포즈'를 먼저 만들고, 그 뒤에 손잡이(오브젝트)와 손의 위치를 일치시키는 설정을 합니다. 설정을 완료했다면 다시 포즈를 조정하고, 전체적인 애니메이션의 흐름을 결정합니다. 이 순서를 따라 캐릭터가 물건을 잡는 상태에서 포즈를 만들 수 있습니다.

01 샘플 파일 열기

Step 샘플 파일 안에 있는 **04_sample_Grab** 폴더에서 **Animation_Grab.blend** 를 더블 클릭해 엽니다. 지금까지 만든 애니메이션과 마찬가지로 처음 포즈는 완성한 상태입니다.

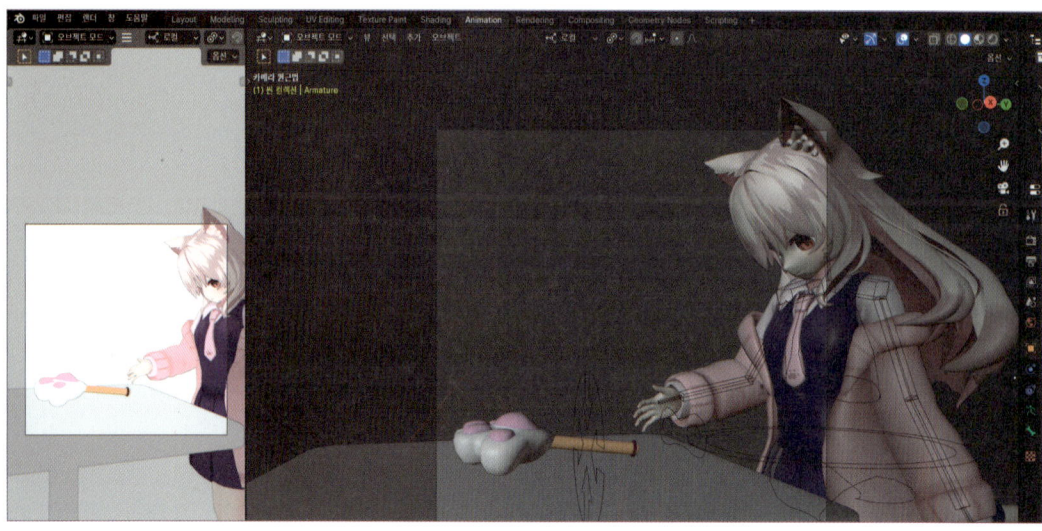

274

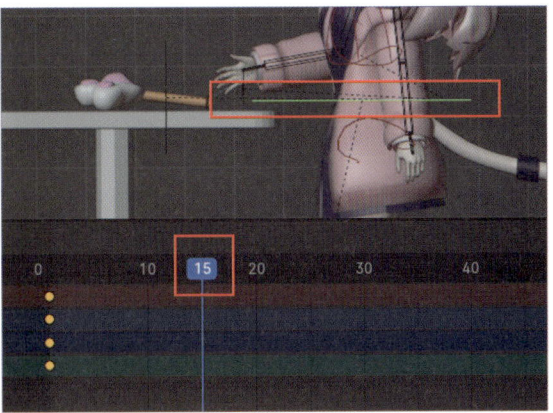

02 15번째 프레임으로 이동하기

Step

먼저 허리의 위치를 결정합니다. 물건을 잡는 애니메이션을 만들 때, 허리의 위치는 반드시 명확하게 해야 합니다. 허리의 위치가 모호하면 나중에 허리를 움직여야 할 때 다른 파츠도 수정해야 하기 때문에 매우 노력이 많이 들기 때문입니다. **텐키 3**을 눌러 옆쪽 시점으로 전환(원근법 상태일 때는 **텐키 5**를 눌러 정사법으로 변경합니다). **Rootupper**를 선택합니다. **15**번째 프레임에 있는 것을 확인합니다.

03 키 프레임 편집하기

Step

물건을 잡기 위해 신체를 앞으로 이동시킵니다. **사이드바(N키) → 항목 탭 → 변환** 패널에서 위치 Y(전후 위치)에 **0**을 입력합니다. 그리고 현재 신체 높이에서는 물건을 잡기 어려우므로 위치 Z(상하 위치)에 **-0.01**을 입력해 신체를 조금 아래로 내립니다. 신체가 앞으로 이동했으므로 상반신을 조금 앞으로 기울여야 합니다. 여기에서 회전 X에 **0.06**을 입력합니다. 수동으로 조정할 경우에는 **텐키 3**을 눌러 옆쪽 시점으로 전환한 뒤 **이동(G키)** 또는 **회전(R키)**을 사용해 신체를 조금 앞으로 기울입니다. 큰 움직임은 아니므로 **G키+Shift키 길게 누르기** 또는 **R키+Shift키 길게 누르기**를 사용해 세세하게 조정하는 것도 좋습니다.

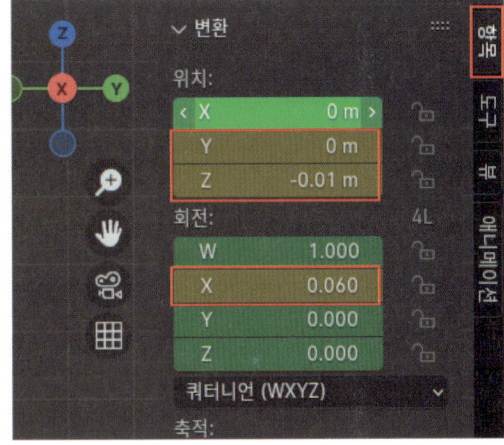

04 상반신의 키 프레임 편집하기

Step

물건을 잡기 위해 팔을 뻗기 때문에 상반신도 그에 맞춰 회전시킵니다. **Chest.Control**(빨간색 폐 모양 본)를 선택하고 **사이드바(N키) → 항목 탭 → 변환** 패널에서 회전 W에 **0.9**, 회전 X에 **0.06**, 회전 Y에 **0.03**, 회전 Z에 **0.05**를 입력합니다. 수동으로 조정할 경우에는 **회전(R키) → Z키**를 2번 눌러 **글로벌** Z축으로 전환한 뒤 방향을 변경합니다. 오른손으로 물건을 집는 포즈이므로 상반신도 오른쪽으로 비틀어야 합니다.

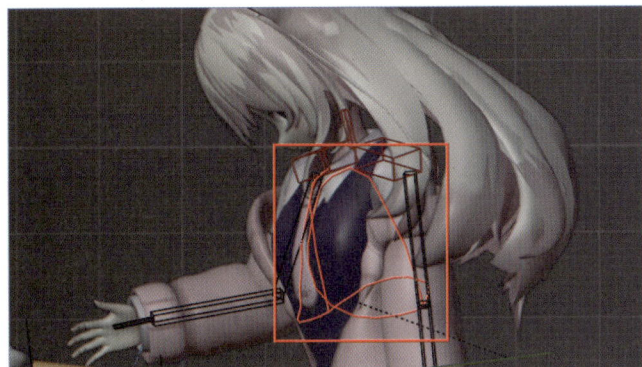
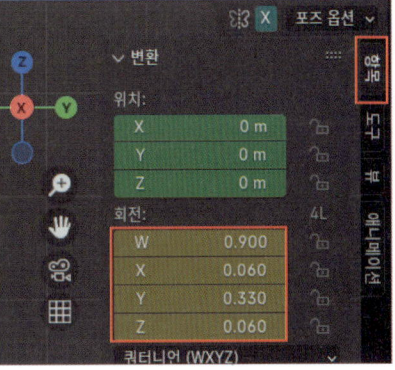

05 오른쪽 어깨 조정하기

Step 물건으로 손을 뻗는 포즈를 만들기 위해 먼저 오른쪽 어깨를 조정합니다. 오른쪽 어깨의 본 **Shoulder.R**을 선택하고 **사이드바(N키)** → **항목** 탭 → 변환 패널에서 회전 W에 **0.99**, 회전 X에 **0.12**, 회전 Y에 **-0.02**, 회전 Z에 **-0.026**을 입력합니다. 팔을 앞으로 뻗고 있으므로 어깨도 조금 앞쪽을 향해야 합니다. 수동으로 조정할 경우에는 **회전(R키)** → **Z키**를 눌러 **로컬** Z축에서 조정하면 좋습니다.

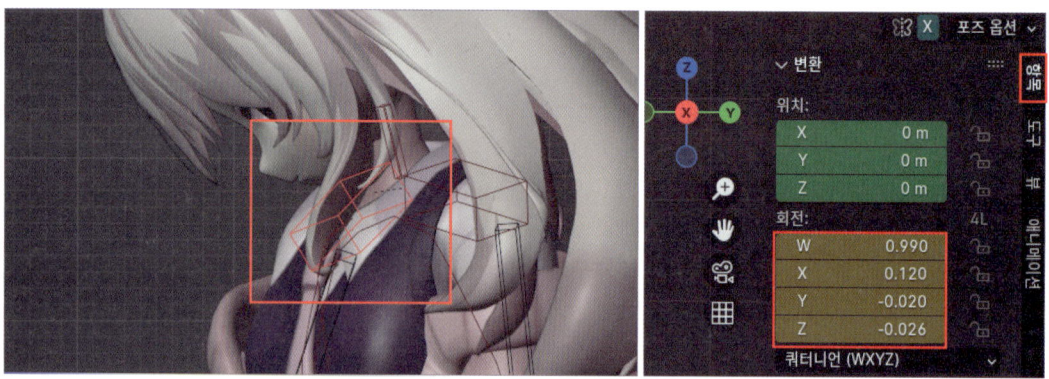

06 오른쪽 위팔 조정하기

Step 오른쪽 위팔을 조정합니다. 오른쪽 위팔의 본 **UpperArm.R**을 선택하고 **사이드바(N키)** → **항목** 탭 → **변환** 패널에서 회전 W에 **0.76**, 회전 X에 **0.01**, 회전 Y에 **-0.31**, 회전 Z에 **-0.55**를 입력합니다. 수동으로 조정할 경우에는 **Ctrl+텐키 3**을 눌러 오른쪽 시점으로 전환한 뒤 팔꿈치에서 손잡이를 향해 선을 그리는 느낌으로 조정합니다. 그 선 위에 손잡이를 배치하면 자연스러운 포즈가 됩니다. 그리고 **회전(R키)** → **Z키**로 팔을 전후로 움직인 뒤, **회전(R키)** → **Y키**를 사용해 팔을 비틀면 위팔을 쉽게 조정할 수 있습니다.

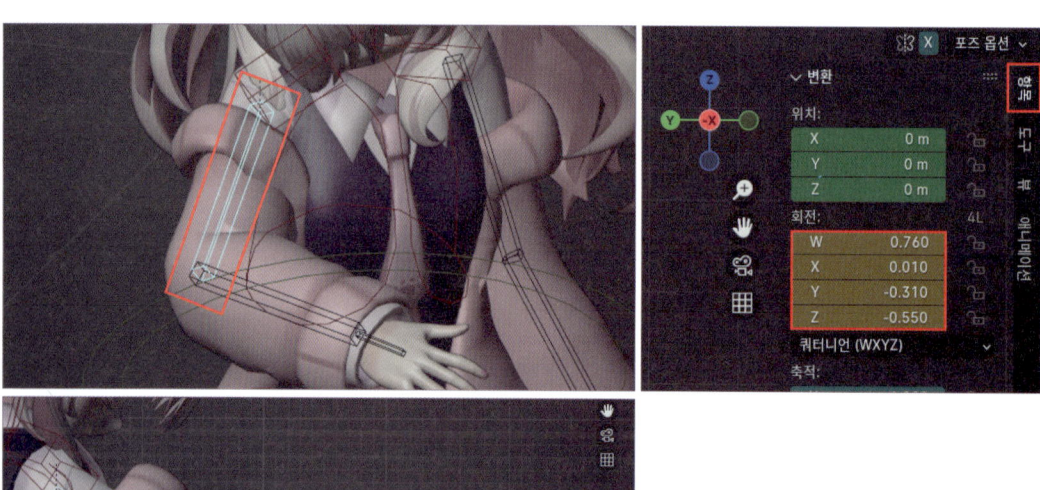

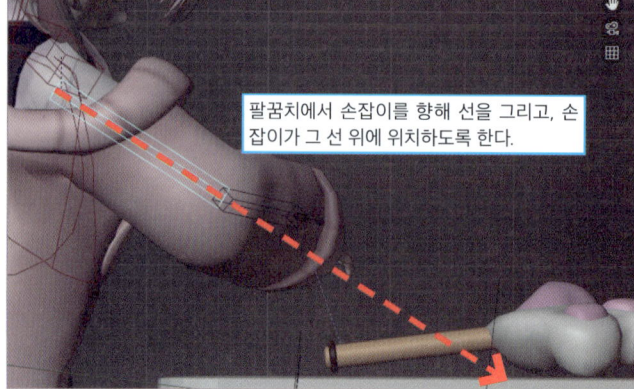

팔꿈치에서 손잡이를 향해 선을 그리고, 손잡이가 그 선 위에 위치하도록 한다.

07 오른쪽 아래팔 조정하기

Step

오른쪽 아래팔을 조정합니다. 오른쪽 아래팔의 본 **LowerArm.R**을 선택하고 **사이드바**(N키) → **항목** 탭 → **변환** 패널에서 회전 X에 **-1**, 회전 Y에 **-0.15**, 회전 Z에 **-0.7**을 입력합니다. 손잡이가 옷소매를 조금 관통하지만 손가락의 포즈(가장 보여지고 싶은 위치)가 중요하므로 무시하고 진행합니다.

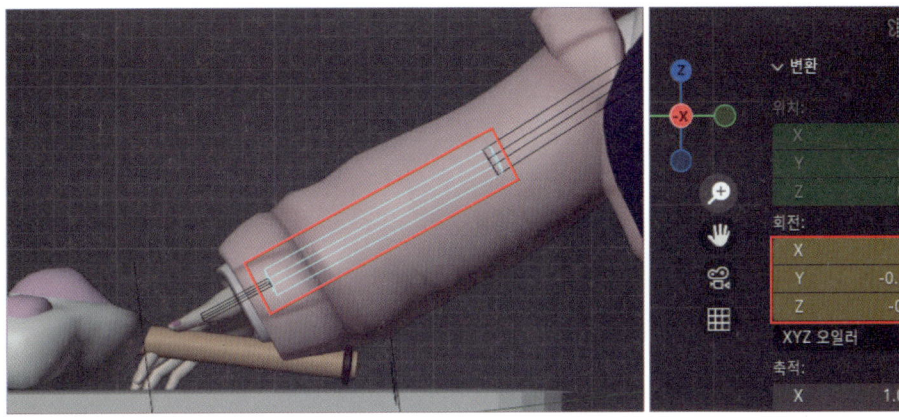

08 오른쪽 손목 조정하기

Step

오른쪽 손목을 조정합니다. 오른손의 본 **Hand.R**을 선택하고 **사이드바**(N키) → **항목** 탭 → **변환** 패널에서 회전 X에 **35**, 회전 Y에 **60**, 회전 Z에 **38**을 입력합니다. 손목이 꺾여진 것처럼 보일 때는 아래팔, 위팔, 어깨도 다시 조정해야 합니다. 수동으로 조정할 경우의 포인트는 **텐키 3**을 눌러 **옆쪽 시점**으로 전환하고 새끼손가락의 세 번째 관절(밑동)이 손잡이 바깥쪽에 위치하도록 하는 것입니다. 물건을 잡을 때는 새끼손가락에 가장 많은 힘이 들어가므로, 새끼손가락의 세 번째 관절(밑동)을 손잡이보다 바깥쪽에 배치합니다. 그렇지 않으면 새끼손가락이 손잡이에 파묻히게 됩니다.

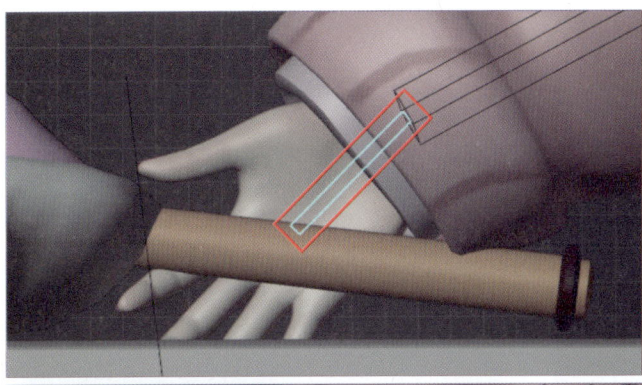
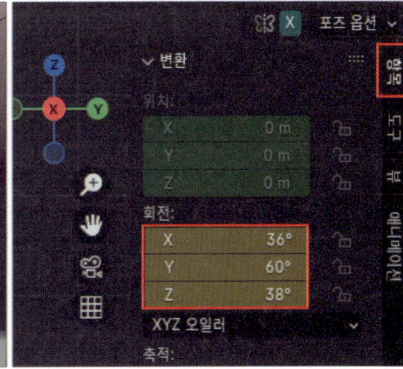

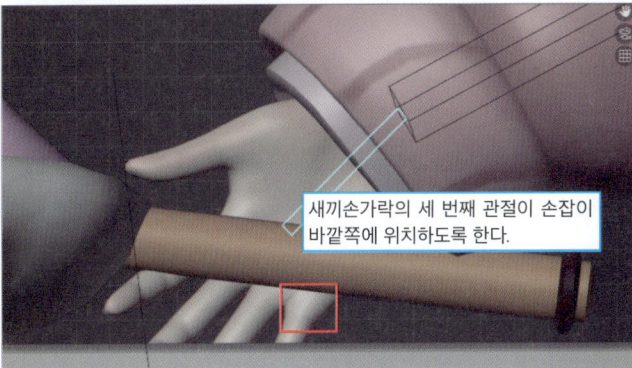

새끼손가락의 세 번째 관절이 손잡이 바깥쪽에 위치하도록 한다.

09 Finger 활성화하기

Step

다음은 손가락을 조정합니다. 프로퍼티스 → **오브젝트 데이터 프로퍼티스** → **Bone Collections** 패널에서 **Finger** 컬렉션의 **솔로(별 모양 아이콘)**를 활성화합니다.

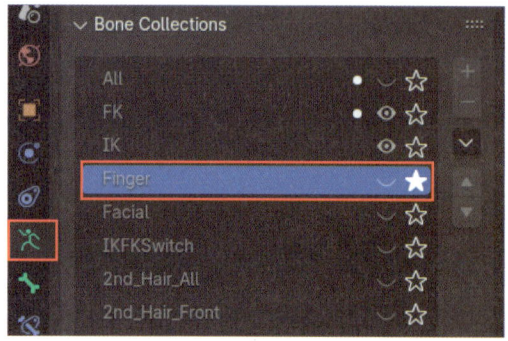

10 손가락 회전 취소하기

Step

15번째 프레임에 있는 것을 확인하고 오른손 손가락의 본만 마우스 좌클릭 해 박스 선택(**B키**)합니다. 회전 취소의 단축키인 **Alt+R키**를 눌러 일단 오른손 손가락의 변형을 초기화합니다.

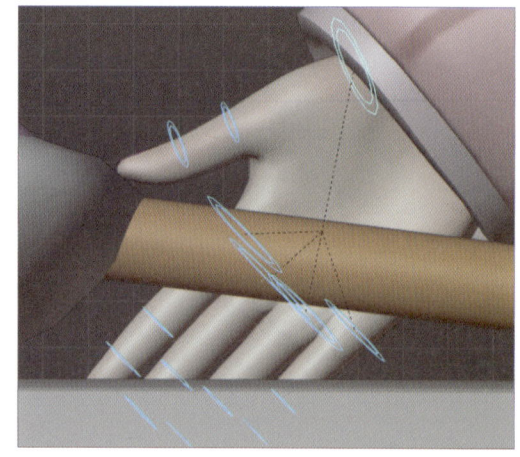

11 새끼손가락 조정하기

Step

먼저 물건을 잡을 때 새끼손가락부터 조정합니다. 새끼손가락의 세 번째 관절의 본을 선택하고 **사이드바(N키)** → **항목** 탭 → **변환** 패널에서 회전 X에 **100**을 입력합니다. 다음으로 두 번째 관절을 선택하고 회전 X에 **60**을 입력합니다. 마지막으로 첫 번째 관절을 선택하고 회전 X에 **25**를 입력합니다. 수동으로 조정할 경우의 포인트는 새끼손가락에 가장 많이 힘이 들어가기 때문에 손잡이와의 사이에 간격을 만들지 않는 것입니다. **회전(R키)** → **X키**를 눌러 **로컬** X축으로 전환해 조정합니다.

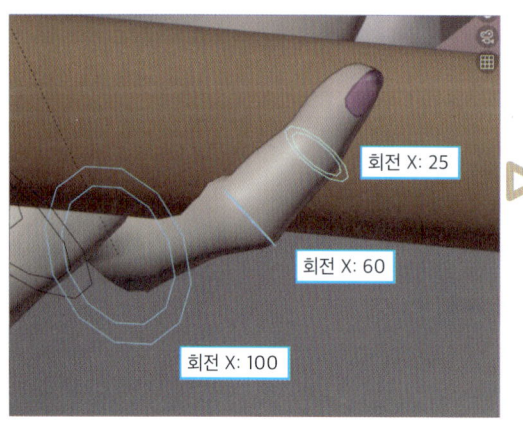

회전 X: 25
회전 X: 60
회전 X: 100

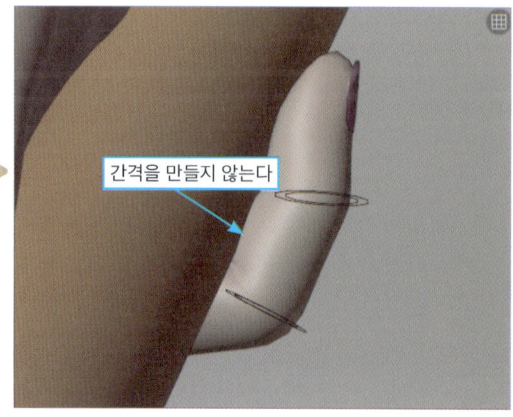

간격을 만들지 않는다

12 약손가락 조정하기

Step

새끼손가락과 마찬가지로 힘이 들어가는 약손가락을 조정합니다. 약손가락의 세 번째 관절의 본을 선택하고 **사이드바(N키)** → **항목** 탭 → **변환** 패널에서 회전 X에 **70**을 입력합니다. 다음으로 두 번째 관절을 회전 X에 **96**을 입력합니다. 마지막으로 첫 번째 관절을 선택하고 회전 X에 **5**를 입력합니다. 수동으로 조정할 경우에는 **회전(R키)** → **X키**를 눌러 **로컬** X축으로 하고 새끼손가락과 마찬가지로 약손가락과 손잡이 사이에 간격이 생기지 않도록 합니다.

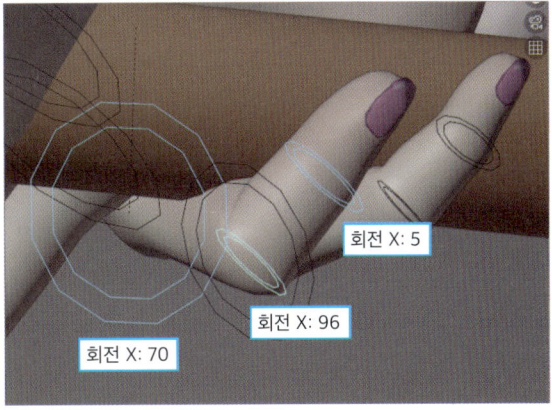

회전 X: 5

회전 X: 96

회전 X: 70

13 가운뎃손가락 조정하기

Step

가운뎃손가락을 조정합니다. 가운뎃손가락의 세 번째 관절의 본을 선택하고 **사이드바(N키)** → **항목** 탭 → **변환** 패널에서 회전 X에 **50**을 입력합니다. 다음으로 두 번째 관절을 선택하고 회전 X에 **100**을 입력합니다. 마지막으로 첫 번째 관절을 선택하고 회전 X에 **20**을 입력합니다. 가운뎃손가락도 가능한 손잡이와 간격이 생기지 않도록 조정합니다.

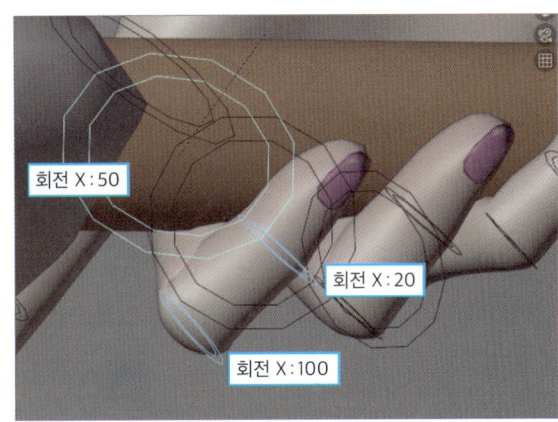

회전 X : 50

회전 X : 20

회전 X : 100

14 집게손가락 조정하기

Step

집게손가락을 조정합니다. 집게 손가락의 세 번째 관절의 본을 선택하고 변환 **사이드바(N키)** → **항목** 탭 → **변환** 패널에서 회전 X에 **20**을 입력합니다. 다음으로 두 번째 관절을 선택하고 회전 X에 **85**를 입력합니다. 마지막으로 첫 번째 관절을 선택하고 회전 X에 **11**을 입력합니다. 다른 손가락에 비해 편한 상태이며 손가락과 손잡이 사이에 간격이 있습니다.

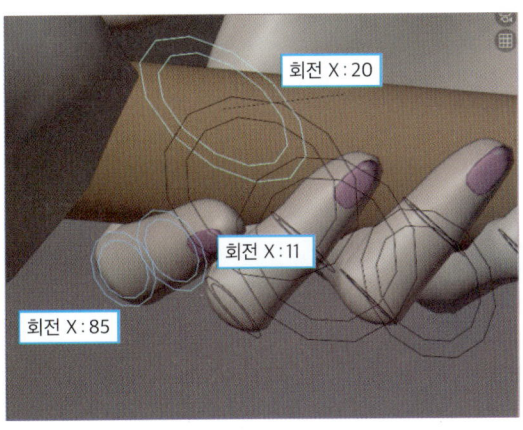

회전 X : 20

회전 X : 11

회전 X : 85

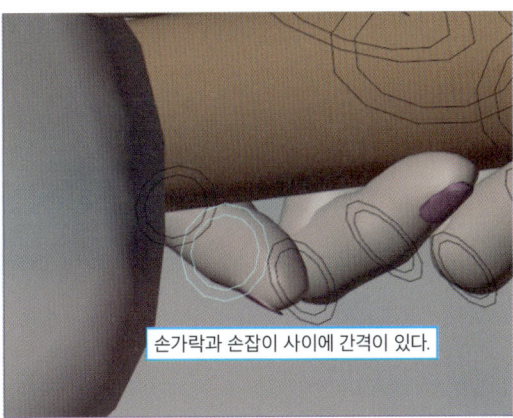

손가락과 손잡이 사이에 간격이 있다.

15 엄지손가락 조정하기

Step 마지막으로 엄지손가락을 조정합니다. 엄지손가락의 세 번째 관절의 본을 선택하고 변환 **사이드바**(N키) → **항목** 탭 → **변환** 패널에서 회전 X에 **-20**, 회전 Y에 **-10**, 회전 Z에 **10** 을 입력합니다. 다음으로 두 번째 관절을 선택하고 회전 X에 **6**을 입력합니다. 마지막으로 첫 번째 관절을 선택하고 회전 X에 **5**를 입력합니다. 엄지손가락의 첫 번째 관절은 반대로 꺾이는 것처럼 만들면 잡은 느낌을 보다 강조할 수 있습니다.

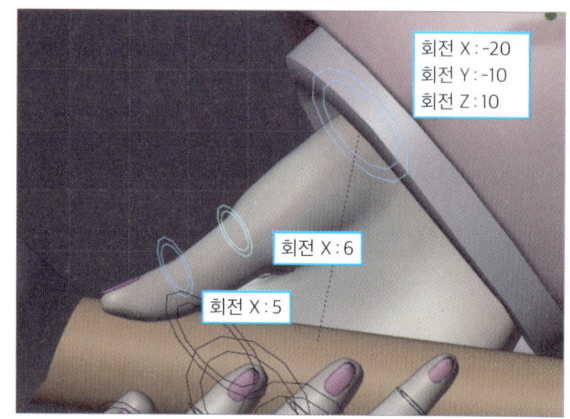

16 Finger 비활성화하기

Step 손가락 포즈를 만들었으므로 프로퍼티스 → **오브젝트 데이터 프로퍼티스** → **Bone Collections** 패널에서 **Finger** 컬렉션의 솔로(별 모양 아이콘)을 비활성화합니다. 그리고 **FK**, **IK** 컬렉션이 표시(눈동자 모양 아이콘)되어 있는 것을 확인합니다.

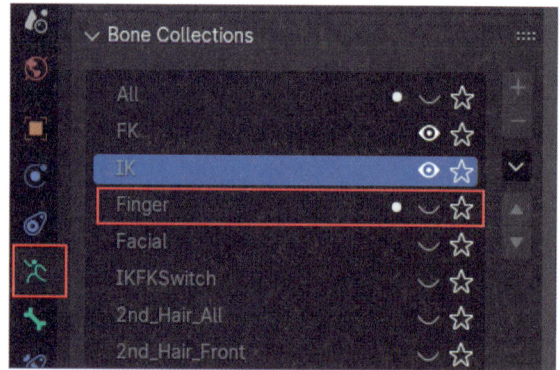

17 키 프레임 삽입하기

Step 15번째 프레임에 있는 것을 확인하고 3D 뷰포트 위에서 모두 선택의 단축키인 **A키**를 눌러 모든 본을 선택합니다. 계속해서 키 프레임 메뉴를 삽입 메뉴를 표시하는 단축키인 **K키**를 누릅니다. 메뉴에서 **Location & Rotation**을 클릭해 키 프레임을 삽입합니다.

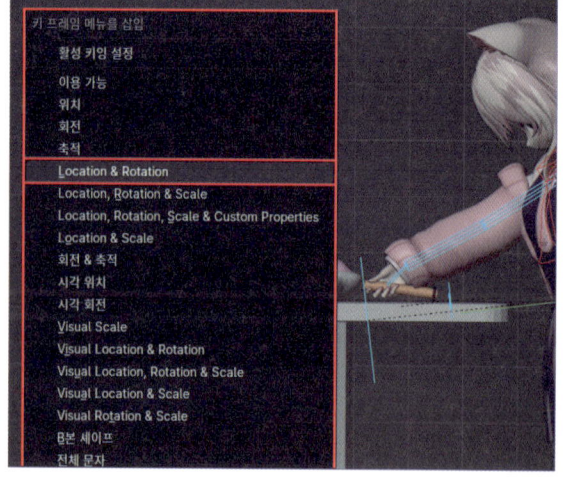

4-3 제약을 설정하자

물건을 잡는 포즈를 만들었다며 다음은 **캐릭터의 손의 움직임에 맞춰 물건(오브젝트)가 함께 움직이도록 설정합니다.** 이 설정에는 **제약**constraint이라는 기능을 사용합니다. **제약**은 오브젝트나 본의 움직임을 제약하는 기능이며, 주로 애니메이션에서 자주 사용됩니다. **IK(역 운동학)**도 제약의 하나입니다. 여기에서는 물건에 미리 설정되어 있는 제약을 조정해 손과 물건의 움직임이 확실하게 연동하도록 설정합니다.

01 오브젝트 모드로 전환하기

Step

제약을 설정하려면 대상 오브젝트를 선택해야 하므로 **오브젝트 모드**로 전환합니다(**포즈 모드**에서는 다른 오브젝트를 선택할 수 없습니다). 3D 뷰포트 왼쪽 위에 있는 모드를 **오브젝트 모드**로 변경합니다.

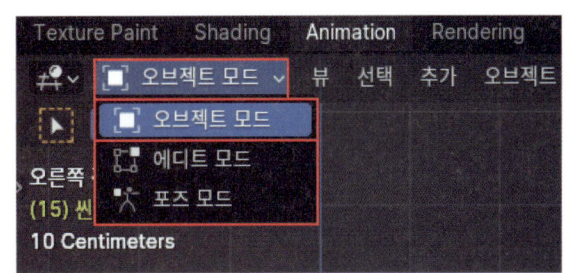

02 Object → Cathand 선택하기

Step

샘플 데이터에는 3D 뷰포트에서 오브젝트는 선택할 수 없게 설정되어 있습니다(3D 뷰포트 오른쪽 위에 있는 **Selectivity & Visibility** 선택이 비활성화 되어 있습니다). 여기에서는 아웃라이너에서 오브젝트를 선택합니다. 오른쪽 위 아웃라이너에서 **Object** 컬렉션의 화살표 모양 아이콘을 클릭해서 열고 **Cathand**를 선택합니다.

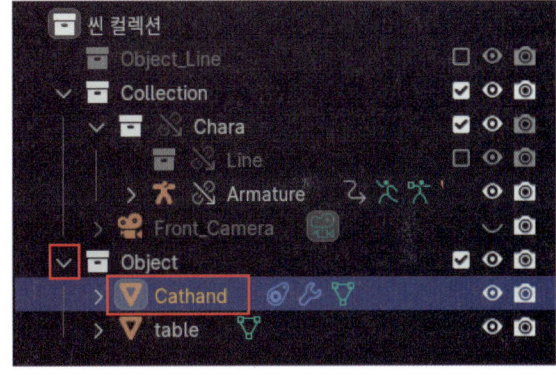

03 오브젝트 제약 프로퍼티스 표시하기

Step

다음으로 오른쪽 프로퍼티스 → **오브젝트 제약 프로퍼티스**를 클릭합니다. 그러면 **오브젝트 제약**과 관련된 항목이 표시되고 그 안에 **대상의 자식**이라는 오브젝트 제약이 추가되어 있는 것을 확인할 수 있습니다. **오브젝트 제약**은 오브젝트 변형에 제약을 거는 기능입니다. **대상의 자식**은 오브젝트기 본에 움직임에 따르게 하는 제약으로, 캐릭터의 손에 오브젝트를 잡게 할 수 있습니다.

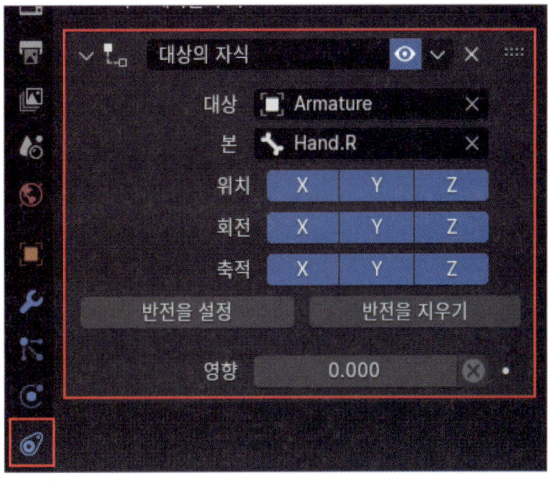

'대상의 자식'에 관해

대상의 자식은 오른쪽 프로퍼티스 프로퍼티스 → **오브젝트 제약 프로퍼티스**에서 **오브젝트 제약을 추가**라는 드롭다운 메뉴로 추가할 수 있습니다. **대상**은 대상이 되는 오브젝트나 아마튜어를 선택하는 항목❶, **본**은 대상이 아마튜어인 경우 어떤 본을 대상으로 할 것인지 선택하는 항목❷입니다. 위치, 회전, 축적은 보다 세세한 변형을 할 수 있는 항목이지만, 기본적으로는 모두 활성화해 둡니다❸. **반전을 설정**은 추종을 설정하고, **반전을 지우기**는 추종을 해제합니다❹. **영향**은 제약 자체의 영향으로 **0**으로 설정하면 오브젝트가 전혀 추종하지 않게 됩니다❺. 또한 **영향**은 키 프레임을 삽입할 수 있습니다.

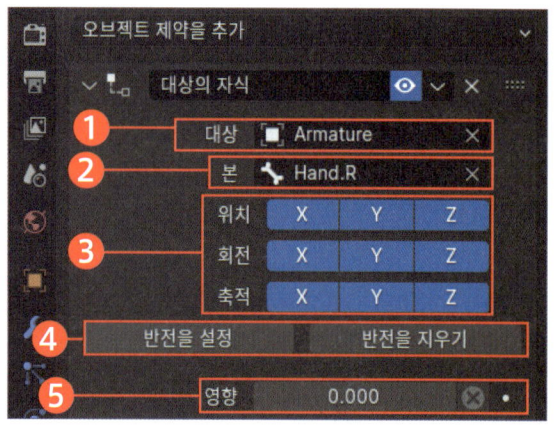

04 키 프레임 삽입하기

Step

제약에 **키 프레** 을 삽입합니다. 먼저 **도프시트**에서 15번째 프레임에 위치한 것을 확인하고 **영향**의 수치가 0 인 것을 확인합니다. 다음으로 오른쪽의 작은 점을 클릭하면 **영향**에 0의 키 프레임이 삽입됩니다. 작은 점이 다이아몬드 모양으로 변하고 **영향** 의 수치 필드가 노란색이 되면 키 프레임이 정상적으로 삽입된 것입니다. 이 작은 점은 키 프레임의 삽입과 삭제에 사용할 수 있고 다른 모디파이어나 제약에서도 마찬가지로 이용할 수 있습니다.

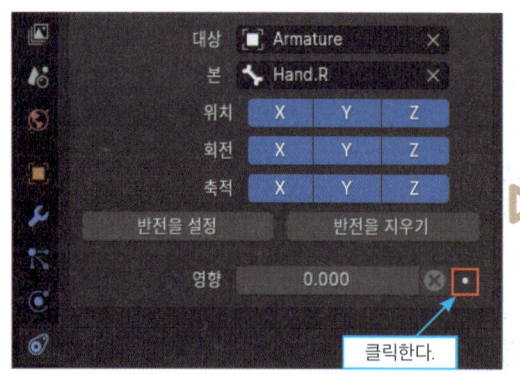

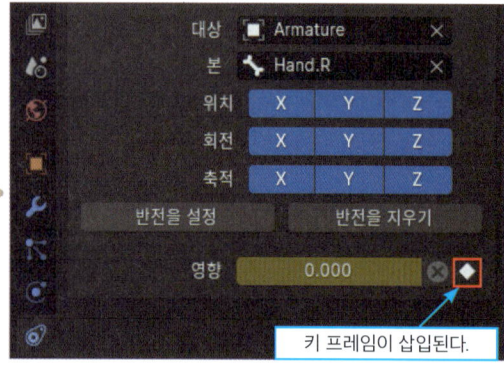

05 제약의 영향 수치를 1로 설정하기

Step

다음으로 도프시트에서 16번째 프레임으로 이동하고 **제약**의 **영향** 수치를 1로 설정합니다. 타임라인에서 **자동 키잉**이 활성화되어 있으므로 수치를 입력하면 자동으로 키 프레임이 삽입됩니다. 이렇게 키 프레임을 삽입하면 캐릭터가 손잡이를 잡은 순간 오브젝트가 손의 움직임을 추종하게 됩니다.

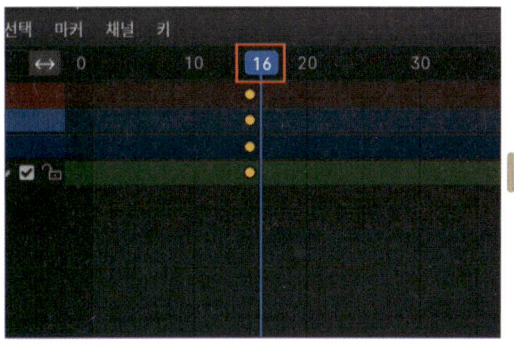
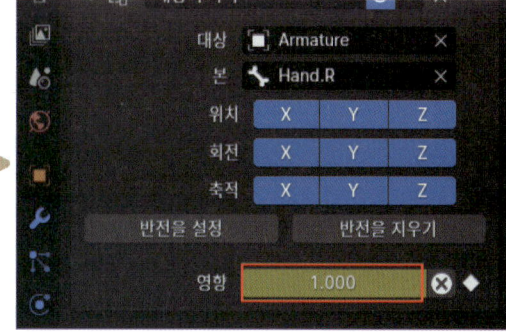

06 반전 설정하기

Step

다음으로 **반전**을 설정합니다. 먼저 도프시트에서 캐릭터가 손잡이를 잡은 **15**번째 프레임으로 이동합니다. **제약**안에서 **반전을 지우기**를 선택해 일단 추종을 해제합니다①. 그 뒤 **반전을 설정**을 선택하면 오브젝트 다시 손을 추종합니다②. 이렇게 대상의 포즈로 이동해 **반전을 지우기** → **반전을 설정**을 수행하면 오브젝트가 해당 포즈에 맞춰 추종하게 됩니다. 추종이 잘 되지 않을 때는 이 조작을 참고합니다.

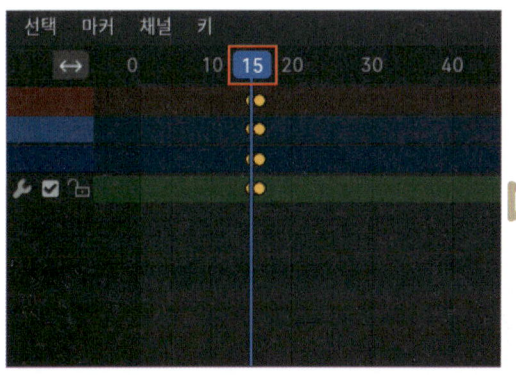
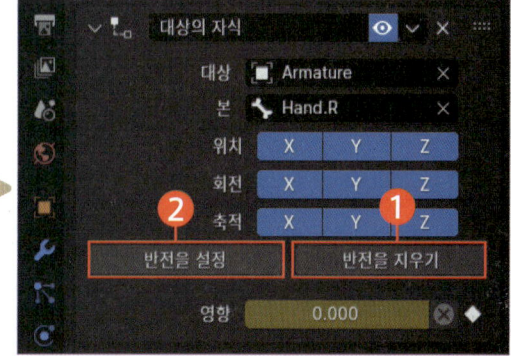

07 포즈 모드로 변경하기

Step

설정을 마쳤으므로 **포즈 모드**로 돌아갑니다. 캐릭터의 리그를 선택하고 왼쪽 위 모드를 **포즈 모드**로 전환합니다.

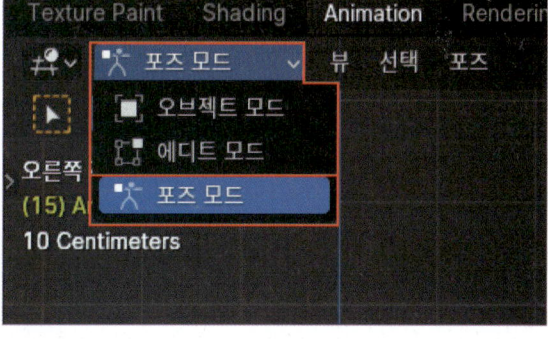

08 제약 확인하기

Step

오브젝트가 손의 움직임에 추종하는지 확인합니다. 제약의 **영향**을 1로 설정한 **16**번째 프레임 이후로 이동하고 오른쪽 아래팔의 본을 **R키**를 사용해 회전시키면, 오브젝트가 손에 맞춰 움직이는 것을 확인할 수 있습니다. 이 때 회전을 확정하지 말고 마우스 우클릭 해 취소합니다. 만약 실수로 마우스 좌클릭 해 회전을 확정했다면 **Ctrl+Z키**를 눌러 한 단계 이전으로 되돌립니다.

---

4 - 4 물건을 바라보는 포즈를 만들자

다음으로 잡은 물건을 확인하는 포즈를 만듭니다.

01 26번째 프레임의 키 프레임 편집하기

Step

물건을 잡을 때 몸을 조금 앞으로 구부리고 있기 때문에, 물건을 잡은 후에도 신체를 조금 앞으로 움직입니다(물체는 급하게 멈추지 않고 점점 속도를 줄이며 멈춥니다). **26**번째 프레임으로 이동해 **Rootupper**를 선택합니다. **사이드바(N키)** → **항목** 탭 → **변환** 패널에서 위치 Y에 **-0.01**을 입력합니다.

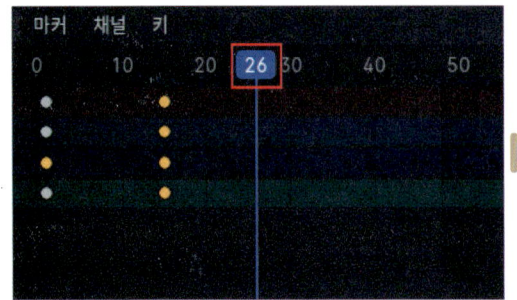 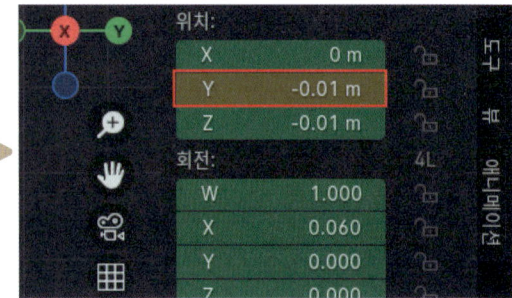

02 Chest.Control 편집하기

Step

다른 본도 마찬가지로 조금씩 움직입니다. 상반신을 제어하는 본 **Chest.Control**(빨간색 폐 모양 본)을 선택하고 **사이드바(N키)** → **항목** 탭 → **변환** 패널에서 회전 X에 **0.1**을 입력합니다(수동으로 조정할 경우에는 **회전(R키)** → **X키**로 조정). 신체가 조금 앞으로 이동했으므로 상반신도 조금 앞으로 기울이면 좋습니다. 오른쪽 아래팔의 본 **LowerArm.R** 을 선택하고 **사이드바(N키)** → **항목** 탭 → **변환** 패널에서 회전 X에 **-15**를 입력합니다. 캐릭터가 팔을 들어올리면 그에 맞춰 물건도 움직이므로 물건을 **잡은** 동작이 확실하게 강조됩니다.

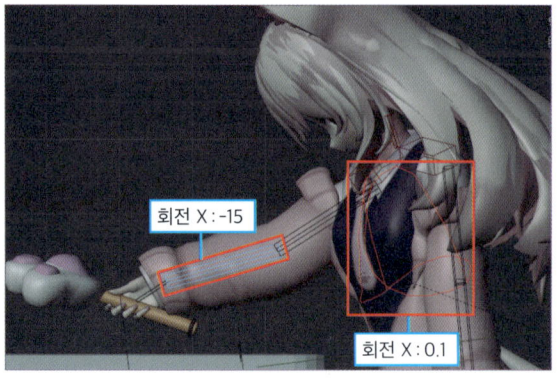

03 HeadIK와 EyeIKCenter 조정하기

Step

얼굴을 제어하는 본 **HeadIK**, 눈을 제어하는 본 **EyeIKCenter**도 조정합니다. 수동으로 조정하는 편이 빠르므로 시점을 변경해 **Shift+마우스 좌클릭**으로 두 본을 선택합니다. 그 뒤 **이동(G키) → Z키**를 눌러 캐릭터가 눈으로 물건을 따라가듯이 조정합니다.

※ 15번째 프레임의 **HeadIK**와 **EyeIKCenter**의 위치도 조정하면 좋습니다.

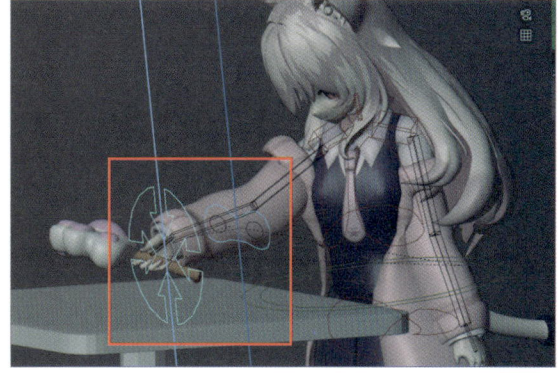

04 26번째 프레임에 키 프레임 삽입하기

Step

26번째 프레임에 있는 것을 확인하고 3D 뷰포트 위에서 모두 선택의 단축키인 **A키**를 눌러 모든 본을 선택합니다. 계속해서 키 프레임 메뉴를 삽입의 메뉴를 표시하는 단축키인 **K키**를 누릅니다. 메뉴 안에서 **Location & Rotation**을 클릭해 키 프레임을 삽입합니다.

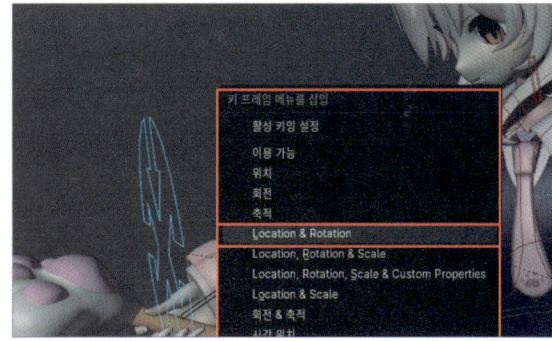

05 48번째 프레임의 키 프레임 편집하기

Step

48번째 프레임으로 이동해 **Rootupper**를 선택하고 **사이드바(N키) → 항목** 탭 → **변환** 패널에서 위치 Y에 **0**, 회전 X에 **0**을 입력해 원래 자세로 되돌립니다. 상반신을 제어하는 본 **Chest.Control**을 선택하고 회전 W에 **1**, 회전 X에 **0**, 회전 Y에 **0**을 입력합니다. 신체를 조금 기울이면 물건을 확인하는 표현을 보다 강조할 수 있습니다. 오른쪽 아래팔의 본 **LowerArm.R**을 선택하고 회전 X에 **-50**, 회전 Y에 **-25**, 회전 Z에 **-30**을 입력합니다.

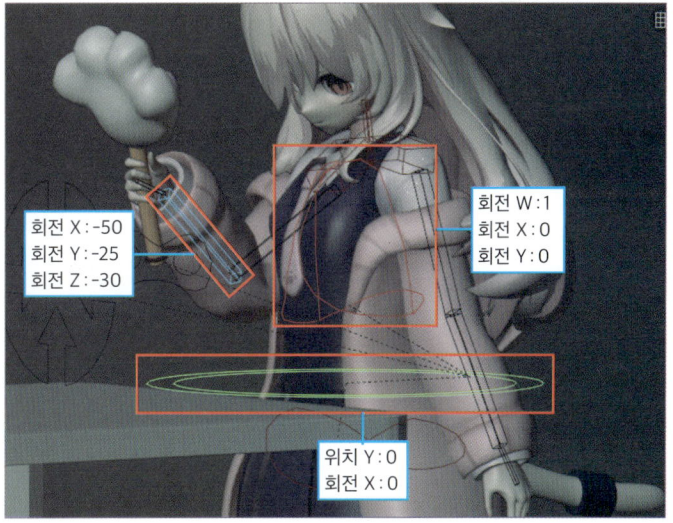

회전 X : -50
회전 Y : -25
회전 Z : -30

회전 W : 1
회전 X : 0
회전 Y : 0

위치 Y : 0
회전 X : 0

06
Step

HeadIK와 EyeIKCenter 조정하기

얼굴을 제어하는 본 **HeadIK**, 눈을 제어하는
본 **EyeIKCenter**를 **Shift+마우스 좌클릭** 해
선택합니다. 그 뒤 **이동(G키) → Z키**를 눌러 캐릭터가
눈으로 물건을 바라보는 듯이 조정합니다.

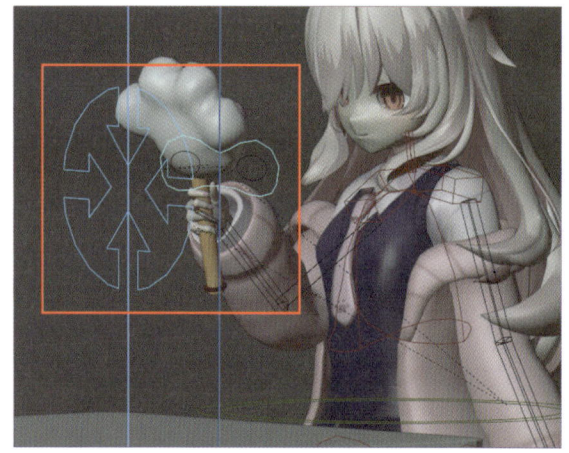

07
Step

48번째 프레임에 키 프레임 삽입하기

마지막으로 3D 뷰포트 위에서 모두 선택의
단축키인 **A키**를 눌러 모든 본을 선택합니
다. 계속해서 키 프레임 메뉴를 삽입 메뉴를 표시하는
단축키인 **K키**를 누릅니다. 메뉴 안에서 **Location &**
Rotation을 클릭해 키 프레임을 삽입합니다.

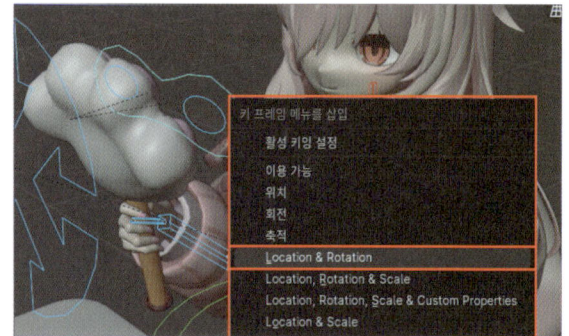

Column

손의 움직임을 세세하게 제어하자

물건을 잡을 때 오브젝트를 관통하는 경우에는 먼저 **10**번째
프레임 부근으로 이동해, 오른손의 본 **Hand.R**을 선택합니다.
사이드바(N키) → 항목 탭 **→ 변환** 패널에서 회전 X에 **-12.5**, 회
전 Y에 **40**, 회전 Z에 **0**을 입력해 손의 방향을 조정합니다. 이
수치를 사용해 잘 조정되지 않을 때는 다른 수치를 입력하거
나, 보다 세세하게 키 프레임을 삽입해 조정해야 합니다.

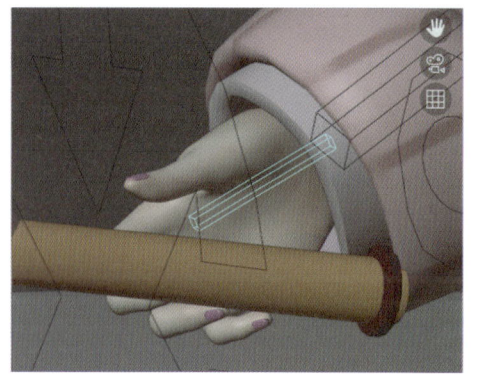

4-5   머리카락을 흔들리게 하자

지금까지의 애니메이션과 마찬가지로 머리카락도 흔들리게 합니다. 단, 움직임이 크지 않으므로 머리카락도 조금만 움직입니다. 복잡한 움직임을 만들지 않고 최소한의 키 프레임을 삽입해 앞머리카락과 옆머리카락의 흔들림을 만듭니다.

01 2nd_Hair_Front 활성화하기

Step   오른쪽 프로퍼티스 → **오브젝트 데이터 프로퍼티스** → **Bone Collections** 패널에서 **2nd_Hair_Front**의 솔로(별 모양 아이콘)만 활성화합니다.

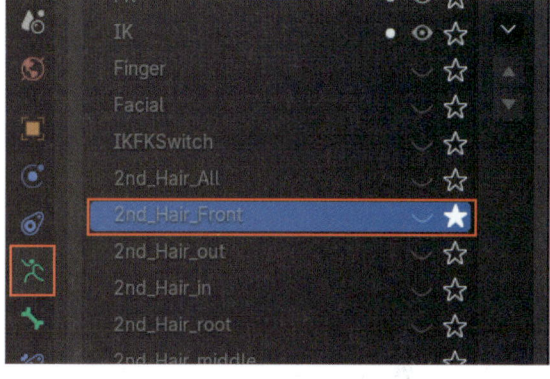

02 15, 48번째 프레임에 키 프레임 삽입하기

Step   15, 48번째 프레임에 키 프레임을 삽입합니다. 3D 뷰포트 위에서 모두 선택의 단축키인 **A키**를 눌러 모든 본을 선택합니다. 다음으로 키 프레임 메뉴를 삽입 메뉴를 표시하는 단축키인 **K키**를 누릅니다. 메뉴 안에서 **Location & Rotation**을 클릭해 키 프레임을 삽입합니다. 이 조작을 15, 48번째 프레임에서 반복합니다.

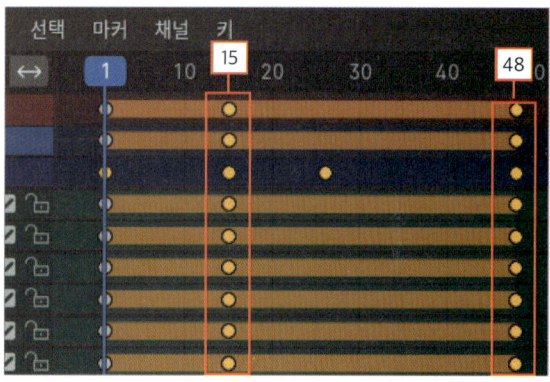

03 48번째 프레임에 키 프레임 삽입하기

Step   48번째 프레임에서 앞머리카락과 옆머리카락의 흔들림을 만듭니다. 3D 뷰포트 위에서 모두 선택의 단축키인 **A키**를 눌러 앞머리카락과 옆머리카락 본을 선택합니다. **회전(R키)** → **X키**를 2번 눌러 **글로벌** X축으로 전환한 뒤 **10**을 입력합니다(왼쪽 아래 표시되는 오퍼레이터 패널에서 조정할 수도 있습니다). 얼굴을 아래로 내렸을 때는 중력의 영향으로 앞머리카락과 옆머리카락이 아래로 내려오고, 얼굴을 정면으로 했을 때는 원래 위치로 돌아옵니다.

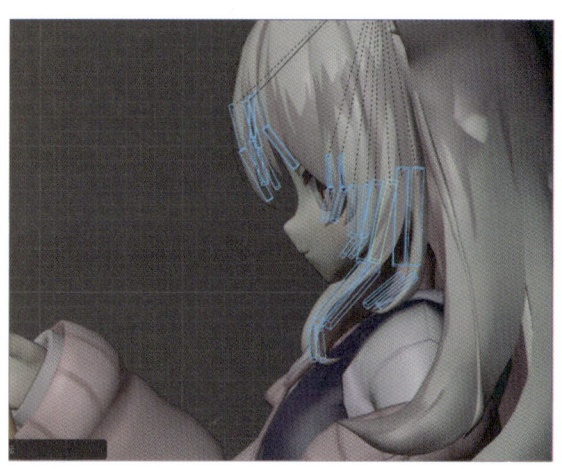

04 2nd_Hair_Front 비활성화하기

Step 키 프레임 삽입을 마쳤다면 프로퍼티스 → **오브젝트 데이터 프로퍼티스** → **Bone Collections** 패널에서 **2nd_Hair_Front**의 솔로(별 모양 아이콘)를 비활성화합니다.

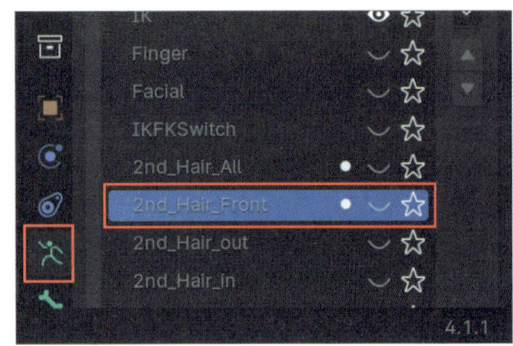

4-6 렌더링을 하자

지금까지와 마찬가지로 마지막은 동영상 출력입니다. **출력 프로퍼티스** → **형식** 패널의 **해상도 X**, **해상도 Y**는 샘플에서는 **1200**, **1200**으로 설정되어 있지만 원하는 값으로 변경해도 괜찮습니다.

01 출력 프로퍼티스 설정하기

Step 오른쪽 프로퍼티스 → **출력 프로퍼티스** → **프레임 범위** 패널에서 종료 프레임이 **48**로 설정되어 있는지 확인합니다. 다음으로 **출력** 패널에서 출력 위치를 지정합니다. 파일 형식을 **FFmpeg Video**, 인코딩 패널 오른쪽에 있는 프리셋 메뉴에서 **H264 in MP4**를 지정합니다.

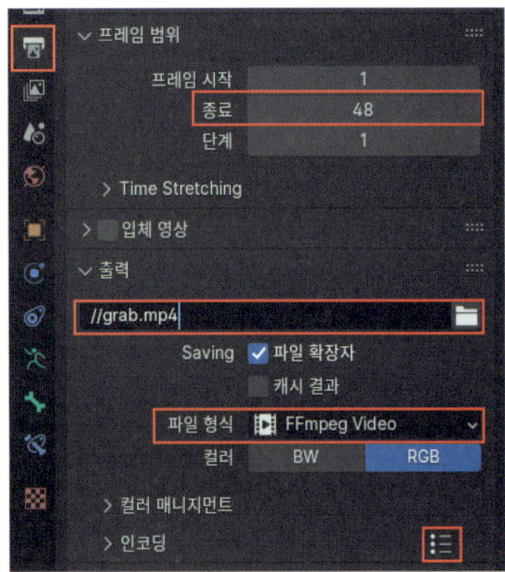

02 Line 활성화하기

Step 아웃라이너에서 **Line** 컬렉션의 **뷰 레이어에서 제외**를 활성화해 캐릭터의 윤곽선을 표시합니다. 테이블 등의 오브젝트의 윤곽선과 관련된 **Object_Line** 컬렉션도 있으므로 이 컬렉션도 **뷰 레이어에서 제외**를 활성화합니다.

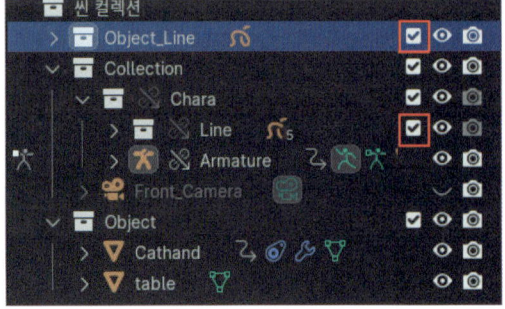

03 애니메이션 렌더링하기

톱 바의 **렌더 → 애니메이션을 렌더**(Ctrl+F12 키)를 눌러 동영상을 출력합니다. **렌더 → 애니메이션을 표시**(Ctrl+F11키)를 눌러 애니메이션을 즉시 확인할 수 있습니다. 이상으로 물건을 잡는 애니메이션을 완성합니다.

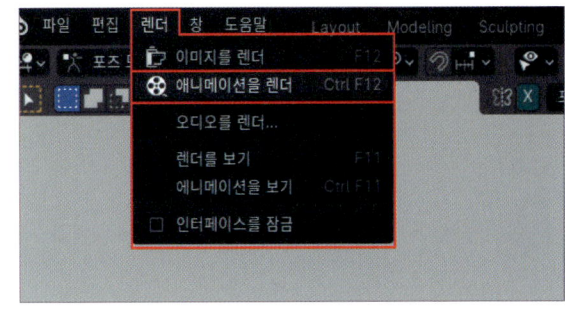

5

걷기 애니메이션을 만들자

지금까지 '고개를 끄덕이기', '손을 흔들기', '작게 점프하기', '물건을 잡기' 같은 동작을 만들면서 애니메이션의 기본 동작과 블렌더 조작에 관해 학습했습니다. 이 동작들을 순서대로 학습함으로써 걷기 애니메이션을 만들기 위해 필요한 기초 스킬이나 주의력을 확실하게 갖췄습니다. 여기에서는 단순하게 보이지만 캐릭터에 생명을 불어넣는 중요한 동작인 '걷기'에 관해 설명합니다.

5-1   걷기를 구성하는 포즈

걷기는 애니메이션 중에서도 가장 기본이면서 매우 심오하고 어려운 움직임입니다. 평소 눈에 익은 동작이기 때문에 조금의 위화감만 있어도 걷기라고 인식되지 않게 됩니다. 여기에서는 걷기를 구성하는 4개의 포즈에 관해 설명합니다. 걷기는 **컨택트**, **다운**(다운 모션), **패싱**, **업**(업 모션)의 4가지 포즈로 구성됩니다. 이 포즈들은 팔다리의 움직임 뿐만 아니라 상반신과 하반신의 움직임이나 비틀기 등이 모두 중요합니다.

◻ 컨택트

컨택트는 '힘이 들어가기 전의 포즈'라고 할 수 있습니다. 앞으로 나가 있는 발은 똑바로 뻗어 있고, 뒤꿈치가 지면에 지면과 붙어 있는 것이 특징입니다❶. 이 때, 앞발의 무릎은 똑바로 편 상태입니다❷. 무릎이 구부러져 있으면 그것은 발에 체중이 걸려 있음을 의미합니다. 컨택트에서는 아직 체중은 걸리지 않으므로 무릎은 기본적으로 곧게 뻗게 만드는 것이 바람직합니다. 단, 무릎을 너무 펴면 로봇처럼 딱딱하게 보이므로 아주 조금만 구부리는 것이 자연스럽습니다. 그리고 뒤쪽 발의 무릎도 조금만 구부리면 포즈가 보다 부드럽게 보입니다❸. 발을 앞으로 내밀면 골반도 그에 맞춰 기울어집니다. 예를 들어 왼발을 앞으로 내밀었을 때 골반은 왼쪽 위로 올라갑니다❹. 이 움직임에 더해 팔의 움직임에 맞춰 상반신을 비틀면 보다 자연스러운 느낌을 줍니다❺.

❶ 뒤꿈치가 지면에 닿는다.

❸ 뒤쪽 발의 무릎은 조금 구부린다.

❷ 앞으로 내민 발의 무릎은 곧게 편다.

❺ 팔의 움직임의 영향으로 상반신을 비튼다.

❹ 발을 앞으로 내밀면 그 발에 맞춰 골반도 조금 기울어진다.

■ 다운

다운은 '발에 체중이 걸려 있는 포즈'입니다. 지면을 디딘 앞쪽 발에 체중이 걸리고, 허리는 포즈들 중에서 가장 아래에 위치합니다❶ '컨택트'에서는 발을 곧게 펴고 '다운'에서는 무릎을 구부린 상태에서❷ 허리를 가장 아래로 내림으로써 캐릭터에게 '체중이 실린' 것처럼 보이게 할 수 있습니다. 이 '다운' 포즈가 없으면 땅에 발이 닿지 않는, 허공을 걷는 듯한 걷기 동작이 됩니다. 그리고 발은 확실하게 지면에 붙여야 합니다❸. 골반은 지면을 디딤 발의 방향으로 조금 올라갑니다. 왼발을 디딘 경우 골반은 왼쪽 위로 조금 올라갑니다❹. 하반신이 기울어짐에 따라 하반신은 균형을 잡기 위해 그 반대 방향으로 기울어집니다. 그리고 왼발로 지면을 디딘 경우 상반신은 왼쪽 아래로 내려갑니다❺. 덧붙여 다운은 상반신과 하반신의 기울기가 가장 큰 포즈입니다.

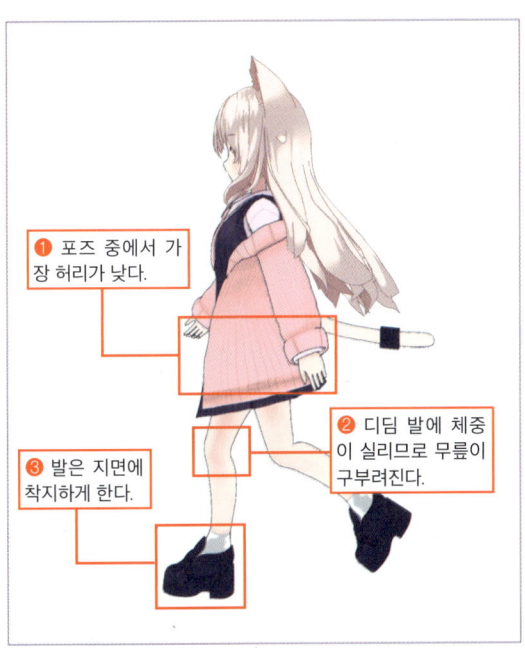

❶ 포즈 중에서 가장 허리가 낮다.

❷ 디딤 발에 체중이 실리므로 무릎이 구부려진다.

❸ 발은 지면에 착지하게 한다.

❺ 상반신이 골반과 반대 방향으로 약간 기울어진다.

❹ 디딤 발의 방향으로 골반이 올라간다.

패싱은 발이 교차하는 중간 포즈입니다. '디딤 발 방향으로 신체가 기울어져 있는 포즈'입니다. 두 발이 교차하고 있는 점에 주목합니다❶. 다운, 패싱, 업은 각각 체중이 실린 발의 방향으로 중심이 치우치므로, 신체를 디딤 발 방향으로 조금 기울여야 합니다❷. 그리고 다운에서 크게 기울어진 상반신과 하반신의 기울기는 점점 작아집니다.

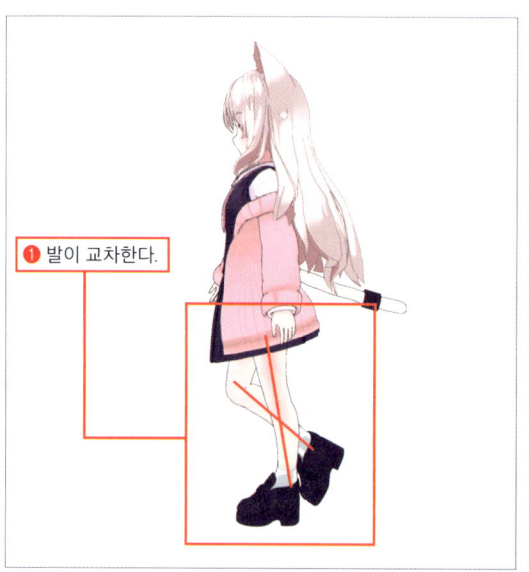

❶ 발이 교차한다.

❷ 상반신이 디딤 발 방향으로 치우친다.

■ 업

업은 디딤 발을 발판으로 가장 허리가 높아지는 포즈입니다❶. 그리고 팔의 움직임이 바뀌는 포즈이기도 합니다. 그림에서는 앞으로 나와있던 오른팔이 위로 내려가고, 왼팔이 앞으로 나오고 있습니다❷. 그 밖에 왼쪽 앞으로 나와있던 골반은 오른발이 앞으로 나오는 것에 따라 오른쪽 방향으로 나오게 됩니다❸. 이것으로 걷기를 구성하는 4가지 포즈에 관해 설명했습니다. 이 포즈들을 바탕으로 실제 걷기 애니메이션을 만들어 봅시다.

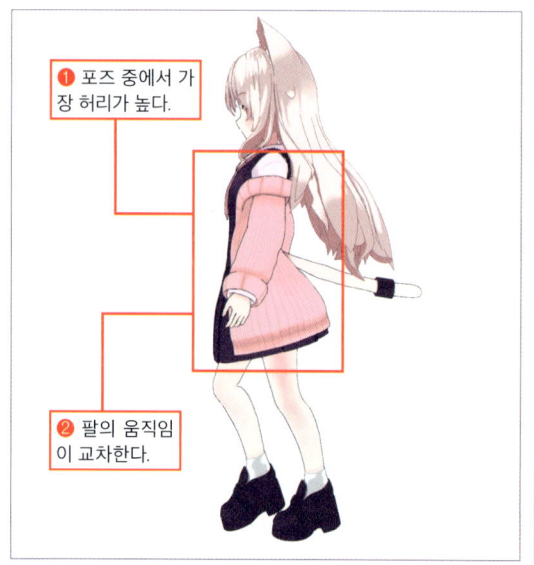

❶ 포즈 중에서 가장 허리가 높다.

❷ 팔의 움직임이 교차한다.

❸ 골반이 앞으로 나와 있는 발의 방향으로 나온다.

5-2 만드는 순서

이 책에서 만드는 걷기 애니메이션에서는 **120**프레임을 사용합니다. 그 중 키 프레임을 넣어 조정하는 것은 **1**번째 프레임에서 **25**번째 프레임까지 입니다. **26**번 프레임 이후에서는 **논리니어 애니메이션**이라 불리는 기능을 사용해 애니메이션을 루프 시킵니다. 여기에서는 컨택트를 **1**번째 프레임, 다운을 **3**번째 프레임, 패싱을 **7**번째 프레임, 업을 **9**번째 프레임에 만들고 **1**번째 프레임에 만든 컨택트의 뒤집힌 포즈를 **13**번째 프레임에 삽입합니다. 그리고 이 포즈들을 복사한 뒤 반전해 붙여 넣기 합니다. 캐릭터가 일정한 속도로 걷는 애니메이션을 만들면 길이가 긴 걷기 애니메이션을 만들 때 루프 시키는 것만으로 작업을 마칠 수 있어 작업 효율을 높일 수 있습니다.

5-3 준비

샘플 파일의 **05_sample_Animation_Walk** 폴더 안에서 걷기 애니메이션을 만듭니다. 이 폴더에는 2개의 블렌더 파일 (Animation_Walk.Blend, Chapter04Chara.blend)이 포함되어 있습니다. **Animation_Walk.blend**에는 **Chapter04Chara. blend**의 캐릭터 데이터가 **연결**로 임포트 되어 있습니다. 작업을 수행할 때는 이 데이터들을 다른 위치로 이동하거나 이름을 변경하지 않도록 충분히 주의합니다.

01 샘플 파일 열기

Step

Animation_Walk.blend를 더블 클릭해서 엽니다. 오른쪽 3D 뷰포트에서 변형하면서(왼쪽은 카메라 시점의 3D 뷰포트), 아래 도프시트에서 키 프레임을 삽입해 애니메이션을 만듭니다. 그리고 3D 뷰포트 헤더에 있는 **변환 오리엔테이션**이 **로컬**(본의 축을 기준으로 변형하는 설정), **피벗 포인트를 변환**이 **개별 오리진**(여러 본을 선택했을 때 각 본을 기점으로 변형하는 설정)으로 설정되어 있는지 확인합니다. 그리고 팔을 쉽게 제어하기 위해 팔만 **FK**로 설정했습니다.

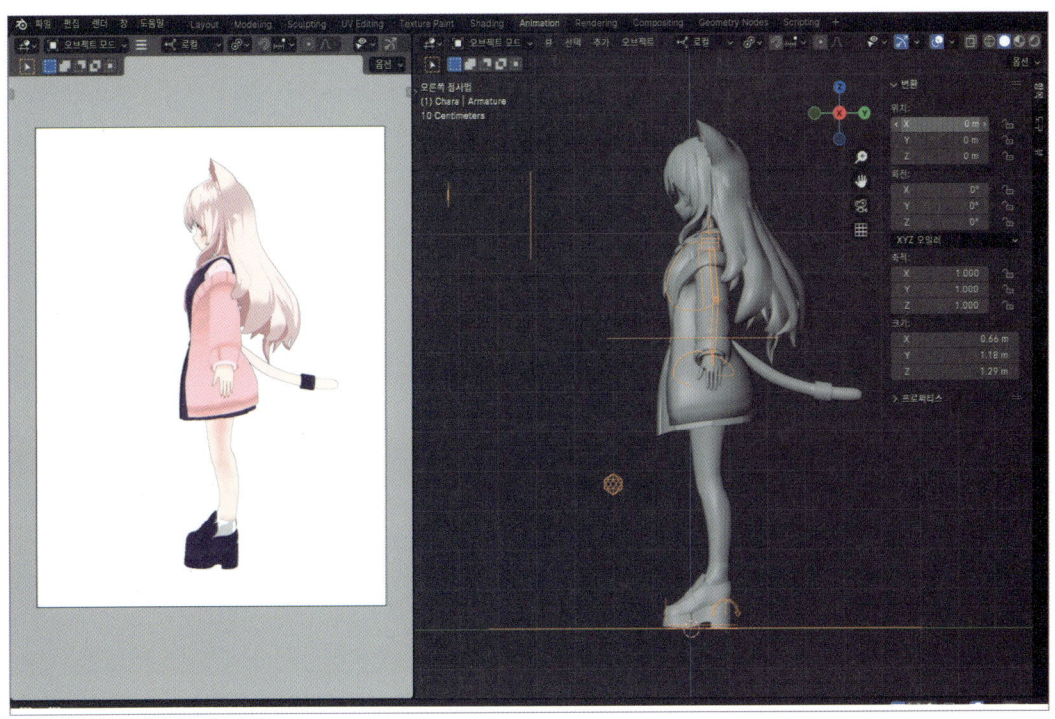

02 아웃라이너 확인하기

Step

아웃라이너를 확인합니다. 이 블렌더 데이터 파일에는 3개의 카메라가 있으며, 이 카메라들은 숨기기 되어 있습니다. 첫 번째는 캐릭터 **앞쪽 시점** 카메라(**Front_Camera**), 두 번째는 캐릭터 **옆쪽 시점** 카메라(**Side_Camera**), 세 번째는 렌더링용 카메라(**Finish_Camera**)입니다. 이 카메라들은 숨기기 상태이지만, 오른쪽 눈동자 모양 아이콘을 클릭하면서 표시/숨기기를 전환할 수 있습니다①. 그리고 오브젝트명 오른쪽에 있는 녹색 카메라 모양 아이콘을 클릭하면, 그 카메라의 시점으로 전환할 수 있습니다②. 이 조작은 카메라를 숨기기 한 상태에서도 가능합니다. 이 녹색 카메라 모양 아이콘을 활성화한 카메라가 렌더링에

사용됩니다, 확인을 마쳤다면 3개의 카메라를 모두 숨기기한 뒤, **Side_Camera** 의 녹색 카메라 모양 아이콘을 눌러 해당 카메라로 전환합니다.

5-4 먼저 허리를 움직이자

지금까지의 애니메이션 만들기와 마찬가지로 가장 먼저 **허리**부터 움직입니다(캐릭터의 선 위치는 허리의 위치로 결정합니다). 먼저 허리의 움직임을 결정하면 전체적인 움직임을 조정할 때 큰 수정을 줄일 수 있습니다. 여기에서는 상하 이동의 Z축을 사용해 **Rootupper** 를 움직입니다. 나중에 모든 본에 키 프레임을 삽입하지만, 먼저 쉽게 관리를 할 수 있도록 단일 축부터 조정합니다.

---

01 포즈 모드로 변경하기

Step

현재 모드가 **오브젝트 모드**인지 확인하고, 아마튜어를 선택한 뒤 왼쪽 위 모드를 **포즈 모드**로 전환합니다①. 그리고 **텐키 3**을 눌러 **옆쪽 시점**, **텐키 5**를 눌러 정사법(원근이 없는 시점) 으로 변경합니다. 3D 뷰포트 왼쪽 위에 있는 텍스트 정보가 **오른쪽 정사법**으로 표시되면 문제 없습니다②. 걷기 애니메이션은 측면 포즈가 중요하므로 먼저 옆쪽 시점에서 시작합니다.

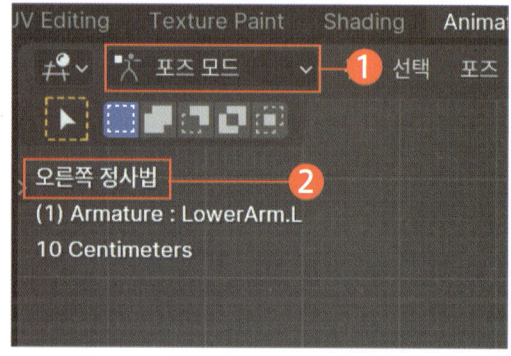

---

02 Rootupper 움직이기

Step

현재 포즈에서는 발이 곧게 뻗어 있기 때문에 허리 위치를 낮춰 무릎을 조금 구부립니다. 캐릭터 배 부위에 있는 원형 본 **Rootupper**를 선택하고 **사이드바**(N키) → **항목** 탭 → **변환** 패널에서 위치 Z에 **-0.04**를 입력합니다. 수동으로 조정할 경우에는 **이동**(G키) → **Z키**를 눌러 Z축으로 고정하고 아래로 조금 이동합니다. 허리를 조금 내림으로써 이후 두 발을 쉽게 조정할 수 있습니다. Next Page ▶

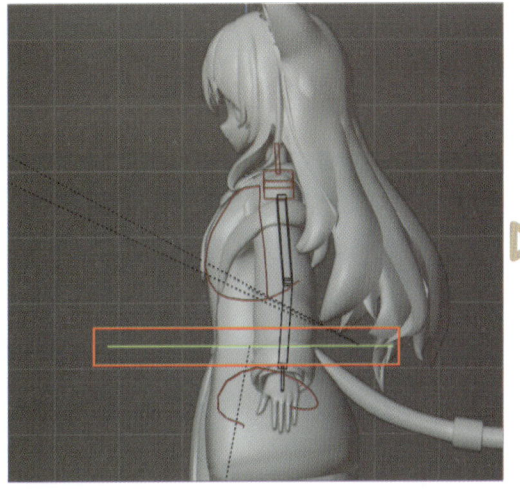
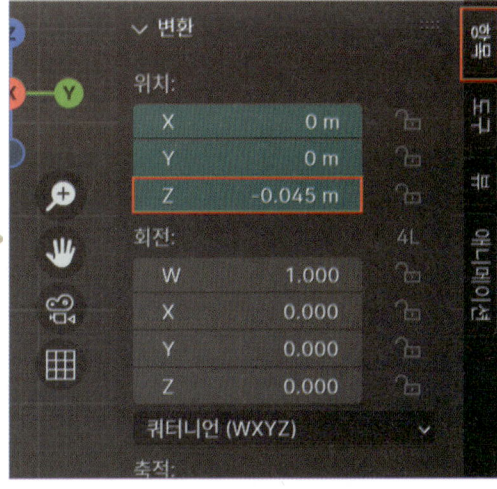

03 1번째 프레임에 키 프레임 삽입하기

Step

Z축에만 키 프레임을 삽입합니다. 먼저 도프시트에서 **1번째** 프레임에 있는 것을 확인합니다. 다음으로 **사이드바**(**N 키**) → **항목** 탭 → **변환** 패널에서 위치 Z 항목에 마우스 커서를 올리고, 마우스 우클릭 해 **싱글 키 프레임을 삽입**을 선택합니다.

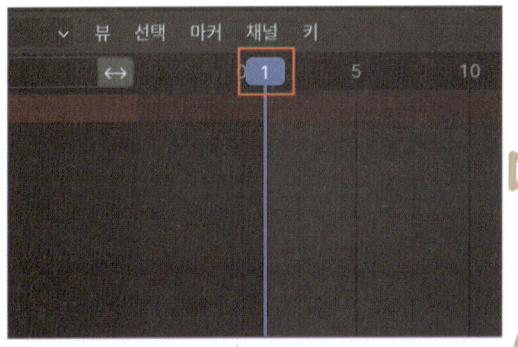
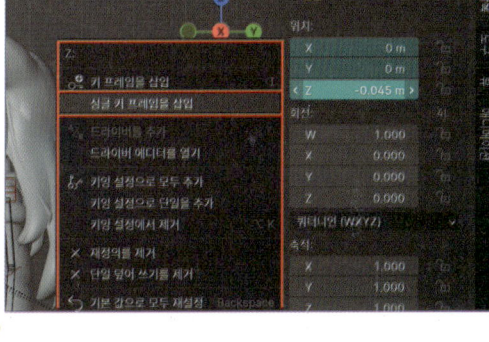

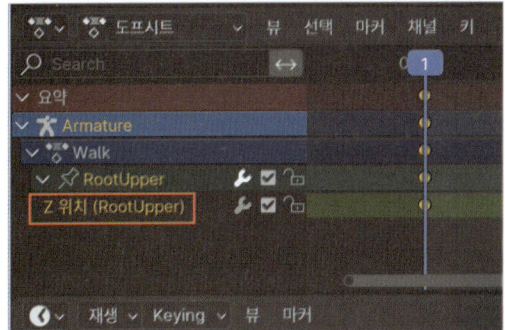

04 3번째 프레임에 키 프레임 삽입하기

Step

다음은 **다운** 포즈의 허리 위치를 설정합니다. **3**번째 프레임으로 이동해 **사이드바**(N키) → **항목** 탭 → **변환** 패널에서 위치 Z에 **-0.05**를 입력합니다. 현재 타임라인의 **자동 키잉**이 활성화돼 있으므로 수치를 입력하면 자동으로 키 프레임이 삽입됩니다. **다운**은 허리의 위치가 가장 낮은 포즈이므로 다른 걷기 포즈에서 허리를 내릴 때 이 수치보다 작은 수치를 입력하지 않도록 주의합니다.

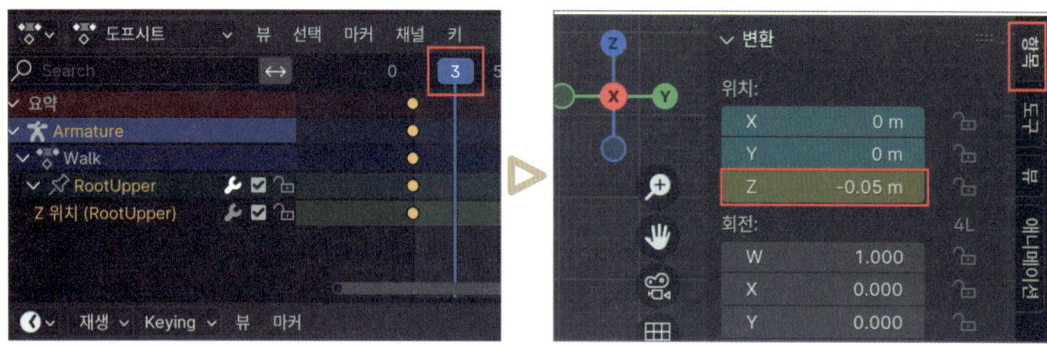

05 9번째 프레임에 키 프레임 삽입하기

Step

업 포즈의 허리 위치를 설정합니다. **9**번째 프레임으로 이동해 **사이드바**(N키) → **항목** 탭 → **변환** 패널에서 위치 Z에 **-0.02**를 입력합니다. **업**은 허리가 가장 높이 올라가는 포즈이므로 다른 걷기 포즈에서 허리를 올릴 때 이 수치보다 큰 수치를 입력하지 않도록 주의합니다. 걷기 동작에서는 신체가 위아래로 크게 움직이지 않으므로 그 수치는 작아도 괜찮습니다.

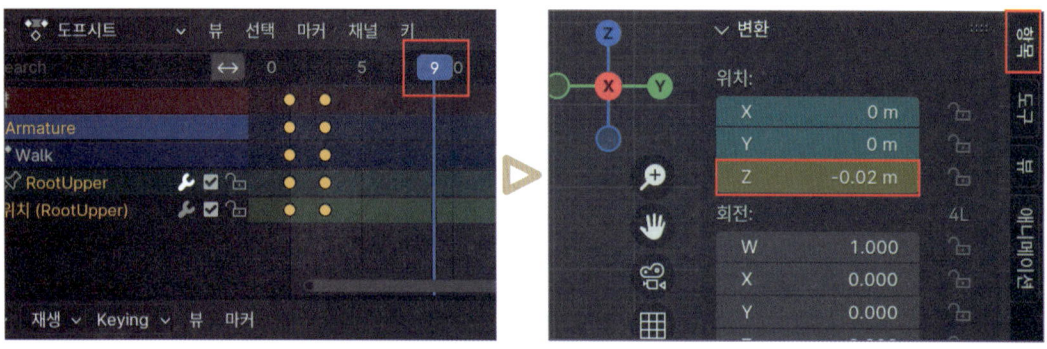

06 1번째 프레임의 키 프레임을 13번째 프레임에 복사하기

Step

1번째 프레임의 키 프레임을 **13**번째 프레임에 붙여 넣습니다. **1**번째 프레임의 키 프레임의 위쪽을 선택하고 **복제**(Shift+D키)를 누릅니다. **13**번째 프레임에 복제한 키 프레임을 배치한 뒤 마우스 좌클릭 해 결정합니다.

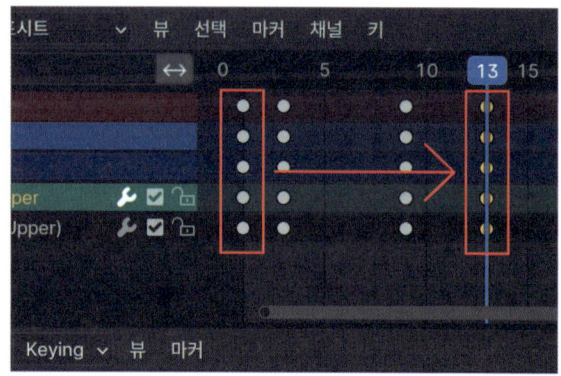

296

07 '미리보기 범위를 사용' 활성화하기

Step

일단 움직임을 확인합니다. 화면 아래의 타임라인에서 **시작**과 **종료** 프레임의 값이 각각 **1, 24**로 설정되어 있는지 확인합니다. **Space키**를 누르면 이 범위 안에서 애니메이션이 재생됩니다, 이 수치를 조정해 애니메이션을 확인해도 좋습니다, 미리보기 범위를 설정하는 다른 방법이 있습니다. 타임라인 위의 시작 왼쪽에 있는 시계 모양 아이콘을 클릭하면 **미리보기 범위를 사용** 기능이 활성화됩니다.

08 도프시트 확인하기

Step

도프시트(또는 타임라인)을 확인하면 주황색 범위가 표시됩니다. 미리보기 범위 밖은 주황색이 되고, 이 범위는 시작과 종료로 변경할 수 있습니다. 여기에서는 종료에 13을 입력합니다. 입력을 마쳤다면 **Space키**를 눌러 애니메이션을 재생하면(정지는 다시 **Space키**) **1~13** 프레임 사이의 애니메이션이 재생됩니다. 시계 모양 아이콘을 클릭하면 **미리보기 범위를 사용**을 활성화/비활성화 할 수 있으므로 필요에 따라 사용합니다.

※ 애니메이션을 재생할 때 허리가 상하로 조금씩 움직이면 문제 없습니다.

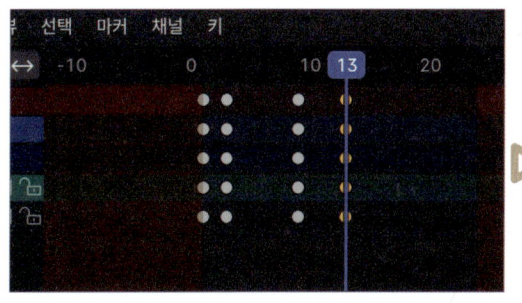 ▷

5-5 신체 방향을 결정하자

다음으로 하반신과 상반신의 방향을 조정합니다. 걸을 때 신체의 방향이 어떻게 변하는지 미리 확인해 두면, 전체의 균형을 쉽게 잡을 수 있습니다.

01 1번째 프레임에 키 프레임 삽입하기

Step

3D 뷰포트에서 **Hips.Control**(빨간색 골반 모양 본)을 선택합니다.

`Next Page ▶`

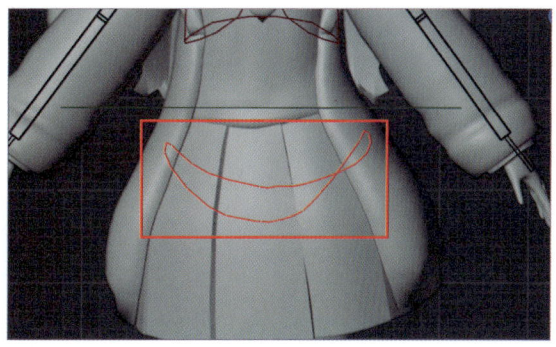

1번째 프레임으로 이동해 **사이드바(N키) → 항목** 탭 → **변환** 패널에서 회전 X에 **0.06**, 회전 Y에 **0.07**, 회전 Z에 **-0.05**를 입력합니다. 나중에 왼발을 앞으로 내딛을 것이므로 허리도 발의 움직임에 맞춰 기울여야 합니다. 수동으로 조정할 경우에는 **회전(R키) → X키 또는 Y키** 를 사용해 조정합니다. 조정을 마쳤다면 회전 수치 필드에 마우스 커서를 올리고 **마우스 우클릭**한 뒤 **키 프레임을 삽입(I키)**을 실행합니다.

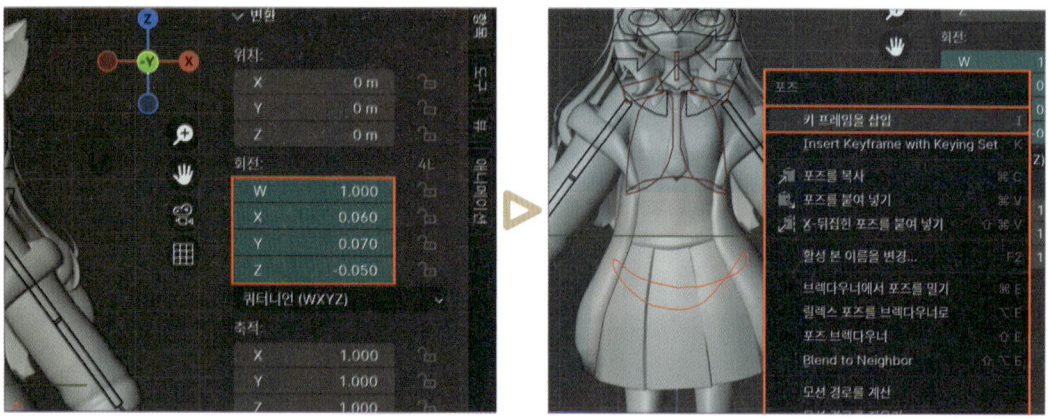

02 키 프레임 복사하기

Step 1 번째 프레임에 삽입한 키 프레임을 복사한 뒤 뒤집힌 붙여 넣기 합니다. 이 조작은 3D 뷰포트가 아니라 도프시트에서 수행할 수 있습니다. 3D 뷰포트에서 **Hips.Control**이 선택되어 있고 도프시트 위에서 1번째 프레임의 키 프레임이 선택되어 있는지 확인합니다. 도프시트 위에서 **마우스 우클릭** 후 표시되는 메뉴에서 **복사(Ctrl+C키)**를 클릭합니다.

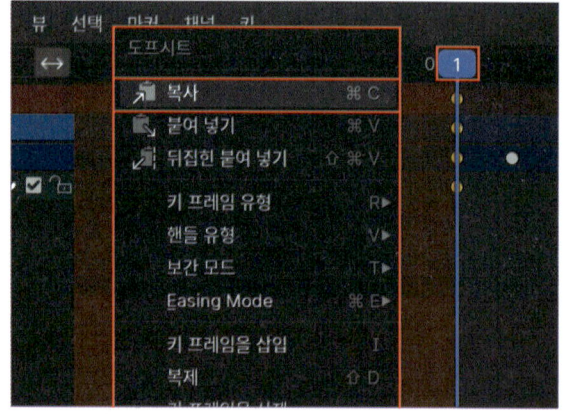

03 13번째 프레임에 뒤집힌 붙여 넣기

Step **Hips.Control**이 선택되어 있는 것을 확인했다면 **13**번째 프레임으로 이동합니다. 도프시트 위에서 마우스 우클릭 한 뒤 **뒤집힌 붙여 넣기(Shift+Ctrl+V키)**를 클릭합니다, 이것으로 허리의 움직임이 뒤집혀 적용됩니다.

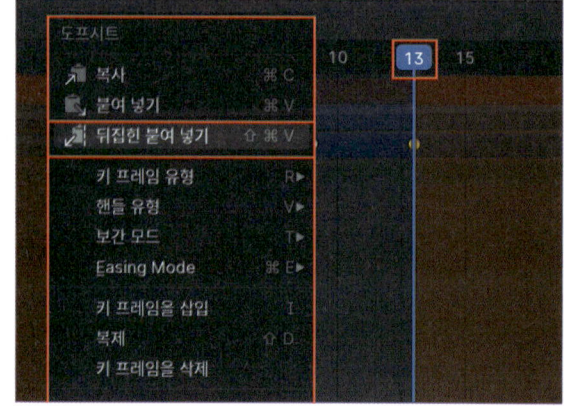

04 1번째 프레임에 키 프레임 삽입하기

Step

다음은 상반신의 방향을 조정합니다. 3D 뷰포트에서 **Chest.Control**(빨간색 폐 모양 본)을 선택하고 **1**번째 프레임으로 이동합니다. **사이드바**(N키) → **항목** 탭 → **변환** 패널에서 회전 X에 **-0.03**, 회전 Y에 **0.07**을 입력합니다. 사람은 걸을 때 왼발을 앞으로 내딛으면 오른팔이 앞으로 내밉니다. 그에 따라 상반신이 팔에 맞춰 비틀어집니다. 조정을 마쳤다면 회전의 수치 필드에 마우스 커서를 올리고 마우스 우클릭 한 뒤 **키 프레임을 삽입**(I키)를 실행합니다.

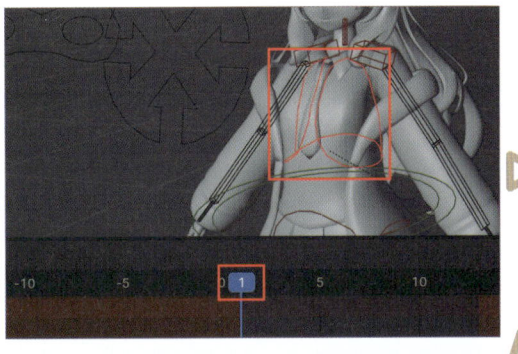

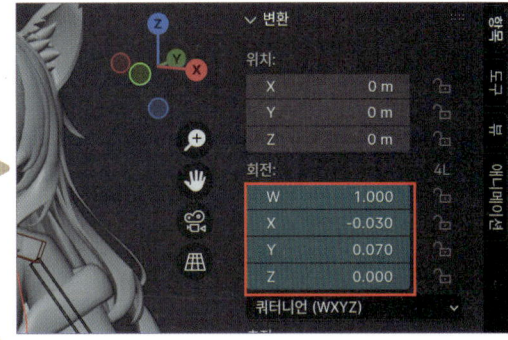

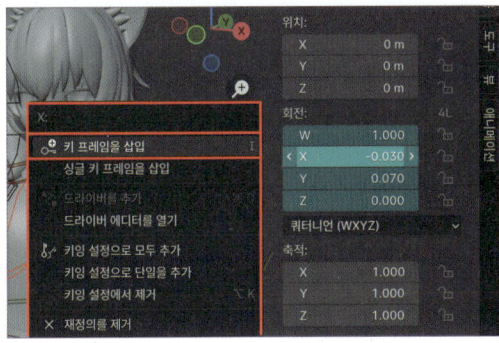

05 키 프레임을 복사 & 뒤집힌 붙여 넣기

Step

여기에서도 허리의 본과 마찬가지로 키 프레임을 복사해서 뒤집어 붙여 넣습니다. 3D 뷰포트 위에서 **Chest. Control**이 선택되어 있고 도프시트에서 **1**번째 프레임의 키 프레임이 선택되어 있는지 확인합니다. 도프시트 위에서 마우스 우클릭 해 **복사**(Ctrl+C키)를 클릭합니다. 계속해서 **13**번째 프레임으로 이동합니다. 도프시트에서 마우스 우클릭 한 뒤 **뒤집힌 붙여 넣기**(Shift+Ctrl+V키)를 클릭합니다. 이것으로 상반신의 반전됩니다.

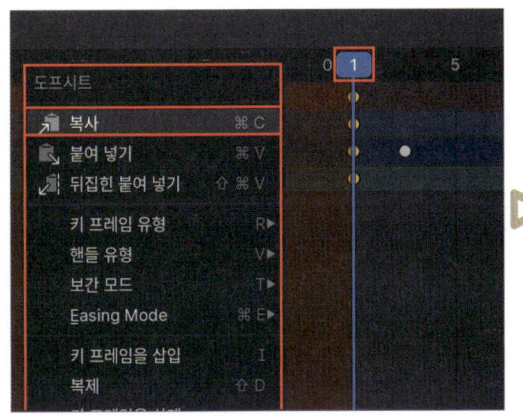

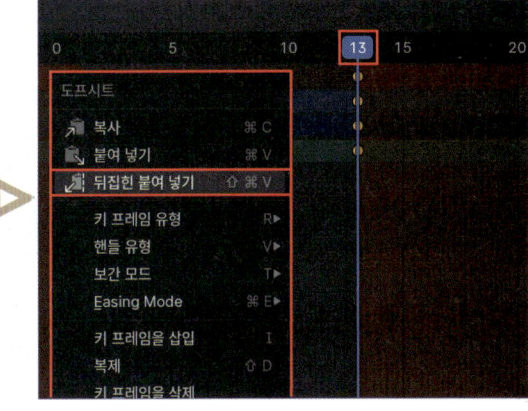

발의 위치를 결정하자

허리와 신체의 방향을 결정했으므로 다음은 발의 포즈를 만듭니다. 발은 수치 입력이 아니라 먼저 직접 조정하면서 감각을 익히는 것이 좋습니다.

01 1번째 프레임에 키 프레임 삽입하기
Step

왼발을 제어하는 본 **FootIK.L**을 선택하고 옆쪽 시점에서 조정하기 위해 **텐키 3**을 눌러 옆쪽 시점으로 전환합니다. 두 발 아래에 있는 녹색의 Y축 선을 지면으로 가정해 포즈를 만듭니다. 1번째 프레임으로 이동해 **이동(G키)** → **X키**, **Y키**(모두 로컬 축)를 사용합니다. 수치를 입력할 경우에는 **사이드바(N키)** → **항목** 탭 → **변환** 패널에서 위치 X에 **-0.24**, 위치 Y에 **0.035**를 입력합니다. 뒤에서 발의 방향을 회전해 조정하므로 발을 조금만 위로 올린 포즈로 만들면 좋습니다.

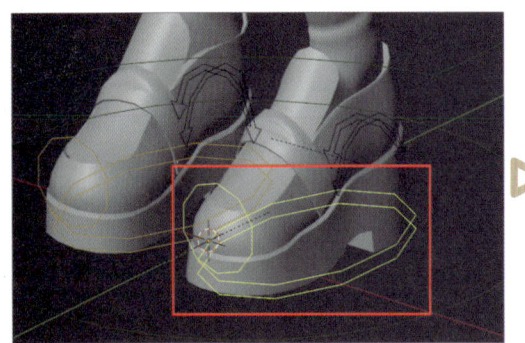
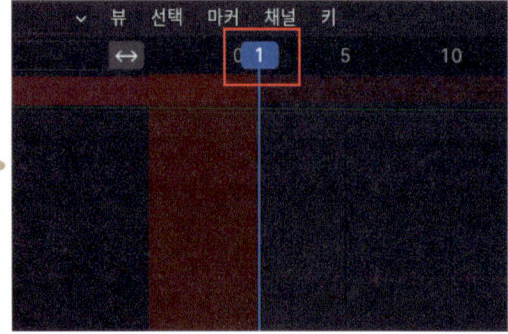

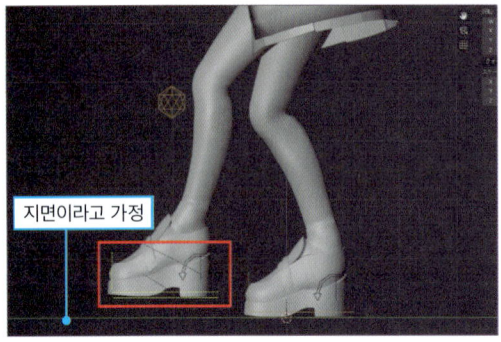

지면이라고 가정

02 왼발 방향 조정하기
Step

왼발 방향을 조정합니다. 옆쪽 시점(**텐키 3**)인 것을 확인하고 **사이드바(N키)** → **항목** 탭 → **변환** 패널에서 **회전(R키)** → **Z키**(로컬 축)로 뒤꿈치를 지면(녹색의 Y축 선)에 닿게 합니다. 수치를 입력할 경우에는 회전 Z에 **-0.15**를 입력합니다.

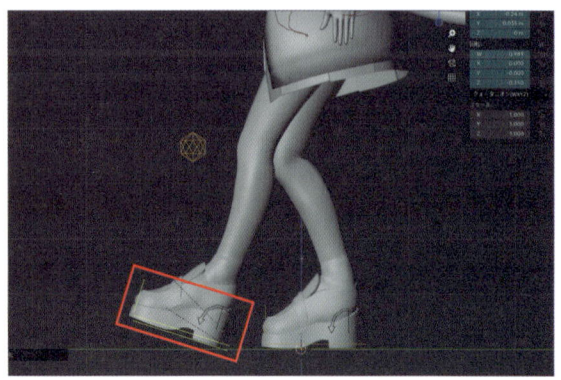

03 오른발 위치 결정하기

Step

다음은 오른발 위치를 결정합니다. 오른발 본 **FootIK.R**을 선택하고 **이동(G키) → X키(로컬 축)**로 조정합니다. 수치를 입력할 경우에는 **사이드바 (N키) → 항목** 탭 → **변환** 패널에서 위치 X에 **-0.26**을 입력합니다. 오른발도 뒤에서 발의 방향을 조정하므로 발이 조금만 공중에서 뜬 상태로 만들면 좋습니다.

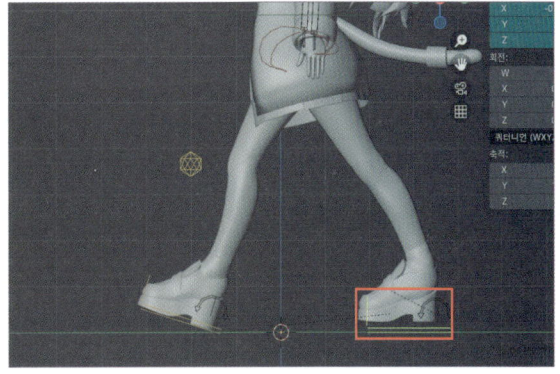

04 뒤꿈치 제어하기

Step

뒤쪽발은 뒤꿈치가 조금 올라가므로 뒤꿈치를 제어하는 본 **Footheel.Control.R**을 선택하고 **회전(R키) → Z키(로컬 축)**를 사용해 앞꿈치가 지면에 닿도록 조정합니다. 수치를 입력할 경우에는 **사이드바(N키) → 항목** 탭 → **변환** 패널에서 회전 Z에 **-15**를 입력합니다.

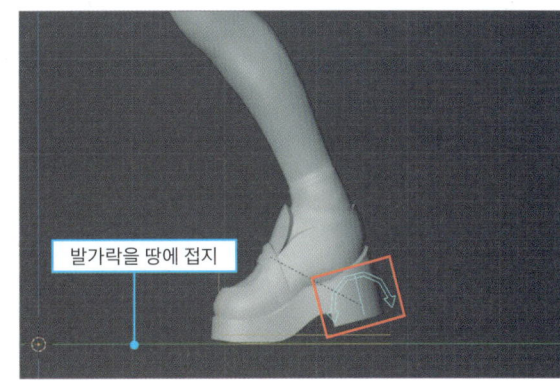

발가락을 땅에 접지

05 1번째 프레임에 키 프레임 삽입하기

Step

모든 본에 키 프레임을 삽입합니다. 1번째 프레임에 있는 것을 확인하고 3D 뷰포트에서 모두 선택의 단축키인 **A** 키를 누른 뒤, **K키**를 눌러 키 프레임 메뉴를 삽입 메뉴를 엽니다. **Location & Rotation**을 클릭해 키 프레임을 삽입합니다.

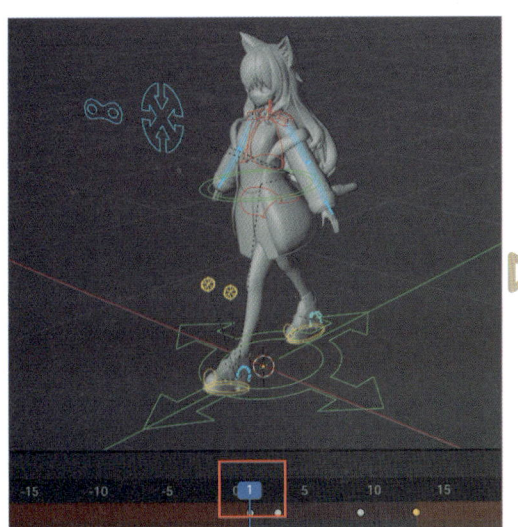

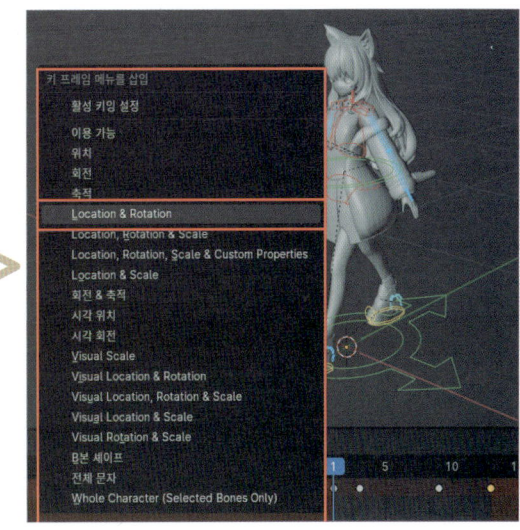

06 키 프레임을 복사 및 뒤집힌 붙여 넣기

Step 다음으로 도프시트에서 **1번째** 프레임의 키 프레임 위쪽을 클릭합니다(키 프레임이 선택되지 않으면 올바르게 복사되지 않으므로 주의합니다). 다음으로 마우스 우클릭 해 **복사(Ctrl+C키)**를 선택합니다. **13번째** 프레임으로 이동한 뒤 마우스 우클릭 해 **X-뒤집힌 포즈를 붙여 넣기(Shift+Ctrl+V키)**를 선택합니다. 1번째 프레임의 포즈가 13번째 프레임에 뒤집혀 붙여 넣기 됩니다.

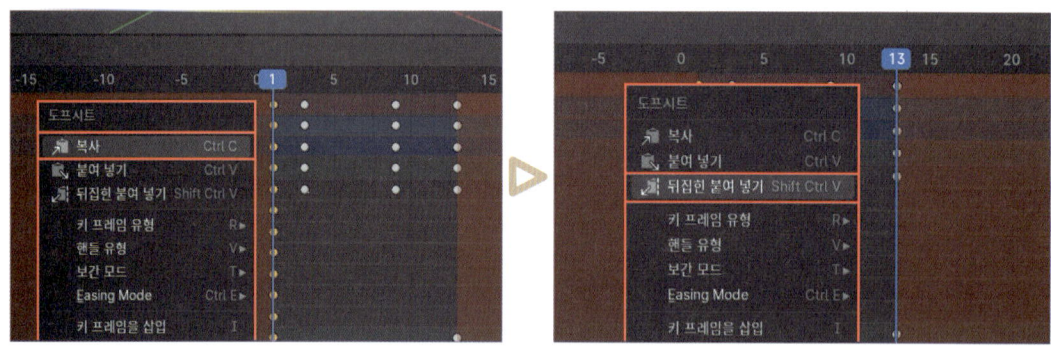

07 3번째 프레임에 키 프레임 삽입하기

Step 다음은 **다운** 포즈의 발을 만듭니다. 옆쪽 시점(**텐키 3**)으로 전환하고 3번째 프레임으로 이동합니다. 앞으로 나온 왼발(FootIK.L)을 선택하고 발이 지면에 착지하도록 이동(G키), **회전(R키)** → **Z키(로컬 축)**으로 조정합니다. 수치를 입력할 경우에는 **사이드바(N키)** → **항목** 탭 → **변환** 패널에서 위치 X에 **-0.13**, 위치 Y에 **0**, 회전 Z에 **0**을 입력합니다. **다운** 포즈에서는 앞으로 나온 발의 무릎을 구부려 캐릭터의 무게를 표현하는 것이 중요합니다. 발이 지면에 착지한 상태이므로 위치 Y(로컬 축의 상하 위치)와 회전 Z는 **0**으로 설정하는 것이 바람직합니다. 캐릭터를 보는 사람이 **발이 지면에 닿아 있다**고 알 수 있도록 의식해야 실제감을 높일 수 있습니다.

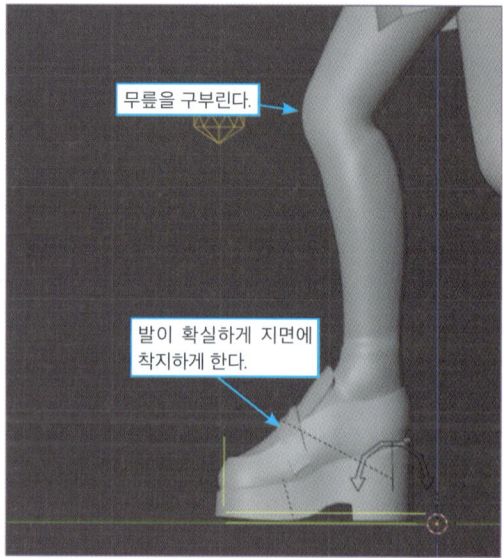

무릎을 구부린다.

발이 확실하게 지면에 착지하게 한다.

08 오른발 조정하기

Step

다운 포즈의 오른발(**FootIK.R**)도 마찬가지로 조정합니다. 수치를 입력할 경우에는 **사이드바**(N 키) → **항목** 탭 → **변환** 패널에서 위치 X에 **-0.32**, 위치 Y에 **0.06**, 회전 Z에 **-0.5**를 입력합니다. 발이 떠있는 상태에서는 뒤꿈치를 올릴 필요가 없으므로 오른발의 뒤꿈치에 있는 **Footheel.Control.R**을 선택하고 회전을 초기화하는 단축키인 **Alt+R키**를 실행합니다. 뒤쪽 발의 포즈를 만들 때 중요한 점은 발이 지면을 박차고 떠있는 상태를 표현하는 것입니다. 발이 지면에 붙지 않도록 합니다. 단, 발의 위치가 너무 높으면 부자연스러운 걷기로 보이므로 주의합니다. 또한 발의 방향을 비스듬하게 해서 지면을 차는 느낌을 강조할 수 있습니다.

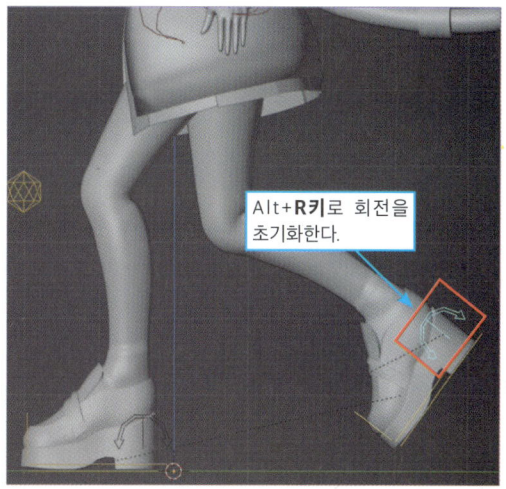

Alt+R키로 회전을 초기화한다.

09 7번째 프레임에 키 프레임 삽입하기

Step

다음으로 발이 교차하는 **패싱** 포즈를 만듭니다. 7번째 프레임으로 이동해 앞으로 내딛은 왼발(**FootIK.L**)을 선택합니다. 여기에서는 **이동**(G키) → **X키**(로컬 축)로 전후 위치를 조정합니다. 수치를 입력할 경우에는 **사이드바**(N키) → **항목** 탭 → **변환** 패널에서 위치 X에 **0.08**을 입력합니다.

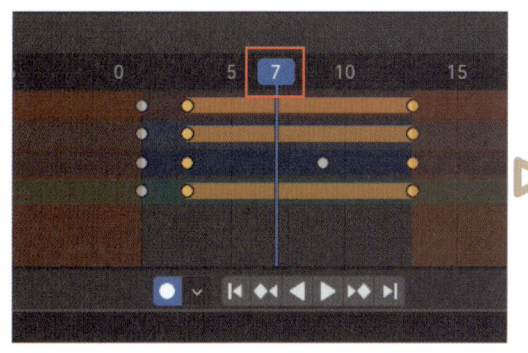

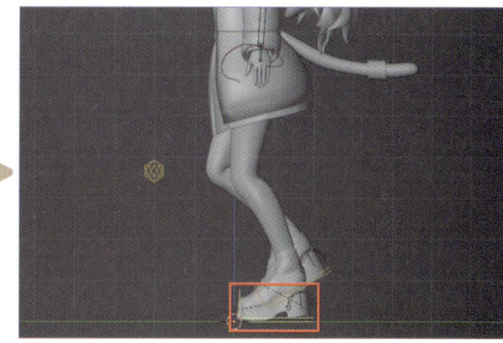

10 오른발 조정하기

Step

오른발(**FootIK.R**)도 마찬가지로 조정합니다. 수치를 입력할 경우에는 **사이드바**(N키) → **항목** 탭 → **변환** 패널에서 위치 X에 **-0.18**, 위치 Y에 **0.09**, 회전 Z에 **-0.7**을 입력합니다. **패싱** 포즈의 포인트는 지면에서 봤을 때 두 다리가 교차하듯이 보이는 것입니다.

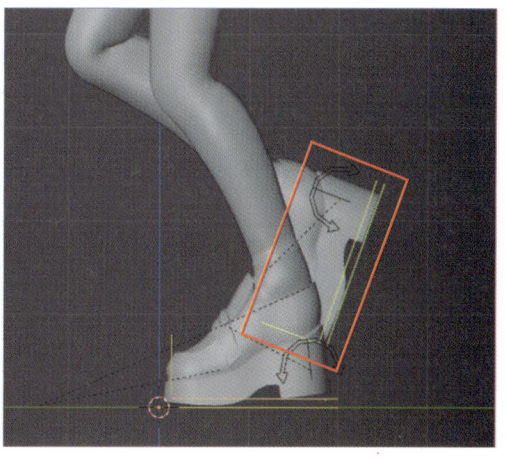

11 오른발 조정하기

허리가 가장 높이 올라가는 **업** 포즈를 만듭니다. 키 프레임을 최소한으로 억제하기 위해 여기에서는 오른발만 조
정합니다. **9**번째 프레임으로 이동해 오른발의 본(**FootIK.R**)을 선택합니다. **이동(G키)**, **회전(R키)** → **Z키**(로컬 축)로
조정합니다. 수치를 입력할 경우에는 **사이드바(N키)** → **항목** 탭 → **변환** 패널에서 위치 X에 **0.05**, 위치 Y에 **0.024**, 회전 Z
에 **-0.1** 을 입력합니다. 여기에서는 오른발의 각도를 왼발과 거의 동일하게 조정하는 것이 좋습니다. **업** 포즈는 앞발이 균형
을 잡으면서 내딛는 모습을 떠올리면 쉽게 이해할 수 있을 것입니다. 작업을 마쳤다면 **Space키**를 눌러 애니메이션을 재생
해 움직임을 확인합니다(정지할 때는 다시 **Space키**를 누릅니다).

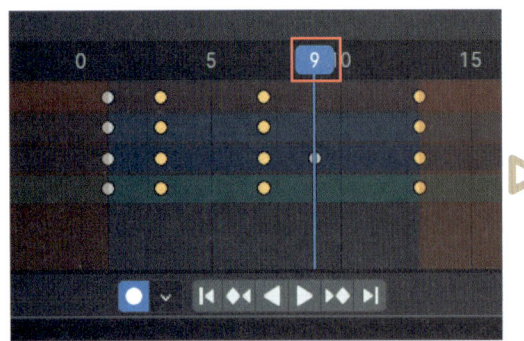 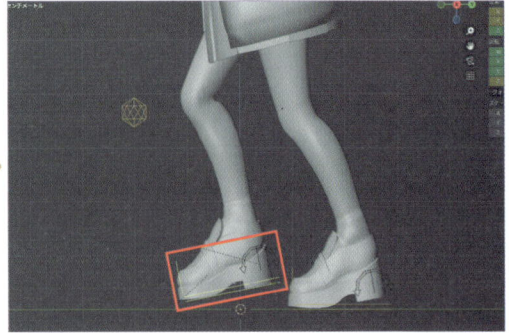

12 오른발의 FootIK.R, 왼발의 FootIK.L 선택하기

발의 애니메이션을 완성했다면 다음으로 키
프레임임 보간 방법을 변경합니다. 키 프레
임 보간 방법은 세 가지가 있습니다. 기본 보간 방법은
Bezier로 천천히 움직이기 시작해 빨라진 뒤, 다시 천
천히 멈추는 설정입니다. 하지만 걷기 애니메이션에서
이 설정을 사용하면 캐릭터가 지면을 미끄러지듯 걷는
것처럼 보일 때가 있습니다. 따라서 일정한 속도로 걷
도록 보간 방법을 변경합니다. 먼저 보간 방법을 변경
할 본만 선택해야 하므로 오른발의 **FootIK.R**, 왼발의
FootIK.L 을 **Shift+마우스 좌클릭** 해 함께 선택합니
다.

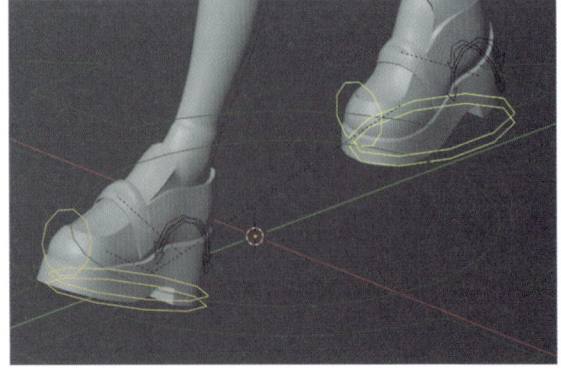

13 Linear 선택하기

도프시트 왼쪽에 있는 채널 안에 **FootIK.R**,
FootIK.L만 표시된 것을 확인합니다.

다음으로 도프시트 안에서 모두 선택의 단축키인 **A키** 를 눌러 모든 프레임을 선택합니다. 도프시트에서 마우스 우클릭 해 메뉴를 표시하고 **보간 모드**(T키) → **Linear**를 클릭합니다. **Linear**는 키 프레임 사이의 움직임을 균등하게 하는 보간 방법입니다. **Linear**로 설정하면 키 프레임 사이에 녹색 선이 표시됩니다.

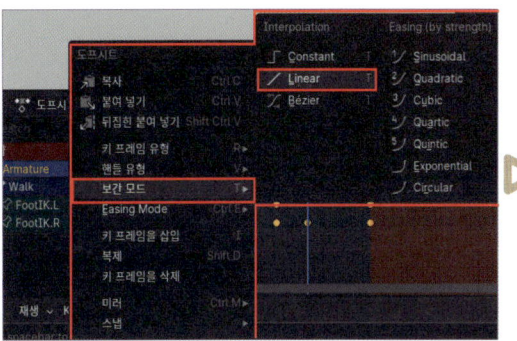 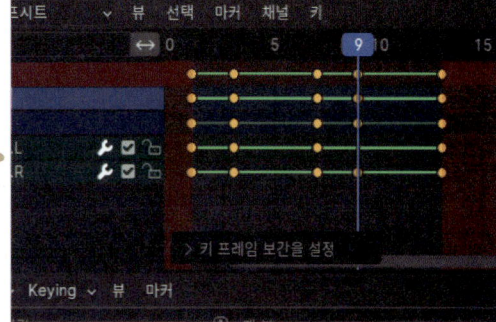

Column

키 프레임 보간에 관해

키 프레임 보간interpolation은 키 프레임 사이의 움직임을 어떻게 변화시킬지 결정하는 설정입니다. 보간 방법에는 **Bezeir**, **Linear**, **Constant**가 있습니다. 설정 방법은 대상 키 프레임을 선택하고 마우스 우클릭 → 메뉴의 **보간 모드**(T키) → Interpolation의 **Constant**, **Linear**, **Bezier** 중 하나를 클릭해 설정할 수 있습니다. **Linear**와 **Constant**로 설정하면 키 프레임 사이에 녹색 선이 표시됩니다.

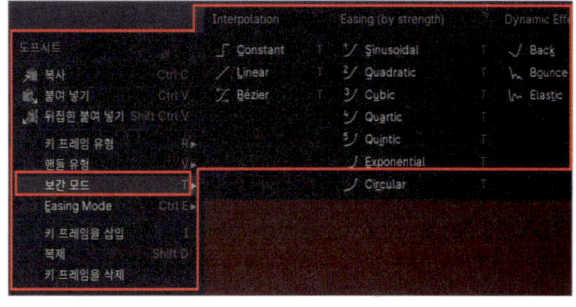

Bezier
곡선으로 움직임을 부드럽게 만드는 보간 방법입니다. 기본값에서는 'Bezier'로 설정되어 있습니다. 움직임의 시작과 끝이 천천히 움직이므로 점점 속도가 빨라지고, 점점 속도가 느려지는 움직임을 만들 수 있습니다. 자연스럽게 부드러운 움직임을 만들고 싶을 때 주로 사용합니다.

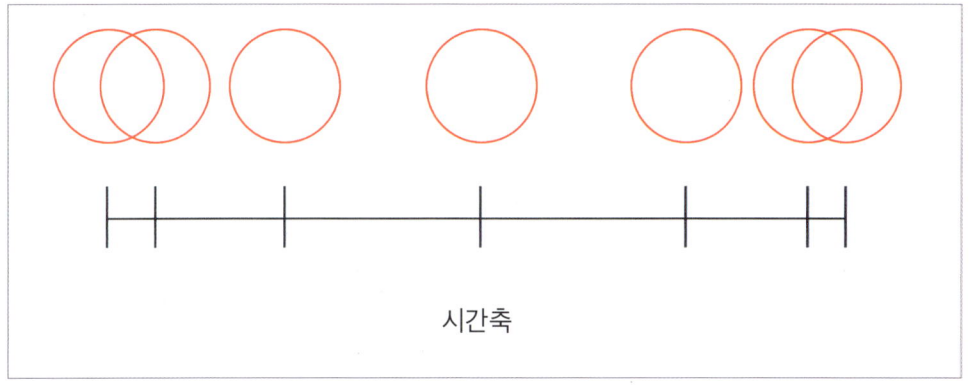

시간축

Chapter 1

Chapter 2

Chapter 3

Chapter **4**

Chapter 5

Linear

일정한 속도로 직선적으로 움직이는 보간 방법입니다. 키 프레임 사이의 움직임이 항상 같은 속도로 진행됩니다. 주로 로봇과 같은 기계적인 움직임이나 가속 변화가 필요하지 않은 애니메이션에 사용합니다.

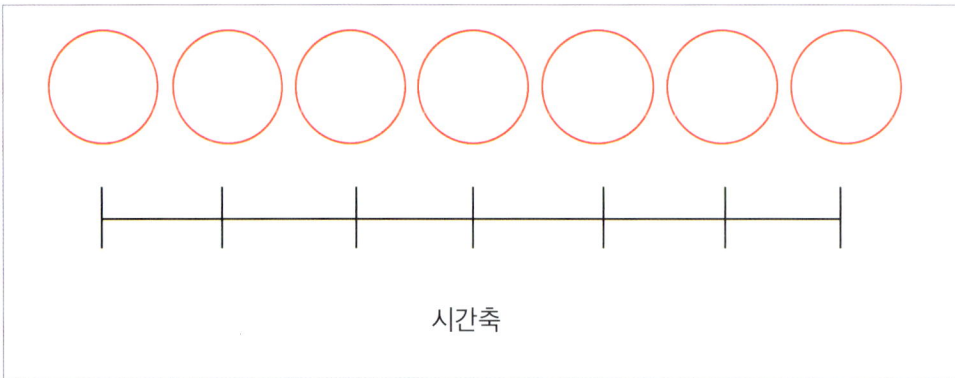

Constant

키 프레임 사이를 전혀 보간하지 않고 순식간에 변화합니다. 휙!하고 이동하는 표현을 할 때 도는 의도적으로 컷 수를 낮춰 2D 애니메이션과 같은 표현을 하고 싶을 때 사용합니다.

5-7 앞쪽 시점에서 조정하자

지금까지는 옆쪽 시점을 중심으로 조정했습니다. 여기에서는 앞쪽 시점에서 허리와 발의 위치를 조정합니다.

01 1번째 프레임에 키 프레임 삽입하기

Step 3D 뷰포트 위에서 **텐키 1**을 눌러 **앞쪽 시점**으로 전환합니다. 두 발을 확인하면 발이 옆으로 벌어져 있어 게다리처럼 보이기 때문에 안쪽으로 모이도록 수정해야 합니다. 1번째 프레임에 있는 것을 확인하고 왼발의 본 **FootIK.L**을 선택하고 **이동(G키) → Z키(로컬 축)**를 사용해 약간 안쪽으로 이동합니다. 수치를 입력할 경우에는 **사이드바(N키) → 항목** 탭 → **변환** 패널에서 위치 Z에 **-0.02**를 입력합니다. 수동으로 조정할 때의 포인트는 두 발이 3D 뷰포트 가운데 있는 세로 Z축 선(파란색 선)을 넘지 않도록 하는 것입니다. 발이 파란색 선 바깥쪽으로 나오면 발이 교차할 때 반대쪽 발과 부딪히게 됩니다.

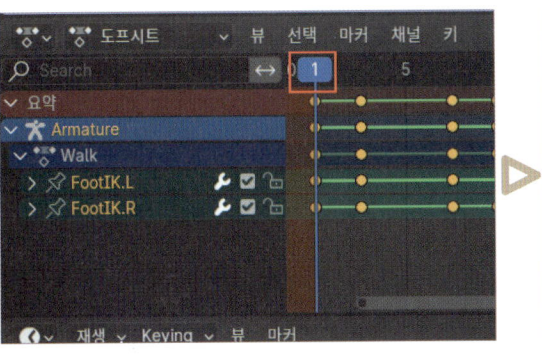
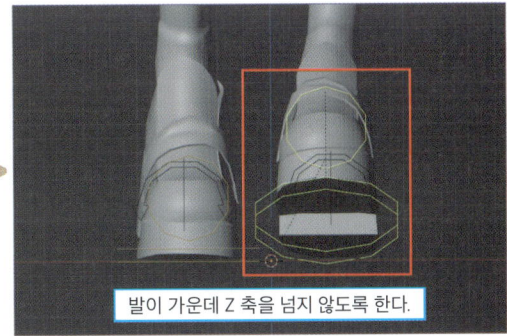

발이 가운데 Z 축을 넘지 않도록 한다.

02 오른발 조정하기

Step

마찬가지로 오른발의 본 **FootIK.R**에도 같은 조작을 합니다. **이동**(G키) → **Z키**(로컬 축)을 사용해 조금 안쪽으로 이동합니다. 수치를 입력할 경우에는 **사이드바**(N키) → **항목** 탭 → **변환** 패널에서 위치 Z에 -0.02 를 입력합니다. Z축선(파란색 선)을 넘지 않도록 주의합니다.

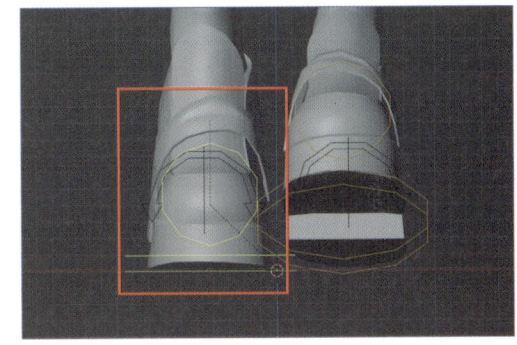

03 키 프레임 지우기

Step

Z축의 수치를 조정한 뒤 이 수치를 유지한 채 Z축의 키 프레임만 지웁니다. 오른발의 본 **FootIK.R**을 선택하고 오른쪽 **사이드바**(N키) → **항목** 탭 → **변환** 패널에서 위치 Z에 마우스 커서를 올립니다. 마우스 우클릭 후 표시되는 메뉴에서 **싱글 키 프레임을 지우기**를 선택합니다. 이 조작을 왼발의 본 **FootIK.L**에 대해서도 실행합니다. 이 조작을 한 뒤에는 위치 Z의 수치 **-0.02**를 유지하면서 Z축의 키 프레임을 모두 삭제할 수 있습니다. 앞쪽 시점에서의 두 발은 기본적으로 좌우로 멀리 떨어져 움직이지 않도록 합니다. 이렇게 되면 좌우로 휘청거리며 걷게 됩니다.

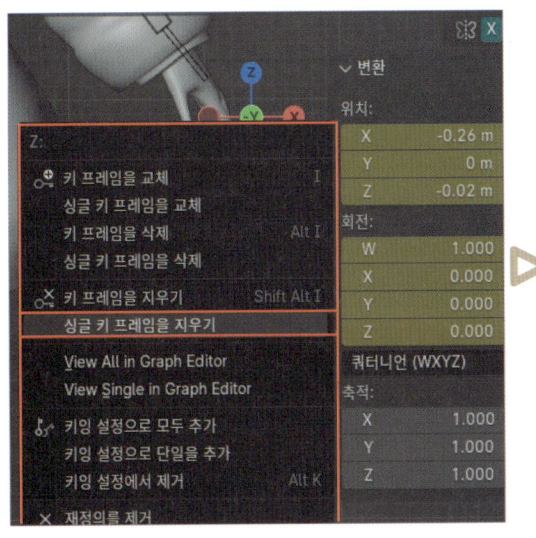
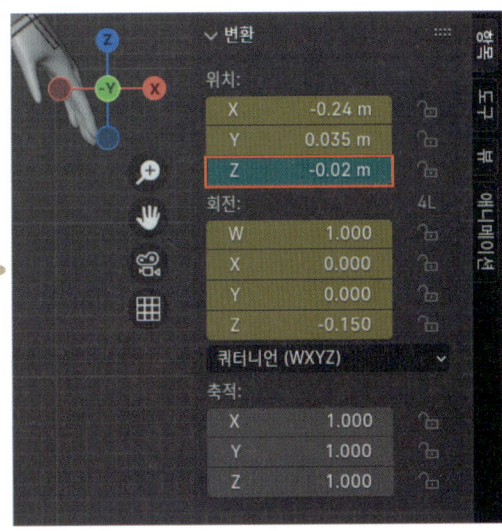

04 키 프레임을 복사 및 뒤집힌 붙여 넣기

Step 무릎 방향을 조정합니다. 왼쪽 무릎을 제어하는 본 **KneeIK.L**(무릎 앞에 있는 구체 모양 본)을 선택하고 **이동**(**G키**) → **X키**를 사용해 안쪽으로 이동시킵니다. 위치 X의 기준 수치는 0.05 정도입니다. 단, 무릎을 안쪽으로 너무 많이 비틀면 무리한 포즈가 되므로 주의합니다. 조정을 마쳤다면 반대쪽 무릎의 본에 뒤집힌 붙여 넣기 합니다. 조정한 왼쪽 무릎의 본 **KneeIK.L**을 선택하고 3D 뷰포트에서 마우스 우클릭 후 **복사**(**Ctrl+C키**)를 선택합니다❶. 다음으로 마우스 우클릭 해 **X-뒤집힌 포즈를 붙여 넣기**(**Shift+Ctrl+V키**)를 클릭합니다❷.

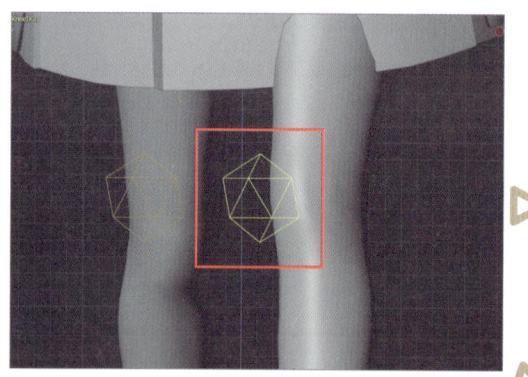
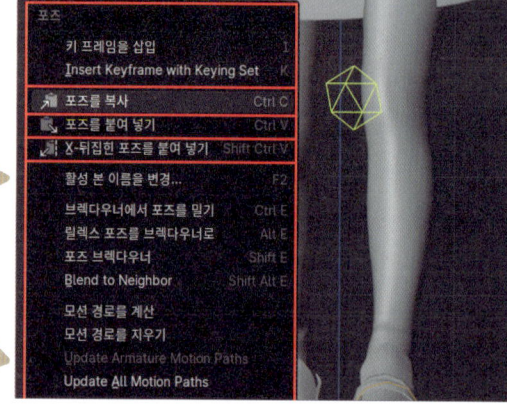
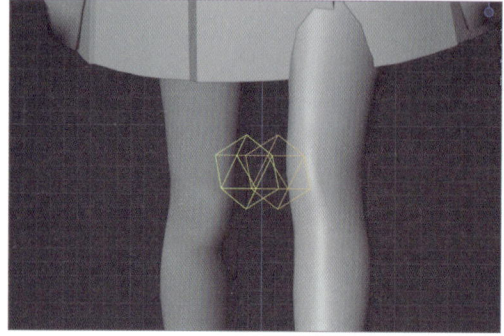

05 13번째 프레임의 키 프레임 삭제하기

Step 양쪽 무릎의 본의 **13**번째 프레임의 키 프레임을 삭제합니다. **KneeIK.L**, **KneeIK.R**을 **Shift+마우스 좌클릭** 해 함께 선택합니다(만일을 위해 도프시트 왼쪽의 채널에 **KneeIK.L**, **KneeIK.R** 만 표시되는지 확인합니다). 도프시트 위에서 **13**번째 프레임의 위쪽을 선택하고 **X키**를 누른 뒤 **키 프레임을 삭제**를 선택합니다. 양쪽 무릎의 키 프레임이 **1**번째 프레임만 남았다면 다음 단계를 진행합니다.

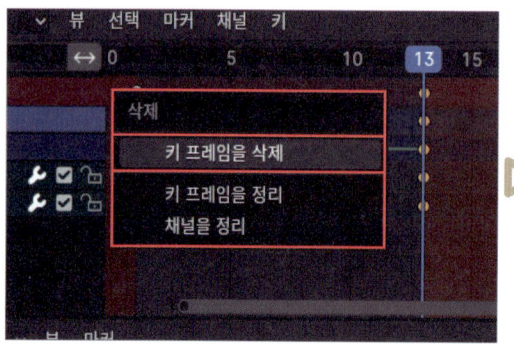
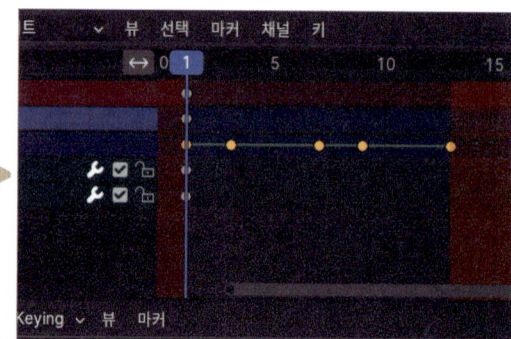

5 - 8 　 팔을 조정하자

다음으로 팔을 조정합니다. 여기에서는 어깨 → 위팔 → 아래팔 → 손의 순서로 조정합니다.

01 왼쪽 어깨와 오른쪽 어깨 조정하기
Step
1번째 프레임에 있는 것을 확인하고 왼쪽 어깨의 본 **Shoulder.L**과 오른쪽 어깨의 본 **Shoulder.R**을 선택합니다. **회전(R키) → Z키(로컬 축)**를 어깨 전후를 조정합니다. 오른쪽 팔을 앞쪽으로 내밀었을 때 오른쪽 어깨도 연동해서 이동합니다(**사이드바(N키) → 항목 탭 → 변환** 패널에서 회전 X는 **0.03**, 회전 Z는 **-0.1**이 기준값). 왼쪽 팔을 뒤로 내렸을 때 왼쪽 어깨도 연동해서 움직입니다(회전 X는 **0.03**, 회전 Z는 **-0.1**이 기준값). 양쪽 어깨를 조금 내리면 편안하게 걷는 느낌을 연출할 수 있습니다.

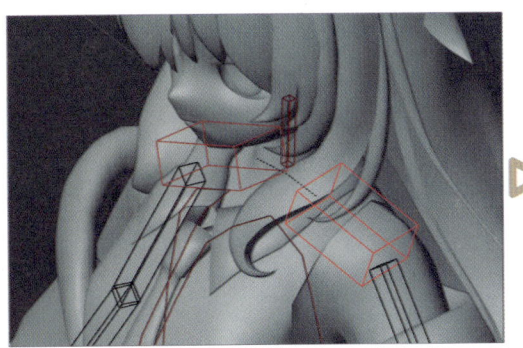 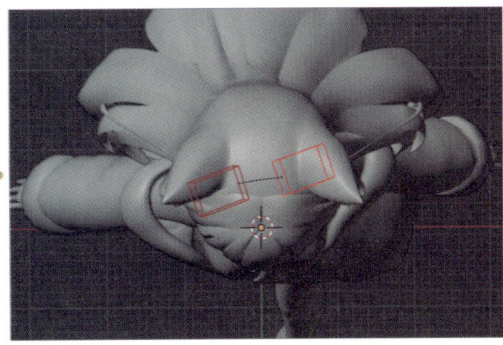

※ 그림은 위쪽 시점(텐키 7)에서 양쪽 어깨의 본만 표시했습니다. 오른쪽 팔이 앞으로 나왔기 때문에 오른쪽 어깨도 앞으로 앞쪽으로 회전하는 점에 주의합니다.

02 위팔과 아래팔 조정하기
Step
위팔과 아래팔을 조정합니다. 이 작업을 할 때는 **텐키 1(앞쪽 시점)**, **텐키 3(옆쪽 시점)**을 전환하는 등 다양한 시점에서 확인하는 것이 좋습니다. 위팔과 아래팔의 본을 선택하고 **회전(R키)**에서 X, Y, Z의 로컬 축을 사용해 조정합니다. 의상이 조금 관통해도 문제 없으므로 팔은 가능한 아래로 내립니다. 팔과 신체 사이에 너무 많은 간격이 생기면 편안한 걷기로 보이지 않습니다. 그리고 캐릭터의 팔꿈치가 구부러지는 정도에도 주의합니다. 앞으로 내민 오른팔의 팔꿈치는 살짝 구부러지지만 뒤에 있는 왼팔의 팔꿈치는 거의 구부러지지 않습니다.

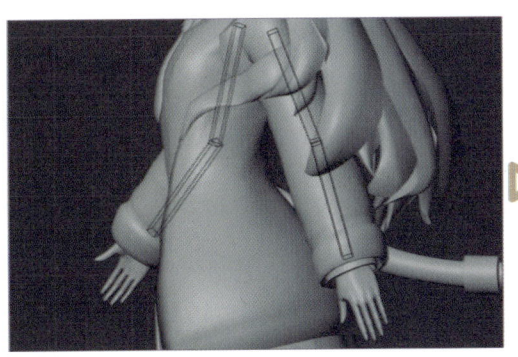 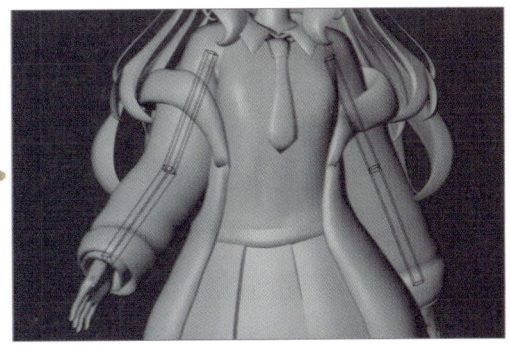

수치로 조정할 경우에는 다음 값을 참고합니다.

왼쪽 위팔 **UpperArm.L**

회전 W	1
회전 X	0.13
회전 Y	0.15
회전 Z	-0.14

오른쪽 위팔 **UpperArm.R**

회전 W	1
회전 X	0.17
회전 Y	0.15
회전 Z	-0.1

왼쪽 아래팔 **LowerArm.L**

회전 Z	-1

오른쪽 아래팔 **LowerArm.R**

회전 X	-6
회전 Y	12
회전 Z	-18

03 왼손, 오른손 조정하기

Step

왼손과 오른손을 조정합니다. **1**번째 프레임에 있는 것을 확인하고 왼손의 본 **Hand.L**을 선택합니다. **회전(R키)** → **Z키**(로컬 축)를 사용해 조금 뒤쪽으로 회전시킵니다(기준값은 회전 Z가 **-10**). 다음으로 오른손의 본 **Hand.R**을 선택하고 조금 앞쪽으로 회전시킵니다(기준값은 회전 Z가 **-5**). 손의 움직임이 팔의 움직임을 추종하는 듯이 보이게 됩니다.

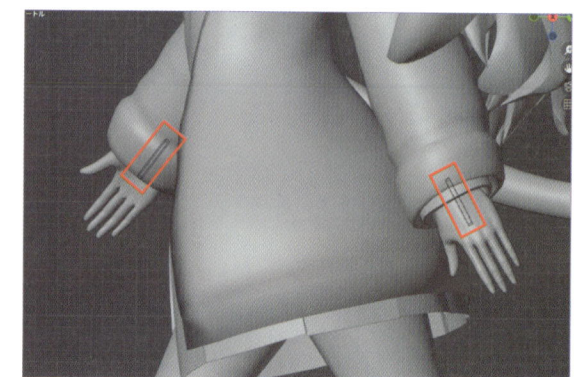

04 1번째 프레임의 키 프레임 복사하기

Step

1번째 프레임의 키 프레임을 **13**번째 프레임에 복사 및 뒤집힌 붙여 넣기 합니다. 도프시트 위에서 **1**번째 프레임에 있는 것을 확인하고, 3D 뷰포트 위에서 모두 선택의 단축키인 **A키**를 눌러 노든 본을 선택합니다. 다음으로 3D 뷰포트에서 마우스 우클릭 해 **포즈를 복사**(Ctrl+C키)를 클릭합니다.

05 X-뒤집힌 포즈를 붙여 넣기

Step

13번째 프레임으로 이동했다면 3D 뷰포트 위에서 마우스 우클릭 한 뒤 **X-뒤집힌 포즈를 붙여 넣기**(Shift+Ctrl+V 키)를 클릭합니다.

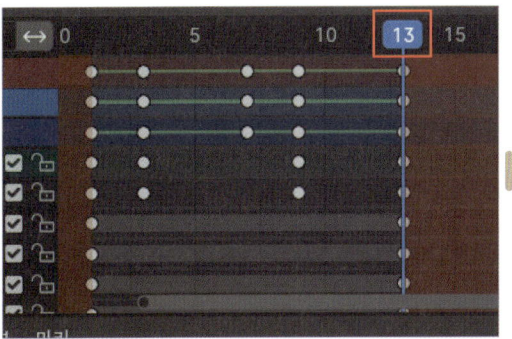

06 에셋 셸프 열기

Step

손가락 포즈를 결정합니다. **사이드바**(N키) → **애니메이션** 탭 → **Toggle Asset Shelf**를 클릭합니다. 또는 3D 뷰포트 오른쪽 아래에 있는 화살표 모양 아이콘을 클릭해 **에셋 셸프**를 엽니다.

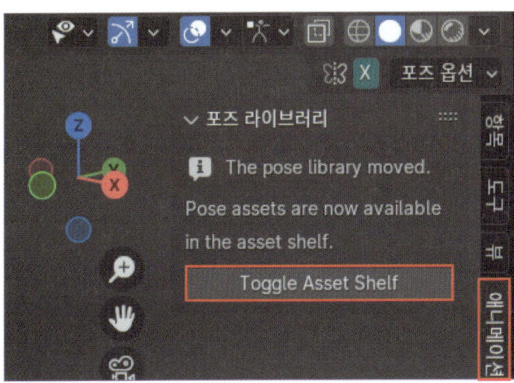
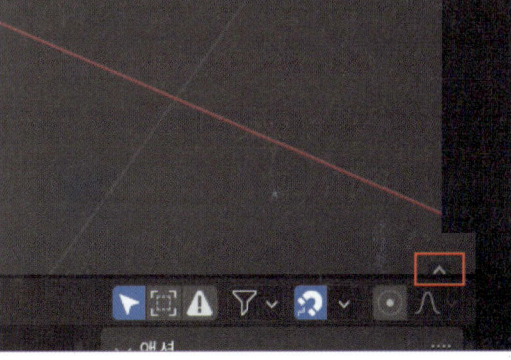

07 에셋 셸프 적용하기

Step

3D 뷰포트 위에서 선택을 해제한 뒤(아무것도 없는 위치를 클릭 또는 **Alt+A**키를 누름), 3D 뷰포트 아래에 있는 **에셋 셸프**에서 **Relax02**를 클릭합니다(썸네일에 마우스 커서를 올리면 포즈명이 표시됩니다). 손가락의 포즈를 적용했다면 **사이드바**(N키) → **애니메이션** 탭 → **Toggle Asset Shelf**을 클릭하거나 **에셋 셸프** 위쪽을 아래로 마우스 좌클릭 드래그 해 메뉴를 닫습니다.

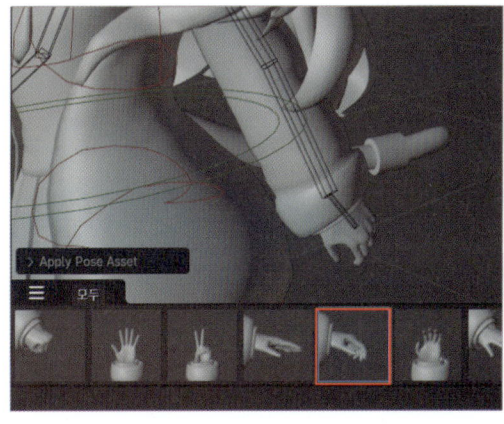

5-9 세세한 수정을 하자

발이나 앞쪽 시점의 움직임 등 보다 세세한 조정을 한 뒤 머리카락과 스커트 등의 흔들림을 만듭니다.

01 오른발 조정하기

Step

애니메이션을 재생해 보면 무릎이 딱딱하게 움직일 때가 있습니다. 여기에서는 **8**번째 프레임으로 이동해 옆쪽 시점(**텐키 3**)으로 전환합니다. 오른발의 본 **FootIK.R**을 선택하고 무릎이 부드럽게 움직이도록 **회전(R키)**, **이동(G 키)**을 사용해 조정합니다. 수치로 조정할 경우에는 **사이드바(N키)** → **항목** 탭 → **변환** 패널에서 위치 X에 **-0.07**, 위치 Y에 **0.04**, 회전 W에 **1**, 회전 Z에 **-0.35** 정도의 값을 입력합니다.

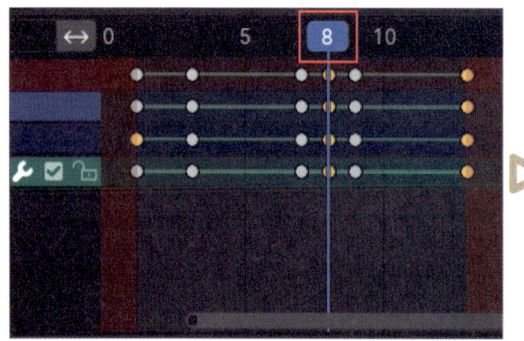 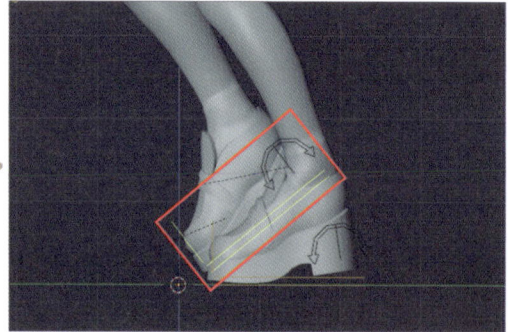

02 7번째 프레임에 키 프레임 삽입하기

Step

앞쪽 시점에서 움직임을 수정합니다. **앞쪽 시점**(**텐키 1**)로 전환하고 **패싱** 포즈인 **7**번째 프레임으로 이동합니다. **RootUpper**를 선택하고 **사이드바(N키)** → **항목** 탭 → **변환** 패널에서 위치 X에 **0.01**을 입력합니다. 이 포즈는 체중 이 실린 발 방향으로 중심이 기울어지기 때문에 앞쪽 시점에서 봤을 때 신체를 기울어야 합니다.

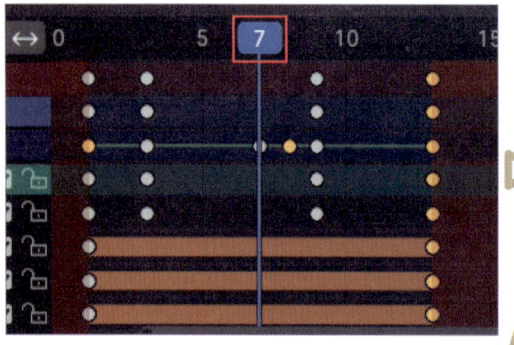 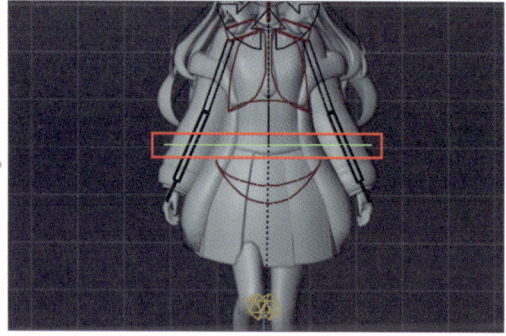

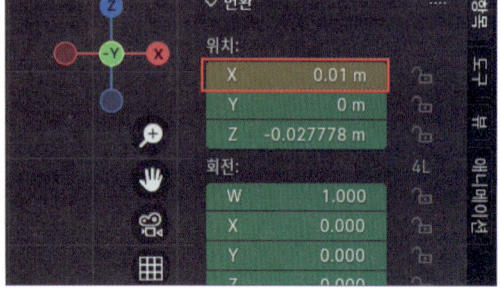

312

5-10 머리카락을 흔들리게 하자

보통 머리카락의 흔들림은 무작위성이 있는 것이 자연스럽게 보이지만, 여기에서는 루프 애니메이션을 만들 것이므로 애니메이션이 매끄럽게 이어지는 것에 초점을 두고 만듭니다.

01 2nd_Hair_out, 2nd_Hair_in 컬렉션의 솔로 활성화하기

Step

프로퍼티스 → **오브젝트 데이터 프로퍼티스** →
Bone Collections 패널에서 **2nd_Hair_out**, **2nd_Hair_in** 컬렉션의 솔로(별 모양 아이콘)을 활성화해 뒷머리카락의 본만 표시합니다.

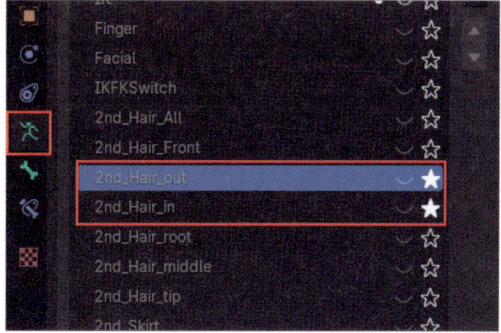

02 1번째 프레임에 키 프레임 상비하기

Step

도프시트에서 **1번째** 프레임에 있는 것을 확인하고 3D 뷰포트에서 **A키**를 눌러 모두 선택합니다. 다음으로 **회전(R키)** → **Z키**(로컬 축)를 누른 뒤 **-9**를 입력합니다(이 수치는 원하는 값으로 조정해도 좋습니다). 뒷머리카락이 오른쪽으로 흔들리게 됩니다. 1번째 프레임의 **컨택트** 포즈는 왼발에 체중이 걸리기 직전의 상태로, 살짝 왼쪽으로 이동한 포즈입니다. 그래서 뒷머리카락도 신체의 움직임에 맞춰 오른쪽으로 회전합니다.

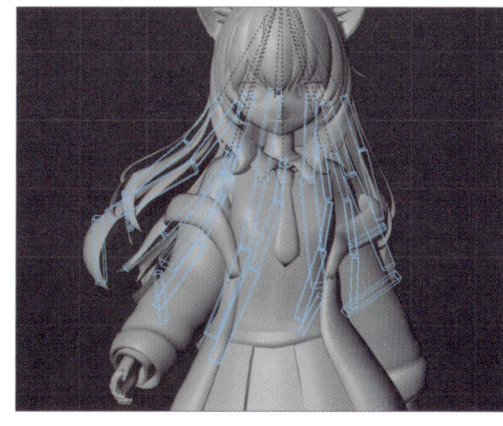

03 옆쪽 시점의 흔들림 조정하기

Step

옆쪽 시점의 흔들림도 조정합니다. 1번째 프레임에 있는 것을 확인하고 3D 뷰포트에서 **텐키 3**을 눌러 옆쪽 시점으로 전환합니다. 다음으로 **회전(R키)** → **X키**(로컬 축)를 누른 뒤 **-9**를 입력합니다(이 수치는 원하는 값으로 조정해도 좋습니다). **컨택트** 포즈는 체중이 실리기 직전의 상태로 신체가 조금 떠 있습니다. 뒷머리카락도 그에 맞춰 머리카락 안쪽에 공기가 들어있는 느낌이 되도록 조정합니다.

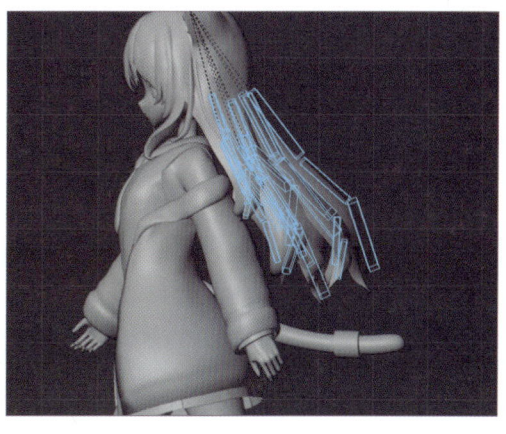

04 키 프레임 삽입하기

Step

작업을 일단 마쳤다면 뒷머리카락의 본이 모두 선택(**A**키)되어 있는 것을 확인합니다. 3D 뷰포트 위에서 키 메뉴를 삽입 메뉴의 단축키인 **K**키를 누르고 **Location & Rotation**을 클릭합니다.

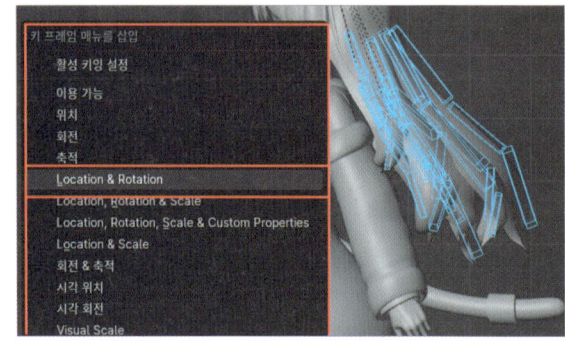

05 키 프레임을 복사 및 뒤집힌 붙여 넣기

Step

뒷머리카락의 흔들림을 복사하고 뒤집어 붙여 넣습니다. 먼저 뒷머리카락의 본이 모두 선택되어 있는 것을 확인하고 **1**번째 프레임의 키 프레임 위쪽을 선택합니다. 다음으로 도프시트 위에서 마우스 우클릭 한 뒤 **복사**(**Ctrl+C**키)를 선택합니다. **13** 번째 프레임으로 이동해 도프시트 위에서 마우스 우클릭 한 뒤 **뒤집힌 붙여 넣기**(**Shift+Ctrl+V**키)를 실행합니다.

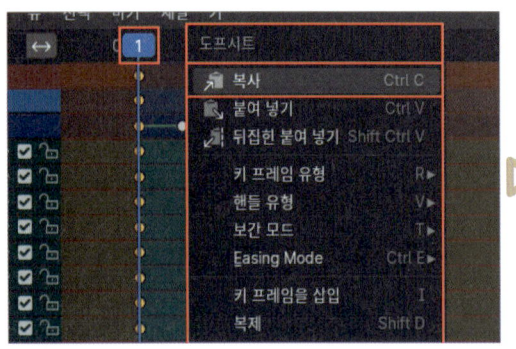
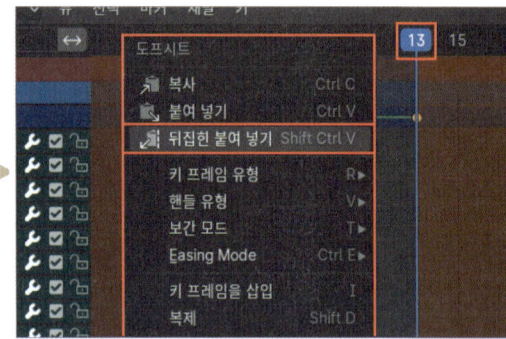

06 7번째 프레임에서 옆쪽 시점의 뒷머리카락 흔들림 조정하기

Step

옆쪽 시점의 뒷머리카락 흔들림을 조정합니다. 3D 뷰포트 위에서 **텐키 3**을 눌러 옆쪽 시점으로 전환합니다. **패싱** 포즈인 **7**번째 프레임으로 이동해 **회전**(**R**키) → **X**키(로컬 축)를 누른 뒤 **5**를 입력합니다(수치는 원하는 값으로 조정해도 좋습니다). **패싱** 포즈는 가장 허리가 높은 **업** 직전의 포즈입니다. 여기에서 뒷머리카락을 아래로 내리면 **9**번째 프레임의 **업** 포즈에서 뒷머리카락이 위로 올라가므로 안쪽에 공기가 들어 있는 듯한 부드러움을 표현할 수 있습니다.

07 2nd_Hair_Front 컬렉션의 솔로만 활성화하기

Step

다음은 앞머리카락과 옆머리카락의 흔들림을 만듭니다. 흔들림의 원칙은 기본적으로 뒷머리카락과 거의 비슷합니다. 하지만 앞머리카락과 옆머리카락은 캐릭터의 인상에 큰 영향을 주므로 조금만 움직이는 것이 좋습니다(너무 많이 흔들리면 전혀 다른 캐릭터처럼 보일 수 있습니다). 프로퍼티스 → **오브젝트 데이터 프로퍼티스** → **Bone Collections** 패널에서 **2nd_Hair_Front** 컬렉션의 솔로만 활성화합니다.

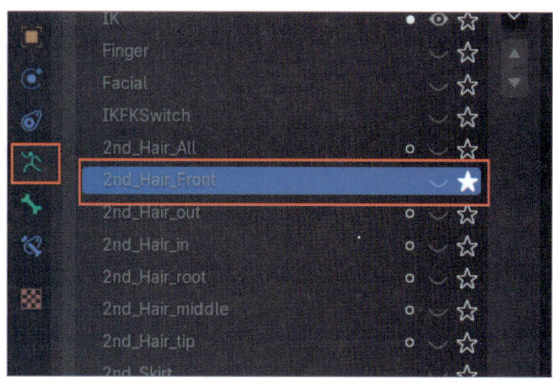

08 1번째 프레임에 키 프레임 삽입하기

Step

도프시트 위에서 **1**번째 프레임에 있는 것을 확인하고 3D 뷰포트에서 **A키**를 눌러 모든 본을 선택합니다. 다음으로 **회전(R키)** → **Y키**를 2번 눌러 **글로벌** Y축으로 전환합니다. 다음으로 **5**를 입력해 머리카락을 조금만 오른쪽으로 흔들리게 합니다(왼쪽 아래 표시되는 오퍼레이터 패널에서 각도를 **5**, 축을 **Y**, 오리엔테이션을 **글로벌**로 설정해 같은 조작을 할 수 있습니다).

09 키 프레임을 복사 및 뒤집힌 붙여 넣기

Step

키 프레임을 삽입한 뒤 복사 및 뒤집힌 붙여 넣기 합니다. 먼저 **1**번째 프레임으로 이동해 3D 뷰포트 위에서 **A키**를 눌러 앞머리카락과 옆머리카락의 본을 모두 선택합니다. 다음으로 3D 뷰포트 위에서 키 프레임 메뉴를 삽입 메뉴의 단축키인 **K키**를 누른 뒤 메뉴에서 **Location & Rotation**을 클릭해 키 프레임을 삽입합니다. 다음으로 도프시트에서 **1**번째 프레임의 키 프레임 위쪽을 선택하고 마우스 우클릭 한 뒤 **복사(Ctrl+C키)**를 선택합니다. 그 뒤 **13**번째 프레임으로 이동해 도프시트 위에서 마우스 우클릭 한 뒤 **뒤집힌 붙여 넣기(Shift+Ctrl+V키)**를 실행합니다.

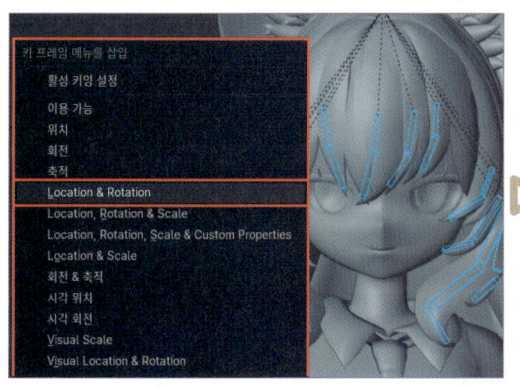

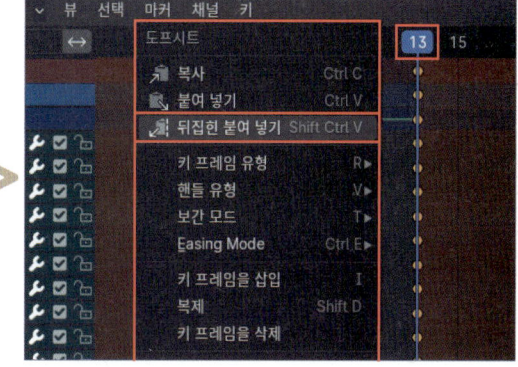

스커트의 흔들림을 만들자

여기에서 만드는 캐릭터의 보폭은 그렇게 넓지 않으므로 스커트도 많이 흔들 필요는 없습니다. 여기에서는 조금만 흔들면서 다리가 스커트를 관통하지 않도록 주의합니다.

01 2nd_Hair_Skirt 컬렉션의 솔로만 활성화하기

Step 프로퍼티스 → **오브젝트 데이터 프로퍼티스** → **Bone Collections** 패널에서 **2nd_Hair_Skirt** 컬렉션의 솔로만 활성화합니다(다른 컬렉션의 솔로는 비활성화합니다).

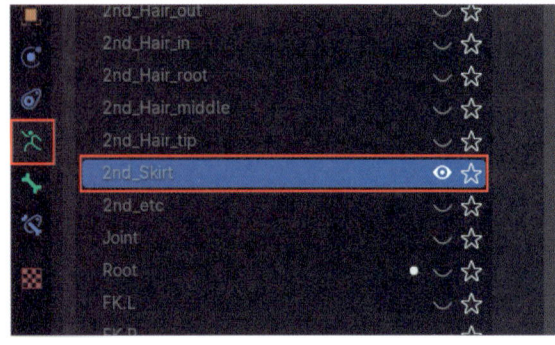

02 1번째 프레임에 키 프레임 삽입하기

Step **컨택트** 포즈인 **1번째** 프레임으로 이동해 3D 뷰포트에서 **A키**를 눌러 모든 본을 선택합니다. 다음으로 **회전(R키)** → **X키**(로컬 축)를 누른 뒤 **3**을 입력합니다(이 수치는 원하는 값으로 조정해도 좋습니다). **컨택트** 포즈는 발이 지면에 닿기 직전의 상태이므로 스커트 안에 공기가 약간 들어갑니다. 그것을 표현하기 위해 스커트를 조금만 부풀어 오르게 하면 좋습니다.

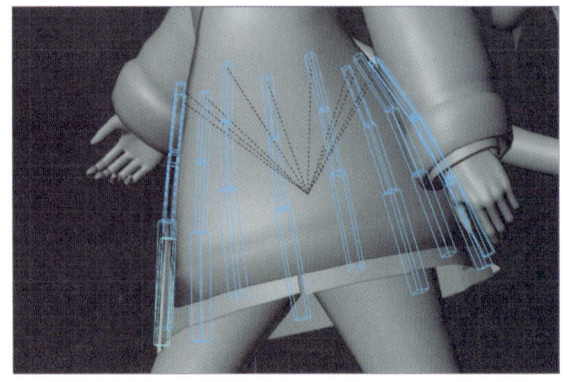

03 스커트의 흔들림을 세세하게 조정하기

Step 스커트의 흔들림을 한층 세세하게 조정합니다. 스커트 뒤쪽 끝을 조금 뒤쪽으로 회전 시킵니다. 이 때 왼쪽 다리가 스커트를 관통하지 않도록 주의합니다. 이렇게 하면 바람이나 신체의 움직임에 따라 스커트가 자연스럽게 흔들리는 모습을 표현할 수 있습니다.

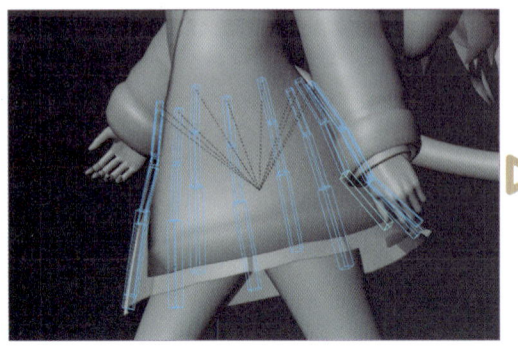
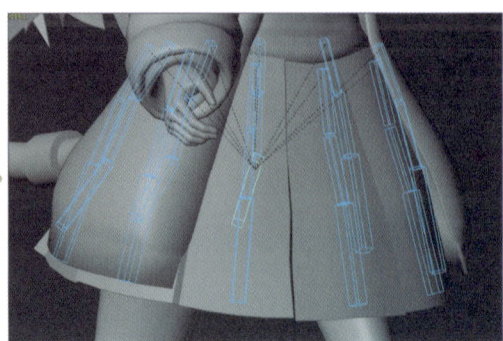

04 키 프레임을 복사 및 뒤집힌 붙여 넣기

Step 키 프레임을 삽입한 뒤 복사해서 뒤집어 붙여 넣습니다. 1번째 프레임에 있는 것을 확인하고 3D 뷰포트 위에서 **A키**를 눌러 모두 선택합니다. 1번째 프레임의 키 프레임 위쪽을 선택하고 키 프레임 메뉴를 삽입 메뉴의 단축키인 **K키**를 누릅니다. 다음으로 메뉴 안에 **있는 Location & Rotation**을 클릭합니다. 그리고 1번째 프레임의 키 프레임 위쪽을 선택하고 도프시트 위에서 마우스 우클릭 한 뒤 **복사(Ctrl+C키)**를 선택합니다. **13**번째 프레임으로 이동해 도프시트 위에서 마우스 우클릭 한 뒤 **뒤집힌 붙여 넣기(Shift+Ctrl+V키)**를 실행합니다.

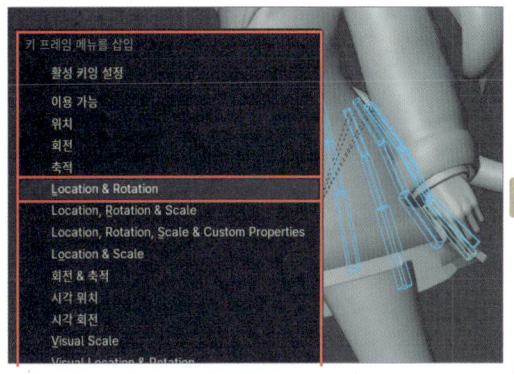

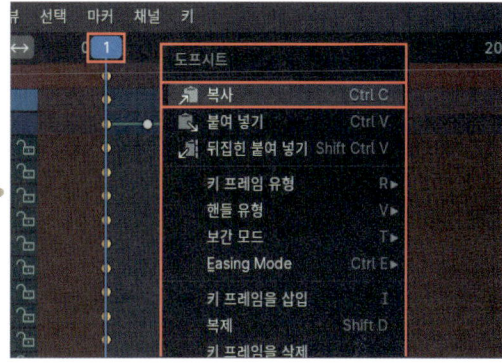

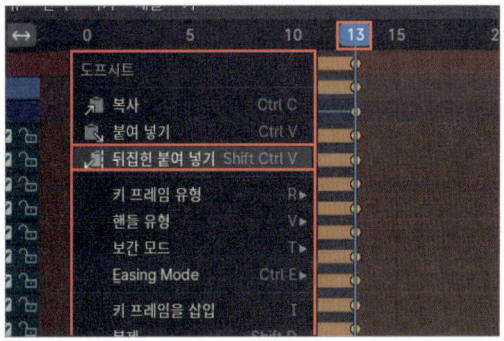

05 다운 포즈의 스커트 흔들림 만들기

Step **다운** 포즈의 스커트 흔들림을 만듭니다. 이 포즈에서는 허리가 가장 낮은 위치에 있으므로 스커트의 허리 주변이 좁아지지만, 스커트의 가장 끝 부분은 뒤늦게 움직입니다(밑동의 움직임에 대해 가장 끝 부분이 뒤늦게 따라오는 **오버랩** 기법). 3번째 프레임으로 이동해 스커트의 모든 본이 선택되었는지 확인합니다. 다음으로 **회전(R키) → X키(로컬 축)**를 누르고 **-5**를 입력합니다. 이어서 가장 끝 부분의 본만 박스 선택(**B키**) 등을 사용해 선택한 뒤 다시 **회전(R키) → X키(로컬 축)**를 눌러 **23**을 입력합니다. 이 수치는 단지 기준일 뿐이므로 원하는 값으로 조정해도 좋습니다. 다리가 스커트를 관통한다면 개별적으로 수정합니다.

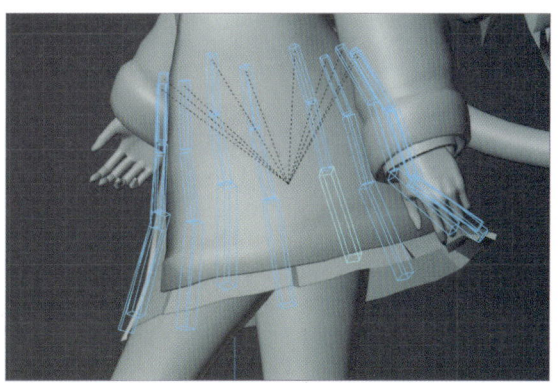

06 (업 포즈의) 스커트 흔들림 만들기

Step

업 포즈의 스커트 흔들림을 만듭니다. 허리가 가장 높은 포즈이므로 스커트 안에 공기가 들어가 허리 근처가 부풀어 오르고, 끝 부분은 뒤늦게 안쪽으로 좁아집니다. 먼저 **9**번째 프레임으로 이동해 스커트의 모든 본이 선택되어 있는지 확인합니다. 다음으로 **회전(R키)** → **X키**(로컬 축)를 누르고 **3**을 입력합니다. 다음으로 스커트 끝의 본만 박스 선택(B키) 등으로 선택한 뒤 **회전(R키)** → **X키**(로컬 축)를 누르고 **-20**을 입력합니다. 이 수치도 원하는 값으로 조정해도 좋습니다.

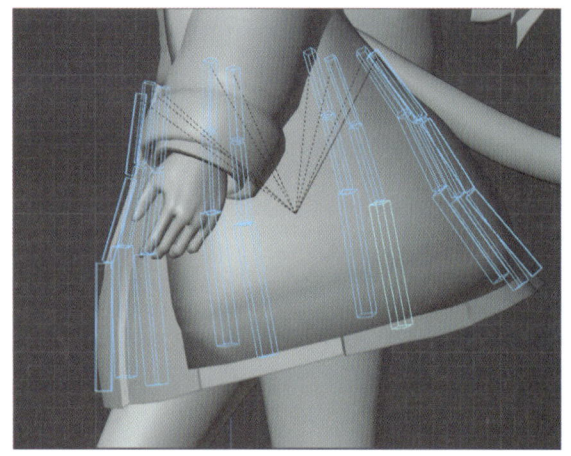

07 스커트 흔들림 수정하기

Step

발이 스커트를 관통하는 위치가 있으므로 **11**번째 프레임으로 이동합니다. 스커트 끝부분을 선택하고 **회전(R키)** → **X키**를 사용해 조정합니다. 그 밖에 다리가 스커트를 관통하는 위치가 있다면 수정합니다.

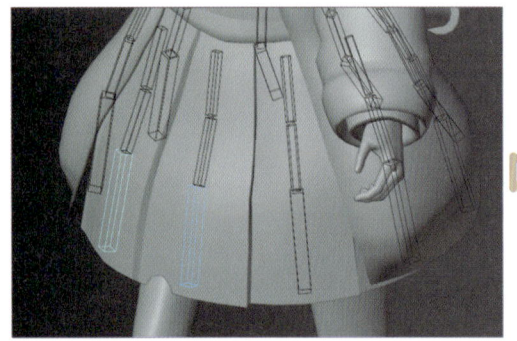 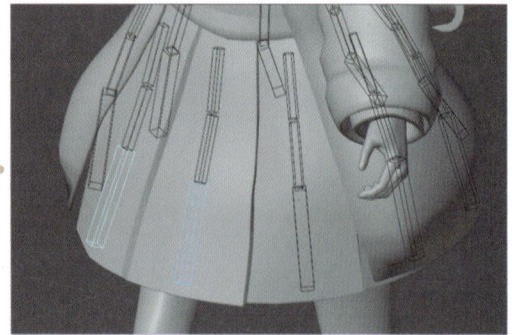

Column

도전! 고양이 귀와 꼬리의 흔들림을 만들자~
애니메이션 표현의 폭을 넓히기 위해 캐릭터의 고양이 귀와 꼬리의 흔들림 만들기에 도전해 봅시다.

고양이 귀
프로퍼티스 → **오브젝트 데이터 프로퍼티스** → **Bone Collections** 패널에서 **2nd_Hair_All**의 **솔로**(별 모양 아이콘)만 활성화하고 3D 뷰포트 위에서 고양이 귀의 본을 박스 선택(B키) 등으로 선택합니다. 1번째 프레임에 있는 것을 확인하고 **회전(R키)** → **Z키** (로컬 축)를 사용해 오른쪽으로 회전합니다(수치로 조정할 경우에는 5 정도). 3D 뷰포트 위에서 **K키**를 누른 뒤 **Location & Rotation**을 클릭해 키 프레임을 삽입합니다. 3D 뷰포트 프레임 위에서 포즈를 **복사**(Ctrl+C키)한 뒤, 13번째 프레임에 **X-뒤집힌 포즈를 붙여 넣기**(Shift+Ctrl+V키)합니다.

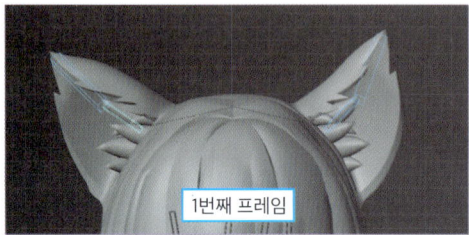 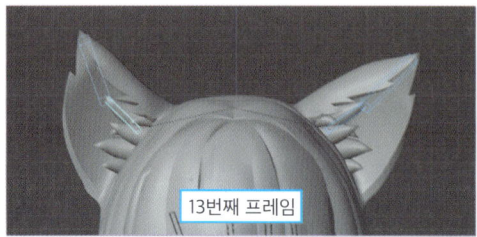

꼬리

프로퍼티스 → **오브젝트 데이터 프로퍼티스** → **Bone Collections** 패널에서 **2nd_etc**의 **솔로(별 모양 아이콘)**만 활성화합니다. **위쪽 시점(텐키 7)**으로 변환하고 3D 뷰포트 위에서 꼬리만 선택합니다. **회전(R키)** → **Z키(로컬 축)**를 사용해 허리의 비틀림에 맞춰 꼬리도 회전합니다(수치로 조정할 경우에는 **-7** 정도). 3D 뷰포트 위에서 **K키**를 누른 뒤 **Location & Rotation**을 클릭해 키 프레임을 삽입합니다. 3D 뷰포트 프레임 위에서 포즈를 **복사(Ctrl+C키)**한 뒤, **13번째 프레임**에 **X-뒤집힌 포즈를 붙여 넣기 (Shift+Ctrl+V키)**합니다.

※ 작업을 마친 뒤에는 컬렉션의 솔로를 비활성화합니다.

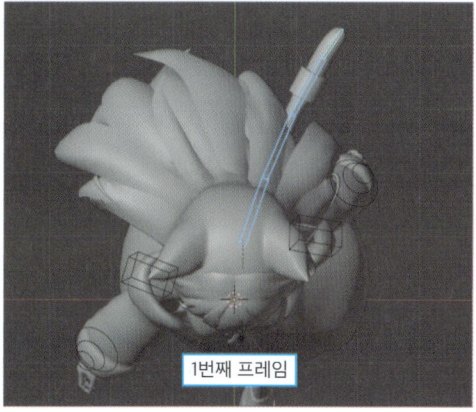
1번째 프레임

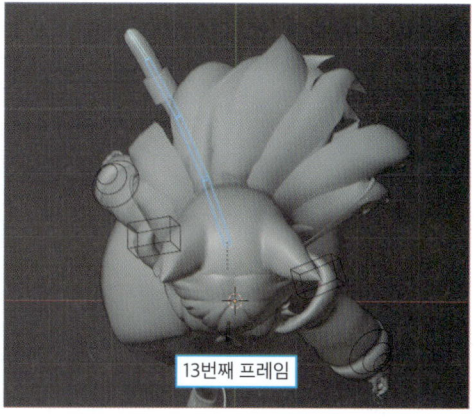
13번째 프레임

5-12 애니메이션을 루프 시키자

움직임을 만들었다면 지금까지 만든 포즈를 복사해서 뒤집힌 붙여 넣기 합니다. 그 뒤 '논리니어 애니메이션'이라 불리는 에디터를 사용해 움직임을 루프 시킵니다.

01 본을 모두 선택하기

Step 먼저 포즈를 폭사해 뒤집힌 붙여 넣기 합니다. 프로퍼티스 → **오브젝트 데이터 프로퍼티스** → **Bone Collections** 패널에서 **All** 컬렉션(모든 본을 표시하는 컬렉션)의 솔로만 활성화하고, 3D 뷰포트 위에서 **A키**를 눌러 모든 본을 선택합니다. 다음으로 도프시트 위에서도 마찬가지로 **A키**를 눌러 모든 키 프레임을 선택합니다. 이 조작을 하지 않으면 일부 키 프레임이 복사되지 않아 뒤집힌 붙여 넣기가 잘 되지 않습니다.

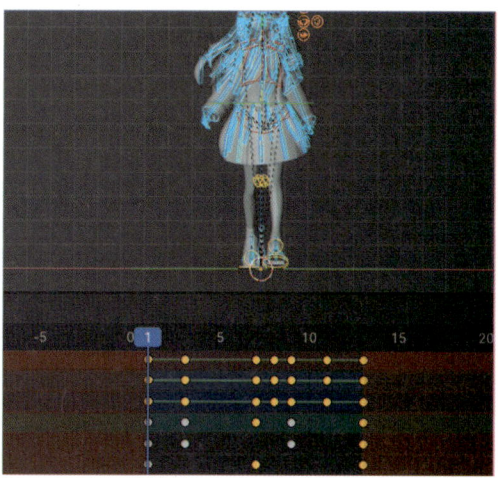

02 키 프레임 복사 및 뒤집힌 붙여 넣기

Step

도프시트 위에서 마우스 우클릭 한 뒤 **복사**(Ctrl+C키)를 선택합니다. 이것으로 **1~13** 번째 프레임의 키 프레임이 모두 복사됩니다. 다음으로 뒤집힌 붙여 넣기를 시작할 프레임으로 이동합니다. 여기에서는 중간 포즈인 **13**번째 프레임으로 이동해 다시 마우스 우클릭 한 뒤 **뒤집힌 붙여 넣기**(Shift+Ctrl+V키)를 선택합니다. 화면 아래 타임라인에 있는 **미리보기 범위를 사용**(시계 모양 아이콘)을 비활성화하고 **Space**키를 눌러 애니메이션을 재생해 움직임에 문제가 없는지 확인합니다. 문제를 발견했다면 **1~13**번째 프레임의 키 프레임을 조정하고 다시 해당 프레임 사이의 키 프레임만 복사해 뒤집힌 붙여 넣기 합니다.

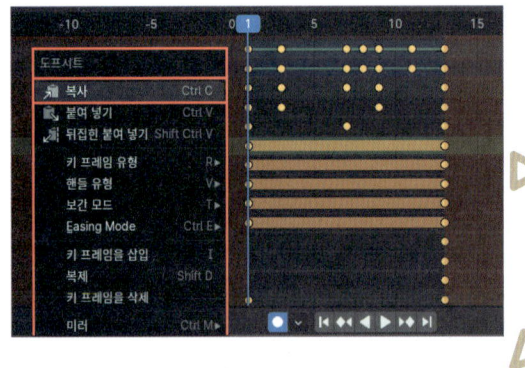
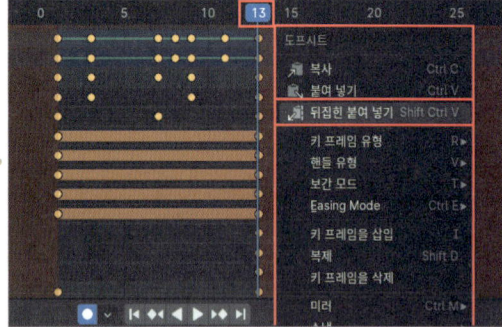

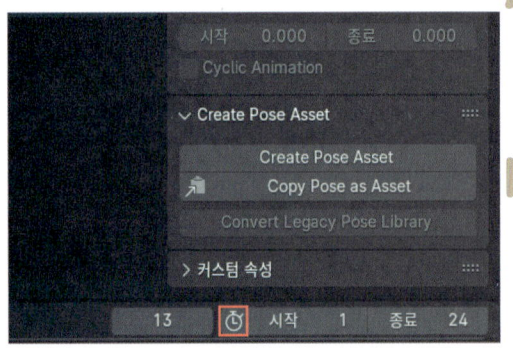
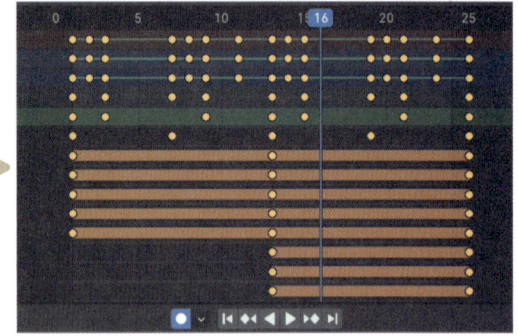

뒤집힌 붙여 넣기가 잘 되지 않을 때의 대처 방법을 소개합니다. 왼쪽 패널이 열려 있는 상태에서는 키 프레임을 복사할 수 없습니다. 모든 채널을 닫은 상태에서 키 프레임을 복사합시다.

채널이 열려 있기 때문에 반전 붙여넣기가 불가능

03 논리니어 애니메이션으로 변경하기

Step 프로퍼티스 → **오브젝트 데이터 프로퍼티스** → **Bone Collections** 패널에서 **All** 컬렉션의 솔로를 비활성화한 뒤 애니메이션을 루프 시킵니다. 루프 시키기 위해서는 **논리니어 애니메이션**(줄임말로 **NLA**)이라는 에디터를 사용해야 합니다. 도프시트 왼쪽 위에 있는 에디터 유형을 클릭하고 메뉴 안에서 **논리니어 애니메이션**을 선택해 에디터를 전환합니다.

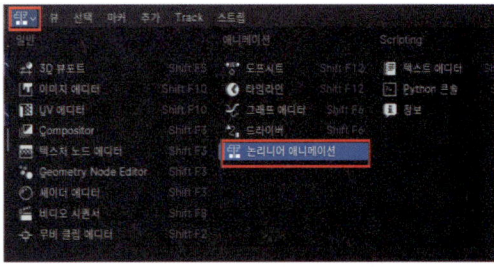

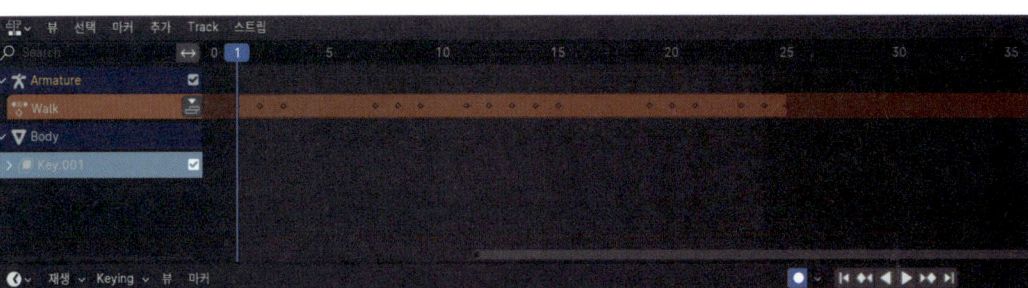

04 스트립 만들기

Step **논리니어 애니메이션**은 애니메이션을 **스트립**strip이라 부르는 띠 모양의 블록으로 모으고 편집하거나 조합해 루프 시킬 수 있는 에디터입니다. 이 데이터에서는 도프시트나 그래프 에디터처럼 개별 키 프레임을 선택할 수는 없습니다. 주로 걷기나 달리기처럼 루프 시켜야 하는 애니메이션을 만들 때 사용됩니다. 우선 애니메이션을 **스트립**으로 만듭니다. 논리니어 애니메이션 에디터의 왼쪽에 표시되어 있는 채널 안에 사각형 아이콘이 있습니다. 이 아이콘은 현재 애니메이션을 **스트립**으로 만드는 기능을 제공하므로 클릭합니다. 그러면 노란색 띠 모양 블록이 표시됩니다. 이 노란색 띠 모양 블록이 **스트립**입니다. 이 스트립 안을 편집합니다.

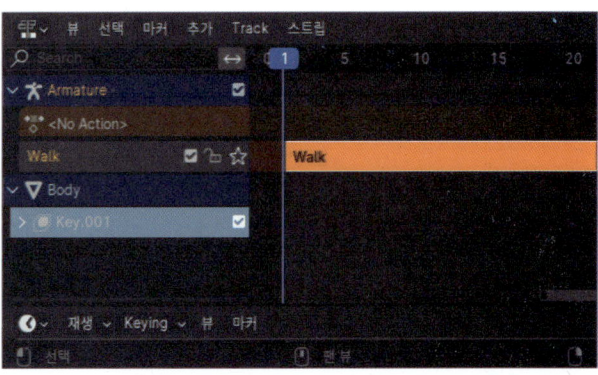

논리니어 애니메이션에서 편집하는 방법

왼쪽 위 에디터 유형에서 **도프시트**로 전환하면 지금까지 삽입했던 키 프레임이 사라집니다. 이것은 애니메이션을 **스트립**으로 변환했기 때문에, 애니메이션 편집을 스트립 안에서만 할 수 있기 때문입니다. 스트립으로 만든 애니메이션을 편집할 때는 **논리니어 애니메이션** 에디터를 사용해야 합니다. 편집할 스트립을 마우스 좌클릭 해 선택하고, 마우스 우클릭 해 메뉴를 표시합니다. 메뉴에서 **Start Tweaking Strip Actions(Lower Stack(TaB키)**을 선택합니다. 이 조작을 실행하면 스트립이 녹색으로 바뀌고 위쪽에 키 프레임이 표시됩니다. 이 상태에서 변형을 조정할 수 있습니다. 그리고 이 상태에서 **도프시트** 에디터로 전환하면 키 프레임이 표시됩니다. 다시 스트립을 마우스 우클릭 한 뒤 **스트립 트위킹 액션을 중지(TaB키)**를 선택하면 원래 상태로 되돌아갑니다.

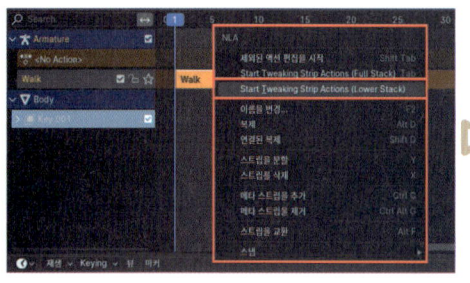 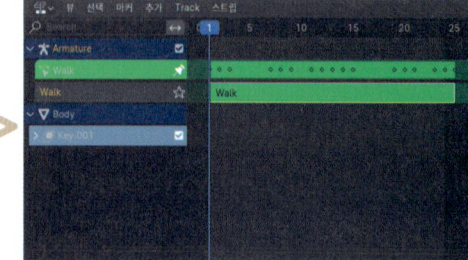

05 타임라인 종료 설정하기

Step 샘플 데이터에는 애니메이션 설정 완료 렌더링용 카메라(**Finish_Camera**)가 있습니다. 이 애니메이션에 맞춰 종료 프레임을 설정합니다. 화면 아래 타임라인의 **종료**를 **120**으로 설정합니다.

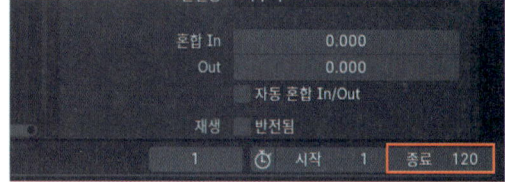

06 스트립 복제하기

Step **논리니어 애니메이션** 안에서 **스트립**을 복제합니다. 스트립을 선택하고 마우스 우클릭 한 뒤 **복제**를 클릭합니다. 왼쪽에 새롭게 트랙이 추가되고 아래 스택 되어 표시됩니다.

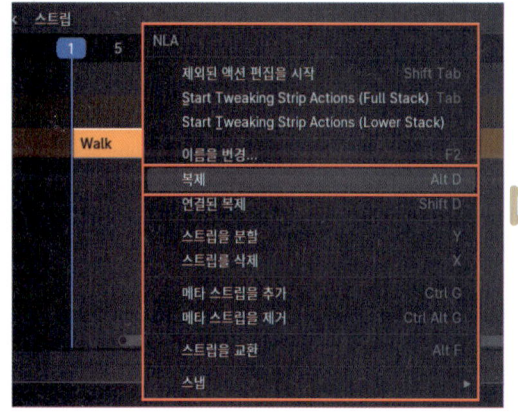 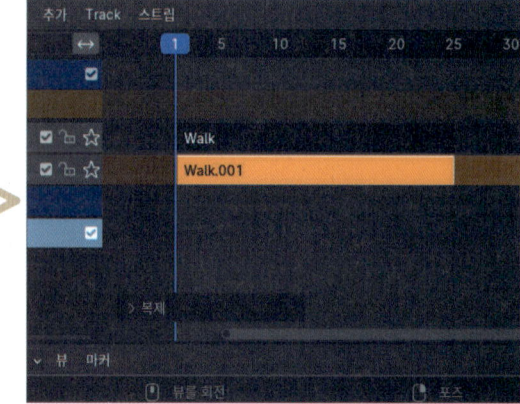

Column

연결된 복제에 관해

연결된 복제는 복사 소스의 스트립과 공유된 상태로 복제하는 기능입니다. 뒤에서 애니메이션을 수정하고 싶을 때 복사 소스의 스트립을 수정하면 연결된 복제된 스트립도 동시에 업데이트 됩니다. 이 책에서는 보통의 복제를 사용했지만, 이 기능도 알아두면 작업 효율을 높일 수 있습니다.

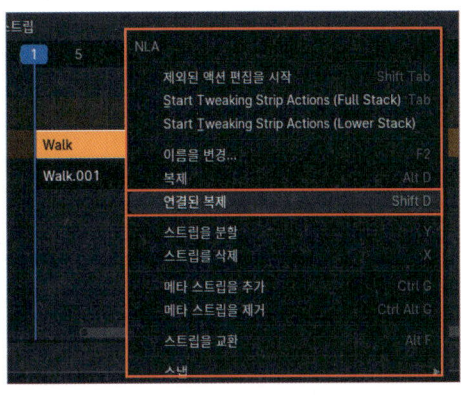

07 복제한 스트립 이동하기

Step

복제한 스트립을 선택하고 마우스 좌클릭 드래그 또는 **이동(G키)**을 실행하면 스트립이 보라색으로 바뀝니다. 이것은 스트립을 이동하고 있음을 의미합니다. 이 복제한 스트립을 복제 소스 스트립의 끝으로 이동합니다. 이것으로 걷기 애니메이션을 1번 루프 시킬 수 있습니다. 총 4번을 복제해 걷기를 5번 루프 시킨 애니메이션으로 만듭니다.

※ 불필요한 스트립을 삭제하고 싶을 때는 대상 스트립을 선택하고 마우스 우클릭 한 뒤 **삭제(X키)**를 클릭합니다.

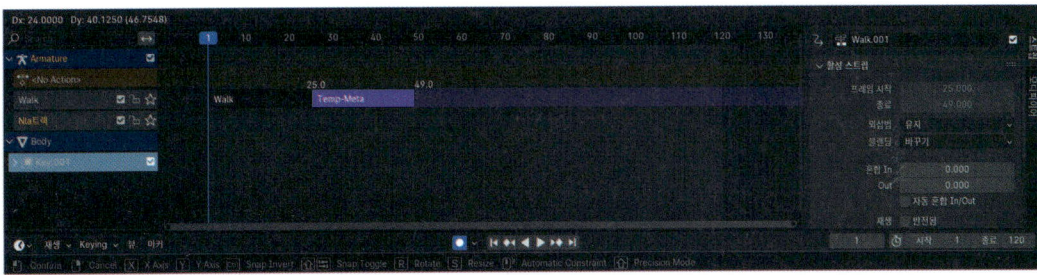

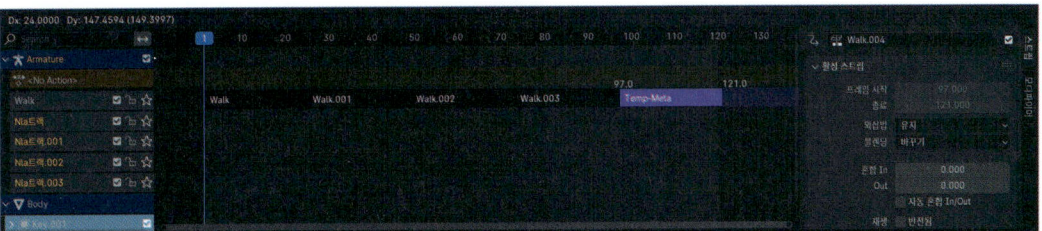

08 트랙 삭제하기

Step

스트립을 복제하면서 왼쪽 채널에 새로운 트랙이 추가됩니다. 이 트랙을 사용하지 않는다면 해당 트랙을 선택하고 헤더 안에 있는 **Track → 삭제**를 선택해 삭제합니다. 또는 마우스 우클릭 한 뒤 **트랙을 삭제**를 선택해도 같은 조작을 할 수 있습니다. 실수로 걷기 애니메이션을 루프 시킨 트랙을 삭제하지 않도록 주의합니다.

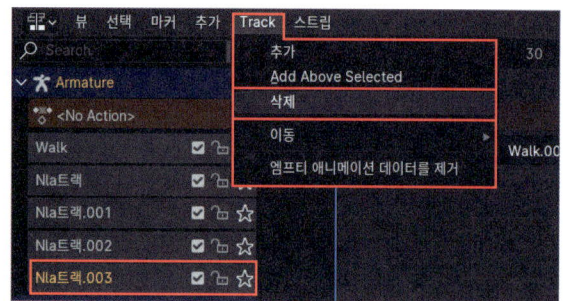

Column

트랙 안의 아이콘에 관해

트랙 오른쪽에 있는 체크 항목은 채널의 뮤트mute 여부를 결정하는 기능입니다. 이 항목을 해제하면 애니메이션이 재생되지 않습니다. 그리고 자물쇠 모양 아이콘을 활성화하면 스트립을 편집할 수 없게 됩니다. 만약 애니메이션이 재생되지 않거나 편집할 수 없는 상태가 되었을 때는 이 항목을 확인합시다.

5-13 렌더링을 하자

마지막으로 다양한 설정을 한 뒤 동영상을 출력합니다.

01 카메라 활성화하기

Step

오른쪽 위 아웃라이너에서 렌더링용 카메라인 **Finish_Camera** 오른쪽에 있는 녹색 카메라 모양 아이콘을 클릭해 활성화합니다(잘 보이지 않을 때는 오른쪽 눈동자 모양 아이콘을 클릭해 표시합니다). 이 항목을 활성화한 카메라가 렌더링에 사용됩니다.

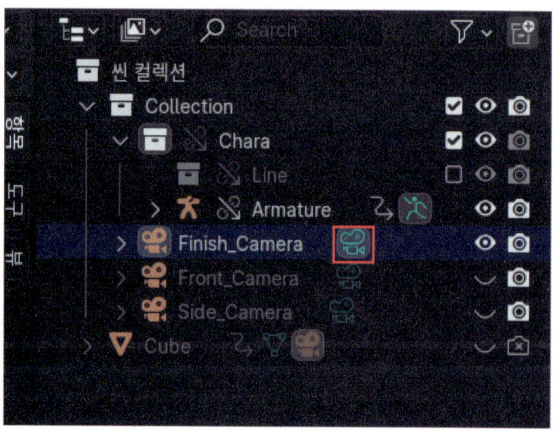

02 Line 컬렉션 활성화하기

계속해서 **Line** 컬렉션의 체크 항목을 활성화
해 캐릭터의 외곽선을 표시합니다.

Step

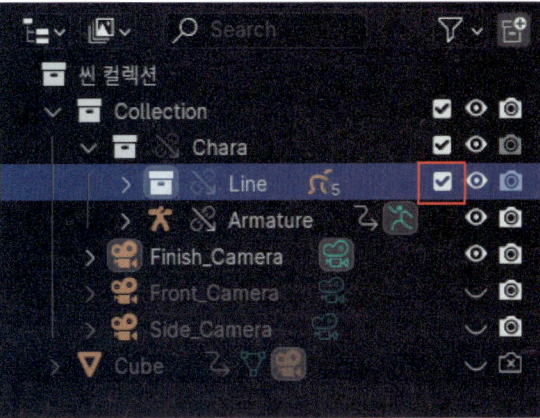

03 출력 프로퍼티스 설정하기

오른쪽 프로퍼티스 → **출력 프로퍼티스**를 클
릭합니다. 종료 프레임이 **120**인 것을 확인

Step

하고 **출력** 패널에서 출력 위치를 지정합니다(여기에서
는 동영상 데이터명을 **Walk**로 설정했습니다). 파일 형식은
FFmpeg Video, 인코딩 패널 오른쪽에 있는 프리셋
메뉴에서 **H264 in MP4**를 지정합니다.

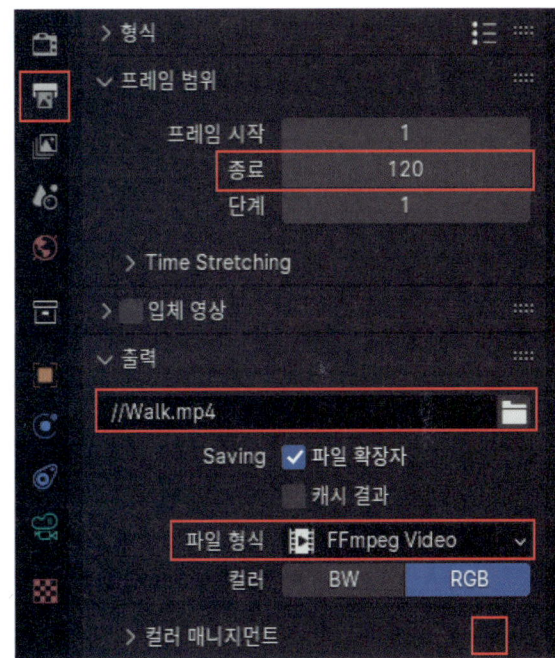

04 렌더링하기

톱 바의 **렌더** → **애니메이션을 렌더**(**Ctrl+F12
키**)를 눌러 동영상을 출력합니다. **렌더** → **애**

Step

니메이션 표시(**Ctrl+F11키**)를 눌러 애니메이션을 곧바
로 확인할 수 있습니다. 이상으로 걷기 애니메이션을
완성했습니다.

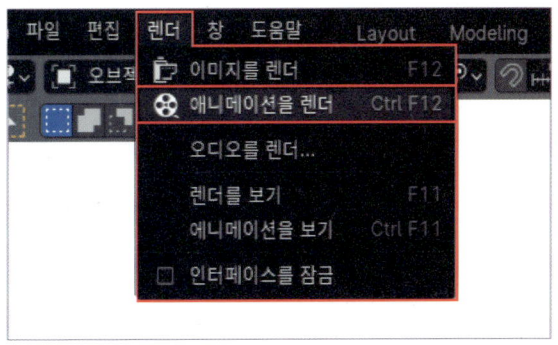

달리기에 관해

캐릭터의 달리기는 기본적으로 걷기와 같은 순서로 만듭니다. 달리기 동작은 **컨택트**(힘이 들어가기 전의 포즈), **다운**(발에 체중이 실려 있는 포즈), **패싱**(디딤 발 방향으로 신체가 기우는 포즈), **업**(허리가 가장 높은 포즈), **공중**(공중에 떠있는 포즈)의 다섯 가지 포즈로 구성됩니다. 걷기 애니메이션에서 만든 네 가지 포즈에 공중 이라는 다섯 번째 포즈가 추가됩니다. 달리기에서는 반드시 두 발이 지면에서 떨어지는 순간이 있으며, 이것이 걷기와의 결정적인 차이입니다. 또한 팔을 옆으로 흔들리게 함으로써 소위 **소녀의 달리기**라 불리는 달리기 형태를 만들 수 있습니다.

※ 샘플 데이터의 column 폴더 안에 있는 Animation_Run.blend, Run.mp4를 함께 참조합니다.

5-14 단축키 모음

애니메이션을 만들 때 최소한으로 기억해야 할 단축키들을 소개합니다. 그 밖에도 많은 단축키가 있지만 자주 사용하는 단축키만 기재했습니다.

Space	애니메이션 재상 및 정지
I 키	(3D 뷰포트 위에서) 키 프레임 삽입하기
K 키	(3D 뷰포트 위에서) 메뉴에서 키 프레임 삽입하기
G 키	선택한 키 프레임 이동하기
X 키	선택한 키 프레임 삭제하기
Shift+D 키	선택한 키 프레임 복제하기
Ctrl+C 키	선택한 키 프레임 복사하기
Ctrl+V 키	복사한 키 프레임 붙여 넣기
Shift+Ctrl+V 키	복사한 키 프레임 뒤집힌 붙여 넣기
T 키	보간 모드
Home 키	전체 표시하기
Ctrl+Ta**B** 키	도프시트 / 그래프 에디터 전환하기
Alt+**G** 키	(3D 뷰포트 위에서) 위치 취소하기
Alt+**R** 키	(3D 뷰포트 위에서) 회전 취소하기
Alt+S 키	(3D 뷰포트 위에서) 축적 취소하기

카메라 워크 학습 및 리그 생성

이번 장에서는 레이아웃의 기본과 카메라 워크의 포인트에 관해 설명합니다.

1

레이아웃에 관해

먼저 카메라 워크를 만들 때는 구도를 이해하는 것이 중요합니다. 구도는 레이아웃의 기초가 되는 기술이기도 합니다. 레이아웃은 화면 안의 캐릭터, 배경, 소품들을 어디에 배치하고, 어떤 각도나 구도로 보여줄 것인지 결정하는 것입니다. 애니메이션에서는 레이아웃이 형태의 아름다움 뿐만 아니라 스토리 흐름이나 의도까지 시청자에게 쉽게 전달하기 위한 중요한 역할을 합니다. 좋은 레이아웃은 **무엇을 보여주고 싶은가**가 명확하며 시청자가 쉽게 이해할 수 있는 것입니다.

1-1   카메라 각도에 관해 알아보자

레이아웃을 고려할 때 가장 먼저 생각해야 하는 것은 **카메라 각도**입니다. 이미지의 느낌은 카메라 방향이나 각도에 따라 크게 달라집니다. 그리고 캐릭터의 상태나 역학 관계를 표현하는 데도 도움이 됩니다 여기에서는 대표적인 카메라 각도 네 가지를 소개합니다.

◻ Eye-level (눈 높이)

캐릭터의 눈 높이에 카메라를 두는 각도입니다. 우리가 평소에 익숙한 시점이기 때문에 자연스럽고 친근한 인상을 줄 수 있습니다. 또한 시청자가 그 장소에 있는 듯한 현장감을 연출할 수도 있습니다.

◪ Low angle (낮은 각도)

카메라를 아래에서 위를 향해 촬영하는 각도입니다. **권위 구도**라고도 부릅니다. 피사체를 크게 보이게 함으로써 박력과 위압감을 연출하는 효과가 있습니다.

◪ High angle (높은 각도)

카메라를 위에서 아래를 향해 촬영하는 각도입니다. **부감 구도**라고도 부릅니다. 피사체를 작게 보이게 함으로써 약함이나 무력감을 표현합니다. 또한 캐릭터 주변의 상황을 나타내기에 적합합니다.

◻ Dutch angle

카메라를 비스듬하게 기울여 촬영하는 앵글입니다. 불안감과 긴장감을 줄 때, 동적인 느낌을 연출하고 싶을 때 효과적입니다.

| 1-2 | 렌즈를 선택하자 |

레이아웃을 결정할 때 한 가지 중요한 것이 **카메라의 렌즈**입니다. 렌즈 종류에 따라 이미지가 보이는 방법이 크게 달라지기 때문에 렌즈 선택은 애니메이션 제작에서 반드시 필요한 화면 만들기의 포인트입니다. 렌즈를 변경하려면 대상 카메라를 **오브젝트 모드**에서 선택한 뒤, **프로퍼티스 → 오브젝트 데이터 프로퍼티스 → 렌즈** 패널에서 **초점의 길이** 수치를 조정합니다.

◻ 표준 렌즈: 50~70

사람의 눈에 가깝게 보입니다. 기본적으로는 표준 렌즈를 사용해 영상을 만드는 것을 권장합니다.

■ 광각 렌즈: 10~40

넓은 범위를 비출 수 있는 렌즈입니다. 표준 렌즈보다 많은 사물을 비출 수 있어 넓은 풍경이나 방 안을 촬영할 때 권장합니다. 원근감이 강조되므로 박력 있는 씬을 만들고 싶을 때 적합합니다. 단 **캐릭터의 얼굴이 왜곡돼 보일 수 있으므로 사용하는 장면을 충분히 고려해야 합니다**.

먼 곳에 있는 대상을 크게 비추는 렌즈입니다. 먼 곳에 있는 물체를 가깝게 보이게 할 때, 작은 물체를 눈에 띄게 할 때 도움이 됩니다. 망원 렌즈는 **원근이 약해지는** 특징이 있습니다. 이것은 먼 곳에 있는 물체와 가까운 곳에 있는 물체의 크기 차이가 작게 보인다는 의미입니다. 그렇기 때문에 이미지 전체가 압축된 것처럼 보여 **평범**한 인상을 줍니다. 이 특징은 캐릭터의 얼굴을 클로즈업 할 때도 적당합니다(얼굴에 왜곡이 생기지 않습니다).

1-3	이런 레이아웃은 피하자

연출 의도를 알기 어렵게 만드는 대표적인 레이아웃들을 소개합니다.

◘ 탄젠트

탄젠트라는 말에는 **만난다**는 의미가 있습니다. 이 개념은 캐릭터와 배경이 연결된 것처럼 보이거나, 닿으면 안 되는 2개의 오브젝트기 이미지 위에서 닿은 것처럼 보이는 것을 가리킵니다. 예를 들면 캐릭터의 윤곽선이 배경의 선과 정확하게 일치하면 캐릭터가 배경에 닿은 것처럼 보이게 됩니다. 이런 탄젠트가 발생하면 시청자가 본래 집중해야 할 포인트에서 주의를 빼앗기게 될 가능성이 있습니다. 이를 피하기 위해 캐릭터와 배경 사이에 간격을 만드는 등 쉽게 구분할 수 있는 레이아웃으로 만들어야 합니다.

그리고 캐릭터나 배경이 카메라 프레임에 닿아 있는(탄젠트 되어 있는) 경우에도 주의해야 합니다. 이렇게 배치하면 카메라 프레임이 마치 3D 공간의 벽이나 천장과 같이 보여, 시청자에게 부자연스러운 인상을 줄 가능성이 있습니다. 이를 피하기 위해 **캐릭터를 프레임 안쪽에 여유 있게 배치하는 것이 좋습니다**.

▣ 가상선을 넘음

가상선imaginary line은 캐릭터와 캐릭터 사이에 선을 그어, 캐릭터가 선 위치나 방향성이 혼란스럽지 않도록 하기 위한 기준입니다. 카메라 위치가 이 선을 넘은 컷을 연결하면 영상에서 위치 관계나 진행 방향이 역전되어, 이해하기 어렵게 되기도 합니다. 캐릭터 사이의 대화 씬, 이동 씬 등에서는 원칙적으로 이 선을 넘지 않도록 합니다. 가상선을 넘고 싶을 때는 그 사이에 캐릭터의 **앞쪽 시점** 컷을 넣거나, 회전하는 컷을 넣는 것도 좋습니다.

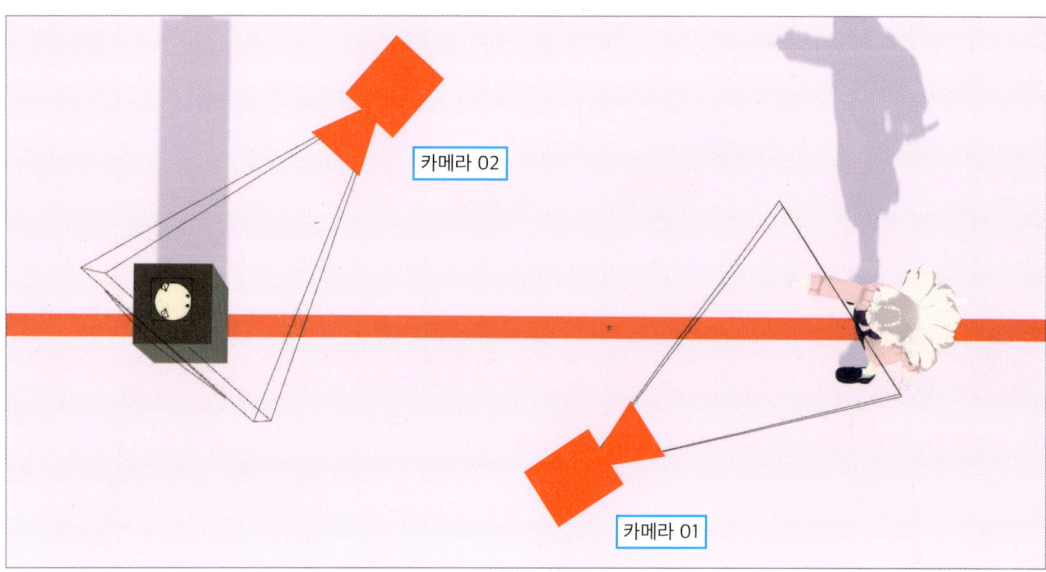

카메라 02

카메라 01

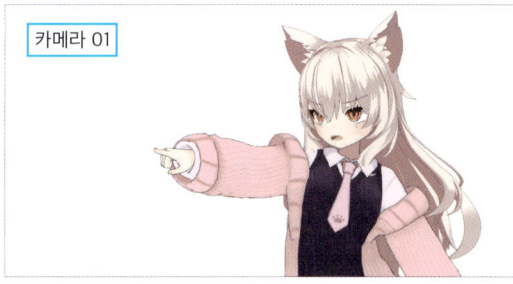

카메라 01

카메라 02

MEMO

이 예는 가상선을 넘은 예입니다. **카메라 01**에서 **카메라 02**로 전환하면 캐릭터끼리 마주 보고 있다는 것을 전달하기 어렵습니다.

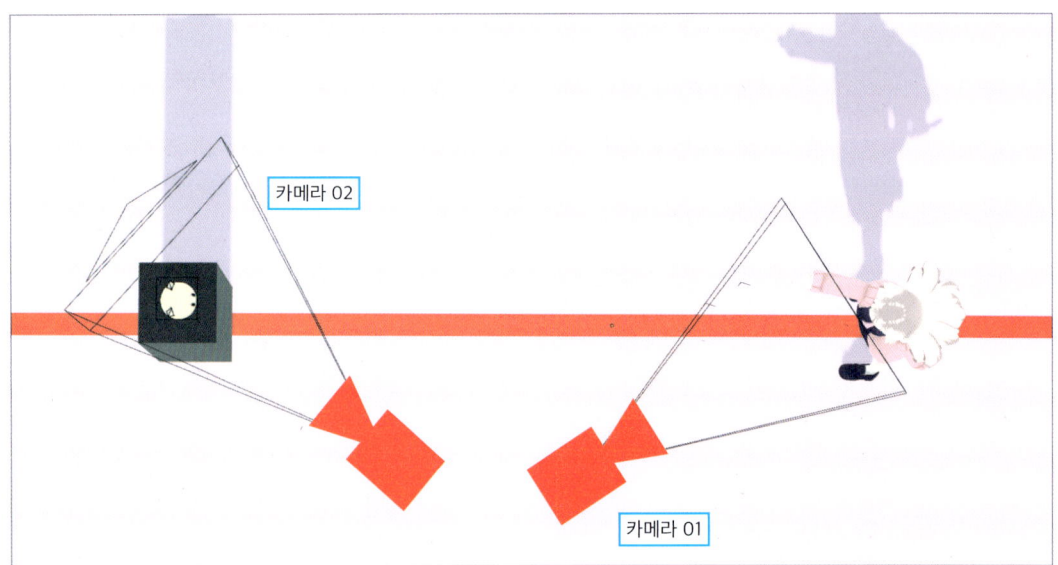

MEMO

이 예는 가상선을 넘지 않은 예입니다. **카메라 01**에서 **카메라 02**로 전환해도 캐릭터끼리 마주보고 있는 것을 알 수 있습니다.

Column

가상선을 넘어도 괜찮은 경우

가상선은 시청자에게 혼란을 주지 않게 하기 위한 규칙입니다. 하지만 연출상 명확한 의도가 있을 때는 이 규칙을 어길 수도 있습니다. 중요한 것은 시청자가 그 연출 의도를 이해할 수 있는가 입니다.

춤추기 애니메이션의
카메라 워크를 결정하자!

레이아웃의 기본을 이해했다면 카메라 워크에 관해 생각해 봅시다. 카메라 워크는 단순히 카메라를 좋는 것 뿐만 아니라 시청자에게 무엇을 보여주고 싶은가, 어떤 느낌을 전하고 싶은가를 의도하는 것이 중요합니다. 캐릭터의 매력을 최대한으로 이끌어 내는 카메라의 움직임과 컷 분할을 고려합시다.

2-1 춤추기 애니메이션에 관해

여기에서는 약 7초 길이의 춤추기 애니메이션을 예로 들어 **어떤 이유에서 이 레이아웃을 사용하는가**에 관해 자세히 설명합니다. 단, 샘플의 카메라 워크는 어디까지나 하나의 예입니다. **다른 카메라 워크가 적합할 것 같다**고 생각될 때는 자유롭게 수정하면서 즐기기 바랍니다,

처음에 캐릭터가 무대 중앙에 눈을 감은 채 조용히 서 있습니다.

다음으로 눈을 뜨고 앞으로 걷기 시작합니다. 캐릭터가 눈을 감은 상태에서 눈을 빠르게 뜨는 움직임은 이야기의 시작을 강조합니다.

그 뒤, 신체를 회전시킵니다. 회전 중에는 손을 크게 펼쳐 움직임에 아름다움과 율동감을 더합니다.

손으로 하트 모양을 만듭니다. 캐릭터가 자신의 매력을 시청자에게 어필하는 움직임입니다.

마지막으로 화면 전체에 큰 하트 모양 이펙트가 퍼집니다. 하트에 빛 이펙트를 추가하면 보다 화려한 느낌을 줄 수 있습니다. 그리고 캐릭터의 개성이나 감정을 각각 움직임에 넣어 시청자를 끌어 들이는 매력적인 애니메이션으로 마무리 합니다.

첫 번째 카메라 ~영상 도입부에서 자주 사용되는 샷~

영상이 시작될 때의 화면 구도에는 화면 멀리에서 전체를 비추는 **롱샷**, 그 작품의 주제가 되는 대상을 크게 비추는 **업샷**의 두 가지가 있습니다. **롱샷**은 멀리에서 전체를 비춤으로써 캐릭터의 위치와 주변 상황을 알 수 있게 해주는 샷(카메라가 한 번에 촬영한 영상)입니다. 주로 씬 도입부에서 어떤 장소인지 전달할 때 사용합니다. 한편 **업샷**은 캐릭터의 얼굴을 크게 비추는 방법입니다. 이를 사용하면 캐릭터의 표정이 잘 보이므로 감정을 강조하고 싶을 때 도움이 됩니다. 그리고 무언가 중요한 것에 주목하게 하고 싶을 때도 사용합니다. 이번 장의 샘플 영상은 최초의 카메라(Camera01)을 사용해 **롱샷**으로 전체를 비추면서 시작합니다.

롱샷

업샷

01 샘플 데이터 열기

Step

먼저 샘플 데이터를 엽니다. 샘플 데이터는 **블렌더 4.1**, **블렌더 4.3.2** 버전용을 각각 제공합니다. **블렌더 4.3**을 사용할 때는 **Blender4.3.2** 데이터를 사용해 작업해야 합니다(이 책에 기재되어 있는 화면과 조금 다르지만, 조작하는 데 문제는 없습니다). 최신 버전에서 **Blender4.1** 데이터를 사용하면 라이트닝이나 윤곽선이 올바르게 표시되지 않으므로 주의합니다. 폴더 안에 있는 **Animation_Dance.blend**를 더블 클릭해 데이터를 엽니다.

※ 이 샘플 데이터에는 화면 아래 타임라인 위에 있는 **자동 키잉**이 활성화되어 있어 변형하는 즉시 키 프레임이 삽입됩니다.

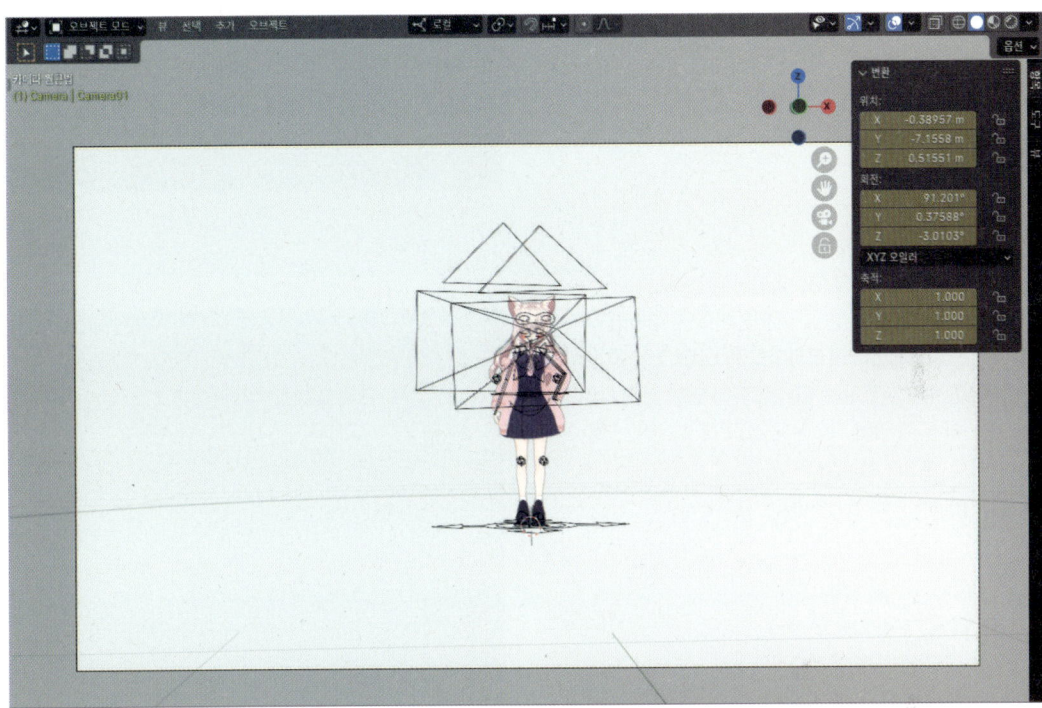

샘플 데이터의 내용에 관해 간단하게 설명합니다. 렌더링용 카메라 오브젝트는 모두 오른쪽 위 아웃라이너의 **Camera** 컬렉션 안에 모았습니다. 카메라 수를 늘리고 싶을 때는 **오브젝트 모드**에서 **Shift+A키**(추가의 단축키)를 누른 뒤 표시되는 메뉴에서 **카메라**를 선택해 추가합니다. 카메라를 삭제할 때는 카메라를 선택한 뒤 **X키** 를 누릅니다.

02 Camera01 선택하기

Step

오른쪽 위 아웃라이너에서 **Camera01** 오른쪽에 있는 녹색 카메라 모양 아이콘을 클릭합니다. 이 조작을 하면 카메라 시점(**텐키 0**)으로 전환했을 때 이 카메라 시점이 활성화됩니다. 카메라를 선택할 때는 이 아이콘을 클릭하는 방법을 권장합니다.

03 오브젝트 데이터 프로퍼티스 설정하기

Step

오브젝트 모드인 것을 확인하고 프로퍼티스 → **오브젝트 데이터 프로퍼티스** → **Lens** 패널을 엽니다. **초점의 길이** 수치가 50mm 로 설정되어 있는 것을 확인합니다. 캐릭터가 무대 위에 서있는 것을 쉽게 알 수 있도록 여기에서는 표준 렌즈로 설정합니다.

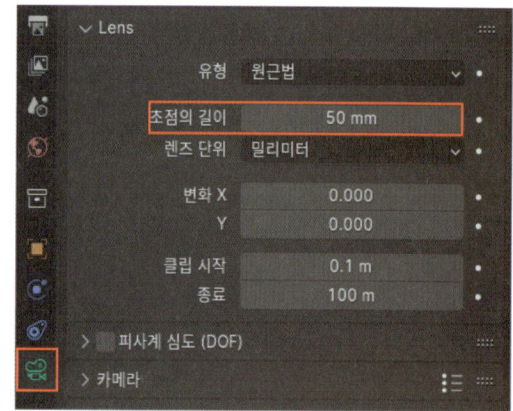

04 뷰 잠그기

Step

카메라의 위치를 결정합니다. 각 카메라 오브젝트에는 미리 어느 정도 키 프레임이 삽입되어 있으며 **Camera01**에는 **1**번째 프레임에 키 프레임이 삽입되어 있습니다. 먼저 **1**번째 프레임에 있는 것을 확인합니다. 다음으로 **텐키 0**을 눌러 카메라 시점으로 전환합니다,. 3D 뷰포트 오른쪽 위에 있는 자물쇠 모양 아이콘(**뷰 잠금**)을 활성화합니다. 이제 시점을 움직여 카메라를 직접 이동할 수 있습니다. 이 책에서는 기본 위치 상태에서 작업을 진행하므로 시점 확인을 마쳤다면 **Ctrl+Z키**를 눌러 카메라 위치를 원래대로 되돌립니다. 단, 마우스 휠을 상하로 움직인 줌 인/줌 아웃은 **Ctrl+Z키**로 되돌릴 수 없으므로, 마우스 가운데 버튼 클릭 드래그(시점 회전) 등 다른 조작을 한 뒤 **Ctrl+Z키**를 누르면 시점 조작을 원래대로 되돌릴 수 있습니다.

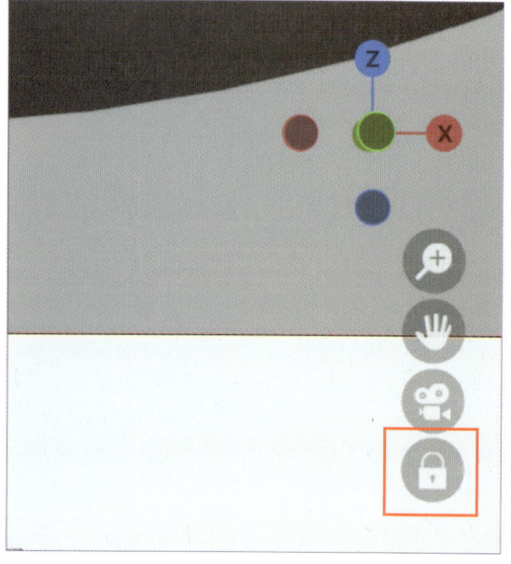

Column

시점 조작을 할 수 없어졌을 때는

카메라를 선택한 상태에서 카메라 시점에서 원래 시점으로 돌아왔을 때, 시점 조작을 할 수 없게 되는 경우가 있습니다. 이것은 **환경 설정**에서 **선택 부분을 중심으로 회전**을 활성화했기 때문에, 시점이 카메라를 중심으로 도는 것이 원인입니다. 이 때는 **Home키**를 눌러 전체를 표시하거나 아웃라이너에서 오브젝트를 선택하고 **뷰 → 선택한 프레임**을 선택해 시점을 되돌릴 수 있습니다.

05 31번째 프레임에 키 프레임 삽입하기

Step

다음으로 카메라에 애니메이션을 붙입니다. 카메라가 점점 캐릭터에게 가까워지는 움직임을 만듦으로써, 넓은 장면에서 캐릭터로 시점을 옮기고 감정을 쉽게 이입할 수 있게 됩니다. **31번째** 프레임으로 이동하고 카메라 시점(**텐키 0**) 상태에서 **이동**(G키) → **Z키**(로컬) 를 사용해 캐릭터에 가깝게 합니다. **사이드바**(N키) → **항목** 탭 → **변환** 패널에서 위치 Y가 **-6.5** 정도가 되도록 합니다.

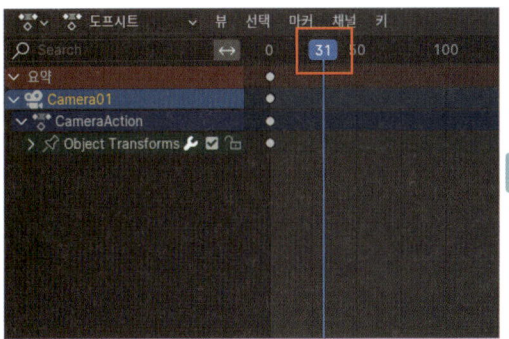
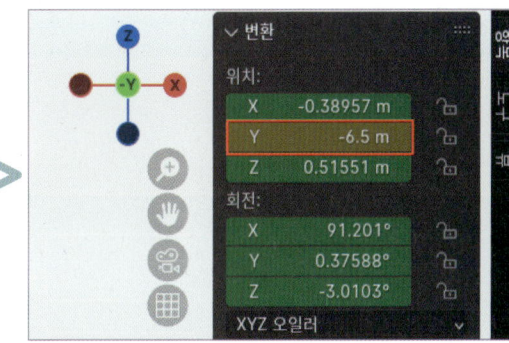

샘플 데이터의 카메라는 미리 키 프레임의 보간 모드를 **Linear**(같은 속도로 움직이도록 하는 것)로 설정했습니다. **Linear** 또는 **Constant**로 설정하면 키 프레임 사이에 녹색 선이 표시됩니다. 여기에서의 줌 인은 움직임의 완급이 필요하지 않으므로 **Linear**로 설정합니다. 만약 키 프레임 보간을 바꾸고 싶을 때는 키 프레임을 함께 선택한 뒤 키 프레임 보간 모드의 단축키인 T 키를 누른 뒤 설정을 변경할 수 있습니다(기본값은 **Bezier** 입니다. 시작할 때는 점점 빨라지고, 끝날 때는 점점 느려지면서 정지하는 보간 방법입니다).

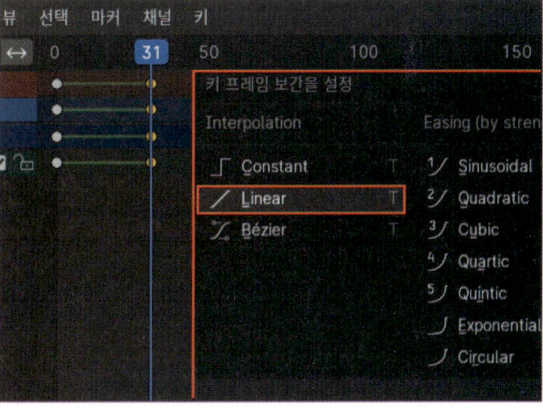

Column

줌을 할 때 초점의 길이를 변경할까? 카메라를 움직일까?

줌 인/줌 아웃에는 초점의 길이를 바꾸는 방법과 카메라 자체를 움직이는 방법이 있습니다. 애니메이션을 만들 때는 명확한 연출 의도가 없는 한 카메라를 움직여 줌을 하는 방법을 사용하는 것이 좋습니다. 초점의 길이로 변경하는 방법에서는 배경의 보이는 형태가 달라지기 쉽고, 잘 사용하지 않으면 영상이 어지러워져 시청자에게 혼란을 줄 우려가 있습니다.

두 번째 카메라 ~컷 분할의 팁~

다음은 두 번째 카메라(Camera02)로 전환해 컷을 분할해 봅니다. 컷을 분할할 때는 **이전 컷의 레이아웃에서 크게 변화시키는 것**이 중요합니다. 컷을 전환했음에도 화면의 구조나 내용이 거의 변하지 않으면 영상이 단조롭게 느껴집니다. 굳이 컷을 전환할 필요성도 작아집니다. 샘플 데이터에서는 컷에서 **앞쪽 시점의 롱샷**을 사용했습니다. 이 다음 컷에서 **아주 조금 각도를 바꾼, 앞쪽 시점의 롱샷**을 사용하면 변화가 작고 멋지지 않습니다. 이 때는 컷을 분할하지 않고 카메라를 회전시켜 하나의 컷으로 연결하는 편이 효과적입니다. 물론 특별한 연출 의도가 있는 것이라면 문제 없지만, 특별한 이유가 없을 때는 변화가 적은 컷 분할은 가급적 피합시다. 여기에서는 두 번째 컷은 캐릭터의 바스트샷(캐릭터의 가슴 위쪽을 비추는 샷)을 사용합니다.

첫 번째 컷

두 번째 컷

NG의 예입니다. 이전 레이아웃에서 큰 변화가 없으면 영상이 한 순간 어긋난 것 같은 인상을 줍니다. 명확한 의도나 목적이 없는 한 이런 컷 분할은 피하는 것이 좋습니다.

이렇게 컷을 분할할 때는 이전 컷보다 레이아웃을 크게 변화시키는 것이 좋습니다.

01 마커에 카메라를 결속하기

Step

카메라를 전환할 때는 **마커**라 불리는 일종의 도장을 도프시트에 추가해야 합니다. 먼저 오른쪽 위에 있는 아웃라이너에서 **Camera01** 이 선택되어 있는 것을 확인합니다. 오브젝트명이 주황색으로 되어 있으면 선택되어 있는 상태입니다. 다음으로 1번째 프레임에 있는 것을 확인합니다. 다음으로 도프시트의 헤더에 있는 **마커**를 클릭한 뒤 표시된 옵션에서 **마커에 카메라를 결속**(Ctrl+B키)을 선택합니다. 이것으로 카메라가 마커에 연결되어 전환할 수 있게 됩니다.

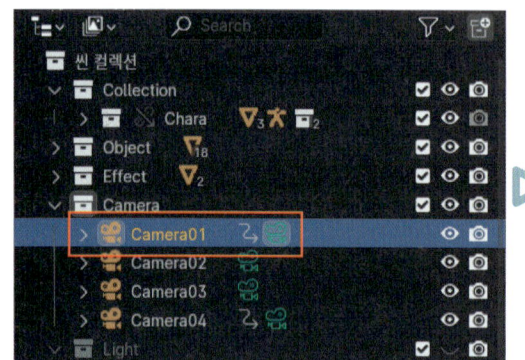
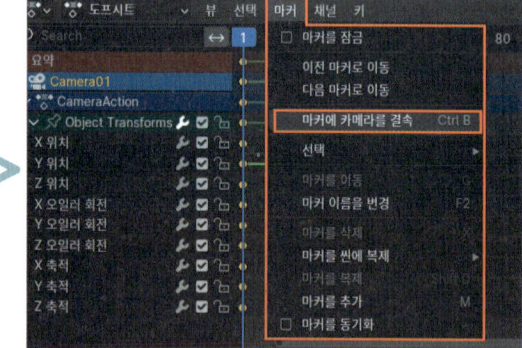

1번째 프레임 아래 마커가 추가된 것을 확인합니다. 마커는 다른 본이나 오브젝트를 선택해도 계속 아래 표시됩니다. 마커를 선택한 상태에서 마우스 좌클릭 드래그 하거나 **이동**(G 키)을 사용해 마커를 이동할 수 있습니다. 그리고 **X키**를 눌러 마커를 삭제할 수 있습니다.

02 30번째 프레임으로 이동하기

Step

다음은 카메라를 전환하기 위해 **30**번째 프레임으로 이동합니다.

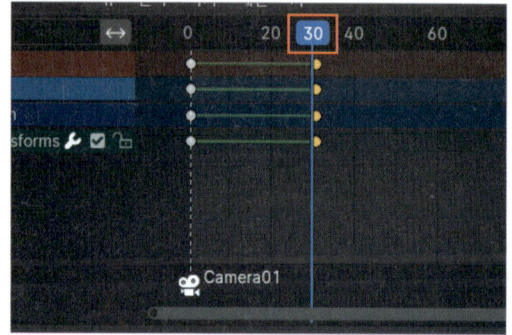

03 Camera02로 변환하기

Step

아웃라이너에서 **Camera02** 오른쪽에 있는 녹색 카메라 모양 아이콘을 선택합니다. 이 때 프레임을 이동하면 **Camera01** 시점으로 되돌아가므로 주의합니다(**Camera01**의 마커를 추가했기 때문입니다). **Camera01**과 마찬가지로 이 카메라에도 키 프레임이 설정되어 있습니다.

기본 설정에서는 **Camera01**이 전체를 촬영(롱샷)하는 것과 비교해 **Camera02**는 캐릭터 가까이에서 상반신을 촬영(바스트샷)하는 구도입니다. 이렇게 이전 컷과 다음 컷의 레이아웃을 크게 변화시킴으로써 영상에 완급이 생깁니다. 그리고 **Camera02**는 **삼분할법**이라는 방법을 사용해 캐릭터와 배경을 배치했습니다.

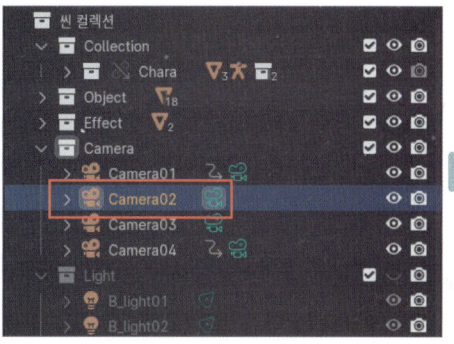

Column

삼분할법이란?

삼분할법은 화면의 가로와 세로를 각각 삼분할 하고, 그 선이나 교점에 보이고자 하는 대상을 배치하는 매우 자주 사용되는 구도를 잡는 방법입니다. 선과 선이 만나는 교점은 시청자의 시선이 쉽게 모일 수 있는 위치이기 때문에 여기에 주목하도록 할 대상을 배치하면 효과적입니다. 블렌더는 삼분할선을 표시할 수 있는 기능을 제공합니다. 여기에 관해서는 뒤에서 설명합니다.

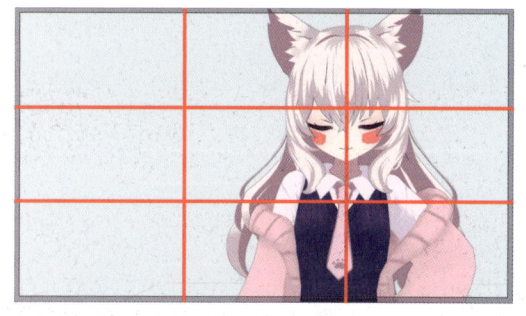

04 마커에 카메라를 결속하기

Step

Camera0에 마커를 추가합니다. **30**번째 프레임에 있는 것을 확인하고 도프시트의 헤더에 있는 **마커**를 클릭합니다. 표시된 메뉴에 있는 **마커에 카메라를 결속(Ctrl+B키)**을 선택합니다. 이제 카메라를 전환할 수 있습니다.

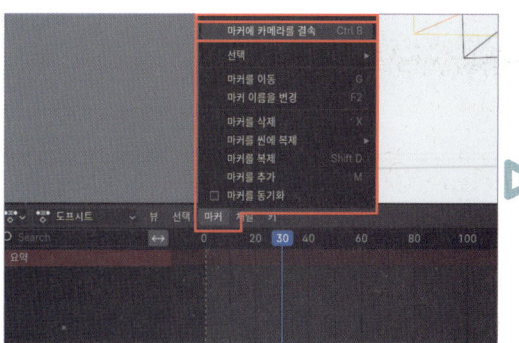

세 번째 카메라 ~시청자의 시선을 유도한다~

여기에서는 삼분할법을 사용해 시청자의 시선을 자연스럽게 유도합니다. 가장 먼저 캐릭터를 화면 왼쪽(삼분할의 왼쪽 선 위)에 배치합니다. 이것은 시선이 쉽게 모이는 위치에 캐릭터를 놓음으로써 시청자가 어디에 주목하면 좋을지 명확하게 하기 위한 것입니다. 다음으로 캐릭터가 앞으로 걸어가 화면 중앙으로 향하게 함으로써 시청자의 시선을 중앙으로 모읍니다. 그 뒤, 캐릭터가 한 바퀴 회전하는 움직임 중에 다음 카메라(네 번째 카메라)로 전환합니다(이 전환은 다음 단계에서 설명합니다). 네 번째 카메라는 캐릭터가 한 바퀴 회전한 뒤 포즈를 취하는 중요한 씬이므로 이 컷으로 매끄럽게 연결되도록 시청차의 시선을 중앙으로 모아야 합니다. 이렇게 카메라 워크를 만들 때는 항상 시청자의 눈을 유도하는 선을 고려해야 합니다.

이전 컷

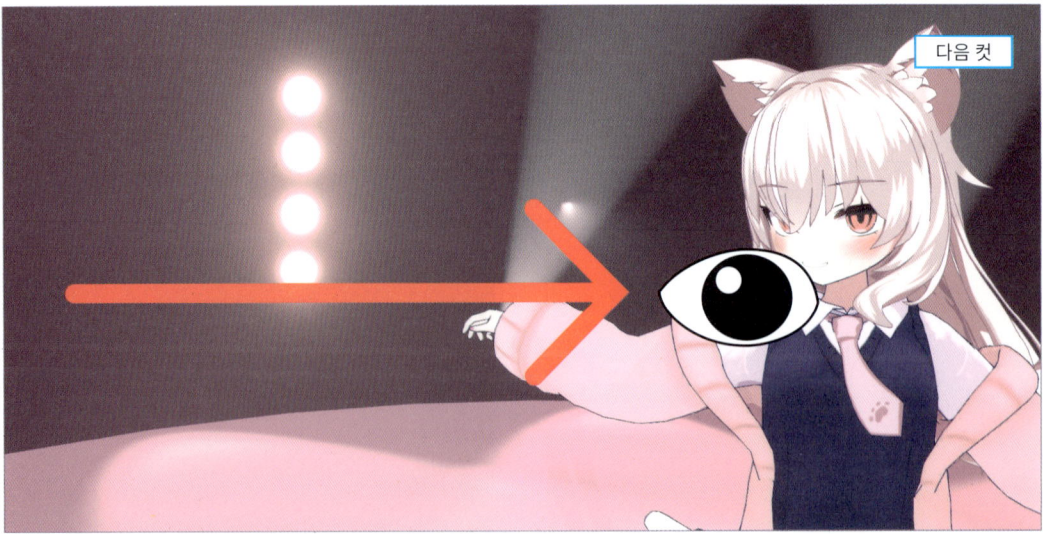

다음 컷

NG의 예입니다. 이전 컷에서 캐릭터가 화면 왼쪽 끝에 위치하고, 다음 컷에서는 오른쪽 끝으로 이동하는 경우, 시청자는 왼쪽 끝에서 오른쪽 끝으로 시선을 움직여야만 합니다. 특별한 의도가 있어 이런 움직임을 사용했다면 제 없지만, 특별한 이유가 없다면 저 시청자에게 불필요한 스트레스를 줄 뿐입니다.

이전 컷

다음 컷

OK의 예입니다. 이전 컷에서는 캐릭터가 카메라 중앙에서 한 바퀴 회전합니다. 다음 컷에서는 레이아웃에 변화를 주면서, 회전하고 있는 캐릭터를 다시 중앙에 배치합니다. 이렇게 하면 시청자의 시선이 자연스럽게 중앙에 모이고, 시선을 크게 이 동시키지 않아도 되므로 시청자에게 스트레스를 주지 않습니다. 시선을 유도하는 선을 매끄럽게 연결하는 방법을 **액션 연 결하기**라 부릅니다.

01
Step
63번째 프레임으로 이동하기
먼저 도프시트에서 컷이 전환되는 **63**번째 프레임 으로 이동합니다.

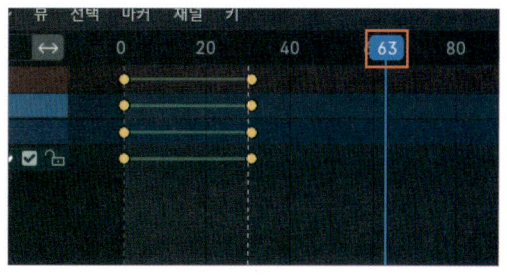

02 Camera03으로 변경하기

다음으로 아웃라이너에서 **Camera03** 오른 쪽의 녹색 카메라 모양 아이콘을 클릭해 이 카메라 시점으로 전환합니다. 이 때 프레임을 이동 하면 **Camera02** 시점으로 돌아가므로 주의합니다 (**Camera02** 마커를 추가했기 때문입니다).

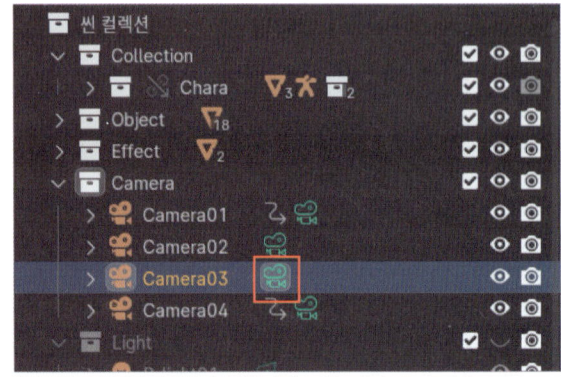

03 마커에 카메라를 결속하기

도프시트의 헤더에 있는 **마커**를 클릭하고 **마 커에 카메라를 결속**(Ctrl+B키)을 선택합니다. 도프시트 위에 **Camera03**이라는 마커가 추가되는 것 을 확인합니다.

04 오브젝트 데이터 프로퍼티스 표시하기

다음은 캐릭터 배치나 카메라의 움직임을 결 정할 때 기준이 되는 삼분할선을 표시합니다. **Camera03**의 프로퍼티스 → **오브젝트 데이터 프로퍼 티스**를 클릭하고 **뷰포트 표시** 패널을 엽니다. 이 메뉴 는 카메라 오브젝트의 크기(**크기**에서 조정 가능)나 카메 라의 Passepartout 표시 방법(**Passepartout**을 활성화 해 수치를 조정) 등을 결정할 수 있는 항목입니다.

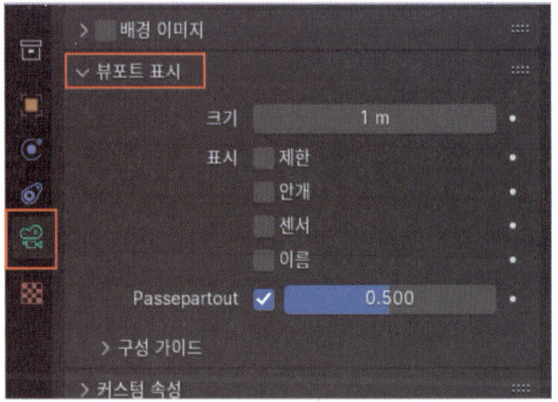

05 삼분할 활성화하기

Step

이 패널 안에 있는 **구성 가이드**를 클릭하면 카메라
에 선을 표시하는 여러 항목이 표시됩니다. 이 중에
서 **삼분할**을 활성화합니다.

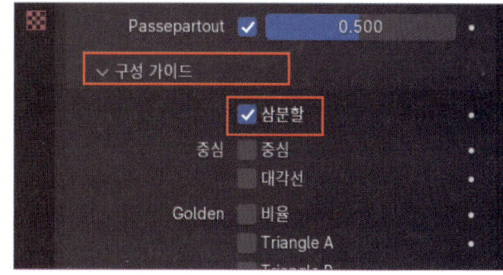

Camera03에 삼분할이 표시됩니다. 샘플 데이터에서는 미리 선과 선이 교차하는 점에 캐릭터가 배치되어 있습니다. 레이
아웃이 고민될 때는 이 삼분할을 참고로 하면 좋을 것입니다. 덧붙여 **Camera03**의 레이아웃의 의도는 캐릭터가 스포트라
이트를 받고 있는 스테이지 전체의 상태를 보이는 것에 있습니다. 그리고 스테이지 중앙에서 캐릭터가 한 차례 회전하는 모
습을 시청자에게 알기 쉽게 전달하기 위해 카메라를 하이 앵글로 설정했습니다.

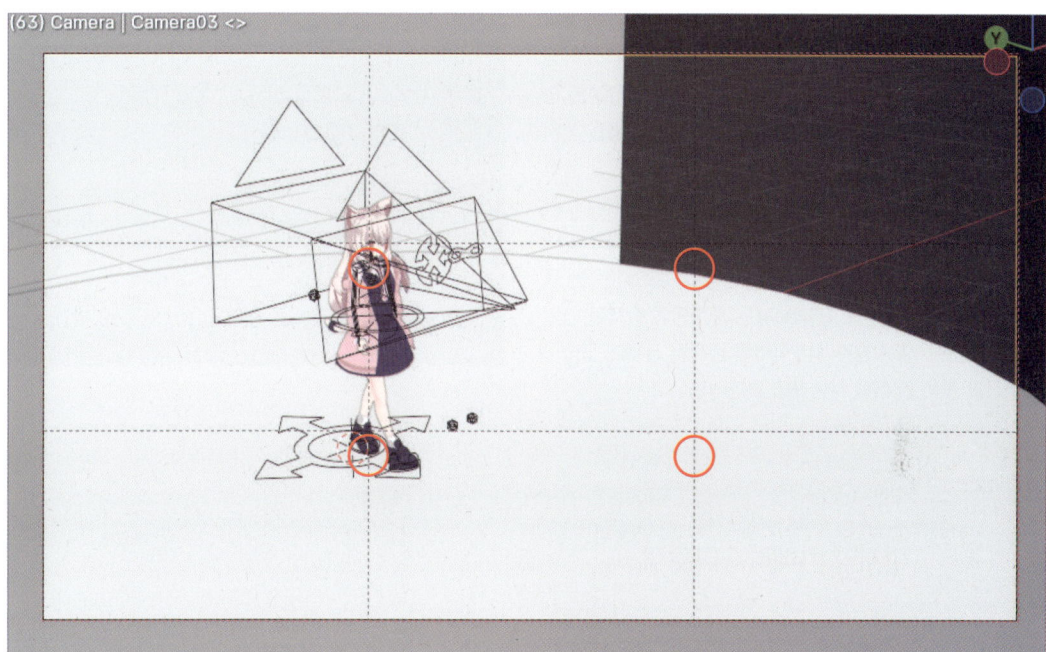

06 63번째 프레임에 키 프레임 삽입하기

Step

카메라가 멈추어 있으면 활동감이 줄어들므로 키
프레임을 삽입해 카메라를 움직입니다. **Camera03**
가 선택되어 있는 것과 **63**번째 프레임에 있는 것을 확인합
니다. 3D 뷰포트 위에서 I키(메뉴를 표시하지 않고 키 프레임을
빠르게 삽입하는 단축키)를 눌러 키 프레임을 삽입합니다. 여기
에서 키 프레임을 삽입하지 않으면 다음 단계에서 수치를 입
력할 때(또는 카메라를 움직일 때) 자동으로 키 프레임이 삽입
되지 않으므로 주의합니다.

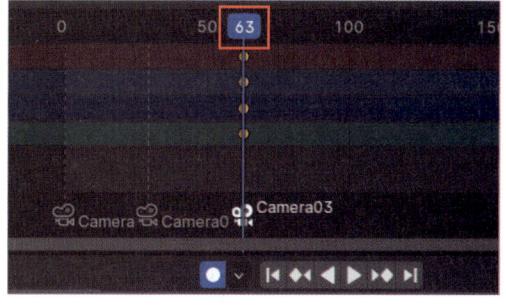

07 103번째 프레임에 키 프레임 삽입하기

Step 103번째 프레임으로 이동했다면 **사이드바**(N키) → **항목** 탭 → **변환** 패널에서 위치 X에 **-2.18**, 위치 Y에 **-5.3**, 위치 Z에 **2.2**를 입력합니다. 계속해서 회전 X에 **72**, 회전 Y에 **0.5**, 회전 Z에 **-27**을 입력합니다.

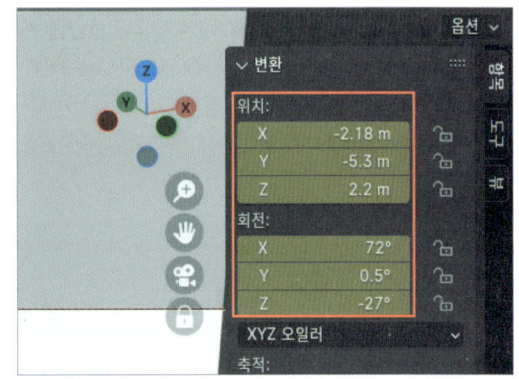

08 키 프레임 보간하기

Step 63 과 103 번째 프레임에 삽입된 키 프레임을 마우스 좌클릭 드래그로 함께 선택합니다. **T키**(키 프레임 보간의 단축키)를 누르고 **Linear**를 선택해 카메라가 같은 속도로 움직이게 합니다. 카메라의 움직임의 보간 방법을 선택할 때 **Bezier** 또는 **Linear** 중 하나를 사용할지는 연출 목적에 따라 바꿉니다. **Bezier**는 부드럽게 속도가 증가하고, 다시 천천히 속도가 감소하는 완급이 있는 움직임이 되므로 액션 씬이나 드라마틱한 씬, 캐릭터의 감정을 강조하는 씬 등에 사용하면 효과적입니다. **Linear**는 움직임의 속도가 균일하므로 잔잔한 씬, 시청자에 캐릭터의 움직임 자체에 집중하도록 하고 싶은 씬 등에 사용하면 효과적입니다.

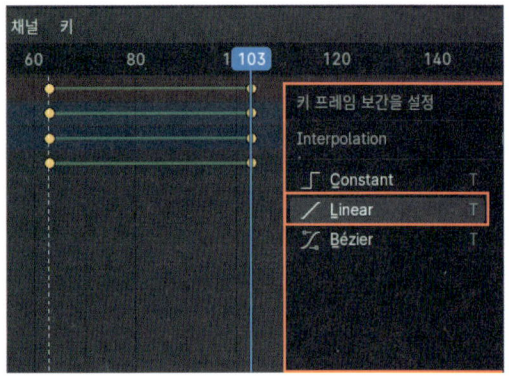

2 - 5 마지막 카메라 ~마무리~

마지막 카메라(Camera04)에 관해 설명합니다. 가장 먼저 카메라는 캐릭터에서 천천히 멀어집니다. 다음으로 캐릭터가 하트 모양 포즈를 취하는 시점에서 카메라가 한 번에 물러나 화면 가득히 하트 이펙트가 표시됩니다. 이 카메라의 움직임은 하트의 임팩트를 시청자에게 강한 인상을 주는 목적입니다. 복잡한 카메라 워크이므로 키 프레임은 미리 설정해 두었습니다.

01 104번째 프레임으로 이동하기

Step 도프시트에서 컷을 전환하는 **104**번째 프레임으로 이동합니다.

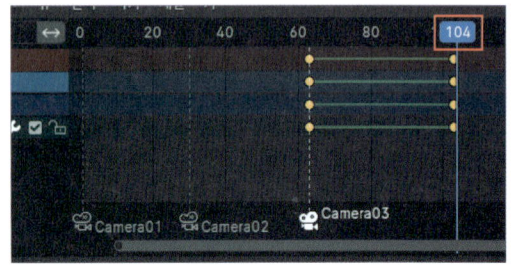

02 Camera04로 변경하기

Step 아웃라이너에서 **Camera04** 오른쪽
에 있는 녹색 카메라 모양 아이콘을
클릭합니다.

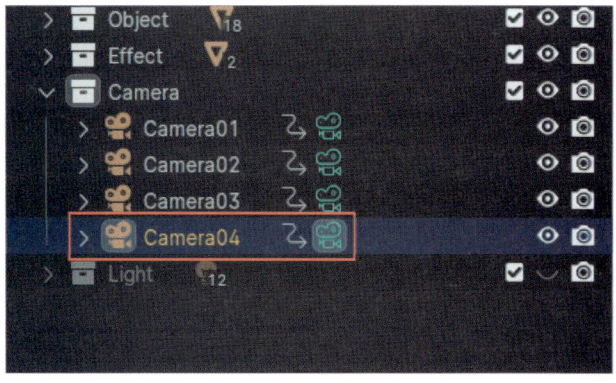

03 마커에 카메라를 결속하기

Step 도프시트의 헤더에 있는 **마커**에서 **마커에 카**
메라를 결속(Ctrl+B키)을 선택합니다. 도프시
트 아래 **Camera04** 라는 마커가 추가되는 것을 확인
합니다.

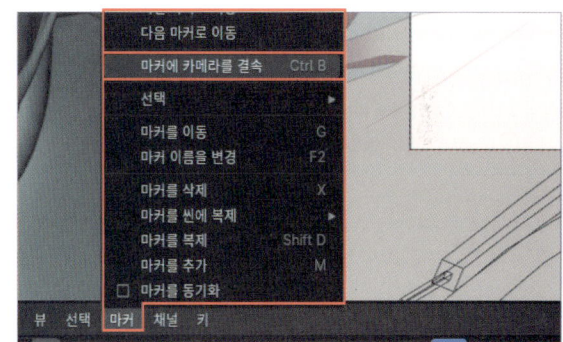

04 초점의 길이 확인하기

Step **Camera04**의 설정에 관해 설명합니다. 키
프레임을 인해 보면 82번째 프레임에 키 프
레임이 삽입되어 있습니다. 컷을 전환하기 전부터 키
프레임을 삽입함으로써 카메라의 움직임이 도중에 끊
어지지 않고 매끄럽게 연결됩니다.

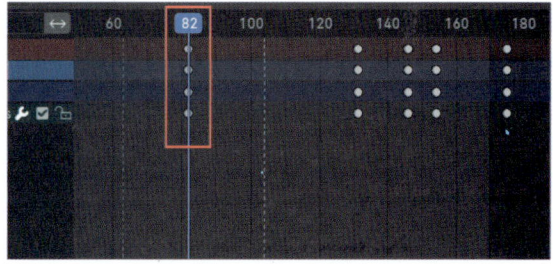

Camera04에서는 초점의 길이를 **30**으로 설정했습니
다(프로퍼티스 → **오브젝트 데이터 프로퍼티스** → **Lens** 패널
의 **초점의 길이**). 광각 렌즈에 가깝기 때문에 애니메이션
화면에 원근감이 강조되고 박력이 있는 연출을 더할
수 있습니다.

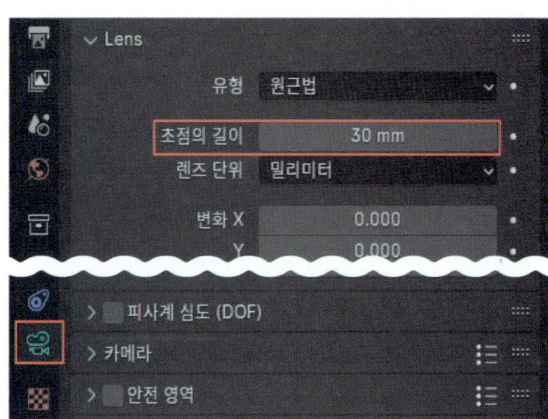

05 Line 컬렉션 활성화하기

Step

확인을 마쳤다면 마지막으로 동영상을 렌더링합니다. 먼저 오른쪽 위에 있는 아웃라이너에서 **Line** 컬렉션의 **뷰포트에서 제외**를 활성화해 아웃라인을 표시합니다.

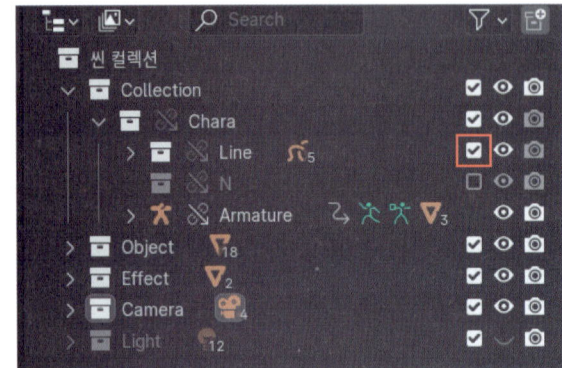

06 출력 프로퍼티스 설정하기

Step

프로퍼티스 → **출력 프로퍼티스** → **출력** 패널 안의 **출력 위치**에서 저장 위치를 지정합니다. 파일 형식은 **FFmpeg Video** 를 지정하고, **인코딩** 패널 오른쪽 아래 아이콘에서 **H264 in MP4**를 선택합니다.

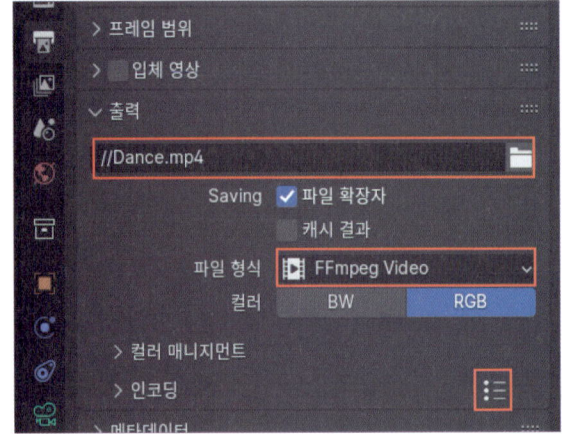

07 애니메이션 렌더링 하기

Step

톱 바에 있는 **렌더** → **애니메이션을 렌더** (**Ctrl+F12키**)를 클릭합니다. 이상으로 애니메이션의 카메라 워크에 관한 설명을 마무리합니다. 덧붙여 카메라 워크를 고려할 때는 먼저 그림 콘티(애니메이션을 만들 때 레이아웃이나 움직임 등을 결정하는 설계도)를 만들면 작품의 흐름을 쉽게 정리할 수 있습니다. 흥미가 있는 분들은 그림 콘티에 관해서도 조사해 보기 바랍니다.

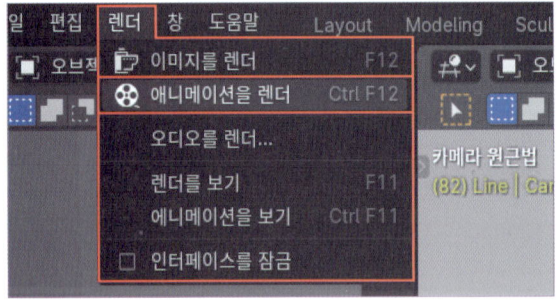

피사계 심도에 관해

피사계 심도depth of field, DOF는 카메라 관련 전문 용어로 **초점이 맞게 보이는 범위의 깊이**를 의미합니다. 블렌더에서는 카메라에 피사계 심도를 설정할 수 있습니다. 먼저 대상 카메라를 선택하고 오른쪽 프로퍼티스 → **오브젝트 데이터 프로퍼티스**를 클릭합니다. 다음으로 **피사계 심도 (DOF)** 패널 왼쪽의 체크 박스에 체크하면 해당 카메라에서 피사계 심도를 활성화합니다. 초점을 맞추고 싶은 오브젝트를 설정하려면 **오브젝트에 초점** 옆에 있는 스포이트 앙 아이콘을 클릭하고 대상 오브젝트를 선택합니다. 조리개 패널 안에 있는 F-정지 수치를 작은 값으로 설정하면 초점이 는 범위가 좁아지고(깊이가 얕아지고) 배경 흐림이 강조됩니다. 그 밖의 설정도 있지만, 먼저 **F-정지**부터 조정하는 것이 좋습니다.

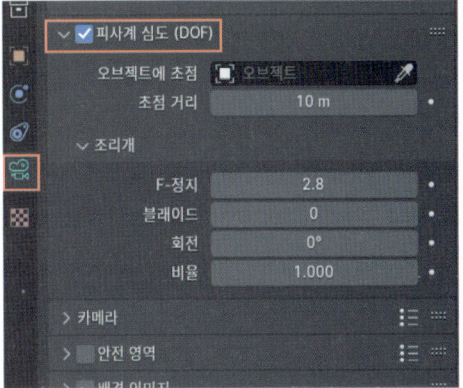

오브젝트에 초점을 캐릭터의 body로 설정하고, F-정지 를 0.2로 설정했을 때의 이미지입니다.

그리고 블렌더 4.2 이후부터는 **초점 거리**(초점을 맞춘 오브젝트가 선택되지 않은 경우, 초점까지의 거리를 가리키며 배경 흐림의 정도를 조정할 수 있습니다) 오른쪽에 스포이트가 추가되었습니다. 이 스포이트를 사용하면 간단하게 해당 오브젝트까지의 초점의 길이를 설정할 수 있습니다.

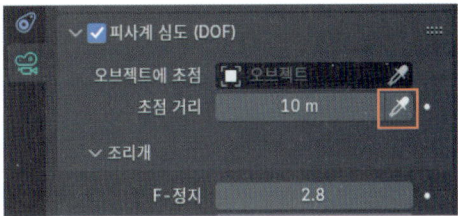

Column

단순화에 관해

각 오브젝트에 **섭디비전 표면**(형태를 부드럽게 만드는 기능)이라는 모디파이어(비 파괴 변형)를 여럿 적용하면 영상의 움직임이 무거워질 수 있습니다. 이 때는 **단순화** 기능을 사용하면 편리합니다,. 화면 오른쪽 프로퍼티스 → **렌더 프로퍼티스**를 클릭한 뒤 **단순화** 패널을 확인합니다. 해당 패널의 체크 박스에 체크를 하면 단순화를 적용할 수 있습니다. 다음으로 **최대 섭디비전** 설정이 있습니다. 이 설정은 섭디비전 표면을 세세하게 나누는 정도를 정하는 항복입니다. **뷰포트** 패널은 작업 시의 화면 설정, **렌더** 패널은 렌더링 시의 설정입니다. 기본적으로 **뷰포트** 패널의 최대 섭디비전은 **0**, **렌더** 패널의 최대 섭디비전은 최대로 설정하는 것이 좋습니다.

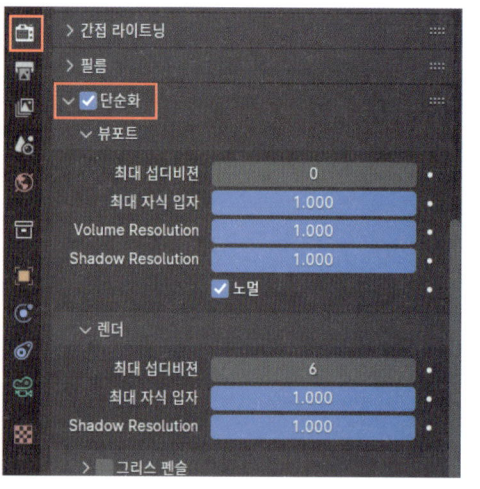

Column

'씬과 '뷰 레이어'에 관해

3D 뷰포트 위의 공간은 **씬**scene 이라 부릅니다. **씬**은 3D 뷰포트 오른쪽 위에서 만들거나 복제할 수 있으며, 각 씬은 독립적으로 작업을 진행할 수 있습니다. 예를 들면 렌더링 할 때 필요한 오브젝트만 새로운 씬에 모아 렌더링 시간을 줄일 수 있습니다. 왼쪽의 **연결할 씬을 찾아보기**에서 만든 씬으로 전환할 수 있습니다. 그리고 오른쪽의 **새로운 씬**을 클릭하면 아래 메뉴가 표시되며, 이 메뉴를 사용해 설정을 변경할 수 있습니다.

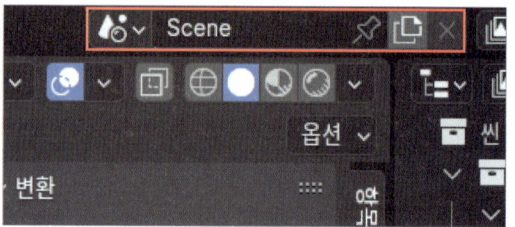

새로운	아무것도 없는 빈 씬을 만듭니다.
Copy Settings	렌더링 설정을 이어 받은 빈 씬을 만듭니다.
Linked Copy	씬을 복사합니다. 오브젝트는 연결되어 있으며 쪽을 편집하면 다른 한쪽에도 반영됩니다.
Full Copy	씬을 완전 복사합니다. Linked Copy와 달리 각 오브젝트는 독립적입니다.

씬 오른쪽에 있는 **뷰 레이어**view layer 기능은 오브젝트나 컬렉션 표시/숨기기, 일괄 선택 전환 수행 등의 편리한 기능을 제공합니다. 오른쪽 아이콘 **뷰 레이어를 추가**를 클릭하면 표시되는 메뉴에서 **새로운**을 클릭하면 새 뷰 레이어를 만들 수 있습니다. 그리고 왼쪽 항목에서 만든 뷰 레이어로 전환할 수 있습니다. 작업 효율을 높이고 싶을 때 꼭 활용해 보기 바랍니다.

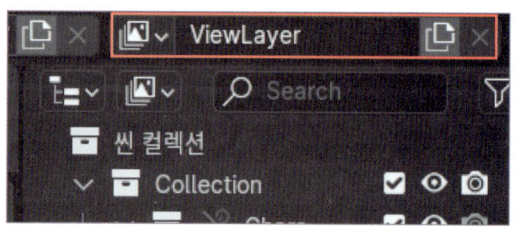

리그 애드온에 관해

3

여기에서는 효율적으로 리그를 만들 수 있는 애드온(기능을 추가한 것)을 소개합니다. 이 책에서 사용한 리그는 초심자분들도 간단히 만들 수 있도록 필자가 단순한 구조로 만든 것입니다. 하지만 보다 본격적인 리그를 사용해 캐릭터를 움직이고 싶을 때는 블렌더에 표준 탑재되어 있는 **Rigify**를 도입하는 것이 좋습니다.

3-1 Rigify

블렌더의 애드온에는 **Rigify**라는 리그 생성 기능이 있습니다. 이 애드온은 사람 뿐만 아니라 동물의 아마튜어도 만들 수 있으며, 그에 더해 IK와 FK 전환이 가능한 고성능의 리그도 만들 수 있습니다, 여기에서는 샘플 데이터의 **Rigify** 폴더에 있는 **Rig.blend**를 사용하면서 리그를 만듭니다.

01 환경 설정 열기

Step

먼저 애드온을 설치합니다. 블렌더 파일 **Rig.blend**를 열고, 화면 위쪽에 있는 **톱 바 → 편집 → 환경 설정**을 클릭합니다.

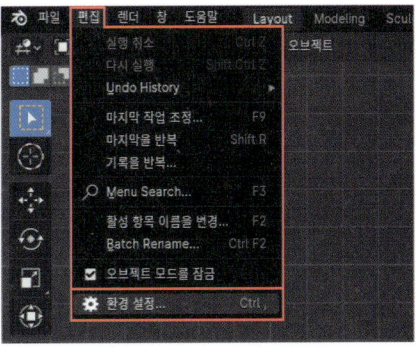

02 애드온 활성화하기

Step

다음으로 왼쪽 메뉴 → **애드온❶**을 선택합니다. 애드온 목록이 표시됩니다. 오른쪽 위 검색창❷에서 대상 애드온을 찾을 수 있습니다. 여기에 **rig**라고 입력하면 애드온 **Rigify**가 표시됩니다. 왼쪽 체크 박스❸를 활성화하면 애드온을 활성화할 수 있습니다.

Column

블렌더 4.2 이후의 환경 설정 메뉴에 관해

왼쪽 메뉴에서 **애드온❶**을 선택하고 위쪽 검색창❷에서 **rig**라고 입력하면 **Rigify**가 표시됩니다. 왼쪽 체크 박스❸에 체크하면 애드온을 활성화할 수 있습니다.

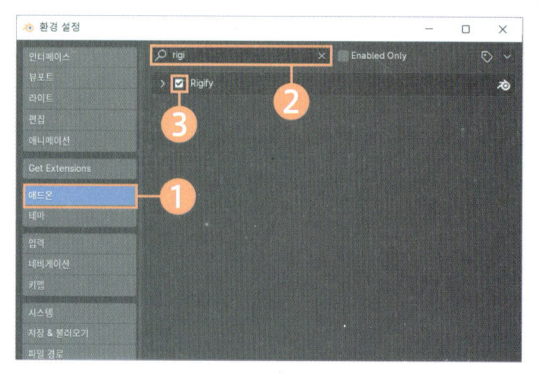

---

03 아마튜어 추가하기

Step

오브젝트 모드인 것을 확인한 뒤 화면 위쪽 헤더에서 **추가(Shift+A키)** → **아마튜어** → **Human(Meta-Rig)**을 클릭합니다.

MEMO

Meta-Rig는 애니메이션에서 직접 사용하는 리그가 아니라 리그를 만들기 위해 본을 배치하는 역할을합니다. 따라서 Meta-Rig 자체에서 스키닝(메쉬와 본을 연결하는 작업)을 수행하지 않습니다. 스키닝은 Meta-Rig를 기반으로 생성된 최종 리그의 변형용 본을 사용하여 실시합니다.

04 아마튜어를 앞에 표시하기

Step

아마튜어가 메쉬와 겹쳐 잘 보이지 않으므로 아마튜어를 가장 앞에 표시합니다. 먼저 아마튜어가 선택되어 있는 것을 확인합니다(아마튜어를 추가한 직후에는 선택된 상태이지만, 만약 선택을 해제했다면 아웃라이너 안에서 **metarig**를 클릭해 선택합니다). 다음으로 프로퍼티스 → **오브젝트 데이터 프로퍼티스**(사람 모양 아이콘)을 클릭합니다. **뷰포트 표시** 패널에서 **앞에 표시** 항목을 활성화하면 아마튜어가 메시보다 앞에 표시됩니다. 이 아마튜어를 기반으로 고성능의 리그를 만듭니다.

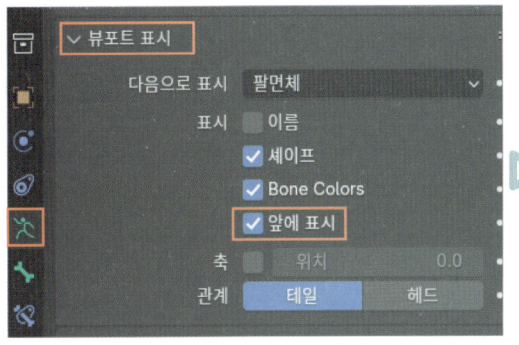
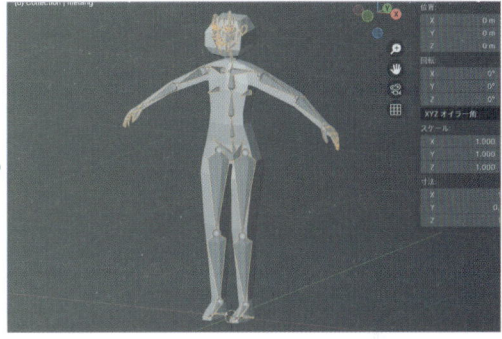

05 본 조작 복습하기

Step

본 조작에 관해 설명합니다. 아마튜어를 선택한 상태에서 왼쪽 위 모드를 **에디트 모드**로 변경하면 본을 변형, 추가, 삭제할 수 있는 모드가 됩니다(**포즈 모드**는 포즈나 애니메이션을 만들기 위한 모드입니다). 아마튜어를 만든 모델의 형태에 맞추고 싶을 때는 **에디트 모드**에서 본을 편집합니다. 그리고 3D 뷰포트 오른쪽 위에 있는 **오버레이를 표시**(Alt+Z키)를 활성화하면 본이 투과해 표시됩니다. 필요에 따라 전환하면서 사용하면 좋습니다. 여기에서는 본은 변형하지 않지만, 단축키만 소개합니다.

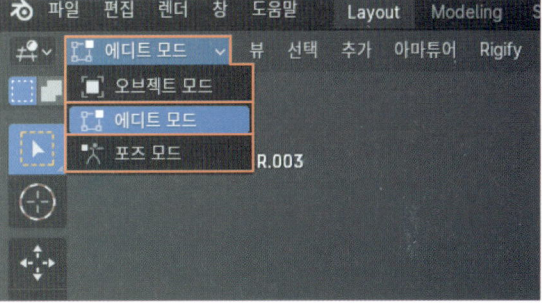

본 이동	**G키**
본 회전	**R키**
본 축적	S키
본 복제	Shift+D키
본 늘림	E키
본 삭제	**X키**

3D 뷰포트 오른쪽 위의 **X**를 활성화하면 본을 좌우 대칭으로 변형할 수 있으므로 이 기능도 필요에 따라 전환하며 사용합니다.

리그를 만들기 전에 주의하자

여기에서는 리그를 만들기 전에 주의할 점에 관해 설명합니다.

◻ 신체 중앙의 본의 X축 수치는 0으로 설정한다

신체 중앙에 있는 본의 X축 수치가 0 으로 되어 있는
지 확인합니다. 이 확인은 **사이드바**(N키) → **항목** 탭 →
변환 패널에서 할 수 있습니다. 패널 안에 표시되어 있
는 본의 헤드(밑동)과 테일(끝)의 X축 값이 0이 아닌 값
일 경우, 본의 위치가 어긋난 리그가 생성되므로 주의
합니다.

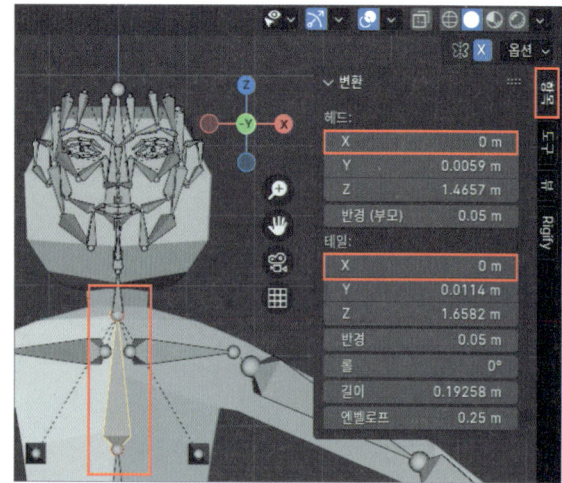

◻ 부모 설정은 변경하지 않는다

본의 부모 설정은 기본적으로 변경하지 않습니다. 부
모는 본을 부모와 자식으로 나누어, 부모 본의 움직
임에 맞춰 자식이 움직이도록 하는 구조입니다. 예를
들면 본이 연결되어 있지 않은 위치를 **Ctrl+P키**(부모
를 만드는 단축키)로 연결하거나, 연결을 해제하기 위해
Alt+P키(부모를 해제하는 단축키)를 사용하면 리그를 생
성할 때 에러가 발생합니다. 부모 설정은 프로퍼티스
→ **본 프로퍼티스** → **관계** 패널에 있는 **부모** 항목(이 안
에 있는 본이 부모가 됩니다)에서 확인할 수 있습니다. 이
항목의 설정은 가급적 변경하지 않습니다.

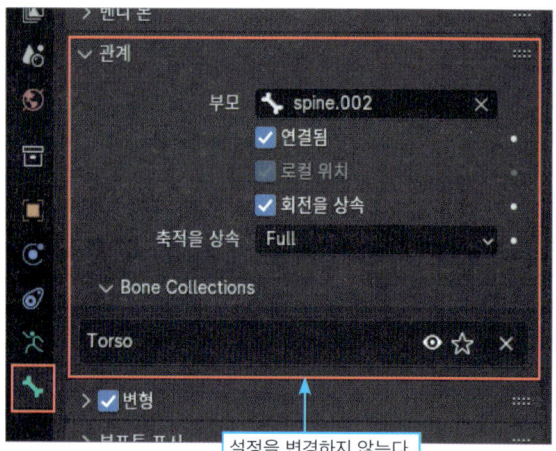

설정을 변경하지 않는다.

◘ 원래 겹쳐져 있던 본의 관절은 떨어지지 않게 한다

본을 이동(**G키**) 또는 회전(**R키**)할 때 원래 겹쳐져 있던 본의 관절이 떨어지면 리그를 생성할 때 에러가 발생합니다❶. 이를 방지하기 위해서는 3D 뷰포트의 헤더에 있는 스냅을 활성화 하고❷ Snap To를 버텍스 로 설정합니다. 다음으로 본의 관절끼리 겹쳐진 상태에서 이동합니다❸.

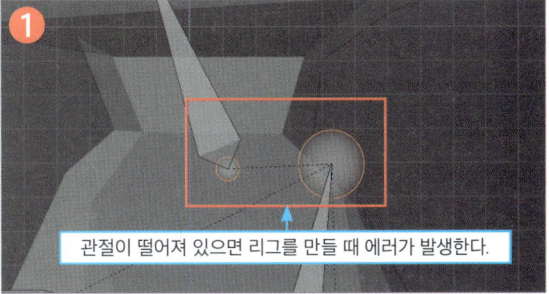

관절이 떨어져 있으면 리그를 만들 때 에러가 발생한다.

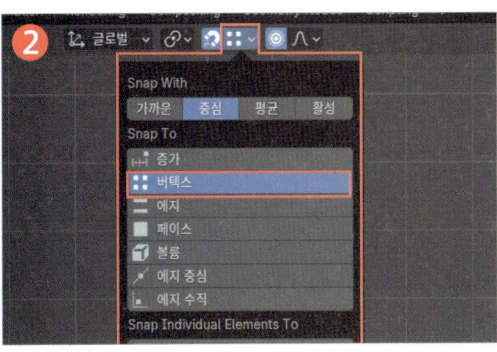

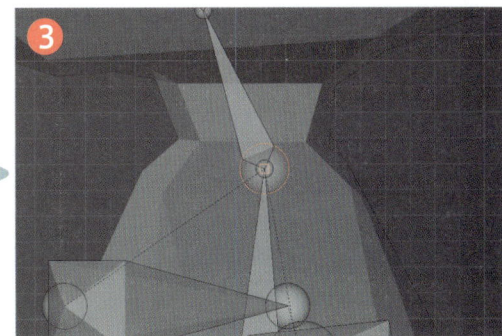

본을 삭제할 때 주의할 점

Rigify를 사용해 리그를 만들 때, 실수로 필요한 본을 삭제하면 리그가 올바르게 생성되지 않으므로 주의해야 합니다. **Rigify**는 사전에 설정된 템플릿의 본 구조를 기반으로 리그를 만드는 구조이기 때문에, 설정된 본이 없으면 에러가 발생하거나 기대한 리그가 만들어지지 않습니다.

단, 얼굴면에 있는 여러 본과 머리 부분의 본 내부에 있는 작은 본, 허리에 있는 대각선 방향의 2개의 본은 삭제해도 괜찮습니다.

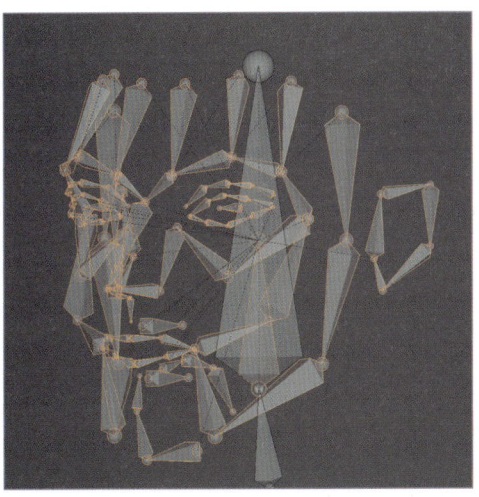

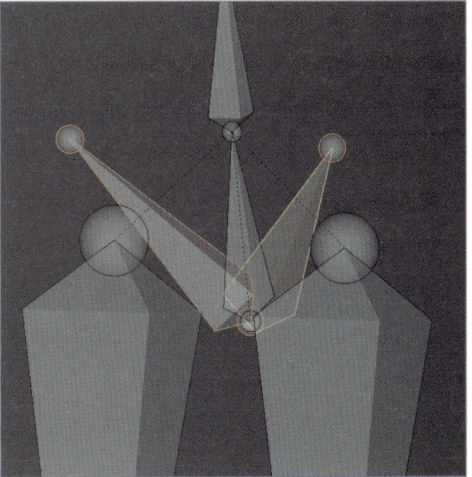

그림에서 선택되어 있는 본은 삭제해도 좋습니다, 얼굴면의 여러 본 뿐만 아니라 머리 부분의 본 내부에 있는 작은 본도 삭제해야만 에러가 발생하지 않고 리그가 만들어지므로 주의합니다.

3-3 리그를 생성하자

01 리그 생성하기

Step

이 리그를 기반으로 고성능의 리그를 생성합니다. 아마튜어가 선택되어 있는 것을 확인하고 프로퍼티스 → **오브젝트 데이터 프로퍼티스** → **Rigify** 패널 안에 있는 **Generate Rig**를 클릭합니다 (블렌더 4.2 이후에는 **Generate Rig**를 클릭합니다).

Column

리그를 생성하기 전에 리그의 변환을 적용하자

오브젝트 모드에서 리그를 선택하고 **축적(S키)** 등을 사용해 변형한 상태에서 **Generate Rig**를 클릭하면 리그가 올바르게 생성되지 않습니다. 리그를 생성하기 전에 **오브젝트 모드**에서 리그를 선택하고 3D 뷰포트 위쪽에 있는 **오브젝트 → 적용(Ctrl+A키) → 모든 변환**을 실행합니다. 이 기능을 실행하면 오브젝트의 변형값이 기본값이 되고, 리그가 올바르게 생성됩니다.

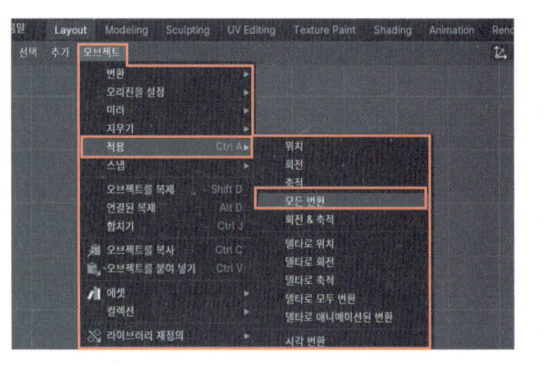

---

rig라는 이름의 아마튜어가 새롭게 만들어집니다. 이 리그와 모델을 연결해 움직일 수 있게 만듭니다.

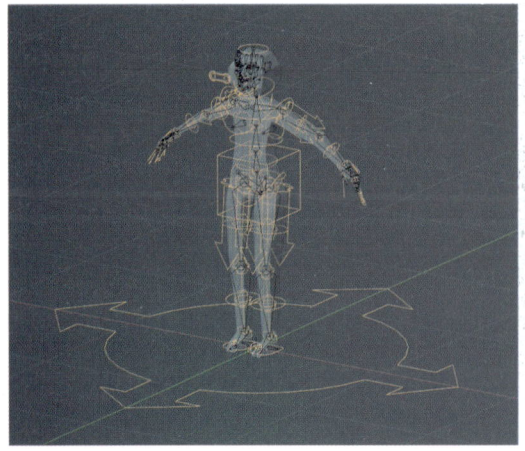
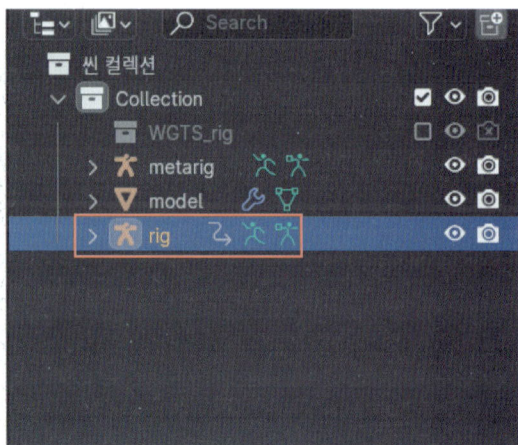

02 metarig 숨기기

Step

생성 전 리그인 **metarig**는 아웃라이너에서 숨기기(눈동자 모양 아이콘을 클릭)합니다. 이 리그를 남겨두어야 이후 고성능 리그를 수정해 생성할 수 있으므로 삭제하지 않고 숨기는 것을 권장합니다(**metarig**를 선택하고 .프로퍼티스 → **오브젝트 데이터 프로퍼티스** → **Rigify** 패널에 있는 **Re-Generate Rig**를 클릭하면 리그를 다시 생성할 수 있습니다).

03 본 숨기기

Step

앞에서 생성한 고성능 리그는 생성한 시점에는 모든 본이 표시되어 있어, 매우 시인성이 낮습니다. 이를 정리하기 위해 필요한 본만 표시합니다. 아웃라이너에서 생성된 **rig**가 선택되어 있는 것을 확인하고, **사이드바**(N 키) → **항목** 탭에서 **Rig Layers** 패널을 엽니다. 이 패널에서는 각 본의 표시/숨기기를 관리할 수 있습니다. 이 패널 안에 있는 **(Tweak)**은 본의 위치를 조정할 수 있지만, 일반적으로는 많이 사용하지 않으므로 클릭해서 숨기기 합니다.

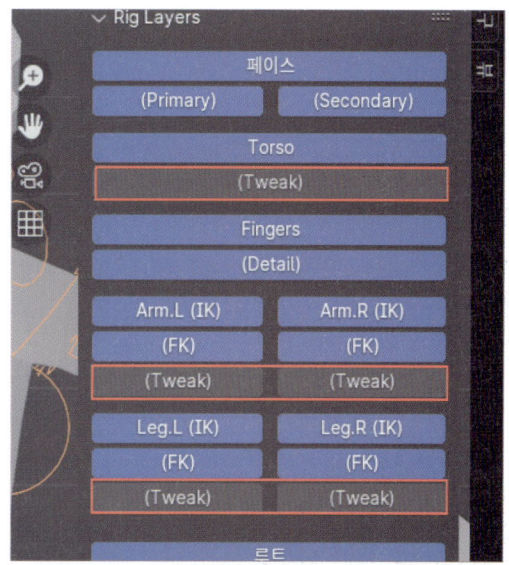

이 본의 표시/숨기기 전환은 프로퍼티스 → **오브젝트 데이터 프로퍼티스** → **Bone Collections** 패널에서도 동일하게 조작할 수 있습니다(눈동자 아이콘 클릭).

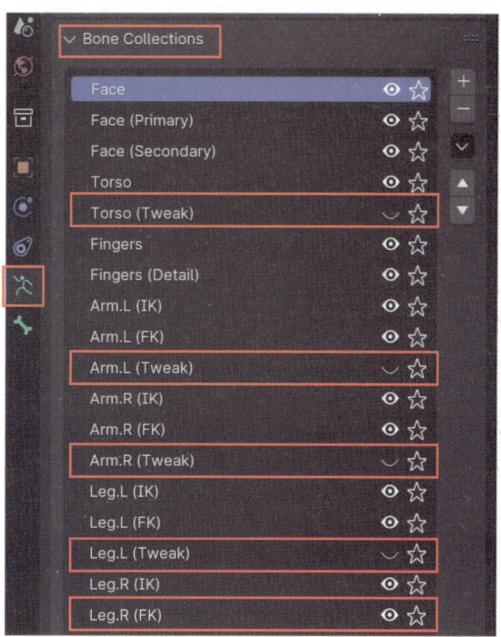

04
본 추가 및 편집 방법

이 고성능 리그에서 본을 추가, 편집하는 방법에 관해 설명합니다. 먼저 프로퍼티스 → **오브젝트 데이터 프로퍼티스** → **Bone Collections** 패널을 엽니다. 그 안에 **DEF** 컬렉션이 있습니다. DEF는 디폼 본deform bone(메쉬 변형용 본)이 저장되어 있는 컬렉션을 의미합니다. 이 컬렉션 오른쪽에 있는 **솔로(별 모양 아이콘)**을 활성화해 디폼 본만 표시합니다

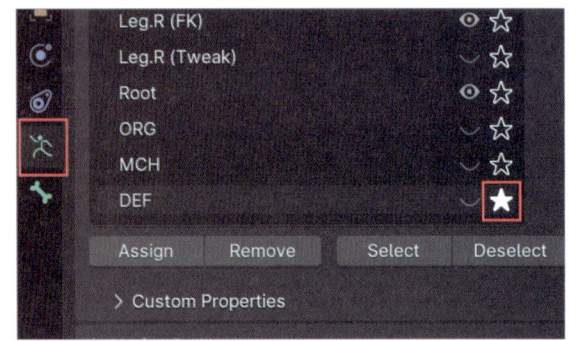

05
에디트 모드로 전환하기

에디트 모드로 전환하면 메쉬를 변형시키는 본이 표시되지 않게 됩니다. 이 상태에서 머리카락이나 스커트 등 추가 본을 만들 수 있습니다 본을 추가할 때는 **DEF** 컬렉션 안에서 작업합니다. 작업을 마쳤다면 **DEF** 컬렉션의 **솔로**를 비활성화합니다.

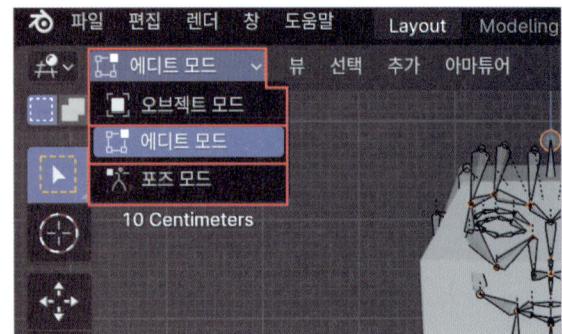

3-4 | 리그를 움직이자

각 본의 움직이는 방법을 설명합니다. 여기에서는 주로 **IK** 관련 본에 관해 설명합니다.

■ 허리 회전하기

허리에 있는 상자 모양 본은 **torso❶**이며 허리를 제어하는 본입니다. 골반 모양의 본은 **hips❷**이며, 상반신은 움직이지 않고 하반신만 움직일 때 사용합니다.

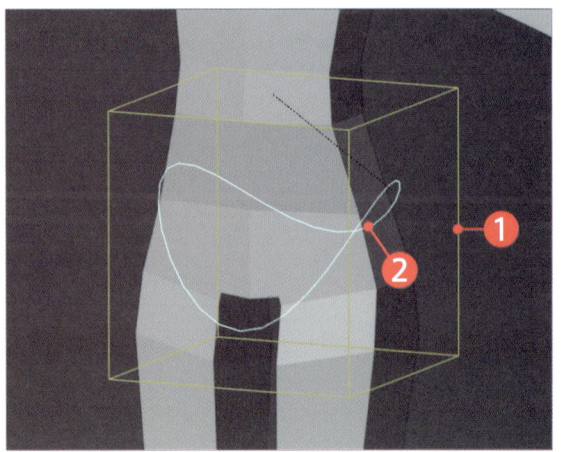

◼ 상반신

상반신에 있는 U자 모양 본은 **chest❶**로 상반신 전체를 제어합니다. 좌우 어깨에 있는 8자 모양의 본은 **shoulder❷**로 어깨의 움직임을 제어합니다. 목에 있는 원 모양의 본은 **neck❸**은 목, 머리에 있는 원 모양의 본은 **head❹**이며 머리를 움직입니다. 가슴에 있는 원 모양의 본은 **breast❺**이며 가슴의 움직임에 대응합니다.

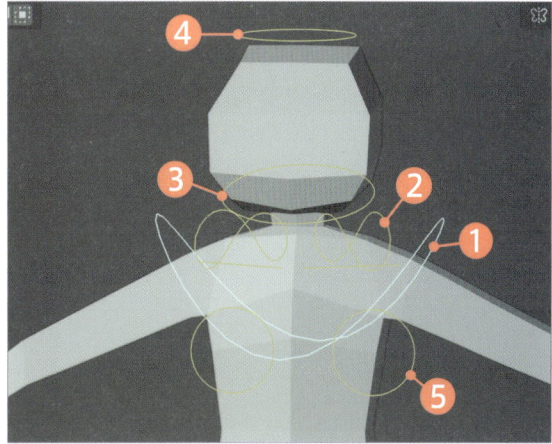

◼ 팔 주변

손 부분에는 **hand_ik❶**라는 본이 있고, 이 본은 팔 전체를 제어합니다. 팔 밑동에는 큰 화살표 모양의 본 **upper_arm_ik❷**가 있고, 이 본은 팔 밑동의 움직임을 제어합니다. 그리고 기어 모양 본인 **upper_arm_parent❸**은 부모에 관련된 것이므로 일반적으로는 사용하지 않습니다. 다리 밑동에 있는 화살표 모양이나 기어 모양 본도 그 역할은 같습니다.

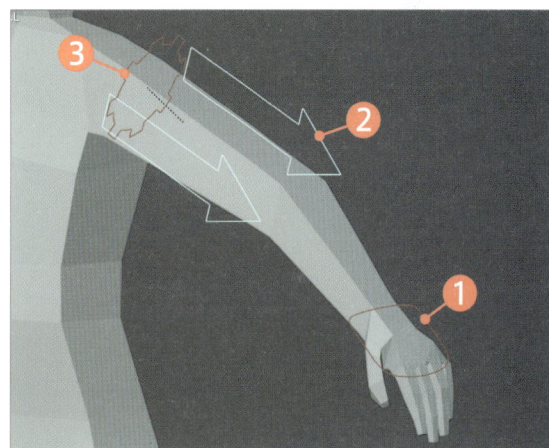

◼ 발끝

발의 본에는 발 전체를 움직이는 **foot_ik❶**가 있으며 이를 조작하면 허벅지와 정강이가 함께 움직입니다. 뒤꿈치 위쪽에 있는 **foot_spin_ik❷**는 **foot_ik**와 비슷하며, 이것을 **회전**(R키)시키면 무릎도 함께 움직입니다. 발끝에는 **toe_ik❸**라는 본이 있고 이를 조작하면 발끝만 움직입니다. 뒤꿈치에 **있는 foot_heel_ik❹**는 뒤꿈치의 움직임을 제어합니다.

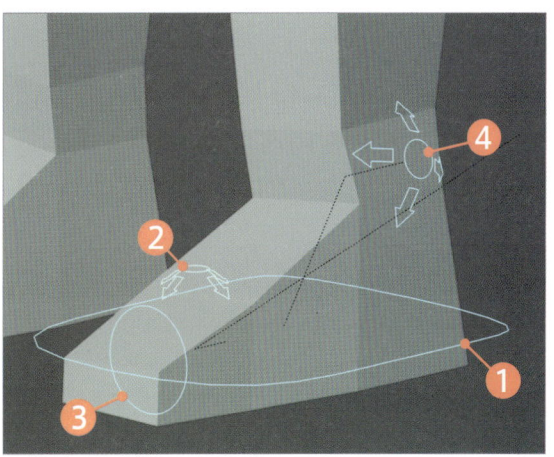

◻ 손/손가락

손가락은 **f_손가락_부위_이름.01_master❶**라는 이름
의 긴 선 모양의 본이 있고, 이것으로 손가락 전체를 제
어합니다. **변환 오리엔테이션**을 **로컬**로 변경하고 **축적
(S키) → Y키** 를 사용해 손가락을 간단하게 구부릴 수 있
습니다. 그리고 새끼손가락 밑동에는 **palm❷**이라는 이
름의 본이 있고 **회전(R키) → Z키**(로컬)을 사용하면 간단
하게 손을 펼 수 있습니다.

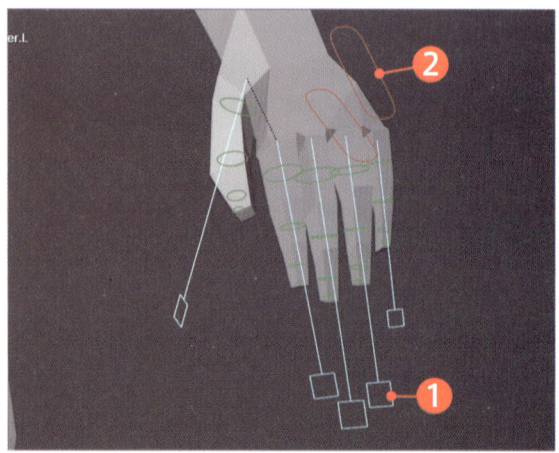

3 - 5   스키닝

아마튜어와 메쉬의 웨이트를 조정하는 **스키닝** 방법에 관해 설명합니다.

◻ 웨이트를 적용하자

자동 웨이트 기능을 사용하여 웨이트를 지정합니다.

01 아마튜어와 메쉬를 연결하자

Step
아마튜어와 메쉬를 연결합니다. 왼쪽 위 모드
를 **오브젝트 모드** 로 전환하고 **메쉬 → 아마
튜어**(rig) 순서로 Shift키를 누른 상태에서 선택합니다
(마지막으로 **아마튜어**를 선택했는지 확인합니다). 아웃라이
너에서 선택할 때는 **model → rig** 순서로 **Ctrl키**를 누
른 상태에서 선택합니다,

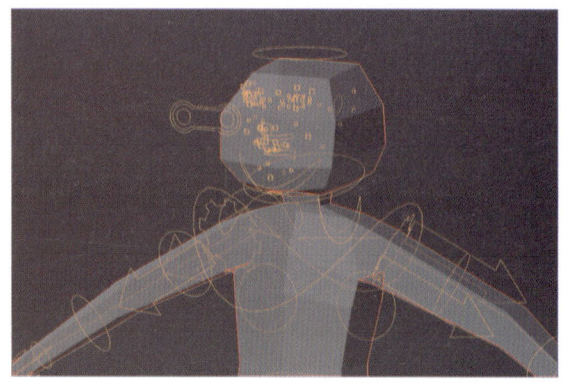

02 자동 웨이트 적용하기

Step
부모의 단축키인 **Ctrl+P키**를 누른 뒤 **자동 웨이트와 함께**를 선택합니다. 이것은 본에 맞춰 메쉬에 자동으로 웨이
트를 설정하는 편리하는 기능입니다. 웨이트는 메쉬의 각 부분을 본에 어느 정도 따르게 할 것인지 수치로 지정하
는 설정입니다. 설정을 마쳤다면 실제로 움직여 봅시다. **포즈 모드**로 전환해 손의 본(**IK** 본)을 선택하고 이동(**G키**)을 사용해
이동시킵니다. 그러면 본과 메쉬의 움직임이 연동하는 것을 알 수 있습니다.

Next Page ▶

확인을 마쳤다면 이동을 취소하는 단축키인 **Alt+G키**를 실행합니다. 그리고 **자동 웨이트와 함께**를 사용하면 의도치 않은 위치에 웨이트가 할당될 수 있습니다. 이를 피하기 위해서는 **빈 그룹으로**를 선택합니다. 이 그룹을 선택하면 수동으로 웨이트를 설정해야 하지만, 세세한 조정이 가능하게 되어 예기치 않은 문제를 방지할 수 있습니다.

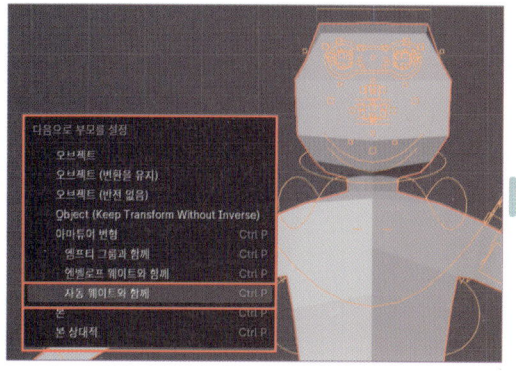
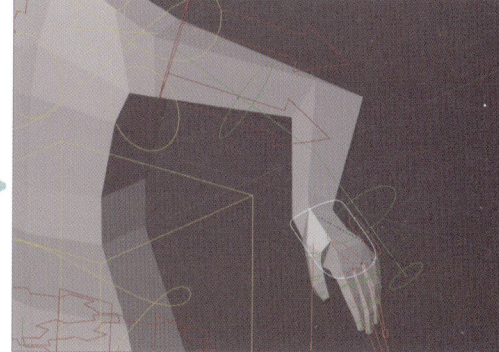

🔲 웨이트 조정 방법

메쉬의 웨이트를 조정하는 방법을 설명합니다.

01 DEF 컬렉션의 솔로 활성화하기

Step
먼저 **rig**를 선택하고 프로퍼티스 → **오브젝트 데이터 프로퍼티스** → **Bone Collections** 패널에서 **DEF** 컬렉션의 **솔로**(별 모양 아이콘)를 활성화합니다.

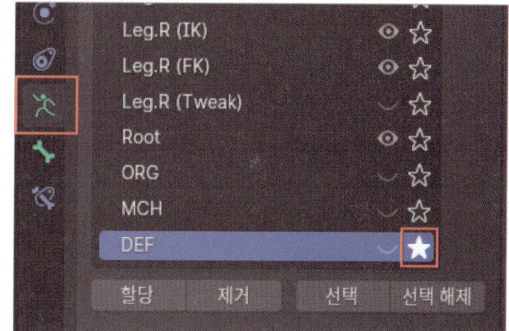

02 아마튜어, 메쉬 선택하기

Step
오브젝트 모드에서 **아마튜어**(rig) → **메쉬**(model) 순서로 함께 선택합니다(부모 설정은 선택 순서의 반대가 되므로 주의합니다).

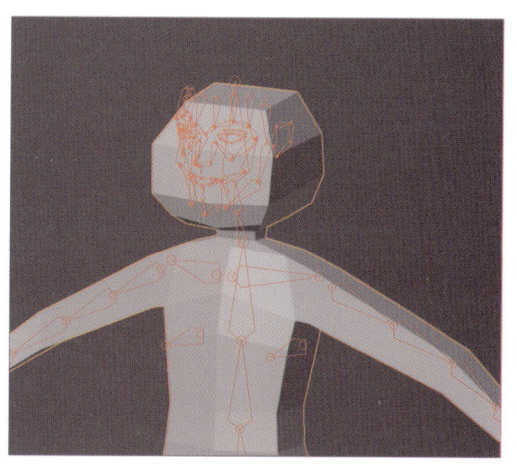

03 웨이트 페인트 모드로 전환하기

Step

왼쪽 위 모드에서 웨이트 페인트를 선택합니다. 이 모드는 간단히 말하면 페인트를 칠하는 것처럼 웨이트를 조정하는 모드입니다. 파란색으로 표시된 위치는 웨이트가 0 이며 본과 메쉬가 연동하지 않습니다. 빨간색으로 표시된 위치는 웨이트가 1 이며 본의 움직임에 따라 메시도 움직이게 됩니다.

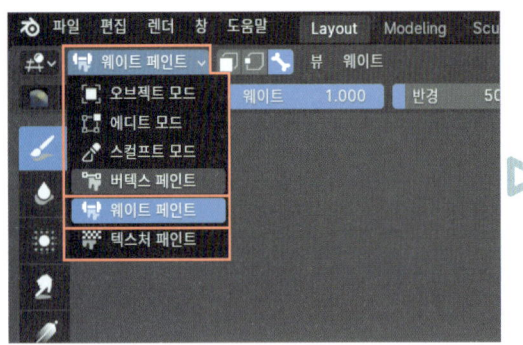
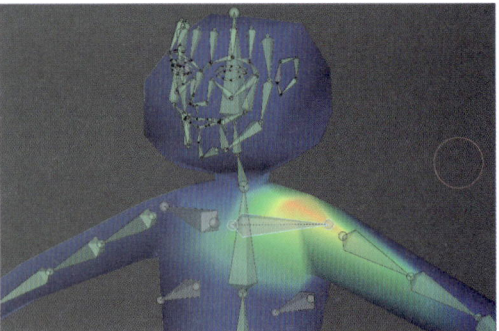

🔲 웨이트 페인트의 기능

웨이트 페인트의 중요한 기능에 관해 설명합니다.

🔲 브러시

화면 왼쪽 위에 있는 툴바(**T키**)의 가장 위쪽에 있는 **그리기**를 선택하면 마우스 커서 주변에 빨간색 원이 표시됩니다(색상은 변경할 수 있습니다). 이것은 브러시의 반경으로 버텍스를 마우스 좌클릭 또는 마우스 좌클릭 드래그 해 웨이트를 설정할 수 있습니다.

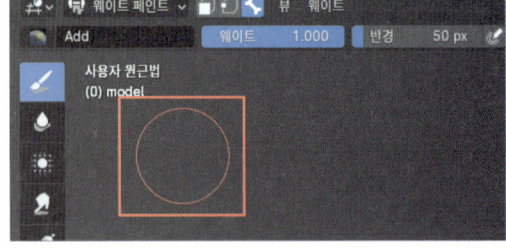

웨이트(버텍스에 할당된 수치), 브러시 반경, 브러시 강도(브러시의 영향도)를 조정하고 싶을 때는 3D 뷰포트 위쪽에 있는 3개의 수치를 조정합니다. 그리고 마우스 우클릭 해 이 3개의 수치를 조정할 수 있는 메뉴를 표시할 수 있습니다.

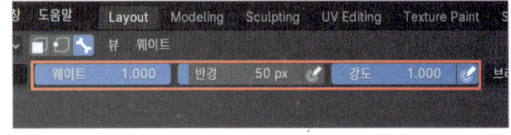

🔲 웨이트 조정

웨이트를 조정할 때는 버텍스를 쉽게 볼 수 있도록 3D 뷰포트의 **뷰포트 오버레이** 메뉴 안에 있는 **와이어프레임**을 활성화합니다. 이 항목을 활성화하면 메쉬에 에지가 표시되고, 웨이트 조정을 쉽게 할 수 있습니다(확인이나 작업을 마친 뒤에는 다시 비활성화합니다).

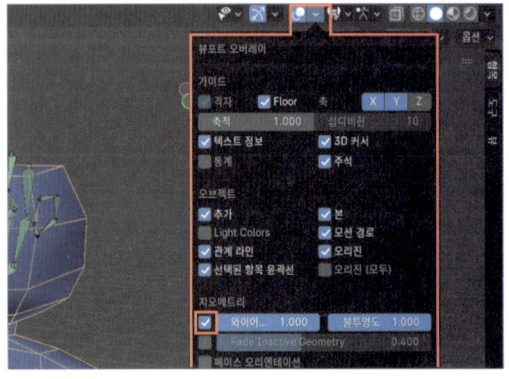

Column

웨이트 페인트 사용 시 도움이 되는 단축키

다음 단축키는 웨이트 페인트를 사용할 때 기억해 두면 좋습니다.

Alt+마우스 좌클릭	웨이트 설정을 할 본을 전환할 수 있습니다.
Ctrl+마우스 좌클릭	웨이트를 줄일 수 있습니다.
Ta**B키**	에디트 모드와 웨이트 페인트 모드를 전환할 수 있습니다.
F키	브러시의 반경 크기를 조정할 수 있습니다.
1키	페이스(면)의 마스크 모드로 전환합니다. 흰색 페이스에는 웨이트를 칠할 수 없습니다. Alt+마우스 좌클릭 해 마스크 활성화/비활성화를 전환할 수 있습니다.
2키	버텍스(점)의 마스크 모드로 전환합니다. 회색 버텍스에는 웨이트를 칠할 수 없습니다. Alt+마우스 좌클릭 해 마스크 활성화/비활성화를 전환할 수 있습니다.
3키	본 선택 모드로 전환합니다. 기본적으로는 이 모드로 설정해 둡니다. 이 모드가 아니면 웨이트 페인트 중 본을 선택할 수 없습니다.

---

3 - 6 **IK와 FK를 전환하는 방법 등**

마지막으로 IK와 FK의 전환하는 방법, 스냅 방법 등에 관해 설명합니다.

01 **포즈 모드로 전환하기**

Step

왼쪽 위 모드를 **오브젝트 모드**로 전환한 뒤 **rig**만 선택합니다. 다음으로 모드를 **포즈 모드**로 전환합니다.

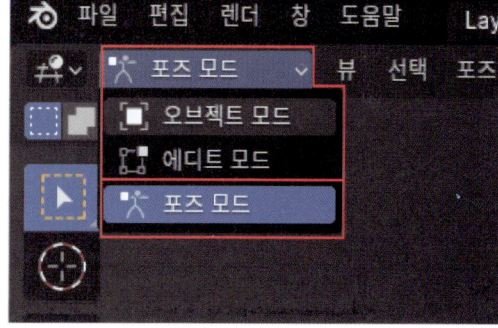

02 **hand_ik 선택하기**

Step

프로퍼티스 → **오브젝트 데이터 프로퍼티스** → **Bone Collections** 패널에서 **DEF** 컬렉션의 **솔로**(별 모양 아이콘)를 비활성화하고, 손을 제어하는 **hand_ik**를 클릭합니다.

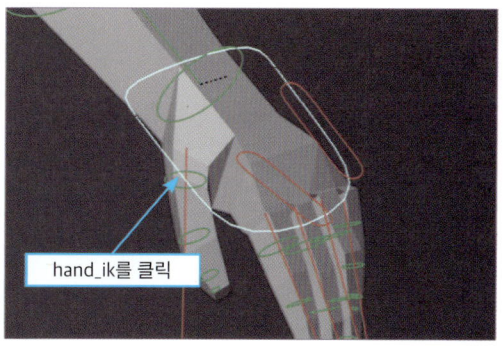

hand_ik를 클릭

03 IK와 FK

Step

사이드바(N키) → **항목** 탭에서 **Rig Main Properties** 패널을 엽니다. 패널 안의 **IK-FK❶** 수치를 변경하면 IK와 FK를 전환할 수 있습니다. **0**이 IK, **1**이 FK입니다. 이 항목은 각 IK 관련 본에서 설정할 수 있습니다. 그 아래 있는 **FK->IK❷**는 FK 본을 IK 본에 스냅 시키는 기능입니다. **IK->FK❸**는 그 반대로 IK 본을 FK 본에 스냅 시킵니다. 이 스냅 기능을 사용하면 IK와 FK를 전환할 때 포즈가 급격하게 바뀌는 등의 부자연스러운 움직임을 방지할 수 있습니다. 그 밖에도 **IK 늘리기❹**를 0으로 설정하면 모델의 손발이 늘어나거나 줄어들지 않게 됩니다. **IK 늘리기**는 IK를 이용한 리그에서 본의 길이를 자동으로 늘리거나 줄여주는 기능입니다

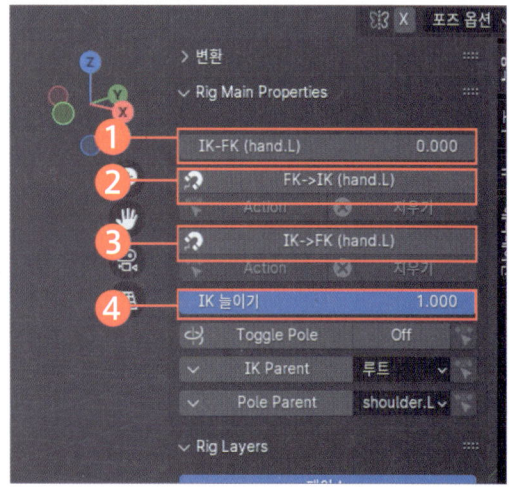

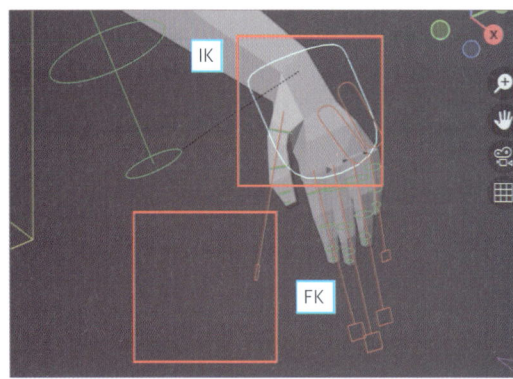

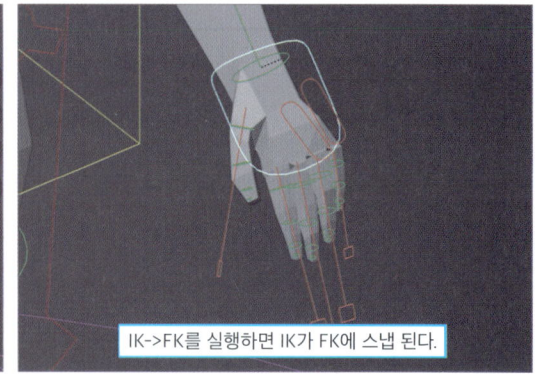

IK->FK를 실행하면 IK가 FK에 스냅 된다.

04 IK와 FK로 상반신 제어하기

Step

다음은 상반신을 제어하는 U자 모양의 본 **chest**를 선택하고, **사이드바**(N키) → **항목** 탭 → **Rig Main Properties** 패널을 엽니다. 패널 안의 **Neck Follow❶와 Head Follow❷**는 목과 머리가 **chest**의 기울기에 맞춰 움직이는지 설정하는 항목입니다. **Head Follow** 값이 **0**이면 **chest**를 아무리 많이 회전시켜도 머리가 움직이지 않으며, 1로 설정하면 기울어지게 됩니다. 이상으로 **Rigify**에 관한 기본적인 설명을 마칩니다.

Next Page ▶

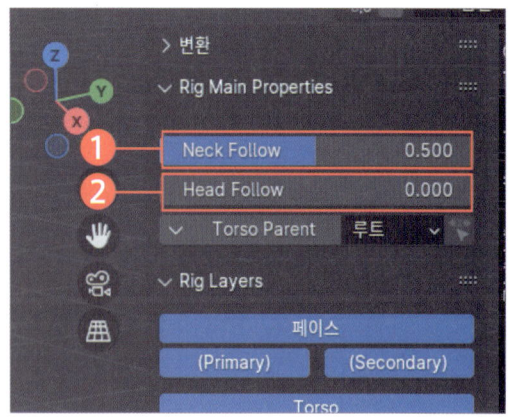

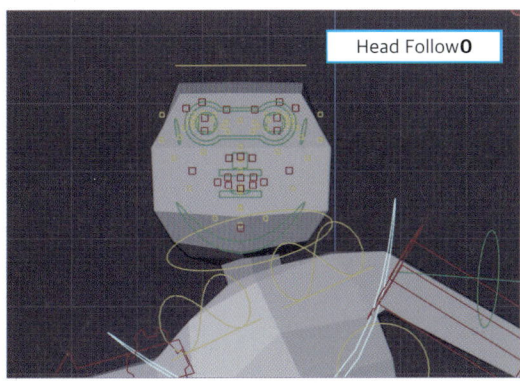

Head Follow**0**

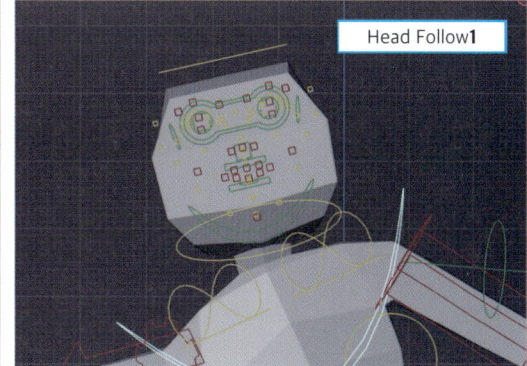

Head Follow**1**

Column

Python 스크립트 자동 실행 에 관해

Generate Rig를 사용해 고성능의 리그를 생성사고 저장한 뒤 블렌더를 **재실행하면 보안상의 이유로 이 파일에서 Python 스크립트 자동 실행이 비활성화됨**:이라는 메시지가 표시됩니다. 이 때는 **스크립트 실행을 영구적으로 허용** 을 활성화한 뒤 **실행 허용** 버튼을 클릭합니다 (Python은 프로그래밍 언어의 하나입니다).

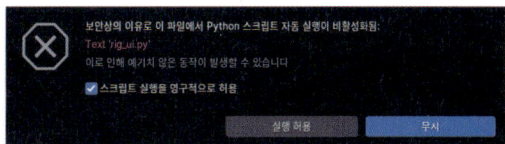

Column

Auto-Rig Pro에 관해

Auto-Rig Pro는 고성능의 리그를 신속하게 만들 수 있는 유료 애드온입니다. 전문적인 현장에서도 많이 사용도고 있습니다. 흥미가 있는 분은 블렌더의 애드온 판매 사이트에서 **Auto Rig Pro**로 검색해 보기 바랍니다.

※ 현재 시점에서 Auto-Rig Pro 버전은 블렌더 4.2 이후의 지원을 가정하고 있으므로, 본 애드온을 구입할 때는 블렌더 버전을 최신 버전으로 변경하는 것을 권장합니다.

마치며

이 책을 마지막까지 읽어 주셔서 감사합니다. 이 책을 통해 캐릭터 애니메이션 만들기의 기초를 다루고, 캐릭터에게 생명을 불어 넣는 즐거움을 조금이라도 느끼셨다면 매우 기쁠 것입니다.

여기에서 소개하지 못했던 블렌더 관련 기술, 애니메이션의 움직임이나 포즈는 산처럼 많습니다. 좋아하는 애니메이션이나 영상 작품을 감상하거나, 밖으로 나가 사람들을 관찰하면서 새로운 움직임이나 포즈를 모아 봅시다. 기술을 학습하고, 지식을 축적함으로써 보다 자유롭게 표현이 풍부한 애니메이션의 세계를 그릴 수 있게 될 것입니다. 이 책에서 학습한 기초를 바탕으로 다음 단계로 나아가, 한층 멋진 작품을 만들어 보시기 바랍니다.

저자의 채널에서도 애니메이션에 관한 설명 동영상들을 게시하고 있습니다. 참고하시기 바랍니다.

【Blender】アニメーション基礎講座　〜歩き、走りの作り方〜
(애니메이션 기초 강좌 ~걷기, 달리기 방법~ (일본어))
URL: https://youtu.be/pZagC5_cBu8

마지막으로 이 책을 읽어 주셔서 정말 감사합니다. 출판까지 함께 해 주신 마이나비 출판사, 산바리키(三馬力) 님, 그리고 책을 구입해 주신 독자 여러분께 깊이 감사합니다. 그럼 또 어딘가에서 만나기를 희망합니다.

2025년 2월 나츠모리 카츠(夏森轄)

Blender 3D CG 애니메이션 실전 입문
-캐릭터의 매력적인 동작을 만드는 법

초판 1쇄 인쇄 2025년 09월 10일
초판 1쇄 발행 2025년 09월 15일

저자: 나츠모리 카츠 | 번역: 김모세 | 펴낸이 : 이동섭
원서 스탭 : 편집·DTP: 樋山 淳(株式会社三馬力) | 북디자인: 霜崎 綾子 | 커버 CG: 夏森 轄
책임편집 : 송정환 | 표지 디자인: 조세연 | 본문 디자인 : 강민철
기획편집 : 이민규, 박소진 | 영업·마케팅 : 조정훈, 곽혜연
e-BOOK : 홍인표, 김은혜, 정희철, 황진영, 장화진 | 라이츠: 서찬웅 | 관리 : 이윤미

㈜에이케이커뮤니케이션즈
등록 1996년 7월 9일(제302-1996-00026호)
주소 : 08513 서울특별시 금천구 디지털로 178, 1805호
TEL : 02-702-7963~5 FAX : 0303-3440-2024
홈페이지 : https://ak-it.tistory.com
http://www.amusementkorea.co.kr
원고투고 : tugo@amusementkorea.co.kr

ISBN 979-11-274-7579-6 13000

BLENDER 3DCG ANIMATION JISSEN NYUMON : CHARACTER NO MIRYOKU O HIKIDASU UGOKI NO TSUKURIKATA
by Katsu Natsumori
Copyright © 2025 Katsu Natsumori
All rights reserved.
Original Japanese edition published by Mynavi Publishing Corporation
This Korean edition is published by arrangement with Mynavi Publishing Corporation, Tokyo
in care of Tuttle-Mori Agency, Inc., Tokyo.
Korean translation rights ©2025 by AK Communications, Inc.